U0125937

王后的衣橱既是梦想之源

也是梦魇之地

Queen of Fashion: What Marie Antoinette Wore to the Revolution

Copyright©Caroline Weber 2006

Published by arrangement with Massie & McQuilkin Literary Agency, through the

Grayhawk Agents Ltd.

CAROLINE WEBER

时尚女王
与法国大革命

QUEEN OF FASHION

What Marie Antoinette
Wore to
the Revolution

〔美〕卡罗琳·韦伯 著

马 睿 译

社会科学文献出版社
SOCIAL SCIENCES ACADEMIC PRESS (CHINA)

R
THORN BIRD
索·恩
忘掉地平线
Beyond
the horizon

一如既往地献给汤姆

成为当时世界上最时髦的女人是（玛丽·安托瓦内特）能想到的最美妙的事；而这样的小癖好却因为配不上一位伟大君主，而成为人们如此残酷地把一切归咎于她的唯一原因。

——布瓦涅伯爵夫人

　　这些时尚都有象征意义，关于应该如何诠释它们，贵妇们了然于胸。

——《时尚与品味杂志》（ LE JOURNAL DE LA MODE
ET DU GOÛT ）

译者序

　　法兰西末代王后玛丽·安托瓦内特一直是激发人们无限想象和创作的源泉。即便那段历史已经过去了近两个半世纪，在学术界、娱乐界、时尚界，每年仍源源不断地有作品问世，在网络上随手一搜，就能找到无数关于玛丽·安托瓦内特的生平简介、纪实和虚构作品，当然还有珠宝亮相和拍卖，以及致敬末代王后的时尚作品。选择其中一些仔细阅读，我们会发现有很多说法经过数代人以讹传讹，不但无助于了解真相，反而加深了人们的刻板印象和误解。或者更确切地说，史学界经过考古研究和文本考察得出的结论，并没有人们的想象、误会和迷思来得根深蒂固。有鉴于此，我们大概需要一些像《时尚女王与法国大革命》这样既具备学术深度，又不乏阅读乐趣的作品——透过独特的视角，在那幅历史画卷的纤维和纹理中细察蛛丝马迹，呈现出更加新颖、立体且丰满的图景。

　　卡罗琳·韦伯的《时尚女王与法国大革命》是一部以服装为主线的玛丽·安托瓦内特传记。本书通过考察末代王后、初代"时尚女王"玛丽·安托瓦内特在其 37 年的一生，尤其是在她从奥地利远嫁至凡尔赛宫作为王储妃，而后登基成为王后的 23 年里，穿戴的服装饰品，以及她的时尚姿态在民众中引发的日益强烈和不可控的反应，探索了玛丽·安托瓦内特和她的时尚在法国旧制度崩溃的过程中扮演的角色，以及当大革命开始反噬，这位泥古不化的君主主义王后又是如何坚持借时尚表达自己的态度，直到走向断头台。当传记作者把目光投向传主个人，站在历史尽头回望她命途多舛的一生，自然会不可避免地对传主抱以同情，这是人之常情，连没有女性视角的斯蒂凡·茨威格也不例外，何况卡罗琳·韦伯作为女性学者和作家，从一开始就毫不讳言她的女性视角。她力图通过这部历史细读作品帮助我们摆脱（阶级的和性别的）成见，拒绝简化和一概而论，还原历史与人性的复杂性和多面向。

末代王后，是各国民众集体想象中"红颜祸水"的标准模板。在本书中，作者通过陈述历史事实，以及对旧制度与大革命之交的各种公开和秘密出版物、旧贵族和开明派支持出版发行的八卦报刊和漫画的研究及引用，勾勒出在 18 世纪的最后几十年，法国民众心目中的这位"红颜祸水"是怎样的形象：她高调浮夸、挥霍无度、冷漠残忍、风流放荡、妇人干政、里通外国。她与罗丝·贝尔坦等设计师合作，将时尚变成她的主业，把整个巴黎变成她的秀台，"几乎每天开启一种新时尚"。在一个中产阶级法国家庭全家人全部衣装的平均价值为 30 里弗的时代，玛丽·安托瓦内特每年用于衣装的固定年金有 12 万里弗，1776 年一年，她单单为购买配饰就花费了 10 万里弗。她曾多次无视民众疾苦，甚至从中汲取时尚灵感，"面粉暴动发式"是一例，所谓的"哈比"（一种据报道在秘鲁发现的贪婪丑陋的神兽）时尚是又一例。她让出身低微的罗丝·贝尔坦等人堂而皇之地进入宫廷侍奉左右，为此不惜得罪终日在凡尔赛宫里争夺伺候君主的那点"特权"的贵族，让民众怀疑玛丽·安托瓦内特在王国最高层栽培了一个"时装部"，不但抢过了国王路易十六的风头，更意在篡夺王权，"把神圣的男性权威踩在她们精致小巧的缎面鞋跟下践踏"。把这一切跟她的外国人背景结合起来，再度印证了人们的怀疑，那就是玛丽·安托瓦内特是一个叛国者，她要毁灭法国，把它拱手送给娘家哈布斯堡王朝。从这个总结概括的脉络看来，的确如茨威格所说，"她是所有漫不经心的人里最漫不经心的；她是所有奢侈浪费的人里最奢侈浪费的；她是所有风流轻浮的人里最风流轻浮的"，于是，她当之无愧地成了那个时代在颠覆之前表现自我的最佳形象。

然而卡罗琳·韦伯把镜头近距离地聚焦在这一个女人身上，也列举了横向对比的数据，为我们打开了新的视野。最漫不经心？恰恰相反。本书作者认为，从14岁担负着母亲交代的政治任务，远嫁凡尔赛宫开始，服装和时尚是玛丽·安托瓦内特在每一个关键节点的重要生存策略。毕竟在嫁给路易十六之后整整7年，由于路易十六的性格、身体和心理原因，她身为王储妃和王后，一直无法为王国传宗接代。（这意味着怎样的压力，想必熟悉宫斗剧的中国读者并不陌生。）既然凡尔赛宫是一个凡事诉诸形式，形式就是内容、表演就是实质的地方，每个人的眼睛都在盯着她，那么她所选择的策略，就是用高度形式化的表演来彰显她事实上根本不具备的权力和"信用"，在贵族们派别林立、钩心斗角、八卦饶舌、明枪暗箭的宫廷里为自己争得一席之地。本书作者指出，初入凡尔赛宫的玛丽·安托瓦内特如果没有美和时尚作为资本，初做王后的她如果不用消费力表现自己的"信用"，她很可能会被离婚，赶回奥地利，而在一桩肩负着地缘政治任务的权宜婚姻中，那不啻一场灾难。最奢侈浪费？本书列举了很多横向数据。路易十五的情妇迪巴利夫人"每年有15万里弗的收入"，当时一个富裕的贵族家庭每年3万里弗就可以过上奢侈的生活，"而迪巴利却花费45万里弗的天价购买了一件镶钻的礼服紧身衣"。同样在国库入不敷出的年代，1777年，国王的弟弟阿图瓦伯爵和普罗旺斯伯爵欠下了3100万里弗的债务，不得不恳求路易十六帮他们偿还。就连虔诚的王室姑妈们也"在前往维希品尝矿泉水的六周旅行中花掉了 300 万里弗"而毫无悔意。公平地说，旧制度的崩溃理当归因于王室和整个贵族阶层的奢靡、冷漠、无能，玛丽·安托瓦内特也是那个阶层的一员，但她最大的问题在于她不是国王，也不是国王的情妇，她是王后，王后是有独特政治使命和民众期待的角色：王后不可以轻薄浮夸，而要朴素虔诚、母仪天下。至于妇人干政、里通外国，本书作者暗示，在大革命爆发前夕的 1787 年，将德·布里安推上主计长之位是玛丽·安托瓦内特参与的第一个政治决策，此后路易十六因为无力扭转残局又缺乏可信任的人，越来越多地向妻子求助，在此之前，玛丽·安托瓦内特没有任何实际的政治权力可言，路易十六身边尽是虎视眈眈的反奥派，而就算对国王本人来说，让王后参与政治决策也是不可想象的。直到大革命爆发之后，玛丽·安托瓦内特渴望和恳求娘家宫廷出兵镇压革命，并策划了王室一家在 1791 年 6 月逃跑至法奥边境，此前没有证据表明她在任何事情上背叛法国。

从第八章开始，革命以雷霆万钧之力席卷而来，任谁都无力阻挡，玛丽·安托瓦内特顺理成章地成了旧制度最倒霉的替罪羊和大革命最著名的受害者。从凡尔赛宫到杜伊勒里宫，从"圣殿"到古监狱，再到断头台，作者从王后的角度（因而也抱着对她个人的极大同情）讲述革命者如何打着自由平等的名义抢劫财物、杀人放火，而日渐衣衫褴褛的王后又如何在最后的日子里坚持自己的时尚姿态，以穿戴来表达决不妥协的态度。从当年的锦衣霓裳、珠光宝气，到生命最后连一片洁净的棉布都求不到，读来令人唏嘘。也只有到了一无所有的日子，这个曾经追求"每天开启一种新时尚"的女人，才知道生命中最重要的到底是什么：母亲送的手表、丈夫的结婚戒指、好友和孩子们的几缕头发。

只是替罪羊和受害者吗？当然不。如果说玛丽·安托瓦内特并没有民众想象和指控的那么罪恶滔天，她又究竟以怎样的方式参与促成了旧制度的崩溃和大革命的爆发？本书作者认为，是时尚。书中写到玛丽·安托瓦内特自幼崇拜法王路易十四，但她只看到了路易十四在凡尔赛宫廷建立起美的标准，却并不知道路易十四这么做的真正目的是既强调他的君权神授地位，又迫使贵族满怀崇拜地屈居从属地位。"宫廷礼节规定国王及王室成员的一切姿态都是神圣的仪式，贵族们的职责是作为这些仪式的观者和司仪……路易十四把这些（微不足道的）职责变成了最高特权的标志"，也就是说路易十四所建立的服饰规则和礼仪，是更明确地"分尊卑，别贵贱，辨亲疏"。宫廷对平民开放参观，让法国平民得以瞻仰和崇拜他们可望而不可即的王室和贵族生活，这是平民获得的所谓"假想的补偿"。玛丽·安托瓦内特颠覆了这一切。她从进宫就厌恶凡尔赛宫高度形式化的繁文缛节，痛恨自己每天从起床到就寝的每一个动作都要受到贵族和平民的监视和观赏，登基之后更是变本加厉地藐视和背离宫廷礼节。她打破了一个悠久的王室传统，即为君主服务的人必须与其他所有顾客断绝生意往来，她允许自己的供应商在首都保留店铺和其他客户，于是整个巴黎，乃至整个欧洲，都开始疯狂模仿她的时尚，她乐在其中，却不知道这么做的一个重大后果，是抹杀了女式服装的阶级差别，让人们无法从穿戴一眼看出公爵夫人与女演员的差异。她在小特里亚农宫追求独立、自由和隐私，追求友谊、家庭生活和天伦之乐，把自己"从一个万众瞩目的王后变成一个私人主体"。"我就是我！"这句掷地有声的个性化宣言在字面上和实质上都放弃了王后身份，而在旧制度下，身份和仪态就是一切，破坏了形式，就颠覆了整个旧制度存在的根基。本书第八章以后用大量篇幅讨论了大革命时代的时尚以及它们与玛丽·安托瓦内特的关系和对她的模仿，指出："随着革命的爆发，严格的社会差异很快就在法国失去了存在的土壤。但这个过程是从王后本人早在1789年之前很久开启的，是她取消了女式服装中曾经清晰可辨的阶级差别，发起了费利克斯·德·蒙茹瓦所谓的'服装革命'。"

论信仰和出身，玛丽·安托瓦内特都是一个顽固的君主主义者，既不理解也不同情平等主义观念；然而在时尚姿态上，这位18世纪的王后却一点儿也不保守顽固，甚至是现代的、民主的、任性的，这导致她在面对贵族和公众这两种观众时的一系列策略都错位了，也是生不逢时的她要为自己的命运所负的部分责任。所以当大革命呼啸而来，可怜的王后又想变本加厉地夺回曾经厌弃的一切时，不知道会不会想起母亲当年一次再次的警告："你会后悔的，而到那时一切都太迟了。"

目　录

序 言

约翰·加利亚诺（John Galliano）的"玛丽·安托瓦内特"裙装是他为于 2000 年展出的克里斯汀·迪奥"装束与束缚"藏品专门设计的，讲述了一个意料之外的故事。这套服饰符合 18 世纪宫廷服饰的结构，特点是很有挑逗意味的露肩连衣裙、束紧的腰身、紧身胸衣上层层叠加的浮夸的蝴蝶结，还有被衬裙和圈撑撑得膨胀起来的饰有荷叶边的迷人裙身。它毫无节制的奢华让人想起了法国最多姿多彩的王后……哪怕这时人们还没有注意到，圈撑裙的胯部绣片上就绣着那位女士本人的肖像。

然而那两幅肖像值得细看，因为正是它们讲述了这个故事。在裙身左侧的胯部绣片上，设计师选取的是玛丽·安托瓦内特身穿臭名昭著的牧羊女服饰的形象——在粉色连衣裙外面系着一件满是褶边的小围裙，一根装饰性牧杖上面绑着飘动的粉色饰带，夸张的高耸发型显然不适合照管畜群。这套刺绣服饰显然使她更像小牧羊女波比，全无王室高高在上的庄严。在右侧的绣片上，加利亚诺展示了同一个女人的肖像，也没有什么王室特点，但这一次缺乏特点的原因不是任性，而是可怕的。这幅肖像上的她身穿显然朴素实用的裙子，脖子上系着一条朴素的白色方头巾，一顶下垂的红色"自由帽"（那是迫害她的革命者的标志）紧扣在她被粗暴剃光的头上。这幅画像中的王室配偶艰难地走向断头台，把脖子放在等待已久的铡刀下面。

2 　　加利亚诺选取的这两幅对比鲜明的装饰画简洁地表达了这位法国王后从美艳到悲惨、从奢华的特权到彻底垮台这一举世皆知的人生轨迹。然而如此并置还有更多深意。通过把她跌宕起伏的人生轨迹织在一条连衣裙的纤维里，设计师似乎是在假设玛丽·安托瓦内特的浮夸与灭亡之间存在着直接联系。他看起来是在暗示，她作为旧制度轻浮的偶像和革命者的复仇对象，作为千变万化的尊贵假面舞会与致命的政治束缚的标志人物，都与她的衣装的历史密不可分。我也觉得这样的设想很有启发，因为和加利亚诺一样，我也仔细考察了玛丽·安托瓦内特的时尚姿态。而我的发现是，她的服饰在任何意义上都是她打响战斗的武器，在法国王位上的 23 年里，她始终要忍受强加于她的压迫性的文化约束和残酷的政治敌意。

　　本书所写的，就是时尚在玛丽·安托瓦内特的一生中所扮演的角色，她的衣着选择在 18 世纪的最后几十年里有着极大的影响力，既影响了她本人的命运，也在一定程度上改变了整个旧制度的命运。这不是其他传记作家选择讲述的那种故事。从 18 世纪的埃德蒙·伯克到 20 世纪的斯特凡·茨威格，许多记录她的生活和时代之人都把玛丽·安托瓦内特描述成一个近乎完美但注定失败的社会秩序的标志，而他们这么做不无道理。[1] 的确，她出现在加利亚诺的藏品和一系列其他当代文化媒体中，从时尚报刊到流行电影，从麦当娜的表演和海报到一个瑞士手表公司最近的广告文案，这再次证明了她的魔力从未减弱，她总能让我们的脑际中呈现出那个业已消失的贵族世界的奢华和愚行。[2]

　　但我觉得，关于这个偶像，还有更多可以挖掘和考察的东西。在描绘玛丽·安托瓦内特命运多舛的人生、论述她如何从凡尔赛宫的镀金大厅走向通往断头台那血迹斑斑的台阶的过程中，历史学家很少会强调公众对她走在那条道路上的每一步都穿着什么给予了极大关注。在最近出版的由德娜·古德曼（Dena Goodman）编辑的一部文集中，一群当代学者探讨了人们"在王后的尸体上展开了多么重要的政治和文化争论"。[3] 这些分析文章中讨论的玛丽·安托瓦内特的性活动、生殖力以及其他身体特征既是借口也是催化剂，促成了动摇旧制度、点燃革命之火的那些关于性别、阶级和权力的争论。然而奇怪的是，古德曼的文集中却很少对玛丽·安托瓦内特的装束——以及它们对她周围的人意味着什么——给予广泛的注意，除了皮埃尔·圣–阿芒（Pierre Saint-Amand，他恰如其分地指出"玛丽·安托瓦内特的故事可以被解读为一连串盛装活动"）和玛丽·谢里夫（Mary Sheriff，她分析了一幅王后身着一套极不寻常的装束的肖像）所写的几个精彩段落。[4] 除了这两个学者之外，尚塔尔·托马斯（Chantal Thomas）在她的杰作《邪恶王后》（*The Wicked Queen*）中说玛丽·安托瓦内特的时髦是法国公众反对她的众多原因之一，她认为"重要的政治和文化争论"是由王后大胆的时尚装束引发的，这在学者圈中独树一帜。[5]

是时候更加详细地探讨这个问题了，因为如果对玛丽·安托瓦内特的生平进行周详彻底的重新考察，就会发现她的装束触发重大的社会政治动荡有着惊人的连贯性和力量。正如加利亚诺的裙装所暗示的那样，这位君主配偶与公众之间的互动是煽动性的，说到底也是致命的。通过考察她的人生起伏背后的衣装政治，我希望让读者对这位已经被殚精竭虑地分析，但仍散发着无尽魔力的历史人物获得一些新的线索。

从出生于奥地利的 14 岁女大公玛丽亚·安东尼娅（Maria Antonia）到达法国、嫁给波旁王朝继承人的那一刻起，服装和外貌就始终是她人生中的重大问题。对这位后来即位的王后

3

而言，她穿戴什么，何时穿戴，甚至由谁为她穿戴都有一套严格的礼仪规定。这套礼仪制定之初的本意就是为了展示和证明波旁王朝的高贵庄严，因而历代法国君主都要求其廷臣和配偶们严格遵守。

早在她 1770 年春天离开家乡维也纳、前往法国宫廷之前，这位年轻的公主就接受了关于波旁王朝如何对待外表、服饰和公共形象的速成教学。她从牙齿到发式都被重新设计过了，一位著名的法国舞蹈老师教她如何脚蹬高跟鞋、身穿圈环裙，拖着沉重而累赘的裙摆在宫廷里优雅地走动。长辈们不厌其烦地提醒她说，她的外表将是她作为法国王室妻子成败的关键。

然而从她入凡尔赛宫的日子开始，玛丽·安托瓦内特就发起挑战，反对根深蒂固的宫廷礼节，把自己的服装和其他饰品变成了自主性与威望的张扬表达。虽然正如许多学者指出的那样，她没有通过影响广泛的国际或国内政策表明对政治的持久兴趣，但我认为，她把时尚当成了她争取个人声望、权威，有时仅仅是为了生存而斗争的关键武器。[6] 随着进入成年，她适应了身边不断变化的政治环境，她在这方面的努力也变得日益复杂和老练。但她第一次大胆地把着装形象的控制权掌握在自己手中，却是从很早的时候开始的，那时她在法国还是个初来乍到的少女。通过开启持续一生的大胆风格实验（一位同时代贵族称它构成了"一场真正的服装革命"），她对关于法国王室配偶应该拥有何种权力及权力边界的既成之见发起了挑战。[7]

传统上，这样的权力被一个名为《萨利克法》①的法规严格限制，该法案将女性排除在王位继承的范围之外。[8] 除了寡

---

① 《萨利克法》（Salic Law）是中世纪以来西欧通行的法典，发源于法兰克人萨利克部族中通行的各种习惯法，并因此得名。此法限制女性继承。至今，欧洲一些国家仍存在女性无权继承王位、世袭爵位的政治传统。在家族男性后裔绝嗣的情况下，容许女性继承，是为"半萨利克法"。

居的王后在儿子年幼无法自行统治国家的情况下摄政之外，法国国王妻子的角色主要局限于为王室诞下子嗣。但在她嫁给路易·奥古斯特（Louis Auguste，他在 1774 年登基成为国王路易十六）的头七年里，玛丽·安托瓦内特发现此路不通。由于各种导致身体衰弱的心理原因和性忌讳，她那位年轻的配偶拒绝跟她行房，而这就让为巩固奥法政治联盟而远嫁至此的玛丽·安托瓦内特陷入了极其难堪的境地。[9] 因为正如她的母亲玛丽亚·特蕾西娅皇后从来都不厌其烦地提醒她的那样，如果她不能给波旁王朝一个继承人，无论是法奥联盟还是玛丽·安托瓦内特本人在凡尔赛宫的地位都无法稳固。直到那时，许多反对结盟（结盟的本意恰是为了扭转两国之间持续数百年的敌意）的法国廷臣仍在不遗余力地敦促另娶一位更能生养的妃子，取代她的地位。

这位奥地利姑娘一来就被这些阴险诡诈的派别孤立和厌弃，摆在她面前的有两个选择：要么认输，带着一身耻辱回到维也纳，要么另找一种在法国立足的方式。她的婚姻被赋予了那么高的地缘政治赌注，她根本不可能选择第一种，于是玛丽·安托瓦内特开始了用风格打败仇敌的斗争。通过精心选择的各种标新立异的服装和饰品，她打造了她自己后来所谓的"有（政治）信用的外表"，哪怕她在生育战场上屡战屡败。[10] 从她在王室狩猎中穿着的男士骑马装备到她喜欢在乘雪橇时穿戴的白色毛皮和钻石，从她喜欢在全巴黎最时髦的所有去处炫耀的夸张发式，到她在凡尔赛宫化装舞会上戴的那些精致面具，玛丽·安托瓦内特展示的惊人时尚意在昭告天下，她不只是一个不称职的配偶或一次破产外交努力的象征符号。我将论述这些装束虽然常常被贬斥为王后考虑欠周的轻浮举动，却也把她变成了一个可以自由支配自己怎么穿戴、怎么花钱、怎么做事的女人。

在某种程度上，这一策略并不新鲜。太阳王路易十四推进自己的专制主义虚张声势的策略，在一定程度上就是采纳这类飞扬跋扈、盛气凌人的服饰，让观者除了承认他的绝对权威之外别无选择——而玛丽·安托瓦内特跟他是远亲，自幼就研读过他的丰功伟绩。[11] 他也有举办盛大的化装舞会、戴超大型的假发和闪闪发光的宝石的癖好，还喜欢狩猎装备，意在表明他拥有对世间万物的统治权。[12] 在不那么久远的历史上，路易十四的继任者路易十五的两位情妇蓬帕杜夫人和迪巴利夫人都曾在衣裙和首饰上花费巨款，展示了她们对国王无与伦比的影响力。和太阳王一样，她们的服饰也是彰显政治权力的一种引人入胜又极为高效的载体。

然而玛丽·安托瓦内特既不是国王也不是国王情妇，她的着装态度就是一种离经叛道，是对既有的宫廷风俗的背离。因为此前从未听说过有哪一位法国王室配偶改变王室外表的风俗，或者为自己寻求关注或权力。但这正是玛丽·安托瓦内特所做的事，这些行为在1774年登基之后变得更加大胆。[13] 没有争宠的王室情妇挑战她的地位——害羞的路易十六没有情妇——这位年轻的王后随即抛弃了一直以来为让人们联想起波旁王朝为统治千秋万代而采纳的腐朽沉闷的王室风格，从多个方向开始了令人眼花缭乱的创新。当时，才华横溢的巴黎设计师作为一个阶层刚刚兴起，他们是如今的超级明星高定服装设计师的先辈，在他们的帮助下，玛丽·安托瓦内特开始为自己打造轻快活泼又风情万种、转瞬即逝又出人意料、迷人又现代的形象。

更加古怪离奇的是她标志性的高发髻时尚，那种撒上了厚厚的粉末，高耸摇摆的发型再现了同时代事件（例如海军战胜英国人，或者某个高贵的法国公爵的诞生）或想象中的乡村田园诗（其中有风车、放牧的牛羊、耕种的农民和潺潺的溪水）的复杂场景。没那么排场但同样新颖的是王后渐渐喜欢上的活泼自由的罩衫连衣裙，以此来对抗标准宫廷服饰中僵硬的圈撑和鲸鱼骨紧身褡。这些奔放自由的宽松直筒连衣裙被作为小特里亚农宫（Petit Trianon，这个私人乡间别墅是玛丽·安托瓦内特成为王后后不久从丈夫那里收到的礼物）的非正式制服，辅助形成了显然不属于王室的淘气氛围，例如草地野餐、捉迷藏游戏和在喷了香水的漂亮羊群之间嬉戏。虽然保守的廷臣们抗议这些裙子混淆了它们身份高贵的穿者与侍女的差别，但王后及其同伴们还是十分享受新式服装带来的自由和舒适。

无论是贵族还是富裕资产阶级，哪怕是那些认为国王妻子的创新举动骇人听闻的女人，也无法抗拒效仿她的诱惑。"在法国比在其他任何地方更加常见的众多矛盾现象之一就是，"当时的一位观察家写道，"就算人们在批评王后的装束，她们仍然狂热地模仿她。每个女人看到她穿的便袍、软帽，都想拥有一模一样的东西。"[14] 被天才设计师们（公众开始称他们是王后的"时装部"）塑造成时装名人的玛丽·安托瓦内特把自己变成了一股不可低估的力量，因为王后可以获得与最迷人的国王或情妇同样的关注，她高高在上的地位与她的生育前景无关。

然而她的成名自有其代价。一举一动都在周遭众人的严密监视下，玛丽·安托瓦内特的非正统风格遭到了那些费尽心机反对她上台的廷臣的强烈反对，还有些廷臣对她敢于藐视历史悠久的王室风俗极其不满。这些贵族继而斥责这位鲁莽草率的奥地利外来者漫不经心地僭越了王后之位的界限，抢了丈夫在臣民中的风头，从而削弱了他神圣的权威。他们还指控她和她的"时装部"花光了法国国库里的钱，因为近年来接连不断的国内和国际危机，国库已经很难支付得起不计其数的帽子和衣裙了。

关于王后奇装异服的流言蜚语往往是以辱骂的秘密小册

子和丑化漫画的方式从贵族们的宫廷流传到巴黎的街巷，激起了出身低微的臣民们的义愤。在凡尔赛宫的特权世界之外，玛丽·安托瓦内特昂贵的服装逐渐成为经济极端不平等的象征，这种不平等导致如此众多的法国人口穷困潦倒。此外，有些批评家厌恶她，因为他们还期待着王室配偶尊重自己职位的既有界限，保留住以前的王室配偶们［例如路易十五已故的妻子玛丽亚·莱什琴斯卡（Maria Leczinska）］散发出的那种温和柔顺又抚慰人心的光芒。[15] 然而新王后挑衅的行头表明，她可没打算母仪天下。

结果就是玛丽·安托瓦内特成为公众人物的事业遭遇了一个悖论，虽然她凭直觉理解了服装有可能成为地位和力量的象征，却几次三番地误判她的衣装会在臣民中引发何种反应。她在两种观众——贵族和平民——面前表演的事实，必然意味着她不可能指望自始至终取悦所有的人。但她穿衣风格的反叛往往会引发或加剧这两个群体的不满，以至于贵族和平民这两个在许多政治议题上的观点有着云泥之别的群体，居然在憎恶玛丽·安托瓦内特上达成了惊人的共识。与莎士比亚笔下的哈姆雷特认为象征着整个丹麦王国之腐朽的那位非法登基的"下流褴褛的国王"克劳迪斯一样，这位头顶高发髻、羽衣霓裳的王后也逐渐成为王室特权最糟糕方面的象征——以及发动革命的最好理由。

· · ·

在革命者们推翻了路易十六统治之后推行的铺天盖地的法国社会和文化改革中，他们不仅成功消灭了基于根深蒂固的不公正等级差别的政治制度，还毁灭了赋予那些差别以实际形式的一切标志——宫廷与监狱、纹章与王冠。[16] 对于本书而言遗憾的是，叛乱者们以摧毁一切的狂热把玛丽·安托瓦内特巨大的服装收藏变成了字面意义上的"下流褴褛"。在叛军于1789年10月攻入凡尔赛宫之前，这些藏品塞满了城堡的整整三个房间：那些房间对公众开放，允许参观者观看王后数不尽的饰品和衣装。[17] 十月起义之后，王室被迫从凡尔赛宫搬到他们位于巴黎的住所杜伊勒里宫（the Tuileries）；在入侵中未遭破坏的玛丽·安托瓦内特的大量服装也被送到那里。然而无论是这些装束还是她在巴黎期间委托制作的新衣服，都未能安然度过大革命接下来的动荡岁月。

1791年6月，在王室一家逃离首都未遂期间，据称，一群劫掠者闯入了杜伊勒里宫，洗劫了逃跑王后的衣橱，在革命期间，那一直是她君王权威感分毫未减的招贴板，因而始终让民众怒火中烧。[18] 14个月后的1792年8月10日，暴乱的群众再度包围了杜伊勒里宫，这一次把国王和王后送进了监狱，直到1793年两人被处决。除了她在逃离首都期间丢失的那只饰有缎带的小拖鞋，以及后来被君主制度的保王派作为遗物保留下来的被毁衣服的碎片之外，玛丽·安托瓦内特的衣橱中几乎没有哪一件物品完整地逃过了这场浩劫。[19]

幸存下来的那些碎片七零八落、污迹斑斑，令观者心碎，全然无法凭借它们重建王后奢华尊贵的时尚衣橱，实在可悲。不过，仍然可以从18世纪的其他各类素材中收集玛丽·安托瓦内特的服饰偏好史：从正式的肖像到讽刺漫画，从时尚杂志到淫秽画册，从同时代人的回忆到她的服装供应商和衣橱管理人的账簿。另外，也可以通过研究一些传记作家来重建这部历史的部分片段，那些传记作家最关注的虽然不是玛丽·安托瓦内特与时尚的爱恨情仇，却也在异想天开的服饰上倾注了大量笔墨。安东尼娅·弗雷泽（Antonia Fraser）最近出版的著名传记在这方面对我很有帮助，因为书中披露了关于王

8　后穿衣风格的精彩细节（同时表明了王后多么关注此事）。和我一样，弗雷泽也获得了查阅一手资料，即法国国家档案馆（Archives Nationales）中保存的几本《着装公报》（*gazettes des atours*）——精彩的18世纪"时装画册"——的许可，这一过程一点儿都不像看上去那么理所当然。那些画册中包含着布料样品和简略的服装说明，玛丽·安托瓦内特每天早晨翻阅它们，来选择自己当天的服饰。[20]

必须承认，就连最"客观"的历史记录也必定会有歪曲和疏漏，因此把握十足地确定玛丽·安托瓦内特穿戴什么、何时穿戴根本不可能。[21] 而当传主引发如此多样的且强烈的抵制时，后人就注定难以在生平事实与文化虚构之间划清界限，本书讨论的这位充满争议的王后的装束就是如此，年代久远，却仍令世人意难平。（玛丽·安托瓦内特的各种行为都是这样；在刻画与她的着装路线最为相关的生平要素时，我要依赖数代传记作家所做的一丝不苟的研究，本书大量引用了这些研究，为此我感激不尽。）我无意解决这些与玛丽·安托瓦内特的着装有关的难题，只是试图通过尽可能详尽地引证资料来应对它们，并突出某一位观察家因为自身压倒一切的政治目的——无论是反奥地利、反女性主义、支持君主主义，还是支持革命——而让他或她的主张之可靠性受到极为尖锐的质疑之处。[22]

与此同时，我刻意决定本书不排除那些围绕着王后的着装人格的扭曲失真和虚构幻想的描述，因为这些同样让我们看到了关于那一人格如何被描述、被看待的重要信息。[23] 正如林恩·亨特（Lynn Hunt）在她研究革命淫秽读物的著作中所展示的那样，对玛丽·安托瓦内特的慕男狂、女同性恋和其他性"变态"的极度夸张的、胡编乱造的故事，不仅揭示了共和政治中根深蒂固的厌女倾向，也被王后的敌人们用来证明处决她的合法性。[24] 亨特论证说，这类虚假编造或许有着真实的政治分量和真实的历史意义。它们可以改变人们的生活——乃至终结他们的生命。

　　同理，我认为关于玛丽·安托瓦内特的着装选择，无论是表面看起来中立客观的还是显然夸张扭曲的论述都突出地表明，这些选择能够在极大规模上引发评论和产生骚动。正如迈克尔·翁达杰（Michael Ondaatje）曾以历史上另一个更神秘的反英雄"比利小子"（Billy the Kid）的口吻写道，"血迹是我佩戴一生的项链"。[25] 反复因为时尚的大罪而受到斥责的玛丽·安托瓦内特大概也会用类似的说法描述自己的一生。的确，根据传记作家卡罗利·埃里克森（Carrolly Erickson）的说法，就在断头台的铡刀在王后的脖颈中削出它自己那条血项链之后不久，巴黎出身高贵的女人们就开始"在脖子上（系）窄窄的红丝带，提醒人们：她们很快就会有同样的经历"。[26] 因此可以说，就算在去世之后，这位王室配偶也证实了时尚与政治之间的强大联系。但这是她作为这个国家最亮眼也最有争议的时装模特用尽一生时间建立的联系。玛丽·安托瓦内特的衣橱即便有时令人想入非非，也始终浮想联翩，但它既是美梦的素材，也是噩梦的空间。

第一章
潘多拉的盒子

　　1770 年 4 月 21 日。57 辆装配完备的马车，载着一百多位显贵要人，由三百多匹良马拉着，自拂晓起便把霍夫堡宫那庄严的中央庭院围得水泄不通。[1] 而当皇室成员在 9 点钟步出宫殿时，人群开始散开，为身材肥胖的奥地利皇后兼匈牙利王后、52 岁的玛丽亚·特蕾西娅让路。威严尊贵的她身穿全黑丧服，自丈夫弗朗茨·斯蒂芬五年前去世之后，这一直是她的日常着装；这位有时被称为"国王玛丽亚·特蕾西娅"的女人此刻庄重地大步穿过庭院。[2] 除了日常的一群廷臣和卫兵跟在身后之外，她活着的十个子女中有好几个也走在她两侧，包括她的长子、共同摄政的神圣罗马帝国皇帝约瑟夫二世，以及她的幼女、14 岁的女大公玛丽·安托瓦内特。

　　姿势挺拔的帝国士兵在堡垒上齐放礼炮致敬，教堂的钟声欢快地响彻城市上空。它们的声音盖过了嘈杂的人声，宫廷官员正用德语、法语和拉丁语对着游人和旁观者发表冗长的讲话。让别人去征战吧，你，奥地利，快活地高居云端。玛丽·安托瓦内特最近一直跟着来自法国的私人教师韦尔蒙神父（Abbé de Vermond）学习古典学，但她不需要老师指点就能翻译这句话。这是哈布斯堡皇朝的家训，母亲最近几个月已经反反复复地跟她说过多次："让别的国家去打仗吧；你，快活的奥地利，要通过婚姻达到目的。"

　　这句格言很符合这天上午的场合，这是在庆祝玛丽亚·特蕾西娅最大胆的外交壮举之一——把玛丽·安托瓦内特嫁给法王路易十五的孙子、波旁王朝的继承人、15 岁的法国王储路易·奥古斯特。这桩由奥地利皇后、法国国王及其各自的顾问们安排的婚事，旨在巩固自 1756 年《巴黎条约》开始的两国战略联盟。在那以前，奥地利和法国一直剑拔弩张——直到最近的奥地利王位继承战争（1740~1748 年），其中法国与奥地利的宿敌普鲁士并肩作战。然而在那场冲突过去七年之后，普鲁士的腓特烈二世与法国的宿敌英格兰签订了一项条约，彻底改变了局面。这一举动让法国和奥地利都警觉起来，促成两国签订了一项对双方都有利的防御协定。[3]

法奥的首次联合军事行动，七年战争（1756~1763 年），在大不列颠高奏的凯歌中以惨败告终。不过在那以后，玛丽亚·特蕾西娅力图继续加强她的国家与路易十五的王国之间的联系。皇后决定谨遵家训，把最小的女儿嫁给波旁王朝同盟的那位恰好未婚的继承人。最受路易十五信任也最有权势的大臣舒瓦瑟尔公爵（Duc de Choiseul）坚持不懈地贯彻这一计划，经过数年微妙棘手的谈判，两个国家终于正式同意了这桩联姻。如今，就在这个春天的早晨，玛丽·安托瓦内特要作为母亲外交政策胜利的象征，向着法国进发了。

未来新娘是个身材苗条的女郎，发色草莓金红，一双大大的蓝色眸子，双颊红润，温柔安静，唯一不大协调的是哈布斯堡家族成员所特有的下唇突出，维也纳成百上千位祝福者不停地朝她抛撒鲜花和其他纪念品，此刻在他们的簇拥之下，她强忍住眼泪，即将告别家人和家园。[4] 年轻的女大公显然很动容，但还是努力挤出微笑，优雅端庄地走在人群的最前方。[5] 自前一年夏天订婚之后，她一直跟着传奇的法国舞蹈家和芭蕾舞理论家让－乔治·诺维尔（Jean-Georges Noverre）强化训练。在那些严格的课程上，诺维尔反复强调，凡尔赛宫的女士们行走不是走路，而是滑行。的确，她们被鲸鱼骨紧身褡勒得很痛，鞋跟很高，但她们仍然在宫里飘然前行，身轻如燕，仿佛她们的双脚从未碰触过地面。[6]

为了这趟远行，玛丽·安托瓦内特的侍女们为她穿上了层层褶皱的宫廷大礼裙。这是凡尔赛宫的正式宫廷礼服，所用的布料是世上最昂贵的富丽织锦。这件宫廷大礼裙上饰有大量缎带，上为紧身上衣，下身庞大的圈环裙覆盖在宽大的垫臀衬裙之上（在裙子下面固定在臀部周围的"笼框"），与它相配的长长的拖裙从双肩后面的硬褶裥那里飘然下垂，整件裙子衬托出高度风格化又美丽高贵的身影。由于凡尔赛宫是全欧洲各个宫廷的风格标杆，年轻的女大公对这样的装束并不陌生：整个童年时代，她已经在各类官方场合穿过宫廷礼裙的各个修改版本。[7] 然而与已故皇帝弗朗茨·斯蒂芬一样，她的哥哥约瑟夫二世也反对过于严格的宫廷礼节，即位之后便开始着力减少维也纳宫廷服饰的精美繁复。[8] 因此，她在这一天身穿大礼裙就背离了原生环境那种相对宽松的着装要求，提前走进了那个在凡尔赛宫等待着她的世界：对待形式一丝不苟的世界。

尽管她的法国同胞们后来会大肆批判她有损尊严的"奥地利式"不拘礼节倾向，自幼在维也纳长大的玛丽·安托瓦内特在装饰和巧思方面也接受过一定程度的培训：就算在孩提时期，哈布斯堡家族的人也要时时刻刻保持宫廷的仪式感。[9] 她刚满 10 岁，就和马克西米利安和费迪南（两个年龄与她最接近的兄弟）一起，在他们的哥哥约瑟夫大公与巴伐利亚的约瑟法（Josepha of Bavaria）的婚礼上为宾客跳了一曲芭蕾舞。在马丁·迈腾斯（Martin Mytens）描绘那天表演的漂亮油画中——玛丽·安托瓦内特后来请人把它送到法国，作为来自故乡的一个珍贵纪念——女大公克服了身上那套繁复的圈环裙礼服的僵硬和束缚，摆出了一个动人的优雅姿势。早在她跟随诺维尔学习之前数年，她看上去已经"十分高雅端庄，尽显她日后为世人所知的风度"：这要归功于她高贵的出身和母亲极高的期待。[10] 皇后的幼女更精通舞蹈而非其他艺术形式，从幼年开始就被一项对她日后融入法国而言必不可少的技能吸引。

女大公的另一个幸运的童年爱好是玩洋娃娃，这一嗜好让她练习了如何操纵和装扮女性身体。她对这项娱乐的兴趣被她的姐姐、女大公玛丽·克里斯蒂娜（Marie Christine）1762年的一幅肖像画捕捉到了，那幅画作如今悬挂在维也纳的艺术史博物馆（Kunsthistorisches Museum），描绘的是皇室一家在圣尼古拉节那天聚在一起，其乐融融地享用早餐的情景。这幅油画的大部分元素都有一种让人安心的家常放松氛围；与远在凡尔赛宫的那些永远规矩、永远一丝不苟的贵族不同，玛丽亚·特蕾西娅及其家人在不参与国事活动时，都会营造出这种氛围。身边都是自己的家人，人人都以一种随便而舒服的方式庆祝节日，玛丽·安托瓦内特正激动地把玩着手里那个穿着漂亮黄色礼服的大洋娃娃。

乍看之下，未来王储妃沉迷于手里的洋娃娃没什么稀奇的，因为当时和现在一样，圣尼古拉节是一个赠送礼物的节日，孩子们都会心醉神迷地把玩自己的新玩具。画中场景的稀奇之处，也是玛丽·安托瓦内特与这个特别玩具的与众不同之处，倒是她自己的装束。与母亲和姐姐玛丽·克里斯蒂娜（她在画中的穿着被安东尼娅·弗雷泽恰如其分地形容为"打扮得更像个侍女而不是女大公"）形成了鲜明的对比，从低领口紧身上衣和小肩膀垂下的褶裥裙裾可以看出，小公主穿了一件华丽的法式长袍（*robe à la française*），是宫廷大礼裙稍减累赘的变体。[11]（在凡尔赛宫，除了最重大的国事活动外，其他一切场合都要穿法式长袍。）整幅画的周边场景无法解释，也没有

14

什么能够证明年幼的女大公为何采纳了如此正式的打扮——除了同时在场的她手里的娃娃，她似乎模仿自己身上的装束，为那个娃娃穿上了盛装。[12] 无论这是真实发生的历史事实，还是艺术家想象出来的润饰，这一古怪的细节都很能说明问题，因为它把玛丽·安托瓦内特对娃娃的喜爱——她整个少女时代都保持着这样的喜爱——与一位观察家所说的她正在发展的"对新衣的热爱"联系了起来。[13]

如此享受装扮乐趣的玛丽·安托瓦内特，自然非常适合母亲在短短几年后为准备让她嫁入凡尔赛宫而安排的几项主要活动之一：购置新娘妆奁。这需要 13 岁的女大公花费大量时间与成衣制作师和女帽设计师在一起，他们都是专门从巴黎应召前来，为她装备一个得体奢华的衣橱。为展示自己的制品，这些时装供应商往往会依赖有关节的木质或石膏时装娃娃（*poupées de mode*），它们是商店人体模特和 T 台时装模特的先驱，穿着都是娃娃大小的最新巴黎风格。[14] 它们一般被称为"潘多拉"（"小潘多拉"用来展示晨褛和非正式服装，"大潘多拉"则身穿礼服和晚装），这些娃娃对于传播源于巴黎的最新时尚至关重要，在那个年代，巴黎已经被公认为国际时尚的标杆了。[15] 据历史学家达尼埃尔·罗什（Daniel Roche）说，"在战争年代，时装娃娃享有外交豁免权，甚至有骑兵护送，以确保它们能安全到达目的地"。[16]

正如传记作家卡罗利·埃里克森指出的，"（女大公）刚满13 岁，这些娃娃就开始一批一批地到达霍夫堡宫，穿着各种为她建议的长袍和礼服的微缩版"；它们包括——

15　　几十种颜色有微妙差异的舞裙、便宴服、礼服和衬裙，绣着花朵图案或有丝带贴花的丝绸，边缘有弯曲盘旋的金银蕾丝花环……已经过度装饰的织物上面还有成片的假花、羽毛、流苏和丝带蝴蝶结、玫瑰花结和花边、金银线穗边和珠子以及昂贵的金属缘饰。[17]

就算对未来的王后而言，玛丽·安托瓦内特购置的妆奁也算非常庞大奢侈的。皮埃尔·圣－阿芒评论道，为了让这些奢华的礼服尽可能合身，年轻的女大公本人变成了"小小的女模特儿……小心翼翼地为取悦法国宫廷做足了准备"。[18] 她的确像个时装娃娃那样，要扮演两国之间一个昂贵的交换对象的角色，超越外交恩怨，促进两国之间的合作与善意。但她采纳娃娃们的昂贵衣装另有含义。玛丽·安托瓦内特变成了一个活的、能呼吸的时装娃娃，这既使她能够积极参与着装变形的魔法，也要求她必须在最直白的意义上满足她的未来同胞们的苛刻标准。

的确，她与巴黎时装供应商的数次试衣会面就是基于这样一个观念，那就是在那个以精美和势利著称的凡尔赛宫廷里，衣装是进入社交圈和政治存亡的流通货币。事实上，规定女大公要嫁给王储，就必须对她改头换面的不是别人，正是全法国最坚定地支持哈布斯堡王朝与波旁王朝联姻的舒瓦瑟尔公爵。路易十五本人公开表示，他必须先确保玛丽·安托瓦内特的优雅漂亮能为他自己的宫廷增光添彩，否则不可能替孙子做主定下这桩婚事——舒瓦瑟尔也有足够的理由在这一点上满足国王的要求。因为舒瓦瑟尔（和这位君主的其他臣民一样）清楚国王沉迷女色是人尽皆知的，他曾忽视已故王后玛丽亚·莱什琴斯卡，宠爱一连串美艳的情妇。[19] 虽然国王的继承人、玛丽·安托瓦内特未来的丈夫路易·奥古斯特在异性身边只会有受到惊吓的不适感，但舒瓦瑟尔显然希望给男孩找一位漂亮且魅力十足的新娘，从而，用皮埃尔·圣－阿芒的话说，"稳固波旁君主制度，终结它流传在外的通奸的坏名声"。[20] 然而当舒瓦瑟尔第一次询问他在维也纳的主要联系人——玛丽·安托瓦内特的私人教师韦尔蒙神父以及法国大使迪尔福侯爵（the Marquis de Durfort）姑娘的外表如何时，两人都抱怨说缺点很多。玛丽亚·特蕾西娅及其特使被告知，如果奥地利人希望确保他们与法国人的盟友关系，就必须对这些缺点加以纠正。

皇后严肃地对待这些指令，不惜重金把女儿改造成外表合意的波旁新娘。当时中产阶级法国家庭全家人全部衣装的平均价值为30里弗 ①，一对富裕的贵族夫妇的衣服饰品加起来大概值 2000 到 5000 里弗，而玛丽亚·特蕾西娅为幼女的嫁妆花费了 40 万里弗。[21]［根据让·斯加尔（Jean Sgard）即便只能是近似但也很有用的估算，玛丽·安托瓦内特那个时代的 1 里弗大概相当于如今的 20 到 30 美元。[22]］这一数额大大超过了皇后为其他所有女儿的嫁妆所花费用的总和。同样重要的是，购置的每一件服装都是法国产的。只有穿上来自这个国家的衣服，玛丽·安托瓦内特才有希望满足法国国王及其廷臣的苛刻条件。

舒瓦瑟尔及其特使还提议对女大公的体貌做些改变。在婚姻谈判期间，他们注意到姑娘的牙齿歪歪扭扭的，很难看。一位法国牙医立刻被召唤来进行必要的牙科手术。虽然干预过程是巨大的折磨，那时没有麻醉药，而且需要漫长的三个月时间才最终完成，但女大公得到的回报是她微笑起来"十分美丽自然"。[23]

舒瓦瑟尔的团队还指示对公主的头发做一些改善。玛丽·安托瓦内特那头凌乱且很难梳平整的红金色卷发平时就用一条难看的羊毛发带从前额束向后面，头皮都露了出来。那条发带已经开始让女大公的发际线上有一些难看的秃块了；而

---

① 里弗（livre），旧时法国的通用货币名，当时的价值相当于一磅白银。

且，由于它在姑娘的头顶扎了一个高耸的"卷发堆"，这样的发式突出了在法国官员们看起来很丑陋的高额头。[24] 为了解决这些令人担心的问题，舒瓦瑟尔的时髦妹妹格拉蒙公爵夫人（Duchesse de Grammont）前来救场，派曾为路易十五的王后做发型师的拉尔索纳（Larsenneur）来维也纳给女大公做法式发型。[25] 拉尔索纳为女大公重做了路易十五受宠的已故情妇蓬帕杜夫人的著名发型，把姑娘的头发变成了低低的、用粉末定型的上梳发型，上面点缀着装饰性的宝石。最终的发式柔化了她突出的前额，化解了她继续秃顶的危险，让她完全符合凡尔赛宫的发型规定。而且这一改变也给维也纳的夫人们留下了深刻印象，和全欧洲的人一样，她们也把法国廷臣作为时尚风格的典范：不久，这些女人"据说就放弃了自己的卷发，钟爱（所谓的）王储妃发型了"。[26] 年仅 13 岁的玛丽·安托瓦内特已经是一个得到密切关注和热情模仿的时尚标杆了。

路易十五的代表们还安排了一位名叫约瑟夫·迪克勒（Joseph Ducreux）的法国肖像画家去维也纳为这次联姻做出他自己的贡献。这位画师的任务是记录女大公大刀阔斧的改造成果；因为路易十五已经宣布，他只有看到了未来新娘到底长什么样子，才能最终同意联姻。在迪克勒于 1769 年 1 月到达之前，玛丽亚·特蕾西娅已经几次拖延时间，搪塞波旁君主的要求，"仿佛没有哪位艺术家能够真正用笔画下她女儿的绝世美貌"。[27] 当玛丽·安托瓦内特完成变形之后，皇后也变得顺从起来，忙不迭地把迪克勒完成的第一幅画作于当年 4 月送到路易十五面前。

遗憾的是，最初的画作已经遗失，但在 1769 年春，迪克勒又接连创作了另外两幅肖像画，两幅画都被送到凡尔赛宫，被法国艺术家和雕刻师广泛临摹。[28] 那些留存下来的临摹作品中画着一位迷人的年轻王储妃，梳着无可挑剔的法式发型，身着法式装束，显然一举驱散了国王对她是否合意的怀疑——因为在迪克勒的第一幅肖像到达法国宫廷之后，国王很快就同意了这桩婚事。外形改造很成功。如今，玛丽·安托瓦内特只需保持住长辈们花了这么大功夫为她重塑的形象。

当她踏出霍夫堡宫，开启这趟前往新故乡的旅行时，女大公的相貌已经没有什么明显的有待改善之处了。她的蓬帕杜发型，她通过整容变得漂亮的微笑，她精美的织锦长裙，据说看起来就是无可挑剔的法国公主的形象。而由于她能毫不费力地调动那身特大号圈环裙和裙摆，她的体态举止也一样无可挑剔。就连凡尔赛宫里最顽固的诋毁者后来也承认，玛丽·安托瓦内特知道如何像他们中间最美的人一样，在宫廷里优雅地滑行。[29]

突然之间，她轻盈的滑行动作变成了真正的飞翔，只是那飞翔的一刻转瞬即逝，那是她英俊的哥哥费迪南把她从地上抱起来，送上路易十五派来接她的那辆宽敞的四轮双座篷盖马车。在世人眼中，这一辆由巴黎马车制造商弗朗西安（Francien）设计、舒瓦瑟尔公爵亲自加入了诸多细节的四轮双座篷盖马车就像一个巨型的珠宝盒。[30] 它前后左右的窗格几乎全是玻璃；那华丽的白色、玫瑰色和金黄色花环装饰，引发人群一阵阵羡慕的惊呼。在顶篷的纯金平板上，"五彩缤纷的金箔花束优雅地随微风舞动"。[31] 富丽堂皇的纯金挽具将八匹白马拢成一队拉着马车；骏马奔跑时，马鬃上高高的羽毛快速摆动着。[32]

在篷盖马车内部，深红色的长毛绒椅垫上绣着四季图景；它们是由一位名叫特吕莫（Trumeau）的手工大师用金线绣制的。[33] 玛丽·安托瓦内特近来已经听说过不少关于这个春天要发生的一切。前一个星期，她在看起来没完没了的国宴和庆典上担任主宾，全都在赞美新的开始、青春的自然美和即将到来的充实生活。然而在那纵情欢歌的气氛中，没有人想到要教这个小姑娘如何迎接未来将要面对的挑战。她只是听说她赢得了世人期待的最光彩夺目的奖品——即便对霍夫堡宫的女大公而言，这奖品也令人垂涎。[34]

在篷盖马车外面站着女大公的家人们，她少女时代生活的宫殿，她从一出生就在一起的朋友和仆从。除了极少数例外，她将再也见不到他们中的任何一个人了。[35] 她透过一面玻璃墙望向没有笑容的皇后，皇后最近询问一位通灵师，问女儿能否在凡尔赛宫一帆风顺，得到的回答是："每一副肩膀都要背负它自己的十字架。"[36] 姑娘最后一次以祈求的眼神看了母亲一眼，开始哭泣起来。[37]

号手们吹响了号角，瑞士卫队鸣枪致敬，震耳欲聋。在身穿蓝金色制服的骑马侍从的陪伴下，女大公的马车和欢快的送行队伍一起，缓慢地驶出了庭院，骑马侍从要一路护送马车出城门。随后，她童年时期的玩伴约瑟夫·韦伯（Joseph Weber）回忆道："维也纳的大街小巷里弥漫着悲伤。"[38] 或许是为了不让帕尔亲王夫人（Princesse de Paar，这是她母亲的一个老朋友，也是她在这辆过于宽大的篷盖马车里唯一的旅伴）看到自己感情用事，玛丽·安托瓦内特不停地低头去逗蜷缩在她膝上的哈巴狗莫普斯。[39] 尽管如此，看到她的车队行进的路人仍然警觉地注意到"她满面泪痕"。[40] 据约瑟夫·韦伯说，当年轻的姑娘从马车窗户探出头去，伸长脖子回望霍夫堡，直到皇后那一身丧服的身影最后从视线中消失时，几乎人人都看到了她哭泣的脸庞。

然而玛丽亚·特蕾西娅在精神上与她同在。玛丽·安托瓦内特收到母亲送的一个小小的金表作为临别礼物，即便她后来的珠宝收藏堆金积玉，许多藏品远比它昂贵得多，这个金表也一直是她最珍爱的宝物之一。还有一份同样重要的礼物，当

19

大队人马几天之后在弗里堡（Freiburg）短暂停留时，女大公收到了母亲显然在她的篷盖马车刚离开霍夫堡宫便写完的一封信。这封长信的标题是"须每月阅读恪守的规矩"，慷慨地为玛丽·安托瓦内特在凡尔赛宫的行为规范提出了详细的建议。"切忌在任何方面与众不同，"信中命令道，"相反，必须绝对遵守宫廷的惯例。"[41]

接下来，在好几行字之后，有一条吓人的警告："每个人的眼睛都会盯着你。"[42]

的确，玛丽·安托瓦内特刚成为王储妃，每个人的眼睛就开始看向这位宫廷仪式的中心人物。在凡尔赛宫盛大壮观的庆典中，有一整套关于她应该在何时穿、怎么穿、在谁的陪伴下穿衣的规章制度，时刻提醒她，她的身体不仅属于国王，也在向天下人展示王室的尊贵奢华。特别是在路易十四的长期统治（1643~1715 年）中，过度的个人装饰已被用于彰显波旁王朝的绝对权力。正如后来的历史学家们指出的那样，就连"头发、绣花、缎带"、贵重金属、宝石和蕾丝花边这类看似微不足道的东西——它们都是法国王室服饰中必不可少的元素——也会被波旁王朝臣民一眼看出是"权力的效应"。[43] 这种装饰虽无言，但有力地向每一个观者强调其国王有能力聚拢无限的资源，把它们变成自己和王室至高无上的荣耀。作为未来法国君主的妻子，玛丽·安托瓦内特将把这一原则贯彻在自身外貌最微小的细节中，她呈现出来的形象必须得到紧盯着她的无数眼睛的肯定。[44]

然而就算是被一丝不苟调教过的外表，也无法保证获得肯定。七年战争的失败导致法国不得不把自己在加拿大和印度的殖民地割让给英格兰，许多法国人认为奥地利人难辞其咎。[45] 事实上，凡尔赛宫有一大群廷臣自那以后便开始积极游说，要求王国恢复此前对玛丽亚·特蕾西娅及其国人的那种决不妥协的怀疑态度。由于新政策是舒瓦瑟尔公爵努力促成的，这些人便更不遗余力地破坏两国联盟，舒瓦瑟尔巨大的政治势力以及争议不断的哲学和宗教观点让他在宫廷里树敌无数。

反奥派虽然结成了松散同盟，被统称为"法国派"，但宫廷里的反奥派属于在其他方面截然不同的两个社会集团。其一是支持国王新近那位有名号的情妇迪巴利夫人的贵族小集团。舒瓦瑟尔因迪巴利的前任蓬帕杜夫人的恩顾而获益颇丰，她死后，那些恨他的人便四处寻访，要为国王找到一个新情妇，以夺走他的权力，维护他们自己的利益。以艾吉永公爵（Duc d'Aiguillon）和年轻王储的私人教师拉沃吉翁公爵（Duc de La Vauguyon）为首的小团体试图把迪巴利夫人安插在路易十五的枕边，给那位大权在握的能臣以重重一击。在个人层面上，这位新"宠"（被泛称为国王"有名号的情妇"或"官宣情妇"）与舒瓦瑟尔之间毫无瓜葛，后者的妹妹格拉蒙公爵夫人鄙视迪巴利的低微出身和娼妓背景。[46]

然而舒瓦瑟尔的宿敌们十分正确地认识到，随着另一位美丽的年轻女人驾临宫廷，迪巴利夫人大概就不能独享对那位以喜怒无常著称的君主的恩宠了。（事实上路易十五在与玛丽亚·特蕾西娅谈判的初期，曾考虑自己做新郎，后来才觉得孙子是比他更适合的人选。）如此说来，玛丽·安托瓦内特不但对迪巴利夫人本人构成了威胁，而且威胁到了那个小集团的利益，他们在宫廷里升官发财全要仰仗受宠情妇无可匹敌的地位。[47]

法国派的另一个重要分支——因成员们坚定的宗教信仰，通常被称为"虔诚派"——的首领是路易十五的三个未婚的女儿，阿代拉伊德、维克图瓦和索菲。这些被统称为"夫人们"（王室女性后代的通称）或"姑妈们"（基于她们与王室继承

20

人的关系）的女人虔诚、乏味又不幸福，虽然鄙视迪巴利，但和她一样与舒瓦瑟尔有旧账要算。[48] 从他与已故的蓬帕杜夫人（她们恶毒妒忌的人）的关系，到他成功地迫害了法国的耶稣会神父（她们热心支持的人），舒瓦瑟尔的各个方面都令她们怀恨在心。[49] 这些因素甚至超越了夫人们对那位用美色诱骗父亲的出身低微、狐媚假笑的婊子的憎恶。[50]

如此说来，无论是对夫人们还是对迪巴利派来说，舒瓦瑟尔在奥地利问题上的立场都是他们策划让他倒台的另一个迫切理由。此处更切题的是，他从国外带来的做王储妃的新娘变成了一切战略构陷和阴谋的目标。但凡玛丽·安托瓦内特无法诞下一位继承人或者行为举止不够规范，她就有可能被遣送回家乡维也纳。倘若如此，舒瓦瑟尔的外交政策（以及他的名声）就会土崩瓦解。这正是反奥派私下里希望的结局。[51]

另一个让 14 岁女大公的未来更加复杂难测的因素是，这时的法国已是一个病入膏肓的王国。国库早已入不敷出，民众饥寒交迫。王国的统治者曾被称为"深受爱戴者路易"，最近他失去了这个绰号，以及臣民的敬重。[52] 国王的名声不但因为七年战争而受到重创，还因为他专制和霸道的执政作风，以及他通过召开特别会议，即所谓的国王行法会（*lits de justice*），强加在臣民身上的不受欢迎的税务改革而每况愈下。最高法院是原则上的司法机构，负责记录王室的命令，然而在行法会上，国王却私自推翻了最高法院对他的建议提出的反对意见。"国王希望如此"：这是粗暴地压制提出异议的最高法院法官的唯一理由。[53]

当时各类启蒙运动圈子在巴黎十分活跃，思想进步的知识分子们宣传人生而平等的新思想，热烈地辩论君主统治本身的合法性，在他们眼里，路易十五诉诸国王行法会就成为专制主义肆无忌惮的首要例证。但国王在管理他的政治事务时似乎很喜欢秉持蓬帕杜那句臭名昭著的战斗口号的精神："我们死后，哪管洪水滔天"（*Après nous, le déluge*）[54]。这句口号隐含的意思就是，路易十五无须担心在他统治期间出现的种种严重问题，自有后人去面对它们。

然后就是舒瓦瑟尔考虑过的，国王与蓬帕杜和迪巴利的婚外奸情的问题，两位情妇大权在握、接受了国王的大笔馈赠，与他的道德堕落难脱干系，更不用说她们的上位本身就带着没有丝毫公正可言的随意性，在宫廷内外激起广泛的憎恶。长期以来，法国人民对君主本人怨声载道，却总能在很大程度上把怒火发在国王宠爱的这些女人身上。

何况路易十五贪声逐色，裘马轻肥，进一步疏远了他的臣民。除了官宣的情妇之外，这位统治者还征服了无数从所谓污秽阶层中挑选出来的年轻女子，其中许多被他养在距离凡尔赛宫不远的私人妓院里。这些妓院设在一个名叫鹿苑（Parc aux Cerfs，路易十三曾在这里获取更体面一些的猎物）的地方，是"深受憎恶者"不可逆转的道德堕落的明证。即便急于严密监视情人的迪巴利夫人说服他关闭那些妓院也无济于事；在许多臣民看来，国王早已是声名狼藉，无可救药了。

于是，当玛丽·安托瓦内特于1770年穿着那双小小的丝质拖鞋登上法国公共生活的舞台时，她并不知道台下的观众多么蠢蠢欲动，又是多么四分五裂。一方面，充满敌对和宿怨的宫廷把她看成为争夺权力而参与的高风险斗争的人质。另一方面，处在暴力边缘的国家指望她为腐朽的君主制带去一股清风。虽然这些派别在许多方面截然不同，但它们却共有一个隐秘的信念：王储妃的形象对于她的既定角色来说至关重要。在玛丽·安托瓦内特婚前那段时间出版的印刷品是一张穿着漂亮的法式长袍的新娘肖像，图片说明清晰地表达了这一观点——

22

她用美赢得了我们的心
用德行装点自己，
法国已经对她频送秋波；
愿她把这里变成乐国。55

玛丽亚·特蕾西娅本人的表述再贴切不过了。她可不是无缘无故花费了 40 万里弗为女儿购置妆奁，她深知在整个法国，尤其在凡尔赛宫，绝不可低估波旁王朝将王公贵妇的美貌等同于德行、将肤浅外表等同于内在本质的繁文缛节的厉害。56 维系这些等式将是玛丽·安托瓦内特作为王储妃最重要也最没有商量余地的义务之一。她能否成功地为臣民建起一个"乐国"，至少在部分程度上取决于她是否始终愿意为了成功而精心打扮自己。

在从维也纳出发、乘坐马车穿过母亲的领土的途中，14 岁的女大公显然举止极为尊贵得体。她身穿华丽的法国衣物，在那辆玻璃篷盖马车里的一举一动无可挑剔。她透过窗户望着沿途的风景。她忍住眼泪，对恰好出现在道路两旁向她欢呼的人群微笑和挥手致意。她与帕尔亲王夫人轻松地交谈，后来，王储妃为了感谢亲王夫人在旅行中的陪伴，送了一件镶嵌着大小不同的逾 200 颗钻石的紧身上衣给她。57 她把自己的小狗紧紧抱在怀里，重读了一遍母亲的信。姑娘谨遵信上的教诲，谨慎小心不出格……到目前为止，一切还好。

然而非常时期会孕育非常手段，当她经过两个半星期的旅行，终于到达法奥边境时，她将面对第一个特殊事件，正是那一个又一个特殊事件，让她成为法国时尚界最闪亮的明星和最悲惨的受害者。与此同时，在维也纳，焦急不安的玛丽亚·特蕾西娅在祈祷，比以往虔诚得多也紧张得多，恳求"全能的上

帝消除只有她一人预见到的灾难"。[58] 这样的灾难将一次次在
她女儿穿戴华丽的身体上重演。正如多年后的一幅政治漫画指
责的那样，皇后把玛丽·安托瓦内特送往法国，无异于打开了
潘多拉的盒子。[59]

第二章

一丝不挂

1770 年 5 月 7 日下午，在与法国城市斯特拉斯堡隔莱茵河相望的对岸，玛丽·安托瓦内特的马车缓缓停下，黑森林①的上空乌云密布。前一天傍晚在许滕修道院（Abbey of Schüttern），年轻的王室旅人与她的随行人员享受了在哈布斯堡王朝领土上的最后一夜，当地的教堂和政府官员用她的母语德语向她致意，称她为奥地利的女儿。但现在，女大公就要永远离开自己的家乡了。

四轮双座篷盖马车位于 57 辆马车组成的车队之首，一对前轮停在桥上，桥的尽头是莱茵河中间的一座小岛，后轮还在哈布斯堡王朝的领土上，这是位于两个王国之间的一个象征性的中立地盘。它的背后是玛丽亚·特蕾西娅的帝国，距离最近的标志是附近的凯尔（Kehl）镇。大河对岸的法国正等待着它的新王储妃。

当玛丽·安托瓦内特从那一辆童话马车翩然落脚到桥上时，她所在的地点，在严格的地缘政治意义上，既不属于奥地利，也不属于法国。在安排她的行程时，法国和奥地利外交官们就应该在哪里把新娘交给路易十五的特使们展开了激烈争

---

① 黑森林（Black Forest，又称"黑林山"），是德国最大的森林山脉，位于德国西南部的巴登 – 符腾堡州。黑森林的西边和南边是莱茵河谷，最高峰是海拔 1493 米的费尔德山。之所以称其为"黑森林"，是因为山上林区内森林密布，远远望去黑压压的一片。

论。两国的代表们都觉得，在另一方的领土上交接就意味着给予了那个国家，以及那个君主过度的优先权。最后，参与谈判的一位外交官想起来凯尔与斯特拉斯堡之间有个名不见经传的埃皮岛（*Île des Épis*），便提议将那里作为剥除一切政治意义的妥协地点，才总算避免了僵局。外交官们命人在这一小片无人居住的沙地上建造了一个交接亭（*pavillon de remise*），用廉价的木料匆匆建成，设计却很像个微缩版的法国城堡。这个亭阁建筑由三部分组成：一个门朝莱茵河右岸的套间，是为奥地利团队安排的住宿地点；一个相应地门朝河左岸的套间用来安排凡尔赛宫代表团成员；位于这两翼中间的是一个宽敞的交接大厅（*salle de remise*），"女大公将会在这间大厅里变成法兰西王位的女继承人"。[1]

　　玛丽·安托瓦内特在她的"男傧相"、玛丽亚·特蕾西娅宫廷的特使施塔尔亨贝格亲王（Prince Starhemberg）的陪同下刚走进亭阁的奥地利一侧，换装就开始了。在这个阴天的午后，这座建筑的内部寒冷且四处透风，丝毫没有宾至如归的感觉，哪怕它有自诩奢华的装饰——从斯特拉斯堡的权贵家族以及路易十五自己位于巴黎的家具收藏中借来的杂乱的家装物品。最显眼的是，路易十五还出借了古董戈布兰挂毯用于装饰墙面，但那天越来越大的寒风呼啸着从亭阁粗制滥造的木板接缝里透进来，这些挂毯也无济于事。女大公站在她那个庞大的随从队伍的中间，瘦小的身体因止不住寒战而剧烈颤抖着。她那件乳沟裸露、裁剪合身的正式的宫廷大礼裙根本无法抵御寒风——裙子下面只有一件薄薄的罩衫和把连衣裙撑得很夸张的僵硬的紧身褡和垫臀衬裙。然而就连这些薄薄的衣物的保暖效果，玛丽·安托瓦内特也没有享受多久，因为那些陪伴她来到交接亭的女士们的首要任务，就是把她脱得一丝不挂。

　　从厚重的裙摆到繁复的衬裙，从打褶裥的蕾丝长袖到有缎带装饰的紧身上衣，从头发上的珠宝到鞋子上的搭扣，每一件为了让姑娘充满法式风情而精心选择的物品，都被脱去和没收了，因为它们象征着与哈布斯堡王朝的联系。正如凡尔赛宫的女官康庞夫人（Madame Campan）后来解释的那样，这是按照波旁王朝的规矩必须实施的仪式，以确保来自外国的新娘"不会保留（她出身的）宫廷里的任何痕迹，哪怕内衣或袜子也不行"。[2]

即便眼前这位外国人身上穿的衣服都是在法国制作的，也未能为她免去这套传统的脱衣仪式。[3] 除了她在夫人们没收其他物品时设法紧紧攥在手中的母亲送的那块小小的金表之外，"她不能保留任何给她留下珍贵记忆的东西，哪怕是一枚戒指、一个十字架……（哪怕是）一个搭扣、一个夹子或一只心爱的手镯"。[4] 这些东西虽说全都来自巴黎，但它们显然可能会跟奥地利人有某种不合适的关联。因此它们必须被清理，连同它们的主人最爱的那件跟衣物无关的饰物，她心爱的茶色哈巴狗莫普斯。玛丽·安托瓦内特的侍官们对她说，莫普斯会被送回维也纳而不是继续陪伴她；它肮脏的爪子不该出现在一位即将拥有最完美无瑕的容貌的女人身边，尤其是现在。

不管这样的宣告带给玛丽·安托瓦内特怎样的感觉，此刻也无人关注，女人们继续脱去她复杂的装束，并争论可以把哪些物品带回去作为这次行程的纪念品。某些物品甚至落到了那些夫人在交接亭内的法国同行们手中，后来它们有时重新出现在宫廷里，穿戴在她的某一位凡尔赛宫随从的身上，玛丽·安托瓦内特会惊奇地认出它们。礼节规定她不可提出异议，更不能要求把被偷走的衣服还给她。她必须拿出未来王后的良好风度，忍气吞声，委曲求全。

和正为把她衣服上的哪些物品作为油水揣入腰包而争论不休的女人们一样，奥地利团队的男人们也在为交接的后勤事务和回家的漫长旅程忙碌着，没人在乎女大公被一件一件脱光衣服，精神也越来越沮丧。他们围在施塔尔亨贝格的身边，带着漫不经心的兴趣看着她的裸体，偶尔会中断自己的谈话，打量着某个新裸露出来的身体部位或大片肌肤。（她的胸部大概引发了特别的兴趣，因为在联姻谈判的过程中，路易十五详细询问过它们的大小和形状，只不过玛丽亚·特蕾西娅向他保证说姑娘还年轻，一定还会发育。[5]）整个过程中，玛丽·安托瓦内特变成了男人们评头论足的囚徒和女人们强行干预的对象，她使劲儿眨着眼睛，不想当众留下滚烫而愤怒的眼泪。自 4 月 21日与母亲告别之后，她第一次明显地倾尽全力去应对新职位带给她的巨大压力。

谁也没有预料到她会以这种方式做出反应。她自幼就被教育要在臣民面前展现无可指摘的皇室尊严，在这一刻之前，这位少不更事的姑娘在公众眼里的形象一直是令人信服的。前一个月的大部分时间里，她忍受了每天八小时的疲惫旅行，全程都要透过马车的玻璃面板展示在公众面前。寒冷越来越难以忍受，但她一直都谨记自己的本分，微笑面对人群。[6] 在经停的每一站，晚间都有没完没了的宴会和以她的名义举办的庆祝活动，她得挺直身体坐在那里，脸上还得保持微笑。她要倾听冗长的拉丁语朗诵，赞美她的年轻和美丽。她要接受穿着各种古怪的地方服装的孩子们献上的鲜花。她要为无数的音乐演奏、舞蹈表演和烟花燃放鼓掌以示感激。[7] 显然，她从未曾忘记，每个人的眼睛都在看着她。

然而在整个奥地利代表团面前被脱得一丝不挂，女大公终于开始失控了。被剥光衣服如今不仅是她的众多王室义务之一，而且它远比想象得更残酷，尤其是对一位因连日奔波累得筋疲力尽、因感冒而浑身不适的年轻姑娘而言，更何况像她的许多熟人后来提到的那样，这位姑娘天性带着她那个阶层的人很少见的谦逊稳重。[8] "那天，" 出席交接仪式的一位贵族女人后来带着一丝指责回忆道，"她出声痛哭了好久。"[9]

虽然身体发抖，泪水涟涟，赤身裸体的公主仍然保持着路易十五急切关注和要求的外貌吸引力。那位提到她哭泣的观察者也承认，这位长着碧蓝色眸子的小个子金发姑娘肤如凝脂，而另一位同时代人形容她的皮肤 "白得耀眼，（又）透着细嫩的玫瑰色"。[10] 出席仪式的夫人之一，一位名叫亨丽特 - 路易丝·德·瓦尔德纳（Henriette-Louise de Waldner）的阿尔萨斯年轻贵妇人，婚后称作奥伯基希男爵夫人（Baronne d'Oberkirch），也说玛丽·安托瓦内特裸露的皮肤 "的确兼有百合与玫瑰的美"。[11]

这些赞美之词暗含着一种政治含义，因为它们提到的玫瑰色和百合的洁白是有象征含义的。众所周知，玫瑰代表着哈布斯堡王朝，而百合是波旁王朝显眼的标志。（比方说，它就出现在玛丽·安托瓦内特乘坐的那辆马车顶棚上装饰的金箔花束中，轻轻地随风舞动。）与姑娘在维也纳听到的——还有她刚刚成为王室配偶的那些年一直跟她联系在一起的——那么多关于春天的比喻一样，哈布斯堡王朝的玫瑰与波旁王朝的百合花，是两个国家的诗人、演说家、艺术家和王室婚礼热心吹捧者们最爱的形象。正如当时一首法语四行诗所说——

> 多瑙河的玫瑰与塞纳河的百合，
> 色彩相搭，彼此装点：
> 在用这些花朵编织的花环中，爱结成一条心链，
> 欢乐地为两国人定下永远的姻缘。[12]

28　　从这个角度来看，把瓦尔德纳小姐的话换个说法就是，女

大公那赏心悦目的、粉雕玉琢的容貌似乎在字面意义上融合了两个国家希望建立和谐的法奥联盟的愿望。诚然，人们还是期待着这一字面意义上的融合最终能以王室子嗣的形式呈现出来：作为王储妃，玛丽·安托瓦内特应该确保波旁王朝血脉的延续。然而在圆满完成这一生育使命之前，姑娘也象征着玛丽亚·特蕾西娅在写给法国国王的一封信中所说的"我们两个国家和王室之间最甜美的誓言"。[13] 交接完成两天后，一位名叫罗昂亲王（Prince de Rohan）的年轻神父在斯特拉斯堡大教堂念诵的赞词中表达了类似的意思："（王储妃夫人）带着玛丽亚·特蕾西娅的血脉，融入了波旁王朝的精神。"[14]

然而哈布斯堡王朝与波旁王朝的融合在比例上并不完全平等。某些评论家只关注"她皮肤白得耀眼"及其必然暗示的、美丽的"纯洁心灵"。[15] 这样的叙述比花朵搭配的修辞更加精确地指出，王储妃首要的政治职责是为她新家族的百合花而放弃哈布斯堡王朝的玫瑰。白得耀眼的她就应该是一块白板。奥地利的痕迹已被从她身体上清除，是时候在上面涂满法兰西君主的规则和利益了。

为开启这一过程，她要在婚前正式放弃自己的祖国，对未婚夫的国家宣誓效忠——法国王室家族的父权制要求所有外国新娘履行这两个义务。和她在其他方面彻底改成法国风格一样，玛丽·安托瓦内特还在哈布斯堡宫廷里时就开始按这一要求改变，那时她就有了一个跟她的新外表相匹配的法国名字。她本名为玛丽亚·安东尼娅·约瑟法·约翰娜（Maria Antonia Josepha Johanna），人们一直叫她"安东尼娅"，直到舒瓦瑟尔为她选择的法国私人教师韦尔蒙神父为了让她为王储妃生活做好准备，开始称呼她"安托万女士"（Madame Antoine）。在她离开家乡前不久，这个名字变形成为类似的法国名字"玛丽·安托瓦内特"。[16]

4月17日，即出发前四天，她正式放弃了作为帝国女大公的世袭继承权。两个晚上之后，她身穿一件昂贵的银线织物礼服，在维也纳举行了一场嫁给路易－奥古斯特的代行婚礼，那天代替新郎出场的是她的哥哥费迪南。[17] 这场婚礼在维也纳那座威严雄伟的奥斯定堂（Church of the Augustine Friars）举行——玛丽·安托瓦内特出生后不久也曾在同一座教堂里受洗，在教堂的烛光下，新娘被赋予法定的王储妃职衔。因此，组织者要在交接亭举办婚礼，本意也是要为女大公簇新的法国身份进行最后的润饰。

• • •

29 　　起初还只是小股气流透过交接亭劣质拼接木板的缝隙呼呼吹进来，不久后就开始大雨瓢泼，玛丽·安托瓦内特的侍女们变得匆忙起来，她们还有任务要完成。把姑娘的衣服脱光之后，在重新装扮之前，她们给她的头发上涂了厚厚一层粉末，然后又给她的脸上涂了厚厚的白色粉底，还在两颊涂上红色的胭脂：这是路易十五宫廷里的女人们必须完成的三个细节，就连（和玛丽·安托瓦内特一样）天生金发、肌肤白里透红，看起来不需要更多装饰的女人也不例外。[18]

　　涂上这些底妆之后，女人们开始为姑娘穿衣服，先给她套上一件崭新柔软的上等细亚麻布罩衫，然后又把新的鲸鱼骨紧身褡紧紧地箍在她的腰部。然后她们在她的臀部四周固定好垫臀衬裙，在她的腿上套了一双用金线刺绣的白色发暗光的丝绸长袜。最后，她们费劲地帮她穿上一件用闪亮的金线织物制成的沉重的婚礼服。[19] 和它取代的那件礼服一样，这也是一件拖曳及地的正式大礼裙。它领口开得很低的三角形胃托有层叠的缎面蝴蝶结装饰，裙子的其他部分还有更多的褶边、缎带、蕾丝、宝石和丝质花朵装饰。[20] 最后，她穿上一双由顶级的法国制鞋商专为她定制的、带着钻石搭扣的高跟缎面拖鞋，穿戴过程才算结束。[21] 至少在表面上，王储妃那件隆重的金色礼服取代了"有可能珍藏在她记忆中的"一切，把她改造成了一个彻头彻尾的法国人。[22]

与此同时，雨水透过亭阁建筑那些脆弱易损的天花板和墙壁强灌进来，室内漏雨严重。王储妃虽然穿着成人的裙子和高跟鞋，但到底还是个孩子，这时她早就停止了哭泣，看着侍女们因为淋雨而很快坍塌凌乱的发型乐不可支。[23] 侍女们与其说被她们照管的姑娘的笑声惹恼了，倒不如说害怕她自己那精心打理的发式很快就会遭到同样的命运，忙不迭地提醒她接下来要做什么，把她的欢乐扼杀在了摇篮里。她们对她说，如今她已经脱下了奥地利的衣服，也必须要去跟她的奥地利随从告别了。

于是，在同伴们的催促下，王储妃穿过前厅，去跟除施塔尔亨贝格亲王之外的每个人道别，后者将陪伴她进入中央大厅签署正式的交接法案。她在与母亲宫廷里的女士们和先生们告别时，苗条的身材再度因抽泣而抖动起来，他们中的许多人自她婴幼儿时期就开始侍奉她了。和这时在一位仆从的臂弯里呜咽的莫普斯一样，这些忠诚的同伴们接受了女主人特别感伤的告别。

如此情感外露严重破坏了整个程序的皇家庄严感，因此施塔尔亨贝格亲王恭敬但坚决地打断了姑娘的情感宣泄，领着她走进了奥地利人门外的大厅。在那里，路易十五派来的三位使者，诺瓦耶伯爵、热拉尔和布雷两位先生，在一个平台上向她致意，那座平台的前面摆着一张罩着深红色的天鹅绒桌布的长桌，它代表法奥边界。

凡尔赛宫代表团的其他成员在奥地利人住宿处对面那间

30

内室关闭的门背后整装等待着；摊在长桌上的文件签署完成之后，他们才能被引见给王储妃。（不过，法国廷臣们的好奇心可等不了这么久。这群人里有个更胆大的女人已经在法国前厅和中央大厅之间的门道上故意踩着未来王后的裙摆，以便她和同胞们能够提前一窥芳容。）施塔尔亨贝格和玛丽·安托瓦内特小心翼翼地穿过遍地水坑的大厅，走上平台，向路易十五的特使们致意。

诺瓦耶伯爵对两位奥地利人说，国王向他们问好，还说陛下非常期待七天后在贡比涅与玛丽·安托瓦内特相见。诺瓦耶继续说，法国人民和他们的君主一样，也盼望着"两个世上最古老的王室"联姻，期待她能为国家带去前所未有的"福气"。[24] 玛丽·安托瓦内特优雅地点头接受了这些赞美，随后让诺瓦耶和施塔尔亨贝格帮她坐到长桌正中央为她安排的那个王座一般的巨大扶手椅中。由于姑娘的垫臀衬裙和拖裙又大又笨重，这绝非易事。不过诺瓦耶和施塔尔亨贝格都是老练高明的廷臣，做起这种事来自是毫不费力。她一坐好，绅士们也各自就座，审阅摆在他们面前的交接法案，开始了正式的交接程序。

他们交接时，玛丽·安托瓦内特的注意力似乎被挂在桌后墙上的戈布兰挂毯吸引了过去。这些从法国国王的家具藏品中借来的宝贝在挂出时显然没有考虑过它们的主题，上面描绘的是神话中伊阿宋和美狄亚的婚姻，临摹的原本是一些著名的"拉斐尔图稿"。[25] 玛丽·安托瓦内特跟韦尔蒙神父学过不少古典知识，她一定认出了挂毯上的故事，因为她一看到挂毯，就径自喊出了一句："啊，看哪！那算是什么预兆？"[26] 施塔尔亨贝格和他的法国同行们没搭理她的叫喊，继续忙着处理相关手续；事关未来欧洲的地缘政治，他们可没功夫理会这姑娘充满孩子气的隐忧。

· · ·

　　然而根据至少两位同时代人的说法，王储妃对挂毯的评价　　31
似乎合情合理。这两位同时代人里的第一位是当时在斯特拉斯
堡大学读书的约翰·沃尔夫冈·冯·歌德，他在交接仪式前几
天造访过交接亭，看到某个无脑的法国官员选择在墙上挂一幅
描绘"世上最不幸的婚姻"的挂毯来迎接奥地利贵宾，这让他
怒不可遏。[27] 同样，瓦尔德纳小姐也怒斥那些"画着美狄亚和
伊阿宋、他们的屠杀和夫妻争吵的故事的愚蠢挂毯"。[28] 她后
来自问，对一位 14 岁的王储妃而言，这样的图像是多么古怪
的迎接方式啊？

　　然而与歌德不同，瓦尔德纳参加了交接仪式，她注意到玛
丽·安托瓦内特与其说因为挂毯上的故事而感到不安，倒不如
说是被它们"打动了"——这样的反应会让人好奇，女大公到
底认为它们是怎样的"预兆"。[29] 因为玛丽·安托瓦内特跟随
韦尔蒙神父学习期间肯定了解到，美狄亚和她一样，也是一个
因婚姻而踏上异国他乡的公主，也曾利用衣物去直面她在那里
遇到的难题。

　　故事准确地说是这样的：美狄亚离开故国和家人嫁给了伊
阿宋，但伊阿宋后来因政治利害而决定娶另一个公主为妻。美
狄亚不接受伊阿宋弃旧换新的理由，造出一件长袍和一顶绝美
的王冠，在其中浸满了毒药，把它们送给情敌作为新婚礼物。
新娘一穿戴上这些衣饰，血肉就开始因灼烧而熔化，痛苦地倒
地而亡。美狄亚随后又杀死了她为伊阿宋所生的两个孩子，之
后便乘坐自己的祖先、太阳神阿波罗派来解救她的一辆马车，
逃离了那里。

　　无独有偶，玛丽·安托瓦内特也有她自己的一个与太阳

有关的半神圣家谱。她已故的父亲弗朗茨·斯蒂芬那一系与她未来丈夫的曾祖父路易十四是远亲，后者曾因在宫廷舞会中扮作阿波罗而打造了"太阳王"的形象。在母亲那一系，也就是哈布斯堡家族，她的祖先可以上溯至自称阿波罗之子的奥古斯都·恺撒。在思考美狄亚的阴谋时，这位自幼便被称为"恺撒之女"的姑娘或许想到了什么跟她自己的处境相关的东西。[30] 挂毯上的故事或许是在向她暗示，有了适宜的服装，即便是一个孤独的公主也能够抵御他人冷漠地强加于她的屈辱。

鉴于她看到挂毯的时机正好是她当众被脱得一丝不挂之后，玛丽·安托瓦内特的确是时候沿着这一方向思考些什么了。的确，当她从挂毯上解读到的场景与刚刚换衣的场景形成鲜明对比时，她又如何能停止那一脸惊奇的凝视？在后一个小插曲中，一件衣服被脱去，一个公主顺从地放弃了自己的权力；而在前一个故事中，一件衣服被穿上，那位有王室血统的女主人公便实施了自己的绝对权力。两个场景虽然互为对照，却反映了同一个观念：女人的衣物可以产生巨大的政治力量，也可以产生神奇的变身魔法，她要么将这些握在手中，要么甘愿忍受他人的玩弄，别无选择。

交接法案上的墨迹未干，旁边一个房间的门就砰然打开，法国廷臣们在年轻的新娘面前排起了长队。礼仪规定必须按照头衔高低向王储妃一一介绍，主持整个过程的是尊贵的诺瓦耶伯爵，路易十五也任命伯爵的妻子作为玛丽·安托瓦内特的王宫女官（dame d'honneur）和名义上的监护人。和妻子一样，诺瓦耶也来自法国最高贵的家族之一，是礼仪的坚定执行者，他在场本身就确保了整个仪式会像一支经过精心排练的小步舞曲一样平稳顺利。[31] 在他的指挥下，贵族们排着队接受她的接见。绅士们戴着扑粉假发、羽饰帽，穿着他们那个阶层特有的红跟鞋，看上去温文尔雅；女士们身穿华贵宫廷服饰，保持着完美无瑕的优雅身姿滑到她面前，玛丽·安托瓦内特的舞蹈老师诺维尔已经让她对此做好了心理准备。他们一个接一个来到她面前，鞠躬，在新的女主人的脚下行屈膝礼，宣誓将效忠于她。

然而根据至少其中一人的叙述，王储妃的新同胞中，可不是每个人都被他们看到的景象打动。女士们尤其如此，她们错以为她穿着"奥地利的（而不是）法国裙子"，就嘲笑她身上那件"差劲的礼服"。[32]（玛丽·安托瓦内特和母亲都不知道，来到神圣罗马帝国的法国服装商人往往试图把他们过时或二流的作品兜售给轻信的日耳曼乡巴佬。[33] 这一现象大概是法国廷臣们对这位外国姑娘的装束持怀疑态度的原因之一。）看着她平平无奇的装束和沾上了眼泪的胭脂，那些同情法国派、持反奥地利立场的人似乎找到了抱怨新王储妃的第一个理由。他们高兴地把这条信息记在心里，准备日后跟凡尔赛宫里那些志趣相投的密友们分享。

当玛丽·安托瓦内特一时不知所措——或许也是被女士们躲在扇子后面的阴险的窃窃私语吓到了——躲进诺瓦耶伯爵夫人的怀里寻求安慰时，她们在默不出声地咂嘴；母亲曾让她事事都要听从诺瓦耶夫人。[34]（玛丽亚·特蕾西娅所谓的"听从"当然不是孩子气的依赖；皇后从不宠溺女儿，只是希望女儿听从诺瓦耶夫人这位导师的指导，而不是从她那里寻求爱抚。）康庞夫人曾讥讽道，端庄、冰冷的中年伯爵夫人"连呼吸都要遵守礼节"，以至于"哪怕有一点点偏离神圣秩序的地方，她都仿佛快要窒息了"。[35] 就连路易十五本人遇到某个棘手的规矩问题，也不会忘了问一句："咨询过诺瓦耶夫人了吗？"

伯爵夫人清楚地知道，按照礼节，法国君主的身体是神圣

33

的，与君主进行随便的身体接触简直不可想象。因此，一位王储妃与一位臣民——即便是像诺瓦耶夫人这样出身高贵、德高望重的臣民——因一时兴起而拥抱在一起，就是最大程度的失礼，因此玛丽·安托瓦内特的新导师往后退了一步，以防她自己违反礼节。这时，其他法国随从自然又多了一个可以带回宫里嚼舌的刺激八卦。

玛丽·安托瓦内特还没有意识到自己有失礼节，仍然搂着伯爵夫人的腰，请求她指导自己如何适应新地位。作为回应，诺瓦耶夫人紧闭双唇，轻轻地把姑娘推回了原位。她随即对自己的王室女主人行了一个屈膝礼，用不耐烦的口气对她说接见仪式必须继续进行。如果玛丽·安托瓦内特真的希望好好表现，那么无论是现在还是将来，她都要谨慎避免任何进一步违反严格而不得松懈的礼节规矩。这是身为波旁王朝的妻子必须做到的——除此无他。

伯爵夫人严厉的——当然也是公开的——责备再清楚不过地表明，玛丽·安托瓦内特的新生活"没有任何感伤的余地，这一点没有被列入宫廷礼节"。[36] 这里不会有人给她以同情。同样，她的监护人坚持不惜任何代价地保持外表端庄也可能加深了她心中刚刚出现的感觉，即她的新生活的主要内容将是外表、控制、表演。母亲难道没有提醒过她，在法国，每天从早到晚都有一大群人盯着她，她绝不能有任何把柄落在那些观众手上吗？王储妃放开了抓着一脸严肃的王宫女官的手，不卑不亢地站直身体，用清晰坚决的语调说："夫人，请原谅我刚才为我家人和故国流下的眼泪。从今往后，我将永远不会忘记自己法国女人的身份。"[37]

诺瓦耶夫人听到这番话，略微点头，表示危机已经过去了。接见仪式继续进行。刚一完成，诺瓦耶伯爵夫人就领着王储妃走出了亭子。宫廷里的其他人跟在后面。人群中的最后一人刚离开这座建筑物，交接大厅上的房顶就在大雨的冲刷下坍塌了。

在倒塌的交接亭外，一群来自附近阿尔萨斯地区的贫苦农民在雨中挤成一团，也希望一睹王储妃的芳姿。一位身穿制服的男侍站在王储妃的身后，高高地拖着她金色的拖裙以防止它落入泥泞，王储妃轻快地钻进了自己的篷盖马车里，随后人群中响起了喧闹的欢呼声。那些人冲进去洗劫了她刚刚到过的那个建筑。大部分用来装饰的挂毯和其他家具都在这场抢夺之战中消失了。[38]

由玛丽·安托瓦内特的四轮双座篷盖马车打头，威严的法国马车队列从埃皮岛出发，跨过莱茵河，即将在法国土地上举办第一个婚礼庆典。雨势减弱，玛丽·安托瓦内特乘坐的马车驶向阿尔萨斯的首府斯特拉斯堡，从锦簇花环装饰的城门下穿过，道路两旁站立着三队年轻士兵。那些年轻人身穿古朴别致的瑞士百人卫队制服，在马车队经过他们、穿过以王储妃的名义建起的雄伟的凯旋门进入布罗伊广场（Place Broglie）时，朝空中鸣枪致敬。[39] 拱门顶上"并列着法国和奥地利两个王朝的纹章，用一根蓝黄相间的缎带系在一起，缎带上面绣着喜庆乐观的文字：*Perpetua imperiorum concordia*——两个帝国永结同好"。[40] 斯特拉斯堡大教堂的钟声响彻城市上空，欢快地迎接王储妃的到来。

终于，王储妃的马车停在了雄伟的大主教宫门前，枢机主教路易·康斯坦丁·德·罗昂今晚将在这里接待她，以他为首的家族是法国最古老、最高贵的家族之一。这位受人尊敬的神父站在宫廷台阶上迎接玛丽·安托瓦内特，站在他身边的是该市的首席地方长官安蒂尼先生。枢机主教首先用法文致意之后，安蒂尼开始用王储妃的母语问候她。此时的玛丽·安托瓦内特急于弥补交接仪式期间的一切过失，并证明自己是个彻头彻尾的法国人，便打断好心的长官，略微修正了一下她此前刚刚对诺瓦耶夫人说话的口气，说："我亲爱的先生，请不要对我讲德语；从这一刻起，我只听得懂法语。"[41] 王储妃虽带着一点她始终没能摆脱的德国口音，但她道出的话语却让聚集在市镇广场上的人群欣喜异常。正如她身上那些"从巴黎送来的上等衣物"被大家视为比她在交接之前穿着的衣服"好看一千倍"，她亲切的话语也让周围的观众放下心来，奥地利公主的确会尽自己的努力去促进这个国家的利益。[42]

于是，斯特拉斯堡市民也费了很大一番力气取悦他们的王储妃，力图让她初到法国的这一天变成终生难忘的经历。接见完罗昂和安蒂尼之后，36 位年轻的牧羊人和牧羊女为她献上了装满鲜花的花篮，这些年轻人都是精心挑选的，相貌美好，与身上甜美的乡村装束相得益彰。市政代表们又为她带来了数十捧花束，还有从斯特拉斯堡最尊贵的家族中选出的 24 位少女，身穿五颜六色的阿尔萨斯当地服装，在她脚下撒下更多的花朵。玛丽·安托瓦内特被这最后一群人吸引了，停下来询问每一个姑娘的名字，给了她们每人一捧花留作纪念。[43] 她们中间最幸运的人得到了女大公那天下午随身携带的一把扇子作为礼物：精美雕刻、镶嵌宝石的象牙扇骨上面装点着轻快活泼的洛可可风格的场景。[44] 斯特拉斯堡市民被她的慷慨和风度打动了，兴高采烈地欢迎这位外国公主来到他们的城市。[45]

如此热情奔放、精心彩排过的欢迎仪式与交接仪式上紧张的严肃气氛实在是天壤之别。王储妃的四周到处是美丽的面庞冲她微笑——的确让这位（用她的一位发型师后来的说法）无法忍受身边的人不好看的姑娘喜出望外。[46] 她还不知道为了这场欢迎仪式，当地曾颁布了一个政令，"禁止任何外表有丑陋缺陷的人出现在她面前"。[47] 据歌德说，这一政令引发了民众的一些抱怨，但最终的结果却好得出奇。这场在斯特拉斯堡迎接玛丽·安托瓦内特的选美秀让她看到，法国人对外表的执念也不是一无是处的。

也是在这座阿尔萨斯城市，她首次尝到了法国式的故作姿态让人开心的一面：在交接仪式上是那么生硬刻板、令人生畏，在庆典上却又那么欢天喜地、令人振奋。一面 80 英尺高的帐幔已经提前挂好，宽度覆盖了大主教宫漂亮的正立面，上面画着逼真的柱廊和郁郁葱葱的规整园林，把布罗伊广场变成了一个光芒璀璨的圆形舞台。夜幕降临时，曾一路尾随玛丽·安托瓦内特渡过莱茵河的雨云彻底散去，上千支提灯高高挂起，照亮了城市的街道和屋顶。斯特拉斯堡大教堂也一样被通体照亮，瓦尔德纳小姐说，它的粉色砂岩"像一团火焰，它精美的装饰像群星一样闪烁"。[48]

各种神话人物造型（当然，这里绝不可能出现伊阿宋和美狄亚）的烟花在夜空中投下了更加耀眼的亮光，它们的映像在河面上舞动着；罗昂枢机主教宫殿是沿河而建的。[49] 城里的船夫们驾着小船在波光粼粼的水面上穿梭，手里提着"（从）桅杆上（取下来）的小油灯，远看像红色的大橙子，或是（挥舞着）彩色的火把"。[50] 有些人甚至把小船聚集在王储妃的窗下，船上堆满了各种各样的灌木，像是为了取悦她而建了一座精美的"流动花园"。[51] 就连喷泉里流淌的葡萄酒和街道上烧烤牛肉的香气都无法与这些绝妙的景象媲美。瓦尔德纳小姐惊奇地注意到，就连最贫穷的狂欢者也没怎么理会免费的食物，他们都被周围像被魔法改造过的壮观景象惊呆了。[52]

玛丽·安托瓦内特对奢华聚会绝不陌生，但她似乎也一样沉浸在其中着了迷。[53] 整个城市在深夜里散发着奇妙的光芒，一切是如此神奇，仿佛已经超越了尘世凡间。"看起来，"多年后瓦尔德纳回忆道，"就像世界末日。"[54] 然而对玛丽·安托瓦

36

内特而言，这次庆典却是一个新的开始：她来到的这个国度，雍容华贵的景象将超越一切，成为首要的考虑因素。

第二天，王储妃和她的随从在斯特拉斯堡大教堂里参加了宗教仪式，由于接待人枢机主教已经动身前往附近的萨维纳（Saverne），为那里当晚的庆典活动做安排，所以宗教仪式由他的侄子路易·德·罗昂主持。以历史的后见之明来看，两人在大教堂的这次相遇是一个重要时刻，因为年轻人罗昂，这位带着根深蒂固的社会特权意识的酒色之徒，在15年后对玛丽·安托瓦内特的名声造成了无法弥补的伤害。然而即便罗昂在演说中露出了性情恶毒或道德放荡的痕迹，他那位尊贵的听者似乎也根本没有注意。恰恰相反：他的讲话即将结束时，她对亲王投去了赞许的动人微笑。[55] 为了理解她如今卷入其中的社交等级的微妙差异，出于正确的直觉，她认为法国首屈一指的贵族家族成员罗昂是个人物，正如安东尼娅·弗雷泽所说，此人"有着王储妃玛丽·安托瓦内特将不得不学着应付的磅礴气势——或虚张声势"。[56]

事实上，作为王储妃，玛丽·安托瓦内特应付这些事务的能力日日精进。在她和160人的随从队伍离开斯特拉斯堡之后，他们开启了为期一周的旅程，即将在贡比涅森林里觐见路易十五及王室成员。旅行期间，她在沿途的每一站都给她的新臣民留下了极好的印象。在她到访的每一座城镇，居民们都摆出极大的场面和排场来迎接她——更多的烟花和花朵，更多年轻漂亮的面孔和热情洋溢的讲话。为了表达感谢，王储妃给当地的主人们呈现出堪称典范的王室端庄形象。交接仪式上的错误尽成过往。她穿着法国衣服，说着法语，每到一处都引发人们高声赞叹："好漂亮啊，我们的王储妃！"她用魅力四射的谦卑和风度来回应这样的赞美之词。[57] 她的老朋友约瑟夫·韦伯断言："过不了多久，每个人都会坚信，她不仅拥有美丽的身体，还拥有一样美好的灵魂。"[58]

王储妃的非凡成功在 5 月 14 日这天达到高潮，那天，国王本人称赞她拥有他见到过的最优雅的"法式风度"。[59] 路易十五、路易·奥古斯特以及一群精心挑选的廷臣那天下午乘马车出城，在贡比涅森林迎接远道而来的年轻姑娘，那里距离王室的同名行宫不远。当她的马车停在阳光斑驳的林中空地时，姑娘扶着相貌丑陋但温文尔雅的舒瓦瑟尔公爵的胳膊出现在众人眼前；国王赋予了公爵和她一起走完旅行的最后一程的特权。

在合宜地感谢舒瓦瑟尔"为她带来了如许荣幸"之后，玛丽·安托瓦内特轻快地穿过一群肃然伫立的亲王和权贵，在路易十五的脚下行了一个深深的、无可挑剔的屈膝礼。当他允许她起身后，她起初称他为"陛下"，随后又温柔地称呼他"爷爷"。这样亲密的举动无疑会让诺瓦耶伯爵夫人不悦，但国王似乎觉得她很讨人喜欢。[60] 他使劲儿地吻了姑娘的双颊，好好地对她上下打量了一番，接着便带着赞许的微笑退到一旁，以便他的孙子遵行同一套礼节。

路易·奥古斯特则恰恰相反，他看起来与其说被刚刚到来的新娘的魅力折服，不如说被她吓到了。聚集在周围的廷臣们注意到，他甚至明显不愿意走近她——这让有些廷臣忧虑，另一些则几乎掩饰不住地幸灾乐祸。礼节规定他要亲吻她的脸颊，但和祖父不同，他吻她的时候尽可能敷衍了事，然后就很快退到一旁，让路易十五去对她暗送秋波。[61] 玛丽·安托瓦内特仍然保持着风度，勇敢地回应国王的殷勤问候，并与他随从队伍中的其他人打招呼。但在整个旅程中，几乎每个人都对她热情有加，年轻波旁王储的冷漠疏远一定让她踌躇了一下。路易十五和她一样大惑不解，后来有评论说他的孙子未能对新娘无法抗拒的魅力做出回应，实在"有异于常人"。[62]

38　　　或者这么说吧，年轻的新郎至少跟他的国王祖父全然不同。风流倜傥的路易十五长着一双黑色的眸子，年过花甲仍然保持着略带阴郁气质的传奇般的英俊相貌，15岁的路易·奥古斯特则正好相反，他近视、笨拙，又超重。正如玛丽亚·特蕾西娅驻凡尔赛宫的大使梅西－阿让托伯爵充满厌恶地通报的那样，"上天仿佛剥夺了王储先生的一切"。所谓一切，当然不包括一双泪眼迷蒙、眼袋深重的蓝眼睛，臃肿拖沓的体态，紧张的大笑，贪婪的胃口，还有这最后一个特质的结果：肥胖的体型。此外，年轻人从来不想，也不指望成为国王：只不过父亲和两个哥哥的早亡把他推上了王储之位，而他似乎古怪地下定决心，绝不按照自己的既定角色打理外表，注意言行。[63] 按照宫廷里饶舌者们更不留情面的说法，当摇摇摆摆地穿过凡尔赛宫的一间间大厅时，他看上去就像个"刚刚抛下锄头的农民"。[64]

　　　上天对王储妃接下来见到的那几位王室成员也同样毫无善心：阿代拉伊德、索菲和维克图瓦三位夫人。和她们的侄子一样，国王的这些未婚女儿外表不佳，社交笨拙，曾在宫廷里见过她们的霍勒斯·沃波尔称她们这些"蠢笨肥胖的老女人们（从来不）知道自己想说什么，摇头摆尾的，就跟随时要撒尿似的"。[65] 康庞夫人（正是她后来记录了18世纪末期凡尔赛宫的生活，那是迄今为止最为详细的内幕叙述之一）在成为玛丽·安托瓦内特的侍从之前曾经是这三个女人的读书人，她也以自己幽默率直的方式回忆了她们，证实了沃波尔的说法。据康庞说，粗壮的维克图瓦到37岁时已经肥胖得足以配得上她父亲在她小时候开玩笑时给她取的昵称：小猪（Coche）。而36岁的索菲虽然"很瘦"，却"丑得可怕"，国王称之为"蛆虫"（Graille）。[66] 索菲和维克图瓦都极度容易紧张。由于幼年在丰特夫罗修道院（Fontevrault Abbey）受教育时曾被迫在穹形地牢里忏悔，时常听到隔壁地牢里一个疯男人狂乱的尖叫，维克图瓦会因神经紧张而陷入麻痹。索菲惧怕人群和风暴，一旦被激怒，她就会"像只受惊的兔子"（康庞的比喻）一样在凡尔赛宫里横冲直撞，令人不安。[67]

38 岁的大姐阿代拉伊德倒没那么意志薄弱，只不过她既不好看也没风度。她邋里邋遢，不修边幅又破衣烂衫的外表让父亲给她取了个"抹布"（Loque）的绰号。与此同时，她又喜欢好看的衣服，对自己的魅力有种近乎悲壮的虚荣，即便在年轻的时候，她也只是中人之姿，而后很快就人老珠黄了。[68] 根据塞居尔侯爵（Marquis de Ségur）的说法，阿代拉伊德夫人也"荒谬地以自己的王室头衔为傲"，为了维护"法兰西之女"的高贵身份，宁可不嫁给任何一位外国亲王。[69] 妹妹们都效仿她，她们对父亲的外交大臣的政治复仇也是大姐领的头。早在新王储妃到达之前，这三姐妹就准备好了最新一轮的报复行动，目标就是要让舒瓦瑟尔和受他保护的人尽快名誉扫地。[70]

多年来，路易十五本人并不在意确保女儿们合作或者让她们支持他的各种决定。尽管有谣言说他在阿代拉伊德夫人年轻时与她有乱伦奸情，但国王总是尽量减少与她和她两个妹妹相处的时间。她们虔信宗教在他看来尤其乏味得无法形容；因此，他每天礼节性地到她们的房间问候，如例行公事一般，也丝毫不掩饰更愿意跟那些漂亮又会找乐子的情妇们在一起的事实。[71] 即便在迎接玛丽·安托瓦内特的旅行中，他也邀请迪巴利伯爵夫人参加在见到新王储妃之后的那一晚在贡比涅森林举办的晚宴，这令三位夫人深感不安。迪巴利此前从未有过与王室成员共进晚餐的特权；夫人们简直不敢相信国王会在自己孙子的婚礼这样庄重的场合给予那个婊子如此的荣耀。[72]

王储妃也正是在犬舍（La Muette，路易十五位于布洛涅林苑的狩猎小屋）举行的这次晚宴上第一次见到了迪巴利伯爵夫人。这位得宠情妇的奢华服饰和珠宝、口齿不清的信口胡诌以及她高高地坐在国王的座椅扶手上这一臭名昭著的恶习，让她在一众宾客中十分抢眼，玛丽·安托瓦内特一下子就注意到她了。[73] 她问起"那个女人在宫中的职责是什么"时，诺瓦耶夫人机智的侄子阿延公爵（Marquis de Ségur）说了句委婉语："给国王找乐子。""哦，那个我也会！"年轻姑娘没发现这是含沙射影，天真地答道。[74] 然而在夫人们看来，姑娘的回答让她们眼前浮现出一个可怕场景——她们已经惊恐地预见到了这一场景，因为正如康庞夫人所说，自从见到王储妃，她们的父亲"一直在滔滔不绝地赞美她的优雅风度"。[75] 这样的赞美也不会让迪巴利夫人及其朋友圈子喜欢这位新来的姑娘。看到舒瓦瑟尔的奥地利丫头如此令人难受地大获成功，夫人们和迪巴利派比以往任何时候都更乐见她毁灭了。

玛丽·安托瓦内特于 5 月 16 日早晨到达凡尔赛宫。无论跟霍夫堡宫还是美泉宫（Schönbrunn，哈布斯堡王朝建在维也纳郊外的城堡，有 1100 个房间）相比，凡尔赛宫都要气派得多，这座巍峨城堡的石灰岩外墙足有 400 米长。它宏伟庄严的建筑风格带着 17 世纪的伟大建筑师朱尔·阿杜安-芒萨尔（Jules Hardouin-Mansart）的印记，后者答应了路易十四的请求，把起初只是个王室狩猎小屋的凡尔赛宫打造成全欧洲最恢宏的宫殿。它也名副其实。在巴黎以东 12 英里外的一片不规则的沼泽地上，路易十四召人建起了河道、花圃，还有宏大的几何形状花园，目力所及，尽是美景。虽说到了路易十五统治时期，宫殿周围的好几座雕塑和喷泉都已年久失修，正如当时的一位参观者抱怨的那样，糟糕的卫生条件导致"公园、花

园乃至城堡本身都泛着一股令人反胃的……尿臊气和粪臭味",
但建筑本身的整体效果仍然是无可比拟也无法想象地雄壮威
严。[76] 就连坐落在城堡庄严的中央庭院两旁的马厩都气势恢宏,
它们的复折式屋顶下面能够同时容纳 2500 匹马。

宫殿里住着 2000 到 4000 人,他们争相住进 226 间奢华
套房,或者 500 间不那么舒适但仍极具盛名的房间。[77] 在特别
拥挤的时候,凡尔赛宫能够容纳 10000 人:从最尊贵的王公显
要到最低微的侍从奴仆,从外国要人及其随从到在临时货摊上
兜售产品的商贩。这座城堡甚至对游人开放,只要男性游人戴
上必备的帽子并佩戴国王绅士之剑。(如果参观的游人自己没
有这些,还可以付少量费用从宫殿门房那里租借。[78])

太阳王在构想这座不可思议的城堡时,首要目标是把廷臣
们始终置于他的监视范围内——而他也能始终接受他们仰望的
凝视。[79] 路易十四年轻时,发现贵族们总是在危险地反对王室
的权威。在 17 世纪的最后 25 年里,他总算制伏了他们,手段
就是把他们安置在他新近扩建的城堡中,全天候地崇拜他自己
那超越一切的灿烂光芒。

在路易十四的法典中,凡尔赛宫的日常生活必须既强调他
的君权神授地位,又迫使贵族满怀崇拜地屈居从属地位。宫廷
礼节规定国王及王室成员的一切姿态都是神圣的仪式,贵族们
的职责是作为这些仪式的观者和司仪。表面上,贵族成员的职
责似乎微不足道:晚上拿走君主的鞋子,清晨为他倒水净手。
但路易十四把这些职责变成了最高特权的标志:文化历史学家
让－马里·阿波斯托利季斯(Jean-Marie Apostolidès)所谓
的"想象的补偿",宫廷贵族们为此展开了激烈的竞争,也掩
盖了他们在国王的专制统治下丧失了真正的政治权利这一事
实。[80] 正如传记作家和历史学家奥利维尔·伯尼尔(Olivier
Bernier)在解释这一体系时所说——

41

由于（凡尔赛宫的）贵族们整日忙着争夺神秘难解的优先权，什么穿多长的斗篷表达何种哀悼啦，什么在王室小礼拜堂的坐垫的精确摆放啦，他们也就没时间像祖先那样经常想着反抗政府了。[81]

此外，伯尼尔提到的斗篷表明，服装不仅外化了国王本人的权力，也是每个贵族在等级森严且精准细分的宫廷中地位的体现。举例而言，当路易十四穿着一件特制的开衩式长袖外套悼念岳父之死时，他通过了一项法律，禁止除廷臣之外的任何人穿着同样的装束。[82] 同样，君主发明了一种名叫"专利外套"的装束，只分发给最受他宠幸的 70 个人。而"当他们穿着这些金线绣花的蓝色外套时"，时尚历史学家米拉·孔蒂尼（Mila Contini）指出，那 70 个人"就能够随时随地跟着国王而无需进一步许可"——这是非凡的自由和极端特权的标志。[83] 这一套区分体系直到 18 世纪还在运行，当时德高望重的贵族塞居尔伯爵说，"法国的廷臣们与其说是君王的奴隶，不如说是时装的奴隶"。[84] 的确，对凡尔赛宫的居民们来说，服装和其他看似肤浅的标志一直是他们成功与否的实实在在的衡量标准。在这个精英世界，外表就是实质。从开衩式长袖到专利外套的每一件物品，清晰可辨的权力的外表，才是真正的实力。[85]

当玛丽·安托瓦内特第一次从她的马车上翩然落地，来到城堡庞大的中庭时，她还没有时间细细寻味这个新家的特殊文化。由于她准备居住的位于二层的大套房尚未完成装修，诺瓦耶夫人旋即领着她穿过乱糟糟地堆积在巨大宫殿里的镀金铜器、大理石、乌木、象牙、玻璃、雕像、油画和挂毯，进入了位于一层的一套临时房间。

这个套房以前是王储已故的母亲玛丽·约瑟芬的住所，包括"两个前厅、一间宽大的陈列室或书房、两间小一点的客厅、一个祈祷室、一间卧室和一间浴室"。[86] 除了墙上的一些漂亮的细木护壁板和卧室门上挂着的两幅蒙尘的油画——上面画着爱神维纳斯和她儿子丘比特的情人普塞克嬉戏的情景——玛丽·安托瓦内特的新住所没有什么亮眼之处。从玛丽·约瑟芬 1767 年死于肺结核之后，这些房间一直无人问津，此时看起来已十分阴沉昏暗；许多奢华镀金的家具仍然套着罩布套或者积着厚厚的灰尘。天花板镀着一层厚厚的金箔，但已经出现裂缝或已经剥落了，看上去很快就会垮塌。

如果这最后一个建筑特征让人想起了交接亭的话，那么在侍女们开始为她更衣时，王储妃关于那座亭子的记忆更清晰地浮现了出来。在这里，和在交接仪式上一样，公主不得不被脱得半裸站在那里瑟瑟发抖，一大群侍女很快为她的头发扑上干粉，为她的脸庞涂上白色的湿粉底，在她的双颊涂上两圈胭脂，涂抹胭脂的位置是事先精确定好的。在这里，和在交接仪式上一样，女人们也把她裹进僵硬的、合身的紧身上衣和垫臀衬裙里，为她穿上绫罗锦缎的大礼裙。[87] 只有这件裙装与在莱茵河上的交接仪式有明显的差异，因为今天的这一件是用明亮的白色调银线织物裁剪而成的：这是法国传统规定的王储妃结婚礼服的织物。

这件银色的礼服本身就已经十分耀眼，还点缀了许多精美的白色钻石，那些是母亲送给她的结婚礼物，突出了她作为宫廷里最重要的女人的官方地位。[88] 这套装束是一个杰作，只有一个小小的细节算是瑕疵——这可能让姑娘的婚礼更衣比在边境上被脱得一丝不挂更令她不安。因为制作这件结婚礼服的制衣师们错估了她的尺寸，紧身上衣比她的尺码小得多。

玛丽·安托瓦内特的侍女们大概费了好一番力气，也没能在后面把裙子扣上；正如一位婚礼贵宾观察到的，那里"有一条很宽的临时拼凑的饰带，十分显眼，在两条更宽的钻石饰带中间，效果很差"。[89]这可不是个可以忽略不计的小故障，因为新娘本应该代表她加入的王朝的万丈光芒。然而由于数千人在焦急地等待着王储妃的出现——婚礼原定于一点准时开始——也没有其他银线织物礼服可以替代，她别无选择，只能穿着这一件将就了。宫殿里的时钟敲响了一声。在诺瓦耶夫人的提示下，公主穿着不合身的礼服开始了新娘行进，她身后"临时拼凑的饰带"曝露在所有人的目光之下。刚走出套房，玛丽·安托瓦内特尽力保持的娴静从容就瓦解了。到达凡尔赛宫才几个小时，完美的公主形象就已经无力维持了。

43　　尽管如此，玛丽·安托瓦内特在走上楼梯到会议厅去加入路易十五及其家人的那一路仍然保持着勇敢坚毅。在这里，她第一次见到了王储的两个弟弟，普罗旺斯伯爵和阿图瓦伯爵，还有他的两个妹妹克洛蒂尔德和伊丽莎白，以及好几位血统亲王，除了国王最亲密的家人之外，他们算是宫廷里最重要的人物了。走完流程之后，这群人就开始穿过宫廷那个闪闪发光的巨大镜厅，有逾6000位穿着华丽的贵族聚集在那里，等待他们的到来。

镜厅一般只为举办最重要的宫廷活动时使用，其名来自那里的东墙上悬挂着17面巨大的拱形镜子。这些镜子捕捉到了通过拱廊里的窗子射到对面墙上的太阳光，以及在画廊的枝形吊灯和金色高烛架中闪烁的数千支蜡烛的烛光。（很快就会证明，人造光源不仅能起到装饰作用，也是十分必要的，因为黑色的雨云已经开始在夏日的天空中聚集了——"一定是凶兆"，支持迪巴利夫人的年迈的黎塞留公爵把自己的猜想说出了声。[90]）在这间大厅里摆放的那些高大的大理石雕塑和沉重的金制家具中，厚重的银花盆里种植的橘子树正在开花，空气中弥漫着香气。屋顶上，镀金边框的壁画上现出路易十四的雄姿英发，他曾监督这间大厅的建造，他那无处不在的太阳王形象被用金线缝进了富丽的白色锦缎挂毯中，挂在两侧拱形的窗户上。

一般来说，这个房间那些令人眼花缭乱的元素就已经足够让法国人和外国人对波旁君主无与伦比的荣耀艳羡不已了。但这一天，它们还是无法与在光彩夺目的镶木地板上滑行的苗条的姑娘媲美。"从她一开始进入长廊的那几步路，"康庞夫人写道，"她就把六千双眼睛吸引到了自己身上。"[91] 的确，就算她的紧身褡和蕾丝曝露在众目睽睽之下——即便玛丽·安托瓦内特看到它们在镜厅里无数的镜子中反射了数万次，想必更加紧张——但新娘走向国王礼拜堂的那一路还是呈现出美丽绝伦的身影。她身上富丽堂皇的钻石把阳光和烛光折射到四面八方，她的凌波微步和光滑的肌肤让巨大长廊中的人群不由得发出赞叹的低呼，她凭直觉知道那些人头衔够高、有资格得到王室恩宠，对他们中的每个人点头或微笑，也让人们惊羡不已。[92] 康庞说，这样令人叹服的表现让王储妃"在每个人眼中的形象更加美丽"——尽管这样的评价忽略了王储妃的到来可能引发的法国派成员充满敌意或厌恶的低语。[93]

新娘、新郎和王室一家到达国王礼拜堂，观众在他们的身后拥入，前来观看这一宗教仪式。从礼拜堂过度拥挤的长椅和人满为患的二层隔间看去，轻巧如燕的玛丽·安托瓦内特跪于笼罩在圣坛顶上的银色屋顶下，跟可怜的路易·奥古斯特简直是天壤之别，后者穿着那身昂贵的金色结婚礼服（据说价值超过了 64000 里弗），显得很不自在。[94] 至少这是参加婚礼的贵宾之一诺森伯兰公爵夫人（Duchess of Northumberland）的看法，她抱怨王储"穿着自己的衣服也浑身不舒服"，"看上

44

去比他那个小小的妻子胆怯得多。他在教堂婚礼期间浑身抖得厉害，给新娘戒指时脸红到了脖子根"。[95] 虽然新娘在签署结婚登记时也有那么一刻暴露了自己的紧张（她在写自己的中名之一"让娜"时，有一滴很大的墨汁落在了纸上），但她很快就恢复了平静，全然不理旁观者嘟囔那滴墨汁预示着怎样不祥的未来。[96]

另一轮正式介绍之后，王室一行转移到了刚刚完工的演出厅（*salle de spectacles*）参加王室举办的公共晚宴，玛丽·安托瓦内特在那里仍然是整个人群关注的焦点。奢华镀金的演出厅被超过 3000 支闪烁的蜡烛照得灯火通明，其装修昂贵得吓人，国王的建筑师昂热 - 雅克·加布里埃尔（Ange-Jacques Gabriel）花了两年多时间才完工。[97] 但尽管装修成果如一位观者透露的那样，"比世界七大奇迹还要好看一百倍"，高坐在演出厅那些镶金边的隔间里用餐的贵宾们仍然把全部精力集中在王储妃身上。[98] 在大厅那高高的镀金天花板上，油画里的阿波罗为它增色不少，在天花板下面用餐的恺撒的女儿让她高贵的祖先引以为豪。这与路易·奥古斯特形成了鲜明的对比，他正在大口咀嚼着眼前的食物，而玛丽·安托瓦内特几乎没怎么吃东西，她优雅而挺直地坐在那里，"像一尊至美的雕塑"。[99]

同样，当在凡尔赛宫顶上聚集的雨云终于暴发，把狂欢者浇得浑身湿透，把他们从有照明的花园里驱赶到室内时，玛丽·安托瓦内特没有一丝惊慌，她玲珑剔透的美也没有分毫受损。在名叫《风雅信使》（*Le Mercure galant*）的报纸上，科松·德·拉克勒松尼埃尔小姐（Mademoiselle Cosson de la Cressonnière）发表了一首四行诗，回应新娘在婚礼上收获的盛誉，其中包括点缀着她新套房墙壁的那些吉利的意象——

带着宫廷之人的良好祝愿，

她被一场尊贵的婚礼引领而来；

是青春之花绽放的普塞克

被引导到这里，来到丘比特的床边。[100]

虽然如此广泛的赞誉定会让玛丽·安托瓦内特的仇敌们心烦意乱，但最终带给了他们些许安慰的，竟然正是把她送到"丘比特的床边"这件事，虽然安慰的源头不过是来自他们有机会窥见那个优雅平静的面具彻底从她的脸上滑落了。新娘和新郎被送到他们的婚房，进行上床的仪式就寝，实质上重演了在莱茵河岸让玛丽·安托瓦内特被脱得一丝不挂、蒙受屈辱的那些事情。整个仪式的侮辱程度丝毫不逊于交接仪式上的程序，围绕着新婚之夜的仪轨将爱的女神重新变回了受惊的公主，短短两周前，她刚刚因为一个全然不同的神话人物而黯然神伤了一会儿。

和交接仪式一样，玛丽·安托瓦内特为新婚之夜所做的准备也是从一大群侍女半公开地为她脱衣开始的。这一次，不光是她的侍女，还有宫廷里头衔最高的亲王夫人，都参与了为王储妃去掉发型、脱去精美的结婚礼服、穿上洁白无瑕的睡衣的过程。[101] 把一个又一个垫臀衬裙堆在专用作更衣的房间里，几十位跟新娘一点都不熟的侍女排队来为她就寝做准备工作。作为最近刚刚结婚的血统公主，年轻的沙特尔公爵夫人（Duchesse de Chartres）拥有夜间更衣的终极特权：把那件绣花睡衣递给王储妃。然而礼节规定那件睡袍还要经过其他特权之人的手才能最终被穿在全裸的新娘身上。对于一个在母国宫廷里卧室的各种仪式相对简单、在很大程度上是私人事务的公主来说，这一程序大概会令她十分惊愕。[102]

但更糟的还在后面。把主人准备好之后，王储妃的侍女们把她推出更衣室，进入结婚套房，根据可以追溯到中世纪的王室习俗，新娘和新郎不得不"在众目睽睽之下"就寝。这群人包括兰斯大主教、路易十五、血统亲王和亲王夫人、外国亲王和要人、王国的公爵、公爵夫人、贵族和女贵族，以及许多头衔够高，拥有王室卧室"进入权"的其他贵族。（这些权利都可以被归入"想象的补偿"的大类，太阳王曾用那些手段来规训王国里的贵族。）虽然人人知道路易·奥古斯特痛恨成为关注焦点，但身穿睡衣的他对这样的痛苦折磨倒没怎么在意，带着昏昏欲睡、呆头呆脑的冷漠来面对自己的观众。[103]

而玛丽·安托瓦内特却绝望地紧抓住自己那件轻薄睡衣的衣领，脸一直红到了发根。[104] 根据她的一位新侍女、15 岁的米尔古小姐（Mademoiselle de Mirecourt）回忆，王储妃"被置于这样的大庭广众之下感到极度不安"。[105] 几乎没等大主教在他们的床上洒完圣水，新娘就满脸惊恐地钻到了金线刺绣的被子下面。当巨大的四柱床的帘子在她和丈夫周围合上时，她总算暂时松了一口气。然而，帘子随即又被拉开，以便廷臣们确信新婚夫妇即将圆房，可以正式地与他们告别。

事实上，这对新婚夫妇那晚没有圆房。第二天早晨，前来更换夫妇俩的床单的仆人们没有看到血迹证明还是处女的王储妃失贞，便散布消息说，不要指望很快会有新的王室子嗣降生了。西班牙大使带头贿赂这些仆人让他亲自检查床单，各个外国王室的外交官们纷纷效仿，其中包括奥地利王室，他们急急忙忙地告诉他们的君主波旁 - 哈布斯堡王朝联姻尚未彻底巩固。[106] 不知是有心还是无意，路易·奥古斯特本人在他用于记录自己打猎成败的日记本里总结了那天的情景："五月十七日：今日无事。"[107]

然而和路易·奥古斯特打猎日记上的另一则著名的"今日无事"（1789 年 7 月 14 日，也就是巴黎人民攻占巴士底狱，开启了改变世界的大革命进程的那天）一样，这篇日记根本没有考虑到这样的事实，那就是玛丽·安托瓦内特痛苦地在整个宫廷的目光下就寝一事确定了她在法国生活期间的要旨和条款。和交接一样，这一事件很可能也让她意识到自己的身体非自己所能掌控；她身上穿的礼服可能会被从她的身上剥去，全然不管她愿意与否。同样，如果衣服可以被用于违逆她到了让她受辱的地步（正如她在各色人等面前被脱得一丝不挂之时），那么它也是一种值得夺回的财产、一种值得利用的权力。据玛丽·安托瓦内特本人后来说，路易·奥古斯特连她的手都没有碰，许多传记作家猜测在新婚夫妇在一起的第一夜，年轻人很快就睡着了，根本没理他一头雾水的新娘。[108] 这种情景设计为我们揣度其他与此相关的可能留下了空间：丈夫沉沉睡去之后，王储妃便能够在头脑里一遍遍重演她在自己的新家乡所承受的一切羞辱——也或许，只是或许，做了一个小小的美狄亚的梦。

第三章

紧裹胸衣

　　婚礼庆典又持续了九天九夜，人们在镜厅里豪赌，在舞厅里跳舞，在加布里埃尔的演出厅里宴请宾客，观赏歌剧和芭蕾。在庆典活动的最后一晚，路易十五从镜厅的一扇敞开的窗户投出一根燃烧的长矛，启动了烟花表演，这场表演原定于婚礼当晚举办，但因为大雨而推迟了。[1] 整场表演包括在凡尔赛宫花园里的太阳神庙（Temple of the Sun）观看烟火如火山爆发般升空，最后的高潮是 2 万支烟花火箭同时引爆，宛如星辰在夜空纷纷坠落。[2] 其后，城堡花园里的 20 万名狂欢者在名叫阿波罗喷泉（Apollo's Basin）的波光闪闪的水池和喷泉边彻夜歌舞。上百支彩灯点亮了这个夜晚，据说，环绕着喷泉的棚架、林荫道、拱道和方尖碑"远比在白日的金色阳光照耀下更加璀璨夺目，（超越了）一切童话仙境"。[3]

　　作为这些庆典活动的主宾和它的活力源头，玛丽·安托瓦内特也和以她的名义创造的仙境一样光彩夺目。在某种程度上，那种光彩毫无夸张：在她婚礼当天，路易十五把那个传统上为法兰西王储妃所有的珠宝箱正式交给她。珠宝箱几乎和它的新主人一样高，有她三倍宽，上面盖着一块华丽刺绣的绛红色天鹅绒布，新主人用一把小小的金钥匙开箱时，双手因激动而颤抖。[4] 箱内，在一块蓝绿色丝绸衬垫上，她看到了一排精
美绝伦的项链和耳环、扇子和鼻烟盒、手镯和纽扣——全都镶嵌有钻石和其他贵重宝石，熠熠生辉，总价值将近 200 万里

弗。[5] 这套藏品中最出众的单品之一，是一条用价值连城的大颗珍珠串起的项链，第一个佩戴它的人还是 17 世纪路易十四的母亲奥地利的安娜，她碰巧是玛丽·安托瓦内特和她的新郎共同的祖先。和她从哈布斯堡皇宫里带来的一套华贵的白色钻石（那是她嫁妆的一部分）一样，这些宝贝让王储妃本来就已经十分光彩照人的宫廷装束更加耀眼。就算在一大群"身着绫罗绸缎和其他锦衣华袍，戴着闪亮的珠宝"的廷臣中间，新来的奥地利人也绽放出最绚丽的光芒。[6]

有那么几个苛刻的婚礼贵宾评价说，姑娘的身材太弱小了，支撑不起这么多宝石的重压。[7] 然而，在一个苗条身材符合礼节，还要用鲸鱼骨紧身褡处处强化这一特质的宫廷里，姑娘的纤弱反而是给她加分的，正如她金色的头发、蓝色的大眼睛，还有被大加赞赏的光洁雪白的肌肤。[8] 王室婚礼总会产生对新娘美貌的赞美之词，不管是否名副其实，就玛丽·安托瓦内特而言，诗人的赞词看起来不算离谱。据她新任的女侍臣米尔古小姐说，她看起来如此"玲珑剔透"，以至于"我们以为出现在眼前的是春之神的化身"。[9]

她的仪态为观者提供了更多称赞的理由，因为用康庞夫人的话说，她"既优雅又尊贵"。[10] 在很大程度上，她的体态的确无可挑剔，同时代的人都说，她高高抬起头的样子，就算在满屋贵妇人的情况下，也能一眼看出她是王后。[11] 当然，玛丽·安托瓦内特下了很多苦功夫才赢得了这一赞誉：她跟着诺维尔苦练了很多时日，才总算可以"凡尔赛式滑行"而不出错了。就算在最好的情况下，以这样一种轻盈灵动的方式移动也绝非易事，更不用说波旁王朝宫殿的地板上处处是障碍。宫殿内部的清洁并不严格，在通道上走路的人必须避开各种东西，从宫廷宠物的粪便到大意的仆人掉落的食物残渣，再到小贩和游人们脚下带来的泥泞。着装正式的宫廷女士们那累赘的长礼服也会引发问题；贵妇人拖裙的皱褶——廷臣和著名作家让利斯夫人（Madame de Genlis）曾抱怨说，女人们的裙摆永远"过长"——总会绊住走在附近的夫人们的拖鞋鞋跟。[12] 不小心碰上了就会让每个人都尴尬难堪。但对玛丽·安托瓦内特而言，这些困难就好像不存在一样："她走起路来，就像带着一双翅膀。"[13]

她跳舞的样子更加优雅。5 月 19 日，王储妃和丈夫回应召唤，在巨大的镀金演出厅里举办的盛装舞会上表演了第一支小步舞曲。被数千人围观的王位继承人照旧在跳舞的全程表现出明显的不适，脸颊通红，眉头紧皱，毫无感染力。他的新娘则全然不同，她的舞步随着乐声越来越优美，在用美好的外表映衬其政治权威的波旁王室，这样轻灵优雅的身体给人们留下了深刻的印象。在她首次演出的小步舞曲中，据说她的动作"如此自然优美，整个舞厅都只听得到人们低声的赞叹"。[14]

王储妃在公开场合赢得的满堂彩对法国 - 奥地利联盟当然是吉兆，因而获得了路易十五和玛丽亚·特蕾西娅两人的赞同，后者让她的大使梅西定期发送快信，汇报女儿的情况——那些快信瞒着凡尔赛宫里的每一个人，包括玛丽·安托瓦内特本人。"我们的女大公超越了我全部的期待，"梅西在婚礼举办后不久通知皇后，"整个宫廷和公众都对她赞不绝口。"[15] 他接着说，尤其是路易十五"一直对王储夫人很满意，总是以一种慈爱而动人的方式爱抚她、表扬她"。[16] 玛丽亚·特蕾西娅继而写信给女儿，表扬她"抓住了每个人的心"，并提醒她国王的心有必要捕获。她嘱咐玛丽·安托瓦内特要"爱他、服从他，试图预知他的想法；（在那条战线上）你怎么努力都不为过"。[17]

玛丽·安托瓦内特把这条建议牢记在心，一有机会就对路易十五娇俏地撒娇，称呼他为自己"亲爱的爷爷"而不遵守

更加正式的宫廷叫法。[18] 为了进一步讨好路易十五，她对他说
"如果能在他定期（前往舒瓦西和贡比涅、默东和枫丹白露）
的短途旅行中陪伴他，会很开心"——这些旅行往往是跟王储
一起打猎，国王非常乐意让她加入同行队伍。[19]（玛丽·安托
瓦内特这时的马术还不够好，无法骑马参加这类出行，因此她
安全地坐在一辆装饰漂亮的折篷轻便马车里，跟在王公及同行
的猎人后面。）虽然她做针线也是新手，但王储妃骄傲地宣布
自己计划为路易十五做一件绣花外衣，并就这么一件大事要花
费她多长时间开了个可爱的自我贬低的小玩笑："希望上帝保
佑我能在几年之内完成。"[20] 当她把工期延长到 20 年时，她
"亲爱的爷爷"笑着对她说，她真的要尽量在他去世之前绣完
那件外衣。就连姑娘缝纫的瑕疵也赢得了倦怠的老国王宠溺的
微笑。

· · ·

玛丽·安托瓦内特听从母亲的建议、努力获得路易十五
的喜欢是正确的，因为就像国王宫廷里的其他人一样，对她而
言，一切福祉也都来自且只来自他。因此，争夺国王的偏爱在
城堡中创造了一种明争暗斗的氛围。[21] 梅西十分震惊，对他的
皇后描述说法国宫廷就像一个"充满背信弃义、切骨之仇、冤
冤相报的地方……阴谋（使之）变本加厉，一切皆因私利而
起"。[22] 玛丽·安托瓦内特的崇高地位本身就足以让那数千名
争权夺利的不那么幸运的廷臣妒忌，而她与路易十五特殊的融
洽关系尤其令法国派的成员厌恶，对他们而言，王储妃所获得
的每一个小小胜利不但为她自己，也为奥地利和舒瓦瑟尔加了
分。[23]

姑妈们仍然处于这一敌对集团的最前沿，但她们长年生活

在凡尔赛宫，深知掩饰和手段的重要性。17世纪凡尔赛宫伟大的道德家让·德·拉布吕耶尔（Jean de La Bruyère）曾写道："但凡一个人在宫廷里生活过，就再也不要指望此人真诚、坦率、公平……善良或慷慨。"路易十五的女儿们更是深谙此道。[24] 她们不难掩饰自己对这个姑娘的敌意——虽然礼节要求玛丽·安托瓦内特每天陪伴她们好几个小时，从早上到她们的套房里请安到晚上义务性地陪她们打牌。这几位年长的女人当着她的面十分亲切；但在她的背后，却对她大加指责，称她为奥地利丫头。[25]

为了赢得侄媳的信任，姑妈们得益于她总是听从一个强大的老女人的吩咐——玛丽亚·特蕾西娅，在玛丽·安托瓦内特在弗雷堡收到的那封信中，玛丽亚·特蕾西娅明确嘱咐女儿要效仿夫人们的言行举止，尽快适应凡尔赛宫的生活。皇后看到这三姐妹信教的虔诚和她们作为"法兰西的孩子"的高贵身份，便认为她们应该是这位新过门的侄媳所能找到的最值得信任的导师。而这正是她们在王储妃面前伪装的样子。她们甚至把自己套房的钥匙都给了她，鼓励她除了正式请安之外，有空也可以过来玩。如此进一步亲近使她们能够收集有价值的信息用以针对玛丽·安托瓦内特，破坏她在国王心目中的形象。天真轻信的王储妃真把她们视为母亲的替身，这让她们的任务变得容易了许多。[26]

被王储妃的光芒气得脸色煞白的人，也不只限于姑妈们和她们顽固守旧（复仇心切）的小圈子。在宫廷社交谱系的另一端，放荡而美艳的迪巴利伯爵夫人本人虽然是夫人们恶意胡扯的长期受害者，却也和那几位老女人一样与玛丽·安托瓦内特不共戴天。国王的这位情妇难以管束、放肆无礼、出身低微，与夫人们及其虔诚的密友几乎没有共同之处，只有一点：她也对舒瓦瑟尔公爵怀恨在心。外交大臣在自己那个小集团成员的支持下，不仅得意地把奥地利姑娘带到了法国，而且尖锐地指出她显然比宫廷里其他著名的美女都更尊贵、更美丽，这些都让伯爵夫人怒不可遏。[27]

迪巴利长着一头淡金色的卷发和一双狂热淫荡的淡紫色眼眸，她还不习惯在宫廷里跟其他女人竞争。（传说中好色的黎塞留公爵总喜欢提醒她："你是国王的女神。"[28]）同样，她也很清楚自己那位情人非常喜新厌旧。迪巴利夫人因此也和她的前任蓬帕杜一样，用一位宫廷回忆录写作者的话说，把自己的事业建立在"想方设法消除他的倦怠"上。[29] 她为路易十五和他的朋友们组织放荡的私人聚会，行止做派带着无礼的粗俗来挑逗情人，并和他一起欣赏最新的、非法出版的讽刺诗和色情出版物（哪怕这类出版物是针对她本人的）。舒瓦瑟尔派诋毁这位宠姬的人声称，她事实上甚至曾把其他的小情人送上国王的床，如此一来，哪怕他不再依赖她的身体，她也能够控制他。然而，他对玛丽·安托瓦内特的兴趣就超出了伯爵夫人掌控的范围，因而对她的地位构成了明显的威胁。私下里，宫廷八卦表达了迪巴利最大的恐惧：不久之后，那位年迈的风流老手就要换换口味，把自己的孙媳妇占为己有了。[30]

雪上加霜的是，公主很快就学会了舒瓦瑟尔派一贯的做法，公开鄙视迪巴利夫人了。国王的宠姬本来不知道这些，但玛丽·安托瓦内特的冷淡是姑妈们的杰作，正是她们添油加醋地给侄媳灌输了很多关于迪巴利丑陋可耻的过去的故事。[31] 这位宠姬本名让娜·贝屈（Jeanne Bécu），是淫乱的女裁缝和行为不端的修士的私生女。在一家修道院受了几年教育之后，她在一家时髦的巴黎服饰店谋到了一份店员的工作，但在一连串妓院里从事的副业来钱更快，她一夜缱绻收费 24 里弗。[32] 正是在这样的环境中——让娜本人后来轻浮地称之为她的"放荡培训班"——这位年轻的妓女开始与一位手头拮据的贵族纳绔子弟迪巴利交往。[33] 新情人把她带入路易十五的视线之后，意识到自己可以把她变成有名号的情妇，以此来获得国王的眷顾（并继而解决自己的财务困难）。那是在蓬帕杜夫人去世四年之后的 1768 年，虽然国王曾经因为自己最贴心的情妇过世而悲痛不已，但他不知餍足的性欲是众所周知的，蓬帕杜夫人那个位置可不会永远空缺。

52

迪巴利很快行动起来，先是安排了 15 岁的让娜和他的弟弟迪巴利伯爵的权宜婚姻，主持婚礼的正是让娜的亲生父亲。这场闹剧使让娜获得了贵族头衔，如此就有资格得到国王的公开关注了。路易十五为她的美陶醉了，就连最见多识广的贵族男人也觉得此女"只应天上有"，国王很快就让她占据了蓬帕杜夫人曾经的位置。[34] 1769 年 4 月，他安排把她正式介绍给整个宫廷——通常只有贵族女孩才能享受这一仪式——在仪式上，这位前店员和妓女戴着价值数十万里弗的珠宝，穿着鞋底镶嵌着钻石的鞋子站在贵族之中，举世皆惊。[35] 然而也不光是国王的廷臣们跳起来反对一个低贱的妓女如此一步登天。部分由于舒瓦瑟尔派的努力——他资助了地下小册子的出版，宣扬迪巴利如何谋利的烂事（有真实也有夸张），法国平民们对她的得势感到怒不可遏。[36] 从凡尔赛宫的沙龙到巴黎的街头巷尾，到处都有不满之人抱怨说路易十五的宠姬将把国王的正殿变成"放荡培训班"。

姑妈们把这样的谣言转述给玛丽·安托瓦内特有两个好处。首先，这有助于给姑娘洗脑，让她打心眼里厌恶伯爵夫人，其程度超过迪巴利此前所经历的一切社交羞辱。其次也是更重要的，她们似乎希望王储妃因厌恶那位宠姬而真正惹恼路易十五。[37] 玛丽·安托瓦内特太天真，对夫人们的两面三刀毫无察觉，一下子就落入了她们的圈套。她本人自幼接受了相当严格的宗教教育，必然会对迪巴利夫人淫荡史的细节惊骇不已，觉得自己体面的做法是根本不承认有这样一个宠姬的存在。[38] 在一封写给玛丽亚·特蕾西娅的信中，她为自己的行为辩解，把国王的情人描述成"您能想象到的最愚蠢、最没教养的人"——而她也不觉得这样的观点要仅仅局限于出版物。[39] 每次遇到"那个人"，王储妃天生高傲的下唇——罗昂枢机主教已经在斯特拉斯堡注意到她的下唇"艳红如樱，但很厚……一看便知是（哈布斯堡王朝的）独特标记"——稍稍撇着，是明白无误的嘲弄神情。[40] 她拒绝对着宠姬说哪怕一个字，即便国王在一旁看着也一样。让奥地利大使十分沮丧的是（梅西知道，如此怠慢国王的情人可没什么好结果），王储妃"总是在公开场合开（迪巴利的）玩笑"。[41] 姑妈们听到这些玩笑就笑着说她机智幽默，让她错以为自己的行为是正义的，但年轻侄媳对此毫无察觉。

　　鉴于迪巴利对国王的影响力，让她怀恨在心对于本来就没有朋友的王储妃可能是致命的。然而姑妈们意识到，要让父亲彻底对姑娘由喜爱转为厌恶，还需要一桩更惊人的丑闻，因为他有容易厌恶的倾向，性欲旺盛并不是他唯一的典型特征。他的另一个特征是一种古怪的慵懒冷漠，她们的仇敌舒瓦瑟尔曾称之为"灵魂的慢弛之阙"，女儿们对此当然心知肚明。[42] 路易十五擅长调制热巧克力，还有一个他引以为傲的技能是勺子一挥便可削掉煮鸡蛋的顶盖。[43] 除了这些天赋之外，性爱嬉戏以及对打猎的喜爱几乎都无法使他燃起足够的兴趣，让他摆脱那种倦怠。

　　因此姑妈们在等待时机，毕竟因女大公的公开鄙视而蒙羞的迪巴利已经开始报复，尖锐而频繁地批评姑娘，并把自己的观点分享给"那些政治抱负因舒瓦瑟尔的政绩而遭到阻挠、伤害和羞辱的每一个人"。[44] 这群人不光有被广泛认为是迪巴利的秘密情人的艾吉永公爵，还有拉沃吉翁公爵，这个恶毒男人的成名之举就是在路易·奥古斯特少年时代做过他的私人教师。这两位迪巴利派的头目都曾为把迪巴利变成国王的宠姬而积极努力，自然不想看到她的权力被削弱——更何况削弱她的权力之人还在舒瓦瑟尔羽翼之下——他们和那位宠姬一起，只要在国王的听力范围内，就想方设法贬低王储妃。

或许最值得注意的是，为了压制奥地利公主因优雅和美丽而收获的大量赞美，迪巴利派成员称她为"那颗小红头"（红头发绝对没有迪巴利自己那头令人羡慕的金发妩媚动人），还带着嘲讽的遗憾说王储妃"根本没有值得一提的身材"。不出意料，宠姬的定论最难听。"我实在看不出红头发、厚嘴唇、沙色面孔、没有眼睫毛的眼睛有什么美的，"她愤愤然地对路易十五说，"要是这么美的她不是出身于奥地利宫廷，这些特质根本不会得到任何赞美。"[45] 在外表就是一切的宫廷里，这些都是挑衅的檄文，而且和凡尔赛宫的一切八卦一样，它们很快就变成了人们广泛讨论的素材。这些诋毁之词先是在小圆厅（Oeil-de-Boeuf，这是位于国王套房之外的人来人往的前厅，因其小圆天窗而得名）引发了几轮争论，之后很快就传遍了整个王宫。但让法国派的两翼都兴奋异常的是，没过多久，他们火药库里的武器就不止这些对姑娘外貌的尖刻评价了。

• • •

在初入凡尔赛宫的那几个月，王储妃基本上对这些阴谋一无所知，因为她被另一个问题分了心，一个让整个宫廷对她的婚姻状况评头论足的问题。贵族们在那些不为人所知的沙龙和林荫道上窃窃私语。[46] 仆人们在马厩和菜园里摇唇鼓舌。来访的外交官们在他们备受国内亲王们期待的密信中手不停毫。舒瓦瑟尔的应对之法是以他特有的直言不讳宣布："（王储）必须改变，否则他将令举国震惊。"路易十五说他因这句话而"十分感动"，但也表达了希望这些令人担忧的状况会"在我们最不经意间"改善。[47] 玛丽亚·特蕾西娅也持同样乐观的看法，将问题归咎于她那位新女婿"极度年轻害羞"。[48] 玛丽·安托瓦内特本人不敢发表任何意见或理论，只是把事实报告给了她的私人教师韦尔蒙神父。韦尔蒙把她的话转述给了皇后的特使施塔尔亨贝格，说"自他们在贡比涅森林里初次相见之后，王储先生不但没有吻过他，甚至连她的手都没碰过"。[49] 路易·奥古斯特，一言以蔽之，没有为两人正常的婚姻生活做出过任何努力。

根据玛丽亚·特蕾西娅就此事咨询的一位医学专家的说法，这的确是一种"古怪的行为"，即便15岁的王储如皇后所言，还很年轻，也即便如她指责的那样，胆小是他最显著的性格特征。[50] 他13岁便失去了父母，两人都死于肺结核，路易·奥古斯特自幼基本上都是在拉沃吉翁公爵一个人的调教下长大，后者制造了他与其他廷臣之间的孤立，理由是作为波旁王朝的亲王，他比他们所有人都更优越、更高贵。根据当时一位批评家的说法，这个男孩孤独的成长阶段最大的遗产，就是"害怕交谈，还有（他的）灵魂中根深蒂固的（一种）根本无法治愈的害羞"。[51] 此外，拉沃吉翁还在学生的头脑中灌输了对舒瓦瑟尔和奥地利宫廷的深刻怀疑——路易·奥古斯特已故的父亲路易·费迪南（Louis Ferdinand）生前也有过这种极端的怀疑情绪，他可是外交大臣最不共戴天的仇敌之一。[52] 正是由于他的反社会人格和根深蒂固的恐奥症，路易·奥古斯特才会在面对舒瓦瑟尔联姻计划中那位既合群又美丽的女性特使时陷入恐慌。

即便如此，在王室联姻的背景下，性爱是一个无可商讨的义务，在那个特定时代的法国尤其如此。在王国此前的两位

55　君主路易十四和路易十五的统治期间，王位的直接继承人全都夭折不寿，连续出现令人担忧的世代断层。太阳王的曾孙路易十五年仅五岁就继承了王位，他的祖父、父亲和两个哥哥全都英年早逝了，而路易·奥古斯特也在成为王储之前失去了父亲和两个哥哥。即便还有两个弟弟——14岁的普罗旺斯伯爵和13岁的阿图瓦伯爵，两人都将在短短几年后成婚——随时待命，但路易·奥古斯特有使命在身。他和王储妃需要立即生子成家，不容耽搁。

然而路易·奥古斯特还是耽搁了，与奥地利联盟的支持者和反对者十分痴迷于监视康庞夫人所谓的他对妻子经月不消的"冷漠和冷淡"。[53] 根据礼节，他要在公开场合与玛丽·安托瓦内特一起用餐，还要每天在姑妈们的套房里与她和其他王室成员聚会。但除了这些受命演出之外，年轻人总是像躲避蜂群一样火速逃离自己的新娘。他整日沉迷于填满单身岁月的那些嗜好：在王宫周围的公园里打猎，还有在一位坏脾气的专业工匠弗朗索瓦·加曼（François Gamain）的指导下，在他的私人工作室里修理锁和钟表。

这两个业余爱好都把玛丽·安托瓦内特排除在外。她不是个有经验的骑师，无法充分参与丈夫最爱的打猎之旅；而她本人根本不愿意体验他的工匠爱好，原因是她根本不适合那里，就像"维纳斯走进了武尔坎的铁匠铺①"。[54] 在这里，公主再一次在古典文学中找到了描述自己生活的精准典故：好看的爱神维纳斯与跛足的铁匠之神武尔坎，算得上神话中最不般配，因而也是最不快乐的一对夫妇。路易·奥古斯特固执地沉湎于粗

---

① 武尔坎（Vulcan；拉丁语：Volcānus 或 Vulcānus，译作武尔坎努斯）是罗马神话中的火神，维纳斯的丈夫，跛足，相传是被他母亲朱诺丢下山造成的，亦有被父亲朱庇特丢下山而跛脚的说法。拉丁语中的"火山"一词就来源于他。相传火山就是他为众神打造武器的铁匠炉。

犷的爱好，乐意承担起自己的责任，让玛丽·安托瓦内特像挂
在卧室墙上嬉戏的维纳斯像一样纯洁无瑕。

王储的疏远在入夜之后也不会有所缓和。路易·奥古斯
特拒绝行使亲王们本该履行的王朝使命，去妻子的卧房里拜访
她，而是选择在自己的房间里度过大多数夜晚。在那里，他
试图用古怪的、孩子气的滑稽表演转移侍从们询问的目光。作
为每晚就寝之前必行的仪式性准备工作，他发明了最喜欢的
胡闹，在外套上佩戴一条蓝色绶带，表明自己忠于圣灵勋章
（Order of the Holy Spirit）。侍奉他的绅士们为他脱衣时，王
储会双手抓住绶带，像挥舞套索那样在空中挥舞那条绶带，试
图让它穿过附近某一位廷臣或仆从的耳饰。如果绶带真的击中
了目标，他会继续兴高采烈地迅速一拽，撕扯那人的耳垂。[55]

这一连串情绪发作使得那群侍从很难，甚至根本不可能以
严肃或轻松的方式完成他们既定的职责——为他脱去外套和鞋
子，给他的双脚套上拖鞋，为他更换睡衣，把他的头发塞进睡
帽里。和其他一切王公仪轨一样，就寝仪式本来也是为了证明
波旁家族的尊贵；廷臣有资格侍寝，也是尊贵身份的证明。路
易·奥古斯特的做派根本不符合他的尊贵身份，也损害了仆
从们侍奉他的能力，如此便进一步加重了他的另一桩"古怪行
为"引发的丑闻。

另外，这个年轻人不愿行房让玛丽·安托瓦内特根本不
可能成为，用年长的沙龙女主人迪德方夫人（Madame du
Deffand）的话说，"一位真正的王储妃"。[56] 然而玛丽亚·特
蕾西娅却说，路易·奥古斯特的回避无法解除王储妃本人在婚
姻中的义务。皇后在定期发往法国的长信中称，玛丽·安托瓦
内特绝不能满足于讨路易十五的喜欢；她还必须取悦她的丈夫，
并诞下一位王室继承人，稳固法奥联盟。"一切都取决于妻子"，

56

皇后宣称，"她（在丈夫面前）需要顺从、温柔、有趣"：配偶"唯一的任务（必须）是取悦和顺从"她的男人。[57] 玛丽亚·特蕾西娅曾在她自己的丈夫沉迷于骑马和情妇的年代独自治理一个巨大的帝国，在这方面并没有以身作则。然而她似乎又为女儿设想了一条更为传统的人生道路，指导小姑娘用温柔而频繁的"缠绵爱抚和甜言蜜语"来战胜丈夫的拘谨迟疑。[58]

年轻姑娘的回应是，向母亲，以及每一个有资格询问的人，宣称"她将尝试赢得（王储先生）的信心，而且希望在这方面取得成功"。[59] 她似乎凭直觉感受到，这位不情不愿的未来国王有种觉得自己不适合王位的虚弱感，跟光芒四射的路易十五相比更是如此。[60] 玛丽·安托瓦内特抱着同情之心试图改善男孩的自卑，无论当面背后都称她觉得他"越来越可敬可爱了"。[61] 她得到了国王的允许，从骑驴开始练习骑术，以便有朝一日能够跟随王室成员一起去打猎。她在路易·奥古斯特与大弟弟普罗旺斯伯爵激烈争吵时充当中间人，伯爵总是残忍地嘲笑王储又笨又蠢。每当看到丈夫从自己的工作室里走出来，她总是伸出那双白净漂亮的手充满爱意地问候他，假装没有注意到丈夫的手被铁匠铺子的工作弄得又黑又脏。[62] 其他廷臣都带着几乎不加掩饰的厌烦或嘲讽对待他，而玛丽·安托瓦内特却总是对他温情脉脉、言笑晏晏。

然而在两人婚后最初的几个月里，王储妃主动示好的姿态并没有什么明显的效果。除了打猎和打铁外，路易·奥古斯特显得愿意跟妻子讨论的唯一话题就是他们上一顿吃了什么。一如既往，他每次坐下来吃饭时都会吃下大量食物——"在出发去打猎之前的（那些早晨）"会吞下至少"四块炸肉排、一只鸡、一盘火腿、半打鸡蛋蘸酱，还有一瓶半香槟"。[63] 如此不加节制常常会让他出现严重的消化问题，这时她就会开心地守在他的身边照顾他。[64] 然而王储不顾频繁发作的消化疾病，总是不停地谈论同一个话题：厨子们没让他吃饱。妻子像自己的母亲教导的那样，尽量"温柔、顺从、有趣"，满怀同情地应答着他的抱怨。不过这样的抱怨无论是语气还是内容都不利于夫妻的亲近。

一等到宫廷夏季全体出动，前往国王位于凡尔赛宫周围的那些小一些的城堡，玛丽·安托瓦内特便开始另辟蹊径。7月的一个星期天，宫中其他人还在舒瓦西逗留期间，她把王储单独留下，开诚布公地问及两人的性生活问题。"既然我们必须保持亲密的友谊，"她解释道，"我们就必须彼此信任，坦诚地讨论一切。"[65] 丈夫虽然害羞，似乎也很感激她提到了这个话题，就表示同意她的观点。玛丽·安托瓦内特后来向梅西报告说，王储自称"他对婚姻生活并非一无所知，从一开始，他就一直有一个他不愿背离的计划，待到8月，宫廷从舒瓦西回到贡比涅的（王宫），他就会谨遵婚姻义务，与她亲密无间"。[66] 路易·奥古斯特还给了她更具体的承诺，说等他年满16岁（他的生日就在他们贡比涅之行期间），"一切都会圆满"，他会在那以后更频繁地前往她的卧室。[67] 像凡尔赛宫一样，舒瓦西也不是个藏得住秘密的地方，整个城堡很快便充斥着两人即将和睦生活的议论。一切似乎都在指向一个快乐的结局。

然而这些迹象很有误导性。出于路易·奥古斯特要么不知道、要么不想解释的原因，他的16岁生日前后没有出现任何转变。王储倒是会不定期地来到玛丽·安托瓦内特的房间里，但最终还是因为缺乏勇气而一无所成。在拜访期间，康庞夫人记录到，年轻人只是爬上床，既不与妻子说话也不碰她，第二天清晨，他总是会在玛丽·安托瓦内特还在睡梦中时就试图悄然溜走。[68] 但更多的时候是让妻子独自一人度过长夜。到夏天结束时，每天清晨侍奉王储妃的那些夫人们看到的情景仍然与5月时一模一样。拉开那张巨大的四柱床的床帘，她们会看到

58

姑娘一个人躺在床上，可怜地抱着她的小哈巴狗。看到王储妃太孤单了，施塔尔亨贝格亲王和梅西又派人把莫普斯从维也纳给她送了回来。[69]

王储妃的确孤单，尽管她几乎不可能独自一人。她在维也纳时，白天总是跟很多兄弟姐妹嬉戏玩乐，而现在她却像丈夫一样，每时每刻都有一个官方的庞大侍从队伍跟着。[70] 这支队伍是由国王亲自挑选的，总管是玛丽·安托瓦内特的王宫女官诺瓦耶夫人以及梳妆女官（*dame d'atours*）科塞－布里萨克公爵夫人（Duchesse de Cossé-Brissac，她的丈夫正是通过与迪巴利夫人的亲密关系为她争得了这个职位）。和这些女官们一起侍奉的还有 12 位贵族女子，她们的主要职责是时刻陪伴着自己的女主人［陪伴王储妃的女侍从（*dame pour accompagner Madame la Dauphine*），在她登基之后更名为"王后宫殿的女侍从"（*dames du palais de la Reine*）］。和王宫女官与梳妆女官一样，这些女人的职位也是所谓的"荣誉职位"，是对其所在家族的尊贵谱系与宫廷人脉的肯定。这一级别的职位能领很高的津贴，而且因为她们有更多的机会接近未来王后，所以它也有着无法量化且价值不可估量的特权。

这些女官手下还有 16 位尚寝（*femmes de chambre*），是从当地的上层资产阶级中招募的。"（这些女侍中的）前四位分成两人一组履行职责，每两周轮换一次，遇到紧急情况则从 12 位下级女侍中择人代班。"[71]（康庞夫人就骄傲地属于这一群体——她的公公是玛丽·安托瓦内特的私人图书管理人。）尚寝手下则是一群红衣侍女（*femmes rouges*），得名于她们在履行职责时身穿特殊的红色制服。[72]

玛丽·安托瓦内特还有 100 位官员和贴身男仆来为她管理财务、操持内务，200 个仆人监管她一日三餐的制作和侍奉用餐，还有一小批神职人员负责满足她的精神需求。令她的仇敌不满的是，舒瓦瑟尔在玛丽·安托瓦内特还在奥地利时为她指派的私人教师韦尔蒙神父获准跟她到了凡尔赛宫，继续给她授课。"6 位掌马官、9 位迎宾官、2 名内科医生、4 名外科医生、1 位钟表匠、1 位挂毯织匠、18 名跟班、1 名剑术教练，还有2 位赶骡人"补齐了整支队伍。[73] 和玛丽·安托瓦内特的女侍们一样，这些工作人员也只有一个目标：侍奉未来的法国王后，他们的生计全指望未来王后施恩。玛丽·安托瓦内特每天被这些热情的侍从们包围，很快就发现自己"每做一个动作、走一步路、说一句话都会引发那些从未离开她的侍从们的反应"。[74]

玛丽·安托瓦内特自幼长大的那个宫廷时不时会沉浸资产阶级式的不拘礼节和舒适自在，而她现在却要像被路易十四发明的一整套繁文缛节约束的全体波旁人一样，整日面对无休止的庄严肃穆。康庞夫人发现，公主被迫遵守的那一套礼节把她变成了一个偶像，同时也把她变成了受害者：前者是因为她的随从不得不像崇拜女神那样崇拜她，后者是因为他们坚定而周密的照顾剥夺了她在维也纳享受过的哪怕一点点隐私。[75] 事实上，在 17 世纪，宫廷道德家拉布吕耶尔以大致相同的措辞表述过这一悖论，他声称在凡尔赛宫："国王们什么都不缺，只缺少独自生活的乐趣。"对年轻的王储妃来说，这显然是事实。[76]

玛丽·安托瓦内特就算在沐浴时也无法逃离她的随从，但她还是穿着一件棉质长袍走进浴缸，尽力保持着康庞夫人所谓的"极度端庄"和一点点隐私。[77] 然而，这样的举动并不足以防住廷臣们热切的凝视。日复一日地忍受这种尴尬——因为与她的法国同胞不同，王储妃对经常沐浴表现出"日耳曼人"式的喜爱和坚持——她每天都在面对母亲那句格言所道出的真理："每个人的眼睛都会盯着你。"[78] 她逐渐了解到，她的身体绝对不是她自己的。

这种与旧有生活方式之间的巨大反差让王储妃极度思念奥地利。"我向您发誓，"她在那年 7 月写给母亲的信中说，"我收到您每一封亲切的来信都会泫然泪下……我多么希望能见到我亲爱的，我最亲爱的家人啊，哪怕只是一刻的相见。"[79] 在另一封长信中，她难过地坦白："我的心永远与我远在奥地利的家人同在。"[80] 这些话语与其说源于思乡之情，不如说是定省温情——多年后，玛丽·安托瓦内特承认，她"害怕（玛丽亚·特蕾西娅）更甚于爱她"——然而姑娘在信中表达的孤独感却是真真切切的。[81] 韦尔蒙神父是玛丽·安托瓦内特在她的新家见到的唯一一张熟悉的面孔，他发现她在大家面前尽力维持的阳光开朗背后总是隐藏着"难过的瞬间"。[82] "这一切，"韦尔蒙对玛丽亚·特蕾西娅的一位最受信任的顾问承认道，"让我心如刀绞。"[83]

60

最初，王储妃试图与日夜陪伴在她左右的夫人们培养友情，以此来缓解紧张。虽然她们绝大多数都比她大得多，也不再容易有发自内心的狂喜瞬间，但玛丽·安托瓦内特兴奋地发现，有些年轻一点儿的女官和她们的朋友会表现出一种快乐的精神，无异于她在家乡时跟兄弟姐妹玩乐时的那种快乐。一位同时代人指出，这些新结交的伙伴——

> 喜欢玩乐而讨厌束缚，她们对一切都一笑了之，哪怕是关于她们自己的名声的流言蜚语，她们遵守的唯一律法，就是必须在欢乐中度过生命的每一天，她们戴着一层薄薄的、有欺骗性的体面面具，很难掩饰某种几乎能够带来丑闻的任性轻浮，或者对此根本不予掩饰。[84]

玛丽·安托瓦内特开始与这一群人玩闹，在王宫花园里追逐蝴蝶，到凡尔赛宫周围的森林里骑驴嬉戏。不过她新结交的密友们最重要的功劳，却是鼓励她尽情嘲笑宫廷里的那群荒谬愚蠢的人物。她们最喜欢嘲笑的对象当数邋遢得要命、自命不凡得可笑的老一代女侍们。这些女人看起来像是来自另一个世纪的生物（她们那些盛大的宫廷礼服还真有一个世纪那么古老），在王储妃那个玩世不恭的小圈子里被称为"竖衣领""包装盒""世纪老人"。[85] 玛丽·安托瓦内特也不理解这些女人作为不知疲倦的流言散播者和优雅礼节的苛刻仲裁者到底有什么了不起，就毫不犹豫地抛弃了她们。"我简直不知道一个人过了 30 岁，还怎么敢出现（在凡尔赛宫）"，她嗤笑着对她们说。[86] 这样的评价当然让她收获了很多看不见的敌人——她们可都是宫廷的幕后操纵者，却让她的年轻朋友们大笑不止。

王储妃还以同样欠考虑的方式招募她的圈中人跟她一起嘲笑迪巴利夫人，恶意模仿后者孩子气的口齿不清，以及暴露其低微出身的粗鲁的说话和进食方式。这位国王宠姬虽然背景很不起眼，却喜欢虚张声势，有 50 个男仆侍奉左右，还坚持去哪里都要带"一个（名叫）扎莫尔的异国风情的孟加拉听差，此人身着粉红色天鹅绒上衣和长裤，头戴白色的穆斯林包头巾，腰别一把短剑，高视阔步地走在她身后"。[87] 迪巴利夫人那只名叫多里纳的布莱尼姆小猎犬也打扮得毫无节制：镶嵌着钻石和红宝石的项圈和皮带，是瑞典国王赠送的礼物。[88] 有时，伯爵夫人心血来潮，会任性到无礼的程度，比方说有一次，她半裸着身子在床上享受，却强迫一位来访的教宗大使把鞋子给她拿到跟前。[89] 当然，路易十五在她身上一掷千金，足以使她穿戴得像个王后——她每年有 15 万里弗的收入，她花钱购买衣物和珠宝时连眼睛都不眨一下。[90] 事实上，只要可能，她喜欢把这两样放纵的爱好结合起来，其结果令人咋舌：根据奥利维尔·贝尼尔的研究，"当时一个富裕的贵族家庭每年 3 万里

61

弗就可以过上奢侈的生活"，而迪巴利却花费45万里弗的天价购买了一件镶钻的礼服紧身衣。[91]

这些装腔作势给玛丽·安托瓦内特和她的同伴们提供了无尽的笑料。有一次，陪伴王储妃的女侍从格拉蒙伯爵夫人（Comtesse de Grammont，她丈夫跟舒瓦瑟尔是亲戚）竟然忘乎所以，故意踩到了迪巴利的裙摆，把它撕成了"碎片，（继而）十分放纵地（和朋友们一起）大笑起来"。[92] 通常，当迪巴利走进她们的视线，扎莫尔尾随其后时，王储妃和她的小圈子都会在自己的扇子后面毫无顾忌地窃笑取乐。

年轻夫人们毫不虔敬的古怪姿态不但让不悦的宠姬看到了，还吸引了国王本人的注意，国王的调解人警告王储妃说，他的忍耐可不是无限的。（从梅西那里听说此事的玛丽亚·特蕾西娅也敦促女儿与宠姬修好，恳求她至少"对她说句话——夸夸她的裙子好看或者诸如此类的琐事"，或许是因为这两位宿敌有一个共同点，那就是都喜欢漂亮衣服。[93]）但这类规劝被当成了耳旁风。玛丽·安托瓦内特与她那群不服管束的女官们的恶作剧，简直是她单调黯淡的社交视域中唯一的亮点。

在婚礼之后的几个月，王储妃还在她的女侍从的孩子们中间寻找玩伴。凡尔赛宫传统上并不欢迎孩子，但那里地位最高的王储妃却坚持要与几个碰巧遇到的小孩子一起重玩她少女时代的游戏。其中两个孩子，一个5岁，一个4岁，分别是她的尚寝米塞里夫人（Madame Miséry）和蒂埃里夫人（Madame Thierry）的儿子，"从不离开王储妃夫人的套房，把那里搞得乱七八糟"——让除了王储妃本人之外的每个人都恼怒异常。[94]（就连男孩们的母亲也很惶恐。）

玛丽·安托瓦内特因为十分想念自己最小的两个兄弟费迪南和马克西米利安，所以很乐于看到这两个小家伙"弄脏她的裙子、撕掉墙上的装饰、破坏家具，把套房搞得一团糟"，梅西不以为然地写信向皇后如此报告。[95] 她还跟米塞里夫人 12 岁的女儿和另一个女侍 4 岁的可爱女儿结成了姐妹情谊。[96] 三个女孩儿会一起跪在王室套房的地板上，接连几个小时不停地摆弄玩偶，那情景与玛丽·安托瓦内特孩童时期在奥地利宫廷里一模一样。

王储妃如此热爱这些生活的小插曲，但它们没持续多久，原因是诺瓦耶伯爵夫人的干预，此人不会放过任何一个机会，时刻敦促奥地利姑娘谨遵波旁宫廷的规矩，并提醒她就像玛丽亚·特蕾西娅本人所说的那样，做一个"在每一个场合（应该）想要绝对取悦国民的外国人"。[97] 因此伯爵夫人批评姑娘的骑驴远足，因为宫廷规矩没有先例告知廷臣"在法兰西王储妃从驴上跌落下来时"该怎么做。[98] 玛丽·安托瓦内特觉得这样的抱怨着实可笑，就给那位老女人取名"礼节夫人"，表达她的蔑视。但一位举止失当的哈布斯堡王朝公主取的一个嘲笑的昵称却很难说服礼节夫人放弃她的使命。

诺瓦耶夫人尤其反对玛丽·安托瓦内特与工作人员的子女建立过于亲近的关系。王宫女官宣称，把孩子们赶出王储妃的套房将恢复前任王储妃、路易·奥古斯特已故母亲玛丽·约瑟芬在世时那种得体尊贵的平静。（礼节夫人总喜欢提醒眼前这位难以管束的主人，那位王储妃对宫廷规矩表现出了典范性的顺从。[99]）在伯爵夫人看来，摆弄玩偶就已经十分可怕，足以引起路易十五本人的关注。国王在礼节问题上远不如他的曾祖父路易十四那么严苛，他凭直觉没有理睬诺瓦耶夫人的抱怨。玛丽·安托瓦内特还这么年轻；为什么不允许她有一些天真的玩乐呢？除此之外，王储妃摆弄玩偶可要比醉心政治强多了，不是吗？[100]

这样的反问句暴露了迪巴利夫人及其小圈子日益增长的影响力，那些人对"小红头"的批评中掺杂了不少暗示，说什么

62

她来到宫廷里的唯一目的就是要让奥地利的利益高于法国本身的利益。与这一性质的威胁相比，一点孩子气的玩闹本身起初并没有引起路易十五的担忧。不过随着伯爵夫人继续对他不停地抱怨王储妃"在尊严和外表等问题上粗枝大叶"，他不得不承认这位孙媳妇的确需要"在公开场合"约束一下自己"……那天真的欢乐情绪了"。[101]

玛丽亚·特蕾西娅也在给女儿的信中再次强调，法国君主的命令没有给玛丽·安托瓦内特留出多少回旋的余地，因为"在公开场合"实际上就占去了她全部的时间。礼节规定王储妃要遵从一套严格编排的公共仪式，也就是她的丈夫一直试图破坏的那一套仪式。每天从她起床到就寝，当然包括这一天的一切大小事务，去做弥撒、公开用餐、正式接待、接见和拜访——她的每一天都要遵循一个严格的、令人疲惫的时间表。[102] 这一套仪式在字面意义上重视"外表"，因此即便是她更衣的行为，也是整个宫廷的关注焦点。"每天上午 11 点，"她在 7 月 12 日写给母亲的信中说——

> 我得让人把头发梳好。然后中午，他们来卧室里拜访……我当着每个人的面（*devant tout le monde*，"在全世界面前"）涂胭脂，洗手。然后绅士们离开，女士们留下，我要在她们的面前穿衣。[103]

虽然是在描述她被困在宫廷规矩里，但王储妃这里使用的语言却是中立的，很有欺骗性。起初，玛丽亚·特蕾西娅曾警告她不要在家书中冒险表达任何私人感情，以防不友好的派别会截取信件，玛丽·安托瓦内特很快就同意应该躲避窥视的目光。（可以说，她害怕暴露隐私也有其道理：她到达法国宫廷还不到两个月，在一次罕见的路易·奥古斯特来她卧室期间，她就发现对她恨之入骨的拉沃吉翁公爵在卧室门外偷听。[104]）因此，姑娘后来的家信就采用了不修饰、不抱怨的语气，以防像母亲说的那样，"每个人（还是 *tout le monde*）都可能会读"，如此就不会有人利用它们大做文章。[105]

然而不管她用多么平淡的语调描述，王储妃更衣的仪式的确极端烦琐累人，因为它的本意，就是要把彰显君主荣耀的一整套外在标记覆盖在她的身体上。事实上，这也是为什么她在到达宫廷时必须被脱得一丝不挂：作为波旁王朝的王储妃，她得有一层又一层的衣物饰品加身——更衣过程始于一个精美的发型。为了让王储妃与宫廷时尚保持一致，曾在维也纳服侍她的拉尔索纳先生不得不先用热烫棒和卷发纸把她的头发"烫成小卷儿"，以便梳理成型。[106] 然后他再把它们平铺在一个用羊毛和金属丝做成的支架装置上，用一个像壁炉手拉风箱那样的巨大工具为梳好的头发均匀地吹上塑形粉末。[107] 在拉尔索纳做头发期间，玛丽·安托瓦内特随从队伍中的侍女们必须手持一张面具挡住她的面部，并用一条梳妆披布盖在她的晨衣外面，以防她的皮肤或衣服上留有大量粉末。整个过程至少需要一个小时，跟当年一个奥地利家庭教师用一条棉布发带把小姑娘的头发胡乱绑在后面混一整天相比，实在是天壤之别。王储妃发现，在凡尔赛宫，她的外表是一项集体工程，需要许多人的共同努力，还要听取许多人的意见；因为她的形象也是波旁王族的形象，后者的华贵庄严需要整套社会秩序来加以强调和维持。

涂抹胭脂也需要王储妃完成一套政治程序，因为它也是一个非常公开的大事，基本上每一个有权进入玛丽·安托瓦内特的卧室的人（这在当时都是凡尔赛宫里有头有脸的人物）都会亲自到场。为遵守宫廷的规则，王储妃在女侍们为她的面颊厚

64

厚地涂脂抹粉时，还不得不跟每一个来到她卧室的人得体地致意。安东尼娅·弗雷泽指出，取决于到达之人的头衔高低，玛丽·安托瓦内特需要"点头或欠身致意，当来到卧室的人是王子或公主时，她还得表现得最为庄重有礼，要做起身但又没有真正起身的姿态"。[108] 不用说，诺瓦耶夫人坚持不懈地给女主人灌输了各类廷臣的身份地位，还有他们每个人有权接受哪一种类型的致意。因此，用有着微妙差别的不同姿态向每一位参观她更衣的人打招呼就要求玛丽·安托瓦内特思想高度集中，稍有差池，就会遭到她那位监护人和整个宫廷的批评。仪式的这个方面也强调了玛丽·安托瓦内特作为"所有人的目光"焦点的高度政治化的性质。

到了为玛丽·安托瓦内特穿上法式长袍的时间，后勤和政治就变得更加庞杂繁复了。风俗规定，王储妃不得自己取用任何物品，这就意味着，打个比方，如果有特权递给她一杯水的王宫女官诺瓦耶夫人不在场，她就只能忍受口渴。她的更衣也有类似的逻辑，康庞夫人写道，即便以凡尔赛宫的极端标准来看，更衣也是"繁文缛节的集大成者"——

> 如果王宫女官和梳妆女官都在场，她们将在首席尚寝和另外两名妇女的协助下共同完成主要的服侍内容；但她们的角色有着严格区别。梳妆女官负责把罩衫递给（王储妃），并给她拿来礼服。王宫女官为（王储妃）倒水洗手，给她递上衬衫。如有某一位公主在场，她会从王宫女官那里接过最后一项职责，但王宫女官不能直接把（罩衫）递给她。相反，王宫女官必须把（罩衫）递回给首席尚寝，后者再把它递给公主。[109]

与王储妃化妆时不停打断她的那些要小心区分的致意一

样，这一套复杂的过程也对她和其他所有参与者强调了把她的身体风格化地呈现在世人面前有着多么深刻的仪式和政治意义。

如果有一位贵族女性在仪式开始时没有在场，却在它进行过程中走进了王储妃的套房，更衣背后的政治差别就会得到尤其明显的呈现。遇到这种情况，新来者就必须按照她在宫廷秩序中的地位加入更衣过程中。如果后来者的地位在即将把某一件衣物递给玛丽·安托瓦内特的公主之上，那么公主就必须把那件衣服递还给首席尚寝，整套程序将重新开始。让一位地位高贵的夫人站在一旁旁观一位地位较低之人篡夺了她为王储妃更衣的终极荣誉，是不可想象的。正如康庞夫人所言，"那些夫人都一丝不苟地遵从这些惯例，视之为自己（神圣）的权利"。[110] 与此同时，这些有特权的女人中没有人意识到，在她们行使自己的正当职责时，玛丽·安托瓦内特本人必须长时间一丝不挂地站在她们中间——"双手叉在胸前，看起来冷得发抖"。[111]

在一个特别寒冷的早晨，当迟来的伯爵夫人和公爵夫人们对她的更衣造成了比往常更频繁的中断和重新开始时，玛丽·安托瓦内特突然愤怒地叫了起来，"哦，这可太讨厌了！多烦人啊！"[112] 这些话当着众人的面一说出口，就让王储妃那群骄傲的有特权的随从很不开心。事情很快就在宫廷里传开了。诺瓦耶伯爵夫人一如既往地表示惊骇——但她这一次倒不是全无道理。由于玛丽·安托瓦内特一直未能怀孕，也没有赢得丈夫的好感，甚至没有对国王的情妇友好一点儿，这时她的地位已是岌岌可危。她的更衣所要突出的，就是让天下人看到她的地位有多崇高，扰乱这一过程给了法国派更多的口实，他们声称选她为王储妃是不可救药的错误。

7月与王储在舒瓦西面谈之后，玛丽·安托瓦内特曾立即去见姑妈们，把王储承诺"谨遵婚姻义务，跟她亲密地"生活在一起的消息告诉了她们，这对她们而言可是个坏消息。[113] 玛丽·安托瓦内特同样向梅西伯爵透露了这一消息，她们和他一样怀疑如果路易·奥古斯特开始爱上她，王储妃就"能够把他控于掌心"了。[114] 生一个孩子也必将大大提升她的地位——并惠及舒瓦瑟尔。因此，当梅西、玛丽亚·特蕾西娅和舒瓦瑟尔派为这样的前景欢欣鼓舞时，夫人们却大受刺激，觉得有必要将女大公的胜利扼杀在萌芽状态。

与往常一样，行动仍由阿代拉伊德夫人带头。虽然她肥胖臃肿，常常蓬头垢面，但正如波旁家族的朋友布瓦涅伯爵夫人所说，国王的这个女儿却一直"极其醉心于自己更衣过程的一切细节……（而且）极度需要（衣橱中）有新款和奢侈的单品"。[115] 王储妃已经注意到，在法国宫廷，"女人不能在连续好几个场合中穿戴同样的衣服或珠宝"。[116] 显然，这一发现促使她从她以为比礼节夫人更有同情心的顾问那里寻求穿衣指导。阿代拉伊德夫人忙不迭地抓住这一机会，把自己最新的计划付诸实践。

这个计划的灵感来自玛丽·安托瓦内特最近与诺瓦耶夫人发生了冲突，其具体目标就涉及年轻公主的更衣，同王储妃要遵守的规范化的社交互动一样，更衣也有额外的重要意义，那就是为她加注阶级身份的标记。她在写给玛丽亚·特蕾西娅的信中描述的巨大的胭脂圈和高顶在头上的涂粉发型，其作用与其说是把公主装扮得更美——她如花的肌肤和淡色头发不需要这些装饰——不如说是作为她的王室地位的象征。法国风俗认为涂抹浓重的胭脂是出身高贵的女人的本分，正如穿红跟鞋（*talons rouges*）是男性贵族身份的象征一样。[117] 就胭脂和红跟鞋这两者而言，浓郁丰盈的色调都是为了把贵族与装束更平庸的社会地位较低者区别开来，并提醒人们注意他们令人艳羡的高度。[118]（18世纪访问法国的一位英国人注意到了这一点，他回忆说："我第一次见到涂抹胭脂的夫人们时……她们在我看来就像花园里一整坛姹紫嫣红的牡丹。"[119]）玛丽·安托瓦内特忍受他人"在全世界面前"把自己的双颊涂抹得绯红，正是在日复一日地重复另一个重要的象征性姿态：她公开佩戴上了象征贵族权力的标志。

王储妃的侍从们在她的更衣过程中为她穿上的鲸鱼骨紧身褡也应当归于同样重要的范畴。和胭脂一样，紧身褡也强调了穿戴者是统治阶层的一员，与其他社会群体截然不同。一个被紧身胸衣严格束缚的身体表达了贵族们所重视的"笔直与节制的规矩"；与此相反，正如历史学家达尼埃尔·罗什所说，较低阶层个体的身体往往要么"因辛苦和劳作而弯腰驼背，要么不守礼节束缚，随意生长"。[120] 因此，出生高贵的男孩女孩很早就要穿紧身褡——往往从两岁起——以"防止骨骼变形"并"控制腰身"。[121] 男孩长到6岁时会把胸衣换成马裤，而贵族女性终生都要穿戴紧身胸衣。

然而如果说在凡尔赛宫人人要穿鲸鱼骨紧身胸衣，玛丽·安托瓦内特的地位则要求她穿一种尤其僵硬的款式，即所谓的特制紧身衣（*grand corps*）。在宫廷的服饰象征主义中，这是最高地位的标志：只有法国最高级别的公主才有权平日里穿特制紧身衣。[122] 其他贵族女性只能在宫廷中受到接见的那天（贵族子弟被正式"介绍"给国王和王后的庄严仪式上）穿戴特制紧身衣，在那以后，则只能在正式场合穿。拉图尔迪潘侯爵夫人在玛丽·安托瓦内特登基之后做过王宫女官（*dame du palais*），她如此描述精英化的特制紧身衣——

这是一种特别制作的紧身衣，没有背带，系带在身后

67

系紧，但须绑得极紧，以至于底部有四指宽的系带系好之后，能够瞥见上等亚麻布制成的罩衫，外人一眼就能看出下面的皮肤够不够白……这种紧身胸衣的前部镶嵌着好几排钻石。[123]

对玛丽·安托瓦内特而言，皮肤够不够白显然不是问题；据说，透过系带瞥见的那件薄薄的罩衫里面，优美地呈现着她那"百合与玫瑰"的肤色。然而，穿紧身胸衣看起来很挺拔和穿着它是否舒适，完全是两回事。拉图尔迪潘侯爵夫人回忆起她自己身穿特制紧身衣的经历"极为烦琐和累人"；的确，僵硬和紧系的特制紧身衣比一般的紧身胸衣更为严格地束缚穿者的行动，特别是胳膊的活动。[124] 消化食物和呼吸变得同样困难，紧身衣导致宫廷里地位高贵的女人们频繁昏厥，尤其是怀孕的女人，因为怀孕也不能让她们免于穿紧身衣的义务。批评紧身衣的非贵族人士认为它是可憎的阶级虚荣的标志，其他常见的副作用包括心悸、哮喘、癔症、"口臭、痨病和形如枯槁"。[125]

王储妃倒是没有这么严重的症状，但她厌恶特制紧身衣造成的身体不适。她在维也纳期间习惯穿的简单的紧身衣显然要比她如今每天在凡尔赛宫所忍受的衣服灵活得多。就连很少承认为了政治荣耀必须牺牲个人舒适的母亲，也承认"那些巴黎制作的紧身衣（实在）太紧了"，简直没法穿，并主动提出给玛丽·安托瓦内特寄几件奥地利紧身衣。[126] 因为她很瘦，没有特制紧身衣也能穿上正式的礼服，所以没过多久，王储妃就开始质疑她为什么要穿这东西。"据她所知，其他人都不需要（每天）穿这件衣服，所以到底为什么她要遭受这一份罪？"[127] 特别是她初来法国的那个夏天热得出奇，玛丽·安托瓦内特觉得那件禁锢在身上的紧身衣简直是个刑具，而不是什么必不可少的身份象征。[128]

作为王储妃最信任的知己，阿代拉伊德夫人毫不犹豫地说她也讨厌各种紧身褡，而这也成为她新炮制的攻击计划的基础。宫廷里当然传遍了玛丽·安托瓦内特不守礼节的流言蜚语；6月，婚礼刚刚过去了一个月，这些谣言就开始在整个巴黎流传，许多廷臣在巴黎也购置了豪宅，姑娘的仇敌们自是得意扬扬地传递着她如何失败的消息。[129] 如果王储妃可以被引导着继续拒穿特制紧身衣，为自己引来更多的流言蜚语，那么或许就能在路易·奥古斯特兑现与她圆房的承诺之前除掉她了。

姑妈们立即实施这一策略。虽然作为法兰西的孩子，她们也应当穿特制紧身衣，但她们却突然不再穿它了，并敦促王储妃也照做。然而夫人们都是年迈的老处女，有办法在公开场合现身时隐瞒她们没穿紧身衣的事实。她们选择用宽大的黑色塔夫绸斗篷"把自己一直包裹到下巴处"——康庞夫人注意到，当国王在场时尤其如此。[130]

但无论路易十五还是他的廷臣们，给夫人们的关注都不能与对玛丽·安托瓦内特的关心相提并论，后者的优美婀娜一直是人们目光的焦点。而且说到底，就算是最松垮的塔夫绸斗篷也挡不住王储妃那位监护人的鹰眼。诺瓦耶夫人一定会出现在公主更衣的场合，她很难不注意到——并执着于——姑娘放弃了特制紧身衣。到8月4日，这一反常现象已经变得众人皆知，以至于梅西伯爵感到有必要对皇后提及此事："王宫女官说她无法说服王储妃穿紧身胸衣。"[131]

对于一个"哪怕宫廷礼服上的一根别针别错了地方都（被她视为）悲剧"的女人来说，拒穿紧身胸衣这事可是闻所未闻，简直就是世界末日。[132] 礼节夫人声称玛丽·安托瓦内特的"腰部（开始）变得畸形，右肩已经长歪了"，这样的定论很快就被其他廷臣传得人尽皆知。[133]"宫廷内外……人们的主要话题就是未来王后的一侧肩胛比另一侧突出这个……可怕的事实。"[134] 这条消息看似揭示了波旁王储妃不愿意适应自己的新角色,所以欧洲其他各国的宫廷也把它当作一条重要的政治八卦传开了。事实上,15 年后,在玛丽·安托瓦内特和她的家人被关进监狱之后,前往她的套房参观的一位英国勋爵请求看一下革命的暴动者们落在地板上的一件紧身上衣。他对满脸困惑的法国同伴解释说,很久以前他听说过这位少妇右肩畸形的传说——据说是因为她不穿特制紧身衣——因而他很好奇,想看看她的紧身上衣中是否有垫肩来掩盖这一缺陷。[135]

另一位就紧身衣问题发表意见的外国人是玛丽亚·特蕾西娅的朋友温迪施格雷茨伯爵夫人(Countess Windischgrätz),她最关注的倒不是玛丽·安托瓦内特的双肩是否呈一条直线,而是不穿那件内衣会让整个人显得邋遢。1770 年 8 月初在贡比涅觐见之后,伯爵夫人对巴黎、布鲁塞尔和维也纳的熟人们说"王储妃衣装很不得体,她的身材也不好"。[136] 不管她是无心还是有意,不穿紧身胸衣不啻在玩火。

梅西伯爵本人也清醒地意识到姑娘的行为对于她在凡尔赛宫的未来十分危险,当然也会连累法奥联盟。在进行了一些谨慎的侦查工作之后,他确信阿代拉伊德夫人和她的两个妹妹是制造这场麻烦的主要角色。他认定她们都是彻头彻尾的"危险人物",就告知玛丽亚·特蕾西娅,如果她的女儿"行事做派处处与姑妈们相反",就会幸福得多,那几个女人就是故意要把姑娘往火坑里推。[137] 这条消息使皇后扭转了对这几个女人的看法,不再认为她们是女儿合适的导师。她同意梅西关于姑妈们背后插刀的说法,恳求他把王储妃救出她们的魔爪:"请您审慎地提醒她,以防她在泥潭里越陷越深。"[138]

不过要做到这一点,梅西需要与玛丽·安托瓦内特私下交谈，而那几乎不可能。作为驻法兰西宫廷的大使，他享有进入王储妃的卧室参与更衣等仪式的权利，但到目前为止，由于这些仪式"是在全世界面前"进行的，他没有机会与王储妃讨论姑妈们口蜜腹剑这样一个敏感的话题。更何况按照礼节，玛丽·安托瓦内特每天要去夫人们的套房请安数次，而且她也没有其他朋友相互走动，请安似乎就成为王储妃十分乐意接受的波旁王朝的规矩之一。在宫廷前往贡比涅度假期间，她大部分时间都跟姑妈们在一起。王储妃无论是在由驴子领头的漫长行程中，还是在城堡周围的森林里乘马车游玩时，始终都有那三个老女人陪伴左右。[139]

所以直到1770年8月24日，也就是梅西首次写信给玛丽亚·特蕾西娅讨论紧身胸衣问题的三个星期之后，梅西才有机会短暂地避开姑妈们。宫廷在贡比涅的度假接近尾声，他们准备在28日当天前往尚蒂伊短途旅行，并在31日返回凡尔赛宫——梅西利用混乱的准备过程，找到了跟王储妃单独谈话的宝贵的几分钟。"我请求她"，他事后对姑娘的母亲说，日后"务必万分小心"。[140]

然而到这时，损害大体上已经造成了。无论在凡尔赛宫还是在巴黎——因为法国派使用的也是与舒瓦瑟尔派一模一样的战术，把毁谤的谣言传到宫墙之外——饶舌者纷纷拿王储妃拒绝穿"那条衣带，那个贵重的装饰品"打趣，并公开窃笑她与监护人的冲突。[141]就连因为在波旁王朝的地位较低而不喜欢波旁宫廷的繁文缛节的韦尔蒙神父也意识到他那位学生的行为出格了。王储妃"拒绝紧身胸衣（和）对诺瓦耶夫人冷脸相向"，他在9月中旬警告她说，已经让"整个法国抱怨不止了"。[142]

经验丰富、通达的玛丽亚·特蕾西娅当然知道，法国人从赞美她女儿合宜好看，外表成功变为法国风格，变成贬低她是个肮脏、邋遢、不懂规矩的外国人，必然是对波旁-哈布斯堡王朝联盟的巨大威胁。拿到梅西关于王储妃行为的报告之后，她写信给玛丽·安托瓦内特，责备她"没有照顾好你自己，显然连牙齿都没有好好清理；这是个关键问题，你的身材也一样，（人们说）它也变差了"。[143] 她身旁的康庞夫人也发现王储妃对形体的疏忽引发了政治危险；这位尚寝惊恐地注意到，法国派的中坚分子已经变得十分大胆，都在公开谈论"离婚的可能性"了。[144]

即便如此，要证明把玛丽·安托瓦内特送回维也纳这么一个极端结果的合理性，批评者们也不得不提出一个多少有些微妙的理由。鉴于王储本人也长期不守礼节，他们无法声称他躲着玛丽·安托瓦内特是因为她不穿紧身衣。不过他们可以让整个宫廷和公众把目光投向姑娘未予束缚的上腹部，他们也的确是这么做的——由于路易·奥古斯特众所周知的不屑一顾，姑娘的那个部位不光代表着美感缺失和不守礼节，也表明了她长期不孕的事实。玛丽亚·特蕾西娅本人后来在那年秋天写信劝告女儿说："请向我保证你每天都穿紧身胸衣，否则我担心，用德语说就是 *auseinandergehen, schon die Taille wie eine Frau, ohne es zu sein*。"[145] 她担心的是，你会放任自流，腰围如寻常女子那样宽大，但事实上却还没有真正完婚。

比起韦尔蒙严肃的说教、梅西秘密的暗示或诺瓦耶伯爵夫人没完没了的唠叨，皇后这句德语警句似乎击中了要害。拒穿紧身胸衣的几个月之后，王储妃似乎终于理解了她还不是"一个真正的王储妃"，是无法为自己争取史无前例的自由的。入秋以后，她与路易·奥古斯特的关系日益和睦，他虽然勉强，但还是"会让自己获得一些抚慰，有一天甚至大胆地给了她一个吻"。[146] 然而王储这些表示喜欢的微不足道的迹象很难平息诋毁他妻子之人不留情面的风言风语。"离婚的可能性"——或者更准确地说，欧洲亲王们有时用于摆脱不育的妻子的"宣告婚姻无效"——仍然是迫在眉睫的威胁。

那年秋天，王储的弟弟普罗旺斯即将在第二年 5 月娶萨伏依公主玛丽·约瑟芬（Marie Joséphine）为妻的消息已经广为人知。凡尔赛宫的贵族们向来对宫廷微妙的权力平衡变化十分警觉，便陷入了疯狂的猜测。新的王室新娘会取代迪巴利或者王储妃，得到国王的欢心吗？与萨伏依的联盟有无可能改变当局对奥地利的立场？还有，从玛丽·安托瓦内特的角度看起来最令人担忧的：普罗旺斯会不会赶在现任王位继承人之前，成功地为王室诞下子嗣？ 147

普罗旺斯憎恨王储和王储妃的继承权排位高于他，不留情面地吹嘘说他可不像他可怜的哥哥，打算在当上新郎之后，展示一下强大的性能力。路易·奥古斯特受到了羞辱，玛丽·安托瓦内特也非常惊恐。148 如果普罗旺斯伯爵夫人先于她诞下一子，王储妃本人作为王室配偶的无能就要比以往任何时候都更加明显，她无疑将成为法国宫廷里一个多余的人。就她让自己的腰围越来越粗，"事实上却还没有真正完婚"而言，她无非让她自己和整个国家更清楚地看到了那个残酷的事实。因此在 10 月中旬，王储妃投降了。她单独召见梅西，承认她"被一些关于她的地位和她本人的传言（弄得十分）不安，也提到了紧身胸衣的问题"。149 从那一刻起，梅西报告说，她"总算同意每天穿着紧身胸衣"。150

据玛丽亚·特蕾西娅的大使称，王储妃的回心转意很快就改善了她的政治处境。10 月 20 日，她刚刚向特制紧身衣投降短短几周之后，他便告知玛丽亚·特蕾西娅"国王最近对王储夫人更温柔、更关注，也更加关照和喜爱了"。151 四个月后，梅西重申："国王陛下又开始以友好的语气对王储夫人说话，还经常吻她的手。自（她）无视夫人们的建议之后，国王就被迷住了，对她的温柔态度远胜过对其他任何子孙。"[152] 很遗憾，梅西在同一封密信中哀叹道："王储先生原计划谨遵婚姻义务，跟王储夫人亲密地生活在一起，迄今却没有任何行动。"[153] 尽管如此，玛丽·安托瓦内特重新得到了路易十五的宠爱还是在一定程度上巩固了她的地位，让她免于被宣布婚姻无效或离婚的命运。

王储妃重新穿上紧身胸衣还有另一个意义重大的结果。"王储夫人的身材，"梅西在 1771 年 2 月的信中写道，"已经因为使用鲸鱼骨紧身衣而大大恢复了，（她）如今在一切关于梳妆和穿着的问题上都十分谨慎。"[154] 这一变化立马平息了法国派对玛丽·安托瓦内特相貌的负面传言。夫人们或迪巴利的小圈子再也不能言之凿凿地诋毁她的外表了；她端庄、严格、像特制紧身衣一样挺拔庄重的姿态，让她变得无可指摘。

然而，法国派的失望并不意味着玛丽·安托瓦内特从此就可以高枕无忧，紧身胸衣事件看起来对她产生了巨大的冲击，令她头脑清醒，甚至大受启发。正如玛丽亚·特蕾西娅在风波过后提醒她的那样，波旁王朝宫廷文化的基础是将象征性的荣耀等同于政治权力。姑妈们故意鼓励她推翻这一基础，但她要遵从它，就不能再去她们那里寻求帮助了。

> 不要忽视你的外表……我必须严正警告你，不要再犯法国王室的某些成员最近犯过的错误。她们或许德行高洁，但她们忘记了如何在公众面前展示自己的形象，如何（为国民）确定基调……因此我恳求你，既作为你温柔的母亲也作为你的朋友，不要再出现任何对自己的外表或宫廷规矩漫不经心的举动。如果你不听从我的建议，你会后悔的，而到那时一切都太迟了。但就这一点而言，千万不可以你的（法国）家人为榜样。如今，在凡尔赛宫确定基

调就要靠你自己了。[155]

一如既往，皇后的建议有恐吓，但也不乏建设性。她悲观的预言——"你会后悔的，而到那时一切都太迟了"——对于已经因为最近"漫不经心的举动"而名誉受损的姑娘而言，实在算不得抚慰。然而与此同时，玛丽亚·特蕾西娅鼓励女儿走在法国宫廷生活的最前沿，并借助谨慎打扮的外表做到这一点，为她指点了一个新的生存策略。如果玛丽·安托瓦内特无法藐视"外表或宫廷规矩"的迫切要求，那么或许她可以利用它们为自己服务。既然迪巴利垄断了国王的色情欲望，未来的普罗旺斯伯爵夫人可能会作为新的波旁继承人的母亲剥夺她的席位，王储妃就有必要找到另一种方式，挽救自己在凡尔赛宫岌岌可危的地位。而在凡尔赛宫这样一个地方，从紧身胸衣风波到她日常更衣的公开仪式都让她认识到，衣装问题会被密切监视，人们对它的重视程度丝毫不亚于对王室性爱（无论是消遣取乐还是为王朝繁衍后代）。

既然如此，可以说，正是在这一阶段，玛丽·安托瓦内特发现更进一步地关注自己身体的时尚是一条确保政治安全的可行的备选道路。丈夫拒绝圆房仍然阻碍她成为"真正的王储妃"，是她要背负的十字架。然而只需对装扮和穿衣方式多一点点悟性，她就至少能够尽力让自己看起来像个真正的王储妃——看起来，正如一位廷臣后来所说的那样，"仿佛她生来就坐在王位上"。[156] 在一个外表就是一切的宫廷里，或许威严的外表就足够了。

74

第四章

像男人一样策马驰骋

1770 年 10 月，玛丽·安托瓦内特来到法国的第五个月，她在成为波旁王朝妻子的道路上迈出了重要的两大步。第一是她重新穿上了鲸鱼骨紧身衣；第二是她的骑驴课程顺利毕业，转而开始骑马了。后一个进步恰逢宫廷每年秋季枫丹白露王宫的牡赤鹿猎捕季，打猎成为社交主题。很快，这一进步就为她带来了通过衣装提升自身形象的重要机会。10 月 22 日和 26 日，王储妃把姑妈们留在城堡，乘坐自己的私人折篷轻便马车跟随整个王室前去打猎。梅西写道，在出行期间，路易十五"专心致志地为她讲解打猎的种种细节……专门提醒她注意各种特别事项，可比对待姑妈们热心多了"。[1] 玛丽·安托瓦内特因重新得到国王的关注而十分高兴，便大胆地恳求国王施恩，以便得到他更频繁的关注。她认为，是时候在马背上驰骋追逐了。

虽然梅西劝她离姑妈们远一点儿，但王储妃还是请求阿代拉伊德夫人指导她如何就此事获得国王的许可——夫人本人年轻时也热爱骑马打猎。阿代拉伊德根据个人经验，认为父亲"会觉得（这个要求）不可理喻"，因为在她的少女时代，父亲对她骑马打猎持反对态度。[2] 当然，这位年长的女人没有把这个故事分享给王储妃。相反，10 月 29 日，阿代拉伊德夫人直
截了当地对父亲说玛丽·安托瓦内特想骑马，可能还很高兴地看到父亲"对这个要求有点恼火"——这是梅西事后才惊恐得

知的。[3] 在奥地利大使看来，阿代拉伊德夫人此举是她又一个明目张胆的企图，目的就是要在王储妃与国王之间制造分裂。但令梅西（当然极有可能也让阿代拉伊德）感到奇怪的是，路易十五事实上决定满足玛丽·安托瓦内特的愿望。10月30日，在她的15岁生日前三天，他安排她去森林骑行，派一个马倌牵着她的马，还有一群驴在附近，以备她希望换个更容易的骑行方式。

对这一意外转折十分恼怒的姑妈们那天留在城堡里，但有不少贵族涌入森林去观看玛丽·安托瓦内特在马背上的首次亮相。那天的课程结束后，这些观众们向宫廷的同伴们报告说，"这项新的锻炼活动给（王储妃）带来了极大乐趣"——消息传得飞快，到那天晚上，如梅西在写给维也纳的一封快信中所说，"每个人"都祝贺她骑马凯旋。[4] 路易十五本人更是对王储妃充满感染力的热情着迷不已，就在第二天，他签署了一项法令，花费24000里弗命人为她的马厩配备狩猎坐骑。没过多久，她就变成了王室狩猎的固定成员，在宠爱她的爷爷身旁奔逸绝尘了。

姑娘的凯旋来得恰逢其时。玛丽·安托瓦内特本为普罗旺斯即将举办的婚礼而十分焦虑，1770年12月24日，又发生了一桩令她更加忧心忡忡的事，路易十五突然解除了她的支持者舒瓦瑟尔的职位。外交大臣被解雇的官方理由是他与国王发生了冲突，焦点是英格兰与西班牙在马尔维纳斯群岛爆发了军事冲突，法国应当在其中扮演什么角色。舒瓦瑟尔得到最高法院（那些司法机构的贵族成员一直反对君主的各项政策）的支持，疾呼法国应该参战，报复在七年战争中败于英格兰的奇耻大辱。路易十五向来讨厌让最高法院来指导他的决策，也深知王国已经没有多少钱可以投入到另一场战争中去了，就强调法国必须保持中立。此事之后不久，舒瓦瑟尔就被流放到了他位于图雷纳（Touraine）的城堡。

然而宫廷政治也是外交大臣垮台的原因之一。整个秋天，由于迪巴利夫人从玛丽·安托瓦内特（以及舒瓦瑟尔的朋友和家人）那里不断遭到白眼，宠姬的复仇渴望也越来越强烈。马尔维纳斯群岛事件爆发后，她立马抓住这千载难逢的机会，声称外交大臣此举是在鼓动最高法院法官们挑战国王的权威，其结果必是一场全国叛乱。路易十五"对这样危险的前景倍感惊恐"（梅西向他自己的君主如此解释），便立即行动，任命极力反对法官的艾吉永公爵填补舒瓦瑟尔空出的职位，还任命迪巴利派的其他成员进入内阁。[5] 最引人注目的是，他选择莫普神父（Abbé Maupeou）担任大法官，此人为了让最高法院法官们低头和重建不受约束的专制政体，向来不遗余力。

据说莫普和艾吉永一样，都是宠姬迪巴利的情夫；至少，两人都是她在自己的套房和她在私人小宫殿路维希恩宫（Louveciennes）举办的各种放荡聚会的常客。从这一角度来看，路易十五任命神父和公爵担当如此大任，证实了人们的恐惧：他把权威拱手让给了一个女人；正如八卦性质的秘密时事通讯《秘密回忆录》（Mémoires secrets）的作者所说，"迪巴利……这个女人（对国王）的驾驭远远超出了她那个性别应有的权利"[6]——从 1762 年到 1789 年，这份时事通讯在巴黎各个社交圈里广为流传。一首流行歌谣把圣女贞德与迪巴利做对比，讽刺了当前局势：前者是从英国人手中拯救了法兰西的著名人物，而反迪巴利派认为，后者却阻止了舒瓦瑟尔成就同样的业绩。"法兰西啊，"一位匿名诗人警告说——

臣服于女人
似乎是你的宿命。

曾经拯救你的是贞洁的圣女；
即将毁灭你的是无耻的荡妇。[7]

　　为了规避王室审查法律，像这样政治争议极大的文本一般都是手写，匿名发表或者在国外发表。它们在宫廷和整个巴黎（以及其他城市）秘密流传，出资人不仅包括迪巴利通常的诋毁者舒瓦瑟尔派，还包括反对国王腐败的新制度的其他派别的成员。[8] 全盘来看，这些小册子试图把淫乱放荡作为君主制虚弱和腐败的隐喻，从而使君主制名声扫地。[9] 而被其中一位檄文执笔者指控为让路易十五及其大臣们沦为"爬行在一个妓女脚下的奴隶"的迪巴利，在这类文学中的角色就是一个终极女恶魔。[10] 舒瓦瑟尔被解职的第二天，一幅法国漫画就出现在人们的视野中，画中的路易十五举着一个篮子，篮子里满是舒瓦瑟尔派议员的身体器官。这幅画用字面意义上的、诉诸身体的方式来描述这些人的失败，画中还描绘莫普在收集敌人们被砍下的头颅，而迪巴利作为在法国阉割男子的荡妇之首，正忙着收集死人的阴茎。1771 年 4 月，莫普解散了不服管束的巴黎最高法院，代之以他自己选择的傀儡代表。这幅漫画的恐怖预言看似已经成真。

　　然而位于风暴中心的"荡妇"并没有屈服于负面宣传，倒像是醉心于提醒情夫的臣民们，让她登上如此高位的，正是她厚颜无耻的性爱天赋。《秘密回忆录》报道说，12 月政变发生前不久，她委托著名工匠弗朗西安为自己制造了一辆马车，其"精美和华贵"程度超过了他此前应舒瓦瑟尔的要求为玛丽·安托瓦内特的结婚之旅制造的那辆四轮双座篷盖马车。[11] 这辆马车的金色面板上恰如其分地雕刻着迪巴利那句座右铭"向前冲！"（*Boutez en avant!*），还画着"玫瑰花篮……两只互相啄喙表达爱意的鸽子，以及被一支箭穿过的一颗心"。[12]《秘密

78

回忆录》的作者还说，这辆"骄奢淫逸的马车"的金色边缘装饰也展示着"（爱）神的特性"：箭矢、箭囊、燃烧的火把。[13] "最后，"他总结道，"一个螺钿花环环绕着整个面板四周，为它们镶上了一圈璀璨的色彩。"[14] 据说路易十五也觉得这样的设计品位十分可疑（出钱买单的是艾吉永公爵），但他的情妇很喜欢乘坐这辆马车四处走动。《秘密回忆录》没有忘记指出，这辆马车不仅标志着其主人的色情能力，还为"（那一架）曾被派往维也纳迎接王储夫人（的马车）"蒙上了一层阴影。[15] 迪巴利的马车似乎是在暗示，从童话里走出的公主已经无人问津了。

在凡尔赛宫新的等级化布局中，玛丽·安托瓦内特自然无法压倒国王的宠姬争得头等重要的地位。迪巴利夫人在战胜舒瓦瑟尔之后，便搬到了与国王的套房仅有一个楼梯间相隔的奢华套间里，这招来了不少闲言碎语。但宠姬还不满足。于是她又花费24000里弗——正好是路易十五为玛丽·安托瓦内特买马花费的金额——买来范戴克（Anthony Van Dyck）的一幅英格兰国王查理一世的肖像装饰她的房间。据《秘密回忆录》报道，每当路易十五对自己解雇外交大臣一事表现出一点后悔的迹象，伯爵夫人就会指着那幅肖像，提醒他说画中人被一群放肆无礼的议员处决了。[16] "难道深受爱戴者，"然后她会特意问道，"遗失了伟大的路易十四的权杖？"[17] 这一双重提醒——查理一世被他的议会打败，太阳王将自己的议会控于指掌——显然增强了路易十五的使命感，也让人们更清晰地认识到迪巴利对他的影响力无与伦比。

宠姬地位的提升是王储妃遇到的一个重大挫折，因为舒瓦瑟尔被解雇已经清除了宫廷中与法国派抗衡的主要力量。这一派的成员借迪巴利夫人获得了权力，如今能畅通无阻地实施他们反对奥地利的阴谋了，它那位小小的女大公自然不在话下。

除了梅西和韦尔蒙神父之外，玛丽·安托瓦内特在凡尔赛宫已经没有朋友了，但迪巴利派就连这两个人也试图赶出宫廷。王储妃要么任人宰割，要么支持盟友，一切都得凭一己之力了。

毫无疑问，改善她自己及盟友处境的一个万无一失的手段是生儿育女。"你还不是一个（真正的）王储妃，此事已经开始令我恼火了"，舒瓦瑟尔被驱逐六个星期之后，玛丽亚·特蕾西娅抱怨道。[18] 不出所料，她提醒女儿"未来的普罗旺斯伯爵夫人""很可能会先于你"给波旁王朝诞下一个继承人。[19] "你如今的处境让我不寒而栗"，玛丽亚·特蕾西娅称。只有孩子能让她转败为胜。

当然，一切建议都是建立在一个假设之上的，那就是玛丽·安托瓦内特能把她的丈夫引诱到婚床上。但事实上，无论多少"缠绵爱抚和甜言蜜语"（这是皇后最喜欢的说法之一）看起来也不大可能发挥作用。虽说王储对待新娘已增加了不少"喜爱、信任和友好"（梅西如此证实道），但这些友善的举动仍然停留在纯粹的精神层面。[20] 奥地利大使在 2 月底汇报说，路易·奥古斯特的行为"实在莫名其妙，令人大伤脑筋"。[21]

迪巴利圈子里的成员倒是因王储不会回心转意而欢欣鼓舞。王储的前私人教师拉沃吉翁仍然给他灌输奥地利人如何卑劣、与哈布斯堡王朝结盟有多少弊端，甚至暗示舒瓦瑟尔曾参与害死了路易·奥古斯特的双亲这样不实的谎言。拉沃吉翁将王储父母二人之死归咎于舒瓦瑟尔派设计的恶毒阴谋，声称其目的是彻底削弱波旁王朝，让法国屈服于奥地利。

除了传播阴谋论，迪巴利派还试图拉开王储与他的新娘之间的人身距离。比方说有一次，宫廷前往枫丹白露旅行期间，玛丽·安托瓦内特发现负责为她和丈夫装修房间的人接受了贿赂，密谋将夫妇二人分开。工程本该在他到达之前就完工，但紧邻妻子房间的路易·奥古斯特的套房看起来破损失修，王储不得不搬到位于城堡另一端的套房里去。[22] 据康庞夫人记录，玛丽·安托瓦内特立刻就明白，她那位害羞的丈夫根本不可能在众目睽睽之下走这么长的路来看她；她对"亲爱的爷爷"抱怨，后者立即干预，那些房间在一周之内就完工了。[23] 然而即便二人在枫丹白露住得近，也没有丝毫改变王储对性事的保守。他的妻子或许揭露了迪巴利派的贿赂丑闻，打赢了这场战役，但她没有孩子，终究还是会输掉整场战争。

80

因此，玛丽·安托瓦内特是时候采取一个不同的策略保住自己在宫廷里的地位了，她似乎在骑马时找到了成功的诀窍。因为孤独，她开始几乎每天骑马，不管国王是否打猎。如果天气太冷或者下雪，不能到森林里，她就在宫廷的室内骑马场上一圈又一圈地骑马奔跑，度过一个个漫长的下午。梅西虽然因反舒瓦瑟尔派政变的影响而焦头烂额，却仍然花时间记录了他的担心："这样一个年轻的公主获准骑马出行，可能会带来很多糟糕的后果。"[24] 他对王储妃说自己凭借玛丽亚·特蕾西娅的授权，为避免这些未具名的"糟糕后果"而设置了三项限制。第一，他宣称公主绝对"不可骑马去打猎，无论天气多好，不管出于什么理由都不行"。第二，他敦促她"骑马小跑须有节制，尽量只骑马慢跑"。第三，他宣布"但凡她有理由怀疑自己（怀孕，则必须）完全暂停一切此类运动"。[25]

玛丽·安托瓦内特对这三项指令都很恼火，但她似乎觉得最后一项尤其容易反驳。包括梅西在内的"每个人"都非常清楚她没有——也不可能——怀孕。有一次，随从队伍中的一个女人多管闲事地开始唠叨骑马对未出世的胎儿有何危险时，她彻底失去了耐心，打断那女人饶舌的说教，厉声说："小姐，看在上帝分上，让我安静一会儿吧，要知道我根本不会对任何王位继承人造成任何伤害。"[26]

　　她也不接受梅西对她的骑马训练设置的另外两项限制。如果她只在室内骑马场内骑行，"尽量只骑马慢跑"倒也不是不可能。但当雪融冰化，冬去春来，王储妃便再也克制不住，开始在凡尔赛宫周围的森林里策马狂奔，把一群气喘吁吁的随从落在身后，开心极了。有时，她只是为了骑马而骑马。有时她也跟着去打猎，虽说当时人们认为女士打猎极不得体，但玛丽·安托瓦内特还是扩大了自己的视野，也开始狩猎野猪和其他猎物。不管具体情况如何，王储妃骑马出行似乎为她原本严格、紧张而孤单的宫廷生活注入了一丝急需的解放感，无论梅西多么激烈地反对，也不能劝阻她获得这样的愉悦。"她骑在那些漂亮的萨福克狩猎马上，"传记作家卡罗利·埃里克森写道，"心满意足地奔腾追逐，终于摆脱了母亲、摆脱了诺瓦耶夫人，也暂时摆脱了自身处境和何去何从带给她的忧思。"[27]

　　没过多久，这种自由的滋味就让王储妃的着装风格发生了重大改变，这一改变与其说是无视，不如说直接拒绝了她嫁为人妻所承受的越来越大的压力。面对关于一直未能怀孕、未能履行为王朝传宗接代的义务以及爱上了骑马的流言蜚语，她发明了一套骑马装束，彰显自己不再拘泥于波旁王室配偶传统的母性角色。鉴于因拒穿特制紧身衣而掀起的轩然大波，又考虑到她母亲尖刻地提及"未来的普罗旺斯伯爵夫人纤细的腰身"——说来奇怪，皇后似乎视之为女性生育健康的证明——玛丽·安托瓦内特没有抛弃女性骑手必须穿在骑马装下面的紧身衣。〔王室的骑马装被称为体服（*justaucorps*，直译为"紧贴在身体上"）是有其道理的；它的裁剪极其合身，包括一件合体上衣和一件颜色相配的马甲，紧紧地裹在身体上。女式体服的亮点是一件收紧腰部、突出胸部的马甲，有特制骑马紧身衣的效果。〕

　　这一次，玛丽·安托瓦内特的着装叛逆更为激进，凸显出一种明显非女性化的政治权力。骑马出行的她放弃了为偏坐鞍设计的那种飘逸的长裙，选择了适合跨坐马鞍的那种男式修身马裤。玛丽·安托瓦内特正是以这样一身装束开始表达一种强大的新的自我形象，这种形象能使她顶住身边日益激烈的政治风暴——至少短期内如此。

从纯粹的风格层面上来看，王储妃的马裤根本没什么出奇，因为18世纪女性骑马装的合身上衣和马甲就是直接模仿男版设计的。[28] 上衣的男式裁剪仿照的是喜爱运动的英国人偏爱的男式大礼服，其背衩、锥形后下摆、侧褶、窄领口、下翻领，还有长长的翻边袖也都是如此。[29] 穿在上衣里面的马甲下摆被裁成圆角，用与上衣配套或互补的织物制成——天鹅绒、羊毛、丝绸或者一种名叫羽纱的精纺织物。男女骑手都会在马甲下面穿挺括的高领衬衣；女式衬衣里面还会有一层紧身胸衣和罩衫。为了突出这套骑马装的阳刚气质，女骑手往往还会搭配其他富有阳刚之气的配饰，如蕾丝领结和袖口，再佩戴一顶羽毛镶边的三角帽。[30]

82　　出身高贵的法国女人为了参加骑马和滑冰等户外运动，一度还习惯于在衬裙下面穿着针织羊毛、丝绸或天鹅绒马裤。这种穿在里面的马裤最初是由卡特琳·德·美第奇于16世纪引入法国的，它既有在户外为女性保暖的实用性，还有一个额外的好处，就是一旦跌落马下，有助于保全女性的体面。[31] 现任国王的前情妇蓬帕杜夫人也和玛丽·安托瓦内特一样喜爱打猎，和王储妃一样，她也没怎么在骑行中跌落过。蓬帕杜1764年去世之后，人们在她的个人物品清单中注意到了"打猎套裤"一项。[32]

不过，在1771年，男士风格的马裤——腿部紧绷，腰部周围是一条舒适的松紧带——并不是法国标准的女性骑马

装。玛丽·安托瓦内特直接把马裤穿在外面而不套上衬裙或
裙子的穿法十分罕见。艺术史学家帕特里夏·克朗（Patricia
Crown）指出，约翰·科利特（John Collet）这位在 1760 年
代和 1770 年代创作了最多数量的画作来描绘"运动女性"的
欧洲艺术家，几乎从未画过一个身穿马裤的夫人。[33]（在科利
特庞大的画作目录中，唯一的例外是一幅 1775 年的雕版画，
其主题是一位女演员在更衣室里抛下了自己的紧身胸衣，穿上
了长裤：恰与玛丽·安托瓦内特两个早期的时装叛逆重合，不
得不说是惊人的巧合。）根据克朗的说法，科利特的艺术作品
中几乎找不到马裤，符合当时的社会现实。女性行为的仲裁者
们反对马裤，理由是它们"让女人采用男人的体态和姿势，昂
首阔步、大步向前、挥动手臂，还会双手叉腰"。[34] 更糟糕的
是，马裤让穿者太容易跨骑马上，而在大多数欧洲国家，偏
坐在马上才是女士得体的行为——到 20 世纪初仍是如此。当
时人们认为，跨骑在马上既有伤大雅，也对女人的生殖健康
有害。

　　在法国宫廷的背景下，穿着马裤跨骑马上也违背了标准
的淑女行为规范，因为它带着男性王室权威的隐含意义。中世
纪以后，理想的领袖一直被想象为豪侠无畏的勇士之王，大
无畏地策马加入战斗，拯救自己的夫人和领土。为了在和平
时期维护这一精神内核，法国君主们将打猎作为彰显其勇气的
另一种方式——路易十四在自己统治时期将这种策略用得炉火
纯青。[35] 18 世纪的学者拉屈纳·德·圣帕莱耶（La Curne de
Sainte-Palaye）指出，太阳王"希望在一切事情上做到伟大，
打猎的技能超越了他以前的所有国王"。[36] 而且正如历史学家
菲利普·曼塞尔（Philip Mansel）在他关于国王制服政治的
权威研究中假设的那样，路易十四超乎常人的打猎天赋为他的
专制主义装腔作势提供了强有力的理由。"王室狩猎象征着王

室能掌控一切——无论是人还是动物",因而是对无所不在的
君主权力的极佳表述。[37]

太阳王即便不打猎,也时常身穿展示马术实力的礼服,这
进一步巩固了其杰出猎手的名声。路易十四在回忆录中若有所
思地说:"被我们统治的人一般都是基于他们看到的外表做出判
断。"而他似乎认为骑行装束也是"让(国王)凌驾于臣民之上
的优越感的标志"之一。[38]在数不清的肖像和雕塑里,他请人
展现出他在马背上的形象,有时身着现代骑马装或军装,有时
身穿征服异国的罗马皇帝的理想化装束。[39]这样的姿态也不仅
局限于艺术作品。在1655年以及后来的1673年,路易十四在
受到最高法院法官叛变威胁时,他的反应是身穿猎装和靴子来
到他们中间。根据在路易十四治下担任宫廷史官的伏尔泰的说
法,正是这套装束——及其赋予穿戴者的"王者风范"——让
太阳王制伏了叛变的贵族。[40]无论生前还是死后,路易十四在
马上不可一世的王者形象随处可见,与他的专制主义格言"朕
即国家"密不可分地交织在一起。[41]事实上,打猎装束与王室
权威的关系如此密切,以至于在1766年,路易十五前往巴黎
最高法院平息那些不服管教的贵族的异议时,也穿着猎手的体
服、马裤和靴子。[42]

路易十五并不是18世纪唯一借鉴太阳王的服装脚本的君
主。叶卡捷琳娜二世在大胆地伸张自己的政治权力时,也再现
了那位伟大的法国君主在马上的风采。1762年,在丈夫戏剧
性地被推翻,自己成为俄国女皇之后,这位出生于德意志的公
主在第一次阅兵时就跨骑在马上,身穿男式军装,头戴羽毛三
角帽。女皇咄咄逼人的阳刚形象意在提醒她的士兵——以及其
他臣民——她完全能够胜任一个男人的职位。[43]

登基之后,叶卡捷琳娜二世身穿骑马装的版画广为流传,
和路易十四的类似形象一样,成为其政治形象的一个重要元

素。其中一幅画作展示了这位俄国女皇"骑跨在马上……身穿毛皮镶边的军便装，（而且）头戴一顶浅沿帽，帽顶上饰有长长的一簇羽毛"，在玛丽·安托瓦内特的时代，这幅版画在巴黎仍十分畅销。[44] 经路易十五许可，它在圣雅克路（rue Saint-Jacques）上的一家版画商店里贩售。艺术家据信是法国人罗班·德·蒙蒂尼（Robin de Montigny），路易·奥古斯特的两个弟弟后来也请他为他们的妻子绘制肖像。[45]

尽管它的出处可能是法国，但女皇叶卡捷琳娜二世骑跨马背的流行形象在路易十五的王国与其说是对女性君权的肯定，不如说是与之对立的父权统治的一个例外。因为法国遵守《萨利克法》，该法案禁止王室遗孀继承配偶的王位，规定"凡尔赛宫有三件事至关重要：国王、他的情妇和他的宫廷。王后微不足道"。[46] 在罕见的情况下，王后因为儿子年幼无法继承王位而获准统治国家，但也只是以摄政者的身份。《萨利克法》声称自己源于"自然母亲"，规定最高权威的特权和标志仅属于男性君主。[47]

有鉴于此，在玛丽·安托瓦内特的时代以前，叶卡捷琳娜女皇的王者装扮并不是法国王室妇女能够采纳的现成策略。众所周知，卡特琳·德·美第奇（也就是将女用裙裤引入法国宫廷的那一位）和奥地利的安娜（就是玛丽·安托瓦内特继承了波旁王朝血统和她光彩夺目的珍珠项链的那一位）等女性摄政者都未能赢得法国人民的喜爱。的确，在这两位寡居王后的统治时期，国内都充斥着相当激烈的内乱，对掌权女性的偏见一直持续到 18 世纪。迪巴利击败舒瓦瑟尔所引发的抗议就是一个恰当的例子：1771 年，国家要"被女人征服"的焦虑一直是压在法国民众心头的大石。

这种焦虑也延伸到了时尚领域。狂欢节，也就是在大斋节之前那段狂欢的日子，通常会有大量化装舞会，男人们经常从头到尾打扮成女人的样子。相反，当女人们尝试异性装扮时，她们却不能如此出格，起码不被鼓励这么做。时装历史学家妮科尔·佩尔格兰（Nicole Pellegrin）指出，女人们"穿着马裤的禁忌如此严格"，以至于异性装扮的装束最多也就是穿一件遮挡身体的巨大斗篷，即所谓的"连帽化装斗篷"，把头发做成更男性化的发型。[48] 在狂欢节之外的日子，女扮男装更是闻所未闻，它被视为一种奇怪的性变态行为。[49] 至少洛赞公爵是这样认为的，此人广泛的性嗜好和性征服为他赢得了旧制度最后几十年里全法国首屈一指的诱惑者的名声。[50] 有一次，洛赞的一位贵族情妇"身穿龙骑兵制服和皮马裤，骑着马"来探访他，他竟然"厌恶至极"。[51] 他最终还是跟那个女人做爱了，但他声称对此极为后悔，在回忆录中把这次遭遇说成是他整个生涯中最耻辱的事件之一。

讽刺的是，那位被自己的臣民称为"国王玛丽亚·特蕾西娅"、其本人的登基因性别而遭遇强烈抵制的女人，竟然反对玛丽·安托瓦内特的运动和跨性别着装方式。皇后从梅西那里获得关于"王储夫人的骑兵队"的最新消息，谴责女儿新发展出来的爱好又是受到了姑妈们不怀好意的影响的结果，危言耸听地警告女儿骑马的种种害处——

> 骑马有损容貌，最终你的腰身将受到损害，开始变得粗壮。此外，如果你正如我怀疑的那样，身穿男装，像男人那样骑马（*si vous montez en homme*），我得告诉你，我觉得那很危险，而且对生育有害——而那才是你的职责所在；那才是你成功的砝码。如果你身着女装像女人那样骑马（*si vous montiez en femme*），那我就没那么担心了。意外是不可能完全避免的。那些降临到其他人身上的

事故，例如葡萄牙王后后来就因此而无法生育，实在令人放心不下……总有一天你会知道我说得对，只怕到时候已经太晚了。[52]

母亲的言辞和以往一样不容置疑，只不过这一次，骑跨在马上且"身穿男装"的王储妃仍坚持己见。当玛丽亚·特蕾西娅试图让玛丽·安托瓦内特承诺不再骑马时，姑娘断然拒绝，声称如果放弃骑马，路易十五及其孙子会很不高兴："国王和王储先生都乐意见到我骑马……他们被我身穿猎装的样子迷住了。"[53] 虽然她谨慎地没有提自己的猎装是马裤还是裙子，但玛丽·安托瓦内特总算迫使母亲退让了一次。"既然你对我说国王和王储都赞成（你骑马），"皇后不情不愿地回信说，"那我也就不再追究了。你当听从他们的指令；我把我心爱的安托瓦内特交到了他们的手里。"[54]

玛丽亚·特蕾西娅在政治上不可谓不精明，但她不理解王储妃突然全情投入地爱上打猎，事实上可能是试图在宫廷里获得另一种"成功的砝码"——她试图接受和体现一种与传统波旁王朝的妻子应该担负的生育功能毫无关系的成功标准。只要她在生育意义上还不是"一个真正的王储妃"，她就无法通过怀孕生子这类传统的"妇"道来主张自己的权威。然而即便对一个法国王室配偶来说，玛丽·安托瓦内特也不是个普通的女人，她可是与路易十四和恺撒皇帝等历史上赫赫有名的君主有血脉联系的。无论是她丈夫已故的母亲萨克森的玛丽·约瑟芬还是路易十五已故的妻子波兰的玛丽亚·莱什琴斯卡，家世谱系都没法与玛丽·安托瓦内特的血统相提并论。虽然都生育了子女，满足了丈夫和臣民的期待，但这些女人没有玛丽·安托瓦内特的高贵血统所赋予的特权——在后来那些年里，她更加频繁地提到"我血管里流的伟大的血"。[55] 那特权就是"像男人那样穿

86

着和骑马",吸引人们的关注……正如她的前辈路易十四卓有成效的做法,有时候,路易十四会直接模仿恺撒大帝。[56]

考虑到她过去和当前的生活状况,玛丽·安托瓦内特不大可能会忽略太阳王精心打造的、能量超凡的公众形象。在维也纳,她在韦尔蒙神父被派去辅导她法国语言和文化基础之前没有接受过多少正规教育。但在教授女大公期间,韦尔蒙教她了解法国王室谱系,大致补足了姑娘在这方面的欠缺。据韦尔蒙说,他这位学生对这一课题充满热情,以致她很快就确定了自己最喜欢的两位法国国王:"亨利四世,因为他如此仁慈,以及路易十四,因为他如此伟大。"[57] 到达凡尔赛宫之后,她对波旁王室和政治传说的了解让她的新同胞们心悦诚服。例如,米尔古小姐加入王储妃的随从队伍之后,发现这位新的女主人"比其他任何亲王都更了解法国历史及王室的一切"。[58]

更何况,如果说她还需要提醒才能理解路易十四到底有多伟大的话,王储妃只需要看看她在凡尔赛宫周围的一切就足够了:看看那绘着他的金色符号的院门和房门,看看随处可见的屋顶壁画、雕塑和肖像。这些作品原本就是为了随时随地证明太阳王超越一切的崇高地位。[59] 如果说玛丽·安托瓦内特在到达法国宫廷时对这里的生活毫无准备——反奥派、性无能的丈夫、严苛的礼仪,那么随处可见的路易十四形象证实了她在维也纳跟随韦尔蒙学习时形成的观点。

1771 年夏,玛丽·安托瓦内特应母亲的要求请人为自己画一幅肖像,正是借鉴了路易十四的形象。皇后明确要求那幅画像应该"画出你锦衣华服的样子,不要穿男装,要像你该有的模样"。[60] 年轻姑娘无视这些规定,请人画出了身穿男式骑马装的自己。这幅油画已经遗失,但有几个留存下来的肖像画出了她身穿类似装束的样子。"就是她的样子,"玛丽亚·特蕾西娅后来写到那幅丢失的肖像时说,"穿着骑马装,头上戴一顶帽子。"[61] 这类画像中最早的是一幅蜡笔画，是阿尔萨斯艺术家约瑟夫·克兰青格（Josef Krantzinger）在 1771 年下半年绘制的，那是王储妃的一幅半身像，穿着不分男女的红色体服（是特里亚诺王室城堡的打猎装），黄色小山羊皮马术手套，头戴一顶镶金色条带的三角帽。[62] 按照凡尔赛宫博物馆前馆长玛格丽特·雅吕（Marguerite Jallut）的说法，玛丽·安托瓦内特穿这套特别装束的激动心情超过了她对骑马本身的热情，克兰青格精准地描绘出她兴高采烈的样子，就连玛丽亚·特蕾西娅看到这幅画作时也怒气全消，声称这是她见过的对女儿最为忠实的刻画。[63]

如果皇后看到另一幅骑马肖像，大概就没那么温和了，那是瑞士出生的宫廷画家路易-奥古斯特·布兰（Louis-Auguste Brun）在好几年后画的玛丽·安托瓦内特（以及她为此目的交给他的衣物和鞋靴）的肖像。[64] 与克兰青格的画作不同，这一幅是玛丽·安托瓦内特骑马打猎的全身像，因而显示出她"像男人一样"骑马和穿着的偏好。玛丽·安托瓦内特上身穿一件蓝色骑装（这是凡尔赛宫必不可少的猎装），下穿男式马裤，戴一条飘逸的蕾丝领巾，脚穿黄色高筒靴，头戴一顶羽饰华丽的帽子，自信地跨骑在马上，把坐骑拉成一个大胆的后仰姿势。无论是马的姿势还是骑手的王者气派，布兰的画作都明显受到了路易十四气势磅礴的骑马形象的影响。[65]

对于一位还没有在宫廷里站稳脚跟的公主而言，模仿太阳王的标志性姿势是一个极为大胆的举动，但玛丽·安托瓦内特的勇气，或许来自在这段时间前后，她最大的政治障碍意外地消除了，也就是普罗旺斯新娶的新娘、萨伏依的玛丽·约瑟芬有可能对她这位国王最喜爱的孙媳造成的威胁。1771 年 5 月 12 日，整个宫廷前去迎接玛丽·约瑟芬的时候，大家一下子

就明白，她根本不可能比王储妃更出色。虽说这位萨伏依公主
也和她之前的玛丽·安托瓦内特一样是出于政治联盟的需要才
被选中的，但路易十五本人曾向梅西透露，他觉得新的普罗旺
斯伯爵夫人实在丑陋得令人泄气；他尤其厌恶她那"丑恶的鼻
子"。[66] 而那只是她众多缺点中的一个。"用一位龙骑兵军官
的话来说，"另一位多话的观察家阴阳怪气地说道——

88

> （玛丽·约瑟芬）可以说就是一头力大又多毛的野兽。
> 她那一头又厚又硬的黑发不加约束地一直长到（遮住了）
> 她浓密的眉毛……（她的）厚嘴唇上面还有一圈明显的小
> 胡子；这一切被她极黑的肤色衬托出来。脸就算了。伯爵
> 夫人殿下的身材矮胖宽厚，（还顶着一个）大胸……（臀
> 部）就像是巴黎的酿酒师偶尔在他们的马匹身后瞥见的那
> 巨大的一坨。夫人走路时，她身体的这一部分颤动的样
> 子，让这个比喻尤为贴切。[67]

其他廷臣又补充了这位观察家的描述，说普罗旺斯的新娘连胸
部都长着毛。[68]

　　更何况就算以凡尔赛宫那种比较马虎的卫生标准来看，玛
丽·约瑟芬的个人习惯也太肮脏了，以至于路易十五命令他驻
萨伏依的大使请公主的父亲、国王维托里奥·阿梅迪奥三世亲
自干预。法国国王声称他的孙媳妇至少应该偶尔洗一下脖子、
清理一下牙齿，梳梳头发。"讨论这类事情让我甚觉尴尬，"凡
尔赛宫的外交官对玛丽·约瑟芬的父亲坦白道，"但这些琐碎
的细节对我们这个国家（*ce pays-ci*）来说非常重要。"[69]（"我
们这个国家"是依附于凡尔赛宫的人惯用的口语，暗示它本身
就代表着一个十分独特的文化宇宙。）到这时，玛丽·安托瓦
内特已经从惨痛的教训中学到了这一点，而对于没有学习过如

何在优雅的法国获得成功的普罗旺斯伯爵夫人来说，未能遵守新故乡的梳妆守则让她在这里处于更加不利的地位。

进一步平息了王储妃此前对玛丽·约瑟芬可能超越她的恐惧的是这样一个事实：玛丽·约瑟芬几乎立即证实了普罗旺斯吹嘘自己性能力超群的话全是谎言。普罗旺斯伯爵夫人在被问及丈夫曾说新婚之夜要让她"快乐四次"时，对她的梳妆女官叹道，年轻人并无此举。[70]事实上新郎根本无法行房，部分原因是新娘那个看起来比他哥哥路易·奥古斯特还要硕大的臀部让他泄了气。两人的婚姻后来也没有子嗣——正如玛丽·约瑟芬经常嘟囔的那样，"不是我的错"。[71]

普罗旺斯婚姻的失败——以及宫廷上下关于新娘丑陋的嗤笑——与国王更加喜欢玛丽·安托瓦内特的另一个表现同时发生，大概不是巧合。梅西记录道，就在玛丽·约瑟芬进宫之后不久，路易十五每天上午"通过此前一直关闭的一个暗门"前来拜访王储妃，跟她一起享用早晨的咖啡，"看上去比以往更加开心和满足了"。[72]看起来，萨伏依公主的出现加深了国王对这位漂亮孙媳妇的喜爱。

这些事态发展或许足以使玛丽·安托瓦内特松一口气，只不过她与迪巴利伯爵夫人的仇怨仍未了结，而且进一步恶化了。在普罗旺斯婚后那几周，国王的宠姬愈加频繁地抱怨王储妃对她的态度，后来国王觉得自己不得不表明立场了。他召梅西来他的套房见他，敦促大使跟玛丽·安托瓦内特讲道理："（伯爵夫人）只不过想让王储夫人跟她说一句话而已啊。"[73]玛丽亚·特蕾西娅听说路易十五居然屈尊提出了这样的请求，对女儿尽是责备。整个夏天，皇后、国王与梅西协同行动，在两个交恶的女人之间调停。玛丽亚·特蕾西娅提议王储妃可以"夸夸她的裙子好看或者诸如此类的琐事"作为开场白，梅西则鼓励姑娘"说几句关于打猎的闲话——那就足以让宠姬开心了"。[74]

89

然而事实证明，这样的建议还是多此一举。虽然"按照计划，玛丽·安托瓦内特将在 1771 年 7 月 10 日星期日晚间与迪巴利夫人说话"，但王储妃并没有执行该计划。[75] 她一走进宠姬（以及宫廷里的其他人）焦急地等待她上前示好的房间，一句话没说就在心里窃喜的阿代拉伊德的带领下转身离开了。如此引发的丑闻促使玛丽亚·特蕾西娅和她的大使又对姑娘来了一通责备。但玛丽·安托瓦内特态度坚决。"如果您像我一样了解这里发生的一切，"她对母亲说，"您就会明白这个女人和她的小圈子根本不会满足于我的一句话。"[76] 这时，王储妃的骄傲岌岌可危：她被要求对迪巴利派做出太大的让步，而她似乎无法忍受这样巨大的妥协。她高傲地回应皇后的责备，说："你可以放心，我行为得体、做人体面，这一点不需要任何人的指导。"[77]

在同一时期，仍然经常"像男人一样"骑马的王储妃请人为她画了第一幅骑马肖像，就是如今已经丢失了的那一幅。[78] 虽说她算不上第一个身穿骑马装画像的波旁王储妃——无论在法国还是在其他国家，这样的肖像都有悠久的历史——但无论在画像中还是在生活中，她都试图呈现出强大的、有阳刚气概的骑士形象，这在她事业的这一节点大概有着特殊的意义。放在舒瓦瑟尔被解职、普罗旺斯被曝出性无能，以及迪巴利要求获得认可的背景中来看，玛丽·安托瓦内特的骑士姿态大致可以被解读为既是藐视权威，也是在建立自己的权威。她挪用标志性的王者衣装的行为正好与她拒绝与可憎的迪巴利派妥协同时发生，无异于拒绝了人们经常为无子嗣的王室配偶贴上的无用的标签。在这个意义上，玛丽·安托瓦内特的确表示她"不需要任何人的指导"，因而挑战了如何估量她作为王储妃的成功的普遍假设。

"你显然不是我们家族的成员"，阿代拉伊德夫人这时对她说，不情不愿地赞美姑娘新近表现出的勇敢和信念。[79] 但事实上，所谓奥地利丫头在马背上盛气凌人的夸张姿态恰恰表明了相反的事实。正如伏尔泰的名言所说，路易十四的马裤和靴子曾迫使诋毁国王的人承认"他的职位所赋予他的权威，在那以前，人们并不怎么尊重他"。如今，太阳王的这位女性后裔通过同样的衣装，似乎也希望达成同样的目的。考虑到她丈夫，事实上即将继承路易十四的王位的波旁王储，始终固执地拒绝让人把自己描绘成传奇的英雄形象，她的行为就更加引人注目了。[80] 碰巧，在布兰所画的玛丽·安托瓦内特的骑马肖像中，路易·奥古斯特也若隐若现——同样骑着马，但在他妻子那不可一世的王者风范面前黯然失色，几乎只是个不起眼的背景人物。

如此明目张胆地蔑视王室的性别角色将来会反过来折磨她——指控她是女同性恋、丑恶残暴、对权力充满无耻渴望——但玛丽·安托瓦内特最初那几年穿得"像男人一样"策马驰骋似乎给她带来了不少好处。她与路易十五和路易·奥古斯特一起骑马出行让她跟两个男人的关系更加稳固了。不仅国王继续在每天上午亲切地去看望她，王储本人也经常去她的卧室探望，年轻夫妇之间那种不舒服的紧张感开始变成更友好的互相关怀。1772 年 10 月底，夫妇俩通知祖父说，尽管路易·奥古斯特觉得行房相当痛苦（他或许患有包皮畸形，但那种病要到数十年后才会被诊断出来），但他们已经尝试过好几次圆房了。翌年 7 月 22 日，王储携玛丽·安托瓦内特一起觐见路易十五，庄严宣布他总算让她成了"真正的妻子"。[81] 路易十五欣喜异常，明显被感动了，宣布玛丽·安托瓦内特是"他的女儿"。[82] 三人随后一起出行，来了一场光荣的雄鹿狩猎，以示庆祝。

就在复仇者的时运上升之时，迪巴利夫人却开始陨落了。梅西高兴地向皇后报告说，"陛下对宠姬最初的喜爱已经随着时间流逝越来越淡，这个女人的精神和人格魅力少得可怜，国王只是把她当作平庸的消遣对象而已"。[83] 感觉到自己气运衰退的迪巴利夫人只好去讨王储妃的欢心。绝望之下，她居然主动花费 70 万里弗的巨资从瑞士珠宝商查尔斯·伯默尔（Charles Boehmer）那里为玛丽·安托瓦内特购买一副钻石耳环。玛丽·安托瓦内特通过中间人诺瓦耶公爵宣布，她拥有的钻石已经过多，不知该如何处理，从而拒绝了这个礼物——而她的拒绝是个毫不含糊的权力展示。[84] 她总算把自己变成了足以与迪巴利夫人抗衡的力量。

然而，玛丽·安托瓦内特此时已经很清楚，丈夫偶尔的关怀本身不足以让她在法国未来的日子高枕无忧。迪巴利在宫廷里仍有高官厚爵的朋友，其中就包括令人敬畏的罗昂家族，该家族那位傲慢无礼且道德败坏的子弟路易·德·罗昂亲王是新任法国驻维也纳大使。王储妃已经注意到，罗昂正在她自己出生的城市传播一些让她出丑的谣言，但令她更不安的，是听说他尖刻地调侃她母亲在 1772 年瓜分波兰事件中所起的作用。（波旁王朝的传统盟友波兰的统治者去世之后，奥地利、俄国和普鲁士共同瓜分了那个国家。）在致艾吉永公爵的一封信中，罗昂说玛丽亚·特蕾西娅"一手拿着手帕擦拭着她为波兰的苦难洒下的同情的眼泪，另一只手挥动着一把瓜分那个不幸的国家的长剑"，公爵在迪巴利夫人的卧室大声朗读那封信，博得了阵阵笑声。[85] 这一事件的新闻在玛丽·安托瓦内特心里埋下了对罗昂长久的憎恨，但它也表明，无论她取得了多大的进步，法国派在凡尔赛宫里仍是春风得意。[86]

另外，她首次亮相巴黎，也就是首次面对舆论力量，表明除了丈夫和廷臣的支持之外，她还可以借助其他手段。1773年 6 月 8 日，首都居民涌上街头欢迎他们未来的君主，那天的人数创下了纪录。这对年轻夫妇的马车队沿街行进时，狭窄

的街道上挤满了祝福者，以至于王室的马车常常会在一个地
方停留 45 分钟之久，之后他们参加了在巴黎圣母院举行的庄
严弥撒，又去圣热纳维耶芙教堂拜望，并在索邦大学聆听了
演讲。最后，王储和王储妃在波旁王室的巴黎宫殿杜伊勒里
宫落脚，该宫殿之所以如此命名，是因为它建在一座石灰窑
（tuileries）的旧址上。在宫殿里安顿下来之后，他们在高高
的阳台上向公众致意。人群从城堡的花园一直延伸到目力所及
之处，玛丽·安托瓦内特震惊之下，询问巴黎总督、元帅布里
萨克公爵，站在她面前的究竟有多少人。布里萨克殷勤地对她
说那天有 20 万民众前来，而且他们每个人都爱上了她。[87]

虽说头脑冷静的梅西分析说那天到场的也就"5 万多人"，
但公爵关于巴黎人爱上王储妃的恭维话倒是三分讨好，七分属
实。[88] 与她在婚礼当天一样，玛丽·安托瓦内特在首都与公众
见面的那一天光芒四射，风头完全盖过了她局促不安的丈夫。[89]
她身穿一件奢华的白色大礼裙，身上的钻石闪闪发光，整个
过程都让观众如醉如痴，正如其后发表在《风雅信使》（*Le
Mercure de France*，又译为《法兰西信使》）上的一首颂歌赞
美的那样——

> 市民们，准备好，她来了！哦上帝，她多美啊！
> 多么高贵动人的气质！多么甜美迷人的双眸！
> 她的神采、她的艳丽、她的优雅——她的一切
> 都在她的脸上闪烁着光芒……
> （王储夫人，）请多多让我们一睹你的光芒；
> 让喜爱你的人民发自内心地欢悦。
> 看不到你时我们会翘首盼望：
> "何时再能看到她美丽的容颜？"[90]

92

她不过是从远处向他们挥一挥手，全体民众就如此激动和喜悦，玛丽·安托瓦内特深受感动。"真正令我感动的是，"她若有所思地对皇后说——

> 是穷人的爱和热情，他们深受税务负担的重压，但看到我们仍是那么的狂喜……我们多么幸运啊！只做了这么一点点，就受到了这么广泛的拥戴……那件事给我的印象很深，我永远不会忘记。[91]

公众早就受够了国王宠姬的越矩行为和迪巴利派内阁的滥用职权，"看到"面容清新而优雅的玛丽·安托瓦内特，似乎就能让他们欢欣鼓舞。这重新点燃了三年前她嫁给王储时初次产生的期待，他们期待着她会逆转波旁王朝可耻的衰落，引领法国走向一个新的黄金时代。[92] 朝着这一方向倾斜的公共舆论，加上细心经营的那张"闪烁着光芒"的脸——可以成为王储妃政治武器库中最厉害的武器。

起码在这一刻，那个国家首都的"穷人"看起来还不打算谴责玛丽·安托瓦内特的马裤。相反，只要这些平民还在为"荡妇"迪巴利的上位而愤愤不平，还在渴望"来自贞洁的圣女贞德的拯救"，一个看起来性能力很弱的异装女骑士倒是注定会幸运地免于他们愤怒的声讨。因为骑士－统治者路易十四或许是法国最伟大的国王，但圣女贞德是它最伟大的战士之一，她曾身穿男装、跨骑骏马冲入战斗，救国家于危难之中。1429年奥尔良被围困期间，当时的一位记录者写道——

> 城里的人们翘首盼望着圣女贞德的到来，怎么看她都看不够。每个人都觉得她能够那么优雅地坐在马背上是个伟大的奇迹。事实上，她的每个动作都优雅从容，仿佛年

轻时代的戎马生涯让她了解了如何做一名重骑兵。[93]

　　三个半世纪后，那些崇拜圣女贞德之人的后代看王储妃也是"怎么都看不够"，无论她是否骑在马上。在巴黎首次亮相之后，这位新的女性焦点人物会成功地满足公众的期待，还是会在他们喜新厌旧之后，像圣女贞德那样被抛到柴堆上献祭，尚且无人可知。虽说当时还没有人能够预见到后一种结果，但到了1791年，一位反君主制匿名作者声称玛丽·安托瓦内特的骑马装是确凿无疑的叛国证据，后一种结果看起来已是无法避免了——

　　　　你无疑希望以你的祖先路易十四为榜样，带领重兵包围巴黎，脚蹬长靴和马刺，手里扬着马鞭，仿佛你此来是为了征服你的奴隶。[94]

　　然而1773年距离这样的指控还有一场大革命。

第五章

高发耸立

年6月11日，在路易·奥古斯特的加冕仪式上，带有流苏的奢华壁挂把哥特式兰斯主教座堂（Reims Cathedral）变成了"一座巴洛克风格的歌剧院"，让人联想起17世纪而非中世纪。[1] 然而那天聚集在圣坛周围的男人们的装束，却仿佛游离于时间之外。作为查理曼王国最初的王室成员，包括年幼的普罗旺斯伯爵和阿图瓦伯爵在内，12位最尊贵的亲王头戴锃亮的冠冕，"在金线长袍外披着白色的毛皮大斗篷"。[2] 卫队长头戴羽毛平顶帽，身穿绣满金线的上衣，其他卫队军官则穿着轻便的白色缎子外衣，守玺官（Guard of the Seals）阿尔芒·德·米罗梅斯尼勒（Armand de Miromesnil）戴着一顶颇有风格的金色羽饰丝绒帽。"气氛极为庄严"，克罗伊公爵写道，他作为圣灵勋章骑士，座位比较靠前。"所有这些古代服饰都显出威严的气势，尤其是因为我们只能在这一天一睹它们的真容。"[3]

在这群身着华服的人的正中央，如今已是路易十六的路易·奥古斯特跪在一块紫红色的长毛天鹅绒方毯上，身上那件银线织物大衣"仿佛让他因尊贵而显得高大起来"。[4] 贵族们坐在主教座堂的长椅上和临时搭起的包厢里，"凝神屏息地"注视着兰斯大主教引领20岁的君主完成整套神圣仪式，大主教的两边是另外三位头戴礼冠的教会要人。[5] 路易十六那件闪着银光的大衣和其鲜红色长袖紧身外衣敞开着，露出他胖鼓鼓的胸

部，大主教从一只小瓶中取出油膏涂在那里，那正是近 1300
年前圣雷米（Saint Remigius）为第一位法兰克国王克洛维一
世涂油的小瓶。然后他又为路易献上了属于查理曼的物件：一
支名为"正义之手"的象牙尖权杖，以及一支六英尺长的镀金
王权节杖。

　　大主教出声祈祷着，奉劝年轻的法国国王要德行与智慧兼
备，并"以犀牛之力"履行他的职责，这一说法听起来多少有
些奇怪。[6] 之后，米罗梅斯尼勒先生以低沉的声音召集 12 位亲
王上前。待他们把国王围在中间，大主教便从圣坛上拿起了查
理曼那顶沉甸甸的、"上面镶嵌着未经雕琢的巨大宝石"的金
色王冠，并用双手把它高高地举了起来。[7] 他道出了祝福语，
请求上帝赐予法国的统治者"光荣的王冠、正义的王冠、永生
的王冠"，表示即将进行加冕仪式。这时，根据习俗，亲王们
要同时把手伸向冠冕，然后，和大主教一起，把它戴在跪在中
间的路易的头上。据克罗伊说，"在这一精彩时刻，整个教堂
里掀起了难以想象的巨大轰动"。[8] 然而在观众喜气洋洋的欢
呼声下，有人听到路易十六上气不接下气地喊了句"王冠压得
我好疼"，已然无法展现出一个波旁国王应有的犀牛之力。[9]

　　同一时刻，19 岁的玛丽·安托瓦内特安坐在专门为她搭建
的特殊大看台上，眼前的场景让她流下了激动的泪水。她在路
易十六的加冕礼上穿戴的不是男性显要人物那种古老的仪式性
长袍，克罗伊写道，她穿着最近刚刚迷上的"时髦的、异常气
派华丽的服装"。[10] 她的裙子从上到下镶嵌着蓝宝石和其他的宝
石，还有花哨的绣花装饰，是罗丝·贝尔坦（Rose Bertin）的
作品，罗丝是巴黎时装业一颗冉冉升起的新星，也是对新王后
近来的穿衣品味影响最大的人之一；这件女礼服很重，以至于
贝尔坦曾主张用一副特制的担架把它送到兰斯。[11] 由于玛丽·
安托瓦内特是自 1547 年的卡特琳·德·美第奇之后第一个参

95

加法王加冕礼的王后——路易十六之前的三位国王在继承王位时都还未婚，因此，她在确定参加这一仪式的衣装时，没有直接的先例可循。[12] 不过，她的装束突出的现代性显示出她更喜爱当前的时装风潮胜过法国王座的古老尊严。

不过那天让在场的旁观者更为惊讶的，或许当数玛丽·安托瓦内特那涂了厚厚粉末的发型，它高高地立在王后前额上方，最上面还有一簇白色羽毛微微下垂。发型朝天耸立，把她的脸正好置于头发顶端与礼服褶边的中间点。殷勤的克罗伊公爵觉得他的君主的发式有种迷人的傻气，并假装好奇她和那些梳着同样发型的王室女官们怎么比一年前见到时长高了这么多。[13] 其他宾客没那么好脾气。加冕仪式结束之后，他们中有些人抱怨说玛丽·安托瓦内特夸张的发型挡住了他们的视线，让他们没能好好观赏王国的新王登基。

这样的说法纯属捏造，王后的大看台位于圣坛的侧面，无论是看台还是看台上的观众都不会挡住路易十六闪闪发光的身影，但她的新发型体积庞大，却是毫无争议的。然而玛丽·安托瓦内特纤细的脖颈并没有丝毫被压弯的迹象。倒是她丈夫看起来几乎无法承受他的新头饰带来的重压，简直令人担忧。"国王怎么了？"妻子注意到王冠让他很不舒服，紧张地询问道。"看看他多难受。你觉得王冠会不会太紧了？"[14]

1774 年 5 月 10 日，路易十五死于天花，享年 64 岁，据信他可能是因为跟挤奶女工睡觉而染上此病。[15] 在病痛的折磨下，他突然关心起自己不朽灵魂的命运，并做起了忏悔，这是 40 年里的头一次。在他的罪过获得赦免之后，他不能再把长期私通的共犯迪巴利夫人留在身边了。他含泪把她从宫廷的套房里驱逐出去；她逃到了艾吉永位于附近的吕埃尔城堡（Château de Rueil），一小群支持者也跟到了那里，聚集在她的身边，期待着最好的结果。迪巴利派心知肚明，如果路易十五无法恢复健康，那么他们在宫廷的好日子就要结束了。[16]

果然，这一派人噩梦成真。老国王去世后，19 岁的路易·奥古斯特继承王位，成了路易十六，年轻人最初的几个决定之一，就是流放迪巴利和她的长期支持者艾吉永公爵，这似乎标志着玛丽·安托瓦内特的一个重大胜利。[17] 显然，这一举动对那些在前国王统治下始终不遗余力地诽谤中伤她的人给予了应有的惩罚。（在巴黎，为政权变更而欢呼的群众燃烧艾吉永那位可鄙的同事莫普的肖像，部分原因就是他们怀疑他散布恶毒的谣言，诽谤中伤他们那位可爱的新王后。）更妙的是，迪巴利派的倒台似乎印证了梅西和玛丽亚·特蕾西娅的预言，那就是玛丽·安托瓦内特作为君主，或许有望施加重大的政治影响力。

姑妈们一如既往地立即行动起来，抵制这一结果。路易十五去世后不久，她们就安排了与侄子的一次秘密会面，敦促他组建内阁，绝不能把君主权力让给最高法院和舒瓦瑟尔派。她们老调重弹，重申拉沃吉翁关于舒瓦瑟尔和他的核心团队想要摧毁法国君主制，把它的权力出让给奥地利的哈布斯堡王朝的理论，并说服路易十六从法国派中提拔大臣。新国王显然还未摆脱年少时所受的反奥地利教诲的影响，依从了姑妈们，任命艾吉永的舅舅、拉沃吉翁最亲密的朋友之一莫勒帕伯爵作为"他的私人顾问和非正式首相"。[18] 待玛丽·安托瓦内特得知该任命之时，一切都已是事实了。对韦尔热纳伯爵的任命也一样，她丈夫邀请他出任外交大臣，但他对奥地利毫无好感。

对玛丽·安托瓦内特而言，这些任命简直是毁灭性的打击。她认为，韦尔热纳和莫勒帕都会竭尽全力"让国王相信……心肠狠毒的拉沃吉翁""炮制出的那些不利于奥地利宫廷的想法"，她本以为作为王后，她在宫廷里的地位应该不会再受到

97

挑战了，没想到敌人们在宫廷里的根基竟仍然如此深厚，真令人恼怒。[19] 虽然她和丈夫的性爱插曲仍然零零落落，但两人的关系已经比较亲近，甚至喜欢上彼此了。和她本人一样，路易十六在凡尔赛宫也从来没有多少可以信任的人，他似乎也很感激妻子一直试图对他展现的亲密和同情。但如今她发现，年轻国王对妻子的喜爱并不意味着他打算让她参与国事。正如她在一段时间后对哥哥约瑟夫二世解释的那样，她丈夫丝毫不关心她对他的内阁组成这类事务有何意见，这令人悲伤，却是千真万确的事实——

> 我不止一次对国王提起（反奥地利的大臣的事），但……他不常跟我谈起重大决定……我怪他不跟我讨论某些话题时，他看起来有些尴尬，有时还会说他根本没想过要这么做。所以我可以说，政事是我丝毫无力掌控的事情……[20]

如此说来，即便当上了王后，玛丽·安托瓦内特的政治前景仍然十分黯淡，而丈夫宫廷里的住宿安排又发生了变化，让它变得更加黯淡了。作为国王，路易十六必须从自己的旧套房搬到祖父的豪华套房中，老练的莫勒帕赶紧对这一变化做出反应，占据了迪巴利夫人原先的房间，那里与君主的卧室通过一道隐秘的楼梯连接起来。宫廷地产的重新布置不但预示着新大臣无人可比的影响力，还增加了玛丽·安托瓦内特的套房与丈夫套房的实际距离。老国王去世一年之后，她总算说服路易十六在他们的套房之间建造了一条秘密通道。但在那以前，害羞而扭捏的年轻君主"注定要穿过（他卧室外面的）小圆厅"——那里整日都有八卦饶舌的廷臣无所事事地晃荡——在众目睽睽之下"走到妻子的卧房进行零星的拜访"。[21]

无论在政治上还是在空间上都受到孤立的玛丽·安托瓦

内特，再次打算利用服装来提升她不牢靠的地位，只不过这一次她放弃了男性化的骑马装，穿起了更花哨的裙子。或许再度借鉴了路易十四的经验，后者曾主导了一个令人眼花缭乱的奢华宫廷面具舞会的时代，她决定每周在凡尔赛宫举办两次聚会——其中一次就是每周一晚间的假面舞会。[22] 第一场假面舞会于 1775 年 1 月 9 日举办，玛丽·安托瓦内特从最近的一场降雪中汲取灵感，选择了"挪威人与拉普人"作为主题。[23] 应王后的要求，宫廷的小乐子总管（Surintendant des Menus Plaisirs）帕皮永·德·拉费尔泰（Papillon de La Ferté）和他手下的工作人员为廷臣们提供了华丽的仿斯堪的纳维亚服饰，他们身着这些服饰前来参加聚会，一直玩到破晓后很久。梅西向玛丽亚·特蕾西娅描述了那天的欢乐场面，说就算在一群异国装扮的宾客中间，王后的"个人魅力"也十分亮眼，让在场的所有人为之着迷。[24] 看到玛丽·安托瓦内特穿着闪耀的冬日仙境服装，谁也不会想到让她内心煎熬的政治困境。

而那或许正是王后举办这些新庆典的目的所在。正如梅西提到的那样，首个化装舞会的巨大成功让她心中甚喜，便开始专心地规划接下来的此类活动，装束和主题一次比一次新奇有趣。[25] 在她的热心鼓动下，每周一的夜间，狂欢者们在城堡的小剧场里穿着各类主题服饰彻夜起舞，主题人物多种多样，蒂罗尔人、印度人，还有马戏团演员，不一而足。[26] 有时，玛丽·安托瓦内特会为宾客穿戴的颜色和织物提出一个诱人的简单方案，比方说，女士们穿"带飘逸薄纱的白色塔夫绸"，男士们穿"蓝色天鹅绒和白底（蓝色绣花）马甲"。[27] 另些时候，她借鉴自己的法国王室历史知识，重现弗朗索瓦一世和亨利四世治下的文艺复兴时代宫廷盛景。[28] 聚会者收到指令，赴会时要穿着仿效 16 世纪风格的古装：绅士们穿宽松短罩裤和紧身皮大衣，陪同他们的女士们戴三角帽，穿钟形鲸骨圆环裙，每个人都要戴上浆硬的轮状皱领。

然而即便她要求狂欢者们的穿着有一定的统一性，玛丽·安托瓦内特本人仍会努力让自己显得与众不同。为了强调她作为舞会上——以及宫廷中——最重要的女人的地位，她总是会为自己选择上等的服饰。因此，在一次文艺复兴主题的狂欢舞会上，她不但说服路易十六打扮成亨利四世，还把自己装扮成亨利四世的那位享有传奇权力的情妇加布丽埃勒·德·埃斯特雷（Gabrielle d'Estrées）[29]，赚足了眼球。"那套装束，"塞居尔侯爵写道——

> 实在是华丽。一顶黑色的帽子，边上是用价值2000里弗的四颗大钻石和一圈宝石固定的白色羽毛。她的胃托和紧身褡都是用钻石制作的，裙子是点缀着银星的白色薄纱，镶有同样用钻石固定在裙子上的金色流苏。的确如仙女般美丽，但对国库而言，也是毁灭性的打击。[30]

对于一个与丈夫之间的恩爱往来少之又少（她的廷臣们全都看在眼里）的王后而言，决定装扮成著名的王室情妇或许会让有些宾客觉得不合常理。如果玛丽·安托瓦内特真想穿扮成一位文艺复兴时期的女主角，鉴于卡特琳·德·美第奇的王室婚姻也被生育问题困扰，她算是个更合适的选择。（但她最终还是成功诞下了继承人，卡特琳刚当上王储妃的那几年也一直苦于无子，也面临离婚和被逐出宫廷的危险。[31]）然而不管她与国王的性关系或者说缺乏性爱让它看起来多么离谱，玛丽·安托瓦内特的布丽埃勒·德·埃斯特雷装束表明，她在另一个重要的方面享尽国王的恩典。这套装束的奢华令人咋舌，除了明摆着的雍容华贵、珠光宝气之外，还暗示着她作为王室宠姬的强大消费力。[32]

　　至少可以说，这是一个激进的观念。在凡尔赛宫，王后传统上应过着低调寡淡的生活，整日忙于生儿育女、为国祈福，而放纵的、有名号的情妇才是可以自由动用国王金库的人。路易十五生命中的那些女人显然都符合这一规律。他的配偶玛丽亚·莱什琴斯卡是个衣着过时而朴实的女人，她个人最奢侈的举动就是举办了"一个安静的聚会"，而蓬帕杜夫人和迪巴利夫人从情人那里获得了无数的珠宝、衣物和金钱礼物。[33] 同样，路易十四的王后玛丽·泰蕾兹也"过着极其虔诚的生活，她的快乐主要来自宗教信仰和收集小矮人"，而他的宠姬们却沉湎于俗丽得多的乐事。[34] 作为与其交欢的回报，国王的情妇们甚至会得到私人宅邸，那些宅邸会成为寻欢作乐的场所，不受严格的宫廷仪式的约束。

　　然而路易十六困于自己的性忌讳，没有情妇，也不打算找一个情妇，如果没法满足妻子的性爱需求，他似乎十分乐意赋予妻子以情妇的财富特权。如今，王后那各式各样价值连城的装束让凡尔赛宫其他的贵族女子全都黯然失色；她占据了宫廷的主导地位并让它变得流光溢彩。她还有一点也像个王室情妇，那就是她各种异想天开的怪念头似乎不会引发国王的反对，不管要花费多少钱。的确，就算负责筹备国王次年夏天加冕礼的拉费尔泰抱怨起每周举办的化装舞会已经影响更重要的国事的预算了，路易十六也拒绝限制王后的聚会开支，这让人们十分惊讶。或许同样令人吃惊的是，众所周知年轻的国王不喜社交，但他事实上屈尊参加了妻子的聚会（他总是在 11 点之前就离开聚会回房睡觉了，但他恩准其他人在他离开之后继续狂欢）。另外，在她 1 月 23 日主持的聚会上，他在众人面前给了她更大的恩典，克服了自己对跳舞的恐惧，跟她一起跳了开场的小步舞曲。与他在财务上的慷慨一样，他出现在玛丽·安托瓦内特的化装舞会就表明君主对她极为重视，超过了对其他任何廷臣。

如此说来，自由举办聚会既可以分散王后的注意力，让她可以不去想自己最近的烦恼，也可以间接消除那些烦恼。随着莫勒帕内阁组建起来，她显然不具备蓬帕杜夫人和迪巴利夫人曾有的那种直接政治影响力。不过，如果她也像过去那些情妇一样一掷千金，把自己打扮得光彩照人，那么或许她可以掩盖——甚至改善——自己被剥夺了政治权力的实情。正如她在数年后对约瑟夫二世透露的，"我并没有炫耀或撒谎，只是希望公众相信我（在国王那里）得到的信任比实际获得的更多，因为如果人们连这一点也不相信我的话，那我的权力就更少了"。[35]

虽然这一切建立在"炫耀"的基础上，但她的姿态已经变成她增加知名度和特权的重要手段。与骑马装异装癖一样，她的派对也为她增添了原本缺少的影响力。的确，她的努力有了回报，因为在路易十六刚刚登基那几个月，观察家们频繁提到王后看来已经控制了国王和他的贵族们。[36] 位于等级制度最顶端的王室至少在表面上已经接受了她成为王室重心的事实，普罗旺斯、阿图瓦和他们的妻子们 [阿图瓦在 1773 年娶了普罗旺斯伯爵夫人的妹妹、萨伏依的玛丽·泰蕾兹（Marie Thérèse）为妻] 都变成了她每周聚会的常客，也与她和路易十六一起参加她藐视宫廷传统而组织的王室成员亲密聚餐。那几位愤怒的老姑妈已不再试图操纵这位侄媳，只是拒绝参加她大宴宾客的聚会；除她们之外，其他廷臣全都紧追形势，进入了她势不可挡的魅力圈。[37] 联欢会把宫廷里不少性情宜人的年轻成员变成了她的新朋友，就连那些不喜欢她的人（包括暗自妒忌她的普罗旺斯伯爵夫人和阿图瓦伯爵夫人）"如今也至少在表面上讨好她"。[38] 莫勒帕和他的大臣们也都沉浸在这种兴奋的情绪中，梅西满意地注意到，他们"对王后殿下（表现出）加倍的尊敬和顺从，这是基于王后（业已）获得的巨大权力和信任"。[39] 在讨论这一转变时，梅西和玛丽·安托瓦内特两人都把它归功于她新近打造的"信用"感，这一点不可谓不重要。这个词十分清楚地表明，在无法直接参与政治的情况下，路易十六的妻子选择彰显她惊人的消费力。

与此同时，由于王后在舞会上出色地利用服饰炫耀她令人羡慕的权力，所以这些派对还奠定了她的时尚领袖地位——使她像玛丽亚·特蕾西娅吩咐的那样，靠一己之力"在凡尔赛宫确定基调"。[40] 尤其是在她这一群寻欢作乐的新同伴看来，玛丽·安托瓦内特的化装舞会燃起了人们对奇装异服的激情。英俊儒雅的阿图瓦伯爵已经成为她最亲密的男性友人之一，他非常喜欢她举办的文艺复兴时期化装舞会，甚至发起了一项宫廷运动，号召人们再度把 16 世纪的服饰作为宫廷日常服饰。只不过年长的保守贵族们愤怒地否决了这一提议，要求"继续维持路易十四和路易十五时期的惯例"，萧规曹随，不可更改。[41] 自太阳王的时代之后，这些"惯例"让贵族们获得了一种亘古不变的永恒之感。然而如今改革派的头目是一位王后，她丝毫不掩饰自己对于过时的老一代"竖衣领"和"世纪老人"的鄙视，甚至这位王后还不失时机地摆脱了"礼节夫人"不受欢迎的建议。（玛丽·安托瓦内特登基后不久，诺瓦伊夫人就不再侍奉她了。）对这群人而言，宫廷既有服饰太过古板，亟须旧貌换新颜。

玛丽·安托瓦内特受到阿图瓦和他那位生活放荡的堂兄沙特尔公爵的怂恿，将目光投向巴黎，那是欧洲最大的城市之一，也是全欧洲无可争议的时尚之都。[42] 在前任国王统治时期，那些对凡尔赛宫过时可笑的氛围心生厌倦的贵族一有时间摆脱宫廷义务，就逃往自己位于巴黎的住宅过上几天快活日子。[43] 这些贵族府邸中最引人注目的当数奥尔良公爵及其家人在首都

的公爵府（Palais Royal）。据称这是全法国最富有、强大的

家族，祖上是路易十四的弟弟菲利普；奥尔良和他的儿子沙特尔公爵都是亲王，所以在继位序列中的位置仅次于路易十六和他的弟弟们。（事实上，路易十五孩童时期，是奥尔良公爵在位于巴黎的家族府邸摄政，参与治理国家。）然而奥尔良一族不同意已故国王解散最高法院，认为那是滑向专制的危险举动。该家族成员表达不满的方式就是拒绝前往凡尔赛宫，在公爵府建立起巴黎市内的宫廷，与之抗衡。在这里，相对开明的政治为他们赢得了许多下层居民的支持。[44]

不过奥尔良一家位于都市的府邸在一个重要方面很像凡尔赛宫：它也对公众开放。任何人都能在府内花园里自由地徜徉，大院围墙内还有咖啡馆、商店、赌场、书商 – 印刷商的店铺，以及出卖身体的妓女。在玛丽·安托瓦内特看来最重要的是，这座建筑物里还有超时尚的巴黎歌剧院，在那里，贵族和城市上层资产阶级频繁出入，参加上流社会的社交表演和公共化装舞会。为了吸引这些富人的注意，奢侈品供应商们在府邸周围开设华丽的精品店，特别是附近的圣奥诺雷路，当时已经和现在一样，是欧洲时尚的中心了。正是在公爵府，沙特尔公爵受到冷落的妻子看到丈夫四处拨雨撩云，便从购物中获得安慰，把自己变成了那个时代最时髦的女人之一。这位公爵夫人也正是在圣奥诺雷路上发现了一个名叫罗丝·贝尔坦的时尚女商人，此人不久就开启了王后本人对时尚无与伦比的追求。在贝尔坦的帮助下，玛丽·安托瓦内特将打造最高权力的表象，她丈夫的内阁任命和她的无性婚姻都已经表明，那是她根本无法企及的权力。

在 18 世纪的最后 30 年里，随着巴黎服装市场模式的转变，时尚女商人成为法国服装业重要的新生力量。由于纺织业产

量的提高和人们消费态度的变化，这一时期的市场对"服装和饰品、颜色和织物"的兴趣浓厚，前所未有，这些产品的种类也日益繁多——达尼埃尔·罗什称之为一场彻底的"服装革命"。[45]"有史以来第一次，"另一位历史学家克莱尔·哈鲁·克劳斯顿（Clare Haru Crowston）写道，中产阶级和工人阶级的"服饰中也出现了个人品味、选择和过剩的元素"。[46] 尤其是，女人用于购买服装和饰品的花费是其丈夫的两倍。[47] 即便是在她们的消费中占比最小的头饰，价格也是普通男士帽子的四倍以上。[48]

时尚女商人的崛起正是利用女人对多样性和浮夸性的迅速增长的需求，她们不同于男女裁缝（毕竟这一行业已经从王室那里获得了对服装生产的合法垄断权），而是作为造型师着眼于随时可变的配料和装饰品。那些配料和装饰品的设计初衷，就是改变和提升成衣连衣裙和半身裙的品质。与服装的装饰相比，时尚女商人的艺术装饰更能体现女性的着装天赋。[49] 1769年一本题为《裁缝的艺术》（*The Art of the Tailor*）的技术专著指出，时尚女商人的劳动不是严格意义上的"行业"，而是"根据当前时尚缝制和安排她们与夫人们不断炮制出来的装饰品"的"才艺"。[50] 根据法律，只有绸布商会的成员（全部为男性）及其妻子能够从事该"才艺"。[51]

1773年10月，来自皮卡第的24岁未婚女子罗丝·贝尔坦公然藐视这一法律，在圣奥诺雷路上开设了一家时尚女商人店铺。[52] 她为自己的精品店取了一个富有异国风情的名字"大莫卧儿"（Grand Mogol），典出一位据称热爱奢侈品的亚洲大人物，店铺的大玻璃窗内摆满了旨在吸引往来于公爵府的行人们注意的精品。[53] 那些女帽、披肩、扇子、亮片、裙褶、绢花、宝石、蕾丝等饰品颇为巧妙地摆放在各自的位置上，为从窗前走过的行人奏起了一曲销魂的塞壬之歌。[54] 一旦经不起诱惑进入店铺，被一位身穿制服的男仆引入门内，顾客就会发现里面的摆设像贵族沙龙一样奢华：镀金的嵌线装饰着屋顶，墙上悬挂着落地穿衣镜和精美的油画，昂贵的家具分散在成堆的锦缎、丝绸、织锦和各种花哨小玩意儿中间，后者才宣告了该店铺的真正目的所在。[55] 事实上，人们很难对这一目的视而不见，因为除了成堆的织物和装饰品之外，大莫卧儿店铺内还展示着完整的、独一无二的定制服装，从领口到底边布满了性感艳丽的装饰。[56] 有一次，精品店内摆放了 280 件这样的裙子，每一件都由店主本人亲自装点，价值 50 万里弗。[57]

贝尔坦作为所有这些可爱物件的天才设计师，以绝对的权威气质管理着她那支衣着典雅的女店员队伍，有时甚至舒服地靠在自己的躺椅上给出建议。虽然她身材矮胖，肥嘟嘟的红润脸庞跟精品店如精致宝盒一般的装饰风格很不般配，但她给客人们留下的印象却是"巾帼豪杰，从不会（自相）矛盾"——她调配的装饰物都恰好是客人衣服上所需要的那一件，她胸有成竹。[58]

1774 年初，贝尔坦扩大了业务范围，开始涉足一种名为"高发髻"的新潮发型。[59] 高发髻是与一个名叫莱昂纳尔先生（Monsieur Léonard）的发型师合作开发的项目，后者刚刚依靠为知名女演员和女贵族设计浮夸的发型而走红时尚圈；它在客人的前额顶上支起一个高高的支架，支架是用金属丝、布片、薄纱、马鬃、假发还有客人自己的发辫制成的。将大量粉末浇灌在整个支架上之后，设计师会在那些弯弯绕绕里插入一个复杂的微缩静物，要么表达某种情感（表情高发髻），要么纪念某个对客人意义重大的事件（叙事高发髻）。在消费者比以往任何时候都更急于用配饰让自己与众不同的时代，这些私人订制的移动张贴板实现了法国女人外表上的激进变革。[60] 正如服饰历史学家马德莱娜·德尔皮埃尔（Madeleine

Delpierre）指出的那样，"到 1780 年，人们有 150 种不同的方式装点一件礼服，而头发的梳理样式数不胜数"。[61]

沙特尔公爵夫人近水楼台，住在贝尔坦店铺附近，又有数不清的财富可以挥霍，所以成了首批采纳高发髻的顾客之一。为庆祝自己为公爵诞下一子，她委托设计了一个发型，其中"不仅有她的黑人听差和鹦鹉，还有一位保姆坐在摇椅上，怀里抱着一个正在吃奶的新生儿"。[62]失势的舒瓦瑟尔公爵的妻子也不愿落于人后，委托设计了"一个三英尺高的发髻，复制了一个郁郁葱葱的花园，到处是鲜花、草地，有潺潺溪流，还有一架珠宝镶边的小风车，风车动力是一个连路易十六本人看了都会钦羡不已的发条装置"。[63]关于该主题还有一个更复杂的版本，据当时一位心存疑惑的记者说，洛赞公爵夫人（和沙特尔公爵夫人一样，这位公爵夫人似乎也被时尚吸引，以弥补丈夫臭名昭著的放荡淫乱。）让贝尔坦为她设计的是"汹涌的大海、射野鸭的猎人，还有个磨坊，磨坊女工正受到神父的引诱，在整个发型的底部，这位磨坊女工的丈夫牵着一头驴走在路上"。[64]沙特尔夫人在 1774 年春天把贝尔坦介绍给了王后。高发髻狂野、风趣，又"（包含有）大千世界，三教九流"，简直就是贝尔坦的名片。[65]

玛丽·安托瓦内特似乎一下子就对高发髻着了迷——的确，几乎想不出其他哪个装饰比它更适合提高自己的声望了。[66]她把贝尔坦和莱昂纳尔列入自己的雇员名单，将华丽的发型作为自己的招牌造型，将巴黎作为展示这一造型的最佳地点。她虽然隐约听说姑妈们对此颇有微词，但仍然以每周两到三次的频率造访巴黎。从凡尔赛宫到巴黎不过 12 英里的路程，却把王后带入了一个全然不同的世界：她能在对公众开放的歌剧院舞会上自由起舞，能在露天市场上随意观看，在公爵府、香榭丽

105

舍大街和布洛涅森林那些漂亮的人行道上徜徉漫步。这些场所为玛丽·安托瓦内特提供了她迫切需要的庞大观众，她的新发型也理应拥有这样的观众，就连她每周举办的化装舞会也无法满足这一需要。

在最初那段日子里，这群人对她充满爱戴，令她心满意足。如今王后自由、随意地与臣民融为一体，这一改变让民众欣喜若狂，毕竟长期以来，君主在他们的眼中是高不可攀的。历史上，首都的居民始终认为君主的到访极其罕见，是上天赐予的恩典。[67] 因此，当巴黎人看到玛丽·安托瓦内特在歌剧院狂热地为演员鼓掌，或者坐在某个公园里与女友惬意聊天，时不时拿起野餐垫上草莓和奶油塞进嘴里时，他们简直喜不自胜。[68] "在最初那些夏日，"克罗伊公爵也证实说，"整个巴黎倾城而出（来看王后），如同永不散场的庆典。每个人都喜笑颜开，到处是欢声笑语，甚至还有人拍手鼓掌。"[69] 当然，王后为这些短途旅行而梳的发型确实在字面意义上提高了她在公众眼中的可见度。

更令人满意的是，由于设计初衷就是明确传达某种关乎时事的寓意，所以玛丽·安托瓦内特的高发髻使她在看起来时髦的同时，也游戏了政治。她最早的成功发型之一据说是伊菲革涅亚发型。这个发型颇具抒情性质，周围缠着表示哀悼的黑色丝带，用一面黑纱点缀，顶上还有一轮新月。[70]（它显然是在路易十五死后不久制作的，在整个宫廷都应当穿基调灰暗的衣服表示哀悼之时，该发型可能强化了丧服的效果。）这一高发髻向格鲁克的歌剧《伊菲革涅亚在奥利德》（*Iphigénie en Aulide*）致敬，在路易十五去世前几周，多亏了玛丽·安托瓦内特本人的帮助，这部歌剧在巴黎的首演大获成功。

格鲁克曾是她童年时期在维也纳的音乐教师，当时她身为波旁王储妃，为回报师恩，在他打入巴黎音乐圈的过程中给予了支持。然而他的《伊菲革涅亚在奥利德》能否成功仍然无法保证，部分原因是法国公众对"日耳曼"音乐仍然有所保留，另外一个原因是迪巴利夫人的积极活动，为了再次报复仇敌，她决定支持意大利作曲家尼古拉·皮钦尼打败格鲁克。[71] 玛丽·安托瓦内特击败了老国王的宠姬，在首演那天和丈夫一起出现在歌剧院，身后还紧跟着六位全法国地位最高的亲王，并带领他们和全场观众一起使劲鼓掌喝彩。

旁观者们没有忽略王储妃与宫廷宠姬这场争斗的重要意义。《秘密回忆录》在事后报道说，玛丽·安托瓦内特已经组建了自己的小集团。[72] 在这一背景下，伊菲革涅亚发型不仅在公然宣称她喜爱格鲁克，更是在尖刻地挖苦那个被玛丽·安托瓦内特在歌剧院公然羞辱的女人。和她男性化的骑马装一样，王后那（耸立的，甚至有些生殖器崇拜的）高发髻使她向对手及其他臣民表明，虽然她作为路易十六的妻子经历了种种挫折，但局面仍在她的掌控之中。

王后早期的另一个自我推销的发型是疫苗接种发髻，据说她是在说服丈夫接种天花疫苗之后亮出这一发髻的。[73] 天花疫苗在奥地利已经十分普遍，但路易十五最近死于这一疾病的事实表明，在法国，接种的人少得多。起初，王后顶着猛烈的批评，向丈夫推行这一陌生的外国风俗；传记作家琼·哈斯利普（Joan Haslip）指出，"路易十六收到了无数份请愿书，恳求他不要接受这么危险的操作，那些反对奥地利王后的人更是高声谴责"。[74] 于是，当国王平安注射了疫苗，健康状况良好之后，玛丽·安托瓦内特就有了欢呼雀跃的双重理由：丈夫很安全，而且敌人又被击败了。为庆祝这一胜利，她委托制作了一个巨大的高发髻，上面是疫苗接种的寓意画：一条属于希腊药神阿斯克勒庇俄斯的大蛇盘踞在一棵象征智慧的橄榄树上，智慧是医药科学的特质，但也暗示它是坚定支持医药科学的王后

106

的特征。一轮巨大的太阳在树后绽放金光：这是在向新统治者夫妇共同的祖先路易十四致敬，也是承诺太阳王的荣耀终将回归这片国土——只不过是否由路易十六或其妻带回那份荣耀，存在争议。[75]

虽说玛丽·安托瓦内特呈现出这一形象是为一己私利，但在道德败坏、品性堕落的路易十五令人失望的统治之后，复兴法国君主制的荣耀这一观念对民众产生了极大的吸引力。[76] 它至少得到了王后的女性臣民的极度拥护，其表现方式就是全城女性争相效仿王后的高发髻。[77] 许多高发髻直接向新统治者致敬；比方说，有一个发型"表现的是一片麦田上空升起旭日，表明一切又有了希望"——暗指新国王将开启人们期待已久的黄金时代。另一个风行一时的高发髻被做成一个丰饶角形状，象征着在路易十六和妻子的统治下，法兰西王国将迎来繁荣的未来。[78] 事实上，王后本人拒绝了法国臣民依照传统在她登基时付给王室配偶的什一税，这一举动也让美好的希望变得更加可信。这一名为"王后腰带税"的古老税赋就此搁置，玛丽·安托瓦内特开了一个自谦的玩笑，说她热爱时髦的东西，而腰带反正已经过时了。[79]

不久，各类高发髻就开始争相用高耸的鸵鸟毛和孔雀羽毛作装饰，有时那些羽毛高达三英尺，而且全都贵得令人咋舌。[80] 玛丽·安托瓦内特两个都爱，继续为首都内外的模仿者提供灵感。据目光敏锐、老于世故的韦里神父（Abbé de Véri）说，结果是"荒谬可笑的羽毛和发式传播到了王国最远的边陲，或许不久还会征服整个欧洲"。[81] 由于女性公众对那位引领时尚的王室配偶无限痴迷，法国时装图样和有插图的"时装年鉴"也出现了达尼埃尔·罗什所谓的"爆炸性剧增"。[82] 这些现代时装杂志的先驱在当时都十分昂贵，而且大多是通过订阅方式卖给女贵族和富裕资产阶级的，但盗版横行，让较低阶层的女性也能看到那些图片。[83] 像《时尚画廊》(*Galerie des modes*)版画插图中的"模特儿"长得很像王后，或者直接用王后的图片，也就不足为奇了。[84] 在一个被设计为棋盘游戏的流行印刷品中，无数时髦的发型被绘成通往"胜利"之路上的歇脚点，而"胜利"终点就是王后的发型：一个用锦缎包裹的摇摇晃晃的高发髻，点缀着宝石和羽毛，高耸在一眼便知是玛丽·安托瓦内特本人的头顶上。[85]

另外，路易十六的妻子很高兴担当起巴黎羽饰领军人物这一新角色；据康庞夫人说，王后不认为时尚是浮夸的副业，倒把它当成"主业"，开始"几乎每天开启一种新时尚"。[86] 布瓦涅伯爵夫人说，"成为世界最时髦的女人似乎是（玛丽·安托瓦内特）所能想到的最美妙的事"。虽然布瓦涅夫人不是唯一认为投身时尚"配不上一位伟大君主"的人，但玛丽·安托瓦内特本人或许很难同意这种观点。[87] 毕竟，首位令法国在时尚界蜚声国际的，极度热爱衣装奢华，尤其偏爱夸张的、高高耸立的假发的不是别人，正是路易十四。[88] 据说在太阳王最为痴迷的时期，他雇用了40位假发制作师来维持他那无与伦比的华丽发式，并称发型简直是"一个说不完的（有趣）话题"。[89]

和她那位精明的波旁祖先一样，玛丽·安托瓦内特也把穿衣看作严肃的事业。诚然，穿衣可以让她分心不去想凡尔赛宫有多乏味沉闷，也可以让她继续沉溺于少女时期打扮洋娃娃的乐趣。但在身为王后面对明显属于成年世界的政治挑战的前提下，她投身时尚还有另一个令人信服的好处，正如皮埃尔·圣-阿芒所写的那样，这使她呈现出"宫廷超模、执政天后、魅力女王"的风貌。[90] 她令人迷醉的装束证明了国王慷慨的财务支持，她自己为全天下的女人"确定基调"的能力，在诸多方面确实表现出她在王室有着用之不竭的"信用"。

就这样，玛丽·安托瓦内特没有像路易十四和路易十五的

《时尚画廊》：画着玛丽·安托瓦内特本人的时装图样（1776 年前后）

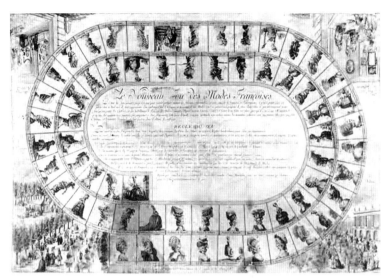

无名氏，《法国时尚的新游戏》（*Nouveau jeu des modes françoises*，1778 年前后）

王后们那样远离焦点，在凡尔赛宫过着低调的生活，而是积极曝光自己时髦的发型。她打破了一个悠久的王室传统，即为君主服务的人必须与其他所有顾客断绝生意往来，她允许自己的供应商在首都保留店铺和其他客户。首先，这种打破规矩的行为使贝尔坦和莱昂纳尔这些人可以了解最新的时尚；玛丽·安托瓦内特曾警告他们说，只服务于她难免落后于时代，她不想让他们那么做。其次，玛丽·安托瓦内特与公众共享造型师的决定也让非贵族顾客得以了解王后的个人品味和习惯，这是史无前例的。贝尔坦尤其喜欢吹嘘"我最近与王后殿下的合作"，并把她为路易十六的新娘制作的单品的复制品卖给急不可耐的客户。[91] 王后同意这么做，但有一个条件，那就是只能在她穿戴新品公开亮相后至少两周再出售复制品。只要模仿者们不颠覆她作为全法国"当时最时尚的女人"的地位，玛丽·安托瓦内特似乎丝毫不为他们的存在而烦恼。[92] 事实上，她积极地操

110

纵着自己的名人身份。莱昂纳尔在回忆录中说,她甚至敦促他和罗丝·贝尔坦在女性报纸《女士杂志》(*Le Journal des dames*)上"发表(他们在王后本人身上践行的)艺术背后的思想",以便读者了解她的装扮选择。[93] 这些都是此前任何一位法国王后不曾有的举动,使她可以把自己动人的形象传播到凡尔赛宫的小世界之外。"作为一个时尚的女人,"艺术历史学家玛丽·谢里夫指出,"玛丽·安托瓦内特不光确立了自己在宫廷里的地位,还确立了在整个社会中的地位。"[94]

这位少妇不久后就会发现,试图摆脱受到狭隘束缚的王后角色,把自己本身打造成名人的努力,无论对她自己的名声还是对她丈夫的政权都将带来致命的影响。然而当前,她寻求关注的那个社会还十分热情地欢迎她打破传统、激动人心的形象。对于那些最坚定地支持她引领时尚的追随者而言,无论是印刷品还是店内八卦都无法与直接看到玛丽·安托瓦内特本人相提并论。莱昂纳尔也曾像贝尔坦一样,因为与王后的关系而获得了一大群追随者,他回忆了自己有一次为王室女顾主的歌剧院之夜设计的风格大受追捧:一件"角锥形的头饰……包括三根白色羽毛,在一根粉色丝带的帮助下,用几缕头发编织的玫瑰花结固定在左侧,中间是一颗很大的红宝石"。[95] 他在回忆录中说,该发型引发了"歌剧院的轰动!那时正厅后排还没有座位,那里的人们争先恐后想看看这一聪明而大胆的杰作:三条胳膊脱臼了,两根肋骨被挤断了,三只脚骨折了……简言之,我大获全胜"。[96]

无论他们是如何收集到的信息,有一点十分明确:法国社会各阶层的女人都希望像王后那样穿戴。康庞夫人回忆说,有一次,她的女主人开始尝试极其多样化的新裙装样式,"她自然会受到全体女人的效仿。她们希望立即拥有与王后殿下裙子上的一模一样的装饰;戴上被她(巅峰时期)的美貌赋予无限魅力的羽毛和花环"。[97] 事实上，玛丽·安托瓦内特的拥趸们只是一心追捧，哪怕某些风格不怎么庄严，甚至有些荒谬，她们也会毫不犹豫地接纳。因此，看到王后的菜园发髻中有一棵洋蓟、一根胡萝卜、一些野生萝卜、一棵卷心菜等不切实际的元素，一位宫廷女官称："我从今往后绝不戴除蔬菜之外的任何东西了！它看上去如此单纯素朴，比花朵可要自然多了。"[98]

即使王后的标志发型引发了种种不便，女人们也照样效仿。和宫廷传统的涂抹粉末的"卷曲"发型一样，高发髻几乎无法清洗，因而变成了滋生各种寄生虫的温床。人们设计出"用象牙、白银、黄金，甚至有时还镶嵌钻石的"特制挠头器具来缓解头痒，但还是难以避免一定程度的痒痛。[99] 睡觉也是不舒服的，因为要求女人把发型包裹在一条圆锥形的"三角布带中，把一切都包在里面：假发、卡子、染料、头油，最终弄得头有正常情况的三倍大，颤颤巍巍地（平放）在枕头上，看着像个包裹"。[100] 做这类发型的夫人们不得不斜靠在堆得高高的枕头上，半坐着睡觉。[101]

白天，顶着这样的发型也不舒服。有一位在玛丽·安托瓦内特跟前得宠的宫廷女官抱怨说，新发型弄得人头重脚轻，"大大破坏了跳舞的乐趣"，乘马车出行也变得困难重重——

> 这类发型顶着用薄纱、花朵和羽毛做成的支架，达到了令人眩晕的高度，以至于女人们找不到顶篷高度合适的马车，往往会看到一个女人在乘坐马车时低着头，或者把头伸出窗外。还有女人选择跪着乘马车，这样更能保护好她们那顶为之受累的荒谬的大厦。[102]

就连王后也难免遇到这些难题。1776年2月，沙特尔公爵夫人以王后的名义在公爵府举办了一场舞会。为此，玛丽·安托瓦内特决定在头发中插上"双倍高度"的鸵鸟羽毛。然而为了从马车里出来而不损害头顶的羽饰,她不得不命令女官们先把它取下来,她下车之后再重新安插在她的发式中。[103]

112 　夫人们穿过门廊或进入剧院包厢时,也会遭遇同样的难题,而且在剧院,她们不是唯一抱怨这种发型有问题的人。根据一位同时代人的说法,"剧院的观众抱怨说他们看不到舞台了,甚至正式请求巴黎歌剧院经理德维姆先生拒绝任何(发型)过高的女人进入楼下前排座位"。[104] 德维姆答应了这一请求,规定戴有过大的高发髻和羽毛的夫人只能坐在剧院包厢。[105]

为了解决这类问题,一位人称博拉尔先生(le Sieur Beaulard)的时尚商人发明了"一种机械发型,如有需要,只需触动发条,就能降低一两英尺"——他是贝尔坦的竞争对手,玛丽·安托瓦内特有时也会光顾他(令贝尔坦极为恼怒)。[106]

无名氏,《仆人们站在梯子上,为睡前的夫人打理高发髻》(*Servants Standing on a Ladder, Preparing a Pouf for Bed*,1778 年前后)

虽然这一俏皮地取名为祖母发型的装置为那些感觉有必要调整发型，免得老祖母唠叨个没完的年轻女人提供了方便，但它从未成功推广。[107] 那些为方便发型夸张的女人通过而建议升高门廊和屋顶高度的提议，也一样没有取得什么进展。[108]

高发髻造成的不便不久就出现在法国内外制作的漫画中，匿名传播开来。这些画面中描绘的夫人发型高度相当于她们身体的三倍，被卡在各种滑稽可笑的位置：头发因为触到枝形吊灯而着火，或者勾住了路灯，发型师登上高高的梯子为女人做发型，猎人们误把巨大的飞鸟造型的高发髻当作猎物朝它们开枪，等等。康庞夫人坚信自己的女主人地位庄严神圣，因而当她看到漫画中的女人"容貌荒谬得很像殿下本人"时，深感不悦。[109]

113

对于这位君主殿下而言，很不幸，这样的恶意并不局限于秘密传播的讽刺出版物。虽然最初那几款高发髻中展示的麦田和丰饶角给人带来希望，但 1770 年代中期的法国陷入了严峻的经济困境。灾难性的七年战争让这个王国挣扎在破产的边缘，到路易十六登基时，赤字累积达到 2200 万里弗，预计很快就会增加到 7800 万里弗。[110] 由于贵族和教士阶层被免除捐税，弥补亏空的重担全都落在了第三等级的肩上——大约 2400 万到 2800 万平民，占当时人口总数的 96% 以上。[111] 第三等级的大多数人被过高的税收压得喘不过气，生活在难以为继的贫困中。

此外，由于法国经济在很大程度上仍是农业经济，每遇到灾年，人民的生活状况就会极度恶化。1774~1775 年多雪的寒冬过后，人们迎来了收成最糟糕的荒年。那年 5 月，由于谷物短缺，加上路易十六的财政总长杜尔哥不明智的改革，全国各地饥饿的民众发起了暴乱，即所谓的"面粉暴动"（Flour

Wars）。由于获悉王室成员囤积谷物和面包，5000 人围攻了凡尔赛宫的大门。历史学家西蒙·沙玛（Simon Schama）写道，杜尔哥为平息全国范围的暴乱，"召集了 25000 人的军队，组织了即决法庭，绞死了一批参与者，杀一儆百"。[112] 政府对危机的反应如此残暴，即便秩序恢复之后，也让许多平民留下了糟糕的记忆。不满之人聚集在公爵府发泄他们对这一事件的愤怒情绪，有时这些消息会传到贝尔坦那位发型精美的主顾的耳中。

在这样的背景下，玛丽·安托瓦内特作为时尚偶像的地位很快就从迷人变成了可疑，而她利用时尚来获得臣民尊重的做法也开始产生对她不利的后果了。一位记录巴黎生活的作家指出，早在 1774 年夏季，当她最初在都市亮相的新鲜感渐渐退去之时，人们就已经开始抱着一种极端怀疑的态度看待她，把一切无名的"相互矛盾的恐怖场景"归咎于她了。[113] 面粉暴动进一步凸显出她的轻佻浮夸。"王后总是在巴黎、在歌剧院、在剧院"，拉马克伯爵夫人抱怨道，她丈夫是梅西最亲密的好友之一。"她债台高筑；总是穿戴羽毛和俗艳服饰，还对严肃的事情开戏谑的玩笑。"[114] 玛丽·安托瓦内特的"羽毛和俗艳服饰"曾经激发起人们的赞赏和敬畏，如今却让人们怀疑她是否愿意或有能力考虑"严肃的事情"；一幅 1776 年的时装图样的说明称她喜爱的羽毛是"轻浮的象征"，因而穿戴它们的人自然也是可悲的不庄重的人。[115] 20 世纪初的作家黑克托尔·弗莱施曼（Hector Fleischmann）收集过玛丽·安托瓦内特生前无数对她恶言毁谤的小册子，据他说，"（秘密出版物中）对王后的攻击就始于 1775 年风靡全国的高发型时尚"。[116]

另一个事实或许也加剧了大众的厌恶，那就是用于涂抹她那奇妙发型的粉末的原料之一就是面粉。[117] 的确，就算历史学家已经得出结论，玛丽·安托瓦内特从未说过那句名言"让他们吃蛋糕好了"（*"Qu'ils mangent de la brioche"*），但人们之所以持久地把她的冷漠无情与烘焙食物联系在一起，难说不是因为她在一个吃不上面包的国度里，到处展示她用粉末涂抹的结婚蛋糕发型。[118] 同样失策的是罗丝·贝尔坦决定用一个名为"暴动发式"的发型庆祝面粉暴动得以平息，那个发型的图片无一幸存，但其名称本身就表明，高级时尚居然选择人类的苦难作为题材，令人震惊。[119] 这些发型在 1775 年 6 月路易十五的加冕礼上冠冕堂皇地在日益不满的公众面前亮相，传递出一个煽动性的信息——从外表来看，贝尔坦那位过度装扮的王室主顾对臣民的福祉并没有表现出多少关怀。

相反，正如当时某些描绘戴着夸张羽毛的玛丽·安托瓦内特站在镜前的版画所暗示的，她看起来深深地陶醉于自己的美貌。自恋的指控对她的名誉造成了无尽的损害。因为不同于法国君主们传统的奢华装束，比如路易十六和他的弟弟们在加冕礼上的穿着，王后的花哨时尚如今看起来与其说是在展示君主制的荣耀，不如说是在凸显她自身的魅力。正如尚塔尔·托马所说，玛丽·安托瓦内特对时尚的追求所代表的"不再是朝堂上整个等级的光环，而是一个女人的光彩"。[120] 在一个王室魅力只有在反映和象征国力时才有意义的国度，她的奢华像是彻头彻尾的自我放纵，危险地偏离了王国更广泛的关切。

然而，悖论就是，就在年轻的王后展示自己是一股不可忽视的力量之时，她既没有考虑也未能理解她的个人魅力在民众眼中变成了怎样一桩丑闻。[121] 而自从她摆脱了礼节夫人，疏远了三位姑妈（她们贬低她时尚的羽饰是"马的装饰品"），她的小圈子里就再也没有人对她的行为提出质疑。[122] 当然，阿图瓦和沙特尔两位公爵自身就有挥霍的习惯，自然不会约束她的行为；何况沙特尔鼓励王后大手大脚还另有不可告人的政治和个人动机。他极其妒忌那几位王室堂弟排位靠前，梦想着取代他们继承王位，并为此在来公爵府的人群中培养了一批异见者。沙特尔对玛丽·安托瓦内特本人对罗丝·贝尔坦的偏爱也怀恨在心，后者曾公开羞辱他，拒绝了他的引诱和示好。[123]（更糟糕的是，据说永远放肆无礼的贝尔坦还对玛丽·安托瓦内特的梳妆女官吹牛："要是我愿意，我今晚就能变成沙特尔公爵夫人！"[124]）

另外，贵族阶层的女人们正把全部心思放在如何跟上王后不断变化的时尚风格上，无暇质疑这些时尚是否得体或代价如何。在前几任君主的统治下，血统高贵、遵守礼仪、为国王效劳是贵族们脱颖而出的主要武器，而在玛丽·安托瓦内特这个全新的、以时尚为主导的宫廷里，贵族们发现要想获得君主宠爱，时髦是稳妥得多的路径。[125] 在凡尔赛宫生活要求人们每天换好几套装束——"起床一套、用餐一套、接待朋友一套、接待神职人员一套，在巴黎散步一套，到乡下散心又是一套"——如果王后发现哪个女人穿得不好看，此人可能马上就会失宠。[126] 传记作家米歇尔·萨波里（Michelle Sapori）写道，出于这一原因，"宫廷的夫人们惶惶不可终日，生怕自己在某个场合穿错了衣服"。[127] 反过来，如果玛丽·安托瓦内特对哪些贵族女人的外表表示赞许，接下来就会慷慨地授予她们无限的荣誉。

朗巴勒亲王夫人（Princesse de Lamballe）就是一例，年轻守寡的她长相甜美，比王后大 6 岁。作为富可敌国的庞蒂耶夫尔公爵（Duc de Penthièvre）的儿媳，亲王夫人有大笔金钱花在个人打扮上，和她的妯娌沙特尔公爵夫人一样，她也是罗丝·贝尔坦的忠实顾客。[128] 她独树一帜、深情动人的外表吸引了王后，她的外国出身（她来自都灵）和婚姻悲剧（朗巴勒亲王在沙特尔公爵的朋友圈里是个出了名的浪荡公子哥儿，1767 年死于梅毒）也一样。尽管朗巴勒拥有了血统王妃头衔——她亡夫的家族祖上是路易十四最后一个合法化的私生子——但玛丽·安托瓦内特还是给了她一个更令人垂涎的职位。1775 年秋天，她任命朗巴勒担任"王后内务总管"（Surintendante de la Maison de la Reine），这一职位曾长期受到压制，原因就是人们认为它权力过大，15 万里弗的岁入过于丰厚。无论是朗巴勒还是王后都丝毫不在意妒忌的贵族和缺钱的平民对这样的提升心生怨恨。[129] 让她们高兴的是，如此一来，亲王夫人就能整日待在好友的身边，还有更多的钱挥霍在时髦的装扮上。

和玛丽·安托瓦内特一样，朗巴勒亲王夫人也有吹弹可破的白皮肤、蓝眼睛和淡金色头发，这两个年轻女人似乎很喜欢借助适当搭配的装束来突出她们的相像之处。1776 年冬，一场持续六个星期的大雪过后，两位朋友乘坐马拉雪橇前往布洛涅森林，轰动一时。两人都因戴着白色钻石而光彩夺目，头顶着涂抹粉末的高发髻，蓬松的白色毛皮外衣让她们看起来舒适温暖——这一切都与白马头上随风摇曳的马鬃羽毛遥相辉映。[130] 康庞夫人自己承认说，她是少数觉得这个小插曲格外迷人和"温暖如春"的人。[131] 在其他旁观者看来，这两个女人奢华的白色装束与其说是春天的颜色，倒不如说是金钱的颜色——也是对民众的苦难漠不关心的颜色。[132] 路易十六本人也不喜欢这次出行，直截了当地宣称他更想把自己的一些旧雪橇劈断了给穷人做柴火取暖。[133]

事实上，在玛丽·安托瓦内特的小圈子里，国王似乎是唯一愿意质疑她毫无节制的浮华装饰的人，他的地位也让他有权力这么做。他曾善意地支持她在凡尔赛宫主持化装舞会，但她在巴黎肆意挥霍却让他警觉起来，认为它们过于显眼，也太过奢侈。为传达这一观点，他在 1775 年 1 月从国王已有的收藏中选了一件钻石镶嵌、风格保守的王后羽饰送给她。梅西说：

"国王陛下说他希望她能戴上（这件羽饰）取代她的新发型，她已经很漂亮了，不需要那些发型作为装饰。"[134] 国王的说辞虽谦恭有礼，却很难掩饰他对她那些炫耀的高发髻和羽毛的厌恶。

然而，当路易十六发现妻子没能领会他的用意，便开起了玩笑。面粉暴动后不久的一天早晨，他来到玛丽·安托瓦内特的套房里，发现她正在试穿一件罗丝·贝尔坦从巴黎送来的新礼服。（虽然贝尔坦作为时尚女商人本不该自己缝制裙装，但她与客户广泛合作，设计并装饰她们的礼服，那些礼服的织物往往都是按照她的精确要求织染、裁剪和缝制的。[135]）当王后问丈夫是否喜欢这套用古怪的粉褐色调的塔夫绸礼服时，他不客气地回答说："这是跳蚤（*puce*）的颜色吧。"[136]

然而，国王的嘲讽也没有奏效。他非但没有促使玛丽·安托瓦内特放弃贝尔坦最新的创作，反而激发起了人们对"跳蚤色"礼服的狂热追捧。"第二天，"奥伯基希男爵夫人回忆道——

> 宫廷里的每一位女士都穿上了跳蚤色的礼服，老跳蚤、小跳蚤、跳蚤肚子、跳蚤后背等。（而且）由于这个新颜色不容易脏，价格比浅色调的衣服低廉一些，跳蚤色礼服在（巴黎）资产阶级中也受到了欢迎。[137]

这个颜色大获成功，以至于这一时期成为王后首选陪同的贝桑瓦尔男爵（Baron de Besenval）对一位刚到宫廷的年轻人说，要想获得成功，他需要的不过是一件染成跳蚤色的上衣——但对夫人们，男爵的提议很可能是备受垂涎的跳蚤高发髻。[138]

路易十六未能成功地反对妻子的愚行，如今只剩下最后一道防线了——玛丽亚·特蕾西娅，梅西一五一十地向她报告了王后的"奢华服饰",这在她听来实在是骇人听闻的消息。[139]
1775年3月,她问女儿到底着了什么魔,要把头发弄得"(比)
前额高出三英尺,还要加上羽毛和丝带弄得更高"。[140] 玛丽·安
托瓦内特简短生硬地回信说,"我的确很在意我的外表",称她
不是引领昂贵的鸵鸟毛时尚的人,只不过是跟风而已。[141] 但玛丽
亚·特蕾西娅不相信她的说辞,在兰斯加冕礼九天前称,她过度
打扮的女儿正在"疾速冲向深渊"。[142] 她严厉地提醒年轻的女儿,
"王后如果不节俭开支……只会自我贬低,特别是在眼下这困难
的时期",而且"衣装简朴更适合她尊贵的地位"。[143]

　　1777年,玛丽亚·特蕾西娅甚至命令儿子和共同摄政的
皇帝约瑟夫二世在他前往凡尔赛宫进行外交访问期间重申她的
警告。约瑟夫二世顽固地反对任何浮华的事物——特别是在服
装领域,他一直努力让维也纳宫廷里的服饰变得更加随便和
实用——派他去跟妹妹讲道理,似乎是个理想的人选。当玛
丽·安托瓦内特欢迎哥哥,问他是否喜欢她头发上"这么多
的花朵和羽毛"时,皇帝表达了和母亲一模一样的不满。"如
果您想听我说实话,夫人,我得说它太轻了,支撑不起尊贵的
王冠。"[144]

　　然而正如国王隐晦的批评一样,约瑟夫二世刻薄的言语也
没有给王后带来什么显著的影响,她依然肆意挥霍,哪怕她本
人对贝尔坦、莱昂纳尔及其竞争对手作品的需求已经让它们的
价格变得极高了。[145] 1776年一年,玛丽·安托瓦内特单单购
买配饰就花了10万里弗,而她每年用于衣装开支的固定年金
只有12万里弗。[146] 虽说即便是对一个相对节俭的王后,这点年
金也很可能不够支付开销——它是在1725年确定下来的,自那
以后从未调整过——但玛丽·安托瓦内特似乎根本不在意,继
续为她的衣橱购置各种新奇物品。[147] 而且因为贝尔坦拒绝提供

118

详细账单，王后的梳妆女官无法核实费用，除了支付之外别无选择，哪怕那意味着请求国王从他的私用金里"补贴"。超额部分逐年增加，其中大部分都一如既往地直接流入了罗丝·贝尔坦的腰包。[148]

不可否认，过度开支在整个法国王室不算什么稀罕事，比方说，阿图瓦就把大量金钱用于赌博、与交际花调情和购买漂亮衣物。1777 年，他订购了 365 双鞋，以便每天换一双。[149] 也是那一年，他和普罗旺斯两人欠下了 3100 万里弗的债务，不得不恳求路易十六帮他们偿还。就连虔诚的老姑妈们（她们每人有 100 万里弗的年收入）也"在前往维希品尝矿泉水的六周旅行中花掉了 300 万里弗"，且毫无悔意；阿代拉伊德虽然公开鄙视玛丽·安托瓦内特的时尚，她自己却也大手大脚地花钱购买新衣。[150] 只有国王本人还有节俭的习惯，只要与他的马厩和饮食无关。但和他那些亲戚更过分的挥霍一样，路易十六的放纵（比方说每年为他供应的柠檬汁价值 2190 里弗）是这个国家的习俗，正如韦里神父所说，被解读为"王室体面和尊严"的表现，被认为反映了整个君主制度的荣耀。[151]

事实上，传统要求王后本人至少有一点预算方面的挥霍，因为她的侍从们最主要的额外补贴之一，就是有权自行取用那些王后不再需要的物品。安东尼娅·弗雷泽曾指出，出于这一原因，那些管理王后内务的人每周要订购 18 双新的香水手套和 4 双新鞋，以及"每天三码长的（崭新）缎带用于为王后系睡衣……还有每天两码长的崭新的绿塔夫绸用于覆盖放王后扇子和手套的篮子"。[152] 玛丽·安托瓦内特用完这些"次要物品"之后，工作人员就会拿走它们自用，或者卖掉它们补贴收入。

同样的命运也发生在每个季节衣橱里新增的那些裙子上，从她的梳妆女官每年冬夏订购的 360 套应对不同场合的礼服，到更多品类的轻便礼服和作为补充的便袍。[153] 为遵守礼节，法国王后每天至少要换三次衣服，每天早晨从她的服装图样或《着装公报》上选择"一件正式的裙装做弥撒、一件便袍（在卧室）私下里穿几个小时，还有一件晚间穿的盛大礼服"。[154]通常，玛丽·安托瓦内特一件礼服穿过一次，就不会再穿第二次了，由于有这样的惯例，就连前任王后玛丽亚·莱什琴斯卡也得花费大量金钱购买衣物。[155]虽然玛丽·安托瓦内特在每个季节结束时只留下她最喜欢的装束，其他的全都处理掉，但她保留下来的衣物仍然日积月累成为惊人的收藏，塞满了凡尔赛宫的整整三个房间。[156]

　　然而无论是传统的花费还是其他波旁王室成员的开支，在公众当中引发的愤慨都无法与玛丽·安托瓦内特更时髦的花费相提并论，原因很简单，那就是她的这些挥霍让人联想到自私的贪婪和毫无节制的自恋，这些特质似乎更适合国王的情妇而非国王的妻子。[157]具体而言，王后数不胜数的昂贵发型让人联想起 20 年前那位标新立异者蓬帕杜夫人。"她有 100 种迷人的方式梳理头发，"一个与那位宠姬同时代的人回忆道，"最后整个宫廷都争先恐后地模仿她那些无与伦比的发型，几乎陷入了疯狂。"[158]和蓬帕杜的奢侈无度一样（迪巴利夫人那些"骄奢淫逸的马车"、珠宝镶嵌的礼服、以钻石作底的鞋子，都打上了她声名狼藉的印记），王后的奢华装饰变成了君主制阴暗面的标志：专制主义权力使国王可以任性地为贪婪的女性买单。[159]正是注意到这一联系，玛丽·安托瓦内特的小叔子普罗旺斯幸灾乐祸地说，那些华而不实的小玩意儿让她"如今的名声跟以前路易十五的情妇们差不多啦"。[160]

　　讽刺的是，这一类比表明，在大众眼里，玛丽·安托瓦内特的政治影响力比她实际拥有的大得多。"确实，"《秘密回忆录》在 1775 年 6 月声称，"王后在国王那里的信用与日俱增，她掌控着宫廷的娱乐和（重要得多的）事项。"[161]然而如果说

120 　玛丽·安托瓦内特曾经努力获得这种"有信用的外表"，以此来补偿她在其他领域被剥夺了权力的话，她显然未能预见到这样做的负面效果，那就是法国人丝毫不信任任何他们认为试图从君主手中夺权的女人。因此，面对看起来大权在握的王后的奢侈行为，他们开始抨击她——正如他们曾经毫不留情地辱骂路易十五的情人们。[162]

　　对路易十六的后宫而言，公众之所以越来越不信任玛丽·安托瓦内特，在很大程度上是因为他们担心一个女人主导的影子政府正在秘密统治法国。观察家们曾经哀叹迪巴利靠幕后操纵把艾吉永和莫普送上了权力舞台，如今他们又谴责玛丽·安托瓦内特提升了莱昂纳尔和贝尔坦，前者被她授予了前所未有的特权，参加每周日早晨在她的宫廷套房举行的会议，后者在权力阶梯上的高升更加迅猛。王后称新发型需要专家的照料，便要求贝尔坦参与她每天的更衣仪式。这一赦令大大激怒了那些凭借头衔获得这一备受珍视的权利的夫人。[163] 玛丽·安托瓦内特的许多贵族侍从不想让一个出身卑微的女商人篡夺属于她们的特权，拒绝参加更衣仪式，看到区区一个"时装工人成为王后生活中最重要的人物"，心生悲愤。[164]

　　虽说贵族的变节把宫廷里的许多人变成了她的对手，但王后似乎很欢迎随从人员数量减少，她以此为借口，把更衣室换到了与她的公共客厅毗邻的一个私密的漂亮小套间。根据传统，只有最高贵的贵族才能进入这一区域：就连这个国家最伟大的在世哲学家、路易十五本人的宫廷史官伏尔泰也无权享受这一福利。[165] 然而为了贝尔坦，玛丽·安托瓦内特再次傲慢地违反了规则。每周有好几次，这位时尚女商人和她的女顾主一起消失在那些关闭的门背后，一聊就是好几个小时。据康庞夫人说，这使得那些被关在门外的贵族愤怒而焦躁地嘀咕着，猜测"让一个服饰用品商进入王后的私人房间"会对她们已知的世界造成怎样"令人不安的后果"。[166]

在宫廷之外，贝尔坦的事业也开始吸引了公众极大的注意。1776 年 8 月，政府允许时尚女商人在法律上脱离绸布商，成立大多由女性成员组成的同业公会，其中包括羽毛和花朵商贩。[167] 这不但把所有时尚女商人从先前操控其行业的父权制约束缚中解放出来，也是贝尔坦的一次完全胜利，她曾宁可选择违法，也不让婚姻地位来决定自己的事业。此外，这也是她财力和实力的标志，大莫卧儿雇用了 30 位女店员，与几十位男女供应商（裁缝、女缝工、织物印染商、羽毛商人、蕾丝制造商等）签订了商业合同。[168] 她的成功是任何同行都无法比拟的，贝尔坦本人真的变成了一位"大莫卧儿"，在法国奢侈品行业中加入了女人的面孔。

这一成功也带来海外业务的繁荣。从英格兰到俄国，各国精心打扮的女人都十分垂涎法国王后的装束，以至于贝尔坦不得不制作一种新的、与真人一样大的时尚娃娃——比其他这类娃娃大得多，并采用王后本人的面孔、体型和头发——作为人体模特儿来展示她最新的服装和发型设计。在路易十五统治期间，有一位时尚设计师做过类似的事情，制作了一个样貌很像蓬帕杜夫人的时尚娃娃，"带有全套衣装，包括正式的宫廷连衣裙……早晨穿的睡裙，（还有）各类适当配饰的发型，以及关于如何穿戴流行款式的书面解释和说明"。[169] 这个时尚娃娃在英格兰引起了极大轰动，以至于一位为伦敦《旁观者》杂志撰文的讽刺作家抱怨说女人们甚至无法专心在教堂听布道，全都一门心思想着这个"刚刚从巴黎送来的全套装束的（潘多拉）"。[170]

贝尔坦的发明有一个显眼的先例，那就是蓬帕杜的模拟像，这让普罗旺斯等人将路易十六的王后比作路易十五的情妇变得更加可信了。然而尽管如此，玛丽·安托瓦内特人体模特仍是

121

一个天才的营销手段，因为在各国宫廷和首都，就连不知名的、辨不清面目的巴黎潘多拉也会被人们翘首企盼，一个装扮得像法国王后本人的娃娃更是令人激动不已。那个时代巴黎风土人情最一丝不苟的记录者之一、《女士杂志》的编辑路易·塞巴斯蒂安·梅西耶（Louis Sébastien Mercier）写道，全欧洲各国时髦的夫人们都热情地欢迎这个体积过大、装扮过度的人体模特，那恭维和激动的情形就仿佛他们见到的是君主本人。[171] 那个时代的著名诗人德利尔神父（Abbé Delille）传神地写出了女商人和她的王室潘多拉散发的奇妙魔力，他这样描写这两个女人——"那位女性装饰界的君主把我们的品味送往北方各国，（让她那位）霸道的人体模特称霸全宇宙"。[172]

毫无疑问，神父道出了贝尔坦和王后的合作所获得的巨大的国际影响力。这两个女人的高知名度也让法国的时装出口迅速增长。[173] 然而贝尔坦的突出地位引发了民众对其性别和阶级方面的不满。在女服装商人仍然是巴黎服装行业相对较新的驱动力的时代，贝尔坦——而不是，比方说，她的主要男性竞争对手博拉尔——居然能够"称霸全宇宙"，这说明她侵犯了男人的经济地盘。[174]

同样，对于旧制度下充满阶级意识的人而言，贝尔坦的成功奏响了一个富有攻击性的不和谐音，因为她居然无耻地利用财务上的巨大成功极快地提升了自己的阶层。贝尔坦这位外省警察之女绝对没有任何阶级优越性。然而她把自己重塑为——用挂在商店橱窗外的招牌上的话说——"王后的时尚女商人"，似乎觉得这样的头衔让她有理由拒绝任何她觉得不值得关注的顾客。[175] 比方说，有一次，她拒绝了一位潜在客户的订单，因为她不想打扮"区区一位波尔多检察官的妻子"。[176] 要论地位，检察官的妻子大大高于警察之女，但贝尔坦丝毫不以为意：在她看来，她的才能本身就应该得到特殊的对待。她在贵族面前也从不掩饰这一态度。在不止一个场合，这位女商人甚至敢对女贵族不敬，致使从家乡阿尔萨斯不远万里来到大莫卧儿的奥伯基希男爵夫人说贝尔坦"官气十足，仿佛她能跟亲王夫人们平起平坐"。[177]

贝尔坦偶尔的合作者莱昂纳尔也对自己的阶级地位拿腔作势，令人不快。为了掩饰自己不起眼的出身（他是加斯科涅农民的后代），他穿着从贵族男仆那里买来的贵族们扔掉的衣服——像王后的侍从们一样，那些男仆也接受衣服作为工作的额外补贴。[178]他甚至以这种方式得到了一双红跟鞋（原则上只有贵族男子有权穿红跟鞋），还对朋友们夸口说他经常被错当成一位侯爵。莱昂纳尔还购置了一辆盛气凌人的六驾马车，"学绅士的样子，派头十足地"往返于巴黎和凡尔赛宫之间。[179]虽然许多廷臣都被他可笑的举动激怒了，但让利斯夫人发现，玛丽·安托瓦内特和她的朋友们含情脉脉地欢迎这位发型师，"好像欢迎国王那样"。[180]和贝尔坦一样，他似乎也把受到贵人恩宠当成其他客户不值得他服务的信号；据说，他有一次对一位富裕银行家妻子的男仆喊道："跟你的女主人说，莱昂纳尔可不会伺候中产阶级的头发，怕弄脏了他的手！"[181]

贝尔坦和莱昂纳尔假装拥有他们生来没有的阶级特权，对于公众一直以来对君主政府的怒火而言，可谓火上浇油。"在公众的眼中"，尚塔尔·托马指出，王后不公正地提升自己的宠儿成为"王室随意偏爱的标志，也成为他们从中获取巨大收益的标志"。[182]作为女人，贝尔坦激发起尤其强烈的抵制。到 1780 年代初，公众已经嘲弄地称她为玛丽·安托瓦内特的"时装大臣"和"小玩意儿大臣"。[183]这一时期，曾经执着于报道迪巴利腐败的娘娘腔内阁的地下出版物开始毫不留情地对准了玛丽·安托瓦内特的小圈子。[184]一个于 1781 年首次出版的非法小册子到 1789 年时重印了 17 次，公开宣称王后"对

123

待贝尔坦的方式和她威严的配偶与国务大臣合作的方式一模一样"。[185] 该文本尖刻地嘲讽说贝尔坦这位政治家比为历代法国国王服务的最伟大、最知名的大臣还要优秀:"如果路易十六在选拔大臣时能拥有安托瓦内特那样的洞察力,那简直是法国人民的福音。苏利、科尔贝、黎塞留这些人的管理才能和策略实在很难跟贝尔坦相提并论!"[186]

说这位时尚女商人可以与科尔贝和黎塞留这类传奇的权力掮客比肩操纵国事,有两个令人不安的暗示。首先,它暗示玛丽·安托瓦内特的确主持着一个影子内阁,在那里,娘娘腔和轻薄浮夸"扭曲了国事的严肃性"。[187] 说起来,1778年6月与英国海军发生冲突之后,王后的反应的确让这一点昭然若揭。在那场冲突中,英国人试图平息美洲殖民地的叛乱,而法国人选择与叛乱者同一立场。[188] 法军护卫舰"美丽少女号"(*La Belle Poule*)占得上风,但它的胜利让法国卷入了美国革命,其高昂的代价全都落在了已经不堪重负的第三等级身上。虽然玛丽·安托瓦内特也竭力宣传她个人的牺牲,虔诚地称国家需要军舰胜过她需要新的钻石首饰,但她向这次冲突致敬的方式却是她到此时为止最奢华的高发髻——巨大的、装备齐全的"美丽少女号"复制品航行在头发的海洋里。[189] 玛丽·安托瓦内特和她的造型师对时事如此粗暴又花费高昂的淡化——后来又在类似的独立发型中出现——实在无助于让这个心存戒备的国家对她们产生好感。正如服饰历史学家玛丽·弗拉斯科(Mary Frasko)指出的那样,"王后在头发里雕出一艘大船的形象被广泛传播,证明了她荒谬愚蠢的铺张"。[190]

贝尔坦"时装部"的第二个令人担忧的方面,是它似乎在君主制的上层实现了权力逆转,让女人取代了男人,让随机选出的下层平民篡夺了君主的神授统治权。[191] 对《萨利克法》和阶级特权的双重打击激起了旧制度中保守派的怨恨。弗雷尼利男爵（Baron de Frénilly）揭示了这一真相，他写道："从未有哪一位曲解国王意愿的大臣像贝尔坦这样，因为给王后供应装饰品而被万人诅咒。"[192]

然而就算在纷纷谴责王后听命于她的"大臣"时，批评者们也坚定地认为王后才是那个让法国人民屈从于微不足道的"时尚律法"的罪魁祸首。当然，她首要的受害者是那些急于模仿其风格的女人，高昂的价格让许多人把家财挥霍一空或债台高筑。[193] 一个极端实例是王后的朋友盖梅内亲王夫人，她的丈夫被迫于1783年宣告破产，累计有600万里弗的债务未付，其中就包括大莫卧儿的天价账单。[194] 虽然偶尔会碰到这类挫折，但贝尔坦仍然很乐意用赊账的方式鼓励顾客们放纵，有时利率高达10%或者更高；那些与她竞争的时尚女商人往往也是如此。[195] 无论是在大莫卧儿购物的贵族女人，还是试图"用廉价的丝带、手帕等小玩意儿"再现这类昂贵时尚的小资产阶级，症结都一样：非理性的过度消费。[196] 一部袖珍版的时尚年鉴《服饰与时尚全集》（*Recueil général des costumes et modes*）在版画集后面列出了一个账单，帮助读者了解她们的服装开支。[197] 但总的来说，女性消费者似乎为此不顾一切，正如康庞夫人哀叹的那样，"公众已经达成了共识：王后毁了全法国的女人"。[198]

然而在许多人看来，这个问题的影响还要深远得多。盲目追求时尚的夫人们被认为不但面临财务危机，而且道德价值观也跟着堕落了。按照梅西耶的说法，150万年轻妇女为了玛丽·安托瓦内特带入潮流的"那些花边、那些缎带、那些薄纱、那些软帽、那些羽毛和礼帽"而花光了自己的嫁妆。[199] 时髦的小姐们获知自己如此挥霍可能导致嫁不出去时，竟然云淡风轻地说她们"不一定要（嫁给）一个丈夫，（花钱购买）高发髻也一样能获得幸福"。[200] 梅西耶（无疑故意夸张地）指出，王后的糟糕榜样可能会导致婚姻制度本身的消亡，更不用说用女人的嫁妆再投资购买田产的传统。

批评家们声称，有些女人以更为危险的方式宣称她们如今在财务和性爱方面都比以往更加逍遥自在了。一位新闻记者写道，到 1776 年底——

> 王后的确并非故意为之，但她已经对整个国家造成了无法弥补的伤害。女人们极度渴望以她为榜样，裙子就变得非常昂贵，以至于丈夫们普遍无力支付账单，偷情也变成了一时风尚。（这么说来，）王后殿下……的确让民众的道德变得岌岌可危。[201]

125

莱昂纳尔的自传也提到了类似现象，声称"工人阶级的小女孩们"因为太穷，靠自己的收入无法模仿玛丽·安托瓦内特的发型，于是被迫在明知不道德的情况下，接受"慷慨情人为其买单"的附加条件。[202] 在这类报道中，王后的形象——"的确并非故意为之"——不但鼓动人们负债，而且怂恿人们乱交卖淫。由于受到那些浮华奢侈的发型的诱惑，体面的女人再也无法坚持自己的原则了。[203] 玛丽·安托瓦内特高调亮相巴黎和在巴黎四处炫耀的发型似乎正在破坏整个王国的道德基础。

类似伤风败俗和淫乱不贞的指控不久就将矛头对准了王后本人，她成功出现在时装图样上根本无助于扭转她在婚床上的失败。就此而言，她与梅西耶批判的那些将嫁妆挥霍在没用的高发髻上的姑娘们没有区别：她也把大量资产倾注于自己的美貌，却没有得到任何实际的好处——传宗接代。对比之下，最新嫁入波旁家族的新娘阿图瓦伯爵夫人因为傲慢的举止、一双对眼和像她姐姐普罗旺斯伯爵夫人一样"丑恶的"鼻子，没有

获得什么赞美。[204] 然而她在一个无论对君主制还是对公众而言
都重要得多的女性竞争中击败了王后。1775 年 8 月，伯爵夫
人诞下一子，将近一年之后又生了一个女儿。在小男孩出生的
那天，在巴黎的阿莱鱼市（Halles fish market）劳动的妇女
们依照传统，集体游行到凡尔赛宫去喧喧嚷嚷地道喜。也正是
在此时，她们抓住时机，用令人窘迫的粗俗语言直接辱骂王后
无能，嫁过来这么久也没有为王室繁衍后代。[205]

　　玛丽·安托瓦内特之所以在这方面毫无建树，一个原因就
是她与丈夫的房事始终只是偶尔为之且徒劳无获。即便路易十六
越来越喜欢妻子了，或许也因此而甩掉了一些不能与奥地利公
主亲密接触的心理偏见，但性事仍然会令他不适，他和玛丽·安
托瓦内特咨询的医生认为他的不适是因为包皮过长这一先天性缺
陷：由于包皮过紧，交媾会变得极其疼痛。然而当医生们提出根
治性手术时，年轻人的脸色变得煞白，要求医生向他保证"不
做'手术'也还是有希望的"。[206] 夫妻二人都尽可能对这类讨
论保密，但宫廷里很快就谣言四起，说国王因为身体原因而无
法同房。又因为宫廷贵族们纷纷追随玛丽·安托瓦内特，在巴黎
生活的时间比以往任何时候都长，所以这些说法很快也传到了首
都。[207] 一支嘲笑路易十六身体残疾的流行小曲把他"麻烦的包皮
（*prépuce*）"与王后"天生的跳蚤"做对比。众所周知，跳蚤色
是因她而流行一时的颜色之一。[208] 那首歌预言了波旁家族糟糕的
未来，因为它称由于国王的性无能与王后不顾一切的时尚蠢行，
这对夫妇"天生"无法生儿育女、繁衍子孙。

　　然而即便路易十六所谓的身体缺陷已经公开，众人也都知
道这是夫妻俩没有后代的原因，但性行为不端指控的矛头对准
的人却始终是玛丽·安托瓦内特。最值得注意的是，一大波地
下出版物猜测，时髦的王后花费那么多时间和金钱，如果不是
为了让自己在国王眼里美丽非凡，那么一定是为了取悦某一位

126

情人。[209] 沙特尔公爵或许通过自己在公爵府里的某些煽动性联系人资助了这类出版物；其他出版物则是由普罗旺斯出资扶持的，他的眼睛盯着王位，而且他也有自己在巴黎的前哨，即卢森堡宫（Palais du Luxembourg）。[210] 与此同时，姑妈们也在贝勒维宫（Bellevue），也就是侄子赠送给她们的宅邸里，兴高采烈地传播破坏性的谣言；而在凡尔赛宫，普罗旺斯及其妻子、阿图瓦伯爵夫人还有许多与王后有宿仇的贵族成员，全都在说闲话。为英格兰和普鲁士效力的细作也在法国内外传播关于玛丽·安托瓦内特的下流段子，而地下出版商希望法国王室出钱收买他们。[211] 除了最后这群人的动机只是赚钱之外，上述许多派别都是出于政治原因而诽谤玛丽·安托瓦内特的。因为，和前任国王时期那些反迪巴利派小册子一样，这些流言蜚语也暗示路易十六的政权本身就是混乱和堕落的。而如果这位国王的统治的确不得人心，特别是在他能够诞下一个继承人之前，那么沙特尔和普罗旺斯之流、英格兰与普鲁士等国，就都有希望获得极大的政治收益。

虽然政治赌注很高，但谋划者在一刻不放松地关注玛丽·安托瓦内特所谓的出轨行为时，始终保持低调。作为她最英俊、往来也最频繁的伙伴之一，阿图瓦伯爵在她可能的婚外情人清单上位列榜首，大量指责他与嫂子乱伦的流言蜚语也流传开来。其中一本小册子是用玛丽亚·特蕾西娅的口吻写的，给王后提出了一条骇人听闻的嘲讽性建议，暗指阿图瓦在继承顺序中的位置："我的女儿，你应该生下一位继承人；父亲是谁不重要，坐在王位上的也可以，排位稍靠后的也不错。"[212] 这句俏皮话暗指路易十六是个戴绿帽的倒霉蛋，直言他缺乏男子气概和权威；但它也把玛丽·安托瓦内特说成是一个无耻的娼妓，说她会毫不犹豫地用一个乱伦所生的孩子玷污法国王室的血统。

那些编造构陷王后不守妇道的人也在她在大莫卧儿下的

衣物订单中寻找证据。由于贝尔坦喜欢浪漫的事物，她给花边和织物都起了风花雪月的名字，比如"压抑的叹息""维纳斯的叹息""隐秘的愿望""未竟的心愿""心旌摇荡""甜美的微笑""希望的轻叹""关注的目光""必然的征服""轻率的欢愉""绝望""遗憾"等。[213] 这些撩拨人心的名字无益于驱散人们的偏见，即醉心时尚的人必然在性爱上放荡堕落。这些名字被用到了王后身上，她在婚床上"未竟的心愿"已是众人皆知，它们自然标志着除国王之外其他绅士们"必然的征服"了。

那些编造出的关于她放荡淫乱的传说又借助新的衣装时尚而广为流传，进一步玷污了玛丽·安托瓦内特的名声。最早反对她的檄文之一是在路易十六登基之后不久写的，灵感来自一个真实发生的事件：一天夜里，王后和一些朋友决定在宫殿后面的花园里守夜等待日出。虽然和玛丽·安托瓦内特的许多叛逆性冒险一样，这次户外游戏足够清白，但它还是让宫廷里流言四起，不久就变成了一篇粗俗恶毒的秘密檄文。该文本标题为《日出》（"Le Lever de l'Aurore"），把那次户外活动编造成疯狂的性乱交，玛丽·安托瓦内特和一群情人在灌木丛中疯狂云雨。[214]

几乎一夜之间，这个故事就在凡尔赛宫、巴黎甚至国外引发了巨大轰动。（作为法国派驻维也纳的新大使，路易·德·罗昂欢天喜地地在玛丽·安托瓦内特的家乡传播该文本，进一步加深了两人之间的嫌隙。[215]）暴怒的路易十六命令手下找到这篇诽谤文章的全部印刷品并销毁，还把据称是作者的人投入监狱。但文章描述的情景变成了传说的一部分。短短三年后，这个故事就以一件时髦的、有伤风化的衣服重新浮出水面：一件轻薄如纱又性感飘逸的小斗篷，名为"日出斗篷"（*mantelet au Lever de l'Aurore*）。在当年不止一本时装图样中，这件衣服的模特一看就是玛丽·安托瓦内特。[216]

此外，由于她的穿衣时尚受大众追捧，曾经一眼就能从法国女人的穿着中看出的阶级差别开始变得模糊。卡马朗伯爵（Comte de Camaran）抱怨说"资产阶级、手工业者的"妻子们，还有女服务员们，全都试图效仿上等女人的装束；事实上，她们的目光永远只盯着这类装束，连最荒谬的细节也不放过。[217] 结果，另一位贵族讥讽道："如今已经很难看出谁是公爵夫人，谁是女演员了。"[218] 在18世纪的法国，"女演员"几乎是"妓女"的同义词，从事这两个职业的女性都和王后一起频繁出入公爵府，都为令人陶醉的时装展示着迷。她们还跟王后一样光顾莱昂纳尔的店铺，后者一直深得女演员和交际花们的喜爱。贝尔坦的客户清单上就有一个名字，不是别人，正是失势（但仍然很有钱）的迪巴利夫人。[219] 这样就明显消解了君主与出身卑微之人的界限，又为玛丽·安托瓦内特引来了更多敌意。正如一位地下出版物作者嘲讽的那样，"说起花枝招展，全巴黎最风雅的妓女都比不过王后"。[220] 玛丽亚·特蕾西娅也赞同这一观点，当看到女儿身穿全套羽饰华服的肖像时，她讥讽地说那画上画的显然是一位女演员而不是君主。[221]

据说王后被这句话激怒了，戴上了比以往更高、更花哨的羽饰作为回应。宫廷传言很快就让她的做法公之于众，当消息传到皇后那里时，她与女儿的关系明显变得更加冷淡了。[222] 然而玛丽亚·特蕾西娅的批评堪称先见之明，因为当王后前往巴黎歌剧院舞厅时，人们找到了更多证据来证明玛丽·安托瓦内特与巴黎演员 - 妓女的相似之处。参与这些活动的人涉及各个阶层，其中就包括交际花。因为人们用面具和连帽化装斗篷掩盖了真实身份，所以这些活动成了臭名昭著的滋生浪漫爱情和阴谋的温床。[223] 如果说在其他情形下，跨越阶级的接触是受到限制的，那么在歌剧院舞会上，陌生人也能大胆地聊天和调情，无须顾忌各自的社会地位。有时，紧接着还会发生非法的跨阶层约会。不过，这类挑逗性的可能只有在狂欢者们穿的衣服具有足够的同质性，让任何人看不出他们的社会阶层时，才会发生。[224]"情妇、公爵夫人和资产阶级，"梅西耶写道，"她们全都隐身在化装斗篷下面。"[225] 显然，女性狂欢者要花很大力气掩盖她们的头发，或许是因为她们定制的高发髻很容易被人认出。勤奋的时装商人们于是推出了一款"用透明面纱遮盖的高发髻"：透明面纱制造出神秘的错觉，却仍然能够辨出被它覆盖着的精心制作的复杂发型。[226]

虽说这要求王后暂时放弃自己标志性的发型，但能有机会隐姓埋名地出现在歌剧院聚会上，让玛丽·安托瓦内特非常欢喜。"穿着某一件卖弄风情的连帽化装斗篷"，斯特凡·茨威格写道，"她既能摆脱寒冷，又能摆脱礼节对上等人的束缚，放下身段，享受普通人生活中的烟火气"。就这样，她把非王室身份当成了另一件越界违规、激动人心的服饰。[227] 她常常与一群陌生人热火朝天地闲聊，直到有人认出她来。被发现之后［据利涅亲王（Prince de Ligne）说，无论王后如何努力隐匿身份，这样的事每次都会发生］，她会把朋友们招呼到她的身边，躲在一个私密的包厢里，让其他狂欢者们惊叹她的冒险精神。[228]

王后在歌剧院的狂欢虽然与人无害，但它们很快也被等同于"情妇"、女演员和妓女们参加聚会的行为。1778年的一天傍晚，公众看到她与著名演员迪加宗（Dugazon，虽然他装扮成渔妇，但仍然被认出来了）打情骂俏，于是毫不犹豫地在头脑中编造出两人偷情的故事。[229] 另一天夜里，据说一位宾客透过黑色的化装斗篷认出了玛丽·安托瓦内特，当面痛斥她"不守妇道，她本应该在家里陪伴丈夫，而不是独自出来参加舞会"。[230] 路易十六的确不陪她出席这样的聚会，这一事实似乎进一步证实了她动机不纯的说法。

就连她无伤大雅地前往歌剧院听歌剧，也会招来责难。1770年代，康庞夫人回忆道，一个名叫玛丽·马德莱娜·吉马

129

尔（Marie Madeleine Guimard）的漂亮舞蹈家"总是（在歌剧院）扮演主角"，玛丽·安托瓦内特很少缺席她的演出。[231] 批评者们发现了这一点，又发现这位舞蹈家的发型师也是莱昂纳尔，就把吉马尔列为王后可疑的密友之一——吉马尔除了有艺术天分之外，最为人所知的是她有一大群有钱的情人。[232] 吉马尔在路易十五统治时期曾是迪巴利夫人的女门客，或许不算巧合，在迪巴利夫人的请求下，她甚至还能从王室领取一笔小小的年金。[233] 公众如今认为，吉马尔与玛丽·安托瓦内特的友谊证明了高高在上的君主与身份卑微的荡妇之间的距离越来越小。[234]

一份八卦小报指出，吉马尔是国家新的"棉布和服装大臣"，这说明玛丽·安托瓦内特的品味跟一个妓女相差无几，也证明了社会等级秩序的崩溃。[235] 另一本小册子声称吉马尔与罗丝·贝尔坦合谋"指导王后的情爱"："这些诡计多端的女人""深谙维纳斯的技艺"，积极参与谋划王后"淫荡的放纵行为"。[236] 在这些文章中，玛丽·安托瓦内特不仅穿得像个妓女——事实上，她就是个妓女，被那些出身卑微、沉迷时尚的下人装扮欺骗和拉皮条的妓女。

被她与巴黎时尚的爱情故事鼓动起来的流言，不停地困扰着王后，在1789年攻占巴士底狱之后，更是变本加厉。然而在统治的最初几年，她想要呈现一种"值得被信任的外表"，却适得其反，变成了一个令人愤怒、骇人听闻的故事了。[237] 玛丽·安托瓦内特非但没有把祝福带给一个饥饿的国度，反倒从民众的口中偷来面粉，带领追随者走向财务困境和道德深渊。她非但没有维护国王神圣的权威，反而把它交给了一群暴发户和淫妇随意挥霍。她非但没有清洗迪巴利的"放荡培训班"，反而以她自己浮夸的方式让它死灰复燃。这个新的培训班起初只限于这个国家堕落的首都，人们很快就会发现它还有另一个基地：一个小小的乡村宫殿，小特里亚农宫。

第六章

田园生活

1774 年 6 月，在登基一个月后，路易十六把小特里亚农宫作为礼物送给妻子，这是一座小巧精致的新古典主义城堡，距凡尔赛宫不过四分之一里格 ①。这座宫殿最初是路易十五于 1761 年委托建造的，本打算送给蓬帕杜夫人作为游乐宫，但她在竣工之前就去世了，于是老国王在 1770 年与迪巴利夫人一起为它举办了"落成"仪式。新国王了解妻子不喜欢束手束脚的宫廷生活，似乎也认可她需要一个避风港，觉得这一处无人居住的现成别墅可以满足这个愿望。¹ "你那么喜欢花，"据说他对她说，"我把这一束花全都送给你。"²

对于喜欢花的玛丽·安托瓦内特而言，这座建筑与路易十五的比喻一样令人心旷神怡。这是已故的昂热-雅克·加布里埃尔的杰作，路易十五曾委托这位建筑师负责建造令人惊叹的演出厅来举办孙子的婚宴，小特里亚农宫的设计透出一种柔和轻松的情感，似乎就是为了强调它在地理位置和精神气质上与凡尔赛宫的不同。凡尔赛宫的建筑和装饰意在震慑走入宫门之人，让他们时刻记住君主拥有超乎想象的崇高荣耀，而小特里亚农宫旨在愉悦来者，让他们放松身心。这座小城堡的屋顶相对低矮，房间舒适而温馨。室内装饰没有使用重镀金的装饰嵌线和厚厚的大理石板，主要使用了雕有野花花环的淡色细木

---

① 里格（league），旧时长度单位，相当于 3 英里／5 公里。

132 　护壁板。墙面涂料和挂饰也是简素风格，没有使用凡尔赛宫随处可见的色彩厚重庄严的缎面和织锦，而是用了轻薄的平纹细布和花纹甜美柔和的丝绸。[3]

　　王后一下子就喜欢上了小特里亚农宫的清新和素朴，立即全情投入，准备把此地变成她实施全方位审美和文化创新计划的实验室。从花园到室内，从她和宾客们穿着的服饰到她鼓励开展的活动，玛丽·安托瓦内特按照以低调随意为原则的建筑风格，亲自设计了自己别墅生活的方方面面。总的来看，她的创新为自己建起了一个不受宫廷规则束缚的领地，并以一种虽不同于巴黎高发髻却同样戏剧化的方式，彰显了她身为王后，一路披荆斩棘、打破旧传统的自信。小特里亚农宫也将成为她的时尚革命的一部分，成为这位表面看来已经摆脱束缚、获得权力的王室配偶活动的背景和亮相的舞台。[4] 然而，与她和罗丝·贝尔坦合作开发的那些奢华风格一样，玛丽·安托瓦内特的乡间别居的创新性也将引发臣民们强烈的不满，哪怕它的初衷是提升她的自主性，提高她在民众间的威望。

　　值得注意的是，为让小特里亚农宫反映出她个人的品味和愿望，玛丽·安托瓦内特和许多标新立异的名人一样，与其说发明了一种全新的风格语言，不如说借鉴了现有的文化风潮，并将她自己独特的气质赋予它们，让它们变得更有个性。当时的主要文化风潮是一直以来在法国文学和宫廷生活中占据重要地位的田园传统，也就是崇拜简朴生活。[5] 或许最引人注目的是，17 世纪，迷恋冗长的、田园牧歌式小说《阿斯特利亚》（*Astraea*）的贵族们上演了精心排练的演出，纷纷装扮成那本书的主角牧羊人和牧羊女。[6] 一个世纪后，生活在自然世界、不受现代生活的堕落元素污染的理想再度受到追捧，头功要归于出生于瑞士的哲学家和小说家让-雅克·卢梭。众所周知，卢梭的作品将"高雅"文明与其内在的可悲的社会经济罪恶联系起来，因而在 18 世纪下半叶，对那些抨击旧制度的批评家产生了深刻而彻底的政治诱惑。[7] 然而这些文本（其中有些文本就出现在玛丽·安托瓦内特的小特里亚农宫书房里）也催生出一种同样强烈却更肤浅的对一切不做作的乡村朴素风格的追捧。[8] 路易十六的王后本来就反感凡尔赛宫令人窒息的繁文缛节，卢梭呼吁人们甩掉传统奢侈生活的束缚似乎对她有着极大的吸引力。[9] 在这样的背景下，小特里亚农宫为她提供了一块完美的画布，她要在上面画出自己更自由、更简朴——但仍令人惊艳地引领时尚——的生活轮廓，它不在真正的乡野，就在王室宫廷的边缘。

　　玛丽·安托瓦内特田园生活实验的第一重点并非衣物本身，而是她即将开始无拘无束新生活的环境。从丈夫那里得到这座城堡之后，她直接找到加布里埃尔的继承人里夏尔·米克（Richard Mique），任命他为小特里亚农宫的建筑师，强化该别墅那种迷人的自然、不做作的氛围。她为自己的卧室增加了一个可爱的小客厅，那里的细木护壁板上雕刻着精美的玫瑰，那是哈布斯堡王朝的传统象征，也碰巧是她最喜欢的花。她为自己的新书房订购了苹果绿的塔夫绸窗帘和漆成最柔和的白色调的木制嵌板。[10] 私人剧院天花板上绘有阿波罗（美狄亚与恺撒共同的祖先）的轻快活泼的壁画，墙上是蓝绿色的壁面涂料，还有纸板雕塑，以及制作得很像宝石的彩石装饰。[11] 这座别墅的珍宝阁里除了摆放着玛丽·安托瓦内特收藏的水晶、贝壳、日本漆器和木化石之外，还有精美陶瓷和珐琅雕琢的各类花朵，满目琳琅、盈箱溢篚。[12] 整个城堡里到处是绣着漂亮花束的淡色软装饰，有玫瑰和茉莉、苹果花和铃兰，令家居和墙壁鲜亮生色，也强化了放松随便的优雅氛围。

　　为了把这种温馨的乡野风味延伸到宫廷周围的空地上，玛丽·安托瓦内特特意用当时英国花园那种巧妙地任其生长的野性取代了原有的、安德烈·勒诺特尔（André Le Nôtre）设计的几何式生硬景观——勒诺特尔继承了路易十四时期夸张的形式化遗风。英国花园因卢梭感伤主义畅销小说《新爱洛伊斯》（*Julie, or the New Heloise*，1761年）而风靡一时，其设计初衷是看上去——套用卢梭本人的说明——在种植时"毫无秩序和对称"，希望得到的效果是"迷人的，但充满不事雕琢的野性"。[13] 小特里亚农宫的英国花园就符合这种风格，因而那里有起伏的草地、蜿蜒的河流、看上去随意种植的树木，以及随意散种在各处的一簇簇鲜花。[14]

米克提议用大量人工废墟作为附属建筑，玛丽·安托瓦内特否决了这一提议，理由是它们的古意太过明显了。她委托建造了一个完美的新古典主义观景台、一个带有瀑布的神秘洞室，还有一个有廊柱的小圆厅，名为"爱神庙"（Temple of Love），坐落在一座种满丁香灌木和玫瑰树的小岛上。完成后的景观带着微妙的浪漫，融合了田园牧歌情调与新古典主义的克制，在每一个方面都与凡尔赛宫的雄伟庄严截然相反。[15]

王后的宫殿虽然风格低调，却很快像宫廷化装舞会和巴黎时尚一样，成为如宠姬一般让路易十六言听计从的象征，而这不只是因为此地原本是作为路易十五与情人的爱巢而建造的。拥有私人宅邸的蓬帕杜夫人和迪巴利夫人，只要离开凡尔赛宫，就能在极大程度上享受到令人艳羡的自由：她们主持聚会，探望朋友，沉溺于自己的兴趣爱好和一时兴起的装饰乐趣，还可以在一定程度上放弃宫廷里的仪式惯例。如此说来，这些宠姬们的私宅既是在彰显她们非同寻常、无与伦比的权力，也是这种权力的延伸。

如今在小特里亚农宫，玛丽·安托瓦内特总算获得了类似程度的自由和权力，她竭尽全力地强调，小特里亚农宫是由她一个人统治的、仅属于她的领地。例如，压印在中央大厅的熟铁楼梯和书房的书脊上的是她自己的而不是丈夫的花押字。另外，她要求小特里亚农宫的工作人员穿着定制的深红色和银色制服，从而把他们与身着王室传统白、蓝、红制服的宫廷官员区别开来，表达出她自己的独立主张。或许最引人注目的是，小特里亚农宫里的一切规章制度都要"听命于王后"，这是前所未有的对标准的君主制法令的女性化。这一做法甚至在象征意义上把时常前来享受美味午餐的路易十六本人也变成了服从女主人的臣民。国王乐于服从王后的意旨，这进一步强化了人们的印象，即玛丽·安托瓦内特的"信用"不可限量——毕竟，国王在这里放弃了他本该拥有的对包括妻子在内的所有臣民至高无上的控制权，令人震惊。

这就造成了一个悖论，那就是，王后转向简朴的生活方式却强化了她在法国王室大权在握的表象，法国公众很快就意识到了这一点。因为在宫廷里，贵族头衔授权使他们在不同程度上接近王室成员，至于君主是否愿意看见他们，并不重要；而出入小特里亚农宫则需要出示王后本人的邀请函。同样，凡尔赛宫对公众开放，但小特里亚农宫大门紧锁，并有卫兵守护，禁止不速之客入内。在宫廷，玛丽·安托瓦内特不得不生活在无数旁观者审视的目光下，压力重重，而如今在新领地，她躲开了众人的目光，对自己的形象做主。这一决定挑战了贵族和平民的期待，毕竟在他们眼中，王后是其荣耀统治的活生生的象征，应该随时供人观看；它也暴露出玛丽·安托瓦内特多么希望以自己的方式继续生活、决定自己的命运而不听命于其他人，无论是民众还是国王。

王后能够用于她的新建筑项目的资金也提升了她权力在握的表象，因为和往常一样，她的花费金额标志着她在宫廷秩序中的崇高地位，而与她更加奢侈的巴黎时尚一样，小特里亚

135

农宫那种低调的可爱也价格不菲。有一年，她花了35万里弗用于景观改善，比方说，需要把一整个树林从位于拉罗谢特（La Rochette）的王室苗圃移过来重新栽植。[16] 她在1777年9月为庆祝爱神庙完工举办了聚会，花费了令人咋舌的40万里弗。聚会的构想是一场户外游乐会——这是因安托万·华托（Antoine Watteau）的画作而闻名的一种轻松欢乐的场景，举办地点在临时搭建的村广场，里面有露天马戏场、一个有各种小吃摊的集市，还有一个"小酒馆，由宫廷里的夫人们负责倒饮料，王后本人分发柠檬汁"。[17] 黄昏时分，2300支彩灯给花园蒙上了一层粉色柔光，法国王室卫队的乐队身着奇异的"中国式"制服，为舞者们奏响了音乐。[18]

对那些有幸受到邀请的人，这场令人兴奋的盛会让他们得以更换口味，暂时摆脱宫廷里古板而正式的繁文缛节。而那些留在凡尔赛宫的人，也就是女主人不管他们的高官厚爵或劳苦功高而选择无视的人，当然会充满仇恨地抱怨其花费高昂。平民也一样，他们习惯了只要凡尔赛宫举办聚会就涌入那座宫殿的花坛附近。[19]（玛丽·安托瓦内特显然讨厌这一惯例；当公众入侵凡尔赛宫的花园时，她为了躲避他们好奇的目光，往往把自己包裹在连帽化装斗篷里，在宫廷庭院里隐匿身份，就像在歌剧院舞会上那样。[20]）就像责难王后的着装蠢行那样，贵族和第三等级的成员再次找到了共同点，谴责她的乡村游园会，无论在实际意义还是在象征意义上，游园会都表明了她不惜牺牲他们的利益来彰显自己的独立。

在小特里亚农宫，玛丽·安托瓦内特还取消了大量宫廷礼节，从而更加彻底地拒绝丈夫宫廷里那种荒唐可笑的古板生硬，这也让臣民们厌憎不迭。"奉王后之命"，来到这处地产的宾客们被命令在君主进入房间时不要停止谈话，也不要从座位上站起来。"谈话继续，夫人们不用中断绣花或奏乐，"埃弗利娜·勒韦（Evelyne Lever）写道，"王后在宾客中随意坐下……谁也不会感觉到拘束。"[21] 也没有谁会在这里履行凡尔赛宫里的其他无数礼节。绝非偶然，大多数负责主持诸如更衣或就寝等仪式的侍从在玛丽·安托瓦内特的别墅里都不受欢迎，这也表明了她不愿意遵循历史悠久的宫廷传统。她不用梳妆女官，而是把罗丝·贝尔坦留在身边帮助她穿衣。不用王宫女官，而是让朗巴勒亲王夫人和朱尔·德·波利尼亚克伯爵夫人（Comtesse Jules de Polignac）等好友环绕在旁；波利尼亚克伯爵夫人美得摄人心魄，是 1776 年夏季才成为王后的圈中好友的。[22] 偏袒这些同伴是明目张胆地违反宫廷礼节，但玛丽·安托瓦内特太喜爱她们了，她们的陪伴不知比那些"世纪老人"和"竖衣领"强多少倍，后者凭恃头衔在宫廷里纠缠着她，而她也从未掩饰对那些僵化礼节的不屑一顾。在小特里亚农宫，她对朱尔伯爵夫人说，"我就是我"——而对她来说，从一个万众瞩目的王后变成一个私人主体，就要把那个庞大的侍从队伍替换成她自己选择的好友。这是史无前例的。[23]

受她邀请来到小特里亚农宫的男士们也比那些守旧的笨蛋有趣多了。除了永远幽默风趣的阿图瓦伯爵之外，玛丽·安托瓦内特喜欢的男性宾客包括吉讷公爵（Duc de Guines）和夸尼公爵（Duc de Coigny），两人都温文尔雅、彬彬有礼、野心勃勃；年逾五旬的贝桑瓦尔男爵虽已过盛年，却仍是个讲恶俗笑话的高手；埃斯特拉齐伯爵（Comte d'Esterhazy）是个英俊的年轻人，据说为人比吉讷或贝桑瓦尔更可靠，却又指望着路易十六帮他还赌债；年迈儒雅的利涅亲王；以及传奇情圣洛赞公爵，此人曾明明心怀不满，却还是跟一位身扮男装的女骑手上了床。[24] 这群人中最受宠爱的是阿克塞尔·冯·费尔森伯爵（Count Axel von Fersen），这位瑞典贵族军官与玛丽·安托瓦内特同岁，他充满阳刚活力的做派和轮廓分明的

136

漂亮五官在 1775 年的一场歌剧院舞会上吸引了她，并在随后那些年里成为她的挚爱。[25] 小特里亚农宫的大部分常客都跟费尔森一样是外国人——朗巴勒来自皮埃蒙特、埃斯特拉齐来自匈牙利、贝桑瓦尔来自瑞士、利涅来自比利时——所以这些人并不具备在王室受宠通常所需要的与法国君主的宗谱或历史联系。[26] 玛丽·安托瓦内特把太多的关注给了外人，也就是按照凡尔赛宫的传统标准不该得到如此特殊照顾的人，这再度引得被排除在她私人领地之外的廷臣们争风吃醋。她这样做也严重违反了宫廷礼节。但同伴的外国人身份本身，或许正是吸引她的原因之一，因为当玛丽·安托瓦内特敦促他们放弃凡尔赛宫那些累人的繁文缛节时，他们并不怎么反对，情绪起码不像宫廷里那些顽固的法国居民那样强烈。（贝桑瓦尔被说成“满脑子都是败坏礼数的新点子”，当然人们之所以有此看法，大概与他是卢梭的同乡有关。[27]）白天，他们和她一起高高地坐在观景楼长满苔藓的长凳上，在洞室旁的碧湖中荡舟，在草地上野餐，玩一种很喧闹的类似捉迷藏的户外游戏。[28] 晚上，如果他们选择待在室内，朋友们就举办即兴音乐会（玛丽·安托瓦内特弹古钢琴和唱歌，不过据说她没有什么天赋）、豪赌、聊圈外人的八卦。如果晚上在户外度过，他们就在爱神庙点燃熊熊篝火，把火堆变成“花园里最明亮的地方，烟雾萦绕在他们头顶的枝叶间，那些身着艳丽衣装的身影在幽暗与光束之间穿梭”。[29] 王后才懒得管被她留在凡尔赛宫的廷臣们的嫉妒和不满，这样的冒险把她从王室生活令人窒息的压迫和束缚中解放了出来。

1780 年夏，当米克为小特里亚农宫的私人剧院进行完工前的最后润色时，她抓住了另一个自由享乐的大好机会。有了私人剧院，王后和她的朋友们开始沉溺于戏剧作品，表演了卢梭、塞丹、马蒙泰尔和博马舍等著名作家所写的喜剧和轻歌剧。[30] 一有机会，玛丽·安托瓦内特就坚决要求表演粗俗的农民或女仆的角色，例如卢梭的《乡村占卜师》(*The Village Soothsayer*) 中的科莱特或博马舍的《塞维利亚的理发师》(*Barber of Seville*) 中的罗西纳。据康庞夫人说，她的女主人从这些作品中获得的"最大的快乐""是拥有最漂亮且忠于原作的戏服"，不过现存的由小乐子总管手下负责设计剧团服装的人所画的图样显示，玛丽·安托瓦内特扮演的女仆穿着的确华丽异常：饰有大量荷叶边、精美绣花的半身裙和高高的、随风摆动的羽毛。[31] 然而她的舞台服装虽然十分典雅，她扮演的那些下层人物角色却是她对俭朴生活的想象的进一步延伸，并让她再次得以逃避王后头衔对她的种种要求。路易十六常常是这些表演者唯一的观众，他也自年轻时便极力抵制那些要求，常常被王后大胆的戏服逗得笑出声来。[32]

国王的臣民们可不觉得他的王后如此戏弄下层阶级的生活有何可乐之处。正如康庞夫人注意到的，那些被玛丽·安托瓦内特排除在小特里亚农宫之外的贵族们尤其怒不可遏，他们抓住她毫无王室风范的滑稽表演不放，声称这证明她全然丧失了对波旁王朝尊严和传统的最后一点尊重。[33] 廷臣们常常在小圆厅等待国王进出时愤怒地窃窃私语，王后品行不端的故事就起源于那里，往往也由他们传到巴黎，他们通过八卦和秘密文学渠道，燃起了公众对于王后如此明目张胆地对王权不敬的不满。

公众对玛丽·安托瓦内特行为的不满在 1779 年春变得更加强烈，那年因为天花疫情暴发，她决定在小特里亚农宫过夜，并住了好几天。（在此之前，她只是在凡尔赛宫御前演出之前，白天前往那里。）这次长时间在外逗留公然违反了君主作为贵族们关注和仰慕的对象，必须始终生活在他们眼前的传统。对玛丽·安托瓦内特而言，有一个她自己的宫殿——连续几天消失不见——就意味着甩掉了这个最让她厌恶的王室负担。虽然路易十四宫廷里伟大的格言作家拉布吕耶尔有句名言，说波旁王公们可以拥有一切，就是无权"享受私密生活"，但王后把小特里亚农宫作为自己真正的别居，试图享受的正是私密生活的欢乐自由。

玛丽·安托瓦内特不但把她的官方侍从和所有其他不受欢迎的访客排除在外，还采取了更加激进的措施来保护隐私。在小特里亚农宫的花园里漫步时，她和朋友们常常聚集在一个装有百叶窗的蓝色塔夫绸帐篷里，让那些试图从远处偷看的猎奇者大受挫败。34 举办聚会期间，他们命令看守毫不客气地驱逐一切不速之客。这一规矩十分严厉，以至于 1782 年 5 月，玛丽·安托瓦内特发现她的死对头、当时已是枢机主教的路易·德·罗昂不知怎么潜入了她的户外聚会，他那件黑色的斗篷未能遮住他深红色的枢机主教长袜；她当场解雇了那位让他进入宫殿的门房。35

作为出身于全法国最有权势的家族的亲王，罗昂也和许多其他被挡在小特里亚农宫门外的贵族一样，无法接受自己居然被放逐到了君主所在的场域之外的事实。36 然而玛丽·安托瓦内特似乎根本不打算纵容仇敌们的装腔作势，或者安抚一下他们受伤的自尊。每天夜里，会有一种特殊的装置用从地板上升起的巨大镜子挡住她别墅的窗户。如此一来，即便偷窥者有足够的手段避开卫兵、门房和警觉的宾客，他也别想窥视室内，因为除了镜中的自己之外，什么也看不到。37

• • •

139　　　遭到拒绝的贵族们因被排斥而感到屈辱，如今又被玛丽·安托瓦内特的蔑视激怒了，于是重拾起法国派给王后起的旧绰号

"奥地利丫头"，开始了新一轮攻击。他们声称这位哈布斯堡王朝女大公从未真正受到法国宫廷那些正规教养的规训——谁也没忘记她很久以前的那场紧身衣风波——还为小特里亚农宫取名"小维也纳"和"小美泉宫"。[38]（一位初入凡尔赛宫的人听到人们如此一本正经地使用这些名称，难免当真，在写信给王后的秘书请求进入她的宫殿时，真的写下了"小维也纳"一词。[39]）虽然初到法国时被仪式性地剥夺了全部奥地利衣饰，但她白璧无瑕的身体却从未满足人们带有波旁王朝风俗印记的期待；正如历史学家托马斯·E. 凯泽（Thomas E. Kaiser）曾令人信服地指出的，玛丽·安托瓦内特"被怀疑未能充分地转换国族身份"。[40]她在小特里亚农宫的那些特立独行的做法无异于高调宣称自己逃避规训，渴望隐私，这些全都被她的对手们解读为她从未更改的"奥地利初心"和她的"德意志"野蛮恶习的确凿证据，而不是什么卢梭式原始自然主义世界观的表达。[41]

她的哥哥约瑟夫二世在 1777 年春造访维也纳时，也未能驱散当时凡尔赛宫居民心中关于奥地利人粗鲁野蛮的刻板印象。皇帝注意到，玛丽·安托瓦内特的臣民们本来就因为她哥哥"不顾法国利益的古怪外交政策"而对她心怀不满了。[42]皇帝在来访期间费尽心力扭转这一看法，但尽管他最终受到了法国民众的欢迎，但没能改变自己对法国贵族习俗的态度，他毫无歉意地拒绝入乡随俗。他素来热衷于阅读卢梭等启蒙运动作家的著作；12 年前登基以后，他的一大爱好就是根除维也纳宫廷习俗和服饰中那些不必要的繁文缛节。[43]因此，就他的地位而言，他的服饰显然十分低调朴素；以至于当他参观法国首都时，阿莱鱼市的渔妇们出声地惊叹这位资产阶级打扮的约瑟夫二世皇帝与身着奢华服饰的阿图瓦伯爵看起来实有霄壤之别。这一事件为皇帝在普通民众中赢得了信誉，却令某些贵族成员惊骇万分。[44]

约瑟夫二世在凡尔赛宫出席妹妹的更衣仪式时，嘲笑她和她的夫人们涂抹的胭脂太厚了，像古代神话里嗜血的复仇三女神，这或许引发了更大的轰动。[45] 听到哥哥如此明目张胆地批评当地历史悠久的风俗，此时已经在这个国家生活了七年的王后吓坏了；她似乎没有意识到哥哥对宫廷礼节的抵制与她自己过去和现在的反叛有多相似。然而玛丽·安托瓦内特的批评者可没有放过兄妹俩的这一共同点，他们声称她的计划是一旦自己意外去世，就把"小维也纳"留给约瑟夫二世作为哈布斯堡王朝设在凡尔赛宫后院的前哨。[46]

虽然皇帝那些日耳曼古怪行为在妹妹的某些同胞中间引起了骚动，但他此次访法是要解决这个国家的两个重大问题：玛丽·安托瓦内特毫无节制的消费、她丈夫毫无道理的性忌讳。[47] 无论从哪个方面来说，他的第一个使命都没有产生什么积极效果。当约瑟夫二世开玩笑说王后的羽毛太轻浮，支撑不起一顶王冠时，她根本没听进去。而当他更明确地敦促她缩减衣物开支时，她回答说如果她那么做，"明天就会有两百家商户倒闭"。[48]（此话不无道理，因为王后投在巴黎奢侈品市场中的金钱数目巨大，而且单是大莫卧儿一家店铺，就养活着供应商和商贩网络。[49]）从据称看到女儿戴的羽毛像个"女演员"而大发脾气之后，玛丽亚·特蕾西娅近来发现女儿对她的责备越来越无动于衷了，和母亲一样，皇帝也没能阻止玛丽·安托瓦内特的时尚蠢行。王后仍然顽固地坚持在时尚界一掷千金，无论是奥地利的家人还是法国的臣民都无法改变她的一意孤行。

不过约瑟夫二世的第二个使命完成得不错，他就性行为的本质开诚布公地教训了国王一通，劝说他担当起"三分之二以上的丈夫的责任"。虽然皇帝讲话生硬无礼，简直近乎威胁——他后来承认说他但愿自己鞭打妹夫一顿，"打得他突然像一头愤怒的驴子那样大叫起来"——但一顿粗鲁的训斥似乎是路易十六此刻需要的。[50] 年轻人似乎意识到无论心理上的抗拒还是身体上的不适都无法免除他在婚姻中的义务，于是决心一劳永逸地解除自己的恐惧。约瑟夫二世离开凡尔赛宫之后不久，法国国王和妻子终于在结婚七年之后首次"完满地"圆房了。克服这一障碍之后，夫妻二人开始更经常地同床共寝，一年后，玛丽·安托瓦内特怀孕了。1778 年 12 月 19 日，在屡屡受挫、无法满足王朝期待八年半之后，她终于生下了一个女儿：玛丽·泰蕾兹·夏洛特（Marie Thérèse Charlotte），女儿在 5 岁时就获得了尊贵的"长公主"（Madame Royale）头衔。生产过程非常痛苦，因为和玛丽·安托瓦内特凡尔赛宫生活的几乎所有事件一样，它必须发生在众目睽睽之下，旁观者拥挤地站在那里，几乎令她窒息。不过她和丈夫还是对婴儿的诞生欣喜若狂，两人都心怀感激地把玛丽·泰蕾兹的降生归功于约瑟夫二世皇帝直言不讳的建议。[51]

141

然而无论是约瑟夫二世的斡旋还是他妹妹总算生下了孩子，都没有打消人们对"小维也纳"持续的敌意。梅西作为奥地利大使或许听惯了人们对王后的抱怨，他表示希望孩子的降生能让这个国家"视她为法国人"，然而流言仍在流传，说孩子有可能是私生子，其父或许是阿图瓦或小特里亚农宫宾客中某位花花公子。[52] 更何况玛丽·安托瓦内特用她奥地利母亲的名字为女儿取名，也不大可能让公众乐意承认这个新生儿是"法兰西的孩子"。[53]

事实上，1779 年 3 月，当王室成员前往巴黎圣母院庆祝玛丽·泰蕾兹的诞生时，他们的马车队没有像往常那样受到公众的热烈欢迎，而是（如梅西对皇后报告的那样）遭遇了在路旁聚集的民众无情的沉默。罗丝·贝尔坦在大莫卧儿的阳台上观看这支有 28 辆马车的队伍。旁观者们在看到王后和丈夫对着贝尔坦招手时，才变得活跃了起来。[54] 但他们一点儿都不友好。在君主的一个点头或微笑都珍贵地标志着王室恩典的时代，一个女商人居然能够受到如此宠幸，平民和廷臣们都感到怒不可遏——尤其是玛丽·安托瓦内特刚刚付给这位女商人 500 里弗，为蒙夫利埃的圣母殿做一件金织锦礼服，感恩新生儿的诞生。[55] 表面看来纯粹是一个欢庆的场景，但君主的马车队重燃起人们长期以来对王后和她的"时装部"的仇恨，这为那天的喜庆活动蒙上了阴影。[56]

新生儿的性别也引发了抱怨，因为作为女孩，玛丽·泰蕾兹无论如何也无法确保父亲的王位后继有人。玛丽·安托瓦内特本人尽力把眼前不乐观的局面往好处想，泪眼婆娑地宣称儿子终将是国家的，而女儿可以属于她一个人。[57] 她说到做到，产后康复之后，王后就开始更经常地逃往小特里亚农宫，只带着婴儿、育婴女佣，以及几个女性朋友。这一做法也招来了批评，因为虽说波旁王朝的女儿们无法继承王位，但她们仍是宫廷里的公众人物。[58]（就算在婴儿时期，法兰西的孩子们也给廷臣们施展手腕、争取在王室获得更高地位提供了机会。）王后经常把玛丽·泰蕾兹带出凡尔赛宫，再度揭露出她对本国礼节的"奥地利式"冒犯，而且似乎还把这一点灌输给了法国王室的后代。[59]

王后频繁前往小特里亚农宫还为自己的公众形象造成了更严重的问题。一方面她想要的私人生活是对公共义务的贬低；另一方面，它也表明出现了一个日常规则不再适用的隐秘而独立的势力范围。[60] 就第二点而言，贝尔坦的受宠引发了极大的焦虑，因为那似乎意味着国王已经把权威让给了一群轻薄浮夸、诡计多端的女人。玛丽·安托瓦内特把小特里亚农宫建为自己的私人领域，只有她本人喜欢的亲密朋友才能进入，这也传递了同样的信息。

此外，如果说对贝尔坦"时装部"的不满让玛丽·安托瓦内特的仇敌们把王后说成妓女，把女商人说成她的老鸨的话，那么对小特里亚农宫里隐秘勾当的警觉同样让公众越来越对王后的性生活惴惴不安。尤其是，那些在夜间挡住窗户的镜子引发了对女主人到底试图隐藏什么的议论。在秘密色情文学以用镜子隔开的秘密闺房为主题的时代，小特里亚农宫的这一特征实在令人浮想联翩。[61] 最坏的可能是，一个国家的王后荒淫无道——虽然她总是尽力逃避宫廷的礼节性义务，但始终是一个公众人物——意味着王国中心地带的道德堕落。[62]

玛丽·安托瓦内特的批评者煽风点火，鼓吹这种争议极大的观点，却不满足于仅仅让人们质疑她女儿的生父和谣传她与阿图瓦等人的幽会。（与之有染的阿克塞尔·冯·费尔森却没有出现在这类谣言中，不啻一种讽刺，或许是因为他在军队服役，而且为瑞典国王效力，每次都在国外生活数年。[63]）她在没有年长女伴陪伴的情况下与阿图瓦和洛赞等著名情圣厮混了这么长时间，显然他们有通奸勾当；而且对玛丽·安托瓦内特而言很不幸的是，有些男人出于自夸的目的，暗示她对他们的依恋并非发乎情止乎礼。[64] 更丢脸的是，由于她频繁逃往小特里亚农宫时只有女性朋友陪伴，且这些女人常常会在那里过夜（而她的丈夫从来不在那里过夜），就有谣言说玛丽·安托瓦内特是同性恋。[65]

法语中一个表示女同性恋的口语词是"日耳曼恶习"，这更是方便了那些谣言传播者。他们本来就不满她的"外国"习惯和朋友圈，就利用了现成的性爱成见。[66] 早在1775年12月，王后就对玛丽亚·特蕾西娅哀叹说，匿名的丑闻制造者"说我男人女人都爱"。[67] 几年后，阿图瓦本人也暗示她有同性恋倾向，对朋友们说他见过王后与朱尔·德·波利尼亚克伯爵夫人热烈地拥抱在一起，他的动机或许不是什么反奥地利情绪，而是希望驱散那些怀疑他与王后友谊的流言。[68]

与往常一样，这类消息不仅传得宫廷里人人皆知，还传到了巴黎，幕后推手还是沙尔特、普罗旺斯和其他怀恨在心或有野心的人。[69]《秘密回忆录》听闻了这类传言，直白地报道"王后殿下在小特里亚农宫（也就是小维也纳）的游园会只允许女人参加，没有男人在场"。[70]朱尔伯爵夫人、朗巴勒亲王夫人和罗丝·贝尔坦是最频繁出入"小维也纳"的宾客，在丑闻报道中均被列为王后的同性恋情人。[71]

这些指控暗示玛丽·安托瓦内特的放荡已经超过了已故国王路易十五的道德堕落。她传说中的女同性恋倾向，或曰"磨豆腐"，或许是18世纪最流行的描述"日耳曼恶行"的词语；溯及以往，解释了她为何那么长时间没有孩子，也暗示她对女性宠姬和更有建设性的（生育）目的投入的性爱能量一样多。[72]与她轻薄浮华但大权在握的"时装部"一样（该部的头目就是她传说中的情人贝尔坦），王后"磨豆腐"也标志着一种更加严重的双重政治罪恶：夺取国王的特权，并让他靠边站。虽然路易十六没有（事实上他自始至终都没有）情人，但他的"日耳曼"配偶独揽了两项他最广为人知的王室权力：与其他女人寻欢作乐的权力，以及给予她们最炫目的恩宠的权力。[73]

1775年，朗巴勒得到了王后内务总管的肥差，标志着她正在享受一个宠姬非同寻常的特权——这个职位15万里弗的年收入正好与迪巴利作为路易十五情人的年收入相同。玛丽·安托瓦内特赠送给另一位亲密女友朱尔·波利尼亚克伯爵夫人的奢侈礼物和崇高荣誉，也让人想起了国王对待情人的慷慨大方——1780年，伯爵夫人升任世袭公爵夫人，与朗巴勒两人公开在王后那里争宠。正如1781年首次出版的地下小册子所写，"王后（对波利尼亚克夫人）的崇高的激情只有路易十五对蓬帕杜侯爵夫人愚蠢的依恋可媲美。和侯爵夫人一样，朱尔伯爵夫人也花费了国库的大量资金"。[74] 同样，其他批评者也尖锐地质问："假如王后送钱给朱尔夫人呢？再把她的丈夫（朱尔·德·波利尼亚克伯爵）变成公爵？迪巴利不是就被升为伯爵夫人了吗？有何区别？"[75] 当然有区别，玛丽·安托瓦内特可不是国王。她宠幸女性友人代表着君主和婚姻角色的惊天逆转，女人正在把神圣的男性权威踩在她们精致小巧的缎面鞋跟下。[76]

然而在玛丽·安托瓦内特看来，她给朗巴勒和波利尼亚克的金钱和关注不过是为友谊——以及时髦——所付出的代价而已。[77] 在很大程度上因为卢梭的小说《新爱洛伊斯》，女性之间的那种极度亲密、几乎像爱人一般温柔的情感关系在当时非常时髦。与那本书中推崇的英国花园一样，"不可分割的"女性友谊成为早期浪漫主义的试金石：自然（契合的灵魂自发的联系）战胜了习俗（婚姻这种社会建构）。据说王后甚至试图在给玛丽·泰蕾兹哺乳时遵从卢梭的回归自然理想，对她而言，几个女性朋友是令人愉快的生活的新装点，不可或缺。

这并不是说玛丽·安托瓦内特没有享受她宠爱的女性朋友们的陪伴。她作为王储妃被孤立了太久，与路易十六的关系又常常令人失望，她在小特里亚农宫"高浓度的女性氛围"中找到了真正的慰藉，这一点似乎没什么疑问。正如传记作家阿曼达·福尔曼（Amanda Foreman）言简意赅的评论所言，"情感是第一位的，亲吻和拥抱都是日常交流语言的一部分"。[78] 然而正如布瓦涅伯爵夫人坚称的那样，玛丽·安托瓦内特最大的执念就是"要时髦"，她在选择服装时如此，在选择朋友和娱乐消遣时同样如此。[79]（布瓦涅甚至怀疑她的君主与费尔森的婚外情的动机是那个外国人在凡尔赛宫的夫人们中间"特别时髦"；王后鼓励费尔森及其瑞典朋友们穿着五彩斑斓的民族服装来小特里亚农宫似乎证实了这一猜测。[80]）无论如何，虽说玛丽·安托瓦内特喜爱女性同伴的原因在于卢梭的感伤主义风行一时，但这么做却没能为她赢得地下出版物的支持，后者指控她将引领整个凡尔赛宫跌入性堕落的深渊。"宫廷赶起时髦来可谓火急火燎，"一位檄文作者后来断言道，"女人都变成了同性恋或者荡妇。"[81]

· · ·

145　　当然，玛丽·安托瓦内特在小特里亚农宫的生活方式使她更直接地沉溺于时尚，而且乍看起来，这种沉溺也更单纯。虽然在小特里亚农宫的前几年她发现了巴黎时尚，但她在乡间时避免穿戴她在首都展示的那些高调的服饰；她在乡间别墅的私密空间里不再那么明显地渴求关注和尊重。除了奢华的戏服之外，她试图用一种不事雕琢、从容不迫的穿衣方式来搭配别墅设计中刻意为之的简朴风格。（事实上，卢梭就在作品中指出，衣装简朴是摆脱法国首都那种矫揉造作且价格过高的服饰的灵丹妙药。[82]）于是，在远离臣民们的窥视之后，玛丽·安托瓦内特似乎不再那么需要打造炫耀的、引人注目的人格来彰显权力，只需随心所欲地穿衣，而那些衣服同样与凡尔赛宫的着装传统截然不同。"因此我衷心地恳求你，"在儿时好友路易丝·冯·黑塞-达姆施塔特（Louise von Hesse-Darmstadt）大公夫人来小特里亚农宫之前，王后对她说，"你来时不要穿正式的礼服，最好穿上乡村服饰。"[83] 有贝尔坦在身旁满足她的各种一时兴起的要求，又有国王纵容她的巨额花销，玛丽·安托瓦内特欢欣雀跃地想出了很多适合隐居乡间的新服饰，那些服饰都基于这样一种观念，那就是她如今贵为王后，总算可以自由着装了，当年做王储妃时，违反宫廷要求曾将她置于险境。

　　考虑到高发髻是她为了在巴黎全力展示自己的无尽魅力而

发明的，她为小特里亚农宫设计的衣装并不打算彻底放弃高发髻，或许令人有些诧异。只要高发髻中有蔬菜、水果和花束，它似乎就符合小特里亚农宫最重要的田园牧歌美学。比方说，贝尔坦为小玛丽·泰蕾兹创作了一种"带有玫瑰花环、一条白色条纹薄纱缎带和一支美丽的白色羽毛的高发髻"，还有花篮发髻，就是在头上顶着一篮或一桶鲜花。[84] 直接模仿周遭景观的发型——"闪光的草地、潺潺的小溪、整个英国花园"，"天然树林、溪水、绵羊、牧羊人和牧羊女"——也在小特里亚农宫占据重要地位。[85] 在玛丽·安托瓦内特 1782 年为俄国大公和大公夫人举办的聚会上，大公夫人的发型是一只珠宝雕琢的鸟儿，拉动一根小小的丝链，就可以让它鼓起双翼，而法国宾客的卷发中安插着极小的水瓶，里面是刚剪下的鲜花制成的飞沫。[86] 奥伯基希男爵夫人深情地回忆道，这种风格"把春天移到了我们喷满雪白粉末的头顶上"。[87]

不过在小特里亚农宫的确不似以往那样大量使用粉末，化妆品也一样，天生丽质、粉雕玉琢的波利尼亚克夫人带头不使用化妆品。在安托万·韦斯捷（Antoine Vestier）于 1778 年创作的肖像画《玛丽·安托瓦内特在小特里亚农宫》（*Marie Antoinette at the Petit Trianon*）中，玛丽·安托瓦内特那一头草莓金色的秀发和粉白的脸蛋儿全都透着清新自然的光泽，没有王后在烦琐的更衣过程中使用的胭脂和润发脂。玛丽·安托瓦内特和她的夫人们就这样轻率地抛弃了历史悠久的贵族特权象征，寻找比高发髻简单的头饰风格，为她们新近解放的肤色和发式增光添彩。到 1770 年代末，她们疯狂迷上了"挤奶女工帽"（*bonnet à la laitière*），当然还有"卢梭帽"（*bonnet à la Rousseau*），两者都是用普通的白色棉布做成的巨大的软顶帽。按规矩，这些帽子的装饰就只有几朵漂亮的鲜花、一根普通的缎带，还有一圈精致的皱褶，为的是衬托出戴帽人皮肤的自然美。[88]

　　法国在与英国作战的过程中征服了格林纳达（Grenada），从这一事件中获取灵感的"格林纳达软帽"（*bonnet à la Grenade*）是刻意朴素的自然主题的一个花哨一些的版本。格林纳达软帽是宽松的白色蕾丝或锦缎软帽，加上一根圆环形的草带，上缠丝带和石榴花（*fleurs de grenadier*）垂饰。[89] 随着时间的流逝，这种样式最简洁的帽子变形为各种正式的帽子，有硬顶和宽大的圆帽檐，这些以前都是男式帽子的特征。在小特里亚农宫，首选的帽子往往是草帽。在帽子顶部或头发上直接戴上鲜花或假花编成的花环，同样能够突出佩戴者的自然美，避免凡尔赛宫极其烦琐、做作的款式。[90]

　　相对朴素的织物和极少装饰的时尚不但改变了女性的发型，也为女性服装带来了巨大的改观。在巴黎和凡尔赛宫时，玛丽·安托瓦内特和朋友们往往要穿装点奢侈的法式长袍搭配高发髻和羽毛，而在小特里亚农宫，她们更喜欢与卢梭的简朴生活要素没什么明显冲突的款式。首先，这个小圈子立即抛弃了用于装饰正式礼服的闪闪发光的小玩意儿。在户外是英国花园那种未经雕饰的自然美，别墅室内的墙上也都是漂亮的花卉，小特里亚农宫的夫人们"自称她们要像野花一样自然盛放"。[91] 为了达到这一效果，她们把富丽堂皇的宝石换成了漂亮的淡紫色亮片；把大而无当的裙褶换成了丝绸花朵和纱带（恰如其分地为它取名"王后纱"）；把华而不实的宝石换成了"乡村风格的金属珠宝"和手工纺织的平纹细布手帕或披肩式三角巾，虽然这些也价格不菲。[92] 理所当然，其中最漂亮、绣花最精美的被称为玛丽·安托瓦内特三角巾。[93]

　　就算现身宫廷，夫人们的服饰也随着她们新的乡土风格而发生了变化。例如，在戈蒂埃-达戈蒂（Gautier-Dagoty）1775 年创作的一幅肖像中，玛丽·安托瓦内特穿着一件美丽的蓝色宫廷大礼裙，礼裙的裁剪符合传统的宫廷样式，但它的主要装饰是逼真的百合花枝（波旁王朝的百合花）卷进雅致、轻薄的蝴蝶结中。这种装饰简单化的潮流在其他装束中更加明显。据米尔古小姐说，遮挡整个胸部和颈部的平纹细布三角巾在宫廷里非常流行，夫人们"每年有超过五六次的场合"连精美的钻石项链都不戴了，即便她们法式长袍的露肩设计本来就是为了让闪闪发光的珠宝达到最奢华的效果。[94]

与此同时，贵族女人礼服的基本形态也发生了改变，反映了被米尔古小姐生气地称为"王后强加给每个人的农妇打扮"[95]，米尔古小姐或许怀念更奢华的宫廷裙装的时代。玛丽·安托瓦内特说服丈夫允许对大礼裙，也就是女性廷臣的正式服装，进行重大修改，她认为这种礼裙10~12英尺的裙周长，实在"过时而难看"。[96]应她的恳求，路易十六允许凡尔赛宫的夫人们在大多数宫廷活动中穿小一点儿的垫臀衬裙和短一些的拖裙，算是认可了玛丽·安托瓦内特一直以来对宫廷严苛而难受的着装规定的反对。[97]

在小特里亚农宫，王后更大胆地打破传统，开始引入更为激进的设计，它们同样与宫廷服饰的习俗背道而驰。例如，从1775年开始，她和朋友们就开始偏爱波兰式长袍（*robe à la polonaise*）。《时尚画廊》的插图中有它的样子，图片说明写道，波兰式"符合卢梭的原则"，即反对人工痕迹太重的贵族礼服。[98]事实上，波兰式去掉了大礼裙和法式长袍约束性的垫臀衬裙和拖裙，代之以用数层胶棉做成的小小的、雅致的褶裥隆起，这的确是摆脱宫廷服饰的重大举措。罩衣裁剪宽松，"像一个缩腰的外衣"，罩裙在臀部周围挽成三个活泼的垂饰。[99]（这三个垂饰就是这种礼服名称的由来，源于奥地利、俄国和普鲁士三分波兰，罗昂从中得到灵感，嘲笑皇后掠夺成性。）与罩裙一样，波兰式长袍下面穿的有荷叶边的圆形衬裙的底边要比宫廷礼服的底边高得多。它没有"长长地拖在地板上",而是露出穿者的双脚和脚踝,这方便了姑娘们在小特里亚农宫起伏的草地上无拘无束地嬉戏玩闹。[100] 为了突出这一优势,当时的时装图样往往会画上穿波兰式长袍的小姑娘在户外享受美好时光的场景,与裙子搭配的配饰有阳伞和手杖。

另一种十分适合乡村生活但公然违反了宫廷礼服规定的裙装是利未裙(*lévite*),这种宽松长袍的设计灵感来自古典法国戏剧中的托加袍式戏服。[101] 利未裙不但去掉了宫廷服装的垫臀衬裙和拖裙,还抛弃了它的鲸鱼骨紧身上衣,用一条样式简单、编织松散的围巾作腰带系在腰间,王后在怀着玛丽·泰蕾兹时被这一特点吸引。她或许还发现利未裙用宽松的大号披巾式衣领取代了法式长袍圆鼓鼓的露肩领,在孩子出生之后方便母亲哺乳。[102] 另外,利未裙随意的审美特征也吸引了她,到1782年,她的衣橱中有三分之一以上的裙子都是这种样了。[103] 大礼裙和法式长袍的袖子都紧紧贴在身上,袖边还有三层蕾丝装饰,而利未裙有着王后钟爱的骑马装那种相对宽松的及腕长袖。[104]

马术装备也进入了小特里亚农宫的时尚循环,那里的常客都酷爱骑马,这种英格兰时尚在1776年首次席卷法国时尚圈。在王后的密友中,阿图瓦伯爵和洛赞公爵尤其热爱这项运动;他们放弃了男性廷臣花哨而合身的上衣,改穿英国人和骑师们喜欢的非正式敞襟双排扣长礼服(*fracs*)和马甲(*gilets*)。宫廷里的保守派称这种风格不体面,甚至下流(据说这么穿的男人"像个流氓"),路易十六在一次罕见的着装制裁中禁止廷臣们在凡尔赛宫穿这样的衣服。国王的决定虽然招来了时尚人士的抱怨,在梅西看来却完全合乎情理,他看到绅士们在王后面前穿得"像个流氓",也震惊不已。[105]

玛丽·安托瓦内特对这种流氓美学十分赞赏,不是因为它无视,而是因为它挑战了宫廷里的着装标准。事实上,她不顾

国王的反对，反而鼓励男性朋友在她面前穿这种衣服，而且没
过多久，她还把这种翻领、翻边袖和纽扣前襟的样式引入了她
自己的衣橱，使男士裁剪的紧身马甲、双排扣长礼服和骑马装
［redingote 这个词起初指代英语里的"riding coat"（"骑马
装"），含贬义，后来又带着法语口音返回了英语词汇表］变
成了风靡一时的女性时尚。为适应女装，这些长礼服的装饰很
少，只有漂亮的大纽扣、色彩上有反差的翻领和袖口，以及织
物上若隐若现的绣花，例如她在 1782 年穿的一件青绿色骑马
装上小小的奶油色旭日图案。[106] 通常，女式骑马装要求配以简
朴的、男性化的饰品：骑马靴，硬边、带羽毛的黑色"骑师礼
帽"，以及男式棒状马尾辫，即所谓的缎带发结（*catogan*）。
她在 1781 年 11 月购买了 31 套新骑马装，这些装束表明，玛
丽·安托瓦内特未曾放弃她对跨性别装束的喜爱，她一直向往
着"像男人一样"策马驰骋。[107] 小特里亚农宫是她的私人领
地，在小特里亚农宫，像骑马装、波兰式长袍和利未裙这样的
实验性装束，彰显了她刚刚获得的、摆脱了宫廷规矩，甚至可
以不顾国王反对的自由。早在王储妃时期，她就强调自己"行
为得体、做人体面，这一点不需要任何人的指导"，她也曾凭
借穿着男士服装来证明这一点。[108] 如今她已是小特里亚农宫尊
贵且独立的王后，这一信念比以往任何时候都更加明确地表现
出来，也是以衣物的裁剪样式表达出来的。

　　玛丽·安托瓦内特为她的乡间别墅设计衣装时偏爱的织物
和颜色也显示出这一点；她悍然抛弃了贵族们到此时为止在宫
廷和首都遵行的衣装传统。虽然凡尔赛宫与巴黎有诸多不同，
但它们都有一种虚假夸示、高人一等的文化，要求贵族穿着厚
重的织锦、奢华的天鹅绒和闪光的锦缎——全都是闪亮鲜艳的
珠宝色调和贵气十足的大比例花色，高调宣扬他们的财富和特
权。[109] 事实上，正如尚塔尔·托马指出的，在历史上，贵族

149

服装的"耀眼色调"像厚重的胭脂一样，一直是贵族彰显自己在阶级地位上与资产阶级截然不同的方式，后者的经济财富在路易十四时代之后得到了极大的提升，但他们中间相对务实的成员"喜爱灰色或米色甚于艳粉色或橘色"。[110] 小特里亚农宫的奶油白色墙壁和淡色软装一点也不耀眼——玛丽·安托瓦内特寻找与自己的别墅更相称的穿着，于是用"资产阶级"的灰色、米色和柔和的淡色取代她那个阶层更鲜艳的色调。[111] 此外，她还放弃了醒目的大比例花色，只用最精致的"断"条纹、小圆点、似有若无的花束和极小的旭日图案。（1782 年的《着装公报》表明她有多么热爱旭日图案，她那年购买的一件淡蓝色骑马装和好几件利未裙都有这种图案。[112]）这些颜色和花色变化绝非无足轻重，因为它们再度表现出玛丽·安托瓦内特准备摆脱传统宫廷典雅的服饰和套装，以她自己的、反传统的规则来改变时尚世界。

她的另一个改写规则的方式是扩大了服装所用织物的品类范围，使之不只有宫廷服饰通常所用的富丽的丝绸和锦缎。玛丽·安托瓦内特不仅保留了传统织物，赋予其新的花色和颜色，也开始穿着更朴素、更随便的布料，例如被称为"茹伊布"（*toiles de Joüy*）的印花棉布，其简洁的风景画有时让人想起王后城堡周围的花园。她和追随者们还将纱罗、平纹细布和亚麻布用于时髦裙装，有时这些织物被染成淡雅的颜色，但有时就是素朴而典雅的白色。[113] 到 1780 年夏，她最喜欢在小特里亚农宫穿着的装束，就是一种被称为"高勒裙"（*gaulle*）的平纹细布无袖长裙，是贝尔坦从炎热的加勒比海地区无法穿丝绸的"克里奥尔人"和殖民者的妻子们身上学来的。[114] 这种长裙可以直接套在有弹性的棉布紧身上衣而不是鲸鱼骨紧身褡上，除了荷叶边抽绳领、用丝带"臂镯"提起的泡泡袖和一条宽腰带之外，没有其他结构元素。高勒裙的配饰有时是一条活泼的

150

白围裙，有时系一条白色三角巾，但几乎总会戴一顶白色软帽或宽檐草帽，高高地扣在松散而没有涂抹粉末的头发上。[115]

正如服饰历史学家指出的那样，宽松下垂的、飘逸的白色高勒裙的流行在一定程度上证明了新古典主义时尚在整个欧洲大陆的回归，促发因素是赫库兰尼姆和庞贝古城废墟的发现，玛丽·安托瓦内特也将许多新古典主义装饰元素引入家中。（这种审美后来被称为"路易十六风格"，不过正如斯蒂凡·茨威格等人指出的那样，更适当的叫法应该是"玛丽·安托瓦内特风格"。）[116] 在一定程度上，轻薄的草地裙被视为一种英国时尚，只不过德文郡公爵夫人乔治亚娜似乎是在从好友玛丽·安托瓦内特那里收到了一件高勒裙礼物之后，才把它变成了在不列颠大受追捧的装束。[117] 然而最重要的是，这种裙子与小特里亚农宫那种简约的风貌和感觉堪称绝配，处处融合了新古典主义的纯粹和田园牧歌式的简朴，处处超越了凡尔赛宫过度装饰的美。这种风格后来引发了不少争议，但时尚的女人们很快就跟风效仿：到 1782 年，"巴黎的林荫大道上随处可见平纹的白色连衣裙"。[118]

151

因为抛弃了贵族和王室的传统，所以王后向时髦简约风的转变无益于消除其另一种过度装饰的巴黎风格曾在臣民中引发的怒气。1781 年 10 月 22 日，她完成了自己的义务，为国家诞下了王储，他们为这个多病的孩子取名路易·约瑟夫（Louis Joseph）——路易是他父亲（和无数王室先辈）的名字，约瑟夫是他的奥地利教父约瑟夫二世的名字。尽管如此，公众还是越来越厌恶王后行为失当，对诞下王储这一王朝盛事反应平平。[119] 透过玛丽·安托瓦内特在小特里亚农宫的其他行为来看，她在那里穿着的衣服令廷臣和平民们非常愤怒，他们似乎把那些服饰解读为"奥地利式"离经叛道、藐视法国风俗习惯、毫无顾忌的奢侈，以及夺取国王不容亵渎的君权的又一证据。

在这样的背景下，王后新的男性化发型缎带发结引发了路易十六本人的不满，但国王仍然以他特有的温柔和委婉，以玩笑的方式表达了不快。1783 年 5 月，他把头发绾成一个女式发髻出现在妻子的套房里。玛丽·安托瓦内特笑着问他为什么要打扮成这么可怕的样子时，他回答说，虽然这种发型的确"恶劣"——

> 但我想引领时尚，因为到现在为止我还没有属于我自己的潮流……（何况）男人需要一种发型把自己跟女人区别开。你们已经从我们这里拿走了羽毛（和）礼帽……但我们还有缎带发结，最近你们把它也挪用了，我觉得那东西在女人头上特别难看。[120]

《秘密回忆录》是众多报道这一事件的八卦刊物之一，根据该刊物的报道，玛丽·安托瓦内特深知国王的玩笑是在责备她，于是"立即命人解开了她头上的缎带发结"。[121] 然而这种乖巧顺从的表面文章还是没能拯救她的名声，她在人们的心中还是一个没有分寸的王后，不但穿着男人装招摇过市，还迫使那位毫无男子气概的丈夫如法炮制。

人们批评王后大胆的装束，不仅因为它们明目张胆地对国王不敬，还因为和她那些过于昂贵的高发髻一样，它们似乎也让其他时尚夫人们一意孤行。1787 年，一位不知名的作者以"雅沃特小姐"（Mademoiselle Javotte）为笔名发表了一篇致全法国"英俊先生们"的公开讽刺信，主题就是女人男性化的头饰。"你们这些先生觉得你们是我们的主人，但事实上是我们牵着你们的鼻子走，"雅沃特讥讽道——

但你们还是坚持戴礼帽,明知我们已经戴了好几年了。我们采纳这一时尚的做法难道不该迫使你们放弃它吗?你们的智力也太低下了,我们不得不明说:先生们,我们就此宣布礼帽是我们的啦!你们或许会问:"那我们戴什么?"啊,我亲爱的宝贝先生们,我们会把软帽留给你们,反正我们也不戴了。一顶透明的轻质软帽,在脸部上方稍稍倾斜,可以衬托出皮肤的白皙……(戴的时候再)稍稍涂一点胭脂,会让你们看起来无比明艳动人。[122]

这条嘲讽的忠告表达了当时的女性服饰被认为大大侵犯了男性尊严,让人不禁想起国王十分古怪的发髻。与被剪去头发的参孙一样,不戴礼帽的法国男人在雅沃特的叙述中沦落为无权无力的弱鸡——被屈辱地称为"宝贝",还被说"智力低下",指导他们用娘娘腔的胭脂,或许最有侮辱性的莫过于戴上去年便已过时的女式软帽。

批评者们认为,小特里亚农宫的随意服装不仅让女人对男人不屑一顾,也让她们拥有了表面看来为叛逆的王后所享有的性解放。时装图样上的图片说明常常挑衅性地暗指其模特儿有可能沉溺于性越轨行为,一个例子就是一位身穿骑马装的"女战士小心翼翼地朝一片秘密树林走去,力求不被发现,她的情人将在那里与她幽会"。[123] 虽说在路易十六的统治下,玛丽·安托瓦内特那些自夸的男性装束让她与放荡的迪巴利夫人截然对立,但王后的异装审美如今似乎更能让人联想起性堕落而非无私的英雄主义。[的确,就在这一时期,据说有一位巴黎女装裁缝发明了圣女贞德波兰式长袍(*polonaise à la Jeanne d'Arc*),其上身完全袒露出前胸,把圣女贞德本人从一个充满阳刚之气的军中英雄变成了下流的荡妇。[124]] 某些观察家同样强调这些新时尚更适合色情犯罪，说利未裙和高勒裙那种宽松的剪裁让人们更容易摸到女性的乳房和外阴部，因而方便在秘密幽会之后匆匆穿上衣服逃离现场。[125]

153　　这类衣服恶名远扬，以至于当西班牙驻凡尔赛宫大使阿兰达伯爵（Count of Aranda）为他的年轻新娘购置嫁妆时，明确规定不得有利未裙或罩衫。[126] 阿兰达之所以如此警觉，或许是因为当时最流行的利未裙是普鲁士利未裙，无论名称还是细节——盘花纽扣和流苏等军服装饰，以及男式裁剪、铜纽扣的"骑士"袖——都彰显着一种令人不安的"日耳曼恶行"潜质，以及它与法国王座上那位奥地利丫头的文化联系。[127] 事实上在法国大革命时期，由于王室审查法律暂被取消，攻击玛丽·安托瓦内特的色情文学随处可见，有一幅流行画就是她穿着方便宽松的利未裙跨在椅子上，让她的女性朋友波利尼亚克爱抚她的乳房。这幅画中的王后穿着可疑的装束，像个男人那样跨坐在椅子上——让人想起了她"像男人一样策马驰骋"的爱好——实在是个不知羞耻的变态，公然违反公序良俗。的确，正如历史学家伊丽莎白·科尔威尔（Elizabeth Colwill）所说，"一个女人不管骑跨在男人、女人还是牲畜身上，都是扰乱秩序的表现，（而）没有哪个女人像玛丽·安托瓦内特那样明目张胆地置社会公德于不顾"。[128]

　　玛丽·安托瓦内特的马甲和骑马装本是从英国设计那里获取的灵感，但女性穿上之后变得男性化，却暗示了"日耳曼"性倒错倾向。因此，有一件衣服就被称为日耳曼骑马装，在一本时装图样中被描述为"打算策马驰骋的年轻女子"的理想装束；还有一件，所谓的巴伐利亚双排扣长礼服的模特儿就是一位"女扮男装的"骑马女子。[129] 这幅图片当然没有玛丽·安托瓦内特与波利尼亚克淫乱地拥抱在一起那样肆无忌惮，但也在暗讽出生在奥地利的王后的易性癖。

除了颠覆现行规则外，从小特里亚农宫流传出来的设计也被认为破坏了更大规模的地缘政治边界。深怀偏见的时尚观察者弗雷尼利男爵提到新装束时称："这么一支短上衣……圆礼帽和双排扣礼服大衣的后备军，就像是匈奴攻占了（我们）王国的中心。"[130] 男爵用军事入侵的比喻，突出了人们对国家脆弱性的担忧，这种担忧不只是因为法国正不惜代价卷入美国革命，国内资源正日益枯竭，还有那位穿着男式礼服大衣、扮演男性角色的王后的不忠，她希望将丈夫的政府"日耳曼化"。当然，她的波兰式长袍，那种三分式罩裙直接让人想起奥地利在 1772 年共谋瓜分波兰；它加深而非驱散了人们的怀疑，导致学术院院士让 – 路易·苏拉维（Jean-Louis Soulavie）等充满敌意的评论家重申法国派所谓的玛丽·安托瓦内特就是个奥地利特务的说法。[131]

王后对德翁骑士（Chevalier d'Éon）的恩宠也强化了这一观点，他是法国军队和外交团队的高阶官员，让人搞不清楚的性别让他在整个欧洲声名远播。[132] 路易十五统治时期，德翁曾作为重骑兵参加了七年战争，然后又作为男扮女装的间谍潜入叶卡捷琳娜二世的宫廷，之后出任法国驻伦敦全权公使，那里的民众为他着迷，声称德翁事实上生来是一个女人，为了从事男人的事业而抛弃了他的"天然"身份。这样的猜测变成了激进的赌博和残忍的宣传，迫使路易十六在 1778 年将德翁召回国内。玛丽·安托瓦内特制订了迎接他的详细计划，对他给予特殊的关注，她恳求罗丝·贝尔坦为骑士置办一套昂贵的女式服装作为"妆奁"，还寄给他一把精美的扇子，敦促他用它替代绅士佩剑。[133] 那年秋天，在执行她的新计划时，贝尔坦和德翁两次在她的家中共进晚餐，骑士一次装扮成男人，另一次装扮成女人在晚间前来，舆论哗然。[134] 考虑到这位女商人可是传说中王后的同性恋情人，巴黎人或许不觉得她选择共进晚餐

154

155

无名氏,《玛丽·安托瓦内特拥抱朱尔·德·波利尼亚克公爵夫人》(*Marie Antoinette Embracing the Duchesse Jules de Polignac*,18 世纪末期法国漫画)

的同伴有什么稀奇，但称这么做"很不得体"。[135]

德翁那年 11 月被君主接见时，民间抱怨之声四起。那天的凡尔赛宫人山人海，人们都好奇这位臭名昭著的人物会穿什么来见君主……他们很高兴看到他不男不女的打扮，当然也大为惊骇。[136] 这位骑士在胸前佩戴了他为君主服务而获得的圣路易十字勋章（Cross of Saint Louis），只有男人才可以为君主服务。根据莱昂纳尔的回忆录，德翁像担任重骑兵时那样大踏步穿过宫廷，用"最阳刚的声音"讲话，留着"浓密的胡子，即使不足以显露他的阳刚之气，也（至少）以某种怪癖很好地模拟出阳刚之气"。[137]

这些特征与他的蕾丝袖子、长拖裙和"圣母玛利亚穿的那种蓝色缎子裙"形成了古怪的反差，后者是贝尔坦致敬玛丽·安托瓦内特的作品，当然，王后的名字也是玛丽，跟圣母一样。[138] 但在康庞夫人看来，这位粗野的雌雄同体之人与圣洁无

无名氏，德翁骑士（18 世纪末）

关。虽然在德翁来到宫廷之前，王后曾委派康庞夫人的父母为
德翁补习女士仪态，但永远得体的尚寝却认为骑士"是人们所
能想象的最糟糕的同伴"。[139]

但王后觉得德翁有趣极了。她本人拒绝职责所强加的某
些性别要求，因而亲切接待了这个像男人那样昂首阔步却又穿
得像个女人的人，无视王室官员试图明确规定他的性别。她
在整个宫廷面前热情地赞美他的"新制服"，一本正经地称他
为"我的白裙军团"的"女骑士长"[140]，从而帮助他保留了他
的含混性别。的确，一个变性的人妖正是玛丽·安托瓦内特
所暗示的性别倒错的完美代表：有了女人军团的支持（"白裙
子"宣布她们效忠于激进的小特里亚农宫风格），她本人被认
为在事实上接管了丈夫的王国。一年后就有传言说她正在催促
路易十六任命德翁为外交大臣。虽说这样的传言大谬不然，因
为德翁已经隐居在自己的乡间别墅，避免他犹疑不决的性别身
份所引发的"嘲笑和窥视"，但这类谣言的传播足以让人们担
心，王后骇人听闻的"日耳曼"偏好如今已经开始影响君主决
策了。[141]

玛丽·安托瓦内特的时装奇想被出版物抨击的另一个原
因，是她在小特里亚农宫用的织物大多是从国外进口的，而传
统上贵族穿着的丝绸是本土生产的，事实上法国的丝绸生产商
对宫廷业务有着严重的依赖。王后在追求自由和时尚的过程中
无视这一现状，从不列颠进口了许多平纹细布和亚麻布，一位
名叫庞贝勒侯爵（Marquis de Bombelles）的外交官报告说，
罗丝·贝尔坦热情地拜访苏格兰厂家，都快被奉为那个国家的
救星了。[142] 相反，在国内，女商人和她的女主顾被批评给了丝
绸产业"致命的一击"，在里昂等城市，丝绸制造业给千万人
提供了就业岗位。[143] 据对可怕的奥地利丫头一贯不留情面的

苏拉维说，里昂有不少于三分之一的丝绸工人在 1780 年代失业了，正是因为王后一点儿也不爱国，频繁光顾外国纺织品厂商，导致"我们精美的丝绸产品过时了"。[144]

为了抵制新时尚，据说法国的丝绸厂商们开始传播谣言，警告人们穿平纹细布的危险："有一次……一位穿着带荷叶边的平纹细布连衣裙的年轻夫人因为离火太近，被烧死了。"[145]正如 1770 年代刊登女人的高发髻缠住了路灯和枝形吊灯的讽刺性出版物一样，这种耸人听闻的故事也没能遏制潮流。于是，开启了平纹细布风潮的王后就被指责为罪魁祸首，因为她"让里昂和其他城市的丝绸工人沦为乞丐，导致他们的企业陷入混乱"。[146]

在仇英的法国人看来，偏爱英国货而非本国商品就足够令人愤怒了，尤其是法国当时还在北美殖民地与英格兰作战。然而在 1783 年战争结束之后，与英格兰签订新贸易协议让法国市场上充斥着不列颠的纺织品，王后也不再被列为他们仅有的顾客了。[147] 看到"英国热"成为法国时尚的主力——就连法国首屈一指的时尚杂志也取名为《法兰西与英格兰新时尚杂志》（*Le Magasin des modes nouvelles françaises et anglaises*）——公众转而怒斥玛丽·安托瓦内特从哈布斯堡王朝统治下的比利时进口平纹细布和亚麻布。由于约瑟夫二世最近发起了复兴弗拉芒纺织业的运动，玛丽·安托瓦内特被指责因背信弃义地"重视母国的商业利益"而"（正在）彻底改变法国的服装和时尚"。[148] 观察家们再度用仇外的笔调抹黑他们的君主，怒斥"奥地利丫头（正在）毁灭我们那些美丽丝绸的生产商"。[149]

里昂的生产商团结起来向王室请愿，声称"有必要保护他们的业务，禁止那些在法国传播的新时尚损害这个国家的商业繁荣"。上述观点更加广泛地传播开来。[150] 玛丽·安托瓦内特很不走运，他们先是设法把请愿书递交到了姑妈们那里，老女人们十分乐意证实工人们的观点，那就是玛丽·安托瓦内特，用苏拉维的话说，"带着一位对法国有二心的君主的高傲"，对臣民的苦难置若罔闻。[151] 与夫人们会面之后，故事精们更加坚信王后的秘密议程就是要把"数千万的利润"转交给哈布斯堡王朝的弗拉芒人。[152]

在这样的背景下，这一时期丝绸销量最大的提升，就发生在玛丽亚·特蕾西娅 1780 年 11 月去世之时，要么是极大的讽刺，要么是古怪的碰巧。王后的母亲久病缠身，63 岁时去世，为悼念她的母亲，法国宫廷的成员不得不订购大量色调阴沉的奢华天鹅绒和锦缎服饰服丧。一段时间以来，玛丽·安托瓦内特与母亲的关系十分紧张，但母亲去世的消息还是令她悲痛万分。为了以得体的、尊贵恭敬的方式悼念母亲（玛丽亚·特蕾西娅自丈夫 1765 年去世到她本人去世这十几年里，除了"寡妇丧服"没有穿过其他衣服），玛丽·安托瓦内特在 1780 年底 1781 年初花费了近 66000 里弗购买丝绸制品。[153] 这比她登基之后的第一年花在丝绸上的开销增加了 50%。[154]

然而即便皇后去世让丝绸订单大量增加，也没能赦免她女儿受到的指控：摧毁了法国最值得骄傲的工业之一。服丧的织物色系都在意料之中，包括黑色、淡紫色、蓝色、灰色和白色，很容易生产，但王后在小特里亚农宫的服饰所要求的那些不常见的颜色倒是需要丝绸厂商对商业惯例做出重大改变。多年来，他们能够制造出一系列尊贵色调的织物，其颜色和花色每年至多更换五六次。[155] 但玛丽·安托瓦内特，正如一位漫画作者嘲讽的那样，"希望自己几乎每个小时换一套全新的装束"；这也呼应了康庞夫人不带感情色彩的评价，说她的女主人对新奇衣物的胃口永不餍足。[156] 这导致丝绸产业的生产和淘汰周期快得令人目不暇接。

生产商们的时间表变得十分混乱，他们要加班加点地满足玛丽·安托瓦内特对全新的、流行的色彩异想天开的要求，例如"歌剧院大火"（*incendie de l'Opéra*）火焰色，为的是纪念 1781 年 6 月巴黎歌剧院的大火，还有四个月后她看到被新生儿路易·约瑟夫弄脏的襁褓用长布条，想出的"小王储便便暗褐色"。[157] 由于品味更换快如闪电，丝绸生产商们常常是刚刚完成一批织物，它们的色调或花色就已经过时了。[158] 一种淡金色丝绸在最流行时的要价为每昂（*aune*）①86 里弗，过时之后的售价还不到 43 里弗。[159]

同样让丝绸厂商为难的，是他们只有在收到指令、明确王后希望他们制造哪些新花色之后，才能开一条产品线。[160] 一个著名的例子是，贝尔坦给戈布兰家族（Gobelins）的生产商寄去了玛丽·安托瓦内特的一绺头发，要求他们织出同样亮金色的色调，即所谓的王后的头发（*cheveux de la Reine*）。[161] 梅西报告说，在等待这类指令时，丝绸工坊"因无所事事而凋敝"，工场主们为失去的利润和浪费的时间而伤脑筋。[162]

丝绸厂商不是唯一因王后的新衣橱而受到重创的群体。与她昂贵的头饰一样，在批评者们看来，玛丽·安托瓦内特乡村风格的装束让不计其数的渴望追随其风格的法国女人走向破产。这些批评家指出，虽然用于实现小特里亚农宫效果的织物没有丝绸那么昂贵，但它们也没有那么耐用，因而要经常地更换。[163] 他们反对的另一个理由是，这类纺织品的时尚性本身使它们比工人的手工艺价值更贵，而手工艺是精心制作的法国丝绸和锦缎引以为豪之处。比方说，薄纱的价格大概是每昂 9~10 里弗，而锦缎的平均价格是 12~14 里弗，但每昂锦缎使用了更多的丝绸，因而这种产品的生产耗费了更多的劳动。[164] 王后的英国花园为达到低调的效果耗资巨大，同样，她对轻薄

159

---

① 一种计量单位，大约相当于 1.2 米。

易损的布料的喜爱也鼓励女人们花费巨资去追逐那些在外行人
看来不怎么优雅漂亮的时尚。

除了经济问题，这种时尚还引发了社会问题，因为它模糊
了长期以来穿衣规则的阶级差别。正如王后的高发髻让妓女和
小资产阶级看起来与公爵夫人相差无几那样，小特里亚农宫那
种低调的连衣裙也被认为让贵族女人看起来与农家女孩一般无
二。[165]弗雷尼利男爵称这种现象为"亚麻革命"——龚古尔
兄弟是最看重衣着影响的玛丽·安托瓦内特传记作家，他们称
之为"朴素革命"——突出了它对整个社会秩序带来的激进后
果。[166]根据传统，从一个女人穿的垫臀衬裙、紧身胸衣和长礼
服所用的厚重的丝绸布料，就能辨认出她是不是宫廷里的一位
夫人。抛弃了这些衣物之后，时尚的高勒裙和与之相关的饰物
（亚麻布或平纹细布三角巾和围裙以及草帽）让贵族女性丧失
了她们最重要的身份标志。

反过来，米尔古小姐抱怨说，社会差别的消失"使得出
身低微的女人试图与上流夫人竞争，（甚或）被误当作上流夫
人"。[167]这方面的典范就是迪巴利夫人，虽然她非法获得了贵
族头衔，也表露心迹称她"只想穿白色的平纹细布连衣裙，不
管冬天夏天，不管天气如何"，但她的"低微出身"始终是人
尽皆知的。[168]虽然她永远不可能获得小特里亚农宫的邀请函，
但迪巴利如此喜爱那个地方的衣着审美，以至于她雇了玛丽·
安托瓦内特本人最喜欢的肖像画家伊丽莎白·维杰－勒布伦
（Élisabeth Vigée-Lebrun）来为她画一张身穿平纹细布高勒
裙、头戴草帽的肖像。这一幅迪巴利夫人的肖像与大致同一时
期为朗巴勒亲王夫人等小特里亚农宫的常客绘制的肖像十分接
近，这表明玛丽·安托瓦内特的农家女孩造型已经走出了发源
地，在社会上流行开来了。

但模仿行为绝不仅限于前王室宠姬。在当时的时装图样

中，小特里亚农宫的镶边围裙和"挤奶女工帽"被穿戴在"开始展现出优雅的巴黎人气质的外省帮厨女佣"身上——这暗示了这些衣物的民主化功能。[169] 同样，在《时尚画廊》等版画丛书中，资产阶级的穿着（尤其是发型）看上去与插图说明中特别指出是"宫廷夫人"的女人几乎毫无差别。[170] 虽然路易十五统治初期就暂时取消了禁奢法——那些法规对衣装的奢侈程度进行了一定的限制，防止在外表上混淆阶级差别——但自那之后，传统和开支在很大程度上守住了差别。[171] 然而随着乡村风格的时尚的来临——比起奢华的法式长袍，它们可太容易复制了，女人穿在身上的衣服已经不能够传递出身和阶级的可靠讯号了。与玛丽·安托瓦内特在小特里亚农宫的舞台上嬉戏地出演卑微角色一样，这种趋势表明，人们有可能分不出高贵和低贱、亲王夫人和农家女孩，这着实令人不安。

在一个等级划分森严的社会中，这一态势必然会引起反弹。卢森堡元帅夫人（Maréchale de Luxembourg），贵族阶层中资格最老的女人之一，看到孙女洛赞公爵夫人穿得"像个仆人"，深恶痛绝，便寄了一份恶作剧的礼物给她：一个用粗糙的包装材料做成的蕾丝花边围裙。[172] 但平民们看到阶级边界被淡化也吓坏了，尤其是破坏它们的居然是玛丽·安托瓦内特这位无论从哪方面都对他们的文化知之甚少又心怀不敬的外国人。1783年，王后允许维杰-勒布伦把她画的一幅标题为《身穿高勒裙的王后》（*La Reine en gaulle*）的肖像拿到当年卢浮宫的巴黎沙龙上公开展出，给了这些指控极大的可信度。[173]

这幅画作中的人物玛丽·安托瓦内特彻底脱去了传统王室肖像中的那些衣着饰物。[174] 宫廷大礼裙、尊贵的绣百合花的貂皮帽、无价的珠宝、涂抹了厚厚粉末的发型，还有脸上过大的胭脂圈，全都消失不见了。（即便在戈蒂埃-达戈蒂1775年创作的肖像画中，她用逼真的百合花枝装饰衣服，玛丽·安托瓦内特仍保留了王后礼服中其他更为传统的装饰特征。）相反，维杰－勒布伦画笔下的君主只戴了一顶宽檐草帽，正如这幅画的标题所称的那样，她身穿平纹细布高勒裙，腰间系着一条淡蓝色薄纱的宽腰带。除了手里拿的玫瑰让人想起她出身于哈布斯堡王朝之外，肖像中没有一样东西暗示她高贵的身份——而这显然是王后想要的效果。与劲敌迪巴利夫人一样，玛丽·安托瓦内特对她的新的、朴素风格的裙子如此着迷，急于在画布上展示它出彩的效果……让那些代表王室形象的期待见鬼去吧。[175]

　　然而，巴黎沙龙上的大多数观众感受不到这套没有王后风范的衣装的低调魅力，反而觉得王后竟如此妄自菲薄，令他们怒不可遏。[176] 她这一次冒犯王室的尊贵和圣洁，显然证明了她的其他时尚愚行早已暗示的东西：玛丽·安托瓦内特既不配得到她的特殊地位，也不配得到臣民的尊重。这次画展是面向公众的，听说展出了王后“穿得像个女佣”“穿着家中女仆的那种破布衣服”的肖像，起哄者和批评者群起攻之。[177] 就连思想进步的奥诺雷·加布里埃尔·德·米拉博（Honoré Gabriel de Mirabeau）（几年后，正是这位贵族鼓动资产阶级的成员猛烈抨击旧制度的政治基础）也诽谤说，“路易十四如果看到他继位的曾孙媳妇穿着村姑的衣服和围裙，一定会十分吃惊”。[178] 事实上，玛丽·安托瓦内特早已不是早年间模仿太阳王之庄严辉煌的女人了。在维杰－勒布伦的肖像中，她对宫廷奢华风尚的拒绝就严重背离了她那位祖先君临天下的荣耀。[179] 米尔古小姐反思道，如此背离王室荣耀的王后违反了“这个王国的基本法则，（那就是）公众无法忍受亲王们把自己贬低到凡夫俗子的水平”。[180]

　　正如看到玛丽·安托瓦内特在小特里亚农宫邪恶玩闹时哀叹的一样，民众对她在维杰－勒布伦作品中形象的焦虑也掺杂着性问题。在外行人看来，这幅肖像中的裙子正像一件罩衫——女人要么穿在其他衣服下面，要么在闺房里消磨时间时作为随便衣物穿着。正如维杰－勒布伦本人后来回忆的那样，高勒裙与罩衫的相似之处让很多观众说她"画的是穿着内衣的王后"。[181]［事实上，"高勒裙"一词最终变成了"王后的罩衫"（*chemise à la Reine*），除了突出这件衣服与女人衬裙的相似之处之外，这个名称还把这件衣服与它最著名的穿者永远地联系在一起。］如此一来，《身穿高勒裙的王后》既不尊贵也不体面，将玛丽·安托瓦内特的自我贬低与她传说中的性堕落混为一谈了。[182]

更何况王后的放荡行为再次被看成带上了明确无误的日耳曼标记。一位愤怒的沙龙观众称，维杰－勒布伦的肖像应该取名为《穿得像奥地利的法兰西，沦落到身披稻草》（*France Dressed as Austria, Reduced to Covering Herself with Straw*）。[183] 正如艺术历史学家玛丽·谢里夫指出的，这句俏皮话表明这幅画作"被解读为王后渴望抛弃法国人的身份，把异国的东西带到法兰西王国的心脏"——所谓异国的东西，就是她的高勒裙所用的据称是比利时的、象征着奥地利的织物。[184] 更何况，作为哈布斯堡王朝的标记物，她在肖像中手持的玫瑰更加证明了对她效忠外国的猜想。

对《身穿高勒裙的王后》的抗议如此强烈，以至于维杰－勒布伦不得不把它从沙龙中取出，换上了另一幅匆匆完成的油画，题为《手持玫瑰的王后》（*La Reine à la rose*）。这幅画作中的玛丽·安托瓦内特身穿一件蓝灰色丝绸的法式长袍，戴着富丽堂皇的珍珠首饰，更好地证明她的王后地位和法国身份。[185] 28 岁的维杰－勒布伦本人也是一个特立独行、自由随意的叛逆者，她更喜欢打扮得更为"自然"的王后，支持她抛弃那些奢华的衣装束缚。[186]（有趣的是，这位画家反传统的审美导致公众认为她是女性的耻辱，说她是个阴阳人，

162

163

伊丽莎白·维杰 – 勒布伦,《身穿高勒裙的王后》(1783 年)

与玛丽·安托瓦内特的另一位性别错乱的被保护人德翁骑士没有差别。[187]）然而在她于《身穿高勒裙的王后》之后受托创作的王室肖像中，这位画家本分地回归了更为传统的画法，用成堆的毛皮、宝石和豪华的里昂丝绸、锦缎与天鹅绒取代了遭到人们憎恶的罩衫。[188]

然而玛丽·安托瓦内特本人太喜欢那些简单的衣装了，不忍抛弃它们——就算经历了巴黎沙龙丑闻，就算国王颁布保护主义法律禁止从外国进口平纹细布。[189] 她再度藐视丈夫的权威和臣民的厌憎，坚持穿高勒裙、戴草帽，不但在自己的乡间宫殿里，甚至在凡尔赛宫里也穿戴这些。如今，除非出席最为庄重的场合，否则她拒绝在凡尔赛宫穿戴正式的服饰。[190] 在大多数宫廷聚会中，她抛弃了以前为了躲避凡尔赛宫纠缠不休的观望者而戴着的面具和连帽化装斗篷，毫不避嫌地穿着农妇装束，让这些人目瞪口呆。她甚至为女儿取了"穆苏里娜"（Mousseline，意为"平纹细布"）的昵称，给小姑娘穿简朴的乡村女孩装束，衬托出她迷人的自然美。正是因为这些公然反抗的行为，即便在《身穿高勒裙的王后》从公众视野中消失很久之后，王后不庄重的反法连衣裙所引发的愤怒仍然弥漫在这个国家的上空，久久不散。

第七章
怒发冲冠

　　在维杰－勒布伦的《身穿高勒裙的王后》风波过去两年之后，肖像中那条引发争议的裙子在另一桩闹得满城风雨、不胫而走的丑闻中扮演了很小却十分关键的角色。这桩丑闻就是如今所谓的"钻石项链事件"，它爆发的时间恰逢法国公众听闻国民经济形势严峻，还得知王后的服装开支高得惊人。玛丽·安托瓦内特一反传统地纵情时尚如今比以往任何时候都更广为人知又备受责难，再度引发了民众的负面猜想——从性堕落、财务贪婪到叛国反法——对她的名声造成了无法弥补的伤害，也大大降低了整个君主制在人们心目中的形象。[1]令人难以置信的是，整个过程，至少在部分程度上，是由一个确凿的衣着证据启动的：王后的一件标志性白色高勒裙。虽然"钻石项链事件"的法律诉讼在 1786 年夏天就已经结束了，但对玛丽·安托瓦内特的衣服和无数丑闻的指控，却无止无休。

　　后来证人、律师和法官们在法庭重构的故事把"钻石项链事件"变成了一桩全国新闻，高勒裙再度粉墨登场，故事是这样的——

　　罗昂枢机主教在月影斑驳的维纳斯树林（*Grove of Venus*）中迅速穿过一道道树篱。炎炎 8 月，他仍然穿着一件黑色的长斗篷，遮住他深红色的水纹绸衣服和长袜。

只有他的绉绸花边和衣领在暗夜中发出明亮的光彩。这些精美的衣装和在他的主教戒指中闪闪发光的葱头大小的宝石一样有名,"令最时髦的美女们艳羡不已"。[2] 罗昂今晚精心选择了自己的配饰,毕竟,全法国最时髦也最有权势的美女总算把她仁慈的目光转向他了。在连续九年对他不屑一顾、大加羞辱、禁止他出现在自己面前——他这样高贵的亲王实在不该受到如此对待——之后,玛丽·安托瓦内特总算同意在凡尔赛宫后面的花园里与枢机主教单独谈谈。

作为中间人促成这次重要会面的是罗昂的情人、野心勃勃又足智多谋的拉莫特-瓦卢瓦伯爵夫人(*Comtesse de La Motte-Valois*)。1784 年早些时候,她曾主动请缨要把他推荐给王后,王后想找个可靠的人帮她做一些她希望瞒着路易十六的事。罗昂听到过(也传播了)太多关于玛丽·安托瓦内特的可疑交易,觉得没有理由质疑拉莫特的说法,就热心地说他随时愿意效劳。今晚,他将获得一个证明自己忠心的机会。[3] 就连曾与古埃及神祇交流、能够清楚预知未来的大预言家卡廖斯特罗(*Cagliostro*)也向他保证,他一定会顺风顺水、春风得意。[4]

突然,一个白色的模糊身影很快从树林的另一角朝罗昂这边滑过来。在它身后,他瞥见了拉莫特伯爵夫人和她的同伴勒托·德·维莱特(*Réteaux de Villette*),两人在那里为他和王后站岗放哨。人影又朝他走近了一些,就算在黑暗中,就算 50 岁的他已经老眼昏花,那个轮廓仍然如在朗朗白日之下一样清晰。他逐渐认出了一件满是褶边的平纹细布直筒连衣裙,腰间系一条蝴蝶结腰带,淡金色头发从一顶草帽中披泻下来,一只白皙鲜嫩的手伸过来给了他……一朵玫瑰:王后的标志性花朵。"你知道这是什么意思"，那个人影耳语道，话音未落，人已经往后退了。枢机主教在极度的兴奋中深吸了一口玫瑰的芳香。他把它紧贴在胸前，扑倒在地去亲吻王后高勒裙的底边。然后就听到拉莫特焦急地低吼："阿图瓦伯爵和伯爵夫人来啦！"罗昂还未来得及从草地上站起身，那个白色的精灵就消失了。

这次会面虽然短暂，却给了罗昂迫切想要得到的东西：王后愿意不计前嫌，施予他令人艳羡的特殊恩宠。5 回到巴黎的枢机主教宫，他把那朵玫瑰放入一个金色浮雕的红色小皮盒子里供起来。之后的几个月，拉莫特作为他和王后的中间人，向他转达了王后殿下希望他完成的任务。拉莫特解释说，珠宝商伯默尔和巴森格设计了一款极度奢华、总重 2800 克拉的钻石项链，名为"奴隶的颈圈"（Slave's Collar），他们本来是希望路易十五买下来送给迪巴利夫人的，但如今玛丽·安托瓦内特急切地渴望拥有它。6 然而，拉莫特接着说道，这条项链标价 160 万里弗，由于王后已经让国王捉襟见肘，所以被迫拒绝了伯默尔的出价。如果罗昂愿意以她的名义买下项链，并对此事绝对保密，王后会很愿意报答他，并永远感激他出手相助。

枢机主教带着天真的迫切心情同意了。1785 年 2 月，在与伯默尔进行了旷日持久的书面协商之后，他请伯爵夫人把项链转交给她那位王室好友。他与玛丽·安托瓦内特再没有更多接触了，但拉莫特教他如何识别王后表达感激的微妙表情：一个若隐若现的微笑，或者在从他身边经过时，不说话，冲他的方向微微歪一下头。虽然罗昂热切地关注着每一个这类小动作，但他仍然渴望着有一天，他的女主顾能在公开场合戴上那条项链，并光明正大地对他表示感谢。

但他始终没有等到那一天。相反，1785 年 8 月 15 日，枢机主教在凡尔赛宫的国王礼拜堂里为圣母升天节的宗教仪式做准备时，突然被叫进了路易十六的书房。在那里，国王、王后，还有像玛丽·安托瓦内特一样素来厌恶罗昂的宫廷内务大臣（Minister of the Royal Household）布勒特伊男爵（Baron de Breteuil）就一桩刚刚发现的罪行与他当面对质。12天前，伯默尔通知康庞夫人，罗昂以玛丽·安托瓦内特的名义买下了"奴隶的颈圈"。[7] 然而王后从未授权他完成此类任务。玛丽·安托瓦内特这时生气地对枢机主教说，她根本不想要这条俗气难看的项链。她从没有听说过什么拉莫特伯爵夫人，也没有专挑罗昂给他特别的恩宠。

有如晴天霹雳，枢机主教拿出了一封由"法兰西的玛丽·安托瓦内特"签名的信件，证明他是按照她的指令行动的。路易十六和妻子看了一眼那拙劣的签名，便立即宣布那封信是伪造的，因为根据王室规矩，王后签名应该只签教名。他们粗暴地命令他退回到镜厅，布勒特伊男爵在那里咆哮着命令卫兵："立即逮捕枢机主教！"就在王室卫兵走过来时，还未从惊愕中缓过神来的罗昂不忘吩咐一位手下赶紧烧掉主教宫殿中的一切相关文件。罗昂行动的时机正好，因为几分钟后，他就被关进了巴士底狱。

167

大人物罗昂被捕的消息令整个宫廷、首都和全国震惊，但要再等九个月，此案才会在这个王国最高级别的法院即巴黎最高法院审理。从1786年春天开始，最高法院法官们通过目击者和被告的大量宣誓证词，揭开了钻石项链事件的谜底：事实证明，拉莫特伯爵夫人这位身无分文的外省贵族策划了整个事件，目的是把项链拆开，把其上的647颗钻石卖往国外；魔术师卡廖斯特罗自称有神秘的天赋，早已赢得了先知的美誉和骗子的恶名；勒托·德·维莱特这位业余的伪造者写下了罗昂以为出自王后笔下的那些长信；妮科尔·勒盖（Nicole Le Guay）这位据传私生活淫乱的金发女帽商人来自公爵府，因为长相与玛丽·安托瓦内特十分相似，拉莫特便花钱雇她在那个关键的夜晚到维纳斯树林假冒王后。正如历史学家萨拉·马萨（Sarah Maza）所述，由于公众在那么长时间里抱着"狂热的期待"等待开庭，这些人一夜之间名声大噪，那些令人大呼刺激的证词通过审讯简报、报纸和小册子广为流传，到了"至少10万读者"的手中：以18世纪法国的标准来看，这是前所未有的巨大读者群。[8]

然而对那些如饥似渴地阅读钻石项链事件［当时更普遍的叫法是"枢机主教事件"（*affaire du Cardinal*）］公开报道的读者而言，真正吸引他们的不仅是这些次要人物那些见不得人的勾当。除了像拉莫特伯爵夫人［她虽然自称是法兰西瓦卢瓦王朝（House of Valois）国王的后代，却只是一个地位卑微的女装裁缝助手］和卡廖斯特罗（他强调自己已经300岁了，但看上去不过才30出头）这样迷人的人物之外，这出大戏最吸引人的地方在于两个手眼通天的人物：玛丽·安托瓦内特和枢机主教罗昂。[9]

萨拉·马萨指出，正是这一对高高在上的男女主角之间的敌对关系让公众产生了兴趣，远甚于珠宝盗窃这样一个说到底十分乏味的事件。由于这桩事件揭示了法国社会最高阶层的腐败和冲突，人们凝神屏息地关注着事态发展，想看看最高法院法官们将如何处理两位宿敌针锋相对的说法。马萨说，法国人首先想要知道的是——

168　　　　枢机主教居然相信王后会屈尊与拉莫特夫人之流做交易，还选派（他）来这么一场夜间密会，是否应该被判"刑事推定"和"冒犯君主罪"？还是他应该被无罪释放，

理由就是对玛丽·安托瓦内特而言，这样的行为并非完全不可能？ [10]

在路易十六和他的妻子看来，这些问题急需一个唯一的、绝对不含糊的答案。枢机主教假设王后会邀请他来秘密幽会，还允许他亲吻她的礼服，就是"以闻所未闻的傲慢无礼……冒犯了王后殿下应有的尊严"，因而理应受到重刑惩罚。[11] 然而在玛丽·安托瓦内特的许多臣民，当然还有数不胜数的仇敌看来，她自己损害王室尊严的记录却导向一个全然不同的结论。这位王后（正如多位律师指出的那样）常常在没有年长女性陪伴的情况下夜间出游。她与下层粗俗人士打得火热。她一有机会就藐视丈夫的权威，还给他戴绿帽子。她的时尚举世皆知，其中不乏在秘密树林里幽会和其他性逾矩的暗示。如王室情妇般的过度奢华让她完全有可能渴望本来是给庸俗的迪巴利夫人定制的"奴隶的颈圈"。这是完全可信的。她有胆量穿得"像个女仆"，而且用外国的织物，穿高勒裙。

随着最高法院法官们慢慢拼凑起这桩诈骗案的源头，公众认为玛丽·安托瓦内特才是该事件中真正的反派，而不是枢机主教。虽然证人们的证词表明王后与这桩盗窃项链的阴谋没有任何关系，但法官和律师们多次提起勒盖在维纳斯树林里冒充她的那一幕。这个场景不可避免地让人回想起《身穿高勒裙的王后》引发的风波，人们早就认定王后既然穿衣品位这么不端庄、不体面，想必行为放荡，不守礼法。[12]

事实上，拉莫特伯爵夫人在设计妮科尔·勒盖扮演玛丽·安托瓦内特的戏服的时候，脑子里想的似乎是维杰－勒布伦的肖像。官方为搜查被盗的钻石而没收了她的私人物品，他们在她的珠宝箱中发现了一个精美的龟壳糖果盒，警方在报告中提到，这个糖果盒——

周围是一圈巨大的钻石，大小均匀，色泽完美；盒盖上画着一个旭日图案，触动某个秘密的发条，盒盖就会弹开，里面是一幅王后的肖像，穿着（勒盖）小姐在维纳斯树林那一幕穿的衣服（一件白色的平纹细布连衣裙），仪态也毫无差别（手持一朵玫瑰）。[13]

拉莫特本人证实了这一发现的内涵，她对法庭承认自己的小盒子里画着"穿着当时流行的白色连衣裙的王后肖像，手持一朵玫瑰"，"正与（勒盖）小姐在凡尔赛宫树林里的仪态和衣装"一模一样。[14] 同样，勒盖也说，她在与罗昂密会时，伯爵夫人"为我穿了一件有褶边的白色亚麻连衣裙；就我所知，那是一件高勒裙，就是常常被叫作罩衫的那种衣服"——准确的叫法是"王后的罩衫"。[15]

拉莫特灵光乍现，认为罗昂不仅会凭借高勒裙认定穿者的身份，还会心照不宣地认定穿这样一件裙子的王后一定愿意做出如此有损王室尊严的行为。这样的调查结果对玛丽·安托瓦内特不啻灾难。那条普普通通的白色长裙已经因为被画在王后的身上并在 1783 年沙龙里公开展示而引发了众怒，如今在比以往任何时候都更庞大的读者群看来，它又变成了一个证明她诸多邪恶罪行的标志。或许是想到了这条裙子平纹细布材质的"奥地利"含义，玛丽·安托瓦内特的某些批评者如今指责她向约瑟夫二世（玛丽亚·特蕾西娅去世之后，他成为奥地利唯一的统治者）透露国家机密，还把法国的资金输送给他，以便巩固哈布斯堡王朝的统治。[16] 同样对王后名声有害的诽谤是，那件高勒裙让穿者呈现出下层阶级的外表，一定是这种献媚求宠让枢机主教认定玛丽·安托瓦内特参与了这桩冒犯君主的交易。

在这样的背景下，罗昂"假定"冒充者是王后本人就成为一个诚实（尽管考虑欠周）的错误，他的案子就变成一桩轰动案件，涉及王国方方面面的利益群体：从急于从王室获得自主权的最高法院法官，到对玛丽·安托瓦内特怀有个人恩怨的廷臣；从急于保护自己人的亲王和教士，到谴责羁押枢机主教是王室专制主义恶行的政治进步主义者。[17]

女性时尚紧随形势推出了一款单品，这是王后唯一没有理睬的时尚。"草堆上的枢机主教"（*Cardinal sur la paille*）是一款帽饰，一位同时代人在日记中描述它"是主教礼帽的形状，系着主教深红色的缎带，帽檐是稻草——象征着巴士底狱牢房地板上成堆的稻草"。[18] 用罗昂的律师若热尔神父（Abbé de Georgel）在法庭上的话说，布勒特伊男爵的确"把枢机主教阁下分配到了最令人毛骨悚然的地牢之一，那简直是活人的坟墓"；这利用了巴士底狱是君主制法律和秩序的可怕象征的坏名声。[19] 但事实上典狱长出于对罗昂亲王身份的尊重，将枢机主教安排在他自己的私人套房里，那里的门未曾上锁，这位囚犯还在那里大宴宾客，与获准探望他的无数朋友和支持者享受牡蛎和香槟。[20] 罗昂在狱中的生活可以说豪华舒适，但巴黎和凡尔赛宫的贵妇人们却浪漫化了他的困境，骄傲地戴上"主教"软帽来表达对他的支持。[21]

1786 年 5 月 31 日，最高法院法官们宣布罗昂无罪。票数差距（26 比 23）或许比他的某些支持者预想的小一些；但这一裁决对玛丽·安托瓦内特却是灭顶之灾，法官们在一个毫不留情面的条款中对她公开谴责："鉴于最圣洁的王后殿下素来有轻浮鲁莽的名声，鉴于她有一连串名声可疑的男女'爱卿'，我们认为罗昂枢机主教如此假定是完全合乎情理的。"[22] 法官们的结论对王后长期遭受的八卦指责做了官方背书，确认她（在小特里亚农宫和其他地方）的反叛行为才是引发这场

170

丑闻的真正原因。法国公众几乎一致同意这一判断，因为就连玛丽·安托瓦内特的好友贝森瓦尔男爵也忍不住表态说此话不假。在记录公布判决的情景时，写道——

> 司法宫（Palais de justice de Paris）里人山人海，当枢机主教被宣布无罪时，人群中爆发出一片欢呼。民众鼓掌向法官们致敬，法官们被围得水泄不通，很难从人群中穿过，对对立一方的憎恨如此强烈，人们是打心底里厌恶王后。[23]

路易十六闻之大怒，把罗昂逐出宫廷，并逼迫他辞去法兰西大施赈官（the Grand Almoner）一职，试图减轻对妻子名声的伤害，然而这些做法让民众对国王"专制"行为的抗议持续不断。另外，国王的行为似乎并没有给玛丽·安托瓦内特本人带去什么安慰。最高法院的最终裁决一传到凡尔赛宫，她就泪流满面，据康庞夫人说，她再也没有从这次打击中恢复过来。[24] 她当然不知道自己不久之后就要面对比这可怕得多的命运。正如伯尼奥伯爵（Comte de Beugnot，这位律师曾与拉莫特夫人鱼水交欢，并试图轻描淡写地称之为"年轻人的玩闹"）在数年后写的那样："那些思忖着以羞辱王后的方式侮辱国王的人，革命的念头已经在他们的头脑中盘旋了。"[25] 然而玛丽·安托瓦内特实在是万分不幸，最明目张胆地"侮辱国王"的行为之一，究其根源，就是她自己那个不合乎礼仪的衣橱。作为钻石项链事件风波的"主角"，她的时尚革命使得公众舆论将矛头直接对准了她，而且规模和力度都是前所未有的。

高勒裙居然意味着她是主教反王室罪行的同谋，这令玛丽·安托瓦内特大吃一惊，因为在审判做出毁灭性裁决整整一年前，她已经打扮得更加保守——事实上，更像个规矩的王后了。1785年初，她向罗丝·贝尔坦宣布，到11月她就满30岁，打算"彻底改变她的饰物和装饰品，那些更适合年轻女人，而她（打算）不再穿戴羽毛和花朵了"。[26] 玛丽·安托瓦内特放弃了那些异想天开的发型，开始喜欢安东尼娅·弗雷泽所谓的"更稳重的"薄纱、锦缎和天鹅绒帽饰，镶边都用毛皮和庄重富贵的珠宝羽饰。[27] 王后还对她衣橱中的其他物品加以改造。同时代的记录者弗朗索瓦·梅特拉（François Métra）写道，当年2月底，"王后殿下的衣着风格变了，她不再想穿罩衫、骑马装、波兰式长袍或利未裙了"（所有这些都曾在小特里亚农宫盛极一时），而是"再度穿起了更庄重的"法式长袍。[28] 据奥伯基希男爵夫人说，玛丽·安托瓦内特要求凡尔赛宫的夫人们以她为榜样，年纪过了30岁就"和她自己一样抛弃羽毛、花朵，甚至粉色"。[29]

诚然，之所以会发生这样的变化，与其说是因为臣民的反对，不如说是出于虚荣。虽然英国驻凡尔赛宫大使多塞特公爵（Duke of Dorset）认为王后觉得自己成了"老妇人"是很傻的想法，但王后明显感觉到岁月给她的容貌和身体带来的变化。[30] 她的脸曾被轻盈剔透的裙子和花篮软帽衬托得如此清丽脱俗，她担心自己容颜不再。事实上，康庞夫人强调说，王后之所以改变穿衣风格，就是因为注意到一条刚从大莫卧儿买来的镶有玫瑰的项饰让她的皮肤显得苍白暗沉。拉图尔迪潘侯爵夫人也证实了这一点，她注意到玛丽·安托瓦内特"开始妒忌那些年轻夫人了，跟她的脸相比，她们17岁的容貌在白日的强光下散发出更耀眼的光泽"。[31] 侯爵夫人曾是王后最年轻的宫廷女侍之一，然而一位好心的公爵老夫人对她说，王后在场时，切忌不要站在窗户旁边，以免阳光让她漂亮的肌肤变得更加令人艳羡。鲜嫩如水的拉图尔迪潘一天下午无意间忘了老夫人的忠告，随即就被王后责备说她身上的衣服太招摇了，那一刻她才发现忠告是多么正确。[32]

另外，玛丽·安托瓦内特对自己的头发也没那么自信了，1781年怀着王储期间，她大量脱发。很遗憾，玛丽·安托瓦内特曾经偏爱的高发型需要"卷曲"和梳理，而那只会出现更多令人难堪的秃斑。王后脱发如此严重，以至于足智多谋的莱昂纳尔觉得有必要用平头来掩饰这一点，即所谓的"孩童发型"，其他时尚夫人旋即效仿。[33] 莱昂纳尔设计的新发型不需要花太多精力打理，比王后年轻时那些高耸的发髻更加务实，也避免造成更多难看的斑秃。

玛丽·安托瓦内特穿回了有鲸鱼骨紧身上衣的法式长袍多半也是出于虚荣，因为最近几年，她的身材变得臃肿：她胸围有44英寸，只有最紧的花边才能为她的腰部扎出一个勉强可接受的轮廓。[34] 然而这些变化与其说是因为年纪，不如说是连续怀孕所致：1785年3月27日，王后又生下了一个儿子路易·夏尔（Louis Charles）。虽有大量谣言说孩子的父亲身份可疑（毕竟，"夏尔"是阿图瓦伯爵的名字），孩子的父母却很高兴，因为有了第二个儿子相当于确保王位后继有人。[35] 新生的小男孩儿比哥哥姐姐好看得多，玛丽·安托瓦内特得意地称他为甜心（chou d'amour），比以往任何时候都尽心尽力地照顾孩子。那时被称为"长公主"的小玛丽·泰蕾兹已经长成了一个闷闷不乐的坏脾气姑娘，但玛丽·安托瓦内特还是像对男孩子那样宠爱她。[36]

在波利尼亚克公爵夫人的陪伴下（王后如今称她为"法兰西的孩子们的家庭女教师"），有时费尔森（他常常会长时间到访法国）也加入进来，玛丽·安托瓦内特和孩子们频繁地逃往小特里亚农宫去假装过上"正常的"家庭生活。路易十六还是一如既往地害羞，讨厌正式场合，也一有机会就逃出宫廷，几乎每天中午都在那里和他们共进午餐，丝毫没有怀疑过妻子与英俊倜傥的瑞典伯爵之间存在任何不正当关系。

王后为了让这个僻静别墅漂亮的外观和伪乡村风格更令人陶醉，就在1783~1787年监督建造了十分有名的农庄（Hameau）。这个古意盎然的半露木结构农庄位于距离小特里亚农宫不远处的一个风景如画的地方。在那里，她和她的小家庭可以在喷过香水的牛羊群中玩闹嬉戏，在鸽舍和鸡棚里投喂禽鸟，用据称以王后自己的乳房为模型制作的塞尔夫陶瓷杯喝新鲜的牛奶。[37] 1786年7月9日，玛丽·安托瓦内特又生了一个多病而丑陋的女儿索菲·埃莱娜·贝亚特丽斯（Sophie Hélène Béatrice），看起来为了享受天伦之乐，连产后肥胖也不算什么了。虽说索菲公主在11个月后就死于结核病，但玛丽·安托瓦内特后来对波利尼亚克公爵夫人说，面对翻云覆雨的公共生活，那几个活下来的子女是她"唯一的安慰"。[38]

除了再次穿上紧身胸衣之外，王后深情地投入母职还产生了另一个明显的衣着变化。她为了追求腰身紧束的轮廓而重新穿上了法式长袍，但她给孩子们穿戴的却都是放松随意的服饰。除了婴儿时期的襁褓、三四岁时穿的套在小号鲸鱼骨紧身衣上面的连体袍之外，长期以来，王室子女服饰的每一个细节都在模仿父母的装束。然而，小特里亚农宫的保护圣徒卢梭强烈反对这一传统，理由是这种约束性的服饰对孩子的健康和发育有害。[39] 玛丽·安托瓦内特显然急于把自己乡村别居的天然和自由精神延伸到孩子们生活的方方面面，她给长公主穿的是因为她和她的成年朋友们而一举成名的简单、宽松的平纹细布高勒裙，给小王子们穿漂亮随意、毫无拘束的水手装。

这就是玛丽·安托瓦内特的两个大孩子在瑞典画家阿道夫·乌尔里克·冯·韦特米勒（Adolf Ulrik von Wertmüller）肖像里的穿着，画中他们和母亲三人站在小特里亚农宫的爱神

173

庙前，这幅肖像是为瑞典国王古斯塔夫三世（Gustav Ⅲ）创作的。这幅油画在 1785 年的巴黎沙龙上展出时，公众再次对它呈现的不得体的衣装风格大加鞭挞，哪怕画上的王后本人穿着极其传统的垫臀衬裙，绷得紧紧的紧身上衣、蕾丝袖、珍珠手串，还有罗丝·贝尔坦为衬托出王后那双碧蓝的眸子，用暗蓝灰色锦缎制作的低头饰。[40] 在韦特米勒的肖像画中，玛丽·安托瓦内特甚至放弃了她标志性的哈布斯堡王朝玫瑰，不过长公主手里拿着一簇玫瑰，仿佛以微缩形式再现了母亲在《身穿高勒裙的王后》中的造型。虽然身为母亲的王后显然在约束自己此前过分张扬的时尚造型，但王室子女特立独行的装束仍给母亲带来了相当不利的影响。

174 　　虽说在韦特米勒的油画中，王后的衣装并不值得大书特书，但她仍然为取悦自己——而非孩子们——发展了至少几种实验性的新风格。她这一时期的灵感来源之一是幼子的奶妈、一个被唤作普瓦特里纳夫人（Madame Poitrine，意为"胸脯夫人"）的粗俗农妇，她常常会在哄孩子入睡时哼唱一首古老的小曲《马尔伯勒上战场》（"Marlborough Goes Off to War"）。[41] 正如当时的八卦刊物中广泛报道的那样，玛丽·安托瓦内特对这首曲子如此着迷，以至于她为农庄的小塔楼取名"马尔伯勒塔"，但也开启了追逐"马尔伯勒帽"的时尚，那是一种极宽的平草帽，低低地戴在前额，在脑后向上倾斜，后帽檐下面有一个巨大的蝴蝶结。[42]（这个帽子的一个近亲是德文郡帽，得名于玛丽·安托瓦内特那位优雅的英国朋友德文郡公爵夫人乔治亚娜。[43]）据一位没有留下姓名的时尚观察家说，被王后采纳之后，"马尔伯勒时尚在整个法国迅速传播开来"。[44]《秘密回忆录》认为这种备受推崇的帽子"很古怪，（夫人们）居然乐意遮挡住她们的美貌"，但夫人们全然无视这一点，罗丝·贝尔坦也整日忙着为国内外的客户制作马尔伯勒帽或德文郡帽。[45]

从 1784 年开始，玛丽·安托瓦内特和同她一样追逐时尚的人还从在秘鲁发现了一种名为"哈比"的神兽的新闻中汲取了灵感，据说这种野兽是"一种两角怪物，长着蝙蝠的翅膀、人的面孔和头发，据说每天能吃下一头牛或四头猪"。[46] 为了向这种迷人的动物致敬，法国的时尚女商人们设计出抽象三角块状印花的缎带，本意可能是为了让人联想起兽角、翅膀或尖牙。这些刺眼的几何图案据说让王后很感兴趣，几乎一夜之间，时髦的巴黎人行道上就充斥着有哈比装饰的帽子和裙子。[47] 遗憾的是，哈比贪吃的名声简直为攻击玛丽·安托瓦内特大手大脚的人提供了现成的弹药；在一份显然是由她那位两面派小叔子普罗旺斯 1784 年出版的小册子中，有一张哈比的漫画，没用粉末定型的蓬松金发直接把怪兽与王后本人等同起来。[48] 除了头发，根据另一位没有署名的讽刺作家的说法，她的裙子也时尚感十足——

> 如今一切都要追逐哈比：
>
> 丝带、长裙和软帽；
>
> 夫人们，你们比往日更加聪明：
>
> 为它们放弃了其他各种小玩意儿，
>
> 而它们，才显示出你们真正的本性。[49]

事实上，就真正的本性而言，王后的确仍然是时尚的奴隶，至少从她花在衣橱上的钱来看是这样的。1785 年，就算以年长尊贵的名义发誓戒除了花朵和羽毛，她仍然花费了令人咋舌的 258000 里弗购买"时装和珠宝"，相当于她年金金额的两倍多。[50] 在所有被列入账册的供应商中，罗丝·贝尔坦一如既往地收取了最多金额，91947 里弗。当被问及她为何为一点儿薄纱、锦缎和稻草收取这么多钱时，女商人高傲地自比伟大的画家，顾名思义，作品的价值远远高于画布和油彩的钱。[51]

这一说法对奥苏恩伯爵夫人（Comtesse d'Ossun）毫无助益，玛丽·安托瓦内特尽心尽责的梳妆女官负责向众多供应商支付款项。虽然伯爵夫人自 1781 年开始担任这一职位后每年都向国王申请额外资金，但就连她也很难解释为什么到 1785 年会有 138000 里弗的亏空。当奥苏恩夫人向国王的官务部申请必要补贴时，她承认那笔"金额确实过高"并一个劲儿道歉——并没有引用贝尔坦解释高定服装为何收取高价时的俏皮话。[52]

这些财务披露的时机极其糟糕，因为奥苏恩伯爵夫人是在 1786 年 7 月 16 日就 1785 年的补贴提出申请的，距离罗昂在钻石项链事件中被宣告无罪刚刚过去了 16 天。[53] 在时尚领域，女人们表达对玛丽·安托瓦内特在审判时被推定角色（法官们以毫不留情的语调暗示了那一角色）的不满的方式，是佩戴一种名为"王后的颈圈"（au collier de la Reine）的礼帽。（这些礼帽的帽顶镶嵌着大量或真或假的宝石，意在重现那条臭名昭著的"奴隶的颈圈"。[54]）拉莫特伯爵夫人在被逮捕、关入萨尔佩特里尔监狱（Salpêtrière Prison）前，把那条项链上的无数宝石走私到了国外。但它如今被戏称为"王后的颈圈"，坐实了王后应为整个事件负责的想象。她创纪录的服装补贴如今进一步加强了这种想象，也就是一掷千金的王后会为了得到一件新饰物而不择手段——哪怕要花费不可思议的 160 万里弗。

由于整个王国当时陷入了一场财务危机，对玛丽·安托瓦内特开支的担忧就有了新的紧迫性。1781 年，路易十六备受推崇的主计长、瑞士银行家雅克·内克尔（Jacques Necker）公布了国家财政情况的报告，不但没有列出人们普遍担心的巨额赤字，还称国库有一笔不多的 1000 万里弗的盈余。[55] 内克尔有史以来第一次向公众公布王室的账目，因此深得人心。正如国王的陆军大臣塞居尔伯爵回忆时说——

> 迄今为止这个国家对自己的事务一无所知，对公共收入的收取和支出、国家的债务情况、缺口大小和它所拥有的资源等，全都蒙在鼓里……这样说来，（内克尔）诉诸舆论就是在呼唤自由；国民一旦满足了好奇心，重视起那些从来不为他们所知的事物，他们就开始讨论和评判、赞美和批评（那些统治者）了。[56]

事实上，玛丽·安托瓦内特的服装开支只是内克尔报告中列出的总预算的一小部分，几乎可以忽略不计，但她讲究排场的形象暴露出真正的经济现实并没有这么乐观。她受到了各种辱骂，内克尔却因为向公众透露可用以评判君主——并发现君主差强人意——的信息的"民主"意愿，变成了一位英雄。

　　然而主计长公布的报告并没有道出法国经济困境的全部真相。他报告中说还有一笔小小的盈余，大概是为了提升投资者信心和公共信贷，希望以吸引人的利率为法国参与那场远在美洲的战争筹资。[57] 内克尔强调盈余故意贬低了一个惊人事实的重要性，那就是路易十六登基之后，国家财政积累了 5.3 亿里弗的债务，如今单是这笔债务的利息就耗掉了国家每年预算的一半。1783 年，当内克尔被夏尔·亚历山大·德·卡洛纳（Charles Alexandre de Calonne）取代之后，新大臣认为前任吹牛的报告是个"荒诞的伪造品，假装一切风平浪静，而事实上已是鱼游沸鼎"。[58]

176

的确是鱼游沸鼎，但和前任一样，卡洛纳也发现，除了减少现有和潜在债权人对法国经济形势的恐慌之外，他别无选择。为此目的，卡洛纳设计出一个政策，反直觉地鼓励更多、更惹人注目的国家支出，将钱投到公共工程、贸易补贴上，甚至可以创建一个新的东印度公司。这位大臣加紧投资，政府只能以越来越高的利息借越来越高的债务，勉强支撑。到1786年，卡洛纳已经借了6.5亿里弗的债务，希望用花钱让法国富裕起来，这个目标本身就是一个悖论。[59]

177 　在个人生活上，卡洛纳挥霍浪费也是出了名的（这与内克尔形成了鲜明对比，民众喜欢内克尔的另一个原因，就是他那种正派适中的资产阶级生活方式）。卡洛纳的私人艺术收藏中包括伦勃朗、提香、华托和弗拉戈纳尔的作品；他的马车内饰用的都是昂贵的兽皮；他在自己的两个城堡和位于首都的宅邸里举办的宴会都是空前的规模，以至于他不得不留下三个仆人和一个厨工专门照看烤好的肉。历史学家西蒙·沙玛写道，1784年，这位主计长委托维杰-勒布伦为自己画了一幅肖像，画中的他穿戴着从"巴黎最时髦也最昂贵的裁缝那里"定制的蕾丝花边袖口和一件塔夫绸外衣。[60] 后来有谣言说他是那位画家的情人，曾送给她一盒糖，里面的每一颗糖都用一张300里弗的钞票包起来。[61] 维杰-勒布伦本人否认了这种说法，历史学家们无法确定它的真伪。[62] 不过卡洛纳选择玛丽·安托瓦内特的官方肖像画家来为自己创作肖像，加上他对奢侈品的爱好和与波利尼亚克公爵夫人一家的亲密友谊，都让公众在想象中把他和那位恃宠而骄、自我放纵的王后联系在一起。[63] 时尚商人们一如既往地抓住了流行一时的八卦，开始推出一款适用于小特里亚农宫的草帽，"卡洛纳帽"，大量饰边上有一圈很宽的三角形哈比图案，那是玛丽·安托瓦内特最喜欢的。[64] 和哈比神兽一样，王后和她传说中的被保护人看上去也对金钱有着不知餍足的胃口。

　　说实话，这样的联想并不公平：因为卡洛纳与罗昂家族的世交关系，玛丽·安托瓦内特很不喜欢他。[65]（事实上，让她极度失望的是，波利尼亚克公爵夫人小圈子里的许多成员也与罗昂家族来往甚密，这就为那位漂亮宠姬与王后的关系蒙上了一层阴影。）从王后的角度看更糟糕的是，这位文质彬彬的主计长还是艾吉永公爵的老朋友。上任之后，卡洛纳煞费苦心地确保艾吉永的前情人迪巴利仍然过着奢侈的上等人生活，迪巴利如今攀上了巴黎市长布里萨克公爵。卡洛纳甚至把迪巴利被流放期间不太多的年金涨到了不可思议的 120 万里弗。[66] 不过主计长也知道自己理应巴结路易十六的爱妻，于是只要得悉王后财务上又有麻烦了，就毫不犹豫地预支大笔金额给她。玛丽·安托瓦内特后来解释说，"每次我要 5 万里弗，他们就给我 10 万"，意在强调她对卡洛纳掌握财政大权时国家的经济困境一无所知。[67]

　　在钻石项链事件和奥苏恩伯爵夫人申请额外的购衣金额之后，这一切发生了变化。1786 年夏，主计长完成了对国家财政的一次详细审查；8 月 26 日，他通知路易十六说，与内克尔早先的判断相反，财政当前的赤字逾 1 亿里弗，另外还有 2.5 亿里弗逾期未还的债务。[68] 卡洛纳称，哪怕提高利率也无法再引诱更多的债权人来弥补缺口了；贸易已经放缓，无法满足这只巨兽的惊人胃口；"公众对政府的信心达到了有记忆以来的最低水平"，只有彻底改革税收制度，王室预算才有可能扭亏为盈。[69]

　　卡洛纳解决方案的核心基于这样一个前提，即贵族不应再享受过度的税收减免，应该"所有人平等地按比例"交税。[70] 在正常情况下，国王本应把这一建议提交给巴黎最高法院批准，但该机构对罗昂案的裁决让他不再信任其成员会支持他

178

的政策。除此之外，税收一直是最高法院贵族与国王之间冲突的焦点；作为贵族，最高法院法官们如果支持卡洛纳的改革方案，就意味着他们将失去一切。于是为了规避最高法院，路易十六和他的主计长决定召集显贵会议（Assembly of Notables），144 位贵族本该凭为君主献言献策、解决财政困境的能力选出，但事实上他们之所以入选，是国王希望他们能支持他实施的任何措施。

然而路易十六还是误判了显贵们。与最高法院法官一样，这些人也觉得取消贵族的税收减免毫无道理，更何况还是为了支付王室的昂贵支出。为表抗议，时髦的贵族们穿上了绣着所有贵族面孔的马甲——马甲上还绣着国王，他的右手被特意绣得仿佛要伸到穿衣人的口袋里去。[71] 显贵会议在 1787 年 2 月底召开，与会者拒绝批准卡洛纳的改革；相反，他们成功撤掉了他。作为报复，卡洛纳公布了他对法国严峻的经济形势的调查结果，因此没过多久，赤字就成为公众对王室抱怨的关键词了。

许多人把这个坏消息归咎于卡洛纳本人和他所谓的女保护人玛丽·安托瓦内特。巴黎的书画刻印作品商推出了一幅题为《潘多拉的盒子》的漫画，上面画着主计长拿着一个打开的盒子，里面是一尊小雕像，上标"安托瓦内特"，戴着白色的平纹细布围巾和软帽。卡洛纳对那些聚集在四周查看雕像的廷臣们解释说，"这是唯一可以标价的日耳曼珠宝"，其中一人讥讽地说那是"从维也纳宫廷寄给我们的漂亮礼物"。"珠宝"在这里是个俏皮的委婉语，意指女性生殖器，让人想起玛丽·安托瓦内特与一位妓女一起参与了钻石项链事件，而"日耳曼"暗指她对奥地利效忠，那条平纹细布（因而可能是哈布斯堡制造的）三角巾突出了这一点。然而漫画作家的主要攻击对象还是玛丽·安托瓦内特的时尚背景。因为"安托瓦内特"娃

无名氏,《潘多拉的盒子》(1787 年前后)

娃让人想起的正是那些周游四海的巨大人体模特即"潘多拉",据说她和贝尔坦正是凭借它们"称霸全宇宙"的。[72] 寓意很清楚:花花公子卡洛纳不计后果地纵容玛丽·安托瓦内特在服装上的过度开销,是不可控的恶行,一旦从潘多拉的盒子里释放出来,将永无宁日。因此,难怪民众在公爵府烧掉卡洛纳的模拟像时,还在他身上挂满了花里胡哨的小册子,那些小册子直言不讳地谴责王后的种种罪行。[73]

　　卡洛纳的继任者艾蒂安·夏尔·德·洛梅尼·德·布里安(Étienne Charles de Loménie de Brienne)来自显贵会议的反对派。但由于他是韦尔蒙神父的长期保护人,也因为玛丽·安托瓦内特本人把他推上了这一职位,他注定要和卡洛纳一样承受不少憎恶与咒骂。布里安被任命为长期空缺的首相一职的消息一传出来,人们就愤怒地高呼:"王后参政治国!"[74]

部分是因为民众的反应，也因为布里安像前任一样推进对贵族不利的税务改革，他的政策也遇到了强大的政治阻力。阻力来自最高法院法官，在显贵会议的僵局过后，他们受托处理这一事务，正如路易十六正确预测的那样，他们不打算支持必要的改革。

8月6日，国王召集最高法院会议发布征收印花税和土地税的法令，巴黎最高法院强烈反对这些措施，以致他流放了一些法官。后来，看到反对路易十六各项措施的暴力抗议活动有可能让全城陷入混乱，他们才获准回到巴黎。11月19日，君主再次提出经济改革，他要求发行4.2亿里弗新债券，在整个最高法院引起一片哗然。前沙特尔公爵、如今的奥尔良公爵（他在父亲于1785年去世后继承了奥尔良的头衔）也加入了抗议队伍。在一群吹唇唱吼的最高法院法官中，奥尔良带头称："这一条文是非法的。"公爵的王室堂弟没想到有人会如此公然挑衅他的权威，目瞪口呆；他脸红了，尴尬地嗫嚅了好久。最后脱口而出，道出了一句臭名昭著的反驳："是的，这是合法的，因为我说它是合法的。"[75]

后来，在玛丽·安托瓦内特的鼓动下，国王以反叛为由流放了奥尔良公爵。与路易十六其他常被引证的专制行为一样，他流放奥尔良的做法，事实上把后者变成了反对专制主义的殉道者，让他在政治上受益无穷。奥尔良作为平民的朋友、王室专制主义的敌人，比以往任何时候都更加可靠可信。他被流放引发了可怕的示威游行，如同路易十六及其前任那些不受欢迎的行动一样，波旁王朝的统治再度受到了愤怒的质疑。

无论是在贵族还是在第三等级的圈子里，财政赤字和对于政府接下来可能会采取什么行动的困惑引发了一种恐慌的义愤，矛头大半对准了王后。因此，当丈夫因在显贵们和最高法院法官那里碰壁而陷入深度抑郁之后，玛丽·安托瓦内特身不由己地变成了众矢之的。[76] 1787 年 2 月，她在剧院包厢的门上看到了一张匿名的纸条，警告说："颤抖吧，暴君，你们的统治必将结束！"[77] 剧院和歌剧院的观众们也一样愤怒，用冷若冰霜的沉默或尖利的嘘声迎接她，每当哪一位演员高声反对王室专制，他们就会拼命地鼓掌。[78] 臣民们的行为让她备受屈辱，她不止一次私下里大哭，恳求身边人解释人们究竟为什么如此恨她。最终，她同意再也不去观看公开表演了。

她在巴黎最常光顾的公爵府，也不再欢迎她，特别是在奥尔良被流放震惊朝野之后。在那位亲王心照不宣的保护下，书商们大肆出版拉莫特伯爵夫人煽动性的回忆录；在神奇地从萨尔佩特里尔监狱逃出之后，这位夫人最终在伦敦定居下来。在那里，王后的敌人们，包括最近被撤职的卡洛纳，招募拉莫特加入他们的同盟。玛丽·安托瓦内特本人一直认为伯爵夫人的回忆录是受了舒瓦瑟尔（他也把自己的失宠归咎于王后）的委托所写，书中强调王后在钻石项链事件中有罪，并指控王后同性恋和通奸，就这样再次撕开了公众在罗昂审判之后已经愈合的伤口。[79] 警察局长警告玛丽·安托瓦内特说她在巴黎已经无法确保人身安全了，公爵府素来是滋生诽谤言论的温床，如今已对她的人身安全构成了最醒目的威胁。

多少有些奇怪的是，有谣言说把拉莫特回忆录走私进入法国的不是别人，正是罗丝·贝尔坦，还说玛丽·安托瓦内特为了惩罚这位变节的女商人，曾把她关进了巴士底狱。[80] 毫无疑问，这是许多批评贝尔坦的人想要看到的结果，或许也满足了他们的幻想。但事实上，罪魁祸首是与贝尔坦或王后都毫无关系的一位时尚女商人。这个女人名叫亨丽特·桑多（Henriette Sando），她的店铺叫"宫廷品味"，但名不副实，玛丽·安托瓦内特显然从未光临过此店；1788 年 3 月，桑多因把拉莫特的色情文本偷运到法国而被捕。[81] 不过如果联系到王后宠姬和

181

钻石的高勒裙谣言又开始流传，以及最近披露的奥苏恩高昂的服装开支请求，贝尔坦是偷运者的说法就让公众的视线再度聚焦王后的贪婪自私、轻浮任性，看起来只要关乎时尚，王后本性难移。

更让玛丽·安托瓦内特名声受损的是她最爱的女商人在1787年初破产的谣言。就在显贵会议第一次开会前一个月，深谙世故的贝尔坦决定宣告假破产，为的是迫使她的客户们付清在她这里的赊账。虽然人人知道贝尔坦小姐的店铺可以赊账，但当她宣称她的未收回货款达两三百万里弗时，还是让舆论哗然。"她那的确不是一般的破产，"奥伯基希男爵夫人挖苦说，"200万？那是贵妇人的破产！"[82]

男爵夫人一贯讨厌贝尔坦故作姿态，假装高人一等，在她看来，破产是这位女商人又一次夸张的滑稽表演。然而同样令人震惊的是，贝尔坦的傲慢行径却暗示了玛丽·安托瓦内特再次不负责任地一掷千金。据信贝尔坦的未付金额中有一多半在王后名下，或者至少是巴黎书商 S. P. 阿迪（S. P. Hardy）在1月31日谣言背后的假设，他在那天记录说，宣布破产后，贝尔坦"立即收到了从财政部支取40万里弗的票据"——如今人人知道，国库已经很难付得起这样一笔巨款了。[83] 这条新闻再度以新奇帽饰的方式出现在时尚女人的头顶上。这个悬挂一条阴郁黑纱的帽子名叫"储蓄账户"（caisse d'escompte），帽顶部（fond）缺失，讽刺性地表明国家财政部的金库是个"无底洞"（sans fond）。[84]

然而40万里弗票据的故事与传说贝尔坦被关进巴士底狱一样，纯属编造。女商人在那年1月28日来到凡尔赛宫收取债务时，王后拒绝见她，大概是因为她猜想贝尔坦打算结清账目使她难堪。然而贝尔坦没用多久就让玛丽·安托瓦内特相信，那些恶人传播破产谣言的目的是让她们两人都蒙受羞辱。

王后总算不用在她这里承受背叛，深感宽慰——尤其是这时她恩宠的另一位女性朋友波利尼亚克公爵夫人似乎已经加入了敌营，越陷越深——就原谅了她的明星女商人。贝尔坦本人也很明智，再也没有提起破产一事。

即便如此，贝尔坦一直吹嘘的"与王后殿下的合作"还是大大减少了，再加上 1786 年和 1787 年的其他事件，玛丽·安托瓦内特总算明白，无论出于政治考虑还是因为财务拮据，她都不能再大手笔花钱了。1787 年，她的宫务总支出减少了 90 万里弗，着实惊人。这一年王后只为自己的服装预算申请了 97187 里弗的补贴，比她 1785 年的补贴申请减少了 4 万里弗。[85] 而且她的大部分钱如今都花在了修补现有的连衣裙和半身裙而不是购买新的、最流行的服装。3 月 19 日，就在显贵会议就国家的经济未来与卡洛纳争论不休时，王后命令籍籍无名的时尚女商人埃洛夫夫人（Madame Éloffe）修补她的一条旧连衣裙，根据埃洛夫的记录，那是"一条镶嵌着珍珠和红珠子的绿色锦缎连衣裙"。[86]

19 世纪末，雷塞伯爵（Comte de Reiset）出版了埃洛夫的账簿并做了详细的注释，据他研究，这很可能是玛丽·安托瓦内特第一次请人修补一条旧裙子而不是直接扔掉它。[87] 这一不同寻常的决定很快就变成了一种真正的趋势，玛丽·安托瓦内特经常请求埃洛夫做一些小修补，为她那些奢华的旧礼服加一些不怎么昂贵的新装饰。埃洛夫 1787 年的分类账户中有些条目可作为例证，比如她为"3 昂的阿郎松针绣花边"（*blonde Alençon*，一种用丝绸编织的精美蕾丝花边）从王后那里收取的费用，为一条黑色条纹的蓝色锦缎骑马装作袖边（28 里弗）；"3 昂的人造银流苏作为一条花边半身裙的底边"（102 里弗）；还有"2 昂的黑色蕾丝，用于修饰一顶玫瑰色薄纱礼帽的帽檐"（36 里弗）。[88]

183

这些不起眼的小订单或许对罗丝·贝尔坦没什么吸引力，她 12 年来在设计和财务方面的自由结束了。但玛丽·安托瓦内特仍然会委托这位大商人处理她最重要的订单，比方说她在 1787 年和 1788 年为维杰－勒布伦的肖像而穿的红色天鹅绒和蓝色锦缎礼服，以及帽饰。然而随着王后开始对自己的轻浮举动加以节制，贝尔坦不得不把越来越多的注意力转向其他富有的顾客。多亏卡洛纳和布里萨克的慷慨赠予，迪巴利夫人的名字仍在贝尔坦的精英客户名单上，她委托贝尔坦制作了不少奢华的衣装，包括一条价值 2000 里弗的光彩夺目的礼服，上面绣着无数小粒珍珠、蓝宝石和金色小麦捆。[89] 伯爵夫人仍然和路易十五在位时一样奢侈地消费和穿衣，而国王路易十六一生唯一的挚爱玛丽·安托瓦内特，却不得不永远放弃像情妇一样招摇的冒险了。

然而虽然在 1787 年这个转折点，王后在衣装消费上有了多么大的改观，民众却似乎根本看不到。那年 8 月在巴黎沙龙上，一个画框空着悬挂在那里，准备迎接维杰－勒布伦最新创作的玛丽·安托瓦内特肖像。这是沙龙官员们的妙招，在 1783 年和 1785 年的丑闻之后，他们如今认为，如果那位画家等到沙龙开幕之后再展出自己的作品，至少能避免众怒。[90] 然而这一慎重举动却让沙龙参观者用另一种手段攻击国王的妻子。在维杰－勒布伦的画作入框之前，一个爱逗乐的人在空白处贴了一张纸条，上面写着："这里是赤字夫人的肖像。"[91] 这个绰号很快就传开了，在之后对国家经济困境的讨论中，它像个不安的幽灵一样，阴魂不散。

之后两年，王后继续缩减个人开支，不再四处展示自己的锦衣华服。她再也不戴马尔伯勒帽或哈比头饰了；就连 30 岁以后那些相对低调但昂贵的饰品，她也不用了。观察家们如今注意到她"彻底爱上了简朴",这一次的简朴不是指以前那种卖弄风情的高勒裙和花里胡哨的软帽,而是低调的、不起眼的锦缎和塔夫绸连衣裙,套在狭窄的垫臀衬裙上。[92] 她不再喜欢那些曾因她而流行的漂亮的、定制的色彩,反而更倾向于阴沉的色调,偶尔用鲜亮的条纹让它们稍微活泼一些。她如今选择的帽饰就是"最简单的帽子",而且尽量避免用钻石。[93] 钻石只有在宫廷最正式的场合才会出现,例如新年、复活节、五旬节和圣诞节,按照礼仪,她必须在这类场合穿戴全套正式礼服,以彰显王室的辉煌荣耀。

玛丽·安托瓦内特不但开始节省服装花费,而且在宫务的几乎每个方面都努力缩减开支,单是1788年一年,她就节省了1200600里弗的巨大金额。[94] 但她节省开支的措施也没有为自己赢来赞誉。在宫廷里,有些贵族失去了与预算相关的职位,他们责备玛丽·安托瓦内特让他们收入减少和威望降低,就连他们也用"赤字夫人"的绰号诋毁她。这些心怀不满的绅士和夫人加入了已经十分庞大的贵族队伍,共同希望她尽快垮台——正如康庞夫人在革命之后写的那样,他们不曾怀疑在王后倒台后,自己或许也离死不远了。[95]

对玛丽·安托瓦内特而言,小特里亚农宫的常客,如贝森瓦尔男爵和夸尼公爵毫不隐晦地大发牢骚令她难以接受。如果说此前,她没有看到那些朋友的贪婪和自私本性的话,那么她开始缩减开销之后,这些特质就变得一目了然了。[96] 她与波利尼亚克公爵夫人的关系进一步疏远,后者的亲朋好友们一贯追求奢侈的王室恩宠。王后越来越厌恶这群自私的同伴,开始花更多的时间与严肃但可靠的奥苏恩伯爵夫人,以及路易十六那位害羞而十分虔诚的妹妹伊丽莎白夫人待在一起。这两个女人虽然没有她往日那群同伴风趣、热闹和漂亮,但至少都不会对玛丽·安托瓦内特最近的节俭口出怨言。然而王后的节俭对她曾经主导的时尚文化带来了不利影响。就连利涅亲王等那些仍对她忠心耿耿的朋友，看到王后生活方式的改变引发了"风土人情的"巨大变化，导致时尚圈的法国女人如今"破衣烂衫"，也觉得十分震惊和难过。[97]

在凡尔赛宫的宫墙之外，玛丽·安托瓦内特低调的服装似乎也引发了不满，理由我们如今已经十分熟悉了：这些装束无法充分反映出她的王室地位。书商阿迪在日记中写道，1788年6月23日，当国王和家人按照礼仪，在荣军院公开露面时，"有传言说（王后）过于朴素的装束与身边的长公主、普罗旺斯伯爵夫人和伊丽莎白夫人的衣装形成了鲜明的对比，她们都穿着最为尊贵正式的装束"。[98]

钻石项链事件引发了公众的敌意，但对玛丽·安托瓦内特的简朴打扮，人们依旧如此苛刻，王后对此肯定大为震惊。然而当她发现自己被迫放弃时尚之后，法国的时尚却继续繁荣时，大概会更感悲伤。在很大程度上促进这种繁荣的，是1785年问世的法国第一本时尚期刊《时尚衣橱》（*Le Cabinet des modes*），杂志在一年之后更名为《法兰西与英格兰新时尚杂志》，又在1790年变更为《时尚与品味杂志》（*Le Journal de la mode et du goût*）。与富有阶层的女人此前获取时尚小秘诀的时尚年鉴和版画不同，《时尚衣橱》及后来的各个版本就流行趋势做了广泛的评注，并就如何追随时尚提出了热心且很有见识的建议。[99] 这些期刊每一期都有三幅整版彩色插图，大都是双周刊；每年的订阅费21里弗虽然昂贵，却要比多年前那些豪华雕版的时尚年鉴便宜（因而读者群更加庞大）。[100]

没有人知道玛丽·安托瓦内特是否订阅了这些杂志，但她仍然时不时会出现在它们时髦的页面中。虽说帽子和裙子的名字和往常一样不断推陈出新，反映出某个新发现的女演员或某种流行颜色，但它们的风格往往能够直接溯源到王后。比方说，在《法兰西与英格兰新时尚杂志》第一期，编辑称原本令人大跌眼镜的"男式骑马装"近些年来变成了每个时尚女人衣橱中的必备款。[101] 大约同一时期，一个流行时装图样称重现了玛丽·安托瓦内特最近一次户外漫步时所穿的款式简单的浅灰色塔夫绸骑马装。[102] 同一幅图样也再现了王后带入时尚圈的那种不分男女的缎带发结辫子和鼓起的白色三角巾，如今它们似乎是流行的骑马装装束必不可少的搭配了。

鲜花装饰的草帽让人联想起小特里亚农宫，丝绸化装斗篷让人联想起玛丽·安托瓦内特著名的歌剧院之夜，这些都是这一时期时装杂志的主打服饰，高发髻也一样，根据 1787 年 4 月的《时尚杂志》，在非常时髦的发式中，它的地位仍然是无法超越的。[103] 王后的其他创新，如"印着风格化的花朵、圆点和横线等微小主题"的塔夫绸，在这一时期也一直处于时尚前沿；"白色薄纱或平纹细布长裙"，如一度令人反感的王后的罩衫，部分因玛丽·安托瓦内特送了一件给她时髦的英国朋友德文郡的乔治亚娜，而受到英国人的狂热追捧。[104]《新时尚杂志》的编辑推荐说，"法－英罩衫裙"可以像当初在小特里亚农宫时一样，搭配松散而未涂粉末的头发、平纹细布或薄纱三角巾，还有鼓起的宽大白色软帽；有时候，这类软帽被恰如其分地称为宫廷农家女孩帽（*bonnets à la paysanne de cour*）。[105] 虽然王后节省开支、远离巴黎让她不再享有标新立异者的声望，但时尚杂志还是继承了她的实验性风格的遗产。[106] 事实上，正如贵族记录者费利克斯·德·蒙茹瓦（Félix de Montjoie）所说，"人们就算批评王后的着装，也仍在狂热地模仿她"。[107]

虽然时尚的权杖已从玛丽·安托瓦内特的手中滑落，落入了那些越来越不友好的民众手中，但到 1788 年，王后有了一个真正的副业，它占据了她大量的时间。[108] 以前，她利用服装

186

和消费来努力获得真正的政治"信任",如今她开始积极影响丈夫的各项政策了。宠臣韦尔热纳在 1787 年死后,国王的压力越来越大,大臣之间的冲突也让他难以招架,他意识到妻子才是这个世界上唯一可以信任的人。[109] 他一直试图将玛丽·安托瓦内特排除在实质性的政治讨论之外,如今的变化让这对夫妻更加亲近,哪怕廷臣们愤怒地声讨她的支配地位。据历史学家蒂莫西·塔克特(Timothy Tackett)说,路易十六开始依赖妻子的建议,以至于"即便她不(在某个顾问委员会会议现场),他也会时常离开会议去咨询她的意见——令王室大臣们十分惊愕和困惑"。[110] 她向康庞夫人抱怨说新近的责任让她不堪重负,但这并没有阻止王后在从任命布里安到放逐奥尔良等重要的政治决策中施加影响。[111]

1788 年 8 月,她变本加厉,鼓励丈夫实施了后来成为他统治过程中最灾难性的决策之一。随着她羽翼之下的布里安越来越不受欢迎,王室与最高法院派别之间的僵局仍未打破,玛丽·安托瓦内特对国王说,唯一的解决方案是召回早先的财政大臣雅克·内克尔,虽然最近披露出此人在 1781 年夸大了国家的资源,但公众仍然十分尊敬他。

路易十六一贯讨厌内克尔,认为他的自负令人难以忍受。(多年前,这位瑞士银行家曾在文章中断言:"如果人是按照上帝的形象创造出来的,那么在国王之下万人之上的主计长一定是最接近那个形象的人。"[112])玛丽·安托瓦内特对一介平民竟如此傲慢的反感不比丈夫少,但她坚信,内克尔是受民众信任可以找到出路走出危机的人。8 月 25 日,国王尽管牢骚满腹,但还是同意了她的建议。布里安被说服递交辞呈,玛丽·安托瓦内特很快行动起来,确保内克尔成为继任者。同一天,她亲自写信给内克尔,恳求他回到凡尔赛宫复职。之后她寄了一封短信给如今仍在为约瑟夫二世治下的奥地利效力的梅西伯爵，描述了事态的发展。"如果（内克尔）明天就能上任，"她最后说——

> 情况就会好得多。有紧急的事需要处理。一想到这一点我就浑身颤抖——请原谅我的软弱——因为我要对他的归来负责。我命中注定要带来厄运，如果有什么恶魔作祟导致他失败了……那么人们就会变本加厉地恨我。[113]

起初，玛丽·安托瓦内特不祥的预感看起来毫无道理。巴黎人不知道是王后主导了内克尔的回归，听到这个消息后欢欣鼓舞，举着他的和奥尔良公爵的胸像穿过公爵府附近的大街小巷，还烧掉了布里安的模拟像。[114] 正如一位有着"启蒙的"民主信念的人所说，内克尔的确一直拥有第三等级的信任和支持。恰逢荒年饥岁，平民对法国经济的担心有增无减，他们对当前制度合法性的讨论变得愈加紧迫。在公爵府的咖啡馆和书店里，深受哲学影响的人激动地讨论着通过制定宪法来消除当前制度的不平等——这些哲学包括伏尔泰、狄德罗和卢梭等人的平等主义箴言，玛丽·安托瓦内特在小特里亚农宫推崇卢梭的著作，却从未理解它们极富煽动性的政治意义。[115] 何况自由和平等的理想已经在美国革命中大获全胜，美国的缔造者正是受到了法国启蒙运动思想家的深刻哲学影响，看起来它们完全有可能在法国也取得成功。内克尔似乎也与他们有着共同的理想，这更是激起了人们对其回归的乐观态度。

因而当内克尔鼓励路易十六召开三级会议（Estates General）来解决重重问题时，公众已经先入为主地相信结果必是一系列盼望已久的公正的政治改革；三级会议是特殊的咨询会议，自 1614 年之后就未曾召开。[116] 正如在召开会议之前起草的陈情书（*cahier de doléances*）所说，"震荡寰宇的要求响彻这个国家，高呼是时候制定宪法了……（而且）任何通用法（都将）只能在三级会议上通过，需要国王和民众通力合作"。[117] 如此彻底的变革远远超出了国王的预想，他觉得召开三级会议只是解决王国财务困境的必要措施，只是要冒一点风险而已。[118] 而不满之人和心怀民主思想的人却在欢呼除了拥有全部特权的教士和贵族阶层之外，三级会议也包括第三等级的代表。这一点——再加上内克尔说服路易十六将第三等级的代表人数增加一倍——表明人民总算有发言权了。[119]

论信仰和出身，玛丽·安托瓦内特是一个顽固的君主主义者，既不理解也不同情平等主义观念。在她看来，神授君权和专制统治是自然秩序的一部分，像小特里亚农宫周围的草丘一样顺理成章，像她凡尔赛宫卧室窗外的橘子树一样理所当然。[120] 显然，她希望资产阶级和教士阶层对君主制的天然敬畏会让他们的代表抵制贵族的顽固措施，从而促成一个国王可以接受的解决方案。[121] 然而在钻石项链事件中，臣民们对她的厌恶已经超过了他们对统治者或者整个君主制度所怀有的任何尊重。因此预定于1789年5月召开的三级会议不可能成为王后必胜的公关策略，哪怕她召回内克尔也于事无补。三个等级的1100~1200位代表和无数欢欣鼓舞的旁观者从法国各地涌向凡尔赛，这一历史性会议的召开把王后推到民众的面前，那正是她长时间不去巴黎所避开的一群民众。

或许是为了预先制止庞大得令人胆怯的新观众群发出新的批评，玛丽·安托瓦内特极其谨慎地规划了自己的着装，放弃了那些个性化的异想天开，选择了符合宫廷悠久传统的庄重服饰。为1789年5月4日的正式列队行进和宗教仪式，她最终选择了一件闪光的银线织物礼服，这件衣服会让她站在身穿华丽金线织物上衣的路易十六旁边时，看上去像"国王的太阳旁边的月亮"。[122]（如果说她的确把太阳王的光辉让给那位不起眼的丈夫的话，那么这一次就是。）此外，她和路易十六都会戴上王室最珍贵的白色钻石，以突出波旁王朝的荣耀。除了钻石镶嵌的佩剑、上衣的钻石纽扣和鞋子的钻石扣形饰物之外，她丈夫还会佩戴固定在礼帽上的摄政王钻石［Pitt or Regent Diamond，也就是后来的"希望钻石"（Hope Diamond）］，玛丽·安托瓦内特也会在卷发中嵌入那颗传说毫无瑕疵的桑西钻石（Sancy Diamond）。[123] "在她的身上"，安东尼娅·弗雷泽写道，王后决定戴上"一连串其他的钻石，即吉斯钻石（the De Guise）和葡萄牙之镜（Mirror of Portugal），从头到脚还有大量的单颗宝石……不过，（她）不打算戴项链"，以免敌视她的旁观者想起枢机主教事件。[124]

玛丽·安托瓦内特为 5 月 5 日三级会议开幕选择了另一套无可指责的尊贵装束，同样会突出她整个贵族阶级之化身的身份，而非只关注自身美貌和享乐。她没有请求埃洛夫夫人的帮助，而是委托罗丝·贝尔坦为她制作了"即将成为（她）人生最后一件的盛大晚宴礼服……一条紫色锦缎礼服，下面是绣着钻石和珠片的白色罩裙"。[125] 她没戴项链，而是用一簇白色鸵鸟羽毛和头发上的一圈钻石来搭配。[126] 与她在前一年 6 月去荣军院时所穿的寒酸裙子不同，她为三级会议选择的衣服将提醒在场的每一个人，无论世上流传着多少诽谤她的文章，她仍然毫发无损，仍是他们超凡脱俗的王后，从头到脚都彰显出神圣的波旁王朝的荣耀。

然而这断然不是人们在 5 月 4 日当天看到她时的想法。那天，会议召开前，路易十六和王后领着一支长长的珠光宝气的队伍走过凡尔赛镇，从圣母堂（Cathedral of Our Lady）走到圣路易主教座堂（Church of St. Louis）。走在王室夫妇前面的普罗旺斯伯爵、阿图瓦伯爵，还有阿图瓦的两个儿子高举着庄严紫色的圣礼华盖。这群人后面跟着三个等级的代表，典礼官根据上一次，即 1614 年会议列出的规则，要求他们穿戴适当的服饰：教士穿奢华的红色、紫色和金色教会长袍；贵族穿浓重的金色绣花黑色上衣、黑色丝绸及膝马裤、白色长丝袜，头戴亨利四世时期宫廷的羽饰礼帽；第三等级的 610 位成员穿纯黑色套装，白色麻纱领结，无镶边的黑色三角帽。

190

大雨骤停，太阳破云而出，贵族们的服饰被照得金光闪闪。玛丽·安托瓦内特和丈夫身上的无数钻石将阳光折射成无数道彩虹。与之相反，第三等级那些身穿黑衣的代表就像一片乌云，遮住了阳光，也让他们手中蜡烛的烛光黯然失色。许多人看到历史学家克劳德·芒斯龙（Claude Manceron）所谓的"贵族服饰那种咄咄逼人的富贵"后怒发冲冠，为自己平平无奇的服饰感到屈辱——虽然是礼仪传统规定的，但看起来那些服饰设计的初衷，就是要突出他们低人一等的地位。[127] 第三等级代表拉博·圣－艾蒂安（Rabaut Saint-Étienne）回忆道，与他同行的代表们身穿寒酸的黑衣"看起来像是在服丧"。[128] 然而如果说旧秩序灭亡的丧钟已经敲响，这些衣着朴素的人或许更倾向于欢呼而非哀悼。"何为第三等级？"几个月前，西哀士神父（Abbé Sieyès）在一本小册子中问道，那本小册子很快就成为第三等级的检验标准。"它代表着一切。它迄今为止从政治秩序中获得了什么？一无所有。它要求什么？一些发言权。"[129] 虽然那天的着装让他们感到屈辱，但这正是平民出身的代表们参加三级会议的使命；这是他们的正义使命。

根据同时代之人的叙述，从王国各地涌入凡尔赛的民众看到第三等级与贵族之间刺眼的对比，也义愤填膺。正如拉博·圣－艾蒂安后来回忆的那样，许多目睹游行队伍的观众之前从未见过宫廷及其任何成员。这些人只熟悉"他们自己的城市和村庄中那些贫穷和悲惨的境遇"，他写道，这一次，像他们的代表一样，他们被贵族和王室成员毫无歉意地"花费和享受"震惊了。结果，圣 – 艾蒂安解释说，"民众意识到那些戴着（麻纱）领结的人是他们的父亲和保护人，而其他人都是敌人"。[130] 考虑到圣 – 艾蒂安本人在队列中的角色，这一解释或许是在图谋私利，但它表明人们清醒地意识到了衣着体现的巨大阶级差异，后来的评论家们称之为"衣装隔离"和"衣装羞辱"。[131]

　　鲜明的衣着差异不可能对王后有任何助益，她那一身光彩夺目的宫廷服饰与平民的土布服装实在是云泥之别。国王的堂兄奥尔良公爵选择了资产阶级服饰而非贵族服饰，更是雪上加霜；为了巩固自己身为人民的亲王的形象，他不但站在第三等级的队伍中，还穿得跟他们一样毫不起眼。奥尔良最近出售了自己家族收藏的价值 800 万里弗的艺术品，正如拉图尔迪潘男爵夫人回忆的那样，拨出部分收益去"缓解寒冬之后的民间疾苦"。[132] 精明的政治谋略提高了他的声望，让公爵在阶级假面舞会中获得了赞誉，而当初玛丽·安托瓦内特以同样的方式摆脱所在阶层的衣装束缚时，公众却总是蛇口蜂针地谴责。

　　公众对这两位王室名人的不同反应或许与随钻石项链事件而广泛传播的各种令人无法容忍的谣言有关，它们都大肆渲染玛丽·安托瓦内特在服装和珠宝上的奢侈，以及她在小特里亚农宫狂欢作乐。事实上王后不知道，那天站在凡尔赛街道两边的某些旁观者已经计划探访她那个小小的乡间别墅，亲眼看看她腐化堕落的大本营了。据康庞夫人说，这些反叛者不久就成群结队地来到别墅，愤怒地要求看看它"用钻石……绿宝石和红宝石装饰的房间"。当期待看到的奢侈品没有出现时，他们反而更加愤怒了。[133] 然而此刻，他们眼前这位光彩照人的王后身上正穿戴着昂贵的宝石；看到她经过时，怒火中烧的人们没有一个人高喊"王后万岁"的传统口号。相反，围观群众中直接爆发出了"奥尔良公爵万岁！"的呼声。玛丽·安托瓦内特很清楚民众对丈夫堂兄的赞美就是为了羞辱她。她脸色煞白，仿佛马上要晕倒似的。[134]

在身边朗巴勒亲王夫人的帮助下，王后总算恢复了镇静，然而在圣路易主教座堂，她还将遭受又一记致命打击。虽然教堂内的华丽装饰彰显了王室的尊贵——威严的紫色锦缎和天鹅绒，上面都用金线绣着百合花，从天花板、圣坛和王室的特殊扶手椅上垂挂下来——但那天主持仪式的神父却对王室没有一丝尊重。[135] 37 岁的南锡教区主教亨利·德·拉法尔（Henri de La Fare）是第一等级的代表，但和教会里许多清贫的年轻代表一样同情被剥夺了政治权利的第三等级。他一到达圣路易主教座堂的布道坛，就发表了出乎所有人意料的雄辩布道，据一位名叫迪凯努瓦（Duquesnoy）的资产阶级代表回忆——

> 主教对比了宫廷的奢华和乡间的贫苦。他问道，如果国王真的明智节俭，开支为何逐年增加……就在那里，他十分真实地描述了王后的生活，甚至说王后由于厌倦了富贵奢华，已经觉得有必要通过幼稚地模仿自然寻开心了——显然在影射小特里亚农宫。[136]

192　布道这一部分时，所有人都转过去盯着王后，只有路易十六除外，他已经在扶手椅上打了半个多小时的瞌睡。[137] 阳光透过耳堂和中殿的彩色玻璃窗照进室内；在彩色光线中，玛丽·安托瓦内特身上的钻石和银线织就的礼服难以抑制地闪着夺目的光彩。她精心挑选这样一身衣服或许正是为了取代小特里亚农宫那个穿高勒裙的情妇的形象，然而事实上，它却更加彰显出拉法尔所谓的她不顾人民疾苦而享受的"富贵奢华"。[138] 在那一身珠光宝气的装束的衬托下，王后的面色像月光一样阴冷苍白。

就连玛丽·安托瓦内特的贵族仇敌们也没有准备好倾听主教的这番尖刻批评；布道结束后，他们沉默地坐着，脸上现出复杂的表情，既有严峻的不满，也困惑何以至此。然而，第三等级的代表们对主教报以热烈的掌声。不顾教会的规矩、国王和王后的在场，以及圣礼圣事的规定，主教高调宣布，平民们不会再对高他们一等的人俯首称臣了。这当然也表达了他们对那位君主配偶的极度不满。拉法尔谴责的对象深受打击，面对掌声和口哨声，她只是紧闭着那来自哈布斯堡王朝的双唇。[139] 开明贵族米拉博与奥尔良公爵一样与第三等级一起游行，他注意到玛丽·安托瓦内特惨白不悦的面容，对身边的人嗫嚅了一句："快看那个受害者。"[140]

她的确是个受害者：是已经来到她家门口的革命的受害者，世上没有一套衣服可以保护她免受那场革命的冲击。无论她穿得像个公主还是像个农家女孩，"赤字夫人"已经变成了人民最大的仇敌。这样看来，她的确命中注定要带来厄运——那是旧制度、她的家人，尤其是她自己即将遭受的厄运。

第八章

革命新装

衣服与政治的激进互动在三级会议开幕游行后愈演愈烈。[1]第二天，1789 年 5 月 5 日，在三个等级正式开会时，第三等级的代表们为拒绝他们的服装所表现的阶级等级制度，竟然在路易十六讲话之后重新把帽子戴在了头上。按照规矩，只有国王和贵族有权在典礼的这个节点戴帽子——平民们本该脱帽，在君主面前跪下——这样的举动让代表们聚集的巨大会议厅一片哗然。紧张的几分钟过去了，第一和第二等级的代表愤怒地威胁终止议程。但路易十六难得十分镇静，他再次脱下礼帽，迫使在场的每个人照做。[2]

虽然丈夫暂时缓解了三个等级之间的紧张气氛，但跟他同坐在那张巨大的镀金王位上的玛丽·安托瓦内特却被第三等级的行为吓坏了。像前一天拉法尔发表那篇犀利的布道时一样，她明显在努力维持表面上的威严和平静，近距离观察她的人会看到，她的内心已乱作一团。拉图尔迪潘侯爵夫人注意到，她的王室女主人看起来"烦躁和悲伤"，"不由自主地"扇着手中镶嵌了珠宝的巨大扇子。侯爵夫人接着说，王后殿下"频频将目光投向大厅里第三等级的那一侧……那里已经有那么多人公开与她为敌了"。[3]刚到凡尔赛不久的美国律师古弗尼尔·莫里斯（Gouverneur Morris）怀疑王后很讨厌丈夫安抚性的脱帽策略。根据莫里斯的记录，玛丽·安托瓦内特"带着鄙视看着那一幕……仿佛在说，'我现在认输，但我会赢回来的'。"[4]

然而此刻炫耀自己刚刚获得政治权力的，是第三等级。而且不知有心还是无意，这个等级的代表们使用的正是他们所鄙视的王后本人的战术；她曾不止一次地利用引人注目的服装和发型，表明自己在那个试图否定她有任何实质性作用的政府中拥有高高在上的权力。同样，其他等级迫不及待地要在财务和政府改革事务中将第三等级排除在外，但如今第三等级用头上的帽子表明，他们是一股不容忽视的力量。在他们看来，第三等级代表的是至少96%的法国人口，这个事实赋予了他们旧制度无权视而不见的政治分量和意义。因而在象征意义上，他们用帽子制造的短暂哗变表明数千万人拒绝继续被剥夺政治权利。事实上，评论家称这一插曲奏响了"法国大革命的先声"——也就是说，从此以后，平民们决心要为实现自由、平等和公正而不懈奋斗。[5]

整个夏天，这种势头越来越猛，在整个国家，其动力源于长期的饥荒和贫穷；而在三级会议内部，则源于贵族们不愿在诸如税务改革等关键事务中给社会地位低于他们的人以平等的投票权。1789年6月17日，第三等级成员实施报复，宣布他们才是法国唯一合法的立法机构，为之取名"国民议会"（Assemblée Nationale），强调它效忠于整个"国民"，也就是除贵族之外的绝大多数民众。国民议会的创始人宣布其他等级不经他们同意就提高税收是非法的。他们邀请其他两个等级加入这个代表国民的新主权机构，宣称将起草一部宪法，对多数人而不是少数人的政治权利和自由做出规定。

毫不意外，旧制度那些保守的中坚分子无法接受这些决定，6月20日，他们安排把叛逆的代表锁在三级会议通常开会的凡尔赛镇大会议厅之外。第三等级的代表们因此退到了附近的网球场，在那里宣誓"绝不分裂，继续集结……直到宪法制定出来，其坚实的地位无法撼动"。[6]"网球场誓言"是对君

195　主制发出的掷地有声的警告：无论第一等级和第二等级采取何种措施压制和阻挠，人民决不会退缩。[7]

路易十六本人对这样翻天覆地的变化毫无准备。一方面，他似乎无法想象臣民竟敢冒称拥有上帝仅赋予他一人的立法权。[8] 另一方面，他被个人生活的困境分了心：他的儿子、7岁的王储路易·约瑟夫在 6 月 4 日夭折了。玛丽·安托瓦内特痛苦地目睹生病的儿子在过去漫长的几个星期里越来越虚弱，悲伤心碎，和丈夫一起在他们位于马尔利（Marly）的城堡里安静地住了几周，哀悼他们孩子的早逝。然而政治形势变化太快，没有给王室夫妇太多悲伤的时间。玛丽·安托瓦内特应两位小叔子的请求重返战场，他们说服她和他们一起敦促国王对第三等级采取强硬措施。

事实上也不需要他们费多大力气说服。和路易十六的两个弟弟一样，王后也认为应该立即解散三级会议，以免桀骜不驯的代表们继续造反，让形势不可收拾。[9] 何况在与那些面谀背毁的贵族打了多年交道之后，玛丽·安托瓦内特坚信宫廷内部的敌人们正在秘密筹划推翻她丈夫的君权。最重要的是，她怀疑奥尔良公爵正利用当前的政治形势为自己谋利，并寻求民众的支持取代路易十六。[10] 想到有人正在密谋打倒她的家人，王后既愤怒又害怕，所以当阿图瓦和普罗旺斯试图让哥哥知道必须将革命扼杀在摇篮里时，她热情地响应。

然而国王在最好的情况下也是犹疑不决的——普罗旺斯曾嘲讽说，想让路易十六下定决心，就像"试图把一组涂满油脂的台球圈在一处那样徒劳"——当家人们敦促他采取有效行动时，他犹豫不决、忧心忡忡。[11] 路易十六没有听取他们反对大革命的论调，而是暂时认可了内克尔与之相反的判断，即与叛乱者妥协好过直接对抗。6 月 24 日和 25 日，绝大多数教士和47 位开明贵族同意内克尔的观点，宣称他们与国民议会同一阵线。如今国王被迫承认了新立法机构的合法性，还敦促第一和第二等级的拒不合作者也加入进来。但没过多久他又改变了主意，召集大量军队维护凡尔赛和巴黎的治安，并如他的妻子和弟弟们希望的那样，最终武力解散了国民议会。[12] 7 月 1 日，得知法国卫兵军团中有好几个连打算起义后站在革命者一边后，国王召集了 3 万名士兵来到凡尔赛和首都，其中许多是外国人和雇佣兵。十天后，因反对路易十六改弦易辙，内克尔深夜被赶出了宫廷。

巴黎的大多数民众都热烈拥护国民议会，7 月 9 日那天，它改名为"国民制宪议会"（Assemblée Nationale Constituante），民众把内克尔被撤职和国王召集军队增援看作对第三等级所取得成果的严重威胁。[13] 在这种情况下，衣服和饰品变成了政治意图的明确标志。那些支持第三等级崛起的人戴上了大缎带徽章——缝在帽子上或别在衣服上。[14] 据说，徽章事实上是一片树叶，7 月 12 日那天，新闻记者卡米耶·德穆兰（Camille Desmoulins）在公爵府扯下一片树叶，激励市民同胞们拿起武器反对君主；在他慷慨激昂的演说中，他说自己这件新饰品有"希望的颜色"。然而以德穆兰那片树叶为原型的徽章却很快放弃了绿色，因为它碰巧是令民众深恶痛绝的阿图瓦伯爵的制服颜色之一。[15] 相反，蓝色和红色很快成为徽章的首选色。它们是首都的颜色，是纪念最早的反君主主义英雄的颜色。一位名叫艾蒂安·马塞尔（Étienne Marcel）的布商在 1358 年，领导巴黎市民掀起了一场反对未来国王查理五世的起义，起义军穿的就是红蓝色斗篷。[16] 至于 18 世纪的革命者们对这场人民与君主之间的战争了解多少，我们不得而知。然而所谓的国民徽章（*cocarde à la Nation*）的确被狂热地用来表达佩戴者愿意——事实上渴望——与专制主义压迫一决高下。[17]

　　红蓝色徽章也是对君主制的挑战，因为它取代了传统的王室徽章，那是纯白色的，模仿波旁王朝的百合花。[18]（相反，红色恰好是深受巴黎人敬爱的奥尔良公爵纹章的颜色。）与5月5日当天戴上帽子的代表们一样，革命者们佩戴国民徽章也是有意无意地以玛丽·安托瓦内特为榜样。因为王后也曾通过颜色来表明自己摆脱了凡尔赛宫——她为小特里亚农宫的宫务职员们设计的特殊的深红色和白色制服。民众如今拒绝使用宫廷标志性的白色，代之以他们自己选择的颜色，也是为了表明他们已经从旧秩序中解放出来。那以后的许多历史学家都指出，市民别在衣服上的徽章"使他人一眼就能看出（佩戴者）支持革命事业"，因而变成了一种最有力的"政治参与的象征形式"。[19]它在革命一开始就宣告了衣服和饰品在政治运动中所扮演的关键角色。

　　佩戴国民徽章的各派很快就开始斥责那些没有在衣服上别徽章——或者竟敢佩戴除红蓝色之外其他颜色的玫瑰花形饰物的人——是"大革命的敌人"。例如，7月初，外国和雇佣兵军团的士兵们出现在首都的大街小巷上，巴黎人会怀疑地看着别在这些新来者帽子上的黑色徽章。因为黑色被认为是贵族的颜色，更糟糕的是，它也是哈布斯堡王朝的两种颜色之一（另一种是黄色）。[20]黑色碰巧还是那年夏天整个宫廷穿戴的主要颜色，因为王室和贵族都在哀悼小王储的早夭。身为正在哀悼儿子的奥地利贵族，玛丽·安托瓦内特与这种阴沉的色调有三重关系。[21]对于怀疑她、鄙视她的公众而言（有人甚至嘀咕说是她本人毒死了王储，以免他长大后会支持臣民们争取自由的斗争），王室新招募士兵的黑色徽章变得十分可疑，必须根除。[22]

　　根据浪漫主义历史学家托马斯·卡莱尔的说法，黑色徽章把士兵们变成了巴黎街头骚扰和暴力的目标。卡莱尔虽然在描述大革命最初几个月首都骚乱时带着他典型的夸张，却有很强的暗示性，他写道——

> 的确，黑色徽章是时候消失了……在桥上、在码头上、在（公爵府）的爱国咖啡馆中……只要有黑色徽章出现，就会引发咆哮和怒喝：扯下来！扯下来！一切黑色徽章都会被无情地扯下：一个人再度捡起自己的徽章，亲吻它，准备重新别上，但几百根棍子开始在空中挥动，他停下了。[23]

　　激进好斗的巴黎人往往会强迫人们把黑色徽章换成"政治正确的"红蓝色徽章。不过有时候，民众因服饰而起的愤怒会让他们的行为更加出格。有一次，卡莱尔写道，一名男子拒绝扔掉黑色徽章，一群愤怒的民众就几乎要把他在吊死在一根灯柱上。此人被以威胁"国民"安全的罪名随意逮捕，多亏一群巡逻的士兵在暴民杀死他之前路过，那个人才逃过一死。[24]

　　在1789年最著名的起义发生之后不久，人们就开始强迫王室穿戴革命服饰。7月14日，成群的巴黎人武装起来，对抗国王及其雇佣兵们可能的镇压，于是他们冲入巴士底狱，夺取了里面囤积的军火武器。那天下午5时，在与监狱卫兵交火将近四个小时之后，袭击者获得了胜利，冲入巴士底狱解放了关在那里的七名囚犯，抢走了他们能拿的所有弹药。他们残忍地把监狱长贝尔纳-勒内·德·洛奈（Bernard-René de Launay）拖在地上穿过巴黎的街道，用匕首、子弹和刺刀等各种武器杀害了他，并在市政厅的台阶上把他的尸体斩了首。

　　由于路易十六自己的军队拒绝镇压民众起义，人民彻底胜利了。几个世纪里，坐落在巴黎东端的巴士底狱一直是专制主义压迫的活生生的象征：如伏尔泰在一首著名的诗歌中所言，是"复仇的宫殿"，罪恶的王室仇杀者将像枢机主教罗昂那样

198

无辜的人贬谪至此。[25]（被起义者解放的那七位囚犯包括四名伪造假币者、一个疯子、一位被判有乱伦"和其他凶残罪行"的贵族，还有一个人试图匿名给蓬帕杜夫人寄去一盒炸药谋杀她。在后来对巴士底狱内"专制主义的受害者"的理想化传说中，自然没有提及这些。[26]）如今，曾经不可接近的城堡被撬开了大门，欢呼雀跃的破坏者们控制了整个城市。

当天傍晚，一整天都在凡尔赛附近打猎，还未听说起义消息的路易十六——这就是为什么他会在著名的 7 月 14 日日记中写下"今日无事"——命令自己的军队撤出首都。这是国民制宪议会的成员连日来游说的结果。一个星期前，米拉博曾明确表示，首都居民只能接受成员来自第三等级的民兵，誓死保护新生的革命。[27] 因此，虽然国王在 7 月 14 日傍晚同意了这些要求，但他的决定还是晚了好几个小时；攻占巴士底狱的行动表明，任何挫败议会的企图都注定失败。在路易十六本人的叛徒士兵们的帮助和支持下，巴黎人民会斗争到底。

雪上加霜的是，巴黎民众要求路易十六本人到他们面前公开承认他们的胜利。在阿图瓦伯爵的支持下，玛丽·安托瓦内特再度建议果断采取备选方案——全家逃往梅斯（Metz），那里在法国和哈布斯堡王朝治下荷兰的边界附近，试图从那里反攻回来镇压革命——但国王迟迟不决定是否采纳这项建议。最后，他同意阿图瓦和波特尼亚克公爵夫人（两人都因为与王后的关系而被公众痛骂）可以为保障人身安全逃离国家。这正是玛丽·安托瓦内特本人有力敦促的结果，但与最亲密的朋友们分离也让她非常难过。她心碎到了无法亲自去送别波利尼亚克家族的车队出发，就让人递了一张悲伤的临别纸条给好友，还送给她一个镶金的钱包。

至于路易十六，他认为留在法国直面起义的民众是他的职责所在。7 月 17 日，他前往巴黎，公开出现在市政厅，可能

约翰·加利亚诺这套奢华制作将玛丽·安托瓦内特亮眼的崛起与悲剧的陨落融入到一件礼服的纤维中。这件礼服有两片绣花的胯部绣片，一片上面绣着臭名昭著的法兰西王后穿着牧羊女装束在自己的乡间宫殿里嬉戏；另一片上面绣着她衣衫褴褛地走向断头台。这些细节恰如其分地表明她的命运与她的服装选择密不可分地交织在一起。

即便在孩童时期，哈布斯堡王朝的女大公玛丽·安东尼娅也应邀在维也纳帝国宫廷里光彩夺目的庆祝活动上表演，如 1765 年在她的大哥约瑟夫二世的婚礼上表演的芭蕾舞。皇后玛丽亚·特蕾西娅最小的女儿的举止极其优雅，这样的特质将使姑娘很好地适应凡尔赛宫的生活。

法国国王路易十五必须要看到玛丽亚·安东尼娅的容貌符合法国标准才同意她与他孙子的婚事。路易十五派著名画家约瑟夫·迪克勒去记录女大公蜕变为"法国人"的过程。虽然 1769 年那幅锁定这桩婚事的肖像画已经遗失，但迪克勒在那年晚些时候画下了这幅肖像画。

玛丽·安托瓦内特与丈夫路易·奥古斯特共同的祖先、被称为"太阳王"的路易十四。他因热爱服饰和娴熟地操纵自己的形象而闻名。这是他在一个名为《夜》的芭蕾舞中扮演阿波罗的装束。

玛丽·安托瓦内特乘坐一辆童话马车，一辆用玻璃和金子制成的四轮双座篷盖马车，从维也纳出发前往法国。1770 年 5 月 16 日（14 岁的王储妃结婚当天）到达维也纳时，聚集在四轮双座篷盖马车周围的队列不断膨胀，变成了一大群人。

玛丽·安托瓦内特未能诞下继承人引发了人们的猜测。她穿上长裤，"像男人那样"跨骑在马上，令许多廷臣惊骇。这种叛逆方式或许是受到了她的祖先路易十四（下图）的启发，后者也曾利用骑马装来提升自己的权威。因此，当玛丽·安托瓦内特于1771年夏委托艺术家为自己画一幅骑马图时，她或许是在打造一种与她的生育前景无关的威严形象。该油画创作于近十年后，描绘了玛丽·安托瓦内特首次作为一个"无儿无女的""身陷困境"的王储妃穿着合身的长裤和男式骑马装的样子。

法国加入美国革命后，玛
丽·安托瓦内特头顶着"美
丽少女号"高发髻表达她
的支持：这个精美的发型
再现了在 1778 年 6 月对英
作战中取得关键胜利的法
国护卫舰。

到达凡尔赛宫短短几个月
后，玛丽·安托瓦内特由于
拒绝穿束缚极紧的鲸鱼骨紧
身衣而惹得人们议论纷纷。
后来在母亲和法国宫廷成员
的重压之下，玛丽·安托瓦
内特才总算同意穿上紧身胸
衣。这件苹果绿的紧身上衣
是在法国大革命的浩劫之后
幸存下来的玛丽·安托瓦内
特的少数几件衣服之一。

在这幅由让－巴蒂斯特·戈蒂埃－达戈蒂创作于 1775 年的油画中，玛丽·安托瓦内特身上雍容华贵的蓝色礼服有着宫廷大礼裙的宽圈环裙（垫臀衬裙）和紧裹在身上的紧身上衣，再套上一件完美无瑕的王室衣物：一条貂皮镶边的拖曳长裙，上面绣着金色的百合花。百合被藏在裙子的皱褶中，给了它一种意外的鲜嫩清新之气。

在真正的法国时装杂志 1785 年问世之前,《时尚画廊》等系列雕版时装图样是醉心于巴黎时尚的人获得最新时尚资讯的主要途径之一。这幅 1778 年的图样上画的就是轻浮的、裸露脚踝的波兰式长袍。玛丽·安托瓦内特、她的朋友和模仿者们用它来反对礼节规定必须在宫廷里穿的那种宽大累赘又不舒服的法式长袍。

骑马装有时被称为"日耳曼"服装美学,这可能会让关于玛丽·安托瓦内特同性恋倾向(所谓的"日耳曼恶行")的谣言变得更加可信。这幅 1787 年《时尚画廊》的图样上画着一个穿着日耳曼骑马装的女人,其过大的金色扣子和显眼的袖口与翻领都是当时男性时尚的特征。

到 1780 年代中期，玛丽·安托瓦内特喜爱的男式裁剪骑马装已经成为每一位阔气讲究的法国女人衣橱中的主打服装。在这幅微型画中，王后穿着一件蓝色金盘扣骑马装，用料轻薄的白色翻领和袖口，活泼的黑礼帽上点缀着黑白两色羽饰。

由玛丽·安托瓦内特引入小特里亚农宫后被模仿得最多的装束之一，是一种轻质的、随便的衬衫连衣裙，即所谓高勒裙。这是用轻薄带皱褶的平纹细布（通常是白色的）裁剪而成，腰间系一条宽腰带，肘部配有色彩搭配的丝带"手镯"，高勒裙避开了贵族穿的法式长袍那种厚重的丝绸纤维和严格的结构式样。从王后最亲密的朋友（右图中的朗巴勒亲王夫人）到她的敌人（左图中的迪巴利夫人），当时的女性都爱上了这种时尚。

王后小特里亚农宫的衣橱中的其他单品包括简朴的白色平纹细布、亚麻软帽和围裙；和高勒裙一样，这些在1780年代风靡一时。也和高勒裙一样，这些朴素的软帽和围裙价格相对低廉，也容易复制。法国时尚这种勉强的民主化——一位贵族观察家称之为"亚麻革命"——模糊了曾经在女人的衣服中显而易见的阶级差别。

在旧制度下，时尚夫人通过她们的帽饰向时事致敬，在法国大革命爆发后的最初几年，这种趋势仍在继续。这幅1790年的时装图样推出了两款有着三色丝带镶边的帽饰，此时，三色丝带已经是显而易见的爱国狂热的标志了。右边这款软帽被称为国民头饰。

这幅同时代的版画中展现的是玛丽·安托瓦内特最喜欢的装束之一——朴素的白色软帽和松松下垂的薄纱裙子，没有任何王室高贵尊严的痕迹。就连它的图片说明都能表现出她看上去多不像法兰西王后：无名氏版画复制匠只称她为"奥地利的玛丽·安托瓦内特"，这或许是在强调她那种令人不快的"奥地利式"随便和她偏爱从哈布斯堡王朝领土上进口的平纹细布等简朴的织物。

这幅由阿道夫·乌尔里克·冯·韦特米勒1785年创作的肖像画画的是玛丽·安托瓦内特和她的两个最大的孩子，长公主和王储路易·约瑟夫，在小特里亚农宫。玛丽·安托瓦内特那年30岁了，宣称她开始转向更传统的穿衣方式；她在画中的装束（紧束腰身的粉棕色丝绸裙装，有精美的法国蕾丝镶边）反映了这一变化。

玛丽·安托瓦内特 1791 年 6 月与家人一起逃离杜伊勒里宫时，她的装扮包括一件低调的深棕色连衣裙、一个大披肩和一顶礼帽。然而在这幅由革命派艺术家勒叙厄尔创作的版画中，逃亡王后却穿着她标志性的白色长裙，头戴草帽。在八年前维杰－勒布伦的《身穿高勒裙的王后》引发的丑闻中，愤怒的公众将乡村化的装束解读为玛丽·安托瓦内特不守王后礼节的证据。通过重提这条裙子，勒叙厄尔再度唤醒大众对王后恶名的关注。

在这幅 1789 年的讽刺漫画中，玛丽·安托瓦内特的头被接在一头哈比的身子上，它的爪子正在撕碎一个文件，文件标题中既有"人权宣言"又有"法国人民的宪法"。几年前，王后曾热衷于采纳一种致敬哈比的时尚，在帽饰和裙子上使用大胆的三角形图案。

这幅出版于 1790 年 8 月的时装图样画的是"一个穿着新制服的女爱国者"，新制服包括一件简朴的深蓝色短上衣，前襟为红色，配着深蓝色半身裙，带皱褶的白色领子和袖子，一顶装饰着摆动羽毛的黑色礼帽。悖论就是，这套装束完全是对玛丽·安托瓦内特在 80 年代的骑马装束的缅怀；事实上，女性革命装束不断借鉴王后的服装，即便反君主主义的报刊正恶毒地攻击她的时尚罪行。

1793 年 1 月 21 日，得知丈夫被处决后，玛丽·安托瓦内特立即要求为她和家人购置丧服。这幅布雷安侯爵创作于 1793 年到 1795 年某个时间的作品描绘了王后为悼念路易十六之死所穿丧服的丰富细节。值得一提的是她宽松的黑色寡妇帽，这是她从罗丝·贝尔坦那里订购的最后一件头饰。

玛丽·安托瓦内特最后的时尚姿态，意味深长地将她一生错综复杂
的服装历史浓缩在了能够引发不同联想的单一颜色中：白色。

玛丽·安托瓦内特走向断头台时穿着一件朴素但崭新的白色衬衫式长衣，头戴软帽，根据在监狱里服侍她的姑娘的说法，她似乎特意为那一天准备了这套装束。37 岁的前王后消瘦、憔悴，满头白发。共和派政治家、艺术家和宣传家雅克·路易·达维德匆匆画下这幅素描，把她描绘成了一个干瘪老妪。

是希望重新获得臣民的敬重，他仍然乐观地称他们为"我善良的好人民"。然而，在那里等待他的"善良的好人民"饥肠辘辘、没有工作，打心眼里怀疑他到底同情哪一方。当国王走向讲台，英国大使多塞特勋爵觉得他"更像个囚犯而非国王，被引领着穿过房间，像一头被驯服的大熊"落入了周遭那些革命官员的手中。[28] 事实上，一些在场的旁观者似乎注意到路易十六的形象明显矮了一截，欢欣鼓舞，没有按规矩欢呼"国王万岁！"，而是用了挑衅的新口号——"国民万岁！"。

仿佛是为了验证国王的真实想法，新选出的首都市长、曾主持第三等级的网球场誓言的资产阶级天文学家让·西尔万·巴伊（Jean Sylvain Bailly）给路易十六拿来了一枚国民徽章。[29] 国王虽然困惑，但很配合，摸索着把那些红蓝缎带别在了帽子上，就别在王室白色玫瑰形饰物的上方。看到他这么做，民众爆发出一阵欢呼，赞美他是"法兰西自由的守护者"并把这一举动看作对他们意志的前所未有的让步。的确，正如历史学家多琳达·乌特勒姆（Dorinda Outram）指出的那样，旧制度是"一种有赖于持续彰显差异的秩序。在这种秩序中，国王作为它的政治和仪轨的核心人物，距离上帝最近，也是其他人遥不可及的。他在本质上与他们不可相提并论……（因此）他是差异的源头"。[30] 路易十六接受了与成千上万出身低微的巴黎人戴一模一样的蓝红色徽章，就公开放弃了上帝赋予的差异，因而彻底颠覆了他所拥有的权力的基础。

这一举动的后果没有逃过玛丽·安托瓦内特的老顾问梅西伯爵的眼睛，他那天就在市政厅，后来严肃地报告说，"如今（法国）民众扮演了国王的角色"。[31] 巴伊也清楚地看到了这一点，他后来惊叹自己竟敢当众演出这一幕，也承认自己怀疑过"国王会有何反应，给他（徽章）的做法是否不够得体"。[32] 然而这一举动的不得体正是问题的关键所在，它既颠覆了路易十六的神圣形象，还让国王默认了 7 月 14 日事件。

出于同样的原因，在臣民们看来，国王象征性的让步不一定会把自己排除在即将到来的政治重生之外。革命领袖、贵族出身但思想进步的年轻人拉费耶特侯爵（Marquis de La Fayette）认为，蓝、红和白这三种颜色在君主的礼帽上意外地结合，暗示着"王室与人民之间（和谐的）融合"，拉费耶特声称自己是为路易十六服役的英雄，数年前曾为美国殖民者而战（还是乔治·华盛顿的朋友）。[33] 这一"融合"观念十分重要：当前，制宪议会的领导成员构想着一种类似英格兰的君主立宪制，平民、贵族和国王共同治理国家的事务。[34] 这样的结果——拉费耶特后来称这曾是他的革命同志的理想——在蓝、白、红三色徽章中得到了最好的视觉表达。无论这是不是（如侯爵强调的那样）他自己的发明，三色徽章立刻变成了革命中的国家无处不在的象征。[35] 它的三种颜色也被新成立的资产阶级国民军（National Guard）采纳，拉费耶特被任命为国民军总指挥。

有趣的是，蓝、白和红一直是法兰西国王制服的颜色；但由于革命者赋予这种颜色组合一种激进的新的政治意义，它在绝对君主制的支持者眼中变得极其难看和刺眼。布瓦涅伯爵夫人在她的回忆录中说，她整个家族的人都鄙视国民军的三色制服，认为那是可鄙的反君主主义叛乱的标志。[36] 玛丽·安托瓦内特当然支持这种观点。[37] 她对君主与民粹主义的"融合"远没有拉费耶特那么乐观，据说她认为路易十六接受了巴黎人的徽章就意味着王权可耻的失败。7 月 17 日早晨他出发前往市政厅时，她看着他的马车走远，泪流满面，担心巴黎的暴民煽动者会把他禁闭在首都，甚至更糟。[38] 然而当他那天深夜再次出现在城堡的大理石庭院（Marble Courtyard）时，那个临时拼凑的三色玫瑰形花饰仍然别在他的黑帽带上，王后看到他时

"本能地后退了一步"。[39] 据梅西耶说（他不可能在现场，他的政治敏感性可能会让他不惜牺牲玛丽·安托瓦内特地夸大其词），她瞧了一眼丈夫的新饰物，厉声道："我以为我嫁的是法国国王，不是一介平民。"[40]

不管梅西耶是夸大其词还是凭空编造了她在这一刻的恼怒，在接下来那几个星期，玛丽·安托瓦内特的耐心的确受到了极大考验，尤其是当她看到奥尔良公爵的儿子沙特尔戴着尺寸过大的三色徽章，和他的亲信、佩着三色礼服缎带的让利斯夫人出现在凡尔赛宫时，两人都跟奥尔良一样支持革命。[41] 巴士底狱被攻占之后，王后的宿敌拉沃吉翁的妻子就委托埃洛夫夫人制作了"八个蓝色、玫瑰色和白色丝带的徽章"，这也没有逃过王后的眼睛。（在宫廷里的"革命"色彩盘中，时髦的粉色常用来替代红色。[42]）但最大的羞辱或许还是来自玛丽·安托瓦内特年长的姑妈阿代拉伊德和维克图瓦夫人，两人忙不迭地加入了三色大军。雇埃洛夫夫人为她们制作了大量玫瑰色和蓝色国民丝带，用数层红蓝颜色的锦缎蝴蝶结装饰她们正式宫廷礼服的紧身上衣，还给了她们数十个现成的三色玫瑰形饰物。[43]

值得注意的是，在这些实例中，购买"革命"饰品的贵族全是玛丽·安托瓦内特的宿敌。（姑妈们已经把她们位于贝尔维尤的私宅变成了和密友们"继续诽谤奥地利丫头"的"反对派中心"，而奥尔良公爵的公爵府也仍然是传播这类八卦的安全区。[44]）他们有时有具体的怨恨作为动机，有时没有。这一时期贵族中间的确有人强烈支持革命。和巴黎一样，在宫廷里，那些希望与新秩序同行的人穿着红、白、蓝三色服装表达他们的意愿——哪怕正如君主主义《宫廷与都市杂志》（*Journal de la cour et de la ville*）嘲讽地写道，这意味着要戴上"像卷心菜那么大个儿的昂贵的国民徽章"。[45]

夏去秋来,两个半月的服丧期结束了,王后不得不脱下悲伤的黑色长裙,再度进入令人忧虑的革命时尚的新世界。不过因为厌恶三色及其附带的政治意义,至少从埃洛夫夫人的记录上来看,她没有急着穿戴那些受时事启发的时尚。[46] 与许多富裕的同时代人不同,玛丽·安托瓦内特没有购买三色徽章,甚至连罗丝·贝尔坦(她当然没什么革命热情,倒是出于让库存紧跟时尚的需要)在大莫卧儿出售的昂贵又漂亮的三色徽章也没有买过。[47] 无论是贝尔坦还是埃洛夫夫人都没有受委托为玛丽·安托瓦内特的裙子装饰所谓"富隆之血"色调的时髦红丝带——7月17日巴黎人劫杀了一位名叫"富隆"的70岁贵族(他也是路易十六内阁中的一位低阶大臣),后来一位没什么名气的时尚女商人出于政治投机目的设计出了这种红丝带。[48] 玛丽·安托瓦内特也没有急于购买镶嵌着来自巴士底狱被推倒墙壁的小石子的项链和耳环。[相反,让利斯夫人得意地随身携带着一个纪念品盒,上面镶嵌的钻石排列出 *"Liberté"*(自由)的字样,"顶上还系着一个国民徽章"。[49]] 虽然王后以前钟爱紧跟时事的帽饰,但她既不戴巴士底狱软帽(*bonnet à la Bastille*,帽顶是锯齿状的白色锦缎"雉堞",镶边是宽宽的黑色蕾丝"栏杆",模仿那座监狱在被攻占之前的建筑式样),也不梳"国民发髻"(用喜庆的三色丝带束装饰)。[50] 镌刻着胜利口号"国民万岁"的鞋扣,也没有得到王后的认可,尽管它们的设计是男式而非女式的。[51]

玛丽·安托瓦内特拒绝接受这些亲革命的标志,反而尽力穿戴出如卡罗利·埃里克森所说,"绝不向日新月异的时代让步"的风格。[52] 制宪议会颁布了所谓的"八月法令",要求彻底废除法国的封建制度,导致许多贵族财务破产。面对如此剧变,她又在日常服饰中重新加上了最奢华的珠宝,包括钻石。[53]

她从小特里亚农宫时期开始就以简朴为由不再戴这类宝石了，钻石项链事件之后出于政治原因更是如此。但如今，她似乎觉得它们是无言反对革命的便捷手段。因此，拉图尔迪潘夫人记得，当巴伊和拉费耶特领导的巴黎市代表团在 8 月 25 日来凡尔赛宫拜访王室一家时，玛丽·安托瓦内特穿了"一件日常的礼服，但从头到脚特意使用了大量钻石作为装饰"。[54] 在接待时，她毫不掩饰对革命者的轻蔑，在后者看来，王后"挑衅的、金光闪闪的"装束可能意在强调，无论他们的行为和装束有多傲慢无礼，他们与王室的她本人之间仍然存在着不可逾越的鸿沟。[55]

然而在早些年，王后高调的穿衣实验却在努力缩小这条鸿沟。事实上，路易十六如果在 7 月 17 日那天夜里有心情取笑妻子的话，当她责备他看上去像个"平民"时，他完全可以针锋相对，影射她在小特里亚农宫推出、在维杰－勒布伦闹得满城风雨的肖像画中炫耀的乡村风格。随着革命爆发，严格的社会差异很快就在法国失去了存在的土壤。但这个过程是王后本人早于 1789 年开启的，是她取消了女式服装中的阶级差别，发起了费利克斯·德·蒙茹瓦所谓的"服装革命"。一个极大的讽刺是，就在王后试图重新确立自己在臣民中间的崇高地位时，臣民却用服饰表达截然相反的观点：女人生而平等。[56]

例如，1789 年 9 月，时尚刊物《新时尚杂志》推出了两款头饰，直接参照大革命引发的社会剧变。第一款头饰是所谓的联合起来或融为一体的三个等级软帽（*bonnet aux trois ordres réunis ou confondus*）；根据一段解释性的插图说明，它旨在表达"我们不再接受法国有任何阶级差别，我们每个人都只是公民"。[57] 为了传达这一理念，这种头盔形状的白色薄纱软帽不仅有三色徽章，还有精美刺绣的图案，画着一把金色

203

的剑（贵族）和一个蓝色的铁锹（第三等级），两者共同构成了一个大大的十字架（教会）。图片说明解释说，这种结合让人想起了"三个等级的联合或融合"。[58] 第二款软帽是一个样式简单的"老式"平纹细布软帽，"装饰着国民徽章"和人造玫瑰花，也是在庆祝革命的胜利。[59] 这一没有名称的设计所附的文字称它是向"自由的胜利"致敬，虽然其他两个等级"一直试图羞辱（他们）"，但第三等级还是勇敢地获得了自由。[60]

这两款软帽鼓吹进步主义的政治寓意，不一定意味着它们是对玛丽·安托瓦内特的传承，但它们所用的基础织物、样式和颜色，让人想起小特里亚农宫里白色的挤奶女工帽和格林纳达帽。[61] 时尚编辑说杂志中第二款帽子是"老式"的，不经意地承认了它起源于革命之前，哪怕他认为那是对新制度致敬。或许更加意义非凡的是，呈现三个等级软帽的那幅插图为这款头饰搭配的是一条低调的白色亚麻半身裙和深蓝色利未裙样式

《法兰西与英格兰新时尚杂志》：画有三个等级软帽的时装图样（1789 年）

的罩裙。这些衣服带着功利主义的朴素风格，意在强调那款软帽的民粹主义含义："我们每个人如今都只是公民。"然而它们也是王后的小特里亚农宫衣橱中的主打服装。因此，与痴迷于颜色的巴黎暴民和戴帽子的第三等级代表一样，《新时尚杂志》反对"法国阶级差别"的基础也是玛丽·安托瓦内特本人发起的服装反叛。[62]

　　不用说，那些支持广泛的"自由的胜利"的人深知他们反叛的动机与玛丽·安托瓦内特的叛逆有着本质差异。如果说国王的配偶在自己的乡村别墅中孕育了一种"只是公民的"生活方式和着装风格，她这么做不是为了将法国人民从可怕的社会和经济压迫中解放出来，而是为了让她自己摆脱那些肤浅的、烦冗不便宫廷礼节。从批评者们第一次关注她在小特里亚农宫种种违背礼法的行径开始，这些全都是有记录可查的公开事项。那些关于该别墅特有的放荡的性爱逾矩（她所谓的同性恋行为）和奢华装饰（她所谓的喜欢宝石镶嵌的家具的癖好）巩固了她自我放纵的坏名声。通过她与这个地方的联系，玛丽·安托瓦内特的亚麻裙、长袖利未裹身裙和挤奶女工帽就让人联想起她本质上的自恋和任性。革命时尚用三色象征物改造了这些衣服，在揭示其源于王室的自私自利的同时，重新将这些占为己有，向"自由的胜利"致敬。这种挪用在把王后的时尚设计重新分配给表面上更应该穿戴它们的庞大人口群的同时，也揭露了王后的农家女孩伪装背后的虚伪。

　　一个有趣的巧合是，玛丽·安托瓦内特的另一件标志性服装、臭名昭著的白色高勒裙，正是在专门探讨公平再分配财产的那一天被重新发明，成为一群愿意革命的女人的装束。1789年9月7日，看到人们为法国的经济形势焦虑不已，来自巴黎的11个女人——其中有些人是艺术家的妻子和女儿，有些人是艺术家——在凡尔赛的制宪议会中上演了十分戏剧性的一幕。这些夫人们宣称与自己的锦衣华服相比，她们更关心国家的财政状况，于是一个接一个来到议会主席的桌旁，把手中沉甸甸的珠宝首饰盒放到了主席面前。[63]

这场悲壮的表演是由雕塑家的妻子阿代拉伊德·穆瓦特（Adélaïde Moitte）组织的，她的灵感来自普鲁塔克《希腊罗马名人传》的一个著名片段，在制宪议会中引起了巨大轰动。代表们爆发出热烈的掌声，不止一人记录道，他们立即"取下自己鞋上的银扣，放在主席桌上"夫人们的宝贝旁边。[64] 紧接着就有人发表激动人心的即兴演说，赞美夫人们的无私，这样的精神不仅体现在她们慷慨地献出自己的珠宝首饰，还体现在她们那天为此行动所穿的飘逸的白裙、素朴的褶边软帽和端庄的平纹细布三角巾。这一点意味深长。这些低调的服饰很可能是为了突出她们行动的源头是在遥远的古典时代，但它们也道出了穆瓦特夫人的训谕，那就是出于对"深受如此多的痛苦的打击，为贫穷和疲惫所困的国家"的敬意，"我们决定暂时放弃愚蠢的享乐和昂贵的装饰"。[65] 因此，正如《箴言报》（*Le Moniteur*）的记者报道的那样，这些女人的衣服上"没有装饰、没有炫耀"，"唯一的装饰（就是）那美丽的素朴之风，那是美德的标志"——不过有些女人也在她们低调的裙装上系了三色腰带和徽章作为装饰。[66]

在这里，大革命再度剥夺了玛丽·安托瓦内特最著名的时尚姿态之一，多年来，它在公众的想象中不是美德而恰恰是恶行的标志。在《身穿高勒裙的王后》丑闻期间，低调的平纹细布连衣裙不仅被用作她憎恨法国人民的证据——很多法国人都因为她喜爱外国进口产品而丧失了生计，还表明她不尊重路易十六——人们认为王后毫无尊严的越轨行为让国王的尊严受损。在钻石项链事件期间，这些联想不仅存在，还被当作王后参与了那桩世纪最大的珠宝盗窃案的证据。

然而当同样的裙子被不希望法国破产而希望它更加富裕的女人穿上，被不想增加私人珠宝收藏而希望它们为值得所有人追求的公共事业服务的女人穿上，被不为羞辱国王而是为致敬国民的女人穿上，它就拥有了另一种全然不同的意义。以这种方式来理解，这些女人的服装的确是"美德的标志"——它代表的崇高的革命美德打败了王后"老式"的邪恶罪行。的确，当身穿白裙的女爱国者离开制宪议会，穿过凡尔赛欢呼的人群一路走回巴黎时，她们被赞美为这一改变的杰出典范。第二天，全城报纸将这些珠宝捐献者比作"古罗马最杰出的女英雄"——穆瓦特夫人在一本小册子中劝诫道，革命时期的夫人们最应该从那些女英雄们身上学习的"不是牺牲同胞谋取私利，而是要救贫苦的民众于水火"。[67]

艺术史学家劳拉·奥里基奥（Laura Auricchio）指出，自此以后，由于皮埃尔 – 艾蒂安·勒叙厄尔（Pierre-Étienne Lesueur）等艺术家"在纸质媒体上广泛宣传"，夫人们"（在议会中）充满古意的（亮相变成了）革命视觉记录的固定内容"。[68] 时尚很快跟风效仿。一种宽松的、新古典主义样式的白裙——有些是高勒裙那样蓬蓬的，袖子上有褶皱；有些像利未裙一样光滑下垂，长袖——变成了爱国女性服装的中流砥柱。画家和革命宣传家雅克 – 路易·达维德（Jacques-Louis David，他的妻子也是珠宝捐献者之一）让这种衣服在其肖像画艺术中得以不朽，同时代的时装杂志也给了它亲革命的美誉。正如新更名的《时尚与品味杂志》解释的那样，"自由让法国人重新爱上了古典式纯粹"。[69]"重新爱上"这个词暴露了一个重要事实：这种朴素的白裙及其各个田园兼古典版本早在"自由"一词家喻户晓之前，就已经是法国重要的时尚单品了。这在很大程度上，也要归功于王后。[70]

或许正是出于这一原因，很快变成革命女性服饰的装束，尤其是在与旧制度联系在一起的王室白色与红蓝色调"融合"在一起之后，受到了极大重视。服装史学家艾琳·里贝罗（Aileen Ribeiro）详细记录道："样式简单的白色连衣裙、平纹细布围巾随意地系在脖子上，朴素的白色……软帽。"[71] 在女爱国者们的议会之行几个月后，《时尚与品味杂志》推出了一条名为"宪法罩衫"（chemise à la Constitution）的白色长袖平纹细布连衣裙，上面"绣着小小的红、白和蓝色花束"，搭配一条平纹细布三角巾和一条红色宽腰带。[72]（平纹细布曾被视为给本国的丝绸业以毁灭性打击，如今却变成爱国的标志，更便宜的棉布和羊毛也是如此，这是因为贵族开会时穿的服饰让"奢华的丝绸和天鹅绒成为革命的敌人"。[73]）如今，时髦的夫人们要为她们的爱国衣橱增加一点魅力的话，只需重新戴上王后鼎盛时期的高发髻——但要有一个关键的、最时髦

皮埃尔－艾蒂安·勒叙厄尔，《巴黎女市民将珠宝捐献给国民议会》（Citizenesses of Paris Donating Their Jewels to the Convention Nationale，1789 年）

的变化：在那高耸的、装饰华美的发型上包一条三色丝带，并称之为"三色高发髻"。[74]

在不那么追求时尚、更在意向世人彰显革命意愿的女性服饰中，蓝、白和红的色彩设计很普遍；这种服饰显然也能追溯到王后广为人知的时尚装束。1789 年 10 月，女性革命活动家泰鲁瓦涅·德·梅里古（Théroigne de Méricourt）穿了一件蓝色骑马装，脖子上围着一条白色软绸围巾，头戴一顶红帽子，因为很像男性国民军的三色制服而闻名全城——梅里古就资产阶级国民军的组成与人辩论，强调女人也应该获准为国家而战。[75] 在有性别歧视的男性革命领袖看来，梅里古的主张绝对不受欢迎；他们后来有力地指出，女人最好还是待在家里，为国民军培养出坚毅爱国的儿子。[76] 然而梅里古穿上仿男式服装为女性主张权力的做法，让人清晰地回忆起玛丽·安托瓦内特在王储妃时期策马驰骋的姿态。在这两个例子中，男（女）穿女（男）装提出了一种有别于传统的观点；传统上，女人的影响力只在于生养孩子。

时尚杂志虽然没有公开强调梅里古那身惊世骇俗的服装的女性主义内涵，但确实断言它们是革命性的时尚，正如它在若干年前断言王后的骑马装是革命性时尚一样。1790 年 8 月，《时尚与品味杂志》为读者刊出了《身穿新制服的女爱国者》的插图：一件蓝色棉布女士骑马装，领子是红白两色，戴一顶羽毛装饰的黑色毡帽。[77] 如果忽略模特儿帽带上的国民三色徽章，很容易误以为这是玛丽·安托瓦内特本人的装束。无论是否突出它引发争议的女性主义内涵，这套装束都进入了支持革命的女性服装的辞典。

然而即便那些同情革命的人挪用了王后的标志性裙装，为自己的宗旨服务，他们仍然视王后为法国最危险的祸根。在

208

某种程度上，由于她厌恶人民的政治议程，在新秩序的支持者们面前反而把自己打扮得光鲜靓丽，这一说法也不无道理。因此，当议会在1789年8月宣布新闻自由时，诽谤诋毁王后的新闻报道呈指数级增加，檄文作者们用更加恶毒的语言写她与衣服的关系。[78] 随着出版市场自由化，伊丽莎白·科尔威尔指出，这类恶意文本传播起来更加廉价和容易了，"触手可及，无论是巴黎的手工业者还是精英，都能读到"。[79] 于是，当革命讽刺作家把王后"对时尚的热爱（说成）是（暴露）她邪恶本性的迹象"，正如尚塔尔·托马客观指出的那样，他们的主张为更大的读者群所知，也获得了更大的政治动员潜力。[80]

这个时期，攻击王后的一个重要文类是政治色情读物，和在旧制度下一样，其前提都是"性堕落与政治腐败密切相关"。[81] 在1789年以前，关于玛丽·安托瓦内特私生活的谣言和小册子贬低她，并把她视为波旁王朝的核心堕落腐败力量。大革命期间，这种思维方式变得更加方便和现成了，因为它既能证明推翻那个据称已被王后破坏得无法修补的旧制度的合理性，也能证明由道德品格更高尚的人取代封建统治阶层的必要性。[82]（在这样的背景下，大革命最有影响力的领袖之一、资产阶级律师马克西米利安·罗伯斯庇尔的绰号是"不可腐蚀者"，绝非巧合。）在色情文本中，强调玛丽·安托瓦内特不得体的、有色情嫌疑的服装就成为重申她性堕落（或者用一本小册子发明的有趣的说法："子宫勃发"）的有效手段，而这又暗示了整个君主制的堕落。[83]

出于这一原因，色情读物作者们暗示玛丽·安托瓦内特的高勒裙是她品行淫荡邪恶的证据，但如今除王后之外的所有人都穿上这些服装，它们却变成了道德情操高尚的象征。例如在1789年出版的一部名为《法国的梅萨利娜》（"The French Messalina"）的色情小册子中，王后身上"只穿了一件白色平纹细布做成的长款高勒裙，腰部系了一条粉色的*丝带*"，表示她正准备诱惑一位陌生人。[84] 她的新情人兴奋地发现，那件长裙让他几乎毫不费力地触摸到"她如丝般光滑的皮肤、神圣的乳房和粉色的漂亮乳头"，因而让玛丽·安托瓦内特可以把自己的身体出卖给随便一位过路人。[85]

一本同样在 1789 年出版的题为《王室角先生》（"The Royal Dildo"）的小册子描写了"众神之后朱诺"（玛丽·安托瓦内特）与她的女侍从希比（可能是朗巴勒亲王夫人或波利尼亚克公爵夫人）下流地寻欢作乐，后者声称"只穿一件罩衫"大大方便了在女主人宫殿的"接待厅里做爱"。[86] 与《法国的梅萨利娜》一样，《王室角先生》也重申了王后之所以喜欢相对宽松的长裙，是因为她可以在与宠姬们低俗的猥亵活动之后很快穿上衣服，或者是让她的情人们方便地出入她性爱的"接待厅"。[87] 在这两本小册子中，飘逸的白色高勒裙或王后的罩衫在字面意义上暴露了玛丽·安托瓦内特本质上的性堕落，确认了她"邪恶王后"的身份。[88]

然而，这些裙装还不是人们攻击国王配偶的唯一服饰；政治色情读物也不是讽刺作家唯一的媒介。讽刺漫画也通过玛丽·安托瓦内特衣橱中的一整套著名单品揭露她的卑怯。其中一套是她在登基之后和在三级会议开幕式上戴的高耸的、非常昂贵的鸵鸟羽毛。这些羽毛出现在一部题为《奥地利母鸡》（*La Poule d'Autru/yche*）的文本中，它把玛丽·安托瓦内特的头接在了一只母鸵鸟的身子上，她的头上梳有光鲜的缎带发结，还戴着一顶精美装饰的软帽。这个古怪的形象是一种视觉双关，法语中的鸵鸟"*autruche*"与奥地利（*Autryche*）的拼写只差一个字母，母鸡（*poule*）一词则表达王后是雌性物种。

210

单从这个层面解读，这幅漫画谴责玛丽·安托瓦内特是一个奥地利人——是一个特务，正在执行 1789 年秋天人们议论纷纷的所谓哈布斯堡王朝与法国强硬派君主主义者要在法国镇压大革命和恢复专制主义的阴谋。[89] 仔细看母鸡的脸更是突出了这一暗示，因为她的牙齿紧咬着一册微缩版的（尚未完成的）国民宪法。与此同时，玛丽·安托瓦内特头发上戴的鸵鸟羽毛也能够启发另一种恶毒解读，因为它们与母鸡一词联系在一起，让人想起了她恶名远扬的发饰："美丽少女号"发型。这一发型之所以引发众怒，是因为王后在首次亮相前刚刚发表过道貌岸然的宣言。[90] 1776 年，玛丽·安托瓦内特宣称她宁愿丈夫花巨资为法国购买战舰，也不愿让他为自己买入更多钻石……然而不久以后，她就顶着一个极其精美的发型出现在公众面前，显然是"美丽少女号"的昂贵复制品。十年后，她要为钻石项链事件承担名义上的罪责，又证实了她虚伪和贪婪的传言。

如今，1789 年，在捐献珠宝的女艺术家们无私爱国光芒的照耀下，玛丽·安托瓦内特对饰品的热爱看起来比以往任何时候都更加可憎，她的价值观与新制度无法调和。《奥地利母鸡》的说明假称她说了下面这句话，就确认了这一点——

> 我消化金银毫不费力，
> 但宪法我却咽不下去。

在这幅作品中，头戴奢侈羽饰的王后不再是一个人，而是变成了一个怪物。[91] 这个怪物不但忠于奥地利，而且极尽奢华，一定会破坏大革命——所以大革命一定要谨慎地先除掉她。

这样的假设构成了另一幅讽刺王后服装品味的作品的基础。这幅作品最初出现在 1789 年夏，作者是一位名叫维尔纳夫（Villeneuve）的著名革命派雕刻师，画中冷峻的玛丽·安托瓦内特正在狠命地践踏一个文件。[92] 在这幅图的一个版本中，

无名氏,《奥地利母鸡》(1789 年前后)

212

该文件被标记为著名的《人权宣言》，作为宪法的前奏，它宣称人生而平等，享受某些不可剥夺的权利（如言论自由和信仰自由、税收平等、法律面前人人平等）。漫画中的王后举止粗暴乖张：一张人脸被接在鳞片覆盖的身体上，身体上还长着一双巨大的翅膀，残暴的巨爪，还有一个分叉的长尾巴。图片说明中强调，这些都是传说中残暴的巨兽哈比的身体特征，仅仅几年前，玛丽·安托瓦内特用她特立独行的哈比装束向这种巨兽致敬。

事实上，早在1780年代中期，她居然喜欢以胃口贪婪的怪兽命名的时尚，这已经让民众对她不加节制的消费议论纷纷，也让不止一幅漫画将她与那头贪婪的野兽联系在一起。革命时期，王后挥霍浪费的坏名声再度引发焦虑，人们担心她会像大家害怕的那样奴役臣民，阻挠大革命。革命讽刺作家强调，无论是用国库的资源满足自己的轻薄任性，还是阴谋废止宪法和《人权宣言》，她都一定会用那双哈比的利爪粉碎人民的梦想。于是，她从前的哈比造型就为这一类比提供了素材，进一步证实了她会威胁自由、平等和社会进步。正如一位檄文作者警告的那样，对那些谋划"可怕阴谋"、阻挠法国革命者伟大进步的贵族和外国人而言，"没有谁比这个毫无人性的女人更适合做他们的领袖了"。[93] 赞同这一观点的讽刺出版物中充斥着为玛丽·安托瓦内特取名"雌哈比"的图片和文字，这个绰号正是来源于她时髦的裙装。[94]

法国民众受到这类指控的影响，到1789年秋，已经坚信王后十恶不赦，并努力在她与时尚的关系中寻找更多的证据。那年9月，一个称她为"奥地利特务"的煽动性小册子告诫巴黎人说，她叛国本性的证据就在她的头发和衣服上：背叛耶稣的犹大的红头发和"对伪装的迷恋"，表明她骨子里就是个不可靠的人。[95] 10 月 2 日，证据再度出现，人们指控前一晚，在凡尔赛宫为弗拉芒军团（Flanders Regiment）举办的宴会上，玛丽·安托瓦内特和她的朋友们来到士兵中间，劝他们将武器对准国民。更具体的指控是，一群夫人带领狂欢者们仪式性地践踏三色徽章，王后热情地加入其中——完全符合她撕碎宪法的怪物形象。[96] 那些没有被践踏的三色徽章被前后反过来戴，只能看到它们纯白色的背面。除了这些临时性的君主主义徽章，女人们还分发了更多的白色波旁王朝徽章和代表贵族与奥地利的黑色徽章。[97] 从头到尾，"打倒国民！"的狂热口号响彻宫廷，宴会在无比下流的邪恶放纵中结束。

213

　　与针对玛丽·安托瓦内特的众多传言一样，这一谣言也夸大了她的实际行为。10 月 1 日，王室卫队的确为刚刚到达凡尔赛的弗拉芒军团举办了一场宴会。宴会的高潮确实是路易十六带着家人意外地出现在宾客中间时，人们热情洋溢地流露出对君主制的同情（发出"国王万岁！"的欢呼声）。玛丽·安托瓦内特"身穿白色和淡蓝色的礼服，头发上配以同色彩的羽毛"，安东尼娅·弗雷泽写道，她带着新王储路易·夏尔和长公主到每个宴会桌前致意，优雅高贵的姿态令士兵们心折。[98]

　　或许是王后的白裙启发了谣言传播者，于是编造出她带头给大家分发白色徽章的故事。但据当时在场的康庞夫人、拉图尔迪潘侯爵夫人和拉罗什雅克兰侯爵夫人（Marquise de La Rochejaquelein）回忆，根本就没有发生分发徽章的事。[99] 只有"马耶夫人"（Madame de Maillé），拉图尔迪潘侯爵夫人回忆说，这是个"愚蠢的 19 岁年轻姑娘，从帽子上取下了一个（白色的）丝带帽结"来表达她对波旁王朝的忠心。[100] 根据拉图尔迪潘侯爵夫人的记录，没有军官效仿她的行为。虽然有些与会者的确戴着贵族的黑色徽章——按照编年史家安托万－约瑟夫·戈尔萨（Antoine-Joseph Gorsas）的说法，有一个军官说了句贬低"三色徽章"的话，称还是"黑色的更好看"——但似乎没有人把国民徽章踩在脚下。[101]

那天晚上发生的事并没有什么出奇之处，然而八卦和新闻记者还是迫不及待地把它们变成"假想的反人民者罪行，（它们很快）就传遍了巴黎的街头巷尾，号召市民们报复"，动员无疑就围绕着玛丽·安托瓦内特亵渎大革命最神圣饰物这个十分可信的画面。[102] 据说在王后的宿敌艾吉永公爵的领导下，一群乱哄哄的廷臣打扮成女性民众——在旧制度的传统中，这一直是男性骚乱者煽动闹事的一个手段——到全城各处的小酒馆里煽动怒火。[103] 乔装打扮的贵族们利用普通人吃不上面包而王室配偶却如此奢华的强烈对比，鼓动同胞们"对（王室）发动起义，对玛丽·安托瓦内特发出大声诅咒"。[104] 大批民众欢迎这类激昂的演说，到 10 月 5 日，真正的巴黎女人们也开始呼应煽动者愤怒的呐喊。

5 日下午，五六千名巴黎女人涌向市政厅，先是抗议首都价格合理的面包供应短缺（这是真实情况），然后又决定直接向国王和王后申诉。女人们手握随手抓起的武器，而国民军的士兵们因也被弗拉芒军团宴会的故事激怒，所以故意没有阻止她们。就这样，这些女人和跟在她们身后大批异装或正常着装的男性革命者一起向凡尔赛进军，泰鲁瓦涅·德·梅里古（头戴男式礼帽，身穿亮红色骑马装）就奔跑在她们中间。[105] 离开巴黎后，她们的身后跟着约 15000 名同情她们的国民军士兵，威胁拉费耶特将军如果不加入他们就杀死他。示威者拂晓时分聚集在宫廷门口，此时他们的队伍已经壮大了数倍。

由于拉费耶特提前派了一位信使前往凡尔赛告知宫廷和国民议会，叛乱者即将到来，以便王室卫队能够在宫廷门口准备好迎接挑战。他们的确等来了大麻烦，民众经过六个小时的长途跋涉，以及长时间等待国王和国民议会对他们的面包要求做

214

出回应，这时已变得十分暴躁，与卫兵们发生交战，轻而易举地制服了人数不足的卫队，成群结队地涌入城堡。[106] 巴黎人大踏步穿过那些奢华装饰的镀金房间寻找国王和王后，毫无敬意地直呼他们为"烤面包师傅和他的老婆"，发誓要将两人带回巴黎，以确保增加食物供应。这些入侵者们因为王室卫兵没有佩戴国民徽章而恶毒地殴打他们，并威胁说如果他们不扔掉君主主义玫瑰花饰物，就割破他们的喉咙。[107] 那些试图坚守在城堡岗位上的王室卫兵惨遭袭击，武器各异，有长枪和火枪、匕首和扫帚柄。两个王室卫兵被杀，他们的头随即被割下来，被暴徒们高高地挂在长枪上炫耀胜利。

然而最能激起暴民的斗争欲望的仍是玛丽·安托瓦内特。事实上，康庞夫人后来回忆说，整个入侵宫廷行动最主要的目标就是王后。他们集体穿过宫廷朝她的卧室行进（几位目击者后来称见到了奥尔良公爵本人，他走在队伍前面，穿着一件朴素得可疑的灰色大衣），嘴里不停地念叨着对王后的咒骂和威胁。[108] 大多说要砍掉她的头，但有些更为血腥。比方说，阿莱鱼市的女人们就滔滔不绝地说她们要把玛丽·安托瓦内特开膛破肚，把她的内脏倒进她们的围裙里，再把剩下的骨肉做成崭新的红徽章。[109] 宫廷外也是一样，沸腾的人群发出同样的威胁，在王室套房的窗户下面尖叫着："我们要来剥掉王后的皮，用它做成丝带打造我们自己的玫瑰领结！"[110] 不用说，公然说出要把玛丽·安托瓦内特的身体（她血腥的内脏或传说中的白皮肤）做成三色徽章，揭示出民众愤怒情绪中具体与衣服相关的因素。

与此同时，他们远道来惩罚的那个女人惊恐地站在自己的卧室里，两位侍从冲进来通知她，如果想避开劫掠的人群，她连衣服都来不及穿了。不过玛丽·安托瓦内特还是停留了足够长的时间套上了一件黄色的骑马装，又在系了一半的内衣上面

215

盖了一顶黑帽子，通过一道密门逃离了卧室，去往将她的卧房与国王卧房连接在一起的那条秘密通道。[111] 她离开了套房里那些装了护壁板的高房门。暴民到达那里，踢开那些上锁的门时，她已经走到了通道深处，安全地前往路易十六的套房。

然而，那些袭击者们疯狂过了头，没有意识到他们憎恨的对象已经逃走了。他们以为玛丽·安托瓦内特就躺在床上，盖着精美绣花的被单，便疯狂地捶打床面，将床垫、传单和枕头撕成了碎片。他们一发现自己的错误，便为发泄愤怒寻找其他对象，很快就看到了卧室墙上那些镀金的穿衣镜。莱昂纳尔后来记录道，他们"拿起手中的火枪把这些穿衣镜轰得稀烂，无疑是在惩罚这些无辜的玻璃曾经映照出那个他们没法如愿刺杀的女人的容貌"。[112] 如果说他们捣毁的床是王后本人的替身的话，那么被打得粉碎的穿衣镜就是王后自恋的共犯。

当天晚些时候，民众还会以另一种方式惩罚王后，但在那以前，他们接受了拉费耶特将军和一些较为平和的警卫的调停，同意暂时停火。这些警卫被民众的破坏力吓坏了，很快行动起来阻止针对王室卫兵的更多暴力行为。将军随后向叛乱者保证，说那些卫兵不是国民的叛徒：他甚至还仪式性地在一位王室卫兵的帽子上别上了一枚三色徽章。[113]

216　　　然而民众并不满足。他们挤在宫廷前面的大理石庭院里，高喊着让路易十六和他的妻子走出套房到阳台上来见他们；而后当王室夫妇保证回巴黎为他们提供面包时，民众狂喜又不乏怀疑。有些劫掠者看到玛丽·安托瓦内特穿着代表奥地利哈布斯堡王朝的黄色和黑色，大概又有些恼怒；有少数人仍在威胁要对她进行身体伤害。然而根据当时与长公主和王储一同在侧翼等待的王室家庭教师图泽勒夫人（Madame de Tourzel）回忆，王后"面对危险，仍保持着威严和无畏的镇静……震慑住了暴民，他们立即放弃了不可告人的念头，生起崇拜之情"。[114]

玛丽·安托瓦内特向臣民们行了一个低低的、庄严的屈膝礼，起到了平息事态的作用。"她的勇气和高贵气质，"一名年轻的王室男仆说，"让那些嗜血的虎豹放下了武装。"[115]

不过，虎豹们与王后之间的休战十分短暂。午后，路易十六、王后、孩子和妹妹伊丽莎白夫人再加上图泽勒夫人一行人挤入一辆马车，与一个巨大而无序的队列一起向巴黎行进。理论上，巴黎人有充分的理由欢呼雀跃。毕竟，他们此刻正把王室一家和城堡储藏室里的大量谷物运往巴黎。然而疲惫、酒精和杀戮已经让胜利者陷入了半醉状态。[116] 由于人数过多、队伍过长，这 12 英里路走得非常缓慢，令人疲惫不堪（到这时已经走了大概 8 个小时了），劫掠者起初的敌意再度出现。守护在王室马车两边的拉费耶特和其他士兵也没能震慑住他们，他们逐渐聚拢在马车附近，紧紧抓住车门。他们一遍遍重复着"国民万岁！"，直到嗓子都喊哑了。他们挥舞着长枪，上面挂着他们偷来的面包，嘴里重复起对"烤面包的师傅和他的老婆"的咒骂。他们会把路旁的树枝砍下来，把三色丝带缠在树枝上，愤怒地对着马车摇动着。[117] 他们嘴里唱着关于玛丽·安托瓦内特所谓的性乱交的歌谣，同时还使劲儿做出各种猥亵动作来嘲讽她。

然而直到整个队伍到达塞夫尔（Sèvres）镇，暴徒们才想出了最适合惩罚王后罪行的方式。当整个队伍停下来重新编组时，据说有几个最残暴的成员溜去找一位理发师。一位王室男仆记录说，他们找到几位理发师后，"将一把刀架在（理发师）的脖子上，逼迫他们"为那两个被杀害的王室卫兵的首级"做出卷发并涂上粉末"。[118] 之后，暴徒们把做出精美发型并涂抹大量粉末的两颗头颅重新挑在长枪上，回到了王室马车旁。队伍继续向前行进，这些人就在玛丽·安托瓦内特的窗前挥舞着那些可怕的战利品，确保她看到她钟爱的

217

用场。[119]

如果这样的叙述（除了国王的年轻男仆外，一位大臣也有同样的记录）是可信的，那么显然，恶作剧者是在利用这个机会惩罚王后在臣民疾呼粮食匮乏时，还顶着涂抹粉末的高发髻四处招摇。这是 13 年前面粉暴动期间人们被迫接受的屈辱，而在之后的那些年里，王后仍然自私浮夸，不顾大局。但今天，就在整个队伍缓慢地走出塞夫尔时，民众总算报了仇，在玛丽·安托瓦内特面前高挑着那两颗涂满粉末的血腥头颅。他们不但劫掠了面包师傅的老婆和她以不道德的方式储存的大量谷物，还迫使她思考自己无意间对他们造成了怎样的伤害：在某些情况下，奢侈的时尚不啻一种罪行。

革命者与王后的冲突除了显而易见的象征性胜利之外，还以另一种重要的方式让前者从中获益。有一个挥舞着长枪的流氓突然向前冲到了离玛丽·安托瓦内特的马车窗户很近的地方，据说她尖叫了一声："快把这个无套裤汉拉走！"[120] 此话是毫不含糊的侮辱：正如理查德·里格利（Richard Wrigley）所说，在大革命之前，"被称为'无套裤汉'就等同于缺乏得体着装"，也就是贵族和资产阶级的及膝裤或套裤，"因此会被列为社会的底层"。[121] 然而根据一位贵族的叙述，王后在这一背景下使用这个词启发革命者们穿上了年轻劳动者的粗制长裤作为反抗的标志，以及他们反贵族的"纯爱国主义"的证明。[122] 的确，在"纯爱国主义"就意味着憎恨王后的大环境下，她对衣装寒酸民众的厌恶就赋予了长裤一种新的，凸显反抗、愤怒和复仇欲望的力量。[123] 看起来，玛丽·安托瓦内特再一次无意中为仇敌们提供了服装反叛指示图。

6 日晚 10 点，王后和家人们终于到达了他们半废弃的巴
。有大约 670 位侍从跟随他们从凡尔赛宫来到这里，为的是在巴黎重建宫廷，他们不得不在无数一直居住在城堡里的国家养老金领取者中间寻找合适的住处。王室自1722 年以后就没有在杜伊勒里宫居住过，那年还很年轻的路易十五从这里搬去了凡尔赛宫；在波旁王朝这一代人中，玛丽·安托瓦内特是唯一经常使用这个寓所的人，她偶尔会前往应她的要求重新装修过的小套房中，在歌剧院之夜前后在那里更衣。如今，由于到处都是来来去去的养老金领取者，零星的家具也被重新安置在宫殿各处，王室一家只好在杂乱无章的新住处安顿下来。

然而，巴黎人可不打算让他们的君主就寝。虽然拉费耶特已经在杜伊勒里宫周围部署了国民军（王室卫队已经因对君主忠诚而被遣散了），但王后和家人们刚到那里几个小时，就被群众冲入花园和庭院要求见他们的声音吵醒了。据图泽勒夫人估计，这些人中有一些"是为了品尝胜利果实的甜美（而出现在那里），大多数人只是出于好奇"。[124] 但他们全都在迫不及待地传达革命已势不可挡的消息。女商贩们咄咄逼人地四处征用三色徽章。[125] 尽管图泽勒注意到玛丽·安托瓦内特表现出明显的不愿意，暴民们还是强迫王室一家在衣服上别上了徽章。[126]

和路易十六两个月前接受了蓝红徽章一样，这件事有着重要的象征意义，人民得以对他们的君主行使权力，从本质上说，君主已沦为他们的囚徒。但王后正如她在 10 月 7 日写给梅西的信中所说，决心"赢回资产阶级和民众中较为清醒和诚实的人的心，虽然他们一直以来对我做了这么多恶毒的事"。[127] 显然，平民们此番强迫国王和整个宫廷搬到巴黎，展示了他们的实力，就连巴士底狱陷落也没能达到这一效果。玛丽·安托瓦内特意识到这股突然崛起的势力，似乎这时才感到有必要假装着尊重他们的目标——以及他们最爱的象征物。因此，在到达杜伊勒里宫的第一天，她就恳求埃洛夫夫人做了 150 个三徽章，"以王后的名义分发给巴黎的女商贩们"。[128] 王后主动向威胁要把她的内脏做成徽章的人示好，不仅展示了王后的肚量——这是王室崇高尊贵的标准特征——也驱散了她鄙视三色的谣言。

219

女商贩们很感动，尤其是因为王后的徽章，埃洛夫夫人的定价是每个 1 里弗，比在街角或乡下集市买到的徽章昂贵和奢侈得多。[129] 这些女人意外地发现王后居然如此慷慨，第二天就聚集在杜伊勒里宫的王后套房外面。在王后应要求出来之后，女商贩们又要求她把"自己帽子上的丝带和花朵"给她们。[130] 玛丽·安托瓦内特立马拆下了帽饰，分发给女人们，她们为她的仁慈和慷慨欢呼了半个多小时，王后对此十分满意。这或许是王后的批评者们第一次发现她愿意把她曾经独自享受的财富与其他人分享。

把那些昂贵的装饰品别在自己肮脏的围裙和破旧的软帽上之后，阿莱鱼市的女商贩们仍不满足，认为玛丽·安托瓦内特还应给她们提供衣物。王后回屋后，图泽勒夫人在她们的高声召唤中重新出现在宫殿外，承诺王后一定会赎回她们因贫困而被典当的衣物。[131] 但王后的运气不好。还没等当铺老板拿到王后的指令，女商贩们就冲进了当铺。

女人们到达当铺后，愤怒地发现赎回她们物品的钱还没有到，一怒之下砸了当铺的窗户、门和里面的物品。然后她们又回到杜伊勒里宫，"高喊着奥地利丫头欺骗和愚弄了她们"，并威胁要像在当铺时那里捣毁宫殿。[132] 巴伊赶到现场阻止了一场骚乱，但几周后，女人们仍然余怒未消。事实上购回她们典当的物品要花费王室 300 万里弗，考虑到国家财政状况如此严峻，王室根本不可能支出这么一大笔钱。作为妥协，路易十六发表声明，说民众误解了他妻子慷慨的承诺，她能够替女商贩赎回的仅仅是"她们的内衣和冬衣"。[133] 这本身已经是不小的恩惠了，但仍未能消除女人们的成见，那就是王后再度背叛了她们。她们忘记了她的主动示好，再度记起了她诸多不可原谅的罪行——利用小册子始终在整个巴黎传播的罪行。

然而即便如此，王后仍然决心以温和顺从的姿态来面对公众的敌意。在杜伊勒里宫，反对她的巴黎人每天都聚集在那里呆望着她，亲革命的国民军成员监视着她的一举一动，她发现自己仿佛又回到了被严密监视的凡尔赛宫一样。[134] 巴黎人充满复仇的欲望，激起他们造反的饥荒和贫穷未有丝毫缓解。随着路易十六一同搬到首都的国民制宪议会虽然正努力平息社会骚乱和缓解经济困难，但暴力仍然继续爆发，可怕且不可预测。在这种极不稳定的形势下，安抚臣民变成了玛丽·安托瓦内特最稳妥的生存之道。

这并不是说她没有遭遇艰难险阻。随着越来越多的贵族朋友移居到国外避难，王后在写给他们的信中坦白说，在杜伊勒里宫的每一天，生活的压力都在考验着她的勇气和耐心。[135] 然而如果她要"赢回……资产阶级和民众"，就必须说服他们相信她的良好意愿——不但要在日常行为中展示那些意愿，还要毫不吝啬地对革命信徒表达善意，穿衣方式也不得有半点儿差池。听说她不戴国民徽章，民众就愤怒声讨，这就表明，在针对其服装的诽谤声中，在她与阿莱鱼市的女贩子们打交道的过程中，民众极其苛刻地监视着她的服饰，剑拔弩张，不容有失。

于是在 1789 年 10 月 7 日，当对大批民众宣布她和国王愿意与巴黎人和平共处，"必须停止憎恨"时，据说玛丽·安托瓦内特穿了一身三色服饰：一件蓝白色条纹礼服、一顶白色软帽和三角巾，两条饰品都用红丝带镶边。[136] 当天，她还吩咐埃洛夫夫人为她置办几十昂玫瑰色、白色和蓝色丝带，制作她私用的徽章。[137] 她不动声色但强有力地表现出自己已经属意于那些革命象征物，进一步彰显她希望获得友谊与和平的决心。正如她在几年后对梅西承认的，"我理应本着诚信的态度与民众一条心……因为要压制那些新思想，最好的方式（就是）冒死相信它们"。[138] 登基后的几年，服饰似乎让她拥有了事实上根本没有的政治权威。如今，她用穿衣表达对革命民众"新思想"的虚假的忠诚。

最初几个月里，玛丽·安托瓦内特继续用服装表明她对"新思想"的忠诚。她买了更多的徽章，付给埃洛夫夫人数千里弗，请后者翻新她从凡尔赛宫带过来的蓝、白和玫瑰色旧裙子——为它们镶嵌更多的三色装饰。[139] 就连在 1790 年 2 月底得知哥哥约瑟夫二世死于肺病时，她也不怕麻烦，把这些色彩用在了丧服上。3 月，她订购了 12 昂"窄边国民丝带作为对新思潮的让步"。[140] 3 月 25 日的《时尚和品味杂志》热情洋溢地书写革命的平等主义对时尚的影响，批评王室服丧是一种精英主义做法（因为根据传统，君主的所有臣民都要服丧，以示哀悼），呼吁废除它。[141] 王后在丧服中加入三色丝带，确保服饰的政治正确，尽量与革命风格保持一致。

此外，虽然来杜伊勒里宫时带了一整箱她最珍贵的钻石，但她不再用珠光宝气来表达自己誓不让步的立场。她偶尔仍会在罗丝·贝尔坦那里下订单制作正式礼服，因为在宫廷搬到杜伊勒里宫后不久，凡尔赛宫里那套古老的仪式就恢复了——但她大部分的服装津贴都用于购买丝带、朴素的帽子和方巾，以及修补裙装。[142] 每天在花园里散步时，她似乎更偏爱低调的白色软帽和三角巾，如今民众已经把这些时尚穿成了他们自己的风格，与三色饰品和衣物一样，流行的时尚杂志继续鼓吹它们是值得赞扬的"爱国"标志。[143]

的确，玛丽·安托瓦内特仿佛结束了自己远离时装界的悠长假期，简直像是从杂志走出来的人物。1790 年 7 月 14

日，她穿着低调的衣服参加了在首都的战神广场（Champ de Mars）上举办的纪念巴士底狱陷落一周年活动，当天有40万民众参加了庆典。在这次活动，即所谓的"联盟节"（Fête de la Fédération）上，她穿了一条朴素的白色礼服，与女性到会者必须穿（配一条三色腰带）的裙子别无二致。她没有为自己的礼服配以金光闪闪的珠宝，而是选择了一根典雅的三色羽毛和颜色相配的三色丝带作为发饰。[144] 在用服饰疏远民众那么多年之后，她如今看上去像是他们的朋友和支持者，她的装束明白无疑地表达了对革命的支持和同情。

　　她为5岁的王储路易·夏尔选择的装束也表达了这样的同情。因为与仍然偏爱王室文化中漂亮的及膝裤、金光闪闪的短上衣和羽饰礼帽的国王不同，小男孩身上穿的是国民军的三色制服。[145] 民众看到这位身穿爱国者装束的小王子，爆发出热烈的欢呼声，对那个装束与儿子完美协调的女人也表达了满意。这是玛丽·安托瓦内特多年来第一次听到民众高呼"王后万岁！"——当天空中厚厚的云层转为倾盆大雨，她把轻盈的围巾摘下来，温柔地盖在小王储的制服上时，民众又欢呼起来，欢乐得近乎狂热。看起来，民众总算遇到了他们一直期待的那种王后：心地温厚的法兰西的母亲，她的衣服表达的是慷慨而非自私，是爱国情怀而非对外国的忠诚和贵族的邪恶品行。[146]

　　虽然天公不作美，但联盟节仍然大获成功，很大一部分原因就是首都与王室之间终于达成了和解。然而图泽勒夫人那天却喜忧参半，因为民众再也未这般善意地对待他们的王后。多年后，图泽勒夫人充满眷恋地回忆起那天在大雨瓢泼的战神广场上，她站在王室一家身旁的情景，那是她的女主人"一生中最后一个吉利祥和的日子"。[147] 对玛丽·安托瓦内特而言，历史即将进入一个全然不同的轨道，不再会有什么良辰吉日了。这天之后，革命者们再也不会称赞她是他们忠诚的时尚女王了。

222

第九章

本色

民众看到王后在联盟节上的三色裙装而暂时改变了对她的看法，事实上她接受大革命的着装法则并不意味着发自内心地皈依革命。[1] 1790 年 1 月，她在一封写给梅西的密信中解释说，虽然她觉得自己出身太高贵而不该屈尊欺骗他人，但"我目前的处境非常独特，以至于我不得不改变自己坦率和独立的个性，并……（学会）掩饰自己的真情实感，这样对每个人都好"。[2] 因此，她在联盟节上的成功表演说到底也只是表演。"我必须参与，"她在庆典之前对梅西坦白说，"但是，哦，我好害怕。"[3]

的确，就算她试图安抚臣民的愤怒，尽可能减轻他们的憎恶，她也从未对他们参与治理王国的理念有过任何好感。在大革命的第二年，她惊恐地看到它对专制主义制度的古老支柱展开了越来越大胆的抨击：1790 年 6 月，制宪议会的代表们废除了一切世袭贵族头衔和骑士勋章；7 月，他们起草了《教士的公民组织法》（Civil Constitution of the Clergy），史无前例地调整了教会的等级制度，将所有教士定位为国家的仆人；12 月，他们敦促国王违背自己的意愿，接受《教士的公民组织法》。面对这些激进的变革，玛丽·安托瓦内特更加鄙视革命了。[4]

路易十六也很反感制宪议会的行动，与妻子一样，他也害怕代表们最终会完成法国新宪法的起草工作，以法律的形式大大限制他的权力。[5] 然而他这人永远犹豫不决，似乎无法或不愿采取任何有力行动来对抗革命者。相反，玛丽·安托瓦内特日益坚定：如果她和国王希望拯救自己的家庭、地位和王国，就不能坐以待毙。[6] 她私下里准备勇敢行动的决心给开明贵族米拉博留下了深刻印象，后者在 1790 年 6 月 20 日说："如今坚定地与国王同一立场的只剩下一个人了，那就是他的妻子。"或许是暗指她过去是一个身着男装的无畏骑师，他接着说："很快我们就会看到，一个女人在马背上会有何作为。"[7]

大约同一时期，一家君主主义报纸刊登了一首讽刺歌谣，赞美玛丽·安托瓦内特"阳刚的"人格力量，与之形成鲜明对比的是，据说艾吉永公爵在煽动 1789 年 10 月进军凡尔赛时，曾畏畏缩缩地男扮女装——

> 我们来到了一个奇妙的时代：
> 艾吉永——穿得像个女人，
> 而安托瓦内特变成了阳刚男儿。[8]

米拉博的俏皮话也传达了同样的含义，这种评价恰好来自她曾试图用男式骑马装塑造的自我形象：誓死守护自己王室地位的、不可一世的形象。

这样的姿态可不会让玛丽·安托瓦内特赢得革命者的喜爱，何况他们始终怀疑她是否忠于革命事业。一个色情讽刺读物作家提醒人们警惕王后的骑马装束背后的邪恶本性，想象她与阿图瓦的性接触，她"骑在一匹良种驯马上，穿得像个亚马孙女战士"。[9] 这把她的衣装历史和所谓的"养小叔子"结合起来，塑造出一个既变态又没人性的女人形象，这个女人在字面意义上与敌人同寝。（阿图瓦在法国不得人心，但由于他已经在 1789 年 7 月秘密逃离法国，又参与了海外一个公开的反革命侨民团体，民众对他的厌恶已经上升为无法化解的仇恨。)

虽说大革命支持者仍然愿意相信国王是"法兰西自由的守护者"，是新的君主立宪制的英明领袖，但他们对王后可没有这样的期许。她与奥地利皇帝的血缘关系和长期以来关于她与阿图瓦特殊友谊的传言——这两个男人对新生的革命国家都是潜在的巨大威胁——让人们似乎有充分的理由害怕不守妇道又充满阳刚活力和权力欲望的玛丽·安托瓦内特会如一本小册子所说，"以（她的）祖先路易十四为榜样，带领一支庞大的军队包围巴黎，穿着马靴和马刺，手里挥舞着鞭子，仿佛（她）是来制伏（她的）奴隶的"。[10] 即便不相信她是个危险的外国代理人，国内肆虐的饥荒也很容易把她变成人们攻击的目标，谴责这位最有名的面粉挥霍者"想把我们（人民）变得像驮兽一样苟且偷生，却把最好的谷物全都留给（她的）良种打猎坐骑"。[11] 与她用大量粉末涂抹的发型一样，玛丽·安托瓦内特策马驰骋的过去也被批评者们视为她大手大脚、自私自利且本性邪恶的证据。

王后心中对未来的幻想或许没有檄文作者们想象的那么极端，但到1790年夏，她事实上已经在谨慎地试探有无可能逆转大革命咄咄逼人的势头了。她开始秘密与各类效忠王室的保王派会面和通信，包括米拉博，此人虽然仍是制宪议会的指路明灯，但在1789年10月的血腥事件之后，已经开始思考自己曾经如此激烈地反对王室权力是否正确。在与这位叛变贵族打交道的过程中，玛丽·安托瓦内特"学着掩饰自己的真实感受"。这个男人丑陋得可怕，满脸麻坑，须发蓬松得像头巨兽，对爱美的王后没有丝毫吸引力，但她还是掩饰了对他的厌恶，似乎轻而易举就用自己的魅力俘获了他的心。米拉博承诺协助似乎让她看到了一丝希望，正如他对她承诺的那样，"君主制（必会）获救"。[12]

相比之下，她与哥哥利奥波德二世（Leopold Ⅱ，他接替约瑟夫二世继承了皇位，但玛丽·安托瓦内特自幼与这个哥哥不亲近）和欧洲其他君主的通信就令人沮丧得多了，或许他们更加开诚布公。她接近他们的目的是想看看他们能否帮忙，用她的话说，把法国从民众决意要把它推进的"深渊里拉回来"。然而很不幸，这些统治者无论是出于思想倾向还是政治原因，都没表现出多少兴趣让法国摆脱混乱状态；他们只是敦促她和路易十六保持冷静，静待佳音，这样的建议让玛丽·安托瓦内特很难接受。正如她绝望时对西班牙大使（西班牙国王是她丈夫的表兄）抱怨的那样："他们隔岸观火，嘴上说些谨慎行事的建议当然容易了，毕竟刀没架在脖子上啊！"[13]

226

王后的通信者中大概没有一个人对此话信以为真。随着时间的推移，它们不再仅仅停留在字面上，革命者的刀似乎的确逼近了玛丽·安托瓦内特的脖子。联盟节过后不久，国民军逮捕了一个携带武器的男人，他摸进了宫廷位于圣克卢（Saint-Cloud）的乡间别墅，准备刺杀王后。此人被抓之后，路易十六的秘密警察又发现了另一个刺杀王后的阴谋，这一次是下毒。[14]

在王室看来同样可怕的，是那年秋天在民众和革命政府中影响力都很大的一项提议。在很大程度上，这项提议因那些"记录了"穿高勒裙王后淫乱行为的政治色情读物而深得人心，呼吁审判这位淫妇，确保国王跟她离婚，好让他再娶一位令革命群众满意的女人当王后，例如奥尔良公爵那位待嫁的女儿。至于那个奥地利丫头，她应得的惩罚是永远被关在修道院里，或者干脆处决。就连主张民众与王公和谐相处的拉费耶特，在告知王后说公众希望以这种方式除掉她时，也不再故作高雅地使用委婉语了。[15]

危险越来越大，玛丽·安托瓦内特，甚至最后连她的丈夫，都痛苦地意识到他们必须采取极端行动了。[16] 1790年底，他们认为别无选择，只能和家人一起逃离杜伊勒里宫，前往法国境外（王后更偏爱这种方案）或境内（路易十六不愿意让"善良的好人民"失望，更倾向于这种方案）某个君主主义支持者控制的地方。米拉博等人早在那年夏天就提出了这种解决方案；如今情况更加危急，似乎是唯一的出路了。[17]

至于之后怎么办——利奥波德二世或其他外国统治者是否愿意帮助他们，以及他们将如何或者在何种程度上恢复君主的权力——仍悬而未决。[18] 但至少王室成员可以摆脱杜伊勒里宫以及巴黎这个革命中枢对他们造成的持续威胁。玛丽·安托瓦内特的旧情人、那年早些时候定居首都的阿克塞尔·冯·费尔森主动提出安排他们出逃。路易十六一如既往地无视这位瑞典贵族与王后之间的任何浪漫关系，对由费尔森规划出逃行程没有提出任何异议。

就在费尔森和其他几位王室心腹忙于安排时，王后本人也在国民军和指派给她的宫廷用人几乎不间断的监视下暗中操作；她觉得大多数宫廷用人都是革命派的奸细。在这种情况下，她的策略性伪装至关重要，因为稍有不慎就会把自己暴露给国民制宪议会，让计划泡汤。此外，到这时，大革命已经有了自己的整套词汇，一种充满了政治狂热和平等主义美德的语言，其中就包括三色装饰品。于是她自问，为什么不"对（民众）说他们听得懂的语言呢"？[19] 于是在等待时机、准备奔向自由的日子里，玛丽·安托瓦内特继续用衣服表达。从埃洛夫夫人的账簿推断，这一时期她仍然严格遵守安抚性的蓝白色着装规则。[20]

然而，玛丽·安托瓦内特开始推行的议程恰是敌人坚持不懈地从她"反革命"外表中读出的东西，这不得不说是一个悖论。[21] 在1789年夏季风行于首都的小册子中，批评者们警告说，她的装束绝对与民主信念和平民德行的语言无关；她的鸵鸟羽毛象征着与奥地利的联系，对法国新生的宪政政府构成了真正的威胁；她的男性装束表达了她叛逆的权力意志；就连朴素的白裙、软帽和方巾，与其说是赞美新生制度，不如说是表达了她对腐朽旧制度的眷恋。到 1791 年春末，就在她和帮手们为逃跑计划做最后的润色时，那些偏执的指控有了一种不容置疑的真实性。狡猾装扮自己的玛丽·安托瓦内特不可信。她的确有着仇敌们在她的衣装中解读出来的某种近似于不爱国的意图。正如一本同时代的小册子所说，"公众看出（她）就是个剧院女演员"，用她爱国的表面文章掩盖了对革命事业根深蒂固的仇恨。[22] 的确，长期以来，那些奢侈、不得体的戏服一直让人们把她同堕落的巴黎女演员群体相提并论，也让她传递良好意愿的姿态变得极不可信。[23]

然而正如王后对梅西坦白的那样，身处绝境让她必须掩饰和伪装。无论她说自己多么不愿意说谎，谎言都是在未来一劳永逸地恢复其"坦率和独立人格"的必要手段。就此而言，在 1791 年 6 月，也就是计划出逃前，玛丽·安托瓦内特不再请埃洛夫夫人为她制作三色徽章、国民丝带，也不再让人用红、白、蓝三色修补裙子给外人看了。相反，在为旅行准备的衣物中，她更喜欢代表阿图瓦的绿色、代表王室尊严的奢华紫色、代表奥地利和王室服丧的黑色，以及代表波旁王朝百合花的白色。[24] 她在埃洛夫夫人和罗丝·贝尔坦两人那里增加了订单，收拾起了一个与王后身份相称的包裹，当然，是要尽一切可能重新夺回王位的王后。

玛丽·安托瓦内特让康庞夫人帮忙购买衣物，后者恳求女主人记住"法兰西王后无论到哪里都能买到自己需要的衣物"，并提醒她说，提前购置这么多衣物"可能没用，甚至还很危险"。[25] 的确，路易十六的王后在罗丝·贝尔坦那里花越多的时间和金钱，就越可能暴露自己，让人发现她的计划；即便没

228

有暴露，也可能引发一波新的负面宣传。事实上，这些风险都变成了现实。一个为王室管理衣橱的女人虽然直到王室成员出逃之后才公开谴责他们，但她那时已经开始怀疑玛丽·安托瓦内特突然订购大量新衣的动机。这个女人是个顽固的革命派，有一个在国民军服役的情人，且对王后没有任何好感，她警告同胞们说王室成员正在准备逃跑。[26] 玛丽·安托瓦内特十分担心这个女人是奸细，便把出逃推迟到这个女人离职之后。[27]

革命派记者也警觉地注意到贝尔坦又定期出现在她的女主顾身旁。与衣橱女不同，批评人士没有从衣服订单联想到出逃计划；但他们的确又提出那位时尚女商人与阿图瓦、波利尼亚克和朗巴勒等旧友一样，是玛丽·安托瓦内特令人厌恶的好友圈的关键成员。有一个很可能是杜撰的故事说，一个为朗巴勒亲王夫人服务的侍女曾在杜伊勒里宫外被袭击，因为她"被误以为是王后的女帽商贝尔坦夫人的工作人员，（她的袭击者）说，后者正在宴飨民众的苦难"。[28] 如果真有此事，或许要归咎于那些小册子，其中一本重述了十年前对这位时尚商人连篇累牍的批判，义愤填膺地指出："没有什么比这更荒谬了，让这位小姐获准进入王后的亲密圈子，为王后指点时尚法则——还声称她是时尚界最炙手可热的女领袖。"[29] 这段话再度道出人们早先对玛丽·安托瓦内特浮华且独断专行的"时装部"的批评，再度提出她执着于穿衣打扮而不得公众信任。1791 年 1 月，革命记者卡米耶·德穆兰——就是在 1789 年 7 月戴上第一个绿叶徽章的那个人——在自己的报纸上说玛丽·安托瓦内特是"从头发里放出千万条蛇，任凭它们在法国大地上肆虐的复仇女神"。[30] 在这种说法中，王后那精美的发型有毒，必会让她的臣民受苦受难。

然而最新一轮舆论攻击并没有吓倒王后，她仍在为即将到来的旅行选择衣物。康庞夫人回忆说，在出逃前的几个月，玛丽·安托瓦内特过多关注自己逃出巴黎后应该穿什么——仿佛那些君主主义色调的装束能够确保她获得她以为自己即将重新获得的特权。[31] 她公开放弃了代表革命战斗精神的颜色，回归了与旧制度有关的颜色，还召集她以前的"时装部"为自己不久之后的凯旋设计和制作服装，玛丽·安托瓦内特无疑在表明，从今往后，她的衣服展示的政治议程就是她自己的政治议程。她只剩最后一件误导公众的戏服要穿了，她和她的家人终将获得自由。

1791 年 6 月 20 日深夜，在一整套王室就寝仪式之后，路易十六、玛丽·安托瓦内特、孩子们、图泽勒夫人和伊丽莎白夫人在夜色掩映下悄悄地逃出宫殿，在小心计划好的时段中，从巡逻的国民军士兵眼皮底下溜走了。阿克塞尔·冯·费尔森打扮成一位马车夫，用一辆不起眼的马车接上了他们。和费尔森一样，其他人也为出逃而拥有了新的装束和身份。图泽勒夫人装扮成一位俄国贵族的遗孀科尔夫男爵夫人（Baronne de Korff，真正的男爵夫人把自己的护照借给了王室成员，方便他们旅行）；法兰西的孩子们装扮成男爵夫人的两个小女儿；玛丽·安托瓦内特装扮成孩子们的家庭女教师；伊丽莎白夫人扮成孩子们的女仆；路易十六是贴身男仆；他们的三位王室保镖是男仆。[32] 据说 6 岁的王储发现自己当晚要穿一件用棕色条纹印花棉布做成的小小的长大衣之后，欢喜地问："我们这是要演一出喜剧吗？"让人想起了她母亲在小特里亚农宫的业余戏剧表演。[33] 的确，她那晚穿的不起眼的深棕色束腰外衣和宽大的黑披肩与软帽表明，正如在乡村别墅的表演一样，她刻意选择了不扮演王后这个角色。[34] 曾经，她扮演平民只是逃离王室生活种种负担的有趣娱乐，但今晚，却是生死攸关的大事。

王室一行的计划是到达战备城市蒙梅迪（Montmédy），

那里距离法国与哈布斯堡王朝的弗拉芒边境很近，这个地方在1780 年代初对王后出口平纹细布，招致了强烈抗议。他们一到蒙梅迪，布耶侯爵（Marquis de Bouillé）就会出兵保护，这位贵族将军在当地控制着一支兵力可观的军队。

驶出巴黎 6 英里后，他们会换马车和车夫。费尔森将快马加鞭地提前赶到弗拉芒，王室成员们将乘坐一辆相对奢侈的、宽敞的定制黄绿色四轮双座篷盖马车，向目的地驶去。一上路，马车中装满了他们坚持要带的堆积如山的行李。[35] 玛丽·安托瓦内特带的一件宝贝是一套小小的玉质修甲用具，上面画着她骑在马背上的微缩肖像——这个纪念品或许能够增强她的决心，提醒她在引领家人逃出巴黎途中，用米拉博的话说，"一个女人在马背上会有何作为"。[36] 倘若批评者们知道了她的行囊中居然有这么个东西，肯定会认为他们对这个王室女骑手的担心是真的。

然而在他们到达目的地之前，计划就败露了。从一开始，向东的行程就严重延误；继而他们无法与本应接应他们的骑兵支队取得联系。[37] 王后的发型师莱昂纳尔要为最终的灾难承担部分责任。玛丽·安托瓦内特让他参与出逃计划，以便"她和路易在蒙梅迪受到忠诚部队的热烈欢迎，或者在布鲁塞尔拜访（哈布斯堡王朝家人）时，还能保持时尚女王的体面"。[38] 然而王后着实不幸。莱昂纳尔制作发型的手艺高超，但不能保证他有当外交特使或军事侦察兵的能力。他和年轻的舒瓦瑟尔－斯坦维尔公爵（Duc de Choiseul-Stainville，玛丽·安托瓦内特旧日的宫廷支持者舒瓦瑟尔的侄子，忠诚但毫无经验）在指定的地点等了国王一家好几个小时。没等到国王的马车，莱昂纳尔便继续骑马前行，赶到了蒙梅迪以外 40 英里的瓦雷讷镇（Varennes），他在那里表现出一贯的傲慢自负，说服等在那里的保王派士兵连就地解散，理由是王室一家被困在杜伊勒里宫，当晚不需要他们的协助了。[39] 他的另一个很不明智的做法是把玛丽·安托瓦内特装有价值连城的钻石的首饰盒交给了一位士兵（他原本接到的指令是本人亲自带到蒙梅迪去），第二天，有人发现那位士兵遇害身亡，钻石也消失不见。[40]

6月21日清晨，王室一家消失不见的消息如野火一般传遍了法国首都，最初散布消息的是宫廷工作人员和国民军士兵。消息激起了民众的愤怒（本来就一触即发），诱发了关于王后和奥地利皇帝即将领导反革命军反攻巴黎的传言。制宪议会代表们害怕整个城市陷入混乱，就紧急召开会议，令拉费耶特派多名驿卒到周边乡下分发对王室一家的逮捕令。驿卒们快马加鞭地到达各个省份时，那辆负重的四轮双座篷盖马车还在慢条斯理地向边境行驶呢。

在第一天旅途结束之时，四轮双座篷盖马车被一位名叫德鲁埃（Drouet）的年轻驿站长追上了，他碰巧看到王室成员经过圣默努尔德（Sainte-Menehould）镇，借助50里弗钞票上的画面认出了路易十六的脸（国王乔装成贴身男仆也无济于事）。[41] 王室成员继续前往瓦雷讷，那是他们到达蒙梅迪前的最后一站了，而德鲁埃在后面快马加鞭地追赶他们。王室成员初到镇上没能按照计划更换马匹，意外地耽搁了一会儿。与此同时，德鲁埃到达瓦雷讷镇，敲响警钟，召集了一群当地国民军和其他革命派民兵，他们立即设置路障，阻止附近的任何保王派军队进入城镇协助逃亡者。然后德鲁埃和他的同伴们沿城镇的主街布好了埋伏，没过多久，就看到那辆四轮双座篷盖马车驶入了埋伏区。[42] 乘客们毫不知情就被包围了，不但有德鲁埃和他的帮手们，还有成群的愤怒镇民，以及从其他城镇赶来的人群，人们听说国王和王后可耻地逃跑了，全都义愤填膺。

为了保护王室成员免遭暴民的殴打伤害，一位人称索斯先生（Monsieur Sauce）的当地官员兼杂货铺老板护送王室成员进入了自己的住宅，把他们暂拘在那里，等待来自巴黎的进一步指令，德鲁埃已经通知他，任何允许逃亡者继续前行的人都"将被判叛国罪"。[43] 王室成员坐立不安地等待着，担心保王派士兵还能否前来帮助他们；房子周围挤满了镇民，嘘声和尖叫声四起。[44] 拂晓时分，他们陷入绝望，拉费耶特派来的两个人出现在索斯的住宅里，向路易十六出示了逮捕令。君主不相信他的人民居然敢拘禁他神圣的身体，高喊道："世上再没有法兰西国王了！"玛丽·安托瓦内特天性更加叛逆，她挑衅地从丈夫手中扯过那张纸并扔在了地上，称她不会允许自己的孩子们被这么一份有悖伦常的文件亵渎。[45]

王后的抗议是徒劳的。她和她的家人已经被密密麻麻的革命同情者包围了，他们下定决心执行制宪议会的逮捕令，而路易十六不愿意让终于进入瓦雷讷镇的少数保王派士兵对民众动武。因此，自 1789 年 10 月 6 日以来第二次，王室一家变成了法国人民的囚徒。6 月 22 日清晨，他们重又挤进那辆光洁的绿色四轮双座篷盖马车，向曾孤注一掷地逃离的城市驶去。缓慢前行的队伍两边挤满了国民军以及"手持镰刀和火枪、长矛、干草叉和马刀的民众"，道路两边的平民们都是专门赶来起哄和咒骂他们的。[46] 在一个村庄，暴民们甚至上前撕碎了玛丽·安托瓦内特和她小姑子的裙子，让两个女人泪流满面。[47] 王后的衣服，哪怕已经十分卑微和不起眼，也再度成为臣民们发泄愤怒的目标。

在炎炎夏日里跋涉四天之后，队伍最终于 6 月 25 日在杜伊勒里宫门前停下。此时，无论是玛丽·安托瓦内特本人还是她的家人，衣服都已经不堪入目了，陪同他们到达的民众已经达到 1.5 万到 3 万人。[48] 当王室成员从四轮马车中出来时，愤怒的人群惊异地看到这些异装打扮的人已是蓬头垢面。然而在退回房间之前——玛丽·安托瓦内特迫切地想要冲个澡而路

易十六想吃下一整只烤鸡——他们不得不接受民众最后一次
挑战。[49] 根据国王的一位侍从回忆，"当时人山人海。拉费耶
特（一直）在花园里巡视，敦促民众保持冷静，但请他们在
看见君主时不用脱帽，以表示愤慨"。[50] 将军的命令重演了两
年前第三等级对君主的蔑视，图泽勒夫人写道："人们谨遵命
令，以至于一些没戴帽子的下等帮厨用污秽肮脏的餐巾遮住
了头。"[51]

至于康庞夫人，民众的敌意没怎么出乎她的意料，倒是她
的女主人在长途旅行之后摘下帽子的样子让她惊呆了。短短几
天，35 岁王后的头发"全白了，看上去像个 70 岁的老妪"。[52]
玛丽·安托瓦内特随即剪下一绺头发，寄给了在他们逃离杜伊
勒里宫期间被派往英格兰从事秘密任务的朗巴勒亲王夫人，后
者正在英格兰焦急等待着他们逃离的消息。在玛丽·安托瓦内
特看来，那一绺头发就能向亲王夫人说明一切了；她把它镶嵌
在一枚指环中，指环上镌刻着一句简练而有力的短句："一夜
愁白。"[53] 早年间与朋友们欢度时光时，白色——瓷白色的肌
肤、涂抹白色粉末的头发、白色的钻石、在雪景映衬下闪闪发
光的白色羽毛——意味着无拘无束地追求欢乐、奢侈与美。而
今时过境迁，它却见证了王后逃跑未遂所遭遇的种种磨难。

回到首都之后，考验还将更加严峻。王室秘密出逃表明
他们彻底背叛了革命事业，丧失了出逃前仅剩的一点政治可信
度，革命者中支持君主立宪制的温和派也很快丧失了民心。"既
然'爱国的'国王已经逃跑，"政治记者雅克–皮埃尔·布里
索（Jacques-Pierre Brissot）斥责道，"他已被揭下了面具……
（也）亲手毁掉了自己的王冠。"[54] 事实上，在王室回到巴黎的
前一天，政治左倾的哥德利埃俱乐部在极富魅力的乔治·丹东
（Georges Danton）的领导下，为一份要求建立共和国、废除
一切王室特权的请愿书上集齐了 6000 个签名。[55] 没过几天，

233

又有 3 万人在另一份一样的请愿书上签名。正如政治家让 –
马里·罗兰（Jean-Marie Roland）的妻子玛丽 – 让娜·罗兰
（Marie-Jeanne Roland）所说，"如今几乎处处都能听到'共
和'一词"。[56]

那年 4 月，王后的旧盟友米拉博去世了，让她和她的家人
失去了在革命派中最有力的秘密盟友，君主制岌岌可危。9 月
初，制宪议会将一部起草完成的宪法交给路易十六，把他贬低
为"国民的代表"，削弱了国王假装拥有的神授君权。[57] 9 月
14 日，国王强忍住泪水，在胁迫下宣誓遵守宪法，一旁的制
宪议会代表们再次没有在他面前脱帽。[58] 四天后，一只用三色
丝带装点的热气球在香榭丽舍大街上空飞翔，庆祝这一划时代
的胜利。[59] 然而尽管气球上的彩带暗示着人们期待已久的人民
与君主的融合终于实现了，但即便在最好的情况下，君主的未
来也是飘摇不定的。路易十六宣誓支持宪法之后，玛丽·安托
瓦内特愤愤地说："这些人根本不想要君主。他们（用）背信
弃义的伎俩，一点一点地瓦解了君主制。"[60]

234　　　　瓦雷讷逃亡给了民众怀疑君主的新理由，而且和以往一
样，他们把大部分愤怒都发泄在了王后身上。[61] 或许舆论法庭
谴责她的最确凿的证据，就是在被追上时，他们正去往哈布斯
堡王朝边境。这一发现不仅证实了奥地利丫头是逃跑计划的重
要参与者，而且让《身穿高勒裙的王后》事件之后逐渐发酵的
焦虑情绪再次爆发，民众担心真的存在毁灭法国的"奥地利阴
谋"。一位小册子作者呼应了德穆兰将王后描述为复仇女神，
无数危险的毒蛇正从她的头发里滑游出来的说法，痛斥她是
"（试图）让（她丈夫的王国的）2300 万民众走向毁灭的复仇
女神"。[62]

另一位不知名的作家强调，这一计划的根源在于她邪恶
的哈布斯堡王朝背景。这位作者只字不提当年王储妃首次出现

在臣民面前时完美的高卢人外表，反而主观臆断玛丽·安托瓦内特在提到第二故乡时说："法兰西，我无限厌恶的唯一对象；法兰西，我自出生那天起就开始憎恨的国度。"[63] 在视觉上确认这一说法的，或许是亲革命的艺术家勒叙厄尔重现瓦雷讷抓捕的流行版画，画中的王后（和她的女儿"平纹细布"）穿着一眼就能认出的飘逸的白裙子，头戴"小维也纳"那种乡村风格的草帽。[64]

不过，民众不信任她的奥地利背景，并不是瓦雷讷逃亡让民众更加憎恨她的唯一原因和结果。在许多观察家看来，逃亡突出了玛丽·安托瓦内特的叛国与时尚执念之间的本质联系。她乔装打扮以躲避可能的抓捕者，难道不像她年轻时代可耻的歌剧院之行？难道她没有鼓励国王也穿上戏服，自贬身份扮成男仆？〔在从瓦雷讷到巴黎的最后一段行程陪伴他们的热罗姆·佩蒂翁（Jérôme Pétion）后来说，君主的衣服"破旧得不堪入目"。[65]〕难道玛丽·安托瓦内特没有像那位衣橱侍女谴责的那样，在 6 月 20 日之前的几个月里订购大量衣物？[66] 难道她没有让傲慢浮夸的贝尔坦筹备逃亡计划，让同样可憎的发型师执行计划？[67]

当然，王后轻易采用虚身份、给国王的统治抹黑、爱慕虚荣，以及与时尚手艺人联系密切一直是批评者们指责她狠心恶毒和道德堕落的证据。但对于新制度的支持者而言，这些在瓦雷讷逃亡中显露无遗的特质，却是严重的政治危险——放在王后正谋划反革命军事行动的背景中看，尤其如此。当王室逃跑的消息传出，大批巴黎人涌向杜伊勒里宫的花园，有些人冲进宫殿，直奔玛丽·安托瓦内特的衣橱——这并不出乎人们的意料。据说闯入者只要看见和摸到王后的衣服，就拿走、穿上，带回家转售或自己穿。[68] 与她凡尔赛宫套房里的镜子一样，王后的衣服——虚荣和自我纵容的标志——再度点燃了民众劫

235

无名氏，《美食家：1791年6月21日瓦雷讷一景》(*The Gourmand: Scene at Varennes on June 21, 1791*，1791年)

掠的怒火。

逃跑未遂之后，无数讽刺读物利用公众的愤慨与王后对衣服的执念，强调时尚在其中扮演的突出角色。有一幅漫画画的是王室一家被拘留在索斯的住宅里，玛丽·安托瓦内特站在镜前调整脖颈上的围巾，因为对自己的形象太着迷所以没有注意到拉费耶特的特使刚刚到来，逮捕她和国王。这幅画指出自恋是她根深蒂固的罪恶：她的自我陶醉让她无法识别家人面临的危险，正如它曾经（例如在面粉暴动中）让她对臣民的苦难无动于衷。

236

在另一幅同时代的画作中，王后也在镜前，这一次她的罪过与其说是虚荣，不如说是随意侵犯丈夫的气概和权威。在这幅版画中，她坐在桌前，路易十六穿着一件女式罩衣，正殷勤地为她梳头。从她在1770年代中期尝试高发髻开始，玛丽·安托瓦内特不加节制地消费、炫耀，以及栽培一个"时装部"

等，让公众担心这个堕落的女人霸占了路易十六的王权。人们推定瓦雷讷逃亡是她强迫丈夫参与的。她把国王变成了卑微的男仆——和她的"另一个"发型师莱昂纳尔一样——其存在仅仅是为了满足她自恋的异想天开。然而，这幅漫画暗示，这对整个君主制产生了有害的影响。如果说路易十六本人在瓦雷讷承认自己已经丧失了权威，那么罪魁祸首不是别人，正是他的妻子。这幅题为《以物易物》（*Tit for Tat*）的漫画指出，他"不要巴黎要蒙梅迪""不做国王做发型师"，实在是不划算的买卖。出逃失败事实上确实让路易十六丧失了王位，让他除了为那位不安分的、作威作福的妻子做发型之外，一无是处。[69]

还有一幅漫画把玛丽·安托瓦内特的头接在了一头豹子 237

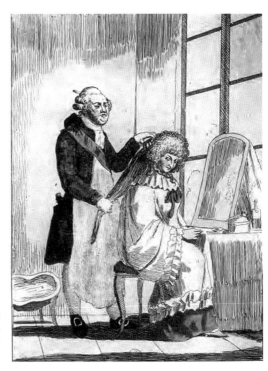

无名氏，《以物易物，不做国王做发型师》（*Troc pour troc, coiffure pour couronne*，1791 年）

身上，毒蛇寄生在她那复仇女神般的卷发里，讽刺性的图片说明批评王后在瓦雷讷逃亡中扮演的角色。[70] 这一发型重现了德穆兰关于王后邪恶的毁灭欲望的骇人警告，但豹子身体又暗示了另外两个警告。首先，豹子是莱昂纳尔这个名字的视觉双关语，让观者们想起了王后与臭名昭著的"时装部大臣"之一，共谋反对法国人民。过去十多年，公众一直鄙视她那个娘娘腔"影子内阁"里的可疑人物，如今，正如这幅漫画揭示的那样，他们认为事实已经证明了自己的厌恶是正确的。逃亡失败表明，像莱昂纳尔（他一听说王室一家被捕就消失在国外了，这绝非巧合）这类可鄙的扈从完全可以被视为国民的威胁。[71]

其次，这幅画作给了王后一个豹子身体，毫不留情地反驳了她在革命初期向公众的示好。虽然她为安抚民众而采纳了三色服装和徽章，但秘密逃往哈布斯堡王朝边境却证明她本性难移。即便自我伪装的技巧再高超，她也始终是那个背信弃义的外国人。就算未来她仍希望用三色丝带来装扮自己，也

无名氏，《王后殿下科尔夫男爵夫人》（*Her Excellency Madame la Baronne de Korff*，1791年前后）

是徒劳，民众不会再一次被愚弄了。[72]"继续裹上你王室的紫色斗篷吧，"革命记者路易·普吕多姆（Louis Prudhomme）在报纸《巴黎的革命》（*Les Révolutions de Paris*）上愤怒地对王后说，"我们不指望你表现出任何公民道德；你天生就没有！"[73]

这句话将玛丽·安托瓦内特的"王室的紫色斗篷"与民众的"公民道德"对立起来，巩固了她之前委托制作的紫色（以及白色，还有绿色）裙装与反革命信念之间的联系。哪怕在漫画和报纸之外，人们很可能也视那些新衣服的颜色为政治不正确。王室一家从瓦雷讷回来后不久，一群挥舞着拳头的女贩子们赶到杜伊勒里宫，把王后的一位女侍从——康庞夫人的妹妹——戴的绿腰带撕成了碎片。女贩子们称绿色是阿图瓦的颜色，"她们永远不会原谅"那人反革命的阴谋，穿着这种可憎颜色的夫人显然是"奥地利丫头的奴隶"。[74] 在这样的背景下，王后把衣橱中的革命三色换成君主主义的颜色让她的公共形象变得更糟。

不过，逃亡已经彻底失败，玛丽·安托瓦内特也没有通过衣装欺骗民众的意愿了。瓦雷讷之后，她在埃洛夫夫人那里下的 20 个订单要么是阿图瓦的绿色、王室的紫色，要么二者兼有，她委托罗丝·贝尔坦制作的第一件宫廷礼服也是王室的紫色。[75] 在政治上，她再度开始掩饰自己的真实情感，这一次是与温和的革命派代表安托万·巴纳夫（Antoine Barnave，那年6月，此人曾和佩蒂翁一起陪同王室一家回到巴黎）合作，让后者相信她和路易十六一心想促成君主立宪制，她还可以让哥哥利奥波德二世对新制度给予外交支持。与米拉博合作时一样，玛丽·安托瓦内特也在与巴纳夫耍两面派。在一封用密码写给梅西的信中，她驳斥宪法是"一套不切实际的荒谬规则"。[76]她绝不可能求哥哥支持新制度，反而希望他和欧洲其他君主组建武装议会胁迫新生的革命政府，如安东尼娅·弗雷泽所说，"必须……威胁法国人，让他们对国王更好一点"。[77] 王后的君主主义信念是不可动摇的，她觉得这么做合情合理。"我没有任何无理要求，"她在 8 月 7 日的信中写道，"只是请求重建（旧）制度。"[78]

239

然而即便在操纵巴纳夫时，玛丽·安托瓦内特也不再用衣服来表达虚假的政治情感了。从在 7 月 13 日订购的"鸭绿色"塔夫绸斗篷到 9 月 16 日购买的"掺杂了大量紫色的绿色佛罗伦萨罩衫"，从 9 月 24 日购买的绿色骑马装到 11 月 18 日委托制作的紫色锦缎礼服，王后刻意在衣服中使用旧制度庄重威严的色彩。另外，她挥金如土：1791 年前两个季度，她为蒙梅迪逃亡购置服装的金额十分高昂，最后两个季度，她欠罗丝·贝尔坦的债务又增加了 30%。[79]

显然，王后服装的变化没有逃过臣民的眼睛。1791 年夏，檄文作者批评她"不穿我们的国民服装"——意指国民军三色制服——并将此列为证据，指控"（法国）过去、现在和将来的一切灾难，都曾是也将是她的所作所为导致的"。[80] 拉费耶特也对王后君主主义色调的华服持批评态度，他责备王后尽管政治立场暧昧，但"面对危险，不考虑如何躲开，反倒更关心如何在危险面前保持美丽的外表"。[81] 年轻而为美色着迷的巴纳夫则完全相反，他觉得王后的华服并不讨厌，反而很迷人。"你可以用丝带，用一个魅力四射的微笑打动法国人民"，他恭维她道，坚信她只需外表迷人就可以赢回臣民的敬爱。[82]（巴纳夫对美丽王后情真意切，以至于 1793 年 11 月他走上断头台时，衣服口袋里还揣着他珍藏的王后裙子的样布。[83]）然而无论是巴纳夫、拉费耶特，还是那位不知名的檄文作者都没有看到，玛丽·安托瓦内特的穿衣方式表达了她心之所向，她只对费尔森一人明确地倾诉道："我要再一次大权在握，向这些乞丐们证明我从未被他们愚弄。"[84]

然而玛丽·安托瓦内特服装风格的变化虽然叛逆，却也道出了几许哀婉凄凉，因为回到杜伊勒里宫之后，君主不但丧失了法国国内民众的支持，国外和贵族也没有人支持他了。6月20日当晚单独行动、成功逃亡的普罗旺斯伯爵，已经在科布伦茨与弟弟阿图瓦和一大群流亡贵族会合，那个城市位于科隆以南，执政者是法国亲王们的舅舅。这个狂热的反革命组织在国外隔岸观火，自称法国唯一合法的宫廷，斥责制宪议会的装腔作势，威胁对国民使用武力，并谴责路易十六接受宪法是软弱的表现。这一派在前主计长卡洛纳（他仍然因被撤职而对玛丽·安托瓦内特怀恨在心）的怂恿下，打算推举野心勃勃的普罗旺斯为摄政王，在海外正式建立法国君主政体，"理由是国王已遭到胁迫"。[85]

玛丽·安托瓦内特认为这既是政治背叛，也是兄弟阋墙，十分沉痛地写信给普罗旺斯，恳求他不要这么做。[86] 然而流亡者们仍然对革命和支持宪法的国王咄咄逼人，给王室与臣民之间本来就十分紧张的关系增加了额外的压力。因此，王后坚持穿色调庄严的衣服，或许是为了提醒在国内外看着她的每一个人，尽管她和丈夫被迫忍受了那么多的屈辱，但他们仍然占据着法国的王位。

这是一个孤独的立场，玛丽·安托瓦内特独自一人苦苦支撑着自己的君主身份，已经没有几个人敢公开支持她了。宪法剥夺了王后和国王的神圣光环；在新制度下，他们"不再被称为'殿下'和'陛下'……人们不会再向（他们）表示任何传统形式的敬意，例如当王室在场时始终保持站姿或脱帽"。[87]总的来说，那些未移居海外的廷臣没兴趣在一个被去神圣化的宫廷里参与各类仪式，特别是杜伊勒里宫的国民军士兵收到指令，禁止任何没有佩戴国民徽章的人入内。[88]鉴于革命运动的

240

反君主色彩日益浓厚，对那些曾为时髦而佩戴徽章的人而言，这一象征符号变得没有以往那么讨人喜欢了；当时一位来巴黎旅行的英国女人说，因为害怕被谴责而佩戴徽章的人更喜欢把它藏在"一束丝带下面"。[89] 然而瓦雷讷事件之后，已经没有多少贵族愿意为了去宫廷见君主的特权而大费周章了。"他们这是落井下石"，玛丽·安托瓦内特愤愤不平地说，因人们连王国的就寝仪式也拒绝参加而怒不可遏。[90] 曾经，在无忧无虑的岁月里，这位特里亚农宫地位最高的女主人总是尽量避开廷臣们的服侍，如今却满心指望他们帮助她支撑起她曾开玩笑放弃的特权。

朗巴勒亲王夫人已经结束逃亡生活回到首都，忠心耿耿地在她那顶"迷人的英国海狸皮帽"上戴着三根亲奥地利、亲贵族的黑色羽毛，还给她喜爱动物的好友带回了一只毛茸茸的小狗做礼物，取名"提贝"，除她之外，还有少数几个朋友给王后以安慰和支持。[91] 费尔森仍在国外积极筹划救助他的王室朋友，但除了 1792 年 2 月底秘密到访过杜伊勒里宫（那是他最后一次与玛丽·安托瓦内特当面交谈）之外，形势所迫，他很难再接近她。同样令人难过的是，与王后很亲近的伊丽莎白夫人变得极其顽固保守，无条件地支持她流亡海外的哥哥们在境外鲁莽地叫嚣武力反攻。由于玛丽·安托瓦内特反对亲王们的立场，这两个女人的关系变淡了。路易十六也像妻子一样痛恨政治变革，但因抑郁和素来犹豫不决，无法热心地参与妻子狂热的谋划。[92] 他不再骑马打猎，只在室内消磨时间，读一些历史书，还算自己在位期间一共有多少次"走出家门"去打猎。结果是 2636 次，这让他小小地振作了一番，却没有给王后以安慰。[93] 1791 年 10 月 31 日，她写信给费尔森，说国内的形势"堪比地狱"。[94]

另外，或许玛丽·安托瓦内特还不知道，她从他处获得了

241

拥戴:《时尚与品味杂志》。这本时尚杂志的编辑让－安托万·
勒布伦起初也转变了立场，为大革命的政治和着装叫好，但最
近几个月，他越来越失望。[95] 尤其是在时尚领域，勒布伦不喜
欢首都的激进主义转向，因为把朴素等同于爱国对法国的奢侈
品工业造成了严重的破坏。和小特里亚农宫时代一样，钟爱朴
素低廉的纺织品给法国丝绸生产商带来了严重的打击，失业和
贫困不断恶化。[96] 勒布伦在杂志中评价说，当前的趋势还疏远
了"贵妇人们"，制宪议会废除了贵族头衔和特权，这些女人
希望依靠奢华的高价服装（阶级的标志）让自己与众不同。然
而"低廉服装"的流行和优雅风格的消失，这些贵妇人们——
她们仍然是《时尚与品味杂志》的主要订户——再努力也是
徒劳。[97]

　　巴黎时尚女商人的减少也让时尚、高价服装日益稀缺。首
都的时尚业因为富裕贵族大批移民海外而受到重创，其中很多
人离开时还没有结清债务。[98] 法国时尚工作者在一份 1791 年
致制宪议会的请愿书中说，"绣匠破产，时装店关门，四分之
三的制衣裁缝被解雇"。[99] 除了偶尔出现的可随意翻转的"反
爱国主义徽章"（一边是君主主义白色，另一边是三色玫瑰结）
或君主主义"集结装"（染成绿色以表达对阿图瓦和流亡者的
同情，染成黑色哀悼旧秩序的消亡），很少有什么设计能够吸
引留在巴黎的贵族。如此一来，巴黎女商人在很大程度上被
"外省的糟糕裁缝们"取代了，后者过时而平庸的软帽和饰品
从全国各地运往首都，被"恶毒地称为宪法（风格）"，以强
调它们源于那场政治危机。[100]

　　少数几个生意惨淡的巴黎时尚供应商不得不转而为一些远
没有那么奢华和时髦的顾客服务。[101] 就连罗丝·贝尔坦（她
的企业还能维持，主要是因为她在富裕的外国买家中仍然很受
欢迎）也日益依赖三色徽章这类低廉又低调的产品了。[102] "自

242

由到来之后，"君主主义的《宫廷与都市报》提到人们的衣装不再奢华，含沙射影地说，"巴黎的生意就只剩徽章了。"[103] 形势发展让勒布伦惊呆了，他不再赞美大革命对现代时尚业的影响。他的工作本就是追踪法国顶尖设计师不断变化的、充满活力的创造，此时却不得不为他所谓的法国时尚的突然死亡而感伤。[104]

勒布伦曾推出不少让坚定的君主主义者玛丽·安托瓦内特不以为然的时尚，如今，他开始偏爱她与当前舆论格格不入的时尚。比方说，1791 年春，在王后为蒙梅迪之行准备服饰时，这位时尚编辑在那一期杂志推出的一系列服饰中就包括一件绿色薄纱礼服，上面别着一个亲贵族或亲奥地利的黑色徽章（3 月 15 日），以及一件"紫色条纹纱裙，系着一条淡草绿色的腰带"，搭配一顶黑色毡帽（5 月 15 日）。另外，在淡草绿色丝带和装饰帽子的黑色徽章下面，是短短的卷发，被称为王后发型（coiffure à la Reine）。[105] 两周后（6 月 1 日），该杂志又推出了一款简洁漂亮的王后高发髻（pouf à la Reine），用白色亚麻布制作，上面点缀着雍容的王室紫罗兰。

这些引用是勒布伦第一次公开向陷入困境的王后致敬。在后续若干期杂志中，这位编辑涉足危险的政治领域，推出了一个"小小的反革命白色薄纱高发髻"，它最主要的装饰物是用黑色和黄色丝带编成的一个花环：这是奥地利的颜色，也是"反革命"的颜色。[106] 作为对这套装束的补充，该杂志推出了一款男式反革命装束，包括一件黑色短上衣、黄色马甲，还有绿色的羊毛套裤。虽然无法确定当时君主主义圈子里到底有多少人穿过这些装束，但龚古尔兄弟等历史学家强调说，在数量不断减少的保王派贵族中，有不少这类时尚装束的拥趸。[107]

无论勒布伦的读者是否采纳了他的时尚建议，瓦雷讷之后，他明显更钟爱君主主义色彩的时尚。国王一家回到巴黎之后，他向杂志读者推出了两款白色和绿色条纹的裙子，其中一条配着奥地利黄色饰边的平纹细布三角巾，而在 7 月的两期杂志中，他展示了好几款"紫色和淡草绿条纹的徽章"，重现玛丽·安托瓦内特这一时期最喜欢的颜色组合。[108] 那年下半年，他又推出了同一主题的无数变化样式——一顶紫色塔夫绸礼帽配一条绿色塔夫绸长裙；一顶白色薄纱软帽上绣着绿叶，用紫色丝带编成的帽结装饰——以及白色锦缎波旁徽章、罩衫和科布伦茨发型（*coiffures à la Coblentz*），还有一个式样古老的发型，名为路易十四发型（*coiffure à la Louis XIV*）。[109] 不用说，这些颜色和名称都表达了对君主主义的同情。到 1792 年 1 月，勒布伦觉得有必要承认《时尚与品味杂志》推出的衣服有着"象征性的颜色"。（冬季意味着更多的黑色和金色——分明是奥地利的颜色，而较少使用更适合春天的紫色和绿色。）当然，在一个层面上，勒布伦承认这一点相当于重申了颜色在革命环境中的政治化；这是一个几乎所有颜色都带有政治意义的时代。在另一个层面上，勒布伦推出的某些"象征性的颜色"恰是王后用来藐视被公众热捧的蓝、白、红的颜色，透露出他的个人立场。

然而，这些对玛丽·安托瓦内特没有助益。在逃亡失败后的那一年，她不得不更危险地周旋于各个敌对派别之间：温和与好战的革命者，不信任君主的民众与不可靠的流亡者，她乞求支持的外国君主，还有路易十六本人，她仍然希望国王的权力能够恢复到鼎盛时期。在这些派别和个人不可调和的利益之间周旋，玛丽·安托瓦内特耗尽心力却收效甚微。这给她造成了巨大的心理阴影，是对未来乐观的君主主义装束根本无法逆转的——比如说那年 7 月她在庆祝联盟节三周年时穿的奢华的白色和淡紫色相间的连衣裙。[110] 莱昂纳尔的回忆录和埃米尔·朗格拉德（Émile Langlade）经典的罗丝·贝尔坦传记都讲述了一个故事，说王后回到杜伊勒里宫一段日子后，她对自己最偏爱的时尚女商人倾诉了一个噩梦。在梦中——

> 你给我带来了各种颜色的丝带，我亲爱的罗丝，我选了几条。但我刚把它们拿到手里，它们就变成了黑色，吓得我赶紧扔回到你的盒子里。我又拿起了其他颜色的丝带：绿色的、白色的、淡紫色的。同样，我一拿起，它们就立刻蒙上了那种死亡的颜色。梦里的我比平时更脆弱；我开始哭泣，你也哭了。111

玛丽·安托瓦内特噩梦中丝带的颜色正是她从瓦雷讷逃亡之后开始穿戴的颜色，虽然莱昂纳尔和朗格拉德在评论中都没有提及这一点。自那以后，她的生活环境日益艰难：她和家人甚至不敢吃杜伊勒里宫厨房准备的食物，害怕它们被下毒。在这样的背景下，似乎没有理由继续坚信旧制度纹章的颜色的象征力量能够救她于危难，哪怕它们出自善于颠倒乾坤的天才罗丝·贝尔坦之手。事实上，据说王后认为那个噩梦是她能想到的最可怕场景的凶兆："10 月 5 日和 6 日那些嗜血成性的人要再度进入我的套房了。"他们巴不得扒她的皮，喝她的血。112

1792 年夏，王后噩梦成真。3 月，她的哥哥利奥波德二世在同意加入欧洲君主反法革命力量的联盟之后去世了。之后，他的儿子和继承人、年轻的主战派弗朗西斯二世（Francis Ⅱ）一登上奥地利皇位，就允许法国贵族流亡者在奥地利领土上召集军队。这一挑衅证明了革命领袖们主战的合理性，他们希望鼓励邻国各民族起义，加入反对王权专制的斗争，进行武装对抗；4 月 20 日，法国对奥地利宣战。113

然而法国军队刚动员起来，就遭遇了一系列惨败，加重了民众对国家未来的担忧以及对奥地利丫头（臣民们还不知道，她把革命军的某些进攻计划泄露给了费尔森和梅西）的敌意。因此，再度有人提议把玛丽·安托瓦内特关进修道院，或者如第三等级最初的领袖西哀士神父建议的那样，把她送回奥地利，她本来就是外敌。[114]

和往常一样，公众依然以王后的服装为发泄对象。据伊丽莎白夫人说，革命官员试图阻止玛丽·安托瓦内特公开为已故的利奥波德二世服丧。[115]她公然违抗这一命令，委托埃洛夫夫人制作了大量黑色服装：一个可怕的巧合是，就在王后下订单当天，3月21日，断头台被确定为法国新的极刑方式。[116]我们不知道她是否敢于或者在何种程度上穿着丧服公开露面。但当她的一名卫兵在杜伊勒里宫的花园里被人看见袖子上戴着为王室服丧的黑纱时，伊丽莎白夫人惊恐万状地记录道，他遭到了一伙革命暴民残忍的"侮辱和殴打"。[117]

6月19日，路易十六否决了国民军在巴黎市外驻兵2万人的提议，进一步激怒了民众。[118]（当时的宪法赋予国王否决议会出台的法令的权力。）由于当时人们普遍认为这样的军事部署可以阻止奥地利军队进攻的步伐——更不用说可以防止王室发起反革命反攻——这一否决遭到强烈抵制。在议会会议厅，路易十六的决定让更激进的代表们有了更多攻击宪法和国王的素材。巴黎街头也变得更加暴力。6月20日，数千民众攻入杜伊勒里宫，高喊："打倒否决先生和否决夫人！"此时玛丽·安托瓦内特、孩子们和朗巴勒夫人藏在宫殿的会议室里躲避暴民，不知什么样的命运会降临在他们，以及被困在宫殿另一处的路易十六和伊丽莎白夫人身上，愁肠百结。

强盗们在涌进玛丽·安托瓦内特和同伴们藏身的会议室（王后等人站在一张桌子后面，还有几个忠心耿耿的廷臣守护在身边）之前，已经见过路易十六和他妹妹了。这伙暴民没有理会伊丽莎白夫人，只是恶毒地批评国王滥用否决权，然后在他的头上硬扣了一顶"自由帽"。那是一顶下垂的羊毛便帽，通常是红色的，历史上与被解放的奴隶和囚徒有关，当时则变成了广泛的革命战斗精神的标志。[119] 但对于此时还不知丈夫是死是活的王后而言，暴动者们在冲进会议室、包围了她和家人之后变得更加恐怖了。好几个侵入者挥舞着长矛，尖上挑着血淋淋的动物器官，有个人还用一个吊在微型绞刑架上的洋娃娃来逗弄她：将她的时尚偏好和她的样子传遍整个欧洲的著名时尚娃娃的恐怖版。[120] 面对这些威胁恐吓，据说王后还是保持着镇定，拒绝暴民同样试图扣在她头上的自由帽，还有他们声称从她的宿敌奥尔良那里得到的一束三色丝带。[121]

事实上值得一提的是，民众没有对她和国王施加暴力，而是试图让他们屈服于革命服装的最新元素，以此来彰显革命派的优越性，并表达他们的愤怒。[在到达君主身边前，在服装上协调一致的暴徒们就试图用暴力把所谓的黑衣人赶出宫廷，也就是从"（他们的）装饰着圣路易十字的黑色外套"就可以看出其君主主义倾向的廷臣们[122]]。另一个事实是，与丈夫截然不同，玛丽·安托瓦内特拒绝了暴徒们的政治饰品，挫败了他们的企图。[123] 如果说正如雅各宾派俱乐部的一位演说家在那年夏天宣称的那样，"人们从头饰（认出谁是）真正的共和派"（也就是自由帽）的时刻已经到来，王后不再对敌人们假装同情。[124] 既然玛丽·安托瓦内特和民众都认为有象征意义的衣服和头饰至关重要，那么高傲的王后拒绝彰显革命荣耀的象征物，就是在对革命发出强有力的挑战。

然而王后勇敢地拒绝自由帽，让挑衅者的胜利转瞬即逝。整个夏天，随着战争持续和国家经济困境日益严峻，革命进入暴力激进主义的新阶段。三年前，穿着单调但还算整齐的资产阶级代表建立了国民议会，如今，工人阶级和下层无套裤汉取代他们成为革命变革的先驱——他们的标志性服饰就是破破烂烂的工装裤、短上衣、肮脏的衬衫、木屐和粗糙的红色软帽。他们的圣歌是《一切都会好的》("Ça ira!"），这首歌的曲调用的是一首玛丽·安托瓦内特过去常常在小特里亚农宫的古钢琴上弹奏的歌谣，歌词却鼓动民众把贵族吊死在灯柱上。[125] 而且他们的英雄人物不是巴纳夫和拉费耶特之类的温和派，而是更激进的政治家，如哥德利埃俱乐部的丹东，还有好战的雅各宾派俱乐部主席罗伯斯庇尔。[126]

这一牢骚满腹的群体也是雅克 - 勒内·埃贝尔（Jacques-René Hébert）和让 - 保罗·马拉（Jean-Paul Marat）等新闻记者煽动的对象。一年多来，马拉一直在报纸《人民之友》（*L'Ami du peuple*）上猛烈批判君主夫妇。埃贝尔的报纸《迪歇纳老爹》（*Le Père Duchesne*）如今也采取同样的策略，满眼粗俗的俚语，意在复制普通人的说话方式。这份出版物一直视玛丽·安托瓦内特为仇敌，在 1790 年 12 月让她"扔掉那些雪纺、薄纱和其他外国商品"，强调她的衣服暴露的外国间谍身份。路易十六投出那些倒霉的否决票之后，埃贝尔把目光转向了国王，但也只批评他是"否决夫人的贴身男仆"——重现瓦雷讷漫画中的场景，君主屈辱地在王后的更衣仪式上服侍她。然而埃贝尔强调说，这对夫妇在可憎程度上倒是天生一对，他代表法国人民宣布："不砍下最后一个君主的头颅，我们决不罢休！"[127]

玛丽·安托瓦内特的侍从们担心她的安全，恳求她穿一种特制内衣，图泽勒夫人回忆说那是"用十二层（用胶粘在一起）塔夫绸制作的，'无法被子弹或匕首刺穿'"。[128] 王后试穿了内衣，甚至让图泽勒夫人试试能否用一把小刀刺穿它，但最终她还是没有穿，说"如果暴徒刺杀我，那是我的福分，因为他们将让我从这世人所能想象的最痛苦的生活中解脱出来"。[129] 的

247

确，随着无套裤汉的崛起和政治修辞的流行（以马拉和埃贝尔之流为代表），玛丽·安托瓦内特在暴力中"解脱"是完全可能的，她多穿几层塔夫绸也无济于事。8 月初，王后私下里决定，要直面危险——

> 我可以行动起来，如有需要，可以骑马迎战；但如果我那么做，我就把武器放到了国王的敌人手里；法国民众就会叫嚣反对这个奥地利女人，反对女人当政……如果王后不是摄政者，那么在这种情况下，她就必须静观其变，准备赴死。[130]

虽然被动等死与她在王储妃时期用英雄的骑马装树立的不屈不挠的形象不符，但它表明，她知道自己的姿态已经变成了国王最糟糕的负担，她也清楚当前的局势有多糟糕。到她说出这些话时，巴黎已经变成了一个火药桶，引线越来越短，里面的火药随时可能会爆炸，摧毁一切。[131]

爆炸发生在 8 月 10 日，那天，玛丽·安托瓦内特关于宫廷被入侵的噩梦再度变成了现实。然而这一次不是 2 万人，而是如市政官员勒德雷尔（Roederer）所说，"整个巴黎"，还有来自全国各地的增援，朝城堡进军。直接的导火线是国外的反法同盟发表了一份宣言，威胁如果他们胆敢以任何方式伤害王室一家，必会遭到无情的报复。费尔森曾安慰王后说这份意在吓唬法国民众的宣言会提升她和家人的地位，但实际上它的作用恰恰相反。它使首都的反君主主义情绪达到白热化。8 月 10 日拂晓之前，首都各处的钟楼响起警报，号召人们武装集结，并预警即将发生一场全城规模的叛乱。一夜无眠的玛丽·安托瓦内特和伊丽莎白夫人站在宫廷的窗前看着血色朝阳在巴黎的屋顶上升起，仿佛连太阳都变成了凶兆。她们与国王，以及一群面色沉重、身穿黑衣的廷臣在会议厅里警觉地关注着事态，每听到独特的钟声响起，他们便喃喃念出那个倒戈的教堂的名字。

王后虽然听到了埃弗利娜·勒韦所谓的"深夜敲响的君主制丧钟"，但她似乎这时仍抱着希望，她和家人大概还能守住杜伊勒里宫的阵地，那里由几百个王室黑衣人以及瑞士卫队和负责守护城堡的国民军守卫着。[132] 然而王室一家很不走运，国民军的许多士兵都有着强烈的革命倾向，过去几天，他们极力阻止黑衣人中可能支持君主主义的成员进入宫殿，理由是"这不是讨好国王的时候，除了身穿国民军制服的士兵和增援他们的士兵，任何人不得入内"。[133] 这里，衣服，具体地说是玛丽·安托瓦内特本人十分厌恶的制服，再度给人民与君主之间的战斗下了定义——就此而言，这是一场君主几乎赢不了的战斗。

当路易十六听从妻子的建议走出宫殿检阅自己的士兵时，形势的严峻性更加明显了。他这样做是为了显示自己决心坚持到底，提振士兵们的士气，但国王却遭到了已经聚集在宫殿花园里的敌对群众的高声讥讽和嘲笑。就连某些卫兵也在责问他，王后被迫以他们屈服于"邪恶意志和懦弱"为由解散了他们。[134] 这一遭遇向国王及其家人表明，一旦发生围攻，他们唯一可以指望的就是那一小撮忠诚的瑞士卫兵了。在了解这一可怕的事实之后，他们才听从了勒德雷尔重复多次的恳求——到议会寻求庇护，议会就在附近，位于宫廷以前的骑马场，即马内日（Manège）。他们除了身上穿的衣服之外什么也没带，在民众汹涌的咒骂声中逃出了城堡——"打倒暴君！杀死他们！杀死他们！"[135] 他们脚步慌乱，以至于王后还跑丢了一只鞋——一只有丝带褶裥饰边的精美高跟拖鞋。[136] 玛丽·安托瓦内特和家人在朗巴勒亲王夫人、图泽勒夫人和图泽勒夫人的

249

玛丽·安托瓦内特在 1792 年 8 月 10 日跑丢的那只鞋

女儿波利娜的陪伴下逃跑后，留下了一小群君主主义捍卫者。被大逃亡弄得昏头昏脑的路易十六忘记了命令那些人尽力克制，不要对暴民开火。

王室成员突然出现，让当时正在开会的代表们目瞪口呆。民众开始行动了。就在立法者们讨论接下来事态会如何发展，辩论君主制是否能在不信任票投出之后存续下去时，攻击者们冲过来包围了马内日，给出了他们的回答。暴动者们挥舞着所能想到的每一样武器，包括对准宫廷大门的加农炮，已准备攻入杜伊勒里宫。瑞士卫队和其他君主主义战士们虽寡不敌众，但拒绝投降，双方猛烈交火。王室一家藏匿在马内日里面一间狭小的新闻记者宿舍中，能够听到冲突的声音——包括被屠杀的瑞士人的惨叫，他们的尸体在城堡内外越垒越高。国王意识到他的军队要誓死守卫宫殿，就传话让他们停火。当瑞士卫队收到指令放下武器时，暴民们一边开始大屠杀，一边咒骂着是"否决先生和否决夫人"先允许他们开火的。民众踏过尸体，占领了杜伊勒里宫，比以往任何时候都更加坚信这是君主自寻死路。

接下来的三天，王室一家被困在狭小的住处，那里低矮的天花板，让成年人无法站起身。与此同时，国民议会继续辩论如何应对当前危机，最终投票决定暂时剥夺国王的权力，等待后续通知。[137] 小屋外面，暴乱者们要为被瑞士卫队"杀害"的同伴报仇，叫嚣要罢黜、审判和处决君主夫妇。大量暴乱者集结在议会周围，让王室一家无法走出马内日隔壁的弗扬修道院（Feuillants Convent），玛丽·安托瓦内特和同伴们逃出杜伊勒里宫后的前两夜就是在修道院里度过的，时间刚够他们睡一小会儿，换个衣服。（他们逃出来时什么也没带，穿的都是从同情他们的捐赠者那里借来的衣服，就连内衣也是借来的。[138]）然而就算在弗扬修道院，暴怒的人群仍然追逐着王公，"甚至试图砸开通往（他们暂居的）地窖的走廊尽头的隔栅"。[139] 听到人群高声怒骂妻子，路易十六悲伤地问道："她到底怎么招惹他们了？"[140] 此时此刻，她衣衫不整，头发凌乱，还弄丢了一只鞋，与臣民们当年厌憎的那位珠光宝气的时尚偶像天悬地隔。

的确，在 8 月 10 日之后的几天，能让几十位平民女性到杜伊勒里宫去抢劫她的衣橱的，不可能是这么一个衣衫褴褛、满面尘灰的落魄王后的形象。在起义期间，那些憎恨王后的人也像在 1789 年进军凡尔赛的前辈一样，砸碎了她套房里的每一面镜子，在象征意义上毁掉了她的美貌，惩罚了她的自恋。[141] 然而冲动过后，有些人似乎不着急损毁被罢黜王后那些精美华服，反而很想要占有它们：一位当时住在巴黎的荷兰青年回忆说："每个人都试图用（从王室衣橱中）抢来的碎片来装饰自

251 己。"[142] 另一位同时代人在 8 月 12 日造访杜伊勒里宫，被玛丽·安托瓦内特套房里的景象惊呆了：一大群穿着破旧、高声谈笑的女人磕磕绊绊地越过堆在地上的尸体，去翻检那些奢华的衣裙和帽子。"这儿居然聚集了这么多好奇心重的人！"这位目击者说，"多少软帽、优雅的礼帽、玫瑰色的裙子和白色的衬裙消失于卧室门外！"[143]

作为王后备受鄙视的个性和特权标志，精美的服饰让女人们欢天喜地地公开盗窃，房间里的其他东西都毫发无损。（一架古钢琴、一个王储的胸像、一堆价值连城的挂毯，还有维杰-勒布伦画的两小幅装饰画：一幅画着一条狗，另一幅是一瓶鲜花。[144]）不妨说，这些女人以玛丽·安托瓦内特高高在上的过去为攻击对象，目的就是，如皮埃尔·圣-阿芒在谈及革命者时所说，残酷地要把王后与"那个珠光宝气、花枝招展和锦衣华服的世界"割裂开来，她曾经是那个世界的化身，这令人怒不可遏。[145] 即便那些玫瑰色的裙子和漂亮的软帽在她们平平无奇的工装衣橱中没有一席之地，抢劫者们夺走王后曾用来彰显自身权力和地位的服饰，就拥有了对王后的统治权。一位市政官员猜测说这些女人如此狂热地占有王后昔日特权的象征，效仿的就是"在战胜仇敌之后爬上苦苦得来的战利品高声鸣叫，宣示统治权的公鸡"。[146]

翌年夏天，民众获得了胜利，玛丽·安托瓦内特衣橱中剩下的东西在国家拍卖会上被卖给各色专业人士：对精品眼光独到、对便宜货嗅觉灵敏的二手衣物和纺织品经销商。[147] 然而对王后价值连城的衣物的最后一击，不过是女抢劫者们 1792 年 8 月行动的延续。[148] 有些单品最终落到了君主主义者手中，被保存下来作为一个王朝的珍贵遗物，但大部分时髦物品被穿在一群与之不搭调的人身上，散落四方了。[149] 比如，玛丽·安托瓦内特委托制作的最后一个高发髻——她在 8 月 7 日从贝尔坦那里订购的大胆的紫绿色发髻，就在冲突中丢失，再也找不到了。[150]

　　玛丽·安托瓦内特用高发髻表达的未经改革的君主主义愿景也是如此。在整个首都，无套裤汉的邋遢衣装随处可见，与王后曾经的珠光宝气形成了鲜明的对比。[151]英国女人海伦·玛利亚·威廉斯（Helen Maria Williams）记录道，"每个有胆量穿干净衬衫出现（在巴黎）的人"都会被贴上贵族纨绔子弟的标签。另一位评论家惊异地写道，那些在8月10日之后涌入共和派俱乐部的男人，不管真实的社会和经济状况如何，都穿着"肮脏和不修边幅的衣服，简直与乞丐无异"。[152]

　　就连富有的王公贵胄奥尔良，也决心穿着随便的衣服，他已经给自己改名为菲利普-平等（Philippe-Égalité），向当时流行的激进主义致敬。正如玛丽·格罗斯霍尔茨，也就是后来因创办蜡像馆而举世闻名的杜莎夫人所说，奥尔良很有策略地抛弃了他和堂弟阿图瓦曾经喜欢的那些昂贵的俗艳服饰，偏爱"短上衣、长裤和一顶圆礼帽，还在颈上松松地系一条水手式样的方巾……（他的）头发剪短了，没用粉末……鞋子也没有鞋带"。[153]作为波旁宫廷的子弟，这个自称"菲利普-平等"的人日益受到共和派人士的怀疑，但他的服饰变化还是反映出当时巴黎人服装的阶级差异已经消失了。[154]在一定程度上，这一过程始于多年前小特里亚农宫里轻松活泼的游戏，以及巴黎的明星设计师将公爵夫人打扮成女演员的样子，但法国人服装的民主化过程如今标志着一个时代的结束——那个玛丽·安托瓦内特放弃活泼随意的裙装，用彰显王室权力的颜色来藐视臣民们的憎恶的时代。

第十章

黑色

除了君主一家被逐出寓所之外，8月10日那天还见证了市民政府的成立，即巴黎公社，其狂热的反君主领导人叫嚣要接管波旁王朝。起义爆发三天后，国民议会被首都持续的混乱局面弄得筋疲力尽且手足无措，屈服于巴黎公社的要求，将王室一家置于"国民的护卫之下"。对公社成员而言，这就意味着把王室一家关在圣殿（the Temple），那个有角楼的厚壁宫殿和要塞在中世纪时是圣殿骑士团的总部。近些年，阿图瓦伯爵曾把圣殿作为他在巴黎的居所，玛丽·安托瓦内特来巴黎游玩时对这个地方十分熟悉。但她从未喜欢过那座阴郁的建筑，正如斯蒂凡·茨威格所说，它"让观者想起了中世纪（和）宗教裁判所的恐怖气氛；想起了女巫的安息日和刑讯室"。[1] 图泽勒夫人和女儿以及朗巴勒亲王夫人在8月19日那天被迫与王室一家分开，被监禁在拉福斯监狱（Prison de La Force），据她回忆——

> 王后一听说要把他们关进圣殿，浑身颤抖了一下，小声对我说："他们要把我们关进圣殿了，看吧，他们会把那里变成我们真正的监狱。我一直非常害怕那座塔楼，曾无数次恳求伯爵先生拆掉它。"[2]

然而很不幸，玛丽·安托瓦内特不祥的预感又一次变成了现实。8月13日黄昏时分，她和家人被运往巴黎城另一端的圣殿，沿途民众高声咒骂着他们，而且拒绝在君主面前脱帽。[3]到达目的地后，君主一家先是被安置在整个建筑中最宜居的地方——阿图瓦曾将这座漂亮的17世纪宫殿称为家；夜间11点，又被带到了两座塔楼中较小的那一座。他们要在所谓的"小塔"（Little Tower）住下，直到大塔（Great Tower）准备完毕可以入住（装修在那年秋天完工）。他们沦为囚徒的事实从一开始就很明显了。埃弗利娜·勒韦记录道，那天晚饭时，"一群不修边幅的市政卫兵（在王室就餐时）招摇地抽着烟斗，提醒他们辉煌的旧时光已经结束了"。[4]

他们的寝具也暗含着提醒：据在君主被监禁期间服侍他们的王室仆从弗朗索瓦·于埃（François Huë）说，他们把生虫的床单"扔给我们，仿佛那是对我们的恩惠"。[5]装饰囚犯房间的"不体面的版画"也蕴含着同样的情绪。（路易十六很快就把它们涂抹掉了，没有让他13岁的女儿长公主看到。）从侮辱性的装饰画到小塔墙上和窗户上没有隔音的挂毯和窗帘，周遭的一切都在提醒着波旁王室，他们已经沦为阶下囚。正如一位市政官员幸灾乐祸地对于埃说的那样，圣殿可不能跟杜伊勒里宫和凡尔赛宫那些镀金护壁板的奢侈房间相提并论。不过，这位官员继续指出，新来的几位"谋杀人民的刽子手"也只配住在这样的地方。[6]他们还不知道在圣殿之外，人们越来越多地指控他们是刽子手，因为共和派政治家和所谓的爱国者把8月10日那天的围攻说成是君主屠杀人民之夜。

接下来的几个星期，囚徒们逐渐适应了监禁生活，虽然他们的新身份是"谋杀人民的刽子手"，但巴黎公社还是尽量让他们住得舒适。杜伊勒里宫里剩下的家具被运到圣殿，装饰国王和王后的有四个房间的套房，包括从玛丽·安托瓦内特的旧套房里搬来的有花缎坐垫的椅子，以及蓝色塔夫绸窗帘。[7]路易十六私人图书室里的几百册藏书也被搬了过来，还有一架古钢琴和女士们的针线，以及给孩子们的各种玩具。[8] 就连朗巴勒亲王夫人作为礼物送给玛丽·安托瓦内特的那条小狗提贝，也获准来到主人的身边。[9] 虽说就餐时间提供的烘焙食品和水果都会被一位卫兵事先切开看看，免得里面藏有君主主义阴谋者帮助王室逃跑的纸条，但巴黎公社提供给囚徒们的食物还算丰盛。[10] 玛丽·安托瓦内特此时心情实在糟糕，每天不过强打起精神吃几口食物，已经完全丧失了女性的丰满，瘦得皮包骨头了。[11]〔即便在这里，她的衣服也有一个故事，一位名叫鲁塞尔（Roussel）的女裁缝向巴黎公社开出账单，因为她"拆开了（王后的）一件紧身胸衣，把所有的边都收紧了"。[12]〕路易十六仍保留着他巨人式的胃口，在圣殿居住的前两个月，就豪饮了200瓶香槟酒。[13]

王室一家扔掉了他们暂居在弗扬修道院期间从朋友们那里借来的旧衣服，订购了新衣。（他们被告知，杜伊勒里宫遭到抢劫，他们的个人物品已经荡然无存，然而从第二年政府公开拍卖的物品来看，这绝非事实。[14]）革命国家如今认为为他们买衣服的钱属于人民而非君主，囚徒们自然不能选择奢侈的服饰，数额不过是他们素日购置服装费用的很小一部分。不过他们的订单还是暴露了个人品味，以及对过去挥之不去的眷恋。[15] 比方说，路易十六委托制作了两套淡栗色丝绸西装、几条波旁白色的哗叽呢马甲、一顶尊贵的黑色礼帽，还有十条黑色丝绸马裤。就算作为囚徒，他也不打算穿得像个无套裤汉。他曾指责妻子沉溺于时尚，如今或许是想向她让步，便买了一件"王后的头发"颜色的骑马装——是里昂的丝绸制造商们参照王后散发光泽的淡金发色设计出来的，但已是多年以前，那时她的头发还没有"一夜愁白"。[16]

至于玛丽·安托瓦内特本人，如果说她对时髦的过去还有怀念，那么她借以表达的不是服装（如今已经相当朴素了），而是供应商。虽然她从埃洛夫夫人和其他不知名的供应商那里也订购了少量衣物，但最大金额仍然花在了罗丝·贝尔坦那里。王后已是阶下囚，"最大金额"当然也只是相对而言。她付给贝尔坦的金额不过 602 里弗——比前一年为一件旧"紫色底紫色条纹"礼服加一道新镶边还少 13 里弗，但这已是她这一时期付给埃洛夫夫人的金额的四倍左右。[17] 玛丽·安托瓦内特从贝尔坦那里收到了两顶白色软帽，九条不同大小的薄纱和蝉翼纱三角巾，"一条极其精美的绣花平纹细布半身裙"，一条白色亚麻小披肩、一条黑色塔夫绸小披肩，还有三段白色丝带。[18] 她还购买了几件无袖衬衣，都是用亚麻布和平纹细布制作的；一条棕色的淡底印花亚麻连衣裙；一条跳蚤色的塔夫绸礼服（这个早年间她骑马装衣领的颜色最近又流行起来了）；一对围在脖颈上的黑色丝带；一顶活泼的黑色"骑师"帽；还有延续骑马装主题的一条"塔夫绸罩衫裙服，衣领是骑马装式样的，用的是'巴黎泥土'的颜色"。[19]

256

这些物品当然不能与玛丽·安托瓦内特早年间的奢华衣橱相比，那时她每个季节都要委托制作几十条正式礼服和无数轻质衬衣，因此现在她的服装样式也大大简化了。每天早晨，她穿一件朴素的白色罩衫开始更衣仪式，这曾经是出身高贵的公爵夫人们与野心勃勃的罗丝·贝尔坦争着参加的仪式，如今却只有伊丽莎白夫人和长公主两位毫无经验的助手了。[20] 下午和晚间，两位公主再次帮她更衣，这次换成她的三条裙服——"巴黎泥土"色裙服、棕色薄亚麻裙服和那件跳蚤色塔夫绸裙服——中的一条，这些裙服有一个实用的好处就是颜色都很经脏，或许也是对她如今在圣殿不尽如人意的生活条件的妥协。[21]

她的饰品也不再是珠光宝气。如今她的珠宝只剩下结婚戒指、一个小小的宝石戒指，一个她用来放孩子们的头发的小盒式吊坠项链，还有那块仍然珍藏的小小金表，那是已故的母亲留给她的纪念物。同样，她也不得不放弃涂抹粉末的、不可一世的高发髻，诸如她在杜伊勒里宫沦陷前三天从贝尔坦那里订购的紫色和绿色高发髻。相反，根据被派来监视圣殿内动静的巴黎公社成员克劳德·安托万·默勒（Claude Antoine Moelle）的说法，如今"简朴的亚麻软帽成为（玛丽·安托瓦内特的）日常头饰"；她偶尔会把这些送到罗丝·贝尔坦那里重新镶边和修补。[22] 贝尔坦沦落到了为王后提供如此卑微的服务，那位男性同行莱昂纳尔也已经被取代了。（他在瓦雷讷惨败数月后回到巴黎，但一直谨慎地保持低调。[23]）曾经，凭借把她的卷发梳成各种漂亮的新样式，这位大发型师每年能挣数万里弗，如今他的工作落到了此前侍奉小王储的贴身男仆克莱里身上。[24] 由于克莱里对时髦的女式发型毫无经验，因此他只是把王后的头发梳成最简单的式样，再涂上一点点粉末。[25]

与她大胆的王室装束一样，随着玛丽·安托瓦内特适应了更卑微、更拘谨的生活方式，她传说中的衣服、珠宝、发型和"时装部"也都陨落了。[26] 然而考虑到政治外延，她的白色和黑色丝带或许还是她怀恋波旁王朝、贵族和哈布斯堡王朝的微妙标志。同样，她仍穿戴的有骑马装衣领的礼服和骑师帽，也让人想起她如男人般策马驰骋流露出的王者权威和自由。正如她的白色衬衣、亚麻布软帽、少量珠宝和朴实的发型，或许这些也让人心酸地想起小特里亚农宫，她曾渴望在那里把王冠暂放一旁，却万没有想到有一天她会真的失去它。

事实上说来吊诡，圣殿的生活让玛丽·安托瓦内特和家人有机会过上小特里亚农宫营造的那种简朴的资产阶级生活。摆脱了所有其他压力和分散注意力的东西，从费尔森和波利尼亚克这类美丽的宠儿到关乎君主制未来的冲突，这段时期，玛丽·安托瓦内特似乎对那位仁爱专一的丈夫更加喜爱和尊敬。[27] 他们与孩子们度过了不受打扰的时光，这在旧制度下是绝不可能的，两人还专注于孩子们的教育。王后与长公主一起阅读和做女红，国王每天花很多时间教王储读书，在一旁看他玩自己那点可怜的玩具。大革命爆发之前，像这样亲密的家庭活动仅限于待在小特里亚农宫期间。同样让人想起田园牧歌生活的，还有他们在塔楼里的其他消遣，包括纸牌游戏、绣花和音乐，只不过玛丽·安托瓦内特在古钢琴上弹奏的都是忧伤的曲调。[28] 这群人获准每天去往圣殿沉闷的小花园里，在一条种满栗子树的小道上散步，只有那条小道在为防范安全漏洞而新建院墙时被保存了下来。[29]

无论王室一家在圣殿享受了怎样朴实无华的时光，新建的院墙仍暴露出他们被监禁在这里的本质。严厉的共和派埃贝尔被任命为王室一家的典狱长，在他的关照下，他们频繁受到侮辱。贴身男仆克莱里回忆说，主人们每天在花园里散步时，"驻守在圣殿兵营的卫兵都要不怕麻烦地戴上帽子"，用服装公开表达对君主的不敬。克莱里还愤怒地看到哨兵们用"总是革命主题的，往往还是色情性质的歌曲"嘲笑囚犯。[30] 为了折磨君主一家，士兵们会在圣殿的内墙上涂写污言秽语，乱画死亡和处决的可怕场景。有一次，国王退回卧室，发现有人在门上潦草地写着："永恒的断头台正等着暴君路易十六。"[31]

就算读书和做针线这类平常的娱乐也会引发圣殿工作人员的挑衅。克莱里回忆说，一天晚上，玛丽·安托瓦内特正在出声地给孩子们阅读一本关于法国历史的书，讲述的是"波旁统帅起兵反对法国"。这不是什么不为人知的故事，却让一位哨兵向巴黎公社报告，说"（她）想通过这个例子启发儿子向国民复仇"。[32]

长时间里，玛丽·安托瓦内特的衣服一直是民众抱怨的对

258

象，如今民众对它们更是疑心重重，例如有一次，一位新闻记者指控她和圣殿外的同谋者"在互通信件，那些信件就被放在紧身衣的皱褶里偷运进来"。[33] 圣殿卫兵们严肃对待这一指控，经常检查王后的贴身内衣，看有没有用隐形墨水写的反革命信件。[34] 他们还会审查，有时还会没收她和小姑子做的针线活，理由是它们可能会包含用暗号写成的君主主义公报。[35] 与王后有关的纺织品曾象征性地揭示她的反法和反革命政治立场，如今被怀疑是这一可憎立场的真实载体。

尽管哨兵们非常警觉，但隐形墨水、暗号和密码的确被送进了监狱，因为玛丽·安托瓦内特总是密切关注着形势变化。[36] 她热切希望侄子弗朗西斯二世赶紧来救她，尤其想知道欧洲反法同盟是否已在对付革命武装力量。但为了不让王室知道盟军的行动，官员们禁止报纸进入圣殿；而且除了因犯们早期获准阅读的姑妈们（她们已经于1791年2月逃到了罗马）写的一封信之外，通信也是严格禁止的。[37] 于是，王后不得不通过更隐蔽的方式了解最新进展，例如少数可靠的手下秘密带入圣殿的用密码写成的纸片。（至于它们是不是通过内衣或亚麻布带进来的，就不得而知了。）她和小姑子伊丽莎白夫人还发明了一套微妙的手势，鼓励圣殿中同情他们的工作人员为他们通报最新消息。[38] 借助这些小道消息和在他们的监狱窗户外巡逻的公告传报员的叫喊声，王后和家人们至少能够了解一些要塞墙外的情况。

259　　外面的世界事实上一日千里，而且全是不利于波旁王朝的消息。革命派和反法同盟之间的战争仍在继续，后者早期获得了一些关键的胜利，然而玛丽·安托瓦内特的侄子奥地利皇帝似乎不怎么关心一个他从没见过面的姑妈的命运。[39] 而且8月10日的暴动彻底败坏了主张立宪君主制的温和派政治家的名声，表明议会没有能力应对巴黎人的不满。[40] 因此暴动之后，国民议会就地解散，选出了新的国民公会（Convention Nationale），负责重新编写宪法中关于君主制的条款，罗伯斯庇尔和丹东等令人生畏的激进少数派正在为建立共和国而战。[41] 木已成舟，君主制的死期已近。亲革命派报纸《巴黎纪事》（*Chronique de Paris*）带着一点黑色幽默写道："（那个秋天）在全法国，唯一会喊'国王万岁'的活物就是一只鹦鹉了。"[42]

被压制、因君主被囚禁而怒不可遏的贵族们如今也用玛丽·安托瓦内特在被监禁之前的方式表达不满，衣服上使用隐晦的君主主义颜色和符号。前王后宫务大臣（Secretary of the Queen's Command）让·奥雅尔（Jean Augeard）戴了一条珠宝项链来表达自己的忠诚，那条项链装饰着百合花、十字架、勿忘我，还雕刻着那句君主主义鹦鹉的座右铭："国王万岁！"[43] 康庞夫人写道，女性君主主义者们也开始"在胸襟上、头上佩戴大束百合花，有时甚至戴成束的白丝带"。[44]

或许并非偶然，这些饰品出现在玛丽·安托瓦内特入狱之前委托弗朗索瓦·迪蒙（François Dumont）创作的一幅肖像画的显眼位置：两个服侍过她的贵族女人或许收到过这幅肖像的微缩版，到1793年，该肖像的平版印刷品在君主主义者中间流传。[45] 在画中，玛丽·安托瓦内特戴着一顶很像自由帽的那种低垂的帽子，穿着一件表达"共和派"美德的新古典主义垂褶的希腊罗马式短袖束腰外衣。乍一看，这套装束似乎与王后的立场截然相反，因为这正是好战的共和派艺术家和政治家雅克·路易·达维德在理想化的女性公民肖像中偏爱的服饰。[到1793年，这套装束成为国民新的传说化身玛丽安娜（Marianne）的标准制服，与玛丽·安托瓦内特的服装离奇一致。]然而在迪蒙的画中，王后将一大束百合花放在胸前，夸张地削弱了这套装束表面上支持革命的意义。这种醒目的并置

260　暗示，尽管王后奇异的托加袍和软帽表明革命在许多方面大获全胜，但她最贴近自己心脏的，仍然是波旁王朝的百合花。

　　白色的花朵和缎带不是唯一被赋予这类大胆的反动意义的饰物。从勒布伦1791年夏季推出高发髻和反革命服装开始，在君主制被推翻后，黄色、黑色织物和丝带也大量出现在被剥夺权力的贵族的服饰上。虽然在旧制度期间，宫廷里盛行着反奥地利情绪，但如今仍留在法国的贵族们比1791年更加热切地渴望哈布斯堡王朝的拯救者们来帮助他们终结暴民没完没了的威胁。勒布伦的《时尚与品味杂志》在1792年秋季刊出了这一反革命主题的黑色和黄色高发髻。不知是将奥地利与日耳曼混为一谈，还是暗指普鲁士参与了反法同盟的战争行动，关

弗朗索瓦·迪蒙，玛丽·安托瓦内特：奥地利女大公、法国王后（1792年前后）

于这个颜色的反革命象征意义，勒布伦指出："杰出的女性将黄色和黑色结合在一起不仅仅是为了时髦；她们有一种秘密的动机，在德意志，人们对此了如指掌。"[46]

261

然而如果穿着这种服饰的夫人们的"秘密动机"是解放被囚禁的君主，恢复君主制（以及她们自己）旧日的"殊荣"，在反君主制思想日盛的形势下，她们基本无望实现这一目标。那种暴怒也带有强烈的衣装成分；一名自称参加了攻占巴士底狱和 8 月 10 日进攻杜伊勒里宫两次行动的男子，在杜伊勒里宫起义六天后对议会宣称："我们不需要再为自由加盖一顶王冠了！她还是戴着羊毛软帽的样子更好看！"[47] 这一观点很快在巴黎流行起来，那儿始终是革命情绪最为高涨的地方。正如卡罗利·埃里克森所说，王室一家被驱赶出杜伊勒里宫之后，"神父、绅士，任何不像无套裤汉那样穿着的人都有可能遭到袭击、殴打并被迫戴上一顶小红帽。如果受害者反抗，就会被剥光衣服，用一根带刺的树枝狠命殴打"。[48] 据康庞夫人回忆，巴黎人常常高喊着要取缔波旁王朝的饰品，称那是"危险的徽章"——不光在街上，在剧院里也一样，"城市无处不在的哨兵看到戴着（它们）的人都会挡住他们的去路"。[49]

革命强硬派监视和攻击保王服饰的做法甚至延伸到了囚徒们身上——鉴于玛丽·安托瓦内特很长时间以来一直穿着具有政治颠覆意义的衣服，这也合乎情理。事实上，克莱里记录到，共和国成立之后，市政官员们命令王后亲手拆下她最近购买的某些精美内衣上有花押字的王冠。[50] 这一做法既一针见血，又恰如其分，因为那些美丽的装饰就是用来彰显玛丽·安托瓦内特的不可一世：从她和贝尔坦带入时尚圈的奢侈丝绸，到小特里亚农宫里轻薄欢快的平纹细布和亚麻布服装。如今，狱卒们的残忍举动重塑了奢侈纺织品的意义，提醒她垮台得有多么彻底。正如尚塔尔·托马所说，被迫"亲手拆掉她的奢佟荣耀的最后一丝痕迹之后……王后在字面意义上'被解除了武装'"。[51]

然而在玛丽·安托瓦内特的许多臣民看来，就算剥夺了她以往的美丽，也不足以惩罚她的罪恶。民众对她的仇恨积累了近20年，他们还有更多的折磨和复仇行为要对邪恶王后发泄——特别是在奥普盟军的部队逼近首都之时。从9月2日开始，愤怒的暴民们冲入全巴黎各处的监狱，杀死了8月10日之后被监禁在那里的贵族和君主主义神父，因为有谣言说这些囚犯正在谋划，一旦日耳曼人攻入巴黎城，就杀掉"所有良善的共和派"。[52] 毫不意外，某些暴徒直接冲向了圣殿和奥地利丫头，但没有强行冲进去；据康庞夫人说，民众看到一条巨大的三色饰带之后就收手了，那是一位名叫多容（Daujon）的足智多谋的官员决定挂在圣殿大门口的，他正确地预见到没有哪一位有自尊的爱国者敢于亵渎蓝、白、红三色。[53] "看到那个光荣的标志，"一位市政官员断言，"这些被血腥场面和酒精弄得醉醺醺的人心中的杀戮狂热总算平息了，让位给了对国民徽章的尊重。"[54]

就这个古怪的转折而言，玛丽·安托瓦内特的人身安全居然要归功于那个被她鄙视的徽章，那正是打倒她的势力的标志。然而在监狱之外飘扬的三色旗并没有——也无法——保护她不变成人们发泄暴怒的对象。强盗们进攻的其他地方包括拉福斯监狱，也就是朗巴勒亲王夫人和图泽勒母女从前一年8月开始被关押的地方。朗巴勒尤其让暴民们感兴趣，因为她是唯一还留在巴黎的王后的"宠姬"（波特尼亚克公爵夫人自1789年7月之后一直流亡海外）。9月3日清晨到达拉福斯监狱之后，暴民直奔朗巴勒的牢房，像一群野兽一样扑在她身上，用大头棒把她殴打致死，然后用一把屠刀割下了她的头颅。

这次杀戮本来的目标是王后本人，起码后来是被如此重述的，这一点在接下来发生的故事中得到了证实。虽然某些评论家认为这个故事（虽然"持续传播且发人深省"）不无夸张，但好几个自称目击者的人强调，亲王夫人被选出受到如此骇人的待遇，是其他受害者所不及的。[55] 一位旁观者记录说，与1789 年进军凡尔赛宫时被屠杀的那两位王室卫兵的头颅一样，朗巴勒的头被从拉福斯监狱带到一个假发商店里"上卷，用朱砂做成发型，在头发上系了一条三色丝带，（以便让）她的朋友（玛丽·安托瓦内特）看到美丽的她"。[56] 或者如另一位记录者所说，他省掉了丝带的细节，但详细讲述了袭击者们"美化"其战利品的动机——

> 他们招募了一位假发商，这样亲王夫人就不会凌乱不堪地出现在王后面前。他不得不清洗和梳理她满是血迹的金发，为她编好辫子，再涂上粉末……"现在，至少安托瓦内特能认出她了！"在场的民众高喊道。[57]

不管这些叙事是否属实，它们的确揭示了事实，那就是将朗巴勒死后受辱与她最好的朋友喜爱那些涂了粉末的奢华发型的名声联系在一起。由于长期以来，她无论是身体特征（两人有一样雪白的肌肤和白色头发）还是穿衣风格（一样的骑雪橇装束、贝尔坦制作的高发髻以及白色的高勒裙）都让人想起玛丽·安托瓦内特，这些故事中的亲王夫人就是王后本人的分身或替身。[58] 尤其是，为朗巴勒"满是血迹的金发"编辫子和涂粉末让人想起金发的奥地利丫头那些臭名昭著的事迹，她曾在饥饿的臣民们强烈要求面包的年代，把她漂亮的卷发浸入面粉中。

在关于杀害这位前宠姬的记录中，涂粉的金发不是唯一因与王后有关联而得到特别关注的身体特征。根据另一位同时代人的记录，"一个黑人……一个凶手反复用海绵擦拭尸体的身体，以便人们注意到朗巴勒肤白如雪"，而"肤白如雪"也是王后的特征。[59] 另一位自称亲眼看到朗巴勒被杀的人暗示性地称死者的肌肤"像她的内衣一样白"，这难道不会让人想起她和王后一起现身的场景吗？[60] 她们"坐着雪橇在雪地上；在小特里亚农宫，在一群绵羊中间，几乎完全融入白色大理石的背景中"——融入白色平纹细布和亚麻高勒裙的场景？[61] 如此说来，或许正是为了报复贵族的冷血，起义者们发誓要让那些白发、白肤、锦衣华服的亲王夫人们受苦——朗巴勒受苦的方式是残忍地被杀和仪式化的发型制作，王后则是被迫见到好友被野蛮梳理的头颅。

为了确保王后看到，拉福斯监狱的那群人把亲王夫人的头高高地挑在一根长矛上，带着它和剩下的尸体穿过巴黎城，来到圣殿。玛丽·安托瓦内特的女儿后来回忆道，那里的市政官员们允许流氓"带着朗巴勒夫人的头进入我们监狱，但要他们把尸体留在门口"。[62] 得知暴民带着什么来给她看之后，"我母亲惊恐万状"，长公主在回忆录中记录道，"那是（全家住进圣殿期间）她唯一丧失坚定意志的一刻"。[63] 然而即便在王后昏死过去之后，安东尼娅·弗雷泽写道，朗巴勒那张"涂了蜡的白脸"仍然"在圣殿餐厅的窗外上下挥动，（带着）她著名的金色卷发……像她生前一样美丽地随风飘动，（使得）那颗头颅……一下子就能辨认出来"。[64]

玛丽·安托瓦内特是在暴徒带着亲王夫人的头和尸体离开圣殿之后才醒过来的。（她还不知道，剥下朗巴勒的衣服之后，暴徒发现了那枚装着她"一夜愁白"的头发的戒指；他们把它转交给了公社，试图证明这两个女人的可疑关系。）那天夜里，听到暴徒们盘旋在圣殿周围的声音，看到外面排水沟的水已经被其他被杀囚犯的鲜血染红，她忍不住剧烈地抽泣。[65] 就在她的境遇糟糕透顶的时候，革命暴民又在她眼前上演了残暴的一幕，用一位君主主义评论家抒情的说法，暴民像"一只百头怪兽扑向御座，扯碎了它的百合，摧毁了它的玫瑰"。[66]

这句话或许是作者本人也没有意识到的天才妙喻，让人想起了在玛丽·安托瓦内特还是王储妃时，肤色为她赢得的赞誉。在 22 年前，王后作为百合与玫瑰的结合体曾被预言能为法奥合作带来福气和好运，在 1792 年 9 月却变成民众复仇的可怕素材。这不仅在朗巴勒苍白流血的遗体中表现出来，也在"她浸满血的罩衫碎片"中一览无余，据说一位强盗"用长矛挑着那件罩衫"，气势汹汹地穿过巴黎城。[67] 正如在彩色物品经她触碰都变成黑色的噩梦中一样，王后时髦的过往——桃红的面颊、雪白的发型和衬衣——都在字面意义上变成了戴着血腥条纹的死亡面具的鬼魂，避之不及，挥之不去。

"九月屠杀"持续了三天，受害者人数达到了 1300 人，甚至包括年仅 8 岁的孩子。[68] 王室一家毫发无损，但这并不意味着他们未来的安全得到了保证。整个秋天，法军继续与普鲁士和奥地利联军作战，而且只要这些国家对这个革命国家充满敌意，民众对那位日耳曼裔王后的仇恨就会继续发酵——这一点在这一时期出版的一本小册子中表达出来。这部题为《玛丽·安托瓦内特的一生》的小册子称朗巴勒在拉福斯监狱与图泽勒夫人狎昵相亲，吩咐图泽勒用一条红色的宽丝带在她的生殖器上绑一个角先生。"那条鲜红色的丝带，"不知名的作者声称，"漂亮地映衬出（朗巴勒）肌肤胜雪。"[69] 在这一个意象中，堕落的性行为和"日耳曼恶行"、与白色平纹细布高勒裙一起穿戴的腰带，还有雪白肌肤一起构成了一幅微妙的肖像，不光是朗巴勒的，也是她的王室女主人的。[70] 因为在"鲜红"的血的标记下，王后才是《玛丽·安托瓦内特的一生》的首恶："从

265

1789 年到 1792 年 9 月流的鲜血都是她的所为，就因为她疯狂地渴望法国人自我毁灭。"[71] 玛丽·安托瓦内特对法国人怀有恶意的"疯狂渴望"与其另一个名声不好的爱好联系在一起：过度关注美貌和服饰。

虽然咒骂是针对王后的，但到 1792 年秋天，不能说王后是圣殿中唯一被民众视为仇敌的人。9 月 21 日，新选出的国民公会代表在杜伊勒里宫开会，他们已经把那里变成了自己的会议厅，并宣称废除君主制，建立法兰西第一共和国。[72] 正如国民公会成员亨利·格雷瓜尔（Henri Grégoire）当天宣称的，"我们必须消灭'国王'这个词本身，它一直是一个护身符，拥有震慑大众（服从）的魔力"。[73] 在这样的背景下，因瓦雷讷逃亡而名誉扫地的路易十六如今变成了共和派国民公会代表诅咒的对象，到 11 月初，公会已经在激烈辩论是否要以反国民的罪名审判他了。

在旧制度下，这样的提议是不可想象的，因为如历史学家戴维·P. 乔丹（David P. Jordan）解释的那样，"'国王不会错'的法律信条永远保护君主"免受臣民正式的问责。[74] 乔丹继续指出，就连 1791 年宪法也维护了君主意识形态，宣称国王"'神圣不可侵犯'，因而免受起诉"。[75] 然而，成立共和国就要求重新思考君主的地位。[76] 正如罗伯斯庇尔那位漂亮得格格不入、冷酷得令人不安的年轻助手路易－安托万·圣于斯特（Louis-Antoine Saint-Just）在 11 月 13 日那天向国民公会代表宣称的那样，"路易是敌人，他要么统治，要么死……没有人能够清白无辜地统治国家"。[77]

圣于斯特的话让整个立法机构兴奋起来，如今这句话被视为法国大革命期间臭名昭著的台词之一。仅一周后，他对国王的指控就得到了证实，经在路易十六的工作室里工作二十多年

的锁匠弗朗索瓦·加曼的提示，人们在杜伊勒里宫的废墟中挖 266
出一个铸铁保险柜。如今支持革命的加曼说他是应主人要求打
开了这个保险柜，里面有与米拉博、流亡者以及外国盟军领袖
们的信件，揭开许多人怀疑的王室暗中扶植的反革命议程。[78]

国民公会代表们用了好几个星期筛查这些罪证，将它们发
到新闻界出版，以便民众了解国王彻底背叛了国家。[79] 12 月
3 日，罗伯斯庇尔重申了路易-安托万·圣于斯特的话，要求
路易十六受到最为严厉的惩罚。"很遗憾，我必须道出这致命
的真相，"罗伯斯庇尔用鼻音很重、充满激情的律师语调说道，
"路易必须死，因为国民必须活着……我请求国民公会从此刻
起，宣布他是法国国民的叛徒，是反人类的罪犯。"[80] 玛丽·
安托瓦内特，他接着说，应该为她自己的可鄙行为受到单独
审判。[81]

代表们投票决定审判这个他们如今以非王室的名称——路
易·卡佩——称呼的男人，卡佩是法国君主最早的祖先之一的
姓氏，或者还有另一个可怕的称呼，"前国王"。[82] 12 月 11
日，国王被带到国民公会的被告席上，首次面对指控者。他那
天穿着金光闪闪的王后的头发颜色的骑马装，但如果他这样穿
是希望模仿王室祖先们骑在马上那种趾高气扬的自信的话，那
就彻底失败了。[83] 传统上在国王开口说话之前，他人是不能对
他说话的，审判过程中，路易被"那些问题"弄得紧张不安；
他后来对贴身男仆承认，那些讯问让他恐慌得说不出话来。[84]
虽然他以笨拙的方式强调"我没有做任何有愧于良心的事"，
但 707 位国民公会代表没有被他打动。[85] 1 月 15 日，他们一
致认为被告犯有"阴谋破坏自由和公共安全"罪。[86] 赞成和否
决判他死刑的票数差距较小，国王的堂兄菲利普-平等投了决
定性的赞成票。1793 年 1 月 20 日下午，玛丽·安托瓦内特和
家人听到圣殿外的市民们欢呼路易·卡佩第二天将在革命广场

（Place de la Révolution）——革命者给这个曾以路易十五命名的广场取了新名字——被送上断头台。

玛丽·安托瓦内特以为自己可以获准在丈夫死前见他最后一面。虽然在 10 月以后的审判期间，路易十六一直被单独关在大塔中（连圣诞节和新年也不例外），但在 1 月 20 日晚还是获准跟家人们度过两个小时的时光。伤感的相聚结束时，他对挚爱的家人们说他第二天早晨还会来。在相聚的两个小时中，王后和伊丽莎白夫人从头到尾哭个不停，但听到这句令人鼓舞的承诺，她点头同意了，并让他不要在他说的 8 点来，7 点钟就来，以便让他们最后的相聚时光稍长一点。[87]

然而当晨曦来临，路易没有如约出现，听他临终告解的神父对他说，告别只会加深家人的痛苦。在心慌意乱的折磨中（卫兵们不肯告诉他们真相），玛丽·安托瓦内特同孩子们和小姑子听着隔壁钟楼的钟声。钟声响了七下，然后八下、九下……但还是看不到路易十六。最后，刚过 9 点，他们听到了击鼓声，还有如玛丽·安托瓦内特后来所说，"人喧马嘶"。[88]因犯们从这不同寻常的骚动中推断，那个被他们称为丈夫、哥哥、父亲和国王的人已经向着断头台出发了。他们惊恐又心如刀绞地等了一个小时，刚过 10 点 20 分，更大的击鼓声和礼炮声响起，夹杂着响彻巴黎的欢呼声。他们知道路易十六已经死了。[89]

一位名叫戈雷（Goret）的市政官员和一位名叫涂尔吉（Turgy）的圣殿帮厨在接下来波旁王朝复辟期间出版了各自的回忆录，根据他们的说法，玛丽·安托瓦内特听到消息后的第一个反应是泪眼婆娑地拥立 7 岁的小王储为"路易十七"。[90]伴随着这个举动的"国王驾崩，国王万岁"是一句古老的君主主义口号，但君主制在四个月前就被推翻了，如今它们直接违背了共和主义信条。事实上，在写到国民公会弑君的政治含义时，西蒙·沙玛指出——

> 国王去世，但王权仍在——"国王驾崩，国王万岁"——这一理论上的不朽如今被逆转了。如今，公民成为英雄的不朽者。这一次国王之死，正是为了杀死王权。[91]

然而正如玛丽·安托瓦内特在形势没有那么紧张的时候提醒费尔森的那样，她从未被革命者愚弄，如今也不打算接受他们的信条。[92] 投身革命的人以平等的名义把她和她的家人赶出了家门，投入了监狱；以正义的名义让她最好的朋友尸体受辱，让她的丈夫身首异处。尤其是国民公会代表，他们用道义正直的语言粉饰自己的行为，说什么"没有人能够清白无辜地统治国家"——然而他们的双手也沾满了血。因此，她没有否定儿子与生俱来的王权，反而强调了这种权利。同样重要的是，她不认为自己的配偶是"自由和公共安全的敌人"，决心以高贵庄严的法兰西国王来纪念他。她虽身陷囹圄、肝肠寸断，却不打算让敌人们彻底"杀死王权"。她要继续为它保留火种。

　　这一态度是通过全新的衣装叛逆表达出来的，也符合她的行事风格。众所周知，这位前王后的母亲玛丽亚·特雷西娅从丈夫去世的那天开始，到15年后她自己去世，一直身穿丧服。如今玛丽·安托瓦内特本人也变成了寡妇，便毫不犹豫地效仿母亲；就在入狱前一个月，她对童年的好友说自己越来越"为自己生为日耳曼人而骄傲了"。[93] 她女儿回忆说，在国王被处决之后，玛丽·安托瓦内特陷入了"类似紧张症的状况"，但她立即要求人们为她提供合适的丧服。[94] 1月21日下午，丈夫去世儿个小时后，戈雷走进了她的套房，他回忆说，王后"中止了抽泣，说出了下面的话：'我们已经知悉降临在我们身上的

268

悲剧……那毫无疑问是我们自己的悲剧，我们希望服丧。'" [95]
即便在承受无法形容的伤痛之时，玛丽·安托瓦内特也一如既
往地选择能够表现自己精神韧性的服饰来应对困境。[96]

　　戈雷被打动了，这位刚刚丧偶的囚犯在巨大的悲痛中仍然
保持着体面和尊严，于是他承诺亲自处理此事，确保她和家人
得到他们想要的服饰。玛丽·安托瓦内特又要求服装"尽可能
简朴"，并给了他希望制作其丧服的制衣商姓名和地址。[97] 起
初，革命官员们反对这一做法，理由是奥地利丫头选择的女裁
缝，皮翁小姐（Mademoiselle Pion），可能是个君主主义者
或外国的细作。[98]（她的姓氏"Pion"意为"人质"，似乎表
明存在这种可能性——事实上，皮翁的确设法向藏在外省城堡
里的图泽勒夫人报告了活着的波旁王室成员的身体状况。[99]）
但支持王室寡妇的戈雷占了上风。皮翁小姐获准进入圣殿，用
两天时间为王室一家量体，因此在路易十六死后不到一周，囚
犯们都拥有了服丧的黑衣。玛丽·安托瓦内特的新衣是一件样
式朴素、气质忧郁的黑色塔夫绸长袍。[100]

　　戈雷的回忆录没有提到，但圣殿军需部的皮埃尔－约瑟
夫·蒂松（Pierre-Joseph Tison）在 1 月 26 日签署的订单证
实的，是王后还设法从罗丝·贝尔坦那里购买了少量服丧服
饰。[101] 一份同样是 1 月 26 日的账单列出，女商人为她的前主
顾提供了两顶寡妇软帽（装饰有丝带和一条长面纱的飘逸头
饰），三条三角巾、两双小山羊皮手套、一双丝绸手套和一把
扇子——全都是黑色的。[102] 三周后，玛丽·安托瓦内特又从前
"时装大臣"那里收到了另一个包裹，里面有精致的长裤和短
袜。这是她从大莫卧儿收到的最后一个包裹，因为贝尔坦在 2
月最后两周的某个时间逃离了法国。[103] 值得一提的是，王后再
度请求贝尔坦帮她制作最后且生死攸关的时尚衣装，即便这意
味着她要穿的，恰是噩梦中困扰她的那些黑色丝带。

革命的狱卒们后来才意识到，让"卡佩遗孀"以这种方式哀悼去世的丈夫是一个重大的战术错误，因为她的服装在象征意义上保留的，恰是革命竭尽全力消灭的君主制度。正如历史学家灿格神父（Abby Zanger）所说，在旧制度下，"君主的死亡是王朝延续的危急时刻"，王室应对危机的方式，就是在制度上确定全国的服丧期（路易十五童年时被确定为六个月），让人们有时间适应旧的统治者已经死去，哪怕他的继任者还在努力适应治理国家。[104] 服丧仪式在革命前的法国文化根深蒂固，即便很少有臣民会因旧主去世而难过（路易十五去世时就是这样），它仍然作为习俗保留了下来。雅克·德·诺文（Jacques de Norvins）在路易十五去世时只有 5 岁，根据他的童年回忆——

> 从凡尔赛宫金光闪闪的礼拜堂，到王公宅邸奢华的丧礼，再到市郊最卑微的店铺，服丧随处可见。每个人都尽力让他（或她）的衣服看起来悲伤一些。全法国都在服丧。[105]

毫无疑问，仪式的奢华程度因服丧之人的社会阶级而异。在凡尔赛宫，"让（自己的）衣服看起来悲伤一些"成为一种艺术形式，因为新的统治者及其廷臣必须订购最尊贵奢侈的冷色调新装。此外，传记作家安德烈·卡斯特洛（André Castelot）指出，贵族们出行的马车、"家具和床铺也必须覆盖深色的帷帐。就连军官和穿制服的仆人也必须身穿黑衣，单是马夫就需要订购 1365 套新衣"。[106] 在六个月的服丧期，丧服会有一系列微调：比方说，贵族女人可以在某些时间点重新佩戴珠宝并用"轻丧"颜色，如灰色，替换紫色和黑色等"重丧"色调。[107] 与宫廷生活的其他方面一样，这一细节构成了突

270

出波旁王朝荣耀的广泛象征仪式的一部分。但不同的是，它还把成千上万的平民囊括其中，让"全法国"都向已故国王不朽的权力致敬。

然而，路易十六被处决必然要求一种不同的反应；如果说他必须"死，因为国民必须活着"，那么他就不配在死后拥有任何哀荣。另外，王室服丧自1790年开始就不受百姓欢迎了，当时支持革命的勒布伦批评说这种做法不符合大革命主张的来之不易的社会平等。[108] 这一观点的一个出人意料的例外是米拉博在1791年春去世之后，出现了一段全国哀悼期；这既是在致敬"人民之父"，也表明人们对政治延续性的担忧，进而激发出了这一旧制度下的做法。[109]

然而1792年11月发现的王室一家与米拉博的秘密通信，彻底毁掉了他的名声（他的尸体被从光荣的先贤祠掘出，那是安葬革命英雄的地方），如今，在共和制和弑君合法化的时代，服丧的浮夸场景显得比以往任何时候更不合时宜。[110] 野蛮的幸灾乐祸就得体多了，在革命广场上目睹路易·卡佩被斩首的人群狂欢地歌唱、舞蹈，高喊"共和国万岁"就是证明。行刑的刽子手们甚至把被害者浸透鲜血的衣服和头发的碎片出售给某些狂欢者留作纪念。[111] 路易十六的遗体被裸身埋在了玛德莱娜墓地（Madeleine cemetery），而不是历史上法国国王的安息之地圣但尼圣殿主教座堂（Saint-Denis Cathedral），可见即便在他死后，路易十六也被认为死有余辜、遗臭万年。[112]

同样的态度也出现在维尔纳夫（Villeneuve）等革命派版画家为纪念这次处决而创作的流行读物中。在维尔纳夫的标志性画面中，路易十六的头颅被悬吊在一句凯旋的歌词上方："让不洁之血灌溉我们的壕沟。"这句歌词摘自激进派新的集结歌曲，即今天的法国国歌《马赛曲》。[113] 从这个角度来看，卡佩流的血，因其可憎的王室血统和已被证实的罪行而变得"不洁"的血，的确不该悼念，反而应该举国庆祝。

法国内外的君主主义者当然持相反的观点。在英格兰，处决一位被涂油加冕的君主被斥责为极端恶劣的行为，不列颠因而加入其他欧洲国家组成的同盟，反对"那些在巴黎杀人害命的人"。[114] 国王被处决一个月之后，西班牙和荷兰也被共和派过于血腥的行为吓坏了，也加入了反法同盟，几个月后，教宗宣布路易十六是真正的天主教信仰的殉道者。[115]

与此同时，在法国，黑色丝带和臂纱越来越多地出现在巴黎规模缩减且处境危险的君主主义人群中，以及外省的同道中。在外省，反革命情绪日益高涨。[116] 在自由派记录者梅西耶看来，这些黑色服饰让穿戴者变成了"噬咬自由之树的毛毛虫"，因而招致忠诚的共和派的报复。[117] 事实上情况似乎是，为了自保，君主主义者在朋友之间或私下里才会戴这些悼念的标志。[118] 但值得一提的是，无论多么私密，这些王权信徒的衣饰还是与玛丽·安托瓦内特让人带入圣殿的那些一样。就算在经历监禁和丧夫之痛后，她仍然站在一种强烈政治化的服装时尚的最前沿。[119]

这一时尚十分危险，不仅因为它能够引发街头暴力。就算在合法领域，因为新共和国的领袖们要对弑君行为做出判断，竭力巩固这个新的、没有国王的共和国，所以个人外表政治的风险越来越高。他们这么做的挑战之一是一旦发现残存的保王情绪，就要就地消灭，理由是"国王这个词一直是一个护身符"，能够煽动保王叛乱。他们为此细心地审查人们是否携带真正的护身符，例如饰物或衣物，作为忠诚或背叛的标志。[120] 如一群穿着三色服的狂热爱国者在1793年3月的国民公会上宣称的那样，他们的"服装统一"等同于内在的"万众一心"。[121] 这种统一性被视为新制度稳定性的唯一保证，违反它必然会引发政府的严厉干预。[122]

因此在国王死后，共和派禁止了丝绸——曾经是法国奢侈品行业的骄傲——因为它与贵族有关，并下令未来所有的徽章都要用"爱国的"（没那么昂贵的）羊毛制作。[123] 另外，三色徽章之外的所有徽章都被禁了；公民们被鼓励谴责那些戴"离经叛道的徽章"的人；那些坚持戴玫瑰结的人会被判处死刑。[124] 1793 年 7 月，玛丽·安托瓦内特以前最爱的叛逆色调，绿色，被加到反革命标志的清单中，因为一个名叫夏洛特·科尔代（Charlotte Corday）的少妇把革命新闻记者马拉刺死在浴缸里，被逮捕时，她的帽子上别着一条绿丝带。科尔代被即刻处决之后，西蒙·沙玛指出，她难忘的帽饰使绿色成为"反革命的颜色，被禁止公开穿戴，如此毁掉了一批纺织品商和男子服饰用品商的利润"。[125] 就连邋遢的无套裤汉服装也不再能够保护穿者免受怀疑，因为阴谋理论家们猜想，反革命人士可能会穿上它们蒙骗爱国者，让后者忽略他们隐瞒的君主主义观点。[126]

然而奇怪的是，在共和国政府竭力掌控形势期间，对服装的警觉却没有直接影响到玛丽·安托瓦内特和她的丧服。与埃德加·爱伦·坡写于几十年后的同名短篇小说中藏在寻找者眼皮底下的"失窃的信"一样，王后充满象征意义的黑衣在她丧夫后的最初几个月并没有吸引多少关注。[127] 除了后悔不该让皮翁小姐进入圣殿量体之外，囚禁者表面上对她服丧的干涉仅限于拒绝她在套房的墙上挂黑色布帘的要求。[128] 据推测，他们拒绝这一要求可能是基于阶级原因，因为在旧制度下，只有最高贵的亲王和廷臣才享有为已故国王在家里悬挂黑色布帘的权利，而让一个共和国的囚徒拥有这一属于贵族的特权大概很不合适。[129] 但革命者似乎只满足于对王后的虚荣施加这一个限制。

对前王后一定程度的怜悯可能也是革命者容忍其衣装选

择的一个原因，因为从丈夫死后，她的身体每况愈下。除了消瘦和憔悴之外，她还开始大量出血，安东尼娅·弗雷泽猜想这可能是更年期的症状，或者患有子宫肌瘤，也可能是"子宫癌的早期症状"。[130]（1791年粗俗的小册子曾提到王后"子宫勃发"，意指她不知餍足的性欲，作者大概很难预见到可怕的病情。[131]）不管原发疾病是什么，它让玛丽·安托瓦内特的面容大大改变，从波兰艺术家亚历山德里·库哈尔斯基（Alexandre Kucharski）的一幅肖像中就能看出来。维杰－勒布伦移民海外之后，他成为王后最喜欢的画家，通过某种不为人知的方式潜入王后的监狱去看她，后来凭借记忆画出了她的肖像。[132]库哈尔斯基肖像里的女人年龄绝不像只有37岁，那忧郁的黑色头巾、饱受折磨的眼神，以及瘦得脱相的面孔表明，她的境况比死亡更加可怕。[133]她被剥夺了王位、宫殿、朋友、自由，如今连丈夫也离她而去，库哈尔斯基画笔下的她就是一个被无法挽回地彻底摧垮的人。如果再剥夺她的衣服——尤其是这些令人怜悯地凄凉简朴的衣服，狱卒们也会觉得有些过分了。[134]这个女人看起来跟死了没什么两样，就让她留着自己的裹尸布吧。

　　另一种可能是，共和派之所以让玛丽·安托瓦内特明目张胆地表达自己的君主主义情感，就是因为他们不知道国王死后该拿她怎么办。因为弑君是法国历史上前所未有的，如何处理寡居的王后，他们没有先例可循。事实上，路易被处决之后的第一个月，卡佩寡妇有极大的可能不会一直被关在监狱里，或者像丈夫那样接受审判，而是会被送回奥地利。[135]2月，默勒向她保证说，他的巴黎公社同事们已经放弃了处决她的想法，以免制造"不必要的恐怖"；长公主也记得，"卫兵们觉得我们会被送走"。[136]玛丽·安托瓦内特跟反革命的哈布斯堡家族团聚之后，又会借助衣服或其他方式表达观点，这是毫无疑问

273

的。黑色是奥地利的代表色，丧服是已故的玛丽亚·特蕾西娅的标志性服饰，她的服丧装束完全符合法国的政治。因此，为前王后在圣殿内的形象设置障碍，对某些明智的狱卒而言是一种政治能量的浪费，他们本该把那些能量用在更重要的地方。

然而那年春天，由于新政府面临一系列新威胁，玛丽·安托瓦内特获得自由的希望破灭了。3月，欧洲盟军在法国北部和南部边境均获得了关键的胜利。与此同时，在法国的旺代（Vendée）地区，那些激烈反对大革命摧毁神圣旧制度的保守派天主教徒极力煽动，引发了血腥的内乱。[137] 如今国内外的战争都在威胁共和派的崇高地位，因此他们在巴黎设置了革命法庭来审判被怀疑有不爱国行为的人，对那位身着黑衣的王室人质变得强硬起来。3月27日，罗伯斯庇尔对国民公会代表说，"爱国者们是时候重燃起对那些被唤作君主（玛丽·安托瓦内特）之人的激烈而永恒的仇恨了"——埃贝尔也借此机会开始对圣殿内王室套房进行随机搜查，以此来表明自己的爱国倾向。[138] 王后很不走运，被搜出了一块小小的布片，上面绣着一个十字架，一个王冠，还有耶稣被箭刺中的圣心：这正是旺代地区天主教叛乱者的集结标志。[139] 在她的物品中发现这一标志证明了共和派对她的看法是正确的，她就是反革命的代理人，他们准备好了给她相应的惩罚。[140]

埃贝尔的手下在搜查玛丽·安托瓦内特的个人物品时没收的另一件物品，是一枚蜡质浮雕小徽章，上面的人物是神话中的非正统女主角美狄亚。她是从一个名叫奥古斯坦-热尔曼·若贝尔（Augustin-German Jobert）的圣殿军官那里得到这枚雕饰的，后者后来向革命法庭解释说这个小玩意儿"只是从我家里随便拿来的，我家有四千多件这种东西呢"，其中大多是"革命象征物"，因而把它们送给囚犯们无伤大雅。[141] 然而若贝尔无法解释，为什么在他拥有的那么多的小徽章中，王后独

亚历山德里·库哈尔斯基，狱中身着丧服的玛丽·安托瓦内特（1793 年）

独选择了这一个收藏起来。[142]

与旺代叛乱者的"圣心"不同，美狄亚的形象在这一时期没有什么确定的政治或宗教含义，因此它对它的主人而言到底意味着什么，就成了谜。在法庭上审问若贝尔的人不明白这个神话人物是否在"影射"王后本人。[143] 他们没有展开解释这个观念，但既然革命出版物已经把她说成哈比、复仇女神、梅萨利娜和其他传说中恶毒的人物，或许审问者也倾向于假定他没有过失，猜测他本意是想羞辱王后，将刻着神话中最臭名昭著的女恶魔的徽章送给她。[144]

玛丽·安托瓦内特在圣殿写的几封信件里没有提到这个小玩意儿，因而没有暗示她为何一直保留着它。不过联想到她在交接仪式上看到的美狄亚挂毯，这枚圆像章对她产生了某种图腾般的吸引力似乎也不是不可能。1770 年，美狄亚在一面戈布兰挂毯上旁观了这位外国女大公被脱得一丝不挂，在形式上与她的家乡和过去隔断联系的全过程。23 年后在圣殿，同一个神话人物再度出现，这一次的玛丽·安托瓦内特同样痛苦地被剥夺了一切。然而这一时期，与神话中的王后一样，真实世界的王后拒绝把控制权交给那些即将剥夺她的权力的人；因为，和美狄亚为敌人们制作的毒袍一样，玛丽·安托瓦内特的丧服也表明她傲慢地抵制敌人的计划。因此，不管这是惊人的巧合还是王后有意的设计，美狄亚的形象出现在圣殿中，的确是一个十分贴切的"影射"。它让人想起了玛丽·安托瓦内特一贯在时局艰难时用大胆的衣装来表达反叛，其君主主义的黑衣仍在强有力地表达这一点。

另外，美狄亚小徽章或许也启发革命者更仔细、更严厉地审视这位寡居的囚犯以及她重整旗鼓的方法。一位共和派作者高声问道："穷凶极恶的安托瓦内特到底用了什么样的魔法控制了我们同胞的心？难道她已经拥有了冷酷恶毒的美狄亚的秘密？是的，毋庸置疑！"[145] 如果说这位作者所谓的"美狄亚的秘密"是指利用衣服（而不是，比方说，杀婴的天分）的话，那么这个指控就相当虚假。毕竟在过去的许多年里，玛丽·安托瓦内特的时尚品味没有为她赢得"同胞的心"。然而，这一指控的对象或许是国民公会代表格雷瓜尔所谓的"'国王'这个词"，因为它有维护或复兴君主制的巨大潜力。即便她已经与臣民为敌，玛丽·安托瓦内特的衣服仍一次再次地表达着反叛、独立和力量——这些特质再度在她的丧服中明白无误地表现出来。[146] 考虑到当前法国内外的君主主义群体的反对风潮，共和派无法容忍沦为阶下囚的王后的强硬态度。6月2日，埃贝尔援引了美狄亚神话中广为人知的内容——为了报复丈夫，她亲手把孩子碎尸万段——他提议为了惩罚她显而易见的叛国意图，"奥地利丫头必须被千刀万剐，剁成肉饼"。[147]

埃贝尔提议后不到一个月，革命者们找到了处理卡佩寡妇的一个或许更加残酷的方法，这个女人爱着她的孩子们，这一点没有逃过抓捕他们的眼睛。[148] 有谣言说君主主义者们谋划绑架玛丽·安托瓦内特的儿子并拥立他为法国的新国王，国民公会代表们于7月1日下令"（将）卡佩之子路易·夏尔从他母亲身边带走，关押在一个单独的套房内，也就是圣殿内守卫最严密的套房"。[149]（就在公主们的套房下面，也就是路易十六在接受审判期间被关押的那个套房。）两天后，六名军官出现在玛丽·安托瓦内特的套房来执行国民公会的命令。据亲历这一心碎场景的长公主回忆，玛丽·安托瓦内特极其剧烈地抵制士兵们的这一行为，以至于他们花了一个多小时才把不停抽泣和尖叫的8岁男孩路易·夏尔从她的怀里夺走。[150] 玛丽·安托瓦内特惊恐地得知，她的甜心要被一位狂热的共和派、一个名叫西蒙的酗酒补鞋匠看管,巴黎公社要求他为小王子"去君主化"。[151] 卡佩寡妇竟敢把儿子当作国王;在西蒙粗暴的指导下,男孩将被塑造成一个爱国者。

补鞋匠施虐般执行的使命将包括给路易·夏尔灌酒,只要他哭喊着要母亲就殴打他,教他唱共和派的战斗歌曲,大声咒骂君主制,让他众叛亲离的家人从套房中也能听到。但在这一切之前,还有一个简单却有力的细节。据长公主回忆,"西蒙做的第一件事是脱下(我弟弟的)黑衣",即便玛丽·安托瓦内特在"他离开之前说希望他不要脱掉丧服"。[152] 这一细节因两个原因而十分重要。第一,它证实了玛丽·安托瓦内特有多么重视全家人服丧的服饰:她在孩子被带离的那一刻仍不忘叮嘱孩子,这一点的确表明在她看来为路易十六服丧是头等重要的大事。第二,西蒙急于让小王子脱下丧服的事实表明,她的敌人们总算抓住了她的要害——他们意识到丧服对她多么重要,以及它多么明目张胆地与反君主主义世界观背道而驰。据长公主回忆,补鞋匠立即将一顶自由帽扣在路易·夏尔头上,给他穿上了无套裤汉的肮脏的破衣烂衫。[153]

通过破坏他与君主制的表面联系,将男孩为革命所有,也将玛丽·安托瓦内特用衣服反抗的策略反过来对准了她。如果说此时还有谁拥有"冷酷恶毒的美狄亚的秘密",那是共和派而非王后:他们用她的服饰和孩子来对付她,这是致命的。7月余下的日子,玛丽·安托瓦内特因为失去了最小的孩子,她的甜心和她的国王,难过得卧床不起。据长公主回忆,母亲"唯一的乐趣,唯一的期待,唯一的事"就是目不转睛地透过她好不容易找到的圣殿胸墙上的一个裂缝盯着外面,渴望偶尔能够瞥一眼戴着可怕的小红帽的路易·夏尔。[154]

然而8月2日凌晨2时,狱卒们把她这最后一点点安慰也剥夺了,他们来到她的房间,宣布她要被转送到巴黎古监狱

278

（Conciergerie prison），在那里等待革命法庭的审判。由于盟军日益逼近巴黎，国民公会认定奥地利丫头是这场反革命阴谋的重大嫌疑人，必须受到相应的惩罚。[155] 仿佛是为了防止她在准备离开圣殿时谋划其他的着装计划，带她转监狱的哨兵没有给她隐私的空间，看着她脱下睡衣，换上了丧服。[156]

这是她获准带到新住处的唯一一件衣服，如今已经破旧不堪了。她要求带一些针线活——她为路易·夏尔缝的一双袜子——却被生硬地拒绝了。[157] 哨兵们强行收走了她为出行准备的一个装着个人物品的小包裹，要交给革命法庭检查。[158]（打开包裹后，官员们没收了王后最宝贵的几样物品：丈夫和孩子们的几绺头发、朗巴勒亲王夫人的一幅微缩肖像，还有她在圣殿里进行更衣仪式所用的一面小化妆镜。[159]）被分派到巴黎古监狱服侍玛丽·安托瓦内特的侍女罗莎莉·拉莫里埃尔（Rosalie Lamorlière）后来回忆说，她看到传说中最时髦的王后穿着那么破旧的衣服，震惊得目瞪口呆。[160]

值得注意的是，在共和国内，并非所有出身尊贵、地位高贵的大恶人都被如此无情地剥夺了漂亮衣服。1793 年 3 月，菲利普－平等因有反革命嫌疑而被捕，即便他很有手腕地用了假名，并极力表现爱国情怀也无济于事。但在监禁期间——先是被关在马赛的一座监狱，后来又被关入巴黎古监狱——菲利普－平等获准保留一个庞大的衣橱，里面全是他在冒充革命战友时避免穿着的奢华服饰。[161] 既然伪装已被识破，这位前公爵又穿得像一个特权子弟了，那才是他生而拥有的真实身份。

而玛丽·安托瓦内特的遭遇大不相同。正如皮埃尔·圣－阿芒指出的那样，一到圣殿，革命者就对她开始了"缓慢的减除"或"去自恋化的过程"，为了惩罚她时髦而自恋的过去。[162] 在政府把她定为煽动君主主义嫌疑人之后，这个过程明显加速了。到达古监狱后，她被投入了一间潮湿、肮脏、没有家具的

279

牢房，那里的地板脏得让她的鞋子，那双用"乌梅色"绸缎做成的磨损严重的高跟拖鞋，在罗莎莉·拉莫里埃尔看来，就像是"从圣奥诺雷路走来的"。[163] 拉莫里埃尔的回忆录是在波旁王朝复辟时期出版的，考虑到它同情的，甚至钦慕的语气，这句话的讽刺意味可能不是故意为之。[164] 因为圣奥诺雷路曾是大莫卧儿所在地，也是玛丽·安托瓦内特进行令人难忘的时尚冒险的地方。然而，在阴沉而不祥的古监狱，曾经的世界已经是玛丽·安托瓦内特无法企及的地方，除了鞋子上的污垢。[165] 但要一双新拖鞋是不可能的。根据后来声称在这一时期见过这位王室囚徒的年轻女士的说法，"（共和派）担心一只鞋也会暴露某个重要的秘密，因而不允许做任何更换"。[166]

玛丽·安托瓦内特也不指望更换丧服，连着六个月每天穿着，那套丧服已经像她的鞋子一样破旧了。当她的寡妇头巾——她从贝尔坦店铺收到的最后一件头饰——可能会破成碎片时，她请罗莎莉·拉莫里埃尔帮她把它变成了两个小一点的、没那么精致的软帽。[167] 心地善良的侍女的帮助十分必要，因为革命者拿走了她缝纫用的剪刀，所以修补衣物时，只能用牙齿把线咬断。[168] 监狱的其他女雇员也偶尔帮王后修补破烂的丧服[169]，然而那件衣服宽大的底边每天在满是污垢和锈迹的监狱地板上拖曳。[170] 它加速磨损的另一个原因是，据费尔森说，"王后总是穿着一身黑衣睡觉：她随时准备被杀或被斩首，希望能穿着一身丧服走向断头台"。[171]（费尔森虽然人在国外，但他一直忧心忡忡地关注着挚爱之人，游说盟军领袖赶紧去救她——他们对寡居王后的命运一如既往地无动于衷。[172]）巴黎的夏天潮湿闷热，穿着那件长袍睡觉一定很不舒服——那是在路易十六1月份被处决后设计的冬衣。[173] 尽管如此，玛丽·安托瓦内特仍然整天穿着它，决心到死都不脱下。

她试图保留王室和家族的珍贵遗物就没有那么顺利了。第

一件就是她设法带入古监狱的、23 年前出发来法国之前母亲送
给她的小金表。她到达新牢房之后不久把它挂在墙上，仿佛是
为破旧的新环境（剥落的墙纸、破烂的床垫、几把粗制滥造的
草编椅子）添加一个漂亮的、个性化的装饰。[174] 然而五天后，
这个金表引起了狱卒们的注意。看着它被他们没收，一向刚强
坚毅的女大公崩溃了，哭得仿佛心都要碎了。[175]

　　她请求还她在圣殿里做的那点针线活，但也遭到了阻挠；
她再度表达了为儿子缝一双长袜的渴望。虽然伊丽莎白夫人和
长公主把那些针线打包好送到了古监狱，但军官们拒绝把它们
交给王后，理由是她可能用针自残。[176] 玛丽·安托瓦内特急
切地渴望在牢房里做点什么，或许也急于给儿子一件非共和派
的衣物，便从挂在床铺上方墙壁上的褪色旧挂毯上拆下毛线，
用一对牙签把毛线"编织"成一双袜带，恳求监狱看守送到圣
殿。[177] 路易·夏尔从未收到过母亲的礼物，他在监狱中离奇地
死去了，时间大概是 1793 年底或 1794 年初。[178] 直到 1795 年
12 月，长公主，玛丽·安托瓦内特唯一活下来的孩子，才收
到那双袜带，它证明了她母亲最后的监禁时光多么悲惨。[179]

　　尽管共和派极力毁掉她曾经精致美丽的形象，但玛丽·安
托瓦内特拒绝合作。被投入古监狱几天后，她成功地偷到了一
张小纸片，为不得不跟伊丽莎白夫人一起留在圣殿的长公主写
了下面这段话——

　　　　亲爱的孩子，我想让你知道我很好；我很平静，如果
　　我知道我可怜的女儿不为我担心，我将非常平静。全心全
　　意地拥抱你和你的姑妈。请寄给我一些蕾丝长袜，一件棉
　　布骑马装和一件衬裙。[180]

与玛丽·安托瓦内特在离别时叮嘱路易·夏尔不要脱下丧服一

样，这封信也强调了衣服，并称她不接受狱卒们让她衣衫褴褛。伊丽莎白夫人立即满足了嫂子的要求，委托一位名叫米雄尼（Michonis）、有同情心的市政官员把一包衣服带到了王后的牢房。包裹里有各种"漂亮的上等亚麻布罩衫和口袋手帕，亚麻布三角巾，黑丝长袜，一件早晨穿着的白色便袍，几顶睡帽，以及好几条不同长度的丝带"。[181] 玛丽·安托瓦内特在整理新衣时激动得热泪盈眶，当罗莎莉给她拿来一个纸板箱存放这些衣物时，她也开心和感激得不能自已。[182] 因为牢房里没有大衣柜，所以如果没有这个纸板箱，那些精美的新衣就不得不放在潮湿和布满灰尘的地板上。侍女回忆说，玛丽·安托瓦内特收到这个纸板箱时，高兴得"仿佛收到了全世界最漂亮的家具"。[183]

罗莎莉还从塞纳河边一个贩卖小玩意儿的人那里买了一面喷红漆的廉价小镜子，也让她的女主人十分感激，因为王后得到一面镜子的请求一再被拒。[184] 拉莫里埃尔很高兴看到"王后陛下（把镜子视为）最重要的一件物品"，也乐意在其他方面为她效劳；特别是尽量让讲究的王后的内衣保持洁净。[185] 多亏她的善意，加上另一位监狱雇员阿雷尔夫人（Madame Harel）的帮助，玛丽·安托瓦内特才能保持外表的体面，阿雷尔夫人每天用一根白色丝带和一点粉末为她做发型。[186] 某些记录者猜测，许多人会在白天和夜间的任何时候来牢房看她——有些是革命官员，有些是贿赂卫兵以便看一眼落难王后满足自己好奇心的人——这对她尤为重要。[187] 在圣殿，她过着与世隔绝的生活，而在古监狱，玛丽·安托瓦内特再度发现"每个人的眼睛都会盯着"她，似乎下定决心要维持体面的外表，哪怕狱卒们为了羞辱她而费尽心机。

9 月 4 日后，狱卒的看管更加严格了，因为监狱官员们发现了帮助玛丽·安托瓦内特逃出古监狱的君主主义阴谋。[这

281

次失败的尝试被称为"康乃馨事件",因为王后的救助者路热维勒骑士(Chevalier de Rougeville)常把字条藏进康乃馨花中带入她的牢房。[188]虽然在阴谋被发现之前,共和派已经决定尽快审判卡佩寡妇,但这让他们更加严厉地打压她——而且再度对她的外表施以惩罚。[189]狱卒把她转入一个更小、更肮脏的住处,还派宪兵 24 小时监视着她,哪怕她脱衣服也会在场,简直是她的交接仪式和新婚之夜的离奇重演。和在凡尔赛宫服侍玛丽·安托瓦内特的那些女人一样,罗莎莉·拉莫里埃尔也被女主人"过度的谦逊"打动了;为此,只要王后换衣服,她总是用自己的身体挡住卫兵的视线。[190]罗莎莉对囚犯的同情引起了上司的怀疑。当她试图为女主人梳理发型时(阿雷尔夫人在康乃馨事件之后被赶走了),她被告知只有监狱看守博尔先生(Monsieur Bault)才能执行这一职能。玛丽·安托瓦内特直言拒绝了让博尔来服侍她,开始每天自己梳头,这或许是她有生以来第一次自己梳头。[191]

共和派的态度日渐强硬。从圣殿转狱时,王后设法带出了两枚镶嵌宝石的戒指,其中一枚是她的婚戒,据拉莫里埃尔说,这些让她回忆起昔日美好时光的小东西似乎让她得到了很大的安慰,王后不停地把它们从一个手指换到另一个手指上,眼睛里全是梦幻恍惚的神情。[192]康乃馨事件后,监狱官员们毫无预警地把戒指拿走了。此外,他们还决定不再为她提供足够的清洁细麻布来堵住她持续的子宫出血。罗莎莉·拉莫里埃尔写道:"革命法庭的工作人员(最多)只会一条一条地发放麻布,时间相隔很久。"[193]王后常常不得不用女仆从自己破烂的罩衫上撕下的碎布条,罗莎莉会在帮女主人铺床时细心地把它们藏在床垫下面。[194]

玛丽·安托瓦内特和敌人短兵相接,为控制她那用衣装包裹的身体而抗争:自从踏上法兰西的土地,她似乎总是在

282

以各种方式斗争。然而当玛丽·安托瓦内特在 10 月 15 日早晨 8 点被叫到革命法庭时，斗争进入了最后阶段。在拥挤的法庭上，她平静地坐在一张长凳上，倾听——有时还要回答——法庭主席阿尔芒·埃尔曼（Armand Herman）及原告律师安托万－康坦·富基耶－坦维尔（Antoine-Quentin Fouquier-Tinville）陈述她所犯下的一长串反革命罪行。正如历史学家后来指出的，指控王后的确凿证据很少，证人们的证词也多是主观臆断和道听途说。[195] 在对其外表的争论不止的背景下，有必要关注一下与衣物和饰品有关的逸闻，它们被收集起来，证明她如何"阴谋背叛法国"。控方及证人们提到了"圣心"织物和美狄亚小像章，她为逃往瓦雷讷选择的服饰，她在 1789 年 10 月"暴行"期间分发的白色徽章，她任命的"变态"大臣和设法操纵国王本人，她与"臭名昭著、丧尽天良的卡洛纳"和拉莫特伯爵夫人之间导致重大财务损失的可疑关系，她对让臣民受苦受难的大饥荒所负的直接责任，小特里亚农宫高昂的花费，她据信转给奥地利的约瑟夫二世的巨大金额，等等。[196]（最后一项指控最初是与玛丽·安托瓦内特的进口平纹细布高勒裙有关，但在审判期间没有明确提及这些衣服。）埃尔曼甚至谴责她在革命前订购的鞋子多得穿不过来，但被告脚上的那双拖鞋看上去破旧不堪，这多少有些古怪。他还断言在 1792年 6 月 20 日杜伊勒里宫被包围前，她还委托制作了一条特殊的裙子，用来藏匿她打算对民众开火用的手枪：这显然利用了人们关于王后的衣服对臣民极端危险的想象。[197]

为反驳这些煽动性的指控，玛丽·安托瓦内特强调说她始终热爱她已故丈夫的王国，除了法国的福祉，从未有过其他愿望。然而控方对她的恶魔本性进行更加戏剧化的指控，例如埃贝尔称她在圣殿里对路易·夏尔进行性骚扰，力图损害男孩的健康，以便自己变成大权在握的女性摄政者——这些编造的故事将王后塑造为"对法国人民罪大恶极的吸血鬼"。[198] 富基耶－坦维尔反复指出卡佩寡妇所谓的"反革命和阴谋家"集团是"那个影子议会""那个黑色的议会""那个在夜间的绰绰鬼影中聚集的议会"。[199]

黑色不仅强化了被告参与乱伦罪恶的观念，还把王后当天在法庭上穿的丧服说成其罪恶心灵的外化标志。18 世纪，有一句法语谚语，说一个人"不会像他（或她）身上的黑衣一样罪恶"，意思是说人的本性没有他或她的外表那么可怕。[200] 然而控方"以最为阴暗的方式"描述玛丽·安托瓦内特的行为，其含义恰恰相反，即她身上的黑衣正好是其罪恶灵魂的完美体现。[201] 正如林恩·亨特在研究富基耶－坦维尔和埃尔曼用色情读物作家的诽谤给王后定罪时指出的，"对王后真正的动机和情感的揭示（首先）来自人民及其代表'解读'她的身体的能力"。[202] 具体而言，玛丽·安托瓦内特的黑衣或许变成了人民谴责性解读的素材。的确，多个游说处决她的团体攻击"这个不敬不孝的野蛮女人罪大恶极，已经（堕入了）更深的黑暗深渊"。[203]

然而在人们把目光转到王后的黑衣时，共和派低估了它所能引发的旁观人群的同情。[204] 一位名叫路易·拉里维埃（Louis Larivière）的法庭卫兵称，"她那条长长的黑裙让她的脸色显得极其苍白"。[205] 玛丽·安托瓦内特君主主义丧服的黑色映衬出其一度举世皆知的白肤，而长期被禁闭在室内和慢性出血显然为她的白皮肤添了一层病态。[206] 王后身上那件肮脏破烂的丧服和她如纸一般苍白的面容，全都触目惊心地展示出君主制被废除之后，她经历了多少悲剧，它们可能让她看起来不像一个贪婪的"罪大恶极的吸血鬼"，而更像一个遭到骇人虐待、失去了一切的人，她遭受的苦难已经远远超过了她被指控的罪行。[207]

事实上，玛丽·安托瓦内特在审判期间，有一次让自己呈现出后一种形象——她用毫不掩饰的心碎和震惊回答埃贝尔的

284

乱伦指控。("我请求此刻在场的母亲们,"据说她喊道,"说一说这样的事可能吗!"[208])据她的律师克劳德 – 弗朗索瓦·肖沃·拉加德(Claude-François Chauveau Lagarde)说,这一声悲壮的呼喊"让人们钦佩,在法庭上引起了骚动,以至于不得不暂停辩论";在传记作家马克西姆·德·拉罗什蒂埃尔(Maxime de La Rochetière)的记录中,哪怕强硬的革命派女人们也被被告遭受苦难但仍不失高贵的神情感动得泪流满面乃至昏厥。[209] 据说罗伯斯庇尔"听说王后以崇高的神情答复控方引发了轰动,让观众深受震撼后,正在用晚餐的他愤怒地摔了盘子"。[210]

然而罗伯斯庇尔没必要摔盘子,因为陪审员——和证人一样,陪审员都是根据"爱国"的狂热程度精心挑选出来的——最终会做出什么样的裁决,几乎没有疑问。[211] 尽管如此,观众意外地对王后表示同情让敌人警觉起来,让她穿得像个悲壮的君主主义殉道者似乎是个危险的战术错误。10月16日凌晨4点,革命法庭判决玛丽·安托瓦内特是"法国国民公开的敌人……是前暴君(路易·卡佩)犯下的绝大多数罪行的同谋乃至煽动者"。[212] 和已故的丈夫一样,她也要在革命广场被斩首;但与他不同的是,她将不得与家人道别,处决被定在当天执行。

285

裁决宣布后不久,共和派官员们更加残酷地通知王后,她不得穿丧服走向刑场。据罗莎莉·拉莫里埃尔说,革命者说这是因为丧服的君主主义暗示"会煽动"围观的"民众侮辱"玛丽·安托瓦内特。然而"在监狱里的每个人看来",拉莫里埃尔回忆说,显然官员们"很害怕她作为国王的寡妇会引发关注"。[213] 革命者一直竭尽全力地从王后身上抹去最后一丝王室特权的痕迹,只有她的黑袍逃过了他们的魔爪。然而此刻,尽管她渴望至死为路易十六服丧,但这件衣服也被禁止了。在准备走向断头台的这一刻,玛丽·安托瓦内特得找些别的衣服穿了。

第十一章
白色

1793 年 10 月 16 日。审判持续了 20 个小时，在漫长的折磨之后回到牢房，玛丽·安托瓦内特没有入睡。凌晨 4 点半，她请求给她一根蜡烛、一些墨水和几张纸（她在古监狱的这些日子，始终得不到这些东西），给伊丽莎白夫人写了一封信。在信中，她说她爱所有的家人，请求"上帝宽恕我犯下的所有错误"，并像基督徒那样为她的敌人们请求宽恕，表达了她希望能够带着勇气赴死。[1] 写完信后，罗莎莉·拉莫里埃尔告诉我们，王后在她那张粗糙的小床上躺下，脸对着墙壁，无声地哭泣起来。这时，她仍然全身穿戴着丧服。[2]

几个小时之后，天亮了，在喂玛丽·安托瓦内特喝下几口汤之后体面地退下去的罗莎莉，又回来帮助她更衣。那名驻守在牢房的宪兵拒绝离开，哪怕这时因下体出血严重，需要更换被血浸透的细麻布的王后恳求他离开片刻，给彼此一点体面。[3] 她愤怒地涨红了脸，在床边蹲下来，更换被血渗透的细麻布，把它们塞到墙上的一个小洞里。[4] 站在王后前面遮挡卫兵视线的罗莎莉惊奇地发现，她的女主人似乎还保存着一件白罩衫，它就是为这一天准备的。"我意识到，"这位侍女后来回忆道，"她即便在一无所有的情况下，也打算尽量穿着体面地出现在公众面前，就像她在审判时所做的那样。"[5] 就算即将被处决，玛丽·安托瓦内特也决心把形象掌握在自己手中，决心要通过衣服来管理形象。整个巴黎，民众涌上街头，观看押送她的车队从古监狱行进到刑场。更多的民众聚集在革命广场旁观行刑，3万名士兵被召来维持治安。与她初到法国那天一样，她在法国的最后一天，所有人的眼睛也都在看着她。虽然她被禁止穿着丧服，但她的手上还有一张王牌。

就这样，玛丽·安托瓦内特脱去了审判时穿着的破烂黑衣，穿上了她乌梅色的鞋子，一条洁净的白色衬裙，还有崭新的白罩衫。[6] 为点缀这套装束，她穿上了伊丽莎白夫人从圣殿寄给她的那件白色便袍，在颈间围上了她最漂亮的一条平纹细布三角巾。她甚至摘下了寡妇头巾上垂挂的黑色丝带，把头巾变成了一顶低调的皱褶亚麻布软帽，像她的头发一样没有颜色。因为出血严重而越发苍白的王后变成了另一种形象，那是一种纯粹而皎洁的白色。[7]

虽然受制于种种限制，以及古监狱里极其有限的资源，但玛丽·安托瓦内特的白色装束仍是她整个职业生涯中最光彩夺目的时尚姿态。[8] 凡是亲眼见到队伍行进到刑场的人，无论是君主主义者还是革命者，都说起过她洁白无瑕的装束。[9]（路易十六是用一辆封闭的马车运往刑场的，王后则像其他罪犯一样，被迫乘一辆敞篷马车穿城而过。）共和派国民公会代表、艺术家达维德曾在她的马车驶过他的窗前时快速画了一张蛮横无理的王后素描，他认为她那身装束很可悲，于是画了一个恶心而彪悍的干瘪老太婆，丧失了她此前的全部光彩。然而其他旁观者却很少有人嘲笑王后。根据大多数人的说法，那个幽灵般的白色身影被两侧各两列身穿海军蓝色制服的士兵护送着行进，人群在震惊中保持着压抑的沉默。[10] 从他们眼前经过的女人没有佩戴珠宝，没有头插羽毛；这个女人既没有古怪地穿着奇装异服，也没有唐突地衣衫不整；这个女人一无所有，连丧服都被剥夺了；这个女人剩下的那些朴素的衣服在她死后被寄给了萨尔佩特里尔监狱里的女囚犯们。[11] 达维德那幅粗暴的素描清楚地表明，玛丽·安托瓦内特臭名昭著的时髦、争议不断的衣橱已经永远消失了。[12] 在到达断头台之前，她的历史、她的身体、她的存在已经被抹除了——留给她的只有白色。

然而这抹除的动作所揭示的或许比它隐瞒的更多，浓缩了她危险的时髦过往的全部历史。白色。百合花和年轻新娘面颊的白色。紧身衣的鲸鱼骨紧身褡的白色。化装舞会和雪地雪橇上纵情欢笑的白色。涂了粉末的头发、贝尔坦和莱昂纳尔——当然还有革命的暴民——所做发型的白色。平纹细布高勒裙的白色，不管它是进口的还是别的：在小特里亚农宫是活泼的，在巴黎是变态的。伯默尔的钻石项链和"奥地利"鸵鸟羽毛的白色。开启了进军凡尔赛的君主主义徽章的白色。朗巴勒亲王夫人的皮肤和头发的白色，她是玛丽·安托瓦内特自己的翻版，也因王后的缘故而受到致命的玷污。真正忠诚的君主主义徽章的白色。所有的颜色同时共存所产生的白色：革命的蓝与红，君主主义的紫和绿。她见到行刑者准备对她落下铡刀之前剪下并偷偷塞进自己口袋里的那一绺头发的白色。[13] 殉道者、圣洁天堂、永恒生命的白色。一个太过美丽，或者起码太过执拗而不死的鬼魂的白色。过去还有将来书写她的故事的那些书页的白色。那个故事，将被一次再次地书写。

后记　时尚受害者

> 我看到了一切，了解了一切，忘记了一切。
>
> ——玛丽·安托瓦内特，
>
> 关于 1789 年 10 月的血腥事件

　　路易十四曾戏称时尚是"历史之镜"，此话并非儿戏。[1]如今，我们这些关心时尚的人常常会透过一面模糊的镜子去追逐它永无止境的变化。有那么一周、一个月、一年时间，我们会回想起战壕雨衣或芭蕾舞鞋、水手裤或凯莉包的低调魅力，而一旦有其他"新"款脱颖而出，就立刻忘了它们。悬挂在衣橱最暗处的裤套装和直筒裙被遗忘了很久，直到看到某位天才设计师的翻版或某本光鲜亮丽的杂志写真，我们才再次从落满灰尘的角落里翻出它们。一季又一季，我们编辑自己的服装史就是为了重写和翻新历史。选择性记忆是时尚的侍女。[2]

　　2005 年 12 月底，我在写作本书时想休息一下，去纽约巴尼斯百货（Barneys New York）采购一些圣诞物品，以一种十分古怪的方式体验了上述事实。巴尼斯百货店麦迪逊大道入口处四面大玻璃窗上醒目地张贴着当季标语——"过一个王室圣诞节"，玻璃窗后面还陈设着光彩夺目的精美展品。当我走近其中一面橱窗，想仔细看看里面展示的物品时，成群的购物者让我立即想起了罗丝·贝尔坦、大莫卧儿，还有她独具匠心的、透过橱窗展示的精品在圣奥诺雷路上引发的购物狂潮。然而即便在当时的恍惚状态中——因为我的研究已经到达了那样一个阶段，书里的主人公们日夜萦绕在我的脑海里——我也没想到当我穿过人群更近距离地观赏那些陈设时，会迎面遇到玛丽·安托瓦内特。290

但事实就是这样。或者更确切地说，我迎面看到了她的一幅黑白面部特写，从 18 世纪的一幅肖像中截取下来的特写被无限复制，制作成壁纸贴在橱窗和地板上。侧面墙上同样用沃霍尔式技法复制了一个蛋糕粉盒盖——邓肯·海恩斯经典黄蛋糕粉——那句"让他们吃蛋糕好了"就喷绘在玻璃窗附近、整个陈设的中心人物后面。中心人物是一个女性人体模特，她头上那巨大的粉灰色高发髻仿佛要耸入头顶的天花板。余下的装束是一件有荷叶边的白色亚麻衬衫，一件合身的鸽灰色短上衣，下身在足有 12 英尺宽的垫臀衬裙外，垂挂着一条透明黑纱的巨大罩裙。罩裙下，电影幕灯泡以切分音的节奏疯狂地闪烁，仿佛有千人狗仔队隐身在光影中，对着身穿巨大裙装的大明星拍摄一张又一张照片。至于那位大明星是谁，在她右脚边有一簇孤零零的镶嵌着花朵的假发，上面别着一张纸条，道出我已经知道——而且毫无疑问，跟我一起凝视橱窗的几十位同伴也都知道——的真相："玛丽·安托瓦内特也会感谢罗莎公司的奥利维耶·泰斯肯（Olivier Theyskens）为她做出这件美丽的礼服。"

我定定地站在橱窗外，身不由己地被迷住了，起初甚至没有注意到天花板上还悬吊着一个小小的木制断头台，它被绑在破碎的白色丝网里，旁边是一个挂满金属刷帚和木匙的古怪的枝形吊灯。这个陈设的设计师［西蒙·多南（Simon Doonan）］和服装的创作者（奥利维耶·泰斯肯）两人都堪称天才罗丝·贝尔坦的继承人，他们立即让我极想过一个王室圣诞节，把自己盛装打扮成一个电影明星王后。我想要那件鸽灰色短上衣。我想要那件荷叶边白衬衣。我甚至想要邓肯·海恩斯蛋糕粉，更不用说那个用厨房用具装饰的枝形吊灯。我像个拎着装满信用卡的（凯莉）包的漫游仙境的成年爱丽丝，一头扎进了时尚界的哈哈镜。我当然记得玛丽·安托瓦内特——旋即又忘记了她。

我说自己忘记了玛丽·安托瓦内特，意思是说在她的有生之年，她的衣服承载着巨大的政治意义，而那意义已经从其时髦神话的当代版本中消失了，一时让我神魂颠倒的消费主义狂热自然也没有那层意义，直到我更深入地思考巴尼斯百货橱窗里陈列的到底是什么。我开始写这本书时，本想把这位法国王后放到一个更长久的贵族女性谱系中，人们对那些女性的认识和评判更多地基于她们穿着什么而不是她们"做了"什么。19世纪的法国皇后约瑟芬和欧珍妮立即出现在我们的脑海中；20世纪两个最有名的时尚偶像杰奎琳·肯尼迪·奥纳西斯和威尔士王妃戴安娜也一样。毫无疑问，这两个女人的命运与玛丽·安托瓦内特有着惊人的相似。当然，这是因为她们全都通过婚姻走入了媒体聚光灯永不停歇的强光之下，而在那里，当她们在妻子和母亲、公众人物和个体公民等艰难且往往相互冲突的职责中设法平衡时，时尚变成了一个不容忽视的要素。[3]

然而在继续深入研究课题的同时，我也清楚地意识到这一平衡对玛丽·安托瓦内特，与对其时尚王位的后人全然不同。为什么？因为正如历史学家和传记作家奥拉斯·德·维耶尔－卡斯特尔（Horace de Viel-Castel）所说，只有在她生存和死亡的那个时空，"服饰的罪过要在断头台上受到惩罚"。[4]另外，造成这样的局面，玛丽·安托瓦内特本人也贡献巨大。玛丽·安托瓦内特不同于欧珍妮或杰姬，反而更像她的祖先太阳王，她亲手将时尚打造成一种高风险的政治赌博——她满腔热血地参与其中，最终付出了血的代价。她用服饰表达她在那个极端动荡的时代、在王室和革命政府的权力顶层打响的战斗。时尚的确是一面历史之镜，它把玛丽·安托瓦内特吞没在镜框里，就像让神话中不幸的、自恋的纳西索斯沉醉其中不能自拔的那面清澈的镜池。服饰政治紧紧地攥住她的咽喉，其冷酷和残忍程度远非后来历史上任何一位时尚女王的遭遇可比。

如此说来，这就是我因被多南／泰斯肯陈设的橱窗迷住而暂时忘记的东西，也是悬吊在人体模特头部旁边的小小断头台，再加上更用心地看一眼她那一身服饰大有深意的色调，很快就让我想起来的东西。然而我还是要说，正是在忘却玛丽·安托瓦内特的过程中，我才开始重新记起了她。毕竟自始至终，记忆与忘却之间的互动也是她自己的时尚冒险的要素。刚到达母亲和她未来丈夫的两个王国交界处，她就被剥去了"奥地利"服饰，为的是模糊她的国族起源，但事实上那些服饰在委托制作时，就是要突出她的法国人身份。她像男人一样穿上骑马装策马驰骋让人想起了她伟大的祖先路易十四，但她又否认了自己的王后身份，接受了那些让她那个阶层之外的女人们能够轻易获得的时尚。在巴黎歌剧院和小特里亚农宫，她得意地把自己的尊贵身份拒之门外，而革命派仇敌一宣称更全面、更持久地剥夺王室权威，她又想变本加厉地夺回那个身份。就连她在被处决时穿的那件白色连衣裙，也既抹去又强调了她作为君主制殉道者的身份。一次再次，每当她采纳革命性装束时，玛丽·安托瓦内特都模糊了记忆与忘却之间的界限。[5]

在这方面，不妨说是她本人为那个把她的名字与死亡联系在一起的传说定下了基调，而时尚至今仍在讲述着她的传说，或许要比其他媒介都更加忠实。如果说当代文化大体上认可她浮夸的时髦，但忽略了它们内在的政治含义的话，那么当今某些领先的服装设计师却恰如其分地描绘出了一个更加微妙复杂的画面。比方说，仔细观察后，我发现在为巴尼斯的橱窗展品

292

设计玛丽·安托瓦内特连衣裙时，奥利维耶·泰斯肯把她那个在巴黎纵情欢愉的高发髻时尚与她在狱中穿衣的悲伤色调结合起来：用于遮灰挡土的灰色、哀悼丧亲之痛的黑色、带她走向刑场的白色。因此，与本书"序言"部分讨论的加利亚诺裙装一样，泰斯肯的装束也呈现出一个在叛逆与苦难、高贵与惨败之间危险地走高跷的时尚女王。而泰斯肯的设计也不是近年来唯一挖掘出这一独特服装叙事的复杂性的作品。就在上周，《纽约时报杂志》的一位时尚作者注意到，巴黎高定服装的本季新品高调地向玛丽·安托瓦内特致敬，致敬的方式不仅仅是香奈儿和纪梵希等品牌用那种"如云的绢网、蕾丝和羽毛"精湛地再现罗丝·贝尔坦奢华的、过度装饰的美学。[6] 不，作为对这些过分华丽的服饰的补充，约翰·加利亚诺再度让人们看到了这位注定陨灭的王后时尚生活中的那些阴暗面。设计师用这种魔法，召唤出了一个就连玛丽·安托瓦内特的殉道看起来也有着炫目魅力的世界，反过来，在那样一个世界，魅力与血腥密不可分。"从模特儿们沾上了假血污的长裙底边和她们那阴魂不散的狂野目光来看，"《纽约时报杂志》赞赏地写道，"革命如火如荼，而可怜的王后已被砍去了头颅。"[7]

注　释

序　言

1　见 Edmund Burke, *Reflections on the Revolution in France*, ed. Conor Cruise O'Brien (Baltimore: Penguin, 1969 [1790]), 169–170; and Stefan Zweig, *Marie Antoinette: The Portrait of an Average Woman* (New York: Harmony Books, 1984 [1933])。茨威格认为的悖论是，正是玛丽·安托瓦内特的"普通"本身——他笔下的她是一个可笑平庸的时尚爱好者——让她变成了革命前时代的偶像。"她没有变成一个永恒的伟大人物，"茨威格写道，"却变成了她自己那个时代的象征。就算她把全部的能量都挥霍在微不足道的小事上，她的存在也有其特殊的意义，因为那是对 18 世纪的恰如其分的表达，也为它画上了一个合适的句号"（第 93 页）。在伯克和茨威格两个极端之间，其他传记作家也把玛丽·安托瓦内特提升到了洛可可式风格或旧制度的偶像的地位；举例而言，19 世纪，君主主义者埃德蒙和朱尔·德·龚古尔在他们热情奔放、有时不自觉地透露出厌女本质的赞歌《玛丽·安托瓦内特的故事》（*Histoire de Marie Antoinette*）中也是这样写她的，由 Robert Kopp 作序 (Paris: Bourin, 1990 [1858])。

2　当今时尚报刊中提到玛丽·安托瓦内特之处不计其数，无法在此一一列举；我最喜欢的例子是 Marc Jacobs 对约翰·加利亚诺 2000 年那套令人愤怒地麻木不仁的"无家可归"主题藏品所做的暗藏机锋的评论："在我听起来，那就是'让他们吃蛋糕好了'。"Jacobs 对《女装日报》（*Women's Wear* Daily）又生气地加了一句："你可知道他们因此砍掉了（玛丽·安托瓦内特的）头。"流行电影包括 1938 年 Norma Shearer 特意编写的 *Marie Antoinette*，Charles Shyer 2001 年的影片 *The Affair of the Necklace*，以及即将上映的 Sofia Coppola 根据 Antonia Fraser 的精彩传记改编的电影 *Marie Antoinette* (2006)。麦当娜曾在至少两个著名的场合借用过玛丽·安托瓦内特的造型：第一次是在她 1990 年 MTV 音乐奖颁奖礼上的"Vogue"表演（她和舞蹈演员都穿戴着玛丽·安托瓦内特及其宫廷的服装和头饰）；第二次是在她 2004 年"重生"巡演的宣传素材中（这位流行明星穿着 Christian Lacroix 设计的带紧身褡的长裙，头戴扑粉假发，还戴着一副据说属于玛丽·安托瓦内特本人的珍珠耳环）。我提到的广告片是为瑞士手表制造商 Brequet 所做的，该广告声称曾"在 1783 年受命制作一款手表作为送给王后（玛丽·安托瓦内特）的礼物，或许是一个秘密的崇拜者提出的要求"，并为 21 世纪的消费者购买那款已经消失的手表的复制品提供了机会。这条广告出现在 2005–2006 年冬季的 *The International Herald Tribune* 和 *Le Figaro* 报纸上。

3　Dena Goodman (ed.), *Marie Antoinette: Writings on the Body of the Queen* (New York and London: Routledge, 2003), 1.

4　Pierre Saint-Amand, "Terrorizing Marie Antoinette," in Goodman (ed.), 253–272, 271 n. 20. 另见 Mary Sheriff, "The Portrait of the Queen," in Goodman (ed.), 45–71；以及 Pierre Saint-Amand, "Adorning Marie Antoinette," in *Eighteenth-Century Life*, vol. 15, no. 3 (November 1991): 19–34——这是 "Terrorizing" 一文的早期版本，也同样具有洞察力。

5　见 Chantal Thomas, *The Wicked Queen: The Origins of the Myth of Marie Antoinette*, trans. Julie Rose (New York: Zone Books, 1999), Chapter 2, "Queen of Fashion," 81–104. 我正是满怀崇敬地从这一资料来源中选取了本书的标题。

6　许多作家坚信玛丽·安托瓦内特对政治应该不感兴趣或没有天赋，其中两位是我上文引用过其书的斯特凡·茨威格和 Munro Price, *The Road from Versailles: Louis XIV, Marie Antoinette, and the Fall of the French Monarchy* (New York: St. Martin's Press, 2002)。Price 提到，王后 "对政治的干预是间歇性和短暂的，因此，虽然王后干政往往闹出很大动静，却什么意义也没有。与她的母亲不同，玛丽·安托瓦内特没有政治家的天赋，因为她缺乏让一项政策从无到有、落到实处的耐心和专注。此外，她认为政治是人事而不是议题，这也是她并非知识分子的重要证据"（第 8–9 页）。同样，茨威格也断言玛丽·安托瓦内特 "从没有想过要扮演母亲的那种角色，成为另一个英格兰的伊丽莎白，另一个俄国的叶卡捷琳娜。她缺乏那样崇高的角色所需的能量，她太懒惰，视野也太狭窄。……她的愿望几乎清一色是私人事务"（第 72 页）。在我看来，后一种说法之所以有趣，首先在于它提到了伊丽莎白一世和叶卡捷琳娜二世，这两位都曾利用服装来反映和强化她们的权威。（叶卡捷琳娜采用男性骑马装的策略将在本书第四章中做简略的讨论；伊丽莎白对着装的精明操纵在以下书籍中都有探讨：Carole Levin, *"The Heart and Stomach of a King": Elizabeth I and the Politics of Sex and Power* [Philadelphia: University of Pennsylvania Press, 1994], 33–34, 125; Susan Frye, *Elizabeth I* [New York: Oxford University Press, 1993], 3–4; and Christopher Haigh, *Elizabeth I* [New York: Longman, 1998], 10, 90.) 与茨威格相反，我认为玛丽·安托瓦内特含义丰富的着装选择——它们虽然是 "私人的"，却也有着深远的政治含义和影响——在她和此处的另外两位女性君主之间建立了一定程度的共性。我也同样不喜欢把她的衣装实验解读成试图咄咄逼人地影响法国政府政策的证据——有些作家认为她有这样的欲望，包括 Paul 和 Pierrette Girault de Coursac 以及 Simone Bertière。见 Paul and Pierrette Girault de Coursac, *Le Secret de la Reine* (Paris: F. X. de Guibert, 1996); 以及 Simone Bertière, *Les*

Reines de France au temps des Bourbons: Marie Antoinette, l'insoumise (Paris: Fallois, 2002)。

7　Félix Christophe Louis de Montjoie, *Histoire de Marie Antoinette Josèphe Jeanne de Lorraine, Archiduchesse d'Autriche, Reine de France* (Paris: H. L. Perronneau, 1797), 101. 虽然 Montjoie 的文本中有非常明显的君主主义倾向，但历史学家 François Macé de Lépinay 强调了他作为亲历者的可信度。见 François Macé de Lépinay, "La Conciergerie," in Jean-Marc Léri and Jean Tulard (eds.), *La Famille royale à Paris: De l'histoire à la légende (Musée Carnavalet 16 octobre 1993–9 janvier 1994)*, 73。显然，Montjoie 回忆录的出版日期排除了我们想当然地认为它们写于这样一个时代，那就是将玛丽·安托瓦内特理想化并夸大她的革命派仇敌的罪行是时髦的，甚至在政治上有利。那个时代在波旁王朝 1815 年复辟时才会到来，如我在下文第 22 个注释中指出的，即便是亲君主主义者，对玛丽·安托瓦内特的"理想化"也有限度，特别是在她的服装问题上。

8　最初在法兰克时代制定、于中世纪修订的《萨利克法》将在第四章中详细讨论。关于原法律的更多内容，见 Katherine Fischer Drew (trans. and ed.), *The Laws of the Salian Franks* (Philadelphia: University of Pennsylvania Press, 1991); 以及 Karl August Eckhardt, *Lex Salica* (Hanover, N.H.: Hahn, 1969)。《萨利克法》在近代对女性王室配偶的意义在 Katherine Crawford, *Perilous Performances: Gender and Regency in Early Modern France* (Cambridge, Mass.: Harvard University Press, 2004) 中进行了非常广泛的探讨。这一原则对于玛丽·安托瓦内特的意义在以下书籍中有讨论：Thomas, 162；以及 Sheriff, "The Portrait of the Queen," in Goodman (ed.), 46–47. 因为它关于女性从属地位和被剥夺选举权的修订内容，Sheriff 暗示性地称这部法律为"萨利克／生殖器崇拜法"。

9　路易·奥古斯特如此长时间拒绝性生活的原因一直是传记作家和历史学家分歧的焦点，本书将在接下来的章节里进行更详细的讨论。

10　*Correspondance de Marie Antoinette*, 2 vols. (Clermont-Ferrand: Paléo, 2004), I, 205. 除特别说明外，这里和本书引用的所有法文资料，都是我自己翻译的。

11　凡尔赛宫里服装与外貌的复杂的、政治化的性质将在本书后面的章节里详细考察，这个问题已经有了许多重要研究，包括 Jean Apostolidès, *Le Roi-machine: Spectacle et politique au temps de Louis XIV* (Paris: Minuit, 1981); Louis Marin, *Le Portrait du roi* (Paris: Minuit, 1981); Norbert Elias, *La Société de cour*, trans. Pierre Kamnitzer and Jean Etoré (Paris: Flammarion, 1985); Peter Burke, *The Fabrication of Louis XIV* (New Haven and London: Yale University Press, 1992); 以及 Philip Mansel, *Dressed to Rule: Royal and Court Costume from Louis XIV to Elizabeth II* (New Haven and London: Yale University Press, 2005)。

12 见 Mansel, 57。

13 正如 Chantal Thomas 所说,"玛丽·安托瓦内特……是第一个打破自我轻视的谦逊传统的法国王后,在她之前,路易十四和路易十五的妻子们都严格遵守这一传统。她是第一个为凡尔赛宫添加了自己的风格,把自己的印记强加于它,发布时装律令的人。在路易十四和路易十五的统治下,这一导引角色属于国王或他的宠姬"(第 22 页)。我在第五章更详细地讨论了这一点。

14 Montjoie, 101.

15 玛丽·安托瓦内特与玛丽亚·莱什琴斯卡展示自我方式的巨大差异在各种王室肖像中都有描绘,是我上文提到的谢里夫的精彩文章中的主题。又见 Sheriff, "The Portrait of the Queen," in Goodman (ed.), 45–71。

16 革命者破坏一切的冲动虽然在 1792 年 8 月 10 日才成为官方的革命政策,但早在 1789 年(逐渐)夷平巴士底狱以及(自发地)闯入凡尔赛宫的王后卧室时,就已经展现出来了,只是那时还没有成为纲领。关于革命打砸抢行为的更多内容,见 Erika Naginsky, "The Object of Contempt," in Caroline Weber and Howard G. Lay (eds.), *Fragments of Revolution, Yale French Studies*, no. 101 (special issue, 2002): 32–53; 以及 Laura Auricchio, "Portraits of Impropriety: Adélaïde Labille-Guiard and the Careers of Women Artists in Late Eighteenth-Century Paris" (Ph.D. diss., Columbia University, 2000), Chapter 4, "Representing Revolution." 。关于象征性地清洗法国的君主制过去的更广泛的计划,见 Peter Brooks, "The Opening of the Depths," in Sandy Petrey (ed.), *The French Revolution: Two Hundred Years of Rethinking* (Lubbock: Texas Tech University Press, 1989), 113–122; Marie-Hélène Huet, *Mourning Glory: The Will of the French Revolution* (Philadelphia: University of Pennsylvania Press, 1997); 以及 Caroline Weber, *Terror and Its Discontents: Suspect Words in Revolutionary France* (Minneapolis: University of Minnesota Press, 2003)。

17 就连这样巨大的收藏也不完整,因为王后通常会在每个季末处理掉很多装束,只留下自己最喜欢的那些。被王后处理的那些服饰给了她的女性侍从,她们把它们收入自己的衣橱,裁剪后的布料用作其他用途,或者卖给二手服装贩子。关于王后的凡尔赛宫时装展,见 Mansel, 172 n. 97。

18 这段论述出现在 Gustave-Armand-Henry, Comte de Reiset, *Modes et usages au temps de Marie Antoinette: Livre-journal de Madame Éloffe*, 2 vols. (Paris: Firmin-Didot, 1885), II, 245——该著作最有用之处是它再现了玛丽·安托瓦内特从服装商人 Madame Éloffe 那里订购裙装的订单,但它也提供了关于王后着装史的其他无数细节。关于这部著作的历史可靠性和价值,见 Maurice Tourneux, *Marie Antoinette devant l'histoire: essai bibliographique* (Paris: Henri Leclerc, 1901), v–vi. 正如 Tourneux 所指出的,Reiset 的研究尤其有用,是因为与玛丽·安托瓦内特的主要时装供应商 Rose Bertin 不同,

Madame Éloffe 没有破坏王后在她那里所下的订单的记录。(Bertin 在恐怖统治时期破坏了那些记录，作为一种自我保护措施。当时革命者寻找她的账簿作为前王后令人不快的挥霍生活方式的进一步证据。)

19 关于对玛丽·安托瓦内特服装的破坏，无论是革命者的打砸抢还是寻找遗物的君主主义者的破坏，尤其见 J. G. Millingen, *Recollections of Republican France from 1790 to 1801* (London: 1848), 120; Émile Langlade, *La Marchande de modes de Marie Antoinette: Rose Bertin* (Paris: Albin Michel, 1911), 226, 255; 以及 Michelle Sapori, *Rose Bertin: Ministre des modes de Marie Antoinette* (Paris: Éditions de l'Institut français de la mode, 2003), 160。关于革命政府对劫掠者留下的她那些服装的挪用和再出售，见 Pierre Joseph Alexis Roussel d'Épinal, *Le Château des Tuileries* (Paris: Lerouge, 1802)。虽然巴黎卡纳瓦雷博物馆的藏品规模很小，但这或许是玛丽·安托瓦内特衣装遗物的最佳收藏。该收藏包括玛丽·安托瓦内特于 1792 年 8 月 10 日在杜伊勒里宫被攻占时丢失的那只鞋子。

20 见 Antonia Fraser, *Marie Antoinette: The Journey* (New York: Doubleday/Nan A. Talese, 2001), xx。Fraser 在同一页引用了玛丽·安托瓦内特那两位非常痴迷于服装的 19 世纪传记作者龚古尔兄弟的一句精彩的话："一个没有服装样品的时代对我们而言是一个死去的时代，一个无法复原的时代。"

21 历史"客观性"及其局限性的问题当然是极为复杂的，超出了本书讨论的范围。不过在思考这个问题的过程中，我从以下书籍收录的两篇发人深省的文章里学到了很多：Jonathan Arac 和 Barbara Johnson 编辑的 *Consequences of Theory: Selected Papers from the English Institute 1987–88* (Baltimore and London: The Johns Hopkins University Press, 1991)。那两篇文章分别是 Anthony Appiah, "Tolerable Falsehoods: Agency and the Interests of Theory" (63–90), 以及 Lynn Hunt, "History as Gesture, or the Scandal of History" (91–107)。Hunt 将弗里德里希·尼采对"客观性"的批判解读为"公正的思考"对我尤其有助益。

22 相反，本书引用的许多回忆录——其中最重要的是 Madame Campan 的回忆录——都是在波旁王朝复辟时期（1815–1830 年）出版的。由于本书关注的历史时期没有延伸到复辟时期，我在这里没有讨论这一时期的政治。不过有必要指出，无论它们是不是在复辟时期撰写的，Campan, Montjoie, the Comtesse de Boigne, the Marquise de La Tour du Pin 等君主主义作家似乎从未以一种格外恭维的眼光看到玛丽·安托瓦内特的时装选择。恰恰相反，即便他们哀悼王后的惨死（或者更确切地说，哀叹引发王后惨死的革命），这些作家往往也会抱怨她在时装上不合身份的奢华品味。换句话说，这些作者就玛丽·安托瓦内特的时装说谎没有什么明显的好处；他们对其时装的抱怨对于他们赞美她和她受难的家族的大计划没有助益。出于这一原因，我倾向于认为就记录王后的服装选择而言，这些作家的叙述是更可靠的，比方说，比那些在她生前出版的政治小册子可靠；那些小册子的出版人显然能够通过诋毁她获益。我看到的对于那些由认识玛丽·安托瓦内特本人的作者所写的不同回忆录的相对可靠性和各种缺点的最有用的综述是 Emmanuel Bourassin 为 Comte d'Hézècques 的回忆录所写的序言，后者是路易十六宫廷里的侍从官。见 Félix, Comte d'Hézècques, *Page à la cour de Louis XVI: Mémoires du Comte d'Hézècques*, ed. Emmanuel Bourassin (Paris: Tallandier, 1987 [1804]), ii–xxvi。

23 同样的观点启迪了 Antoine de Baecque 见解深刻的研究，*Glory and Terror: Seven Deaths Under the French Revolution*, trans. Charlotte Mandell (New York and London: Routledge, 2001)。与玛丽·安托内特的服装一样，革命的残骸也一样烟消云散，无法进行直接考察了，不过 de Baecque 指出，它们在印刷文化中获得了影响深远的来生。

24 见 Lynn Hunt, *The Family Romance of the French Revolution* (Berkeley: University of California Press, 1992), Chapter 3, "The Bad Mother," 89–123; 和 "The Many Bodies of Marie Antoinette," in Goodman (ed.): 117–138, 以及 Lynn Hunt (ed.), *Eroticism and the Body Politic* (Baltimore: The Johns Hopkins University Press, 1991): 108–130 同标题的章节。

25 Michael Ondaatje, *The Collected Works of Billy the Kid* (New York: W.W. Norton, 1974), 6.

26 Carrolly Erickson, *To the Scaffold: The Life of Marie Antoinette* (New York: William Morrow, 1991), 333.

第一章　潘多拉的盒子

1 Annunziata Asquith, *Marie Antoinette* (London: Weidenfeld & Nicolson, 1974), 27. Antonia Fraser 使用的数字与 Asquith 一样：57 辆马车、376 匹马、152 位达官贵人，但她指出，这最后一个类别的数字"如果把医生、发型师和仆从，包括厨师、烘焙师、铁匠甚至一位修补衣物的裁缝等全都算在内的话，人数还要增加一倍。"见 Fraser, 41。

2 虽然这个绰号的使用者并非总是善意，但它大概源于玛丽亚·特蕾西娅本人的话，是在她不无争议地继承了丈夫的皇位之后两个月所说的，让人想起了英格兰的伊丽莎白一世的一句著名的宣言："我只是个可怜的王后，但有一颗国王的心！"引自 Victor Lucien Tapié, *L'Europe de Marie Thérèse: du baroque aux lumières* (Paris: 1973), 58–59。

3 正如 Fraser 提到新联盟时所说，"如果两国中任何一个国家遭到攻击，另外一个国家都将带着一支 24000 人以上的部队前来救援"（10）。

4 Joseph Weber, *Mémoires de Joseph Weber concernant Marie Antoinette, archiduchesse d'Autriche et reine de France et de Navarre*, ed. MM. Berville and Barrière, 3 vols. (Paris: Baudouin Frères, 1822), I, 16–17.

5 Asquith, 26; Dorothy Moulton Mayer, *Marie Antoinette: The Tragic Queen* (New York: Coward-McCann, 1968), 15.

6 见 Henriette-Lucie Séraphin Dillon, Marquise de la Tour du Pin de Gouvernet, *Mémoires: Journal d'une femme de cinquante ans (1778–1815)*, ed. Christian de Liedekerke Beaufort (Paris: Mercure de France, 1989 [1907]), 91。The Marquise de La Tour du Pin 的回忆录在作者死后 54 年才首次出版。这里引用的那一版的编辑指出，很难确定这些回忆录的写作日期，但它们有可能写于 1815 年之后，复辟王朝结束之前。见 La Tour du Pin, 553 n. 3。

7 关于具体到奥地利、普鲁士和俄国各国，"法式服装的绝对统治地位"，见 Michael and Arianne Batterberry, *Mirror Mirror: A Social History of Fashion* (New York: Holt, Rinehart & Winston, 1977), 173–175。正如 Batterberrys 指出的那样，在西班牙、意大利和美洲殖民地，法式裙装得到了因地制宜的大幅改动。关于法式裙装当时在英国经历的简化，见 Aileen Ribeiro, *Dress in Eighteenth-Century Europe: 1715–1789* (New Haven and London: Yale University Press, 2002), 184。

8 Mansel, 26. 不过，这场运动要到玛丽·安托瓦内特远嫁之后数年才达到高潮，1783 年，约瑟夫二世试图全面禁止紧身胸衣和圈撑。关于这一点，见 Ribeiro, *Dress in Eighteenth-Century Europe*, 184。关于这一时期奥地利与法国宫廷笼统的文化差异，见 Jeroen Duindam, *Vienna and Versailles: The Courts of Europe's Dynastic Rivals 1550–1780* (Cambridge, Eng.: Cambridge University Press, 2003)。

9 正如 Antonia Fraser 指出的那样，玛丽·安托瓦内特还不到四岁，就依召在父亲的命名日庆祝活动那天唱了"一支法国杂耍歌曲"。因此从她很小开始，公开表演就已经是她生活的一部分了。见 Fraser, 19。

10 Ibid, 24.

11 Ibid, 15.

12 正如 Fraser 说起这幅画像时所说，玛丽·安托瓦内特"本人看上去就像个洋娃娃"(16)。关于宫廷大礼裙与法式长袍的区别，详见 Ribeiro, *Dress in Eighteenth-Century Europe*, 188–190。

13 Montjoie, 25.

14 通常那些时装娃娃被送到外国宫廷里是没有制衣师陪同的，但由于玛丽亚·特蕾西娅和舒瓦瑟尔这等显贵的名人要求他们在场，制衣商本人也就和时装娃娃一起到达维也纳，贩卖他们的服饰。见 Erickson, 37。

15 Batterberry, 170. 美洲殖民地完全是另一回事；Batterberrys 写道，"一到新英格兰，潘多拉就与清教徒的道德规范发生了冲突。当马萨诸塞湾殖民地发生地震时，女人们认为这是'可怕的天意'之象，纷纷扔掉了（她们根据时装娃娃的样子改制的）圈环衬裙"(171)。

16 Daniel Roche, *The Culture of Clothing: Dress and Fashion in the Ancien Régime*, trans. Jean Birrell (Cambridge, Eng., and New York: Cambridge University Press, 1944), 475.

Roche 在这里特别影射一个发生在 1712 年的著名事件，虽然当时两国正在开战，对帝国进口产品实施了严格的禁运，但一个时装娃娃却得到了一张"不可侵犯的护照"，可以从一个国家进入另一个国家。关于这一事件的讨论，见 Joan Dejean, *The Essence of Style: How the French Invented High Fashion, Fast Food, Chic Cafés, Style, Sophistication, and Glamour!* (New York: Free Press, 2005), 67。同样，关于"在拿破仑封锁期间，大潘多拉和小潘多拉如何被安排穿越各个交战国到达伦敦、罗马和维也纳"的论述，见 Batterberry, 171。关于 18 世纪时装娃娃的更多概括讨论，见 André Blum, 77–78; Mansel, 8–10, 165; Madeleine Delpierre, *Dress in France in the Eighteenth Century*, trans. Caroline Beamish (New Haven and London: Yale University Press, 1997), 177; Mila Contini, *Fashion from Ancient Egypt to the Present Day*, Count Emilio Pucci 撰写了前言 (New York: Crescent Books, 1965), 156–157; 以及 Rose-Marie Fayolle and Renée Davray-Piekolek (eds.), *La Mode en France 1715–1815: de Louis XV à Napoléon Ier* (Paris: Bibliothèque des Arts, 1990), 146。Dejean 声称时装娃娃是 17 世纪法国的创新 (Dejean, 63)，但其他学者们认为它的起源可以追溯到文艺复兴时代的意大利：见 Mansel, 165; 以及 Sergio Bertelli, Franco Cardini, and Elvira Garbeo Zorzi, *Italian Renaissance Courts* (New York: Sidgwick and Jackson, 1986), 176。关于 18 世纪时装媒体的更多详情将在本书第五章和第七章讨论。

17 Erickson, 38–39.

18 Pierre Saint-Amand, "Terrorizing Marie Antoinette," in Goodman (ed.), 261.

19 关于路易十五纵情声色之恶名远播的政治后果，尤其见 Robert Darnton 突破性的研究，本书第四和第五章中都有引用。

20 Pierre Saint-Amand, "Terrorizing Marie Antoinette," in Goodman (ed.), 261.

21 这些关于衣物的比较数字出现在 Roche, *The Culture of Clothing*, 96–97。为了给年轻的玛丽·安托瓦内特购置新娘妆奁，花费了 400000 里弗。这个数字出现在 Erickson, 38; Fraser, 43; 和 Mayer, 13–14 以及其他文献资料中。

22 这一衡量方式最初是由 Jean Sgard 在 1980 年代的一个学术报告会上提出的，出现在 Annemarie Kleinert, "La Mode, miroir de la Révolution française," 引自 Catherine Join-Dieterle and Madeleine Delpierre (eds.), *Modes et Révolutions: Musée de la mode et du costume (8 février–7 mai 1989)* (Paris: Éditions Paris-Musées, 1989), 78; 那篇文章中提供的货币价值经过调整，产生了一个与 2006 年的美元粗略的、加权平均的等值。但正如 Aileen Ribeiro 等人指出的，为现代早期的货币标定价值极为困难。在她关于 18 世纪欧洲服饰的精彩研究中，Ribeiro 提到不同社会阶层的人的收入，试图建立一种相对价值感：法国普通的技术工人每年的工资大约为 500 里弗，而一个尊贵的贵族的年收入大大超过 10000 里弗。见 Ribeiro, *Dress in Eighteenth-Century Europe*, 293。

23 Jean Chalon, *Chère Marie Antoinette* (Paris: Perrin, 1988), 21; 也被 Pierre Saint-Amand,

"Adorning Marie Antoinette," 21 引用。

24　Erickson, 39. "卷发堆" 这个说法是由一位不知名姓的同时代人创造的新词，引自
　　Marguerite Jallut, *Marie Antoinette et ses peintres* (Paris: A. Noyer, 1955), 10。

25　Madame Campan, *Mémoires de Madame Campan: Première femme de chambre de
　　Marie Antoinette*, ed. Jean Chalon (Paris: Mercure de France, 1988 [1822]), 49, 537. 正如
　　Emmanuel Bourassin 在为 Comte d'Hézècques 的回忆录所写的序言中所说，Madame
　　Campan 的叙述因为复辟期间的政治原因而变得不可信；因为她在波旁王朝 1815 年复
　　辟之前的政权中享受过拿破仑的恩宠（这倒是出人意料）。然而 Bourassin 和他自己的
　　批判性序言中提到的 Chalon 一样，令人信服地指出了女侍臣们的回忆录的相对可信度
　　乃至目光锐利、头脑清楚，正如 Bourassin 所说，"始终是关于凡尔赛宫最后一位王后
　　的私人和公共生活的一份独特而不可替代的叙述"。见 Hézècques, xvi–xvii。

26　Fraser, 37.

27　Sheriff, "Portrait of the Queen," in Goodman (ed.), 53.

28　关于迪克勒这三幅画作、临摹品和传播的详情，见 Jallut, 10–13。

29　玛丽·安托瓦内特仪态优雅端庄的证词很多，此处无法一一详列。不过其中有三个同
　　时代人的叙述更加著名，它们是 Campan, 52; Alexandre, Comte de Tilly, *Mémoires du
　　Comte Alexandre de Tilly, pour servir à l'histoire des moeurs de la fin du XVIIIe siècle*, ed.
　　Christian Melchior-Bonnet (Paris: *Mercure de France*, 1986 [1804–1806]), 72；以及 Élisabeth
　　Vigée-Lebrun, *The Memoirs of Élisabeth Vigée-Lebrun*, trans. Siân Evans (Bloomington:
　　Indiana University Press, 1989): "在全法国的所有女人中，她有着最高贵的仪态，总是
　　高高地扬着头，在拥挤的宫廷中，一眼就能看出谁是君主。"(32)。

30　Evelyne Lever, *Marie Antoinette: The Last Queen of France*, trans. Catherine Temerson
　　(New York: Farrar, Straus & Giroux, 2000), 17.

31　Asquith, 26.

32　Helen Augusta, Lady Younghusband, *Marie Antoinette: Her Early Youth 1770–
　　1774* (London: Macmillan & Co., 1912), 542.

33　André Castelot, *Marie Antoinette* (Paris: Perrin, 1962), 24; Mayer, 13. 由于 Castelot 出版
　　了好几本题为《玛丽·安托瓦内特》的不同书籍，我每次引用都会在尾注中标注出版
　　日期。

34　Joan Haslip, *Marie Antoinette* (New York: Weidenfeld & Nicolson, 1987), 16.

35　据 Joseph Weber 说，在她的马车穿越边境，从母亲的领土到达路易十五领土的那一刻，
　　是玛丽·安托瓦内特本人把这句心里话说了声；见 Joseph Weber, 18. 就事实而言，
　　在维也纳期间，她接待过两位兄弟和一位姐姐的来访。但 1770 年离家之后，她再也没
　　有见过母亲和家乡。

36　这位通灵师就是著名的 Abbé Gassner (1727–1779)。他的预言被以下书籍和众

多其他文献资料引用：Philippe Amiguet (ed.), *Lettres de Louis XV à son petitfils Ferdinand de Parme* (Paris: B. Grasset, 1938), 92；以及 Maurice Boutry, *Autour de Marie Antoinette* (Paris: Émile-Paul, 1908), 138。

37 Rudolf Khevenhüller-Metsch and Hans Schlitter (eds.), *Aus der Zeit Maria Theresias: Tagebuch des Fürsten Johann Joseph Khevenhüller-Metsch*, 8 vols. (Vienna: Hozhausen, 1972 [1907–1925]), Ⅶ, 18.

38 Joseph Weber, 17.

39 通常认为玛丽·安托瓦内特的这条狗名字就叫莫普斯（例如，见 Younghusband, 276）。虽然我在一份资料中读到"莫普斯"事实上是当时对哈巴狗的通称，但广泛查阅18世纪法国的各类辞典和百科全书，仍无法证实这一说法。见 http://humanities.uchicago.edu/orgs/ARTFL。

40 Joseph Weber, 5.

41 玛丽亚·特蕾西娅致玛丽·安托瓦内特，1770年4月21日，in Marie-Thérèse, Marie Antoinette, and Comte de Mercy-Argenteau, *Correspondance secrète*, ed. Alfred von Arneth and Mathieu Auguste Geoffroy, 3 vols. (Paris: Firmin–Didot Frères, 1875), Ⅰ, 2。在下文的尾注中，这一文集都会被命名为"Arneth and Geoffroy"。由于直到最近，这仍然是 Marie Antoinette, Mercy 和 Maria Theresa 三方通信的最全面也最广泛传播的版本，在这些尾注中，只要有可能，我都会引用该版本。但正如 Simone Bertière 指出的，Arneth and Geoffroy 的书信集中没有收录有关玛丽·安托瓦内特和她丈夫性爱问题的某些信件（706–707）。只有在其他版本中有 Arneth and Geoffroy 的书信集中没有出现的信件时，我才引用其他版本。很遗憾，Evelyne Lever 精彩全面的新版玛丽·安托瓦内特书信集 (Paris: Tallandier, 2006) 是在我已经写完了本书的手稿之后才出版的；否则我就会用她的版本作为首选资料来源了。

42 Arneth and Geoffroy, Ⅰ, 32.

43 Sheriff, "The Portrait of the Queen," in Goodman (ed.), 49. 关于在路易十五的宫廷里"优雅"与"力量"的联系，最重要的资料来源见 Louis Marin, Sheriff 本人引用了他的研究，他的书也频繁出现在本书的尾注中。

44 关于法国王室配偶应该以自己的身体来彰显丈夫的荣耀的观念，上文引用的 Sheriff 的文章仍然是我读到过的最精彩的思考。

45 众所周知，蓬帕杜夫人本人曾责备比利时出生的官员 Prince de Ligne（此人曾为奥地利人而战，后来依附于法国宫廷），说是她和她的同胞们已经沦落到"卖掉我们的盘子来为你们的战争筹款"了。见 Charles-Joseph Lamoral, Prince de Ligne, *Mémoires du Prince de Ligne*, Chantal Thomas 作序 (Paris: Mercure de France, 2004 [1809]), 95。

46 格拉蒙公爵夫人——注意不要与后来成为玛丽·安托瓦内特侍从的她的弟妹、格拉蒙伯爵夫人混淆——据说很讨厌迪巴利，因为公爵夫人本人曾立志要成为路易十五的情妇。

见 Olivier Bernier, *The Eighteenth-Century Woman* (New York: Doubleday, 1981), 86。

47 Étienne-Léon Baron de Lamothe-Langon, *Memoirs of Madame Du Barri* (New York: Stokes & Co., 1930), 55; Madame la Comtesse d'Armaillé, *Marie-Thérèse et Marie Antoinette* (Paris: Didier & Cie., 1870), 126.

48 路易十五还有一个未婚的女儿路易丝,是 Convent of the Carmelites at Saint-Denis 的修女。虽已远离宫廷生活,但她在家中的姐妹们偶尔也会把路易丝夫人卷入她们反对玛丽·安托瓦内特的阴谋中。见 Edmond and Jules de Goncourt, *Histoire de Marie Antoinette*, 53–55。

49 关于舒瓦瑟尔与宫廷里的其他派别的冲突,一个很好的总结见 John Hardman, *Louis XVI* (New Haven: Yale University Press, 1993)。

50 正如虔诚派的一位成员所说,"上帝允许(迪巴利)这样一位魔鬼存在,就是为了纠正更大的邪恶……(即)舒瓦瑟尔先生的存在"。引自 Bernier, *The Eighteenth-Century Woman*, 89。

51 Erickson, 69; Fraser, 82.

52 与国王同时代的 Marquis d'Argenson 甚至指出,到这时,路易已经得到了一个新的绰号"深受憎恶者路易"。见 Marquis d'Argenson, *Journal et mémoires du marquis d'Argenson*, ed. E.J.B. Ratherty, 9 vols. (Paris: J. Renouard, 1839), V, 371。

53 Simon Schama, *Citizens: A Chronicle of the French Revolution* (New York: Vintage Books/Random House, 1989), 80. 关于路易十五与最高法院之间的敌对关系,详情又见 Schama, 103–109。

54 虽然这句话常常被错误地认为是路易十五本人所说,但他也在自己著名的宣言中呼应了这一精神:"一切在我有生之年将保持原样。那以后……"引自 C. A. Sainte-Beuve, *Portraits of the Eighteenth Century, Historic and Literary*, trans. Katherine P. Wormeley, 2 vols. (New York: Ungar, 1964), I, 452; 译文有改动。

55 Bibliothèque Nationale de France, Département des Estampes: *Portraits de Marie Antoinette, Reine de France*, tome I, vol. 1181, D 205801.

56 Arneth and Geoffroy, I, 84.

57 Younghusband, 17.

58 Zweig, 11; 译文有改动。

59 这幅漫画的复制品和讨论见本书第七章。

第二章　一丝不挂

1 Zweig, 11. 事实上,玛丽·安托瓦内特绝不是第一个以这种方式进行交接的法国王室配偶。17 世纪,路易十四的妻子也曾在位于法国和西班牙之间的比达索阿河(Bidaossa River)的一个岛上被"交接"。

2 Campan, 52.

3 Younghusband, 13.

4 Zweig, 13. 玛丽·安托瓦内特设法保住了她的手表的证明是，她在法国大革命期间被监禁时，仍然揣着这块手表。值得一提的是，对康庞和其他传记作家提出的王储妃在交接仪式上交出了一切的说法，André Castelot 提出了异议。他虽然没有引用资料来源，但他确定，她"能够保留她小姑娘时期的珠宝：项链、羽饰、'各种矫饰'、'狗耳环'以及她用作头饰的'钻石喙'"。这一点很有趣。见 Castelot, *Marie Antoinette* (1962), 33。

5 Amiguet (ed.), 136.

6 Ian Dunlop, *Marie Antoinette: A Portrait* (London: Sinclair Stevenson, 1993), 51.

7 Ibid, 47.

8 就此而言，我阅读的关于交接仪式的资料与 Antonia Fraser 的有所不同，她指出，玛丽·安托瓦内特不觉得这次经历有什么非同寻常的屈辱之处（见 Fraser, 60—61）。这种解读没有从欧洲服饰历史和传统的大背景的视角来考察这次经历，正如 Jean Cuisenier 所指出的，根据该传统，"仪式化的脱衣做法"始终意在表达"一种谴责感，严重伤害了人的尊严"。从中世纪的巫女到第二次世界大战末期与纳粹私通的女性，而且在整个法国历史中，从被引领着走上断头台的囚犯到被剥夺军事荣誉的官员，惩罚都包括"仪式性地公开剥光衣服"，其连带的含义"毫不含糊"，就是羞辱。见 Gérard Klopp (ed.), *Mille ans de costume français*, preface by Jean Cuisenier (Thionville: Klopp, 1991), 18. 我还应该在此指出，虽然几乎每一本我读过的关于交接仪式的传记或学术论述都描述了玛丽·安托瓦内特被脱衣的仪式，但传记作家 Evelyne Lever 认为这是"某些历史学家的下流想象的结果"。但她没有提出任何令人信服的证据来证明这一观点。见 Lever, *Marie Antoinette: The Last Queen of France*, 18。

9 Henriette-Louise de Waldner de Freudenstein, Baronne d'Oberkirch, *Mémoires de la Baronne d'Oberkirch sur la cour de Louis XVI et la société française avant 1789*, ed. Suzanne Burkard (Paris: Mercure de France, 1970 [1853]), 58. 根据 Burkard 的说法，Oberkirch 先是在 1789 年撰写了自己的回忆录，但它们直到 1850 年代才得以出版：1852 年出了英文版，1853 年出了法文版。应该指出，这一版的精装本和平装本的页码标注方式全然不同；本书注释中的页码是平装本的页码。

10 Étienne-Léon, Baron de Lamothe-Langon, *Souvenirs sur Marie-Antoinette et la Cour de Versailles*, ed. L. Mame, 4 vols. (Paris: Bourgogne et Martinet, 1836), II, 87. 各类不同的学者，从 Élisabeth de Feydeau, John Hardman 到 Munro Price 都认为该书为玛丽·安托瓦内特的女侍从之一 Comtesse d'Adhémar 所写。不过，已故的特里亚农宫馆长 Pierre de Nolhac 令人信服地反驳了这种说法，说该文本事实上是由复辟时期写作的多部回忆录集结而成的。见 Nolhac, *Autour de la Reine* (Paris: Tallendier, 1929), 51—52. 关于这一点，另见 Tourneux, 37。

11　Oberkirch, 57.

12　引自 Fraser, 51；我对译文有改动。

13　引自 Pierre de Nolhac, *La Dauphine Marie Antoinette* (Paris: 1896), 46–47。

14　Delorme, 40.

15　Vigée-Lebrun, 32; Tilly, 72; Lamothe-Langon, *Memoirs of Madame Du Barri*, I, 57; Ligne, 85; Oberkirch, 57. 汇集了关于玛丽·安托瓦内特的白皮肤的各种当代叙述的次要资料包括 Mayer, 19; Fraser, 24, 65；以及 Christian Melchior-Bonnet in his introduction to the *Mémoires du Comte Alexandre de Tilly*, 20–21。

16　Lever, *Marie Antoinette: The Last Queen of France*, 17.

17　Maurice Boutry, *Le Mariage de Marie Antoinette* (Paris: n.p., 1904), 62.

18　Lamothe-Langon, *Souvenirs sur Marie-Antoinette*, II, 87.

19　Lever, *Marie Antoinette: The Last Queen of France*, 18.

20　Akiko Fukai (ed.), *Fashion from the Eighteenth to the Twentieth Century* (Cologne: Taschen, 2004), 8.

21　Zweig, 13.

22　另见 Pierre Saint-Amand, "Adorning Marie Antoinette," 21。

23　Lever, *Marie Antoinette: The Last Queen of France*, 18.

24　Boutry, 165.

25　Johann Wolfgang von Goethe, *Mémoires*, trans. Baronne de Carlowitz, 2 vols. (Paris: Charpentier & Fasquelle, 1855), I, 207.

26　Oberkirch, 58; Younghusband, 14. 值得注意的是，虽然韦尔蒙神父不觉得玛丽·安托瓦内特是个特别有天赋或是特别勤奋的学生，但她的希腊和拉丁神话似乎并没有学过就忘。在她的一生中，她常常在谈话中提到古典文化典故——把她自己和路易十六比作维纳斯和武尔坎，说一个朋友可爱的小女儿是维纳斯和狄阿娜的综合体，等等。这些典故对于她那样出身的人虽然不算出奇，但似乎也驳斥了 Evelyne Lever 一概而论的断言，说她"不知道什么神话"。见 Lever, *Marie Antoinette: The Last Queen of France*, 18。关于这里提到的古典典故，见 *Correspondance de Marie Antoinette*, I, 68–69；以及 Gabriel de Broglie, *Madame de Genlis* (Paris: Perrin, 1985), 148。

27　Goethe, I, 207–209.

28　Oberkirch, 58.

29　Ibid.

30　Campan, 52; Arthur, Baron Imbert de Saint-Amand, *Marie Antoinette and the Downfall of Royalty*, trans. Elizabeth Gilbert Martin (New York: Charles Scribner's Sons, 1895 [1891]), 213.

31　Zweig, 14.

32 Lamothe-Langon, *Souvenirs sur Marie Antoinette*, Ⅱ, 87.

33 Delpierre, *Dress in France in the Eighteenth Century*, 60.

34 Arneth and Geoffroy, Ⅰ, 32.

35 Campan, 53.

36 Zweig, 14.

37 Lamothe-Langon, *Souvenirs sur Marie Antoinette*, Ⅱ, 88.

38 Armaillé, 91.

39 Oberkirch, 56.

40 Dunlop, 50.

41 Oberkirch, 56.

42 Ibid, 58.

43 Ibid, 57.

44 与玛丽·安托瓦内特的绝大部分个人物品不同，这把扇子在大革命过后仍然保留了下来。如今是巴黎卡纳瓦莱博物馆（Musée Carnavalet）的永久藏品。

45 Lever, *Marie Antoinette: The Last Queen of France*, 18–19.

46 Jean-François Léonard [Authier, or Autié], *The Souvenirs of Léonard, Hairdresser to Queen Marie Antoinette*, trans. A. Teixeira de Mattos, 2 vols. (London: n.p., 1897), Ⅰ, 74. 根据 20 世纪早期的一位作者 Émile Langlade 的研究，Léonard 的继承人在该文本 1838 年首次出版时，对其真实性存在争议。遗憾的是，Langlade 没有提供档案证据来支持这一说法，我自己也没能找到任何资料。此外，Langlade 承认 *Souvenirs* 中透露的极其详细的"内幕"表明作者对玛丽·安托瓦内特及其小圈子十分熟悉，至少这本书可以被视为"当时的各种叙事和回忆录"的综合体（见 Langlade, 16–17, 89）。毫无疑问，正是由于这个原因，Langlade 本人大量引用了 *Souvenirs*，Desmond Hosford 也是一样，后者也在没有档案证据的情况下称该文本是伪造的，但就连他也承认该文本"包含着一些可以由其他资料证明的真相"。（见 Desmond Hosford, "The Queen's Hair: Marie Antoinette, Politics, and DNA," in *Eighteenth-Century Studies*, vol. 38, no. 1 [autumn 2004]: 183–200, 187。）此外，一个很能说明问题的事实是，许多最近的、经过精深研究写作的传记（例如 Antonia Fraser 和 Michelle Sapori 所写的传记）也引用了 *Souvenirs*，没有提及它可能是伪书；而且正如 Emmanuel Bourassin 指出的那样，伟大的玛丽·安托瓦内特传记作家 André Castelot 本人也认为该文本可信（见 Hézècques, xxvi）。由于这一地位尚未完全确立，由于它显然借鉴了 18 世纪的其他重要资料来源，且由于它在现有的关于玛丽·安托瓦内特的研究中被如此广泛地引用和参考，我选择保留 *Souvenirs* 作为本书的一个参考资料。

47 引自 Dunlop, 51。

48 Oberkirch, 57.

49 Ibid, 56.

50 Zweig, 15.

51 Dunlop, 50.

52 Oberkirch, 56–57.

53 Mayer, 19; Dunlop, 51.

54 Oberkirch, 58.

55 Frantz Funck-Brentano, *L'Affaire du Collier* (Paris: Hachette, 1903), 11–13.

56 Fraser, 63.

57 Joseph Weber, 20.

58 Ibid.

59 Campan, 54.

60 Haslip, *Marie Antoinette*, 12, 26.

61 Boutry, 170.

62 Arneth and Geoffroy, Ⅰ, 12. 虽然 Fraser 认为这句话是玛丽亚·特蕾西娅所说（见 Fraser, 85），但 Mercy 本人声称它是由路易十五亲口道出的。

63 Mayer, 22.

64 Marquis de Ségur, *Marie Antoinette* (New York: E.P. Dutton & Co., 1929),81. 离家前往法国之前，玛丽·安托瓦内特收到了一幅王储帮忙耕田的肖像。但这样一幅画面——只是一个群像——掩盖了他不那么吸引人的身体特征，因此没有得到不知名的廷臣无情的嘲笑。见 *Monsieur le Dauphin labourant sous la conduite de son précepteur le Duc de La Vauguyon*, in the Bibliothèque Nationale de France, Département des Estampes; reproduced in André Castelot, *Marie Antoinette* (Paris: Hachette, 1967), 14。

65 Horace Walpole, *Letters of Horace Walpole*, ed. P. Cunninghan, 9 vols. (London, 1891), Ⅳ, 414.

66 Campan, 24.

67 Ibid; Fraser, 65.

68 Campan, 29.

69 Dunlop, 18.

70 Bertière, 33.

71 Campan, 24.

72 Lever, *Marie Antoinette: The Last Queen of France*, 22.

73 Campan, 28.

74 Younghusband, 29.

75 Campan, 55.

76 Cited in Auguste Cabanès, *Moeurs intimes du passé*, 11 vols. (Geneva: Farnot, 1976), Ⅰ, 254.

77 Lever, *Marie Antoinette: The Last Queen of France*, 29.

78 François Bluche, *La Vie quotidienne au temps de Louis XVI* (Paris: Hachette, 1980), 87.

79 关于这个主题的四个极端重要的研究分别是 Jean Apostolidès, *Le Roimachine: Spectacle et politique au temps de Louis XIV* (Paris: Minuit, 1981); Louis Marin, *Le Portrait du roi* (Paris: Minuit, 1981); Norbert Elias, *La Société de cour*, trans. Pierre Kamnitzer and Jean Etoré (Paris: Flammarion, 1985); 以及 Peter Burke, *The Fabrication of Louis XIV* (New Haven and London: Yale University Press, 1992)。但有必要像 Elias 那样指出，路易十四不但发明了法国宫廷的繁文缛节，也巩固了那套礼节并对它进行了系统化（76–77）。对路易十四治下的宫廷礼节还有一个更有趣但没有那么分析性的论述，见 W. H. Lewis, *The Splendid Century* (New York: Sloane, 1953), 54–66。

80 Apostolidès, 46. 或者正如 Apostolidès 后来在同一部作品中所说，"那些曾经的政治演员变成了一场颂扬国王（个人）荣耀的政治表演的观众"（63）。关于这一复杂而重要的体系的其他详细分析，见上文注释 79 中提到的四位作者。另见伏尔泰撰写的《路易十四统治史》，在本书第四章中引用。

81 Olivier Bernier (ed.), *Secrets of Marie Antoinette* (New York: Fromm, 1986), 9–10.

82 Contini, 166.

83 Ibid.

84 Comte de Ségur, *Memoirs and Recollections of Count Ségur* (Boston: Wells & Lilly, 1825), 63.

85 17 世纪法国贵族作家拉罗什富科的著名格言——"可以说世界就是由表象构成的"——在这里尤为贴切，它的政治后果被各种后世作家讨论，其中很多我都在上文注释 79 中提到了，这里再提两个。第一个是 Tom Conley，他在 Louis Marin 的英译本前言中指出："在表现的艺术中蕴藏着社会控制的真正源头和机构。"见 Thomas Conley, "The King's Effects," in Louis Marin, *The Portrait of the King*, trans. Martha M. Houle (Minneapolis: University of Minnesota Press, 1988), vi。第二个是持类似观点的 Batterberrys，他指出，通过如此精细地规定"法国廷臣的（华丽）衣装，路易把（他的）贵族困在了一个难以逃脱的网中，用琐事把他们的财务消耗一空"。见 Batterberry, 148。

86 Younghusband, 37.

87 Fraser, 69.

88 Campan, 57.

89 Elizabeth Seymour Percy, Duchess of Northumberland, *The Diaries of a Duchess* (London: Hodder & Stoughton, 1926), n.p.; 又引自 Dunlop, 75, 以及 Mayer, 25。

90 Lamothe-Langon, *Souvenirs sur Marie-Antoinette*, 88–89.

91 Campan, 54.

92 除了康庞夫人之外，另外两个最常强调玛丽·安托瓦内特的美貌的目击者是诺森伯兰公爵夫人和 Duc de Croÿ。见 Northumberland, 前文的引述；以及 Emmanuel, Duc de Croÿ, *Journal inédit du Duc de Croÿ (1718–1784)*, ed. Paul Cottin and Vicomte de Grouchy, 4 vols. (Paris: Flammarion, 1907), II, 396–397. 诺森伯兰公爵夫人的日记没有透露任何政治偏见导致她夸张新娘的吸引力，而 Croÿ 是个狂热的君主主义者，他日记中的某些部分对玛丽·安托瓦内特持批评态度，这进而表明他对其婚礼的描述并非过度或过分的恭维。

93 Campan, 54–55; Bertière, 35. 在王储妃婚礼后不久，埃德蒙·伯克看到她时，也说她："赏心悦目……如晨星一般明亮，生机勃勃，闪闪发光。"见 Burke, 169。

94 路易十六结婚礼服的费用见 Mansel, 31。

95 John Lough (ed.), *France on the Eve of Revolution: British Travellers' Observations, 1763–1788* (London: Croom Helm, 1987), 263.

96 Zweig, 18.

97 根据称新的演出厅是"全欧洲最漂亮的大厅"的 Duc de Croÿ 的说法，装修花费了 80 万里弗。见 Croÿ, II, 398。

98 Madame du Deffand, *Lettres de la Marquise du Deffand à Horace Walpole (1766–1780)*, ed. Mrs. Paget Toynbee, 3 vols. (London: Methuen, 1912), II, 113.

99 Horace Walpole, *Correspondence*, ed. W. S. Lewis (New Haven and London: Yale University Press, 1965), XXXII, 254.

100 引自 Castelot (1962), 39。

101 Stéphanie Félicité, Comtesse de Genlis, *De l'esprit des étiquettes* (Paris: Mercure de France, 1996), 40.

102 Duindam, 215.

103 Lever, *Marie Antoinette: The Last Queen of France*, 24.

104 Castelot (1962), 56; Kunstler, 27.

105 Mademoiselle de Mirecourt, *L'Autrichienne: Mémoires inédits de Mademoiselle de Mirecourt sur la reine Marie Antoinette* (Paris: Albin Michel, 1966), 28.

106 Zweig, 23–24.

107 引自 Lever, *Marie Antoinette: The Last Queen of France*, 25。

108 Castelot (1962), 58; Haslip, *Marie Antoinette*, 19; Lever, *Marie Antoinette: The Last Queen of France*, 25. 这一猜想的进一步证据是传说路易十五与他的孙子在婚宴期间有这样一场对话。国王注意到王储吃得太多，就警告他不要在新婚之夜吃得太撑，年轻人回答道："但是为什么？我吃得越多，睡得越好啊！"引自 Philippe Delorme, *Marie Antoinette: Épouse de Louis XVI, mère de Louis XVII* (Paris: Pygmalion/Gérard Watelet, 1999), 54——Delorme 没有为他的引文提供资料来源，也找不到其他出处。

第三章　紧裹胸衣

1　Christopher Hibbert et al., *Versailles* (New York: Newsweek Book Division, 1972), 103.

2　Dunlop, 80. 又见 Younghusband，她引用 Madame du Deffand 的话说："那晚亮如白昼，加上舞会的盛况，都是最壮观、最奢华的景象。"(55)

3　Louis Petit de Bachaumont, *Mémoires secrets pour servir à l'histoire de la république des lettres en France* (London: Gregg International, 1970), V, 113。在本书注释中，我尊重常用的书目传统，即认定 Bachaumont 是 *Mémoires secrets* 的作者，但正如 Jack Censer 最近指出的那样，Bachaumont 死于 1771 年，而 *Mémoires* 仍继续出版直到 1789 年。见 Jack R. Censer, "Remembering the *Mémoires secrets*," in *Eighteenth-Century Studies*, vol. 35, no. 1 (winter 2002): 291–295。

4　Kunstler, *La Vie privée de Marie Antoinette*, 27.

5　Goncourt, *Histoire de Marie Antoinette*, 17–18 n. 3.

6　Zweig, 33. 另见 Croÿ, II, 111。

7　Dunlop, 75.

8　根据 Carrolly Erickson 的说法，年迈的枢机主教罗昂（注意不要与路易·德·罗昂亲王混淆，后者后来也成了枢机主教）在斯特拉斯堡欢迎王储妃来到法国领土时，尤其为她"如陶瓷一般光洁无瑕的皮肤"所折服。引自 Erickson, 45。

9　Mirecourt, 26.

10　Campan, 54.

11　见 Tilly, 72; Vigée-Lebrun, 32; Goncourt, *Histoire de Marie Antoinette*, 75; 以及 Reiset, I, 109。

12　Genlis, *De l'esprit des étiquettes*, 26. 关于穿着女性宫廷服装行走的困难，另见 La Tour du Pin, 91。

13　Zweig, 34.

14　Kunstler, *La Vie privée de Marie Antoinette*, 29.

15　Arneth and Geoffroy, I, 10, 14.

16　Ibid, 14.

17　Ibid, 6.

18　Ibid, 88.

19　Ibid, 12.

20　Ibid, 19; Kunstler, *La Vie privée de Marie-Antoinette*, 45.

21　Lever, *Marie Antoinette: The Last Queen of France*, 30.

22　Arneth and Geoffroy, I, 154.

23　Erickson, 57.

24　Jean de La Bruyère, *Les Caractères ou les moeurs de ce siècle*, ed. Robert Garapon, no.

62: "De la Cour" (Paris: Garnier, 1962 [1688]), 241.

25　Thomas, 67.

26　Haslip, *Marie Antoinette*, 26, 29.

27　Erickson, 64–65.

28　引自 Mayer, 24。

29　Bachaumont, Ⅵ, 123.

30　Campan, 55–56.

31　Lever, *Marie Antoinette: The Last Queen of France*, 33–34.

32　Bernier, *The Eighteenth-Century Woman*, 82.

33　Mayer, 31.

34　The Comte d'Espinchal cited in Bernier, *The Eighteenth-Century Woman*, 82.

35　Edmond and Jules de Goncourt, *Les Maîtresses de Louis XV et autres portraits de femmes*, ed. Robert Kopp (Paris: Robert Laffont, 2003), 460; Erickson, 63.

36　关于这一话题，详见 Robert Darnton 的 *The Literary Underground of the Old Régime* (Cambridge, Mass.: Harvard University Press, 1982), 139–146。反对迪巴利和玛丽·安托瓦内特的小册子文学在本书第四和第五章中有更详细的讨论。

37　Erickson, 67–68; Lever, *Marie Antoinette: The Last Queen of France*, 34.

38　Lever, *Marie Antoinette: The Last Queen of France*, 34.

39　Arneth and Geoffroy, Ⅰ, 17.

40　引自 Erickson, 45。

41　Arneth and Geoffroy, Ⅰ, 31.

42　Étienne-François de Stainville, Duc de Choiseul, *Mémoires*, ed. Jean-Pierre Guicciardi and Philippe Bonnet (Paris: Mercure de France, 1982 [1790]), 191.

43　Campan, 25.

44　Goncourt, *Les Maîtresses de Louis XV*, 436.

45　引自 Lillian C. Smythe (ed.), *The Guardian of Marie Antoinette: Letters from the Comte de Mercy-Argenteau, Austrian Ambassador to the Court of Versailles, to Marie Thérèse, Empress of Austria (1770–1780)*, 2 vols. (New York: Dodd, Mead, 1902), Ⅰ, 15。

46　例如，见 Madame du Deffand 的评价，du Deffand, Ⅱ, 237; 以及诺瓦耶夫人的大姑子拉马克伯爵夫人的评价，引文见 Kunstler, *La Vie privée de Marie Antoinette*, 34。

47　Younghusband, 175; Amiguet (ed.), 161.

48　Georges Girard (ed.), *Correspondance entre Marie-Thérèse et Marie Antoinette* (Paris: Grasset, 1931), 53.

49　引自 Dunlop, 86。

50　这是玛丽亚·特蕾西娅决定就王储的"性冷淡"咨询的一位名叫 Van Swieten 的医学专

家的意见；见 Fraser, 91。

51　Pierre Griffet, *Mémoires pour servir à l'histoire de Louis Dauphin*, 引自 Dunlop, 63。

52　Campan, 38; Haslip, *Marie Antoinette*, 11; Price, 11–12.

53　Campan, 61.

54　*Correspondance de Marie Antoinette*, I, 69.

55　Ligne, 99.

56　Deffand, II, 237.

57　Arneth and Geoffroy, I, 6.

58　Ibid, 157; Girard (ed.), 42.

59　引自 Dunlop, 86。

60　Lever, *Marie Antoinette: The Last Queen of France*, 90.

61　引自 Dunlop, 88。

62　Lever, *Marie Antoinette: The Last Queen of France*, 91.

63　Hibbert, 102. 另见 Charles Kunstler, *La Vie quotidienne sous Louis XVI* (Paris: Hachette, 1950), 171; 以及 Alex Karmel, *Guillotine in the Wings: A New Look at the French Revolution and Its Relevance to America Today* (New York: McGraw-Hill, 1972), 52–53。讨论过年轻人令人难以置信的食量之后，Karmel 还说："他如此贪吃，以至于博物学家布封曾说那场景让他想起了动物园的一只猴子。"(53)

64　Arneth and Geoffroy, I, 25.

65　Ibid, 26.

66　Ibid, 25–26.

67　Ibid, 26.

68　Campan, 61; Kunstler, *La Vie privée de Marie Antoinette*, 28.

69　Kunstler, *La Vie privée de Marie Antoinette*, 28; Mayer, 24.

70　这一时期王储妃下属的全体成员名单，见 Lamothe-Langon, *Souvenirs sur Marie Antoinette*, I, 75–79。

71　Younghusband, 266.

72　Hézècques, 200.

73　Erickson, 59.

74　Ibid, 100.

75　Campan, 90.

76　La Bruyère, *Caractères*, "Du souverain et de la république," 145.

77　Campan, 96. 另见 Élisabeth Feydeau, *Jean-Louis Fargeon, Marie Antoinette's Perfumer*, trans. Jane Lizzop (Paris: Perrin, 2004), 86–87。

78　这一习惯与波旁亲王们的行为形成了鲜明反差：路易十四每年只沐浴两次。

79 Maxime de la Rochetière and the Marquis de Beaucourt (eds.), *Lettres de Marie Antoinette*, 2 vols. (Paris: n.p., 1895–1896), I, 8.

80 引自 Erickson, 79。

81 Arneth and Geoffroy, I, 404.

82 引自 Younghusband, 176。

83 引自 Ibid, 178。

84 Léonard, I, 74.

85 André Castelot, *Marie Antoinette d'après des documents inédits* (Paris: Perrin, 1989), 30. 另见 Delorme, 100。

86 引自 John E. N. Hearsey, *Marie Antoinette* (New York: E. P. Dutton & Co., 1973), 36。

87 引文摘自 Erickson, 64。关于扎莫尔和他令人眼花缭乱的各色 "特制套装", 详见 Bernier, *The Eighteenth-Century Woman*, 87–88。

88 Erickson, 82.

89 Goncourt, *Les Maîtresses de Louis XV*, 508.

90 Ibid, 509.

91 Bernier, *The Eighteenth-Century Woman*, 86.

92 Lamothe-Langon, *Memoirs of Madame Du Barri*, 58.

93 Arneth and Geoffroy, I, 217–218; 又引自 Delorme, 82。

94 Arneth and Geoffroy, I, 36.

95 Ibid, 176.

96 Ibid, 36.

97 Ibid, 3.

98 引自 Fraser, 77。

99 Pierre de Nolhac, *The Trianon of Marie Antoinette*, trans. F. Mabel Robinson (London: T. F. Unwin, 1925), 151.

100 Léonard, I, 75–76.

101 Arneth and Geoffroy, I, 14–15, 142.

102 见 Elias, 144–145。

103 Arneth and Geoffroy, I, 19.

104 Ibid, 17.

105 Ibid, 4.

106 Sainte-Beuve, I, 254.

107 Fraser, 77.

108 Ibid, 75.

109 Campan, 89–90.

110 Ibid, 90.

111 Ibid.

112 Ibid.

113 Arneth and Geoffroy, I, 77–78.

114 Ibid, 27.

115 Adèle d'Osmond, Comtesse de Boigne, *Mémoires de la Comtesse de Boigne, née d'Osmond: récits d'une tante. 1. Du règne de Louis XVI à 1820*, ed. Jean-Claude Berchet (Paris: Mercure de France, 1999 [1907]), 64. 根据 Berchet 的研究，Comtesse de Boigne 于 1837 年前后开始撰写回忆录，但它们直到她去世 70 年之后才首次出版。(vi).

116 Lever, *Marie Antoinette: The Last Queen of France*, 29.

117 见 Edmond and Jules de Goncourt, *La Femme au XVIIIe siècle* (Paris: Flammarion, 1982), 257。

118 关于胭脂在凡尔赛宫的重要性，详见 Thomas, 87–88。

119 Sir Harry Beaumont, *Crito: A Dialogue on Beauty* (1752), 引自 Richard Corson, *Fashions in Makeup from Ancient to Modern Times* (London: Peter Owen, 2003 [1972]), 218。

120 Roche, *The Culture of Clothing*, 123.

121 16 世纪和 17 世纪的资料引自 Valerie Steele, *The Corset: A Cultural History* (New Haven and London: Yale University Press, 2001), 12。

122 Genlis, 34.

123 La Tour du Pin, 86.

124 Ibid, 87.

125 John Bulwer, *The Artificial Changeling*, 引自 Steele, 14。

126 Arneth and Geoffroy, I, 85.

127 Younghusband, 262.

128 Erickson, 73–74.

129 Bachaumont, V, 121–123.

130 Campan, 23.

131 Arneth and Geoffroy, I, 33.

132 Hibbert, 103.

133 Arneth and Geoffroy, I, 33.

134 Younghusband, 262.

135 Roussel d'Épinal, 360–361. Roussel d'Épinal 的文本据称是一手资料，是我读过的对杜伊勒里宫王室成员在 1792 年被迫离开之后的状况最丰富详实的描写。其他学者，包括参与组织 1993 年 "王室在巴黎"（"La Famille royale à Paris"）主题的博物馆展览的历史学家和博物馆长，也曾将他的文本作为宝贵和可靠的历史资料。尤见 Léri and Tulard

[eds.] 的各类文章，在本书中都有引用，以及 Maurice Tourneux 支持这一观点的谨慎的书目和档案研究；见 Tourneux, 58–59。出于这些原因，我强烈反对认为 Roussel 的叙述是伪造的，甚至——鉴于它的出版日期是 1802 年——认为那只是君主主义的宣传文本。

136 引自 Younghusband, 283。另见 Arneth and Geoffroy, Ⅰ, 83–84。

137 Arneth and Geoffroy, Ⅰ, 65.

138 Ibid, 27.

139 Ibid, 49–50.

140 Ibid, 50.

141 Bachaumont, Ⅴ, 121–123.

142 Arneth and Geoffroy, Ⅰ, 55–56.

143 Ibid, 85.

144 Campan, 61.

145 Arneth and Geoffroy, Ⅰ, 83.

146 Kunstler, *La Vie privée de Marie Antoinette*, 33.

147 Arneth and Geoffroy, Ⅰ, 129.

148 Fraser, 96–97.

149 Arneth and Geoffroy, Ⅰ, 67.

150 Ibid, 65.

151 Ibid.

152 Ibid, 135.

153 Ibid, 137.

154 Ibid.

155 Ibid, 83–84.

156 Yolande-Gabrielle, Duchesse Jules de Polignac, 引文见 Goncourt, *Histoire de Marie Antoinette*, 75, 以及 Reiset, Ⅰ, 109。玛丽·安托瓦内特极其威严庄重的外表在 Vigée-Lebrun, 32; 以及 Tilly, 72 中也有讨论。

第四章　像男人一样策马驰骋

1　Arneth and Geoffroy, Ⅰ, 90.

2　Ibid, 91.

3　Ibid.

4　Ibid.

5　Ibid, 127.

6　Bachaumont, Ⅵ, 241. 关于公众普遍认为莫普是个危险的变形"人妖"，因为在迪巴利"温香的闺房"里度过了很长时光而变得女里女气，见 Sarah Maza, "The Diamond Necklace Affair Revisited (1786–1786): The Case of the Missing Queen," in Goodman (ed.), 73–97, 78。

7　Bachaumont, V, 257.

8　Jeremy Popkin, "Pamphlet Journalism at the End of the Old Régime," in *Eighteenth-Century Studies* 22 (spring 1982): 351–367. 另见 Jeremy Popkin and Jack R. Censer (eds.), *Press and Politics in Pre-Revolutionary France* (Berkeley and London: University of California Press, 1987)。

9　在旧制度下所写的具有政治煽动性的秘密文学的出版和发行是一个复杂而迷人的课题，本书不欲详细展开。关于这一主题的开创性著作包括 Robert Darnton, *The Literary Underground of the Old Régime, The Corpus of Clandestine Literature in France 1769–1789* (New York: W.W. Norton, 1995), and *The Forbidden Best-sellers of Pre-revolutionary France* (New York: W. W. Norton, 1995); Sarah Maza, *Private Lives and Public Affairs: The Causes Célèbres of Pre-revolutionary France* (Berkeley: University of California Press, 1993); and the essays in Popkin and Censer (eds.), cited above。

10　Anonymous, "Les Fastes de Louis XV, de ses ministres, généraux, et autres notables personages de son règne" ("Villefranche: Chez la Veuve Liberté," 1782), xlix.

11　Bachaumont, V, 172.

12　Ibid.

13　Ibid, 173.

14　Léonard, I, 49.

15　Bachaumont, V, 172. 另见 Goncourt, *Les Maîtresses de Louis XV*, 480。

16　Bachaumont, VI, 13.

17　Léonard I, 49.

18　Arneth and Geoffroy, I, 129.

19　Ibid.

20　Ibid, 136.

21　Ibid.

22　Campan, 61–62.

23　Campan, 62.

24　Arneth and Geoffroy, I, 93.

25　Ibid.

26　Campan, 62.

27　Erickson, 81.

28　Ribeiro, *Dress in Eighteenth-Century Europe*, 45.

29 C. Willett and Phillis Cunnington, *Handbook of English Costume in the Eighteenth Century* (Philadelphia: Dufour, 1957), 305.

30 Ribeiro, *Dress in Eighteenth-Century Europe*, 45, 214.

31 见 Leonie Frieda, *Catherine de Medici: Renaissance Queen of France* (New York: Fourth Estate/Harper Collins, 2003), 311–312。不过 Frieda 也提出了"把偏鞍引入法国也当归功于"卡特琳·德·美第奇的论点 (50)，因此这位王后引入法国宫廷的短灯笼裤不应被视为让女人能够像两个世纪之后的玛丽·安托瓦内特那样跨骑或鼓励女人跨骑的衣装。

32 Ribeiro, *Dress in Eighteenth-Century Europe*, 150.

33 Patricia Crown, "Sporting with Clothes: John Collet's Prints in the 1770s," in *Eighteenth-Century Life*, vol. 26, no. 1 (winter 2002): 119–136, p. 126.

34 Crown, 121.

35 Philippe Salvadori, *La Chasse sous l'ancien régime* (Paris: Fayard, 1996), 194–224.

36 引自 Salvadori, 194。

37 Mansel, 57.

38 *Mémoires de Louis XIV* (Paris: Communication & Tradition, 1995), II, 15; 另引自 Elias, 116。

39 关于路易十四被描绘成一位罗马皇帝，一个极佳的例子是 Charles Perrault's *Festiva ad capita annulumque decursio a rege Ludovico XIV* (1670)，如今收藏于伦敦的大英图书馆。路易十四骑马肖像的详细清单见注释 65。

40 François-Marie Arouet Voltaire, *Siècle de Louis XIV*, 2 vols. (Paris: Garnier-Flammarion, 1966), I, 310.

41 见 Marin, *Le Portrait du roi*, 19–20; and Roger Chartier, *The Cultural Origins of the French Revolution*, trans. Lydia G. Cochrane (Durham, N.C., and London: Duke University Press, 1991), 133。Marin 主要关注的是国王宫廷里展示的肖像对于其贵族的意识形态目的，Chartier 则探讨了那些广泛传播的图像对全体国民产生的重要影响。

42 Mansel, 57.

43 Fournier-Sarlovèze, *Louis-Auguste Brun, peintre de Marie Antoinette* (Paris: Goupil, 1911), 49–50.

44 Ibid, 49.

45 Ibid, 50.

46 John Garbor Palache, *Marie Antoinette, the Player Queen* (New York: Longmans, Green & Co., 1929), 13–14.

47 Bignon, *De l'excellence des roys et du royaume de France* (1610), cited by Sheriff in "The Portrait of the Queen," in Goodman (ed.), 47. 另见 Guy Coquille, *Institution du droit des*

François (1588), Sheriff 也在她关于《萨利克法》在法国的历史的精彩总结中引用了这部著作。关于萨利克法的更多参考资料，见本书"序言"的注释 8。

48　Nicole Pellegrin, *Vêtements de la liberté: abécédaire de pratiques vestimentaires en France de 1780 à 1800* (Aix-en-Provence: Alinéa, 1989), 125. 关于这一主题，另见 Crown, 126–127。

49　关于女性为"色情刺激"而异装，见 Rudolf M. Dekker and Lotte C. van de Pol, *The Tradition of Female Transvestism in Early Modern Europe* (New York: St. Martin's Press, 1989), 7–8; 以及 Crown, 128–129。

50　Lever, *Marie Antoinette: The Last Queen of France*, 80.

51　Armand-Louis de Gontaut-Biron, Duc de Lauzun, *Mémoires du Duc de Lauzun*, ed. Georges d'Heylli (Paris: Édouard Rouveyre, 1880), 188.

52　Arneth and Geoffroy, I, 104.

53　引自 Delorme, 6。

54　Arneth and Geoffroy, I, 104.

55　*Correspondance de Marie Antoinette*, II. 关于当时人们认为玛丽·安托瓦内特的血统和地位即便对一位未来的法国王后而言也是十分特殊和高贵的，一个有用的讨论见 Bertière, 20。

56　根据 Marjorie Garber 在她关于异装的精彩著作中所建立的理论范式，大概可以说玛丽·安托瓦内特穿得像个男性统治者，是为了看似拥有她所缺少的（阳物崇拜的、阳刚的）权力。玛丽·安托瓦内特本人后来对她的哥哥约瑟夫二世坦白说她，即便事实上没有，也试图精心打造"有（政治）信誉的外表"，也充分支持这一观点。（这封信将在第五章中详细讨论。）联想到弗洛伊德认为女性对于"阴茎崇拜"的常见反应是生一个孩子的话，这种"拜物教"姿态——通过人工阴茎的方式来掩盖原本的缺乏——就更加有趣了。正如我在本章通篇强调的那样，对于法国王室配偶来说，能够获得权力的唯一途径就是孕育。在这个意义上，Garber 对异装做出心理分析的理解几乎可怕地适用于玛丽·安托瓦内特当时在凡尔赛宫的处境：由于没有标准的、补偿性的生育手段，年轻的王储妃应对自己的政治脆弱性的办法是试图假装一个她实际上并没有的身份：一个强大的男人。见 Marjorie Garber, *Vested Interests: Cross-Dressing and Cultural Anxiety* (New York: Routledge, 1992), especially Chapter 5, "Fetish Envy," 118–127。我特别欣赏 Garber 对麦当娜有一次表演时模仿迈克尔·杰克逊（补充一句，即所谓的流行音乐之王）抓住自己的裤裆那个动作的解读："抓住裤裆对于舞台上的她来说，是声称自己是被赋能的异装癖，而不仅仅是拥有或成为——而不是（这里的区分很重要）声称自己是被赋能的女性的时刻"（127）。在另一篇更偏理论的研究中，有从"被赋能的异装癖"的视角来对玛丽·安托瓦内特的衣装进行更多分析，也会是很迷人的：我这里特别想到的是在本书第五章中从更加社会文化的角度讨论的阴茎崇拜的发型——高发髻。

57 引自 Asquith, 23。Lafont d'Aussonne 强调玛丽·安托瓦内特 "极其敬重已故的路易十四" 证实了这一事件；见 N., Abbé Lafont d'Aussonne, *Memoires secrets et universels des malheurs et de la mort de la reine de France* (Paris: A. Philippe, 1836), 473.

58 Mirecourt, 35.

59 Marin, 7–22.

60 Arneth and Geoffroy, I, 104–105.

61 Ibid, 167. 除了此处讨论的两幅骑马肖像之外，还应该提到一幅在很久以后（1788 年）由瑞典艺术家 Adolf Ulrik von Wertmüller 绘制的肖像。这幅作品中的玛丽·安托瓦内特显然强壮得多，年纪也大多了。那是一张半身像，穿着灰色条纹骑马装；如今由 Musée de Versailles et de Trianon 收藏。

62 Antonia Fraser 指出，克兰青格的肖像是玛丽·安托瓦内特这一时期第一次请人为自己所画的（Fraser, 86）。但艺术历史学家 Fournier-Sarlovèze 和凡尔赛宫博物馆馆长 Marguerite Jallut 指出，这里提到的这幅肖像的第一版是由 Michel Van Loo 开始绘制的，但他还没有画完就去世了；后来又委托 Jean-Étienne Liotard 来完成这一任务。玛丽亚·特蕾西娅、她的大使以及她女儿的通信证实了 Fournier-Sarlovèze 和 Jallut 的观点，Mary Sheriff 也呼应了这一观点，断言玛丽·安托瓦内特在法国请人画的第一幅骑马肖像已经遗失了。见 Fournier-Sarlovèze, 52–54; Jallut, 15; 以及 Sheriff in Goodman (ed.), "The Portrait of the Queen," 54。

63 Jallut, 15.

64 关于这幅画作的详细信息，见 Jallut, 41; 以及 Fournier-Sarlovèze, 52–54。

65 这些肖像数量太多，无法在此列举，但其中某些挂在凡尔赛宫的墙上作为装饰，因而玛丽·安托瓦内特也可能非常熟悉，它们是 Pierre Mignard, *Louis XIV at Maastricht* (1673) and *Louis XIV Crowned by Victory* (1692); Adam Frans van der Meulen, *Defeat of the Spanish Army Near Bruges Canal, August 31, 1667;* and René Antoine Houasse, *Louis XIV on Horseback* (1679–1690)。同样收藏在凡尔赛宫的描绘太阳王骑马的其他作品包括 Bernini 著名的骑马雕塑，位于宫殿花园里；Antoine Coysevox 的 *Victory of Louis XIV over the Enemies of France* 摆在 Salon de la Guerre 的灰泥浮雕；还有几幅在戈布兰挂毯中描述路易十四带兵凯旋的镶板，*History of the King* (1665–1680)，制作者为 Jean-Baptiste Mozin 工作室。

66 Arneth and Geoffroy, I, 166.

67 Léonard, I, 105–106. Simone Bertière 引用玛丽·安托瓦内特本人兴高采烈地写给姐姐的信，里面提到了普罗旺斯伯爵夫人的 "胡子"（144）。然而遗憾的是，Bertière 引用的那封信很可能是冒充的，因为它出现在 Paul Vogt, Comte d'Hunolstein (ed.), *Correspondance inédite de Marie Antoinette* (Paris: E. Dentu, 1864), 28。Maurice

Tourneux 已经基于其他专家（包括 Alfred von Arneth）的一整套 19 世纪中期的研究，令人信服地证明这部书信集是一个骗局。见 Tourneux, 2–4。

68 Delorme, 80.

69 Amiguet (ed.), 178; 另引自 Fraser, 96。

70 Delorme, 80.

71 Paul Christoph (ed.), *Maria Theresia und Marie Antoinette: ihr geheimer briefwechsel* (Vienna: Cesam, 1952), 52.

72 Arneth and Geoffroy, I, 165.

73 Hearsey, 26.

74 Cited in Delorme, 85.

75 Hearsey, 27.

76 Arneth and Geoffroy, I, 221.

77 Ibid.

78 Fournier-Sarlovèze, 53.

79 Arneth and Geoffroy, I, 89.

80 Annie Jourdan, *Monuments de la Révolution 1770–1804: Une histoire de représentation* (Paris: Champion, 1997), 51–52. Jourdan 在自己的书中没有提及，但很多年后路易十六在一幅由 Jean-Baptiste Carteaux 绘制的肖像画（1791 年）中，也摆出了英勇的骑士姿态，这幅画如今由 Musée de Versailles et de Trianon 收藏。不过在我看来意义重大的是，路易十六只有在大革命如火如荼之时，才让自己被这般描绘，那时他正被施压接受一部限制他的专制权力的新宪法。和他以前的路易十四、路易十五——以及玛丽·安托瓦内特——一样，路易十六也在自己的权威受到极大威胁时诉诸英勇骑士的意象。

81 Delorme, 91.

82 Fraser, 106.

83 Arneth and Geoffroy, I, 462.

84 Ibid, II, 95.

85 Arthur Baron Imbert de Saint-Amand, *Marie Antoinette and the Fall of the Old Régime*, trans. Thomas Sergeant Perry (New York: Scribners, 1891), 64. Rohan 被引用过多次的观察让人想起了玛丽亚·特蕾西娅的宿敌、普鲁士的腓特烈二世的一句类似的俏皮话，后者在与她共谋瓜分波兰之后，说"她哭了又哭，占了又占"。

86 Haslip, *Marie Antoinette*, 40; Fraser, 143.

87 Lever, *Marie Antoinette: The Last Queen of France*, 44–45.

88 Arneth and Geoffroy, I, 466.

89 Fraser, 105–106. 的确，根据欣赏她的传记作家 Lafont d'Aussonne 的说法，她在凡尔赛宫也常常令丈夫相形见绌。见 Lafont d'Aussonne："（玛丽·安托瓦内特）整个人的外表……给人留下了如此鲜活的印象，以至于无数人前往凡尔赛宫只为一睹王后的芳华——正如在路易十四的统治下，他们到那里只为了凝视国王。"（149）不用说，考虑到玛丽·安托瓦内特骑马的姿态也是在模仿路易十四，这一说法就显得尤为有趣，因为它同样表明她独揽了丈夫以及她自己的祖先的王者风范。

90 *Le Mercure de France* (July 1773): 184–185.

91 Arneth and Geoffroy, I, 459.

92 关于公众把玛丽·安托瓦内特视为一个黄金时代的化身，见 Campan, 83。至少从这里引用的这首热情洋溢的颂歌来看，公众这一次看似爱上了公主"闪烁着熠熠光芒"的脸，证实了她早在维也纳就开始改变外貌所隐含的观念：她的外表对她的成功至关重要。正如本书第一章讨论的那样，如此在意识形态中为女性美赋予特权或许不仅与整个法国宫廷对外表的崇拜有关，还源于舒瓦瑟尔原本期待一个漂亮的王室新娘能够阻止路易十五的继承人沦落成风流成性的花花公子。关于这一点，同样见 Pierre Saint-Amand, "Terrorizing Marie Antoinette," in Goodman (ed.), 261。

93 引自 Régine Pernod and Marie-Véronique Clin, *Joan of Arc: Her Story*, ed. Bonnie Wheeler and trans. Jeremy du Quesnay Adams (New York: St. Martin's Griffin, 1998), 42。

94 Anonymous, "Louis XVI et Antoinette, traités comme ils le méritent" (Paris: Imprimerie des Amis de la Constitution, 1791), 5–6.

第五章 高发耸立

1 Lever, *Marie Antoinette: The Last Queen of France*, 74. 另见 Croÿ, III, 171, 公爵抱怨说主教座堂的"装饰太戏剧化了，像一个用一流哥特式教堂包装起来的剧场"。

2 Croÿ, III, 181–182.

3 Ibid, 182.

4 Lever, *Marie Antoinette: The Last Queen of France*, 74.

5 Croÿ, III, 178.

6 Castelot (1962), 127.

7 Croÿ, III, 184.

8 Ibid, 185.

9 Campan, 105; Bertière, 199.

10 Croÿ, III, 174. 另见 Bertière, 198, 以及 Evelyne Lever, *Marie Antoinette: la derniere reine* (Paris: Fayard, 1991), 158。应该在此特别说明的是，Lever 的书虽然取了这个标题，内容却全然不用于她后来所写的篇幅更长的玛丽·安托瓦内特传记 *Marie Antoinette: The Last Queen of France*，本书注释中也引用了后一本书的内容。

11 Joseph-Alphonse, Abbé de Véri, *Journal de l'Abbé de Véri*, ed. Baron Jehan de Witte, 2 vols. (Paris: Jules Tallandier, 1928), I, 303; Fraser, 134; and Lafont d'Aussonne, 52.

12 事实上，正如 Joan Haslip 指出的那样，卡特琳·德·美第奇与玛丽·安托瓦内特的登基之间跨越了如此漫长的岁月，也意味着"没有先例法阻止（后一位王后与丈夫一起）受到加冕"。但路易十六内阁中的两位掌权者莫勒帕和杜尔哥设法消灭了这种可能性，因而把玛丽·安托瓦内特变成了丈夫加冕礼上的区公看客。她的加冕仪式另外举行，那是个很小很私密的仪式，没有其他女人参加。见 Haslip, *Marie Antoinette*, 76–77。

13 Croÿ, Ⅲ, 174.

14 Lamothe-Langon, *Souvenirs sur Marie-Antoinette*, Ⅱ, 268.

15 Hearsey, 35.

16 Lever, *Marie Antoinette: The Last Queen of France*, 51.

17 正如 Antonia Fraser 指出的那样，人们认为玛丽·安托瓦内特是艾吉永被撤职的唯一原因，不过路易十六也觉得这位公爵"人很讨厌"，很高兴有机会把他逐出宫廷。见 Fraser, 125。

18 Hardman, *Louis XVI*, 20. 正规说来，法国"首相"一职从 1726 年以后就不存在了；但在被流放之前，外交大臣舒瓦瑟尔一直非正式地兼任这一职位。

19 *Correspondance de Marie Antoinette*, Ⅰ, 205.

20 Ibid, 204–205.

21 Fraser, 126.

22 关于路易十四对化装舞会和宫廷面具的喜爱，尤其见 Apostolidès, 22, 52。

23 Arneth and Geoffroy, Ⅱ, 280.

24 Ibid, 295.

25 Ibid.

26 Ibid, 295–296; du Deffand, Ⅲ, 60.

27 Mayer, 72.

28 Lamothe-Langon, *Souvenirs sur Marie Antoinette*, 570; Ségur, *Mémoires*, Ⅰ, 41; du Deffand, Ⅲ, 60 n. 2.

29 Evelyne Lever, *Louis XVI* (Paris: Fayard, 1985), 148.

30 Ségur, *Marie Antoinette*, 87.

31 见 Frieda, 57–60。

32 事实上，根据 Evelyne Lever 的记录，正因为夫妻俩装扮成亨利四世和布丽埃勒·德·埃斯特雷，才让公众开始把路易十六和他的祖父相提并论，更把玛丽·安托瓦内特比作一位王室情妇。Lever, *Louis XVI*, 148.

33 Ségur, *Marie Antoinette*, 88.

34 Mary Frasko, *Daring Do's: A History of Extraordinary Hair* (Paris and New York: Flammarion, 1994), 61.

35 *Correspondance de Marie Antoinette*, Ⅰ, 205. 本书第四章尾注 56 中讨论过的 Marjorie

Garber 提出的"被赋能的异装癖"的概念也适用于此处的讨论。

36 Arneth and Geoffroy, II, 281; Croÿ, III, 124.

37 Arneth and Geoffroy, II, 355.

38 Campan, 71.

39 Arneth and Geoffroy, II, 281.

40 Ibid, I, 84.

41 du Deffand, III, 60 n. 2. 按照 Baron Lamothe-Langon 的说法，里昂的纺织品商人也反对恢复文艺复兴时期的宫廷日常服饰，害怕这一改变会伤及他们的业务。见 Lamothe-Langon, *Souvenirs sur Marie Antoinette*, I, 570。

42 Munro Price 称，法国首都的人口为 70 万，宣称其规模仅次于伦敦，而 Evelyne Lever 考证的人口数为 60 万，并认为 18 世纪的巴黎是欧洲最大的城市。见 Price, 148; 以及 Lever, *Marie Antoinette: The Last Queen of France*, 43。

43 Louis Sébastien Mercier, "De la cour," in Jean-Claude Bonnet (ed.), *Tableau de Paris*, 2 vols. (Paris: Mercure de France, 1994), II, 953–954. Duc de Lévis 说过一句很有名的话，凡尔赛宫曾经"是路易十四的奢华的剧场"，但在他的继任者们统治时期，却变成了"区区乡镇，谁都不愿意去，在那里的人也会尽快逃跑"。引自 Pierre de Nolhac, *The Trianon of Marie Antoinette*, trans. F. Mabel Robinson (New York: Brentano, 1909), 168。

44 某种程度上，在路易十五童年的摄政时期也是如此，当时他的堂兄奥尔良公爵代表他统治国家。路易十五继承王位之后，宫廷生活再次以凡尔赛宫为中心，但廷臣们尝到了巴黎生活的快活滋味，不愿放弃那些享乐，而玛丽·安托瓦内特频繁前往都市也让宫廷贵族们的效仿有了合理性。

45 Clare Haru Crowston, "The Queen and Her 'Minister of Fashion': Gender, Credit and Politics in Pre-revolutionary France," in *Gender and History*, vol. 14, no. 1 (April 2002): 92–116, 96; Daniel Roche, *Histoire des choses banales, naissance de la consommation, XVIIe– XVIIIe siècles* (Paris: Fayard, 1997), and *The Culture of Clothing*, 159–162.

46 Crowston, "The Queen and Her 'Minister of Fashion,'" 96.

47 Roche, *Histoire des choses banales*, 232.

48 Françoise Tétart-Vittu, "1780–1804 ou Vingt ans de 'Révolution des têtes françaises,'" in Join-Dieterle and Delpierre (eds.), 47.

49 见 "Mode: marchands, marchandes de," in Denis Diderot and Jean Le Rond d'Alembert (eds.), *Encyclopédie, ou dictionnaire raisonné des sciences, des arts et des métiers par une société de gens de lettres* (Lausanne/Berne: Chez les Sociétés Typographiques, 1779), XXII, 18–19。

50 引自 Daniel Roche, *The Culture of Clothing*, 309; as well as in Crowston, "The Queen and

Her 'Minister of Fashion,'"97。关于时尚女商人具体做何工作的其他技术性说明，见前文引用的 Sapori, 28, 以及 Diderot and d'Alembert。

51 18 世纪，每五个时尚商人中就有四个是女人。见 Michelle Sapori, *Rose Bertin: Ministre des modes de Marie Antoinette* (Paris: Regard/Institut Français de la Mode, 2003), 292 n. 105。关于女商人在被赋予与绸布商会合法分离的权利之前和之后的法律地位，见 Roche, *The Culture of Clothing*, 308。

52 此前人们不大了解罗丝·贝尔坦的出生日期，通常认为她生于 1744 年，但 Émile Langlade 已经令人信服地考证出她出生于 1747 年 7 月 2 日，依法登记的名字是玛丽-让娜·贝尔坦。

53 根据 Michelle Sapori 的研究，该精品店之所以取这样一个灵感来自亚洲的名字，可能是在模仿一家著名的丝绸上店铺，"大土耳其"（Grand Turk）。见 Sapori, 40。不过贝尔坦的店铺也有可能是在向一家时髦的伦敦剧团表达敬意，那家剧团就叫"大莫卧儿喜剧团"。关于这家剧团的详情，见 Kathryn Shevelow, *Charlotte: Being a True Account of an Actress's Flamboyant Adventures in Eighteenth-Century London's Wild and Wicked Theatrical World* (New York: Henry Holt, 2005), 14。

54 正如 Joan Dejean 指出的那样，商店橱窗本身也是 17 世纪末的一项革新，彻底改变了购物体验，与它们展示的物品一道，"很快把巴黎变成了西方世界的时尚之都"。见 Dejean, 12。

55 Oberkirch, 196; Sapori, 37–38.

56 Gisèle d'Assailly, *Les Quinze révolutions de la mode* (Paris: Hachette, 1968), 126–127.

57 Bernier, *The Eighteenth-Century Woman*, 126.

58 引自 Langlade, 170–171。

59 这种发式首次依靠丑闻大获成功，即 *ouès aco* 发型便紧跟着流行起来，那个发型的名称来自博马舍的一篇讥讽时事的檄文（该标题来自一句普罗旺斯方言，意思大概是"发生什么事了？"），有三根高高的、弯曲的羽毛在脑后组成一个问号的形状。1774 年4 月，《秘密回忆录》宣称新发明的高发髻被认为"比 *quès aco* 高明何止百倍"。见 Bachaumont, Ⅶ, 165。

60 Campan, 88; Mercier, "Marchandes de modes," Ⅰ, 1481–1483.

61 Madeleine Delpierre, "Rose Bertin, les marchandes de modes et la Révolution," in Join-Dieterle and Delpierre (eds.), 23–24. 按照 Marquis de Valfons 的说法，当时有 250 种方法装点一条裙子。见 Quicherat, 599。

62 Nolhac, *Autour de la Reine*, 10. 另见 Bachaumont, Ⅶ, 165。

63 Olivier Bernier, *Pleasure and Privilege: Life in France, Naples, and America 1770–1790* (New York: Doubleday, 1981), 74.

64 Nolhac, *Autour de la Reine*, 10.

65 Zweig, 96–97.

66 在最近的一篇学术文章中，学者 Desmond Hosford 指出玛丽·安托瓦内特的发型——例如这里讨论的高发髻——是她克服王后生活的种种束缚"努力彰显个人自主意识的场所"。就此而言，Hosford 的观点与我很接近，不过他讨论的另一个关注点是在复辟时期从墓中掘出的王后头发，后来经过 DNA 检查之后，在她死后仍然"扮演了一个表演性的王朝角色"。见 Desmond Hosford, "The Queen's Hair: Marie Antoinette, Politics, and DNA," in *Eighteenth-Century Studies*, vol. 38, no. 1 (autumn 2004): 183–200。

67 Mercier, "La Galerie de Versailles," Ⅱ, 949. 关于梅西耶作为时尚编辑的活动，见 Roche, *The Culture of Clothing*, 482。

68 Haslip, *Marie Antoinette*, 57.

69 Croÿ, Ⅲ, 118.

70 关于贝尔坦制作了这一发型，玛丽·安托瓦内特也接受了该发型的主张，见 Castelot (1962), 116。这是考证最完备的王后传记作品之一，但遗憾的是，由于该书出版之后，Castelot 考察的档案资料的标识码有些发生了变化，我无法找到证据证明玛丽·安托瓦内特的确在贝尔坦的帮助下梳着伊菲革涅亚发型亮相。不过 Langlade 也有同样的主张；见 Langlade, 38–39, Métra 的 *Correspondance secrète* 也指出，这一发型成为 1774 年春夏之交最受追捧的发型之一。关于该发型的一个详细表述见 André Blum, *Histoire du costume: les modes au XVIIe et au XVIIIe siècle*, introduction by Maurice Leloir (Paris: Hachette, 1928), 79。

71 这场争斗的精妙细节在 Fraser, 112–113 中有精彩的概括。

72 Lever, *Marie Antoinette: The Last Queen of France*, 50.

73 Émile Langlade 和 Evelyne Lever 都认为，玛丽·安托瓦内特是首个戴上这一高发髻的人。见 Langlade, 47, and Lever, *Marie Antoinette: The Last Queen of France*, 70。

74 Haslip, *Marie Antoinette*, 59.

75 A. Varron, *Paris Fashion Artists of the Eighteenth Century*, a special issue of *Ciba Review*, no. 25 (Basel, September 1939): 878–912, 896.

76 Pierre-Victor, Baron de Besenval, *Mémoires sur la Cour de France*. Ed. Ghislain de Diesbach (Paris: Mercure de France, 1987 [1805]), 223. 另见 Haslip, *Marie Antoinette*, 56; 以及 Fraser, 121。

77 Maxime de la Rochetière 引用了这一时期的一首诗，精准表达了民众起初对高发髻的感情："看看我们王后的发型吧，她完美的品味尽显其中，人人竞相模仿她的行为，不论是平凡小事还是伟业丰功。"见 La Rochetière, 117。

78 Nolhac, *Autour de la Reine*, 10. 根据 Émile Langlade 的说法，掀起了丰饶角高发髻潮流的正是贝尔坦。见 Langlade, 40。

79 Montjoie, 81; Haslip, *Marie Antoinette*, 54.

80 据 Bernier 说，较为昂贵的羽毛售价 240 里弗，即便人们愿意"倾囊而出"从罗丝·贝尔坦那里买一顶帽子，其价格也只有这类羽饰的一半。见 Bernier, *The Eighteenth-Century Woman*, 119。

81 Véri, I, 241.

82 Roche, *The Culture of Clothing*, 477–478.

83 关于在玛丽·安托瓦内特的时代报道时尚的各类出版物的情况，尤其见 André Blum, 23–28; Roche, *The Culture of Clothing;* Annemarie Kleinert, *Die frühen Modejournale in Frankreich: Studien zur Literatur der Mode von den Anfängen bis 1848* (Berlin: Eric Schmidt Verlag, 1980); Kleinert, *Le "Journal des dames et des modes" ou la conquête de l'Europe féminine;* and Caroline Rimbault, "La presse féminine de langue française au 18e siècle" (Paris: Thèse doct., 1981), 50–78, 250–288。Dejean 在关于 17 世纪"魅力"的研究 (13) 中轻率地称，早在 1680 年代，一位法国"女人就能在（报纸）《风雅信使》中看到印花，在（时装）图样中看到视觉效果——这就好啦！她有了一本时尚杂志！"(69)。然而 Annemarie Kleinert (*Le "Journal des dames et des modes,"* 13 n. 8) 和 Daniel Roche (*The Culture of Clothing*, 479–480) 两人都令人信服地驳斥了被 Dejean 异文合成的这两种不同的早期媒体能够且的确发挥了在 18 世纪最后三十多年才出现的插图版"时装期刊"的作用。的确，由于时装图样和年鉴发展为完整的期刊确实是在玛丽·安托瓦内特统治后期才发生的，法国时装出版物的这一重要方面也会在本书第七章中有更多的论述。

84 例如，见 *Galerie des modes et des costumes français, dessinés d'après nature*, 16 vols. (Paris: Chez les Sieurs Esnauts & Rapilly, 1778–1787), II, 1, and VII, 30–31。另见 Langlade, 103。关于 1778 年到 1787 年出版的、通常每期含有六幅版画的《时尚画廊》的详细信息，见 Stella Blum (ed.), *Eighteenth-Century French Fashions* (New York: Dover Publications, 1982), v。

85 *Nouveau jeu des modes françoises*, coiffure no. 62, in the Bibliothèque Nationale de France, Département des Estampes, Collection: De Vinck no 346, Qb_1778; cote: 80C 103422.

86 Campan, 89.

87 Boigne, 43.

88 Mercier, "On porte ses cheveux," II, 1089–1090; J. Quicherat, *Histoire du costume en France depuis les temps les plus reculés jusqu'à la fin du XVIIIe siècle* (Paris: Hachette, 1875), 513–514; Richard Corson, *Fabulous Hair: The First Five Thousand Years* (London: Peter Owen, 1980 [1965]), 215, 227. 虽然 Dejean 不知为何只用了短短一段篇幅讨论路易十四的传奇假发，但她列举了一连串他作为一名主顾，也作为法国奢侈品行业早期一位举足轻重的恩主，所偏爱的其他时尚单品，见 Dejean, 1–20, 83–104,

161–176。

89 Corson, *Fabulous Hair*, 215; d'Assailly, 110.

90 Pierre Saint-Amand, "Terrorizing Marie Antoinette," in Goodman (ed.), 262.

91 Oberkirch, 197.

92 Langlade, 183.

93 Léonard, I, 161.《女士杂志》于 1774 年创刊，明确其主旨就是"献给王后"的，关于该杂志的出版历史，下书中有详细介绍：Nina Rattner Gelbart, *Feminine and Opposition Journalism in Old Régime France: Le Journal des dames* (Berkeley: University of California Press, 1987); "The *Journal des dames* and Its Female Editors: Politics, Censorship, and Feminism in the Old Régime Press," in Censer and Popkin (eds.), 24–74; and Suzanna van Dijk, *Traces de femmes: Présence féminine dans le journalisme du XVIIIe siècle* (Amsterdam and Maarssen: Holland University Press, 1988), 134–187。

94 Sheriff, "The Portrait of the Queen," in Goodman (ed.), 59.

95 Léonard, I, 89.

96 Ibid, 91.

97 Campan, 89–90. 另见 Lamothe-Langon, *Souvenirs sur Marie Antoinette*, II, 113–114; 以及 Montjoie, 101。

98 Paul Lesniewicz, *The World of Bonsai* (London: Blanford, 1990), 31; 引自 Frasko, 63。

99 Quicherat, 596.

100 引自 Erickson, 99。

101 Frasko, 55.

102 La Tour du Pin, 90; and Campan, 89. 那个时代曾有一幅著名的漫画，就画着头顶高发髻的夫人们蜷缩在一辆马车里，见 Mary Darly, *Darly's Comic Prints of Characters* (London, 1776), plate 10。

103 Bachaumont, IX, 42–43.

104 见 Mary Darly, "The Optic Curls, or the Obliging Head-dress" (1777)，转载于 Frasko, 64。另见 Quicherat, 596。

105 Corson, *Fabulous Hair*, 351.

106 Ibid.

107 Goncourt, *La Femme au XVIIIe siècle*, 286.

108 La Rochetière, 116.

109 Campan, 89.

110 Fraser, 134.

111 Saul K. Padover, *The Life and Death of Louis XVI* (New York and London: D. Appleton-Century, 1939), 154.

112 Schama, 84.

113 Abbé Baudeau, "Chronique secrète de Paris sous Louis XVI," in Jules-Antoine Taschereau (ed.), *Revue retrospective ou bibliothèque historique* (Paris: H. Fournier, 1833–1838). 另引自 Langlade, 51。

114 引自 Ségur, 93。

115 N. Dupin, "La Dame de Cour, 1776," from Le Père (ed.), *Costumes françois représentans les différens États du Royaume, avec les Habillemens*; reproduced in Ribeiro, *Dress in Eighteenth-Century Europe*, 182.

116 Hector Fleischmann, *Les Pamphlets libertins contre Marie Antoinette, d'après des documents nouveaux et les pamphlets tirés de l'Enfer de la Bibliothèque nationale* (Paris: Publications Modernes, 1911), 59.

117 见 Frasko, 72; 以及 Akiko Fukai, "Le vêtement rococo et néoclassique," in Fayolle and Davray-Piekolek (eds.), 109–117 n. 7。关于 18 世纪法国润发脂中所含成分的详情，见 "Paté de cheveux" and "Perruque," in Diderot and d'Alembert (eds.), *Encyclopédie* (1780), XXIV, 449, 397–420。

118 正如 Antonia Fraser 恰如其分地强调的那样，"让他们吃蛋糕好了"是一个"王室老笑话"，关于其起源的多部漫长历史至少可以追溯到 17 世纪，即路易十四的王后玛丽·泰蕾兹。Fraser, 135. 事实上，一位为 *Financial Times* 撰文的记者最近提醒读者说："卢梭曾在他的《忏悔录》中引用过那句傲慢的'让他们吃蛋糕好了，'而那时玛丽·安托瓦内特只有十岁。"见 Peter Aspden, "Gilt Verdict," *Financial Times* (November 26, 2005)。

119 Haslip, *Marie Antoinette*, 66; Zweig, 99.

120 Thomas, 83.

121 关于这一点，同样见 Mary Sheriff, "The Portrait of the Queen," in Goodman (ed.), 59。其中提到玛丽·安托瓦内特试图呈现出"时尚女人"的形象而不是依附于凡尔赛宫的王室配偶，Sheriff 指出："玛丽·安托瓦内特没有意识到……王后是不能随心所欲的。她是法兰西国王的第一臣民，是所有服从他的权力的其他人的榜样。"

122 Jean-Louis Soulavie (l'aîné), *Mémoires historiques et politiques du règne de Louis XVI*, 6 vols. (Paris: Treuttel & Würtz, 1802–1803), II, 75. Soulavie 的回忆录中显示出恶毒的反奥地利倾向，显然引发了关于他在写到玛丽·安托瓦内特时是否"客观"的问题，但也恰好说明了她的敌人们在说起她时，带着多么深厚的仇外、厌女情绪以及政治和文化敌意。（关于 Soulavie 的反奥地利立场，一个很有助益的论述见 Hardman, *Louis XVI*, 87–88。）

123 G. Lenôtre [Théodore Gosselin], *Versailles au temps des rois* (Paris: Bernard Grasset, 1934), 230–231.

124 引自 d'Assailly, 132。

125 Sapori, 87.

126 Ibid.

127 Ibid.

128 Delpierre, "Rose Bertin," 22. Joan Haslip 甚至宣称，"朗巴勒夫人要为王后的奢侈时尚负主要责任"。见 Haslip, *Marie Antoinette*, 87。

129 玛丽·安托瓦内特的首位梳妆女官德·科塞－布里萨克公爵夫人以辞职来抗议朗巴勒被升职。梳妆女官的地位原本仅次于王宫女官——诺瓦耶夫人被辞退之后，担任该职位的是希迈亲王夫人——是王后侍从中地位最高的，直到玛丽·安托瓦内特安插了好友做她的总管。科塞－布里萨克公爵夫人的接替者是迈利公爵夫人（Duchesse de Mailly），她担任这一职位直到 1781 年让位给奥苏恩伯爵夫人（Comtesse d'Ossun）。

130 La Rochetière, 140.

131 Campan, 117.

132 Haslip, *Marie Antoinette*, 84.

133 Ibid, 86.

134 Arneth and Geoffroy, II, 453. Métra, *Correspondance secrète*, 18 vols. (London: John Adamson, 1787–90) 也报道了这一逸事。

135 根据 *Encyclopédie*，时尚女商人传统上只制作"少数几类衣物：小斗篷、毛皮披风，以及宫廷短斗篷"。见 "Modes, marchands & marchandes de," in Diderot and d'Alembert (eds.), *Encyclopédie* (1779) XXII, 18–19。不过罗丝·贝尔坦帮忙为她的王室女主顾制作从质地轻薄的便袍到精美的法式长袍的各类裙装。

136 Augustin Challamel, *The History of Fashion in France, or, the Dress of Women from the Gallo-Roman Period to the Present Time*, trans. Mrs. Cahsel Hoey and John Lillie (London: Sampson Low, Marston, Searle, & Rivington, 1882), 167.

137 Oberkirch, 69; 又引自 Challamel, 167–168。另见 Mayer, 73。

138 Besenval, 174; 又引自 Goncourt, *La Femme au XVIIIe siècle*, 286–287。跳蚤高发髻出现于业已援引的 *Nouveau jeu des modes françoises*, coiffure no. 10。

139 Arneth and Geoffroy, II, 293. 事实上，正如康庞夫人指出的，"只有丈夫和母亲"能够质疑王后在穿衣方面的愚行。见 Campan, 139。

140 Arneth and Geoffroy, II, 306.

141 Ibid, 307.

142 Ibid, 342.

143 Ibid; 又引自 Zweig, 99; Arneth and Geoffroy, II, 306。

144 Mathurin de Lescure (ed.), *Correspondance secrète inédite sur Louis XVI, Marie Antoinette, la cour et la ville de 1777 à 1792* (Paris: Henri Plon, 1866), 61.

145 据 Pierre Mariel 说，1779 年，贝尔坦的要价是 1774 年的三倍。见 Pierre Mariel, "Mademoiselle Bertin, fournisseur de la reine" (8 février 1941), 2。

146 Nolhac, *Autour de la reine*, 16.

147 Pierre de Nolhac, "La Garde-robe de Marie Antoinette," in *Le Correspondant* (September 25, 1925): 840–859, 849. 基于广泛详细的研究，凡尔赛小特里亚农宫的已故馆长 Nolhac 曾指出，足够法国王后"正常"购买衣物开支的金额应为 160000 里弗。

148 见 Sapori, 78–86。

149 Véri, II, 429 n. 39.

150 Ibid, 431 n. 22; Fraser, 150. 的确，Éloffe 夫人的账簿显示，从 1787 年到 1792 年，阿代拉伊德花在时装上的钱甚至比玛丽·安托瓦内特还要多。事实上这一时期，阿代拉伊德花的钱超过了 Éloffe 的其他顾客：六年里总共花了 76427 里弗。（同一时期，玛丽·安托瓦内特的花费仅次于阿代拉伊德，总计 72546 里弗。）见 Reiset, II, 511。

151 Véri, II, 106, 431 n. 22.

152 Fraser, 150. 关于手套的数字见 Feydeau, 83。

153 Feydeau, 91.

154 Haslip, *Marie Antoinette*, 87.

155 关于玛丽亚·莱什琴斯卡奢侈——但不存在争议——的服装开支，见 Jean-Paul Leclerq, "Sur la garde-robe de Marie Leczinska et de Marie Antoinette," *L'Oeil: Magazine international d'art* (janvier-février 1996): 30–39。

156 同样，见 Mansel, 172 n. 97。

157 见 Michèle Bimbenet-Privat, "L'Art et le commerce au service de la reine: unemosaïque d'archives," in Yves Carlier et al. (eds.), *Les Atours de la Reine: Centre historique des Archives nationales (26 février–14 mai 2001)* (Paris: RMN, 2001): 5–13, 11; 以及 Pierre Saint-Amand, "Adorning Marie Antoinette", 33 n. 7。

158 引自 Corson, *Fabulous Hair*, 329。需要指出的是，蓬帕杜并非第一个在凡尔赛宫确定发型时尚的王室情妇。正如 Dejean 指出的那样，是路易十四的年轻情人丰唐热公爵夫人（Duchesse de Fontanges）开启了以她的名字命名的丰唐热发式——"17 世纪最后几十年最为人喜爱的样式"(30)。（和玛丽·安托瓦内特的高发髻一样，丰唐热也是一种很高的样式，用织物和垫料撑起额外的高度。）这样说来，法国王室的宠姬历来是发型时尚的确立者；就此而言，玛丽·安托瓦内特的确越界了，那不是她身为王后应有的角色。

159 Chantal Thomas 也证实，玛丽·安托瓦内特在时尚领域的过分行为导致人们将她与迪巴利夫人相提并论，他指出，据说路易十五的最后一位宠姬在情人奄奄一息时购买过一件用纯金做成的裙子，被檄文作者 Théveneau de Morande 在秘密出版物中抨击为"总在打扮自己"。见 Thomas, 97–98。同样证明这两个女人的明显相似之处的，是有些传记作家将她们的消费习惯搞混了。例如，Antonia Fraser 写道，"在前任国王的统治下"，迪巴利在罗丝·贝尔坦那里花费了 100000 里弗购买"丝绸和蕾丝"（见 Fraser, 149）。然而贝尔坦店铺留存下来的分类账表明，那位王室宠姬是从 1778 年才光顾那位时尚女商人的，那时她被逐出宫廷已有四年。见 Bibliothèque Nationale de France, Ms. 8157, 8158, 以及 Bibliothèque de Versailles, Ms. 402 (254F)。

160 引自 Ségur, *Marie Antoinette*, 93。诚然，普罗旺斯说这话的动机可能是嫉妒嫂子的地位比他高。玛丽·安托瓦内特本人也注意到了这一敌意，有趣的是，据说她曾对一位女侍说："普罗旺斯伯爵指责我占用了他的信用。"见 Lamothe-Langon, *Souvenirs sur Marie Antoinette*, II, 18。

161 Bachaumont, VIII, 82.

162 Arneth and Geoffroy, II. 关于这一联系，韦里神父在 1775 年 3 月 1 日记录过一个有趣的故事，他承认那是编造的，但声称它在巴黎社会中广为流传，并精准地表述了"公众（对玛丽·安托瓦内特）普遍的态度"。故事是这样的："王后看到一位夫人穿得没有其他人那么好看，就嘲笑她小气，这位夫人不耐烦地答道：'夫人，我们光买自己的裙子还不够，还要被迫给您的裙子买单。'"见 Véri, I, 243。这样看来，"公众普遍的态度"当然是王后正在为自己的时尚享乐吸光国民的血。

163 同样，Olivier Bernier 指出，玛丽·安托瓦内特坚持自己从罗丝·贝尔坦那里订购服装，也激怒了她的梳妆女官：根据传统，下这一类订单是梳妆女官一个人的特权。见 Bernier, *The Eighteenth-Century Woman*, 122。

164 Véri, I, 303–304; 另见 Feydeau, 88–89。

165 Mercier, "Marchandes de modes," I, 1481; Zweig, 95. 相反，André Castelot 指出，贝尔坦只有在这些较小的房间里才能为玛丽·安托瓦内特穿衣，因为她作为平民，没有进入王后正式卧室的权利。见 Castelot, *Marie Antoinette* (1989), 37。

166 Campan, 88.

167 同样，1777 年 9 月，600 位女性发型师获准进入了此前全部为男性成员的理发师与假发制作师同业公会，理由是"（女性）的发型已经变得如此重要，我们必须要成倍地增加能够建设其宏伟大厦的艺术家"(Bachaumont, X, 213)。

168 Sapori, 60–68.

169 André Blum, 23.

170 引自 Batterberry, 170。

171 Mariel, 2; Mercier, "Marchandes de modes," I, 1482, and "Le Bal del'Opéra," II, 608; Sapori, 91, 107–108.

172 Abbé Jacques Delille, *De l'imagination* (Paris: Guiget & Michaud, 1806); also cited in Sapori, 53.

173 Oberkirch, 94. 关于这一联系，又见 Delpierre, "Rose Bertin," 25, 其中引用了一位没有

指出姓名的经济学家的话，1775 年，这名经济学家惊叹"风行一时的巨大而昂贵的发式居然大大提升了我们的商业生产"。

174 Sapori, 51–52. 关于女性时尚商人如何"侵入这一男性领地"的更笼统的讨论，见 Dejean, 42。

175 Oberkirch, 197; Sapori, 41. 关于贝尔坦如何越过其阶级界限的更多信息，见 Sapori, 75–76, 以及下文。

176 引自 Langlade, 183。

177 Oberkirch, 196. 同样针对贝尔坦的抱怨也出现在 Lamothe Langon, *Souvenirs sur Marie Antoinette*, Ⅱ, 14–15。

178 关于像莱昂纳尔这样的暴发户通过二手服装市场购买装备的详细讨论，见 Laurence Fontaine, "The Circulation of Luxury Goods in Eighteenth-Century Paris: Social Redistribution and an Alternative Currency," in Maxine Berg and Elizabeth Eger (eds.), *Luxury in the Eighteenth Century: Debates, Desires, and Delectable Goods* (London: Palgrave Macmillan, 2003), 89–102, 94–97。

179 Zweig, 99; Delorme, 111.

180 Stéphanie Félicité, Comtesse de Genlis, *Mémoires inédits de la Comtesse de Genlis*, 10 vols. (Paris: L'Advocat, 1825), Ⅰ, 225.

181 Léonard, Ⅰ, 228.

182 Thomas, 94.

183 Sapori, 135; Métra, Ⅵ, 146; Anonymous, "Essai historique sur la vie deMarie Antoinette d'Autriche, reine de France" (Paris: Chez la Montensior, 1789), 66. 正如 Simon Schama 指出的那样，该文本"首次发表于 1781 年，后于 1783 年重印，之后每年修订一次，以跟上最新时事，直到她 1793 年被处决。1783 年，巴士底狱的刽子手烧毁了 534 册副本，但它仍然是秘密书籍走私者最爱的物品，在巴黎广泛流传"。见 Schama, 224。的确，正如 Vivian Gruder 所说，"Essai"的副本在 1789 年 7 月 14 日起义之后"从巴士底狱'被解放出来'"，之后便重新进入市场流通。见 Vivian Gruder, "The Question of Marie Antoinette: The Queen and Public Opinion Before the Revolution," in *French History*, vol. 16, no. 3 (September 2002): 269–298, 282。关于该文本复杂的出版历史，更多详情见 Tourneux, 44–45。

184 关于玛丽·安托瓦内特在秘密出版物上所遭受的待遇的大多数学术研究都集中于大革命时期，而 Vivian Gruder 进行了关于 1770 年代中期传播的小册子的开拓性研究，Jacques Revel 则研究了 1779 年问世的文本。见 Gruder, 269–298; 以及 Revel, "Marie Antoinette and Her Fictions: The Staging of Hatred," in Bernadette Fort (ed.), *Fictions of the French Revolution* (Evanston, Ill.: Northwestern University Press, 1991), 111–129。这些文章中提出的档案证据有助于修正通常所持的观点，也就是 Sarah Maza 等人提出

的观点，即"1780 年中期以前，对王后的公开批评是极其罕见的"。见 Maza, *Private Lives and Public Affairs*, 176。

185 Anonymous, "Essai historique," 66.

186 Ibid.

187 Thomas, 95.

188 同时代人对这场战斗的论述见 Véri, Ⅱ, 129–130。法国政府于 1778 年 3 月承认美国主权，并在次月与英格兰断绝了外交关系。

189 玛丽·安托瓦内特关于喜欢军舰胜过钻石的名言见 Campan, 236。同时代人对"美丽少女号"发型的描述见 *Recueil general des costumes et modes contenant les différens habillemens et les coëffures les plus élégantes* (Paris: Chez Desnos, 1780), 14; and in the Bibliothèque Nationale de France, Département des Estampes, Coll: Qb_1778, cotes 46.B.2139 and 67.A.16387。

190 见 Frasko, 68。的确，我本人也大量查阅了法国国家图书馆版画部收藏的大量时尚漫画，得出的结论也是，"美丽少女号"发型似乎要比因王后而出名的其他任何发型更加频繁地出现在当时的漫画图片中。

191 Crowston, 109.

192 Auguste-François, Baron de Frénilly, *Mémoires 1768–1828: Souvenirs d'un ultra-royaliste*, ed. Frédéric d'Agay (Paris: Perrin, 1987 [1905]), 60.

193 Mercier, "Marchandes de modes," Ⅰ, 1481–1482; Campan, 88–89.

194 Bernier, *The Eighteenth-Century Woman*, 126.

195 Crowston, "The Queen and Her 'Minister of Fashion,'" 100–104.

196 Crowston, "The Queen and Her 'Minister of Fashion,'" 97.

197 *Recueil général des costumes*, 24–48.

198 Campan, 89.

199 Mercier, "Marchandes de modes," Ⅰ, 1482.

200 Ibid, 1483.

201 Cited in Ségur, *Marie Antoinette*, 87–88.

202 Léonard, Ⅰ, 133.

203 又见 Léonard, Ⅰ, 133："当时在法国，道德原则已经无法抵御（王后亮相的）新时尚的吸引力。"（这里讨论的时尚是所谓的彗星发型，据说在玛丽·安托瓦内特头顶着这一发型前往巴黎剧院之后，它随即风靡一时。）

204 Fraser, 108; Lever, *Marie Antoinette: The Last Queen of France*, 108.

205 Campan, 106.

206 引自 Delorme, 125；以及 Fraser, 156。与此同时，普鲁士的腓特烈二世本人也在 1777 年 4 月收到最新消息，说"最虔诚的基督教陛下迄今与他的妻子或其他任何女人都缺乏性爱兴趣，无疑是某个内在缺陷的结果，据医生们说很容易纠正；但这位王公拒绝治疗，或许是害怕手术造成的疼痛，或许是因为他在性情上不接受这一解决方案"；在下书中引用，无参考书目信息：Antoine de Baecque, *The Body Politic: Corporeal Metaphor in France, 1770–1800*, trans. Charlotte Mandell (Palo Alto, Calif.: Stanford University Press, 1997), 42. 至于路易十六究竟有没有（或者是否需要）进行包皮过长的手术，至今仍有争议：包括 Antonia Fraser 和 Simone Bertière 在内的学者认为他在性方面的问题在很大程度上是心理问题，而 John Hardman 和 Alex Karmel 等学者声称这些问题的确源于生理缺陷，且最终通过手术治愈了。关于手术还是心理的争论，有一个有用的简短综述，见 Price, 12–13。一个远没有那么常见的假说是 Paul 和 Pierrette Girault de Coursac 提出，即"玛丽·安托瓦内特所受的教育让她十分拘谨，她拒绝让年轻王公进入她的卧室"，因而导致二人无法圆房。见 Girault de Coursac, 15。

207 正如 Mercier 指出的，王后不仅让廷臣们前往巴黎的短途旅行变得时髦了；她还安排在从凡尔赛宫大门到万塞讷（Vincennes）城门口那一路的道路上装上了路灯，使这类旅行变得更加方便了。见 Mercier, "La Galerie de Versailles," II, 950。

208 引用并讨论于 de Baecque, *The Body Politic*, 49。

209 Véri, I, 152.

210 见 de Baecque, *The Body Politic*, 47–48。

211 见 Gruder, 275–275，里面讨论了许多革命前反对王后的小册子的出版动机是赚钱，而这一点常常被忽略。

212 引自 Delorme, 125。

213 Challamel, 169–170; Castelot, *Marie Antoinette* (1989), 37. 诚然，贝尔坦不是唯一一位倾向于为产品取这类撩拨性名称的人；她的主要竞争对手、男性时尚商人博拉尔也一样。但玛丽·安托瓦内特光临博拉尔的次数很少——而且似乎是为了安抚贝尔坦，后者常常拒绝为他的顾客服务。关于博拉尔与贝尔坦的竞争，见 Varron, 899–900。还应当指出，取着撩拨性名称的饰物早在此前就已经成为法国宫廷服饰的一部分了。例如在蓬帕杜夫人在位时，法式长袍曾有"一条打褶蕾丝边，巧妙地取名为 *tâtez-y*（摸摸这里）"。还有一条绶带"位于领口中间，（取名）*parfait contentement*（完美的欢愉）"。见 Contini, 192。而在路易十四统治时期，女性发型也会有类似"令人心醉"的名字。见 Dejean, 30。

214 这篇文章被印刷了 2000 份，没有副本幸存下来，但它在当时和后世关于王后的历史写作中被广泛提及。关于该文本的出版、传播和最终被没收的详情，见 Lafont d'Aussonne, 123–125。

215 Fraser, 152–153.

216 Paul Cornu (ed.), *Galerie des modes et costumes français: 1778–1787*, 4 vols. (Paris: Émile Lévy, 1912), II, plate 93. 该重印本不包括本章第 84 条注释中提到的 *Galerie des*

modes et costumes français 原作中出现的所有图片。不过，由于该重印本方便查阅，只要有可能，我就会参考它而不是原作，为前者标记为 Cornu (ed.)，为后者标记为 *Galerie des modes*。

217 Comte de Caraman, *Mémoires* (Paris: Revue de France, 1935), 637.

218 Montjoie, 101. 关于这一主题，另见 Sapori, 89–90，以及我在本书第六章中关于节约法令的讨论。

219 Langlade, 94–102. 关于女演员和妓女在 18 世纪法国人的文化想象中被混为一谈，见 Léonard Berlanstein, *Daughters of Eve: A Cultural History of French Theater Women from the Old Régime to the Fin-de-Siècle* (Cambridge, Mass.: Harvard University Press, 2001); Jean Duvignaud, *L'Acteur: Esquisse d'une sociologie du comédien* (Paris: Gallimard, 1965), 40; and Béatrice Didier, *Diderot, dramaturge du vivant* (Paris: Presses Universitaires de France, 2001), 16。

220 Anonymous, "Essai historique," 67.

221 引自 Soulavie, Ⅱ, 76。

222 Bachaumont, Ⅷ, 149. 正如 Simone Bertière 指出的那样，就连玛丽·安托瓦内特心不在焉地试图讨好母亲时寄给她的那些最新时尚的时装图样——大概是想证明，她，玛丽·安托瓦内特，这么穿着没有什么错——也只会遭到皇后的反对："我必须承认，我觉得这些法国风格非同寻常；我根本无法相信这样的衣服能被人穿在身上，尤其是在宫廷里。"见 Bertière, 242。

223 据 Baron de Frénilly 说，在歌剧院舞会上只有女人戴面具；见 Frénilly, 41。不过有其他记录指出，男性宾客也戴面具；见 Philippe de Courcillon, Marquis de Dangeau, *Journal du Marquis de Dangeau, publié en son entier pour la première fois*, ed. MM. Soulié, Dussieux, de Chennevières, Mantz, and de Montaiglon, 19 vols. (Paris: Firmin-Didot, 1854–1860), ⅩⅥ, 291–292。

224 Richard Semmens, *The bals publics at the Paris Opéra in the Eighteenth Century* (Hillsdale, N.J.: Pendragon Press, 2004), 97–98.

225 Mercier, "Bal de l'Opéra," Ⅰ, 607; Frénilly, 41.

226 Bernier, *The Eighteenth-Century Woman*, 195. 一个这样的高发髻出现在 *Galerie des modes*, Ⅱ, plate 122。

227 Zweig, 101–102.

228 Ligne, 125; Frénilly, 41; and Campan, 140.

229 Hector Fleischmann, *Les Pamphlets libertins contre Marie Antoinette*, 59–61, and *Les Maîtresses de Marie Antoinette* (Paris: Editions du Bibliophile, n.d.), 51.

230 La Rochetière, 141.

231 Campan, 137.

232 Guimard 排名靠前的情人包括 Jean-Baptiste de La Borde, the Prince of Soubise, and the Bishop of Orléans. 1789 年，她嫁给了舞蹈编导 Jean Etienne Despréaux。见 C.W. Beaumont, *Three French Dancers of the Eighteenth Century: Camargo, Sallé, Guimard* (London: n.p., 1934)。

233 Bachaumont, Ⅵ, 237.

234 同样，正如 Elizabeth Colwill 指出的那样，玛丽·安托瓦内特"'令人震惊地'恩宠女演员，如巴黎歌剧院的 Mademoiselle Arnould 和法兰西喜剧院的 Mademoiselle de Raucourt，也相互印证了她们（糟糕）的名声"。见 Elizabeth Colwill, "Pass as a Woman, Act Like a Man: Marie Antoinette as Tribade in the Pornography of the French Revolution," in Goodman (ed.), 139–169, 149。

235 Anonymous, "Essai historique," 66. 大革命期间，另一本毁谤性的小册子说"贝尔坦和吉马尔通过指导（王后）尊贵的更衣仪式，省却了妓女们必须隐身在正派女人中间的麻烦"，因为如今所有的女人穿得都一样。见 Louise de Keralio, "Les Crimes des reines de France" (Paris: Chez Prudhomme, 1791)。该文本以 Keralio 的出版商 Louis Prudhomme 的名义印刷。关于"Les Crimes des reines de France"的出版历史，见 Hunt, *The Family Romance of the French Revolution*, 109, 110 n. 50。

236 Anonymous, "Memoirs of Marie Antoinette, ci-devant Queen of France" (Paris: n.d. [translated and reprinted in the U.S., 1794]), 22–23.

237 同样的说法又见 Frénilly, 60。

第六章 田园生活

1 据梅西说，一段时间以来，玛丽·安托瓦内特不断暗示说自己想要这样一座宫殿。

2 Dunlop, 191.

3 Asquith, 80.

4 Pierre Saint-Amand 和 Rachel Laurent 都认为小特里亚农宫是玛丽·安托瓦内特对衣物的兴趣的延伸，不过他们把它看作她自恋的标志而不是她时尚自信的实例。Saint-Amand 指出"小特里亚农宫就像王后身体的延伸"，在那里，"一切建构都反映出来、让她看到（自己的）形象"；而 Laurent describes 说玛丽·安托瓦内特"用更衣的艺术污染了建筑学（并）把室内装潢变成了一种（个人的）装饰"。见 Pierre Saint-Amand, "Adorning Marie Antoinette," 23–24; Rachel Laurent, "Marie Antoinette: le caprice et le style," in *Art-Presse* (1988): 113。

5 这一表达方式源于 Harry Levin, *The Myth of the Golden Age in the Renaissance* (Bloomington: Indiana University Press, 1969), 59。

6 文艺复兴时期和 17 世纪田园传统的话题太宽泛，无法在一本关于玛丽·安托瓦内特的衣服的作品中详细论述。更详细地考察这些传统的学者包括上文引用过的 Levin，以及 Jean-Pierre van Elslande, *L'Imaginaire pastoral du XVⅡe siècle: 1600–1650* (Paris: Presses Universitaires de France, 1999)。

7　我在其他著述中写到过卢梭，却根本无法在这些必须精简的段落中展现卢梭思想的复杂性。读者如果对卢梭关于奢侈和社交精致的批判感兴趣，可以重点阅读他的 *Politics and the Arts: Letter to M. d'Alembert on Theater*, 17–25; *Discourse on the Sciences and the Arts*; *Discourse on the Origins of Inequality*; 和 *Discourse on Political Economy*。这些著述重新出版并收入以下书籍的第二和第三卷：Roger Masters and Christopher Kelly (ed. and trans.), *The Collected Writings of Jean-Jacques Rousseau*, 4 vols. (Hanover, N.H.: University Press of New England for Dartmouth College, 1990–1992)。

8　正如康庞夫人和利涅亲王在回忆录中指出的那样，玛丽·安托瓦内特骄傲地宣称她是个痛恨阅读和文学的人（见 Campan, 128; 以及 Ligne, 265），我们不知道她有多熟悉卢梭的作品，除了它被低俗化的、"时尚的"形式，即呼吁（理想化、浪漫化的）田园牧歌式简朴生活。关于卢梭的自然崇拜的精彩综述见 Schama, 150–51 and 155–162; and Norman Hampson, *A Cultural History of the Enlightenment* (New York: Pantheon, 1968)。卢梭对文明的拒绝也在下书中有所讨论：Peter Gay, *The Enlightenment: An Interpretation—The Rise of Modern Paganism* (New York: Knopf, 1966)。

9　1782 年，玛丽·安托瓦内特甚至前往卢梭的著名别墅和埋身之地埃默农维尔（Ermenonville）朝圣，据《秘密回忆录》报道，一般都是时尚圈中的人进行这样的朝圣。见 Schama, 156–157。

10　André Castelot, *Marie Antoinette* (Paris: Perrin, 1989), 73.

11　正如 Élisabeth de Feydeau 指出的，公众不知道那些装饰品都是并不昂贵的仿制品，于是谴责这座剧院"整个房间都是用宝石装饰的"。见 Feydeau, 109。

12　Lever, *Marie Antoinette: The Last Queen of France*, 133. 关于王后珍宝收藏的详情，见 *Marie Antoinette, Archiduchesse, Dauphine et Reine: Exposition au château de Versailles 16 mai–2 novembre 1955* (Paris: Editions des Musées Nationaux, 1955); 以及 Monika Kopplin (ed.), *Les Laques du Japon: Collections de Marie Antoinette* (Paris: Réunion des Musées Nationaux, 2002)。

13　Jean-Jacques Rousseau, *La Nouvelle Héloïse: Julie, or the New Heloise*, trans. Judith H. McDowell (University Park: Pennsylvania State University Press, 1968), 304–305. 关于这部小说如何"立即大获"成功，见 McDowell's introduction, 2。

14　Dunlop, 198. 正如 John Garbor Palache 所说，王后不是唯一一位建造"卢梭描述的那种时髦的、随意的英国花园"的人。许多其他王公宅邸也有同样的时髦设计。见 John Garbor Palache, *Marie Antoinette, the Player Queen* (New York and London: Longmans, Green & Co., 1929), 73。

15 利涅亲王曾经评价说，小特里亚农宫虽然可以从凡尔赛宫走一大段路或者乘马车很快到达，感觉却像是离宫廷还有 100 里格之远——以 18 世纪的标准来看，那是很长一段距离。见 Ligne, 98; 另引自 Bertière, 326。

16 Asquith, 84.

17 Hearsey, 51.

18 Delorme, 138.

19 Campan, 155.

20 Nicolas de Maistre, *Nicholas de Maistre: Marie Antoinette Archiduchesse d'Autriche, Reine de France*, ed. Paul Del Perugia (Mayenne: Yves Floc'h, 1993 [1793]), 74–75; Nolhac, *The Trianon of Marie Antoinette*, 140.

21 Lever, *Marie Antoinette: The Last Queen of France*, 135.

22 Campan, 122.

23 Bertière, 326.

24 Palache, 78.

25 由于费尔森在死前烧掉了他的大部分通信，历史学家不可能明确他与王后的关系到底是什么性质，发展到何种程度。几乎所有玛丽·安托瓦内特的传记作家都想当然地认为两人有某种关系，虽然关于这种关系是否涉及性爱，争议一直未断，也没有什么希望得到解决。两部集中讨论这个问题的经典著作是：Stanley Loomis, *The Fatal Friendship* (New York: Doubleday, 1972); 以 及 Evelyn Farr, *Marie Antoinette and Count Fersen* (London and Chester Springs, Pa.: Peter Owen, 1995)。关于玛丽·安托瓦内特与费尔森的关系——包括确定这种关系何时，乃至是否变成了性爱关系——的一个短小但十分精彩的综述见 Fraser, 203–204。

26 唯一的例外是朗巴勒亲王夫人，虽然她也出生在国外，但通过婚姻成为亲王夫人，事实上由于她拒绝再婚，一心侍奉富可敌国且位高权重的公公庞蒂耶夫尔公爵，她在丈夫死后仍然维系着这一身份。

27 Palache, 78.

28 Castelot, *Marie Antoinette* (1967), 106.

29 Palache, 75.

30 关于王后私下戏剧演出的详情，见 Nolhac, *The Trianon of Marie Antoinette*, 189–199。正如 Nolhac 在该书中指出的那样，在小特里亚农宫的藏书室里，戏剧作品占很大比例。这或许并非巧合，因为玛丽·安托瓦内特的藏书管理员康庞夫人有时会受邀参加她的剧团的表演。

31 Campan, 69; 关于为玛丽·安托瓦内特的戏剧演出设计的戏服，尤其见 André Blum, 136。

32 Campan, 191; Castelot, *Marie Antoinette* (1967), 103–104; Nolhac, *The Trianon of Marie*

Antoinette, 191–192.

33　Campan, 225.

34　Dunlop, 208.

35　Campan, 201.

36　Imbert de Saint-Amand, *Marie Antoinette and the Downfall of Royalty*, 67.

37　Castelot, *Marie Antoinette* (1989), 73.

38　Campan, 102.

39　Ibid.

40　Thomas E. Kaiser, "Ambiguous Identities: Marie Antoinette and the House ofLorraine from the Affair of the Minuet to Lambesc's College," in Goodman (ed.), 171–198, 173.

41　Campan, 104.

42　Kaiser, "Ambiguous Identities," in Goodman (ed.), 177.

43　Castelot, *Marie Antoinette* (1989), 31; Ribeiro, *Dress in Eighteenth-Century Europe*, 228.

44　Campan, 152; Quicherat, 604–605. 多年后，Félix de Montjoie 回顾约瑟夫二世那次访法之行，会认为那正是厄运的开端，人们普遍认为玛丽·安托瓦内特贬低王室礼节和法律，而他认为这一点应当归咎于这位皇帝。Montjoie 写道，约瑟夫二世"忘记了自己的头衔和尊严，从自己身上剥除了一切值得民众尊敬的东西。因此，正是那些（统治者们）犯下了难以想象的致命错误，他们本应向民众显示自己与天神一样尊贵，却反而自己去证明他们与地位最卑贱的民众无异"。见 Montjoie, 131。

45　Campan, 152; Feydeau, 77.

46　Fraser, 220.

47　约瑟夫二世此次来访的另一个目的，是计划反对普鲁士的腓特烈二世就巴伐利亚的未来归属问题酝酿冲突，并寻求路易十六的支持，但该事项不在本书的讨论范围。

48　引自 Langlade, 86。

49　关于这一点，见 Delpierre, "Rose Bertin," 25。

50　Bernier, 217–218.

51　Campan, 170–171; Price, 12–13. 另见 Derek Beales, *Joseph II: In the Shadow of Maria Theresa* (Cambridge, Eng.: Cambridge University Press, 1987), 375 n. 66。

52　Campan, 168. 根据梅西等人的说法，普罗旺斯是传播这一则谣言的罪魁祸首之一。见 de Baecque, *The Body Politic*, 47。

53　正如 Antonia Fraser 指出的那样，玛丽亚·特蕾西娅要求她第一胎出生的孙女和外孙女全都取她的名字，这"意味着最终各国加起来，总共有六位公主被命名为玛丽亚·特蕾西娅"。Fraser, 163.

54　Bachaumont, XIII, 299; Sapori, 1.

55　Bachaumont, XIII, 299; Langlade, 106.

56 Antoine de Baecque 曾指出，在这些官方庆典活动之后制作的"小册子和歌曲""毫不犹豫地颠覆了官方形象"，把王后外表上的胜利变成了引发臣民抱怨的更多理由。关于这些毁谤的详细讨论，见 de Baecque, *The Body Politic*, 49。

57 Campan, 173–174.

58 Palache, 75.

59 de Baecque, *The Body Politic*, 48.

60 Revel, 123.

61 正如 Pierre Saint-Amand 在 "Terrorizing Marie Antoinette" 中提到的："小特里亚农宫散发出一种外表上的放荡……例如，它使用可移动的镜子，总是改变空间布局"（262）。以下几部 18 世纪色情文学都有用镜子隔开的闺房：Vivant Denon, *Point de lendemain* (1777), Choderlos de Laclos, *Les Liaisons dangereuses* (1782), 以及 Marquis de Sade, *La Philosophie dans le boudoir* (c.1793–1794)。

62 这一观念已经变成了玛丽·安托瓦内特研究中的陈词滥调，首先要归咎于 Chantal Thomas, Lynn Hunt 和 Robert Darnton 等人的开创性研究。其他分析那些执迷于关于王后的性爱化修辞的学者包括 Dena Goodman, Jacques Revel, Elizabeth Colwill, Mary Sheriff, Sarah Maza, and Pierre Saint-Amand。我会在其他注释中更加具体地提到上述每一位作者的著作。

63 关于费尔森不在这一时期的绯闻名单上（到大革命时期，他的名字会和王后的其他亲密的男女同伴一样出现在那些名单上）的讨论，见 Hearsey, 66。

64 例如，在玛丽·安托瓦内特公开戴上洛赞公爵送给她的羽毛时，有传言说两人有染，而自以为是的洛赞根本不去制止这类谣言。当王后与贝森瓦尔男爵私下会面，试图为宫廷里另外两位绅士之间的冲突寻求他的帮助时，贝森瓦尔随后却为他们的会面蒙上了一层浪漫面纱（他甚至写在了自己的回忆录中。）关于这些事件，见 Campan, 144 (Lauzun) and 159–160 (Besenval)。

65 Mary Sheriff 解释说，小特里亚农宫之所以受到这类指控，是因为它曾经见证了路易十五充满阳刚之气的性放荡，如今却"被玛丽·安托瓦内特和她的女性朋友们变成了一个娘娘腔的地方。男性性行为被禁止，代之以女人之间的亲密关系"，62。记录这类同性恋指控的资料来源见下文注释71。

66 Fleischmann, *Les Pamphlets libertins*, 104; Schama, 225.

67 Arneth and Geoffroy, II, 404.

68 Ligne, 127.

69 路易十六因为沙特尔在一次海军战役中的糟糕表现而把他逐出了宫廷，自那以后，沙特尔对王室一家的恨意更浓了。见 Fraser, 165–166。

70 引自 Fleischmann, *Les Pamphlets libertins*, 241–242。

71 提到王后所谓的同性恋行为的同时代资料包括 Campan, 144–145; Soulvaie, X, 49;

Emile Raunié, *Chansonnier historique du XVIII e siècle* (Paris, 1884), X, 229–237, 287–295; Baudeau, III, 281; and Anonymous, "Portefeuille d'un talon rouge" (Paris: Imprimerie du Comte de Paradès, 178 ⋯ [*sic*]), reprinted in Fleischmann, *Les Maîtresses de Marie Antoinette*, 201–233。（以上清单不包括大革命爆发之后的无数出版物，那时指责玛丽·安托瓦内特与女人之间性行为的指控更多了。）关于这一现象的次级资料来源包括：Madelyn Gutwirth, *Twilight of the Goddesses: Women and Representation in the French Revolutionary Era* (New Brunswick, N.J.: Rutgers University Press, 1992), 145–149; Fleischmann, *Les Maîtresses de Marie Antoinette* and *Les Pamphlets libertins contre Marie Antoinette;* Delorme, 136–137; Gruder, 280 n. 37; Thomas, 119–124; Colwill, "Pass as a Woman, Act Like a Man," in Goodman (ed.), 139–170; 以及 Lynn Hunt 的许多作品，都在这些注释中有所标注。

72 在此背景下，上文引用过的 Abbé Baudeau 也是指责王后与罗丝·贝尔坦的同性恋关系的作者之一或许尤其意义重大，因为 Baudeau 是一个重农主义者，十分关心如何最有效地利用王国的各项资源。因而从生育补偿上来讲，王后的"野蛮行为"或许就显得跟她高发髻所用的面粉一样浪费。

73 正如 Elizabeth Colwill 更笼统的讨论所说，在 18 世纪"女性同性（性交）标志着抛弃男人和夺取男人的性爱特权，是双重越界"。见 Colwill, "Pass as a Woman, Act Like a Man," in Goodman (ed.), 148。在这一背景下，抛弃国王和他的性爱特权就是一种罪行滔天的僭越。或者用 Chantal Thomas 的话说，"在同性恋阴谋想象的背后，是对于男人正在失去政治统治权的恐惧"（121）。

74 Anonymous, "Essai historique," 64.

75 见 Anonymous, "Portefeuille d'un talon rouge," 206–207。 在 *Les Pamphlets libertins contre Marie Antoinette* 中，Fleischmann 以当时警察局关于警察在 1783 年 5 月没收和销毁这篇文本的记录得出结论，说它写于 1780 年到 1783 年之间。Vivian Gruder 指出，它或许出版于 1781 年，而 Chantal Thomas 认为它的出版日期为 1780 年；见 Fleischmann, *Les Maîtresses de Marie Antoinette*, 308; Gruder, 275; 以及 Thomas, 159 n. 12。

76 Anonymous "Essai historique," 64.

77 Fleischmann 用他关于该主题的难忘的章节名称强调了朱尔·德·波利尼亚克伯爵夫人与玛丽·安托瓦内特的关系的金钱层面："定价每年 50000 里弗的友谊。"见 Fleischmann, *Les Maîtresses de Marie Antoinette*, 180。

78 Amanda Foreman, *Georgiana, Duchess of Devonshire* (New York: Random House, 1999), 40. 绝非偶然，福尔曼是在讨论玛丽·安托瓦内特的英格兰朋友乔治亚娜时对 18 世纪女性感伤主义给予这一恰如其分的描述的，与法国王后一样，乔治亚娜也是一个极其时髦的女人，但她的婚姻更不幸福。与玛丽·安托瓦内特一样，乔治亚娜享受着强烈的女性友谊，也引来了同性恋的指控。

79 Boigne, 43.

80 Ibid, 44; Ernest Daudet (ed.), *Dans le palais des rois: récits d'histoire d'après des documents inédits* (Paris: Hachette, 1914), 162. 同样，Carrolly Erickson 写道，"瑞典国王的龙骑兵制服是蓝色的斗篷、白色的紧身短上衣、紧身麂皮马裤、漂亮的带蓝色和黄色羽饰的有檐平顶筒状军帽，这些都是国王古斯塔夫三世特别设计的，为的是最大限度地炫耀男性身材。当费尔森伯爵把它们穿在身上……从王后开始，屋里的每一个女人都会被他吸引"（113）。

81 Anonymous, "Les Fureurs utérines de Marie Antoinette" (n.p., [1791]), 6. 虽然是在大革命期间写作的——正如上文所说，以及本书第八章详细讨论的那样，针对王后的色情文本在大革命时期大量增加并广泛传播——但这里引用的句子却是在回顾性地指代玛丽·安托瓦内特在大革命之前在小特里亚农宫的滑稽行径。

82 关于这一点，特别见 Rousseau, *Politics and the Arts: Letter to M. d'Alembert on Theater*, 17–25。正如 Edward Hundert 指出的那样，衣装简朴在卢梭本人的职业名声中也起到了一定的作用，因为法国公众"对他的经济观点（谴责花钱购买奢侈品）没有那么感兴趣，倒是对他拒绝时尚服装，将土气的'科西嘉'民族服装作为他公共形象的标志给予了大得多的关注"。见 Edward Hundert, "Mandeville, Rousseau, and the Political Economy of Fantasy," in Berg and Eger (eds.), 28–40, 34。

83 *Correspondance de Marie Antoinette*, I, 164.

84 Lenôtre, 228; *Nouveau jeu des modes françoises*, coiffure no. 52.

85 Métra, I, 158; 另引自 Fleischmann, *Les Pamphlets libertins*, 45 n. 2; Mercier, "Parures," I, 398. 又见 Soulavie 提到王后的"美丽发型中有英国花园、高山、花圃和森林"（II, 75）。

86 自那以后，流行神话一直宣称鸣鸟发髻是玛丽·安托瓦内特本人所戴；在 1938 年的电影《玛丽·安托瓦内特》中，女主角在她的第一次凡尔赛宫化装舞会上就戴上了它。而且有趣的是，在这一场戏之前就是玛丽·安托瓦内特被迪巴利派公开羞辱，后者送给她一个空的襁褓嘲笑她不能生育；空襁褓与奢华发型之间的粗暴剪辑似乎支持了我在本书中提出的观点，即王后之所以转向时尚，正是因为把它作为母职的一种大胆的替代品。

87 Nolhac, *The Trianon of Marie Antoinette*, 162.

88 *Recueil général des costumes*, 7.

89 Cornu, II, plate 116.

90 Feydeau, 111–112.

91 Ibid, 112.

92 Cornu, II, plate 240; Goncourt, *La Femme au XVIIIe siècle*, 288.

93 A. Étienne Guillaumot, *Costumes du XVIIIe siècle* (Paris: Roquette, 1874), 3, plate 6.

94 Mirecourt, 131.

95 Ibid.

96 Kraatz, "Marie Antoinette: la passion des étoffes," 78.

97 Ibid.

98 *Galerie des modes*, Ⅶ, 27.

99 Delpierre, *Dress in France in the Eighteenth Century*, 18. 对波兰式——以及利未裙和骑马装，下文将详细论述——的另一个很好的说明，见 T. Anderson Black and Madge Garlan, *A History of Fashion* (New York: William Morrow, 1980), 154–155。

100 Fraser, 177; *Galerie des modes*, Ⅶ, 1.

101 Cornu, Ⅱ, plate 83. 据 Cornu 称，利未裙的灵感来源于让·拉辛的戏剧《阿塔莉》（*Athalie*）。（"利未"之名意在唤起一种"闪族的"异国情调。）有趣的是，在玛丽·安托瓦内特的婚礼庆典上也演出过同样的剧目，她觉得该剧无聊至极；见 Bertière, 41。因此，是最近这次制作的服装勾起了王后及其追随者的兴趣。

102 关于玛丽·安托瓦内特到底有无哺乳过她的孩子们，至今仍存在争议，但利未裙的这一优点在下列书中均被强调：Delpierre, *Dress in France in the Eighteenth Century*, 19; 以及 Quicherat, 601。

103 见 Archives Nationales de France, AEI 6 no2: *Garde-robe des Atours de la Reine, Gazette pour l'année 1782* [下文简称为 "the 1782 *gazette des atours*"]。该分类账是现存的关于玛丽·安托瓦内特衣橱的最全面的资料之一，内含织物样本和王后买来在 1782 年穿着的裙子的简短说明。如前所述，玛丽·安托瓦内特会参考由她的梳妆女官保管的这本分类账，选择她每天的装束。在 1782 年《公报》的 97 个条目中（其中 79 个条目还有织物样本保留下来），21 个条目是利未裙，还有 14 条与利未裙很接近的土耳其裙（*robes turques*）。

104 Cornu, Ⅱ, plate 83.

105 Campan, 188; Fournier-Sarlovèze, 43. 同样，庞贝勒侯爵也记录了迟至 1789 年，Comtesse de Brionne 位于巴黎的沙龙里的贵族们仍在抱怨这一衣装时尚，后者素来鼓励宾客们传播关于王后的恶毒传言。见 Bombelles, Ⅱ, 276–277。

106 1782 年《着装公报》中列出王后的衣橱中有 7 件骑马装，其中 5 件是蓝色的——天蓝色、淡蓝绿色、还那种褪色牛仔布的蓝色。另外两件是紫色调的，一件淡紫色、一件深紫色。在 1783 年法国与英国签署和平条约之后，她的这些衣装订单可能反而增加了，因为在那以后，"英式"骑马装变得比以往任何时候都适宜和流行。

107 见 Jallut, 41。

108 Arneth and Geoffroy, Ⅰ, 221.

109 Chantal Thomas 曾指出，大革命前贵族们喜爱"耀眼色调"是一种政治或政治化偏见："对品位高低的审查、以喜爱灰色或米色甚于艳粉色和橘色的资产阶级位标准的审查，在那时并不存在；贵族的傲气是以一种高调的态势表现出来的"(88)。在这个意义上，玛丽·安托瓦内特对淡色调——包括灰色、米色以及各种淡色调——的喜爱可以被理解为又一次背离了在她那个阶级已成定规的奢华炫耀。

110 Thomas, 88. 虽然她没有讨论玛丽·安托瓦内特色彩偏好的转变意味着什么，但 Thomas 本人诗意地描述了小特里亚农宫是"一片柔美轻盈的绿洲……一个白色亚麻布和淡灰色调的避风港"。见 Thomas, 62。不过我得指出，玛丽·安托瓦内特并不是首位在法国引领低廉纺织品风潮的标新立异者：正如 Joan Dejean 指出的那样，17 世纪末经历了除丝绸之外的"热门织物"，如"价格较为低廉的灰色哔叽呢，即所谓的淡褐色女士呢，（在 1677 年）曾在城里流行一时"。虽然她没有特别举例说明法国宫廷里也有人穿淡褐色女士呢（直到那时它还是地位卑贱的女店员穿的布料），但 Dejean 提到"仿佛粗斜棉布曾在凡尔赛宫的一次庆典中被用于装点某一场化装舞会"，就暗示了这一点。见 Dejean, 52。同样，正如服饰历史学家 Michael and Ariane Batterberry 指出的，在整个路易十四和路易十五统治时期，"廷臣们顽固地坚持穿着丝绸衣物"。见 Batterberry, 130。

111 就连王后的骑马手套——"在戴之前要在两个鲜花花圃之间连续（奢侈地熏香）八天"——如今也用不显眼的淡色调毛皮制成，突出其务实低调的气质。见 Feydeau, 82。

112 同样，1782 年《着装公报》为我们了解王后在这一时期偏爱的花色和色彩提供了最充分的信息。关于该《着装公报》的详细研究，以及它所记录的时尚的巨大变化，见 Nolhac, "La Garde-robe de Marie Antoinette"; Kraatz, "Marie Antoinette: la passion des étoffes"; Jean-Paul LeClercq, "Sur la garde-robe de Marie Leczinska et de Marie Antoinette," in *L'Oeil: Magazine international d'art*, no. 478 (January–February 1996): 30–39; 以及 Yves Carlier, Stéphane Castelluccio, Anne Kraatz, and Françoise Tétart-Vittu (eds.), *Les Atours de la Reine* (Paris: Centre Historique des Archives Nationales, 2001): Anne Kraatz, "La 'Gazette des atours' de Marie Antoinette" (25–38) and Françoise Tétart-Vittu, "La Garde robe de Marie Antoinette et le regard des historiens" (39–44) 这两篇文章。

113 例如见 Kraatz, "Marie Antoinette: la passion des étoffes," 76–77。如 Kraatz 很有见地地指出的：白色作为流行色在很大程度上要归功于赫库兰尼姆和庞贝古城废墟的发现，是那些发现导致了大众对"古典"风格的兴趣。Kraatz 将人们对柔和的忧郁色调的喜爱归功于歌德那部沉重压抑的小说《少年维特的烦恼》（1774 年）的流行。

114 关于高勒裙起源于西印度群岛，见 Ribeiro, *Dress in Eighteenth Century Europe*, 227–228; Stella Blum, 29; 以及 Batterberry, 29。

115 除了以上列出的资料外，探讨过高勒裙，或称王后的罩衫等其他服饰的历史学家包括 R. Turner Wilcox, *The Mode in Costume* (New York: Scribner's, 1958), 201–214; 以及 Blanche Payne, *A History of Costume* (New York: Harper & Row, 1965), 437–440。

116 关于玛丽·安托瓦内特风格，见 Pierre Saint-Amand, "Terrorizing MarieAntoinette," in Goodman (ed.), 262。不过新古典主义的历史很长，而且错综复杂，就不在这里详述了。关于 18 世纪古典主义品味的兴起，除其他外，见 Hampson, 248; 以及 Gay, 50–51。

117 Foreman, 171. 比方说，乔治亚娜曾在 1784 年写道："有一次，我穿着法国王后送给我的一件有精美蕾丝花边的平纹细布罩衫去听音乐会。"见 Georgiana, Duchess of Devonshire, *Extracts from the Correspondence of Georgiana, Duchess of Devonshire*, ed. Earl of Bessborough (London, 1955), 91; 以及 Ribeiro, *Dress in Eighteenth-Century Europe*, 228。

118 Quicherat, 602.

119 见 Montjoie, 134:"公众的冷漠，特别是在巴黎，（王后）看得清清楚楚，必须承认，这种冷漠着实耸人听闻。她在 10 月 22 日给法国生下了一位王储，而到次年 1 月初，巴黎市政厅仍未组织任何庆典活动。（玛丽·安托瓦内特讥讽地）问她是否要等到她刚出生的儿子长大到能够自己参加聚会并跳上一支舞，才会有活动来庆祝他的降生。"

120 Bachaumont, XXII, 332–333.

121 Ibid.

122 Cornu, IV, plate 269.

123 Stella Blum, 42.

124 Quicherat, 600. 同样，一幅 1778 年的时装版画将一件祖胸长裙令人震惊的细节说成是特别为圣女贞德裁剪的。见 *Galerie des Modes*, I, 9e suite, n.p. 值得一提的是，在大革命时期，一个反君主主义色情作品作者刊印了一幅漫画，其中的玛丽·安托瓦内特穿着一件祖胸露怀的利未裙，正在抚摸拉费耶特侯爵的生殖器。在这幅画中，偏爱圣女贞德利未裙的女人被认为好色淫乱是显而易见的，而玛丽·安托瓦内特本人也成为这一现象的代表。我的同事 Serge Gavronsky 善意提醒我注意这幅漫画，刊印于 Gilles Néret, *Erotica Universalis* (Cologne: Taschen, 1994), 346。

125 Keralio, 447.

126 Marc Marie, Marquis de Bombelles, *Journal (1744–1822)*, ed. Georges, Comte Clam Martinic, 3 vols. (Geneva: Droz, 1982), I, 327.

127 Cornu, II, plate 117.

128 Colwill, 149.

129 Cornu, IV, plate 250; *Galerie des modes*, XXI, 15. 巴伐利亚似乎也是这类异装习惯的词语，使用更普遍的是一个类似的德意志地名：布兰登堡。

130 Frénilly, 55.

131 Soulavie, VI, 75.

132 更具体地说，路易十六因为祖父派去的间谍在国外声名狼藉而十分尴尬，在 1778 年 8 月召回了这位骑士；而德翁被英国公众痴迷的监视弄得筋疲力尽，急切地遵从了国王的指令。不过，德翁对王室规定倒没那么感兴趣，以至于一回到法国，他就表示自己的法律身份是一个女人，并穿上了女人的衣服。（德翁死时人们发现他其实是个男人。）关于这个迷人故事的详情，见以下两部专著：Gary Kates, *Monsieur d'Éon Is a Woman: A Tale of Political Intrigue and Sexual Masquerade* (New York: Basic Books, 1995); 以及 André Franck, *D'Éon: Chevalier et chevalière* (Paris: Amiot-Dumont, 1953)。Marjorie Garber 对德翁进行了精辟的说理讨论——她指出，正是他的名字启迪 Havelock Ellis 在自己关于异装的著作中为异装癖取名为 "eonism"。见 Garber, 259–266。

133 Langlade, 88.

134 根据莱昂纳尔的回忆录，他曾在这两个晚上前去拜访贝尔坦，起初没认出那位 "高大、健壮和丑陋的夫人" 就是他之前第一次见到的那位 "龙骑兵上尉"。见 Léonard, I, 204。

135 Bachaumont, X, 216–217.

136 Ibid, 289.

137 Léonard, I, 205. 德翁的步态或许是故意的，考虑一下他大约同一时期从凡尔赛宫写的信件："我无法表达穿着女人的衣服、迈着女人的步态出现在宫廷的大庭广众之下……被剥夺男人的身份和我（自己）的制服，让我感到多么恶心、多么难过、多么痛苦、多么困扰、多么困惑、多么屈辱。" 引自 Garber, 263。正如 Garber 指出的那样，关于德翁，特别有趣的一点是他始终强调无法最终确定自己的性别，但那恰恰是 "法国人无法容忍的，是他们必须抹除，或者至少使之处于被抹除状态的东西"（263）。

138 Kates, 26; Campan, 163.

139 Campan, 163.

140 Cited in Kates, 29–30.

141 Du Deffand, III, 512; Soulavie, V, 116–117.

142 Bombelles, II, 12.

143 Ibid. 庞贝勒在回忆录的其他地方解释了宫廷传统上站在丝绸制造商一方，支持某些严格的保护主义规定，例如要求军官们除了在到达宫廷和离开宫廷服役这两天之外，不得在宫廷里穿军装。这一禁令迫使贵族军官们花钱购买丝绸制作的便服。见 Bombelles, I, 246。关于丝绸制造商对宫廷的长期依赖，又见 Mansel, 9, 71。

144 Soulavie, VI, 41.

145 Varron, 910.

146 Keralio, 446–448. 另见 Mathurin de Lescure (ed.), *Correspondance secrète inédite sur Louis XV, Marie Antoinette, la cour et la ville 1772–1792* (Paris: Plon), II, 228。

147 Mirecourt, 131.

148 Soulavie, 41–42.

149 Henri Martin, *Histoire de France, depuis les temps les plus reculés jusqu'en 1787* (Paris:

Furne, 1865), XVI, 514.

150 Soulavie, VI, 42. 关于丝绸生产商向王室请愿的详情，见 Pierre Arizzoli-Clémentel (ed.), *Soieries de Lyon: Commandes royales du XVIIIe siècle (1730–1800)* (Lyon: Sézanne, 1989), 96。

151 Soulavie, 42.

152 Ibid, 43.

153 Fraser, 25.

154 这些数字见 Nolhac, "La Garde-robe de Marie Antoinette," 849。关于玛丽亚·特蕾西娅所穿的丧服、玛丽·安托瓦内特和法国宫廷其他成员的丧服的更全面的详情，可以参阅法国国家档案馆，K1017(1), bobine no. 539。

155 Soulavie, 41.

156 Keralio, 51.

157 关于这些特制的颜色，除其他资料外，见 Paule Adamy (ed.), *Recueil de lettres secrètes: année 1783* (Lausanne: Droz, 1997), 100 n. 116。

158 关于这一现象的详细讨论，见 Nolhac, *Autour de la reine*, 264–265。

159 François Boucher, *20,000 Years of Fashion: The History of Costume and Personal Adornment* (New York: Harry N. Abrams, 1987 [1965]), 320. 另见 Varron, 909。

160 Sapori, 64.

161 Goncourt, *La Femme au XVIIIe siècle*, 287.

162 Mercier, "Marchandes de modes," I, 1482.

163 见 Fleischmann, *Les Pamphlets libertins*, 50–52。

164 Kraatz, "Marie Antoinette: la passion des étoffes," 78.

165 Frénilly, 55.

166 Ibid.; Goncourt, *La Femme au XVIIIe siècle*, 288.

167 Mirecourt, 132.

168 引自 Bernier, *The Eighteenth-Century Woman*, 92。

169 见 Stella Blum, 5 转载的 1779 年版画。

170 正如 Daniel Roche 讨论这一时期时所说，时髦的奢侈品"曾经仅限于上层贵族或极其富裕的资产阶级的小圈子，如今却变成了普遍现象，（导致了）社会状况和头衔的混乱。在（巴黎那个）大都市，已经分不清男仆和主人、女佣和女主人了"。见 *The Culture of Clothing*, 111。

171 Mercier, "Lois somptuaires," II, 496–497. 这些法律是在 1724 年被暂时取消的。

172 Goncourt, *La Femme au XVIIIe siècle*, 289 n. 1.

173 关于玛丽·安托瓦内特与维杰－勒布伦之间关系的详细讨论，见 Gita May, *Elisabeth Vigée Le Brun: The Odyssey of an Artist in an Age of Revolution* (New Haven and

London: Yale University Press, 2005), Chapter 4, "Marie Antoinette's Portraitist"。

174 玛丽·安托瓦内特在这幅肖像中富有争议的形象在下书中有详细讨论："The Portrait of the Queen," in Goodman (ed.)。

175 Jallut, 37.

176 不过，光临沙龙的"公众"大多是受过教育的资产阶级精英群体。关于 18 世纪巴黎沙龙的更多讨论，见 Thomas Crow, *Painters and Public Life in Eighteenth-Century France* (New Haven and London: Yale University Press, 1985)。

177 这些引文中第一句引自 Nolhac, *The Trianon of Marie Antoinette*, 169；第二句见 Mirecourt, 133。

178 引自 Nolhac, *The Trianon of Marie Antoinette*, 170。

179 虽然路易十四在后人的记忆中主要是一个庄重威严之人——还有他的大臣科尔贝对法国丝绸业的强有力的支持——但在他统治的某些时刻，这位国王也通过了一些要求织物和衣服更加简单的法律。见 Quicherat, 517。

180 Mirecourt, 133. 此外还有一个很能说明问题的细节，那就是在巴黎沙龙里，玛丽·安托瓦内特的妯娌普罗旺斯伯爵夫人的肖像就挂在《身穿高勒裙的王后》的旁边，伯爵夫人穿的也差不多是同样的装束，但当时的文章中却只强调王后的肖像引发了众怒（见 Jallut, 37）。在这个意义上，米尔古的说法应该修正一下：人们不是不能忍受看到"亲王们"被描绘成平民的样子。真正的问题是，人们不能原谅玛丽·安托瓦内特又一次违反了王室穿衣标准。不管普罗旺斯伯爵夫人有何过错，她从未有过用服装冒犯臣民的记录，因此这类众怒不会触及到她。

181 Vigée-Lebrun, 33.

182 同时代人关于高勒裙 / 罩衫不体面的讨论，见 Friedrich-Melchior Grimm et al., *Correspondance littéraire, philosophique et critique*, ed. Maurice Tourneux (Paris: Garnier Frères, 1877–1882), XIII, 441–442; 以及 Bachaumont, XXII, 116–117。

183 引自 Henri Bouchot, "Marie Antoinette et ses peintres," in *Les Lettres et les arts*, no. 1 (January 1, 1887): 46。

184 Sheriff, "The Portrait of the Queen," in Goodman (ed.), 61; 在同一篇文章中，Sheriff 指出"里昂的丝绸制造商……指控她为了她哥哥、哈布斯堡王朝统治者约瑟夫的利益而毁了一个民族工业"，然后又说，"至于他们认为她哥哥如何从这一变化中获益，不得而知"（61）。正如我所论证的那样，获益是经济上的，源于哈布斯堡王朝在低地国家的亚麻布和平纹细布生产商的获利。

185 Ariane James-Sarazin, "Le Miroir de la reine: Marie Antoinette et ses portraitistes," in Carlier et al. (eds.): 13–24, 22.

186 May, 138.

187 Mary Sheriff, "Woman? Hermaphrodite? History Painter? On the Selfimaging of

Elisabeth Vigée-Lebrun," in *The Eighteenth Century*, vol. 35, no. 1 (spring 1994): 3–27.

188 例如见维杰 – 勒布伦 1785 年和 1786 年为玛丽·安托瓦内特所画的肖像，以及她 1787 年的《玛丽·安托瓦内特及其子女的画像》（*Portrait of Marie Antoinette with Her Children*）。

189 Sapori, 64.

190 Langlade, 116.

第七章　怒发冲冠

1　正如西蒙·沙玛恰如其分地指出的，"玛丽·安托瓦内特避无可避地站在了风口浪尖。她在公共舆论中从一个无辜的受害者变成了恶意的哈比，从法国王后变成了'奥地利荡妇'，对君主制的合法性带来了不可估量的损害"。见 Schama, 205.

2　Imbert de Saint-Amand, *Marie Antoinette and the Downfall of Royalty*, 65–66.

3　发生在维也纳斯树林里的会面的细节出现在罗昂、勒盖、拉莫特伯爵夫人和卡廖斯特罗的证词中，全部（没有顺序页码，也往往没有章节标题）转载自一本来源不详的文集《钻石项链事件文集》（*Pamphlets de l'Affaire du Collier*）(Paris: n.p., 1786)，现存于 Butler Library, Columbia University, call no. 92M33 Z。这里包括的细节还出现在关于钻石项链事件的三部精彩著作中：Affair: Émile Campardon, *Marie Antoinette et le procès du collier, d'après la procédure instruite devant le Parlement de Paris* (Paris: Plon, 1863); Funck-Brentano; 以 及 Frances Mossiker, *The Queen's Necklace* (New York: Simon & Schuster, 1961)。在这些著作中，更为有用的或许要算 Mossiker 的书，因为它节选了法庭诉讼的大量证词和审判简报，并将其构建成一种包罗万象的解释性叙事。又见以下作者所写传记的相关章节：Asquith, Castelot, Dunlop, Fraser, Goncourt, Hearsey, Lever, Imbert de Saint-Amand 等。关于钻石项链事件的短小但切中要害的总结见 Schama, 203–210, and in Maza, *Private Lives and Public Affairs*, 167–211, and "The Diamond Necklace Affair Revisited (1785–1786): The Case of the Missing Queen," in Goodman (ed.), 73–97.

4　关于这一点，尤其见卡廖斯特罗证词的法庭备忘录，也转载于 *Pamphlets de l'Affaire du Collier*。

5　Lafont d'Aussonne, 91; Imbert de Saint-Amand, *Marie Antoinette and the Downfall of Royalty*, 67; Schama, 207.

6　在所有玛丽·安托瓦内特传记作者中，或许只有 Ian Dunlop 最为详细地描述了那条项链："17 颗大小一样的钻石围成的一个圈环绕颈部；下面有一个中心花饰，旁边各有一个小花饰，每个花饰都附有一个吊坠。在这些花饰下面，一条长长的钻石双链垂挂成一个大写的 M 形，还连着两个相当重的流苏。"（210）

7　Campan, 244.

8 引文分别出自以下书籍：Sarah Maza, "The Diamond Necklace Affair Revisited," in Goodman (ed.), 81, 以及 *Private Lives and Public Affairs*, 193。后一部书尤其列举了这一丑闻催生出的出版物"雪崩式"泛滥的诸多有用的细节（190–192）。

9 Schama, 205.

10 Maza, *Private Lives and Public Affairs*, 185.

11 Imbert de Saint-Amand, *Marie Antoinette and the Downfall of Royalty*, 104.

12 关于这一点，见 Maza, "The Diamond Necklace Affair Revisited," 87–88; 以及 Pierre Saint-Amand, "Terrorizing Marie Antoinette," in Goodman (ed.), 264。

13 引自 Mossiker, 313–314。Mossiker 在注释中还说，警方收到明确命令——从糖果盒中"取出肖像"。《秘密回忆录》编造的故事更有挑逗性，说是应玛丽·安托瓦内特的要求，拉莫特不但把《身穿高勒裙的王后》的画面印在了那个小盒子的盒盖上，盒子里面还印着一幅色情的、半裸体的王后肖像。见 Bachaumont, XXX, 29–30; 另引自 Hervez, *Mémoires de la Comtesse de La Motte*, 263 n. 1。

14 Hervez, 262–264. 尽管如此，拉莫特的律师 Doillot 强调说，罗昂应该从走路的方式区分开出身低微的勒盖与"既是皇帝的女儿也是皇帝的妹妹的王后"。根据 Doillot 的逻辑，枢机主教未能识别王后著名的尊贵王室风范和她的冒充者必然十分低俗的做派，证明了"枢机主教（对于在宫廷里高升）的极度渴望"而非拉莫特的欺骗。见 Doillot, *Mémoire pour dame Jeanne de Saint-Rémy de Valois, épouse du Comte de La Motte*, cited in Campardon, 130。

15 引自 Cornu, III[32], plate 204。另见 J. Blondel, *Mémoire pour la demoiselle Le Guay d'Oliva, contre M. le Procureur Général, accusateur*, in *Pamphlets de l'Affaire du Collier*, 16。

16 Lever, *Marie Antoinette: The Last Queen of France*, 178.

17 Fraser, 242.

18 S.P. Hardy (journal entry of Sept. 6, 1785), 引自 Mossiker, 338。另见 Varron, 893, and Reiset, I, 10。

19 若热尔神父的话引自 Mossiker, 339。

20 Campardon, 143; Schama, 208.

21 Mossiker, 338.

22 Dunlop, 233.

23 Besenval, 383.

24 Campan, 250.

25 Mossiker, 52; Dunlop, 233.

26 Campan, 500.

27 Fraser, 240.

28 Métra, *Correspondance secrète* (27 février 1785); 另引自 Langlade, 168。

29 Oberkirch, 540.

30 Bessborough (ed.), 106.

31 Campan, 500; La Tour du Pin, 89.

32 La Tour du Pin, 89.

33 Cornu, Ⅲ[32], plate 207.

34 Erickson, 177.

35 关于这次爆发的诽谤父亲身份的谣言，如今把费尔森也包括在内了，见 de Baecque, *The Body Politic*, 48。

36 Joseph Weber, 65–68; Lafont d'Aussonne, 76; Lever, *Marie Antoinette: The Last Queen of France*, 157.

37 Boyer and Halard, 62–66. 从来没有证据表明玛丽·安托瓦内特就是农庄里著名的"乳房杯"制作的原型，但这个故事一直是关于她的传说的一部分。见 Fleischmann, *Les Pamphlets libertins*, 64–65。

38 Castelot, *Marie Antoinette* (1989), 94. 又见 *Correspondance de Marie Antoinette*, Ⅱ, 105, 她在信中说自己的孩子们——尤其是她的"甜心"路易·夏尔——是她"唯一的安慰"。

39 Delpierre, 30.

40 关于在沙龙的这一丑闻，见 Bachaumont, XXX, 189; *Le Mercure de France* (October 1, 1785); 以及 Magnus Olausson (ed.), *Marie Antoinette: Porträtt av en drottning* (Stockholm: Nationalmuseum, 1989)。

41 关于王后对这首歌的喜爱，以及它所开启的时尚，见 Bachaumont, XXI, 186; XXII, 149; and XXIII, 13, 以及 C. Hirsch (ed.), *Correspondance d'Eulalie, ou Tableau du libertinage à Paris* (Paris: Fayard, 1986 [1785]), 159–160。除了"软帽、丝带、发型和帽子"的时尚之外，王后对马尔伯勒的痴迷还引发了一连串题目中含有"马尔伯勒"的戏剧、轻歌舞剧和诗歌，包括博马舍的一部通俗喜剧。出于某些不为人知的原因，如果一个人被说是"马尔伯勒式"，就意味着他有同性恋倾向；见 Adamy (ed.), 364 n. 476。

42 Cornu, Ⅲ [31], plates 178 and 187.

43 Blum, plate 53.

44 Adamy (ed.), 364. 另见 Métra (24 septembre 1783), XIV, 123。

45 Challamel, 172, 172; Adamy (ed.), 364.

46 Challamel, 174; 关于"发现"哈比的更多信息，见 Schama, 225–226; 以及 de Baecque, *The Body Politic*, 166–167。

47 Cornu, Ⅲ[32], plates 239 and 240.

48 关于这部小册子，"Description historique d'un monstre symbolique, prissur les bords du Lac Fagua, près de Santa Fé ⋯" ("Santa Fé et Paris": n.p., 1784), 见 Gruder, 283

n. 47; de Baecque, *The Body Politic*, 168; 以及 Annie Duprat, *Le Roi décapité: essai sur les imaginaires politiques* (Paris: Cerf, 1992), 75 ——几位作者都认为普罗旺斯是这本小册子的资助人，甚至有可能是它的作者，而玛丽·安托瓦内特就是这幅漫画中的"哈比"。把王后画作哈比的图片后来又在革命漫画家们的笔下重现，本书第八章有所讨论。

49 引自 Challamel, 175。

50 Nolhac, "La Garde-robe de Marie Antoinette," 853; Sapori, 77–78.

51 Sapori, 80; Varron, 903.

52 见 the Comtesse d'Ossun, *État général des dépenses de la Garde-robe de la Reine*, in the Archives Nationales de France, O.1.3792–3798。

53 Nolhac, "La Garde-robe de Marie Antoinette," 853.

54 Varron, 893; Reiset, I, 10.

55 François Furet, *Revolutionary France 1770–1880*, trans. Antonia Nevill (Oxford: Blackwell, 1996 [1992]), 38.

56 Ségur, *Memoirs and Recollections*, 175. 由于自路易十五（事实上还有路易十四）与高等法院发生冲突以来，政治动荡和对君主奢侈专制的生活方式的不满就已经在法国酝酿了，塞居尔说在内克尔的报告之前，整个国家"对自己的事务一无所知"或许有些夸张了。不过他强调内克尔的报告催生出对王室的更多重大不满，是正确的。

57 Schama, 93; and Hardman, *Louis XVI*, 58–59.

58 Schama, 92.

59 Furet, 39.

60 Schama, 235.

61 Ibid, 236.

62 May, 138.

63 Montjoie, 193. 根据 Joan Haslip 的研究，"巴黎的公众……哼唱的一个小曲"直接"把王后的名字与卡洛纳联系起来"："我爱的不是卡洛纳 / 而是他慷慨的黄金 / 当我发现自己没钱了 / 可以直接去找他 / 我最喜爱的（波利尼亚克）也一样 / 然后我们会在一起无声地笑，谁也听不到"。见 Haslip, 172。

64 Stella Blum, plate 56. 该时装图样把卡洛纳帽与王后的标志性裙子白色罩衫并列展出，大有深意。

65 Campan, 220–221.

66 Joan Haslip, *Madame Du Barry: The Wages of Beauty* (New York: Grove Weidenfeld, 1991), 128.

67 Asquith, 126. 玛丽·安托瓦内特被认定与卡洛纳共谋过度消费一事后来又重新出现在一篇匿名文章中："Observations et précis sur le caractère et la conduite de Marie Antoinette

d'Autriche" (Paris: n.p., 1793), 9–12。

68　Furet, 40. 据 Simon Schama 说，卡洛纳最初对当时赤字的估计为 8000 万里弗，他后来又把该数字修订为 1.12 亿。

69　Erickson, 180.

70　Lever, *Marie Antoinette: The Last Queen of France*, 185.

71　Reiset, I, 64.

72　见本书第五章。

73　Haslip, *Marie Antoinette*, 172.

74　Lever, *Marie Antoinette: La dernière reine*, 72.

75　Mayer, 164.

76　关于国王这一时期"事实上已经崩溃"，见 Fraser, 454。

77　Delorme, 205.

78　例如见 Delorme, 208。

79　据康庞夫人说，玛丽·安托瓦内特收到"书面证据"指认卡洛纳参与了拉莫特回忆录的出版。见 Campan, 315–316, 以及 Campardon, 180。关于回忆录本身，见 Jean Hervez, *Mémoires de La Comtesse de La Motte–Valois ... d'après les mémoires justificatifs de la Comtesse de La Motte, les mémoires du comte de La Motte, etc.* (Paris: Bibliothèque des Curieux, 1911)。

80　Bibliothèque Nationale de France, Ms. Français 6686.

81　Langlade, 201–202.

82　Oberkirch, 187. 有趣的是，Oberkirch 本人也靠赊账购买了以她的财力根本买不起的东西（或者至少远远超出了她愿意以现金支付的金额）：据 Michelle Sapori 说，男爵夫人的名字也出现在时尚商人博拉尔 1789 年的"可疑债务人"清单中，也就是不可能指望偿清货款的人。见 Sapori, 289。贝尔坦也有类似的清单，揭示了她的贵族客户们有多愿意在她这里滥用自己的信用；到 1820 年，仍有 1300 位客户没有偿清与这位时尚女商人的账目，而且由于革命时代惨遭劫掠，这些人永远不可能偿还债务了。见 Sapori, 296 n. 180。

83　Hardy 引自 Langlade, 198, 以及 Crowston, 92。

84　Varron, 893; Blum, 79; Contini, 196.

85　Archives Nationales de France, O.1.3798.

86　Reiset, I, 59.

87　Ibid.

88　Ibid, 40, 54.

89　Haslip, *Madame Du Barry*, 128.

90　Langlade, 200.

91 Haslip, *Marie Antoinette*, 176. 在他的哈比檄文中，普罗旺斯伯爵已经提到了这一昵称，讽刺她贪婪的女主人公是"赤字夫人"；见 de Baecque, *The Body Politic*, 168。

92 Reiset, I, 15.

93 Ibid.

94 Langlade, 204.

95 Campan, 122.

96 Lever, *Marie Antoinette: The Last Queen of France*, 187.

97 引自 Haslip, *Marie Antoinette*, 167。

98 Langlade, 204.

99 关于 *Le Magasin des modes* 以及时尚杂志在法国的出现，见 Fukai, in Fayolle and Davray-Piekoek (eds.), 113–117; Varron, 911; 以及最重要的, Kleinert 的三部决定性的著述: *Die frühen Modejournale in Frankreich*; *Le "Journal des dames et des modes"*; and "La Mode, miroir de la Révolution française," in Join-Dieterle and Delpierre (eds.), 59–81。[在第二部（13 n. 10）中，Kleinert 还综述了时尚出版物在英格兰和德意志的发展。] Kleinert 和 Fukai 两人都指出，这里提到的法国时尚杂志与时装图样、年鉴，以及报纸中的时尚版面截然不同。如此说来，这些时尚杂志在法国只有一个值得注意的先驱，那就是 1768 年那本短命的 *Courier de la mode ou journal du goût*（见 Fukai, 113, and Kleinert, *Le "Journal des dames et des modes,"* 13 n. 3）。事实上，正是在 *Le Cabinet* 和 *Le Magasin des modes* 问世之后，时尚杂志（在恐怖统治时期暂停了一段时期）才变成了在法国长期存在的事物。

100 Aileen Ribeiro, *The Art of Dress: Fashions in England and France 1750 to 1820* (New Haven and London: Yale University Press, 1995), 76.

101 *Le Magasin des modes nouvelles françaises et anglaises* (20 novembre 1786), Cahier I, 1. 1786 年，女人普遍穿起了"男人装"，尤其是"骑马装及平跟鞋"，也在阳春白雪的 *Correspondance littéraire* 中有所提及；见 Bluche, 137。

102 见 Reiset, I, 144 and plate 35。

103 *Le Magasin des modes nouvelles françaises et anglaises* (30 avril 1787), Cahier XVII, 133. 这本时尚杂志的图样就表明，这一关于高发髻的重要地位的说法不完全准确。到 1780 年代末，尺寸过大的礼帽——没有那么高，但非常宽大——与高发髻同时成为首选头饰，大量出现在 *Le Magasin des modes* 中。虽然没有留存至今的记录证明玛丽·安托瓦内特与这种礼帽时尚有关，但其中许多都是用博马舍戏剧中的人物命名的，那些人物都有着煽动性的政治内涵，但王后仍然积极支持，甚至曾在小特里亚农宫亲自表演。

104 Ribeiro, *Fashion in the French Revolution*, 33–34; *Le Magasin des modes nouvelles françaises et anglaises* (20 janvier 1787), Cahier VII, 49. 关于玛丽·安托瓦内特与乔治亚

娜一样钟爱时尚，见 Foreman, *Georgiana, Duchess of Devonshire*, 39。

105 *Le Magasin des modes nouvelles françaises et anglaises* (20 novembre 1786), Cahier I, 3–4; (10 décembre 1786), Cahier III, 19.

106 *Le Magasin des modes nouvelles françaises et anglaises* (20 juin 1787), Cahier XXII, 170. 这个问题值得一提，因为它把"男性化"的骑马装和白色外衣——女王最知名的两项创新——称为这个时代的风格。

107 Montjoie, 101. 另见 Reiset, I, 48。为解释这个悖论，Pierre Saint-Amand 猜测说王后在把自己变成"一个被注视的对象、欲望的对象"时，也让自己成为广泛"竞争和模仿"的对象，其促成因素既有嫉妒也有赞赏，既有超越和摧毁她的欲望，也有模仿她、变得和她一样的欲望，此说法令人浮想联翩。见"Adorning Marie Antoinette,"25。

108 Langlade, 211.

109 Timothy Tackett, *When the King Took Flight* (Cambridge, Mass.: Harvard University Press, 2002), 35. 另见 Fraser, 454。

110 Tackett, 36.

111 Campan, 255–256.

112 Jacques Necker, *Éloge de Colbert* (1773); 引自 Schama, 89。

113 *Correspondance de Marie Antoinette*, II, 16.

114 Lever, *Marie Antoinette: The Last Queen of France*, 200.

115 正如 Keith Michael Baker 等人指出的那样，早在内克尔回到巴黎之前，关于一部已经——或者说曾经——包含了法国政治秩序的古老宪法的问题已经被激烈辩论了 40 年。随着三级会议即将召开，迫切需要解决的问题是这样的："法国宪法制度是应当'巩固'一部古老宪法，还是要'制定'一部新宪法？"——后一种观念在 1789 年夏占了上风。见 Keith Michael Baker, *Inventing the French Revolution: Essays on French Political Culture in the Eighteenth Century* (Cambridge, Eng.: Cambridge University Press, 1990), 252–305。另见 Marina Valensise, "La Constitution française," in Keith Michael Baker (ed.), *The French Revolution and the Creation of Modern Political Culture*, 4 vols. (Oxford and New York: Pergamon Press, 1987), I, 441–468。正如 Valensise 指出的，现存宪法的观念起源于 16 世纪和 17 世纪的君主制理论，而新宪法观念的力量来自启蒙运动时期的政治哲学（447）。

116 事实上，洛梅尼·德·布里安在那年夏初就已经敦促国王采取这一措施了。

117 *Cahier de doléances* of the *bailliage* of Fenestrange; 摘录于 Hardman, *The French Revolution Sourcebook*, 76–77。

118 见 Hardman, *Louis XVI*, 90–92, 95; 以及 Karmel, 55。

119 最终，代表人数加倍并没有提升第三等级的投票权，因为三级会议的票数最终被规定应按照"等级"而非"人头"计算。但据康庞夫人回忆，在会议召开前的几个月里，该等级代表人数加倍"让每一个有政治头脑的人心事重重"。该议题还导致玛丽·安托瓦内特和阿图瓦伯爵之间出现了意见分歧，王后支持代表人数翻番，而伯爵积极反对。见 Campan, 258。

120 François-Emmanuel Guignard, Comte de Saint-Priest, *Mémoires: Règnes de Louis XV et Louis XVI*, ed. Baron de Barante, 2 vols. (Paris: Calmann-Lévy, 1929), Ⅱ, 77–83; Campan, 224; Tackett, 36; and Karmel, 54–55. 据康庞夫人回忆，玛丽·安托瓦内特根深蒂固的君主主义也让她坚决反对法国参与美国革命，因为"她无法理解一位君主怎么能够相信可以通过帮助某个民族建立共和制度来让英格兰出丑"。见 Campan, 254。

121 Campan, 258. Fraser 指出，这也是王后的前门客洛梅尼·德·布里安的观点；见 Fraser, 261–262。

122 Fraser, 272–273.

123 梅西耶在 "Diamants," Ⅰ, 273 中描述了那颗传奇的桑西钻石。

124 Fraser, 273.

125 Haslip, *Marie Antoinette*, 186.

126 Ibid; Langlade, 210; Zweig, 212.

127 Claude Manceron, *Blood of the Bastille 1787–1789*, trans. Nancy Amphoux (New York: Touchstone/Simon & Schuster, 1989), 457; Ribeiro, *Fashion in the French Revolution*, 45, and *The Art of Dress*, 83; and Jean Starobinski, *1789, les emblèmes de la raison* (Paris: Flammarion, 1973), 12.

128 Rabaut Saint-Étienne, *Précis historique de la Révolution française* (Paris: Didot, [1792]), 68. 英国进步主义作家 Mary Wollstonecraft 更加愤怒地批判"贵族为了炫耀而身着华服，而平民们被愚蠢地命令只能穿那件黑衣"。见 Mary Wollstonecraft, *A Vindication of the Rights of Woman* (London: n.p., 1792), 437。

129 Emmanuel Joseph, Abbé Sieyès, *Qu'est-ce que le Tiers état?* (Paris: 1788).

130 Saint-Étienne, 68–69.

131 Starobinski, 12, and Batterberry, 192. 正如 Batterberrys 继续指出的，"被（这样）一种羞辱激怒的（第三等级）团结起来反抗这种压迫性服装规则中所体现的一切阶级差别。禁奢法的时代早已过去，国王居然会另作他想，只能说明他缺乏意识"。

132 La Tour du Pin, 111.

133 Campan, 261.

134 Ibid, 259.

135 Bombelles, Ⅱ, 305.

136 Duquesnoy, 引自 Manceron, 462。

137 Castelot, *Marie Antoinette* (1989), 119.

138 正如 Jean Starobinski 所写的，民众对较高等级的奢华穿着的鄙视代表着法国历史的一个转折点，因为正是从这一刻开始，宫廷的巨额"花费（不再）让他们充满敬畏地惊呼了"。见 Starobinski, 12。

139 Duquesnoy, in Manceron, 462.

140 Zweig, 212. John Hardman 解释说，按法律规定，米拉博的确应该位列第三等级，因为其家族的贵族身份较新。因此，虽然他能够也愿意摆出"人民"的贵族支持者的姿态，但在某种意义上，米拉博是被某个法律规定推到这一位置的，用 Hardman 的话说，那个规定引发了他本人和其他被归为第三等级之人的"极大不满"。见 Hardman, *Louis XVI*, 89。

第八章　革命新装

1　Ribeiro, 46.

2　Mayer, 172–173.

3　La Tour du Pin, 117.

4　Gouverneur Morris, *A Diary of the French Revolution*, ed. Beatrix Cary Davenport, 2 vols. (Boston: Houghton Mifflin, 1939), I, 66.

5　Mayer, 173. 话虽如此，但我意识到人们就"大革命"何时和如何开始的问题进行了大量研究，而我在一部集中探讨"时尚女王的锦衣华服与法国大革命"的书中甚至无法开始参与那个辩论。这个复杂的问题在上文引述过的 Keith Michael Baker 的著作中得到了富有说服力和微妙的论证。我还应当说，虽然他的关注重点和资料来源与我的大相径庭，但 Baker 的视角对我很有帮助，他强调——政治……取决于界定不同政治参与者之间关系的文化代表性的存在，因而使得个人和群体可以对彼此和整个政治大局提出主张。这样的主张具备可见性和约束力的程度仅限于政治参与者们动用政治社会成员共同持有的象征性资源，因而得以提炼和重新界定这些资源的含义。……因此，政治冲突的形式是动员与控制政治和社会话语可能性的相互竞争，通过这些竞争，那些话语将被延伸、重塑，甚至会被彻底转变 [33]。本书最后几章的论点是，和玛丽·安托瓦内特一样，革命者们也意识到衣服是一种"象征性资源"或"文化代表性"，可以用于"对彼此（和他们的敌人）提出主张"。

6　引自 Jacques Godechot, *La Révolution française: chronologie commentée 1789–1799* (Paris: Perrin, 1988), 59。

7　关于网球场誓言的更完整的叙述，见 Baker, 252–264。

8　Lever, *Marie Antoinette: The Last Queen of France*, 209.

9　Ibid.

10　Lamothe-Langon, *Souvenirs sur Marie Antoinette*, III, 170–175; John Hardman, *The French Revolution Sourcebook* (London: Arnold, 1999), 97.

11　引自 Evelyne Lever, *Louis XVI* (Paris: Fayard, 1985), 146。

12 Godechot, 61; G. Lenôtre and André Castelot, *L'Agonie de la royauté* (Paris: Perrin, 1962), 88.

13 Godechot, 61.

14 正如 Vivian Gruder 指出的那样，用戴徽章来表达自己的政治忠诚的做法早在大革命之前就开始了。在她即将出版的著作 *The Notables and the Nation: The Political Schooling of the French, 1787–1788* 中，她提到了路易十六在 1787 年夏季决定召回被流放的最高法院法官时，就有人戴上徽章表示拥护。此外她还指出，那些也是三色徽章，模拟的是国王的蓝、白、红三色制服。然而正如其他许多历史学家所指出的那样，三色徽章是在 1789 年 7 月之后才变成无所不在的政治饰品的，那时它带上了全然不同的政治意味。关于这一话题最为详细的探讨，见 Richard Wrigley, *The Politics of Appearances: Representations of Dress in Revolutionary France* (Oxford and New York: Berg, 2002), Chapter 3, "Cockades: Badge Culture and its Discontents," 97–134。

15 见 Wrigley, 98–99; Lynn Hunt, *Politics, Culture, and Class in the French Revolution* (Berkeley: University of California Press, 1984), 57; 以及 Jack Censer and Lynn Hunt (eds.), *Liberty, Equality, Fraternity: Exploring the French Revolution* (University Park: Pennsylvania State University Press, 2001)。

16 Reiset, II, 159.

17 同样，见 Wrigley 关于徽章的章节，97–134。

18 Mayer, 180.

19 Jean-Marc Devocelle, "D'un costume politique à une politique du costume," in Join-Dieterle and Delpierre (eds.), 83–104, 85; and Lynn Hunt, "Freedom of Dress in Revolutionary France," in Sara E. Melzer and Kathryn Norberg (eds.), *From the Royal to the Republican Body: Incorporating the Political in Seventeenth– and Eighteenth Century France* (Berkeley: University of California Press, 1988), 11. 另见 "Cockades: Badge Culture and Its Discontents," in Wrigley, 97–134。关于在法国大革命中，衣服如何被政治化这一更广泛的课题，见 Hunt, *Politics, Culture, and Class*; Wrigley; Ribeiro, *Dress in the French Revolution*; and most of the articles in Fayolle and Davray-Piekolek (eds.) and Join-Dieterle and Delpierre (eds.)。

20 Devocelle, 85.

21 Reiset, I, 351.

22 De Baecque, *The Body Politic*, 162.

23 Thomas Carlyle, *The French Revolution*, 3 vols. (London: Methuen & Co., 1902), I, 305–306. 这一段具体是指 1789 年 10 月 4 日发生的一连串事件，但关于对佩戴黑色徽章之人的长期迫害的描述，见 Lamothe-Langon, *Souvenirs sur Marie Antoinette*, IV, 248。

24 Carlyle, I, 306.

25 [François-Marie Arouet] Voltaire, *La Henriade*, Ch. Ⅳ, line 456.

26 Lenôtre and Castelot, 95–96, 100.

27 Hardman, *The French Revolution Sourcebook*, 106–107.

28 引自 Haslip, 199。

29 对这一事件的证据充分的详细记录见 Reiset, Ⅱ, 159。

30 Dorinda Outram, "Review of Richard Wrigley, *The Politics of Appearances: Representations of Dress in Revolutionary France*," in *H-France*, 法国历史研究协会的电子出版物（2004 年 1 月）：http://www3.uakron.edu/hfrance/reviews/outram.html.

31 引自 Haslip, 199。

32 引自 Jacques Godechot, *La Prise de la Bastille: 14 Juillet 1789* (Paris: Gallimard, 1985), 418。

33 Reiset, Ⅱ, 159.

34 关于 1789 年夏季制宪议会的不同成员的政治观点，更精妙的讨论见 Schama, 441–445.

35 值得注意的是，与德穆兰在 7 月 12 日那天采纳绿叶"徽章"一样，拉费耶特假装发明了三色徽章的主要证据也是他的著述，后来的评论家们对此一直有争议，例如 Michel Pastoureau, *Dictionnaire des couleurs de notre temps* (Paris: Bonneton, 1992), 34. 不管其起源是什么，国民徽章的三种颜色一直存留至今。然而与三色徽章不同，三色旗直到 1790 年 9 月 21 日才被采纳。

36 Boigne, 95. 关于"国民的三色战胜了君主的白色，"又见 Roche, *The Culture of Clothing*, 254。

37 1789 年 10 月 6 日以后，玛丽·安托瓦内特曾吩咐一位国民军士兵不要穿着自己的制服出现在她面前，理由是"它让我想起了我们一家人遭受的所有不幸"。引自 Castelot, *Marie Antoinette* (1962), 471。

38 Campan, 276.

39 Haslip, 199.

40 Louis-Sébastien Mercier, *Le Nouveau Paris*, ed. Jean-Claude Bonnet (Paris: Mercure de France, 1994), 282.

41 Evelyne Lever, *Philippe-Égalité* (Paris: Fayard, 1996), 346; J. Hammond, *A Keeper of Royal Secrets, Being the Private and Political Life of Madame de Genlis* (London: 1912), 191.

42 Reiset, Ⅰ, 373, 380.

43 Ibid, 380, 423, 438–439. 虽然 Vivian Gruder 敏锐地观察到，亲君主主义的三色徽章于 1787 年短暂地在外省出现过，但在巴士底狱陷落之前，这些贵族中没有一位从埃洛夫夫人那里订购过三色饰物。

44 Reiset, Ⅰ, 432.

45 *Journal de la cour et de la ville* (avril 1791); see also Langlade, 216.

46 关于大革命启发的装束在当时的流行程度，尤其见 Annemarie Kleinert, "La Mode, miroir de la Révolution française," in Join-Dieterle and Delpierre (eds.), 59–82。关于在大革命的第一阶段佩戴三色徽章的许多女性的非政治倾向，见 Langlade, 216。

47 关于让利斯夫人的纪念品盒，见 Hammond, 191。关于贝尔坦制作的国民徽章，见 Delpierre, "Rose Bertin, les marchandes de modes et la Révolution," in Join-Dieterle and Delpierre (eds.), 22; 以及 Langlade, 219。正如 Langlade 所指出的那样，贝尔坦"无论是出于信仰还是个人利益考虑，都是一个君主主义者"，她的亲革命商品似乎仅限于徽章。的确，Michelle Sapori 强调，和玛丽·安托瓦内特一样，贝尔坦也厌恶这类风尚，认为它们是"宣扬平等和宪法的裙子"，拒绝在自己的店内出售它们。见 Sapori, 145–146。

48 Varron, 897.

49 Helen Maria Williams, *Letters Written in France, in the Summer of 1790, to a Friend in England; Containing Various Anecdotes Relative to the French Revolution*, ed. Neil Fraistat and Susan S. Lanser (Toronto: Broadview Literary Texts, 2001), 14.

50 *Le Magasin des modes nouvelles françaises et anglaises* (1 décembre 1789), Cahier XXXIV, 267.

51 Haslip, *Marie Antoinette*, 196.

52 Erickson, 235.

53 Ibid.

54 La Tour du Pin, 131.

55 Erickson, 235.

56 这是一位名叫 Olympe de Gouges 的革命女性主义者在 1791 年的《妇女人权宣言》中提出的前提。虽然 Gouges 的宣言并没有把女性服装作为讨论焦点（该宣言的本意是为了纠正女性被排除在了《人权宣言》之外），但她把它题献给了玛丽·安托瓦内特。

57 *Le Magasin des modes nouvelles françaises et anglaises* (21 septembre 1789), Cahier XXXIV, 228.

58 Ibid.

59 Ibid, 227.

60 Ibid, 228.

61 事实上，一年后，流行的时尚刊物还会推出农家女孩帽（*bonnets à la paysanne*）和几款其他的白色薄纱和平纹细布帽，镶边用的恰恰是旧制度的格林纳达帽所用的石榴花。见 *Le Journal de la mode et du goût* (15 mars 1790), Cahier III, 2。

62 的确，虽然（在文学和哲学等领域）新古典主义和田园风格审美在玛丽·安托瓦内特之前就已经存在了，但它们在服装层面的融合——高勒裙那种下垂的飘逸剪影——却是在玛丽·安托瓦内特统治时期，也是为了模仿她的小特里亚农宫服饰，随着革命进行完成的。

63　穆瓦特本人出版了两本小册子，鼓励法国女人进行爱国的慷慨捐赠。这些是 Adélaïde-Marie-Anne Moitte, *L'Âme des Romaines dans les femmes françaises* (Paris: Gueffier le jeune, 1789) and *Suite de L'Âme des Romaines dans les femmes françaises* (Paris: Knapen fils, 1789)。另一个记录这一事件的同时代资料是 Johann Georg Wille, *Mémoires et journal de JeanGeorges Wille, graveur du roi*, 2 vols. (Paris: J. Renouard, 1857), Ⅱ, 219–223。关于这一事件的更详细讨论，见 Auricchio, 18–30。

64　Williams, 86.

65　Moitte, *L'Âme des Romaines*, 5–6.

66　Ribeiro, *Fashion in the French Revolution*, 98; Lenôtre and Castelot, 142.

67　Moitte, *L'Âme des Romaines*, 5.

68　Auricchio, 24. Auricchio 还指出，"捐赠者的白色长裙……为（她们的慷慨行为）增加了另一层意义"（21）。关于勒叙厄尔兄弟在塑造革命的视觉文化中发挥的作用，见 Philippe de Carbonnières, *Lesueur: Gouaches révolutionnaires. Collection du Musée Carnavalet* (Paris: Nicolas Chaudun, 2005)。

69　引自 Roche, "Apparences révolutionnaires ou révolution des apparences," in Join-Dieterle and Delpierre (eds.), 193–201, 197。

70　同样，这并不是否认 18 世纪末法国人对田园和新古典主义的喜爱，这一点在本书第六章开头就介绍过了。然而在时装这一特定领域，谁也没有玛丽·安托瓦内特本人的"小特里亚农宫"装束更加显眼，她是这种风格最广为人知的热情支持者。

71　Ribeiro, *The Art of Dress*, 86. 关于白色在革命时代的政治矛盾性，见 Roche, *The Culture of Clothing*, 245。

72　*Le Journal de la mode et du goût* (15 avril 1790), Cahier ⅩⅣ, 2–3; Ribeiro, *Fashion in the French Revolution*, 58.

73　Akiko Fukai, "Le vêtement rococo et néoclassique," in Fayolle and Davray Piekolek (eds.), 109–117, 115.

74　Reiset, Ⅱ, plate 74.

75　Ribeiro, *Fashion in the French Revolution*, 88.

76　关于法国大革命政治的厌女，尤其见 Lynn Hunt, *The Family Romance of the French Revolution*, and Joan B. Landes, *Women and the Public Sphere in the Age of the French Revolution* (Ithaca, N.Y., and London: Cornell University Press, 1988)。

77　*Le Journal de la mode et du goût* (25 août 1790), Cahier ⅩⅨ, 2, plate Ⅱ.

78　Hunt, *The Family Romance of the French Revolution*, 104.

79　Colwill, "Pass as a Woman, Act Like a Man," in Goodman (ed.), 145. 另见 Duprat, 58。

80 Thomas, 108. 科尔威尔在她探讨那些描写玛丽·安托瓦内特所谓同性恋行为的革命小册子的文章中提出了与尚塔尔·托马一样的观点："在一定程度上，这些对王后性越轨行为的指控的革命性，就在于他们的读者群越来越大，因而拥有了政治动员的潜力。"见 Colwill, "Pass as a Woman, Act Like a Man," in Goodman (ed.), 145。

81 Hunt, *The Family Romance of the French Revolution*, 105. 另见 Hunt, "The Many Bodies of Marie Antoinette"。我应该在此指出，Hunt 认为革命前和革命时期的色情读物是有区别的，因为前者往往是为一种更宽泛的哲学论调服务的，而后者"几乎清一色地是为了获得色情描写本身的快感"。然而就玛丽·安托瓦内特的例子而言，或许更重要的区别还是伊丽莎白·科尔威尔强调的，她指出在旧制度时期的哲学色情读物中，"身体是可以互换的"，而"大革命时期的色情读物精确地写到了哪些人的身体在做什么"，并特别关注玛丽·安托瓦内特的身体。见 Colwill, "Pass as a Woman, Act Like a Man," in Goodman (ed.), 147。

82 正如 Antoine de Baecque 指出的那样，大革命的小册子文学将许多位高权重的贵族成员描写成道德堕落的魔鬼、犹大·伊哈略的后代［后者的姓氏 "Iscariot" 差不多是"贵族"（aristocrat）一词的首字母缩写］、背叛法国的人。de Baecque 也指出，至少有一个革命小册子将玛丽·安托瓦内特描写成这位可怕的伊哈略的母亲，因此认定她是导致国家毁灭的腐败的根源。见 de Baecque, *The Body Politic*, 161-163。对于我的分析而言十分有趣的是，de Baecque 提到了玛丽·安托瓦内特的发型与这位恶魔人物的联系，将两人联系在一起的是"毒蛇长发"和"有'王室红发魔鬼'含义的红头发"（162）。

83 见 Anonymous, "Les Fureurs utérines de Marie Antoinette" (n.p., [1791])。

84 Anonymous, "La Messaline française" (Tribaldis [sic]: De l'imprimerie Priape, 1789); 转载于 Fleischmann, *Les Maîtresses de Marie Antoinette*, 190。

85 Ibid.

86 "Le Godmiché royal" (Paris: n.p., 1789); 重印并翻译于 Thomas,191-201。关于该文本中"朱诺"和"希比"的假定身份的确凿证明，见 Hunt, *The Family Romance of the French Revolution*, 104。

87 关于这一概念，另见 Keralio 的小册子，447。

88 Thomas, 107.

89 关于 1789 年 10 月"奥地利阴谋"以及革命报刊对它的报道的更多内容，见 de Baecque, *The Body Politic*, 157。

90 见我在本书第五章中关于这一发型的讨论。至少在一幅革命前的时尚漫画中，一个时髦女人的下半身被她的波兰式长袍短且加皱褶的底边变成了一只母鸡的下半身，这或许不是巧合。这幅漫画题为《波兰母鸡》（*La Poule polonaise*），重印于 Langlade, 128。这两幅图片的相像之处证明，创作《奥地利母鸡》的革命漫画家在尖刻地讽刺王后时借鉴了时尚的视觉词汇。

91 关于革命报刊总是把王后描写成一个怪物，见 de Baecque, 168–173; Duprat, 79; Saint-Amand, "Terrorizing Marie Antoinette," in Goodman (ed.), 265; and Ernest F. Henderson, *Symbol and Satire in the French Revolution* (New York and London: G.P. Putnam's Sons, 1912), 161。

92 这幅漫画在大革命期间被重印了无数次，关于它的精确日期，我参考的是 de Baecque, *The Body Politic*, 169。

93 Anonymous, "Memoirs of Marie Antoinette," 51.

94 例如见 Anonymous, *Petit journal du Palais Royal* (Paris: n.p., 1789), in the Bibliothèque Nationale, m.2344(1), no. 4; 引自 de Baecque, 169。

95 Anonymous, "L'Iscariote de la France, ou le député autrichien" (Paris: n.p., September 1789), 5, 16.

96 Hearsey, 115.

97 Carlyle, 195–196.

98 Fraser, 292.

99 Campan, 277–278; La Tour du Pin, 133–134; and Marie-Louise-Victoire de Donnissan, Marquise de La Rochejaquelein, *Mémoires de la Marquise de La Rochejaquelein*, ed. André Sarazin (Paris: Mercure de France, 1984 [1814]), 78. 诚然，这些女人对君主主义的效忠使她们有可能说谎，但讨论这一事件的历史学家几乎普遍接受她们的叙述。我还没有看到一本玛丽·安托瓦内特的传记宣称她在该宴会上分发了白色徽章。

100 La Tour du Pin, 134. 康庞和 La Rochejaquelein 都没有提到这一时刻，但她们对当晚的记录大体上证实了拉图尔迪潘的版本。

101 Schama, 460.

102 The Comte de Saint-Priest, 引自 Dunlop, 266。

103 根据 Joan Landes 的研究，在 1789 年 10 月和旧制度早期的数次起义中，男扮女装的骚乱者"借用不守规矩的女人的性别权力和能量……捍卫社会的利益和规矩，并道出不公正的规则的真相"。见 Landes, 234。Landes 在论证时引用了 Natalie Zemon Davis, *Society and Culture in Early Modern France* (Palo Alto, Calif.: Stanford University Press, 1975), 147–150。与此同时，Landes 还发现，对这一事件的叙述中固有的反女权主义偏见（如下文引用的 Mary Wollstonecraft 的叙述）对异装男性及其名义上的男性头目所起的作用给予了过大的重视。见 Landes, 149–150。

104 Lamothe-Langon, *Souvenirs sur Marie Antoinette*, Ⅳ, 248. 另 见 Mary Wollstonecraft, *An Historical and Moral View of the Origin and Progress of the French Revolution and the Effect It Has Produced in Europe* (New York: Scholars' Facsimiles, 1975 [1794]), 430–458。

105 Schama, 462. 不过据 Wille 说，这群人中的工人阶级男性"大多穿着马甲、皮围裙或破烂的大衣",当时的出版物中画着好几个这样的男人走在队伍中。见 Wille, II, 225。

106 对这一事件的详细叙述见 Jules Michelet, *Histoire de la Révolution française* (Paris: Laffont, 1979), Book II, Chapters 8 and 9; 以及 La Tour du Pin, 134–144。根据托马斯·卡莱尔引用的目击者叙述,被召集守卫凡尔赛宫的卫兵总人数不超过 2800 人。见 Carlyle, 318。

107 Campan, 295.

108 Messieurs de Frondeville, Brayer, de La Serre, and Jobert 等人的证词,见 *Procédure criminelle instruite au Châtelet de Paris*, 3 vols. (1790), II, 13–15, 71, 83, 125–126。另见 La Tour du Pin, 145。

109 Campan, 292.

110 Reiset, I, 445.

111 这些衣服的细节见 Campan, 293; Castelot, *Marie Antoinette* (1962), 327; 以及 Lever, *Marie Antoinette: The Last Queen of France*, 228, 232。

112 Léonard, II, 2.

113 Schama, 468.

114 Louise Élisabeth Félicité, Duchesse de Tourzel, *Memoirs of the Duchesse de Tourzel, Governess to the Children of France*, ed. the Duc des Cars, 2 vols. (London: Remington and Co., 1886), I, 38.

115 Hézècques, 149.

116 La Tour du Pin, 136; Lever, *Marie Antoinette: The Last Queen of France*, 231.

117 Wille, II, 227.

118 Hézècques, 150.

119 除了 Comte d'Hézècques 对这一事件的记录外,见康庞的记录,296–297;以及 Bertrand de Molleville,据后者说,发型师是在桑斯(Sens)找到的,不是塞夫尔。

120 G. Touchard-Lafosse (ed.), *Chroniques pittoresques et critiques de l'Oeil-deBoeuf, sous Louis XIV, la Régence, Louis XV et Louis XVI*, 4 vols. (Paris: Gustave Barba, 1845), IV, 539. 由于 Touchard-Lafosse 自称是这部作品的"编辑",我无法获得关于这一特殊事件的"目击者"的任何信息,更无法确定其政治倾向,甚至无法确定其真实性。关于无套裤汉一词的词源,还有一个更不可靠的说法将其追溯至 18 世纪的一部对印度文化的研究,该书为法国读者介绍了一个不穿长裤的神祇,名为 Camaltzèque;见 Roussel d'Épinal, 281 n. 1。

121 Wrigley, 190.

122 Touchard-Lafosse, IV, 539. 关于无套裤成为当时的服装和政治现象,尤其见 Wrigley, Chapter 5, "*Sans-culottes*: The Formation, Currency, and Representation of a Vestimentary Stereotype," 187–227。

123 正如达尼埃尔·罗什指出的,"无套裤汉的穿衣方式(逐渐开始)象征着一种政治理想和致力于确定无疑的社会改革的决心"。见 Roche, "Apparences révolutionnaires ou révolution des apparences," in Join-Dieterle and Delpierre (eds.), 193。同样, Albert Soboul 也写道:"无套裤汉表面上是一种服装特征,并以此方式把他与最尊贵的社会等级对立起来:长裤是人民的鲜明标志,套裤是贵族的。……(他的)社会服装伴随着某种社会习惯;(而)在这一领域,无套裤汉也是用对立来表达自身的。"见 Soboul, *Les Sans-culottes en l'An II: Mouvement populaire et gouvernement révolutionnaire* (Paris: Seuil, 1968), 22。

124 Tourzel, I, 43.

125 Wille, II, 227.

126 Tourzel, I, 44.

127 *Correspondance de Marie Antoinette*, II, 30.

128 Reiset, I, 431.

129 Pellegrin, 118. 相反,凡尔赛的夫人们这一时期佩戴的徽章在贝尔坦的店铺里定价都在 7~9 里弗。

130 Campan, 299.

131 Gérard Walter (ed.), *Actes du Tribunal révolutionnaire* (Paris: Mercure de France, 1968), 48.

132 Ibid.

133 Ibid, 49.

134 王室一家在杜伊勒里宫,如 Montjoie 所写的那样,"像罪犯一样被监禁起来;(他们)的一举一动都在监视之下"(249)。此外, Anne Forray-Carlier 也指出, 和在凡尔赛宫时一样,"一切衣着得体的人都可以进入杜伊勒里宫花园"。见 Forray-Carlier, "La Famille royale aux Tuileries," in Léri and Tulard (eds.), 17–51, 27。

135 例如见 *Correspondance de Marie Antoinette*, II, 32, 35。

136 见 Anonymous, *Premier hommage des habitants de Paris à la famille royale, 7 octobre 1789* (1789), in the Musée Carnavalet; 转载 于 Jean-Marc Léri and Jean Tulard (eds.), plate 16, 14。

137 *Correspondance de Marie Antoinette*, II, 30; Reiset, I, 432.

138 *Correspondance de Marie Antoinette*, II, 169.

139 关于王室一家的物品(尤其是家具)从凡尔赛宫转运到杜伊勒里宫, 见 Forray-Carlier, "La Famille royale aux Tuileries," in Léri and Tulard (eds.), 26。

140 Reiset, II, 88–89. 是约瑟夫二世的继承人和玛丽·安托瓦内特的哥哥利奥波德在 2 月将老皇帝去世的消息告知她的。

141 *Le Journal de la mode et du goût* (25 mars 1790), Cahier IV, 7–8. 本书第九章将更详细地

考察法国的服丧仪式。

142 见 Reiset, II, 6–185。

143 关于 1790 年的"爱国"服装的详情，见 *Le Journal de la mode et du goût*, Cahiers I–XXXV。

144 Campan, 323; Ribeiro, *Fashion in the French Revolution*, 58.

145 关于大革命期间，国王在这一次和其他亮相时拒绝穿国民军制服的战术性错误，见 Mansel, 72–73。

146 关于公众对王后的好评，见 Tourzel, I, 166; and Anonymous, *Détails de tout ce qui s'est passé au Champ de Mars, à la Cérémonie de la Fédération le 14 juillet: anecdote sur la Reine* (Marseille: Jean Mossy, 1790), 5–6。关于革命话语对于"好母亲"的崇拜，尤其见 Lynn Hunt, *The Family Romance of the French Revolution*, Chapter 6, "Rehabilitating the Family," 151–191。

147 Tourzel, I, 166.

第九章　本色

1 Ribeiro, *Fashion in the French Revolution*, 58.

2 *Correspondance de Marie Antoinette*, II, 87.

3 Haslip, *Marie Antoinette*, 227.

4 关于王后在这一时期的反革命情绪，尤其见 *Correspondance de Marie Antoinette*, II, 169, 180。在上述第二处引文中，她斥责制宪议会的领袖是："一群恶棍、疯子、野兽"。

5 关于国王和王后在这一时期对宪法的态度，一个精彩综述是 Price, 218–221。

6 关于这个有过很多探讨的两人的差异，见 Tackett, 36："与路易不同，王后没有丝毫游移不定和犹豫不决。她从未有一刻怀疑过'爱国者'和开明大臣们提议的改革是对她所坚信的一切的诅咒。"同样，正如在考察玛丽·安托瓦内特在多大程度上"主导了"王室一家的政治阴谋策划时指出的那样，"与国王相比，追溯（她的政治）观点更加容易"，因为"她与最亲近之人的（许多）政治通信都留存至今，而路易的信件几乎无一保存下来"。见 Price, 217。

7 Comte de Mirabeau, *Notes pour la cour* (20 juin 1790); 引自 Imbert de Saint-Amand, *Marie Antoinette at the Tuileries*, trans. Elizabeth Gilbert Martin (New York: Scribner's, 1891), 54; 以及 Lever, *Marie Antoinette: The Last Queen of France*, 239–240。

8 *Journal de la cour et de la ville* (5 mai 1790); 另引自 Hunt, *Family Romance of the French Revolution*, 115。

9 Anonymous, "Memoirs of Marie-Antoinette," 35. 关于民众（相反）把路易十六视为"自由的守护者"，见 Karmel, 167。

10 Anonymous, "Louis XVI et Antoinette, traités comme ils le méritent" (Paris: Imprimerie

des Amis de la Constitution, 1791), 5–6.

11 Anonymous, "Le Rêve d'un Parisien, ou, Ce qui n'a point été, ce qui devroitêtre, et ce qui ne sera peut être pas" (Paris: L. M. Cellot, 1789 [?]), 3.

12 Campan, 329.

13 Albert Mousset, *Un témoin ignoré de la Révolution: le comte Fernan Nuñez, ambassadeur d'Espagne à Paris* (Paris: 1924), 244.

14 Campan, 323. 另见 Antoine François, Marquis de Bertrand de Molleville, *Mémoires secrets pour servir à l'histoire de la dernière année du règne de Louis XVI*, 3 vols. (London: Strahan, 1797), II, 295。

15 关于让王后离婚的计划，尤其见 Fraser, 317, 以及 Lever, *Marie Antoinette: The Last Queen of France*, 244。

16 为简洁起见，我浓缩了关于王室一家企图逃跑的内容，其在以下诸位作者的著作中都有完整得多的讨论：Lenôtre, Price, Tackett, and Schama, 以及最近的 Mona Ozouf 的 *Varennes: la mort de la royauté 21 juin 1791* (Paris: Gallimard, 2005)，不少同时代作者的记录，例如 Duc de Choiseul-Stainville, 全都在这一节中有所引用。正如这些作者正确指出的，波旁王室逃亡之前的紧张关系因两个元素而大大加剧了，我在此处也没有详细展开讨论：国王与革命者之间因《教士的公民组织法》（路易十六不想让他的教士们宣誓效忠这部法案）而紧张的关系，以及姑妈们于 1791 年 1 月迁居罗马引发的争议。

17 Noëlle Destremau, *Les Évasions manquées de la reine Marie Antoinette* (Paris: n.p., 1990), Chapter 1, "Les premiers projets d'évasion."（Destremau 这篇很短的专论没有页码，但她关于米拉博提出的逃跑建议的综述在这一章的最后一页。）

18 就这个答案仍不为人知的问题，即"路易十六和玛丽·安托瓦内特在到达蒙梅迪之后到底打算做什么，以及他们有没有、有什么样的政治计划来终结法国大革命"的研究，见 Price, 192–205. 正如 Price 指出的那样，在逃跑之前的那个月众人考虑了各种相互冲突的计划，那些计划所预想的结果也大不相同。

19 O.G. de Heidenstam (ed.), *The Letters of Marie Antoinette, Fersen, and Barnave*, trans. Winifred Stephens and Mrs. Wilfrid Jackson (London: John Lane, 1926), 63. 关于"大革命不但依赖语言，而且它本身就是一种语言，一种男人和女人所说（我在这里还要加上：通过衣装上表现出来）的共识的语言"这一关键概念，见 Christie McDonald, "Words of Change: August 12, 1789," in Petrey (ed.), 33–46, 39。

20 事实上，1791 年春她在埃洛夫夫人那里下的三个最大的订单都与蓝色宫廷礼服有关；三个订单中至少一个，一件"上绣小花束的春天穿的蓝色骑马装"似乎搭配了一条白色的"英式三角巾"。见 Reiset, II, 506. 3 月 19 日，她还请人对两件春天穿的骑马装做了修补——一件是蓝红色的，一件是"蓝色条纹"的，并订购了 12 昂的蓝色丝带。见 Reiset, II, 203。

21 Pierre Saint-Amand 更为笼统地提出了这一论点，指出："玛丽·安托瓦内特走向断头台的漫长历程将把她从小册子的无知……带向这样一个节点，她开始亲身实践这些表达方式，符合人们为她创造的形象。玛丽·安托瓦内特变成了她的迫害者们投射的形象，他们的憎恶的化身。"见 Pierre Saint-Amand, "Terrorizing Marie Antoinette," in Goodman (ed.), 266。在这一段落的后文中，Saint-Amand 引用了 Chantal Thomas 同样深刻的观点："那些小册子的词语变成了肉身，她这个自我的肉身。"见 Thomas, 72。

22 Louis-Marie Prudhomme, "Reproche véritable par la majesté du peuple à l'épouse du roi sur ses torts" (Paris: Imprimerie des Révolutions de France, 1790), 6.

23 梅西耶提出了同样的论点，他写道，巴黎人反对看到他们的王后利用儿子，仿佛他是"悲剧中的一件道具"。见 Mercier, *Le Nouveau Paris*, III, 416。

24 虽说早在 3 月她就开始订购少量绿色和紫色服饰了——一件骑马装和 14 昂这两种颜色的丝带（见 Reiset, II, 203）——但这些色彩只在埃洛夫那里下的大批服装订单中才真正凸显出来：1791 年 6 月 1 日，6 月 10 日和 6 月 16 日（见 Reiset, II, 230–235）。同样的色彩方案也出现在她出发前几个月请求罗丝·贝尔坦制作的服饰中：1 月 14 日（一件绿色锦缎礼服）；4 月 24 日（一件白色锦缎宫廷长袍）；5 月 1 日（一件白色薄纱半身裙和"紫色底、紫色条纹"罩裙）；6 月 12 日（为一条紫色塔夫绸宫廷礼服镶边）和 6 月 18 日（为一条蓝黑条纹土耳其裙镶边）。这些记录见 Fonds Jacques Doucet, Dossier 596。

25 Campan, 338.

26 关于这段经历的一个很可能是伪造的说法是，拉费耶特本人得到了王室一家逃跑计划的预警后，直接找到罗丝·贝尔坦质问她是否帮助了他们。为了证明他了解计划中的阴谋，他把王室旅行装束的织物样本甩到了贝尔坦面前。据说贝尔坦其后直接跑到王后跟前警告她说杜伊勒里宫有"某位不忠之人"（也就是那位革命派的衣橱女人）向拉费耶特报告了有关"国王陛下和王后殿下出发那天穿的衣服"的细节。见 Léonard, II, 60–65。

27 Campan, 289–290; Claude-Antoine-Gabriel, Duc de Choiseul-Stainville, *Relation du départ de Louis XVI, le 20 juin 1791* (Paris: Badouin Frères, 1822), 50–52.

28 Hyde, 302.

29 Anonymous, "Memoirs of Marie Antoinette," 23.

30 Camille Desmoulins, *Les Révolutions de France et de Brabant* (31 janvier 1791), no. 62.

31 Campan, 338.

32 关于王室一家在出逃旅程中使用的姓名和他们的装扮的完整清单，见 Reiset, II, 239–240; 以及 Alcide de Beauchesne, *Louis XVII: His Life, His Suffering, His Death: The Captivity of the Royal Family in the Temple*, trans. and ed. W. Hazlitt, 4 vols. (New York: Harper & Bros., 1853), 68–70。Beauchesne 是个彻头彻尾的君主主义者，但就我所知，

他关于王室一家为出逃所穿衣服的叙述并没有明显的理想化或编造的痕迹。事实上就连他有着更明显的政治倾向的叙述，关乎路易·夏尔后来在监狱里被虐待，也得到了政治光谱另一端的人们（例如革命派的监狱哨兵）的证实，这似乎可以表明他是一个可靠的评论人，Ian Dunlop 就是这样认为的。见 Dunlop, 368。

33 Beauchesne, III, 68.

34 罗丝·贝尔坦和埃洛夫夫人的分类账中似乎都没有提到王后据说在逃往瓦雷讷那天穿的裙子或戴的软帽。不过 1791 年 5 月 18 日，她委托贝尔坦做一件朴素的黑色披肩，大概就是她出逃时戴的那一条。见 Archives Nationales de France, O1 3792。她那顶巨大的黑帽子和王室一家的瓦雷讷装束也出现在 Choiseul-Stainville, *Relation du départ de Louis XVI*, 261。

35 许多评论家都指出，就算有这么多行李的负累，费尔森为王室一家找到的那一辆四轮双座篷盖马车也太奢侈和显眼了，不是好的逃跑用车。见 Reiset, II, 241。

36 这套修甲工具是巴黎卡纳瓦莱博物馆的永久藏品。

37 关于这些延误和小事故的亲历者叙述，见 Tourzel, I, 326–328。

38 Haslip, *Marie Antoinette*, 232. 另见 Tackett, 59。

39 Choiseul-Stainville, *Relation du départ de Louis XVI*, 80–84; G. Lenôtre, *The Flight of Marie Antoinette*, trans. Mrs. Rodolph Stawell (Philadelphia: J.B. Lippincott Co., 1908), 229–231; Tackett, 71.

40 见 Lenôtre, *The Flight of Marie Antoinette*, 232; 以及 Michelet, 552。早在 1791 年 6 月 30 日，Métra 的 *Correspondance secrète* 就记录了这一细节。

41 Tackett, 72. 革命传说是，路易十六在圣默努尔德（Sainte-Menehould）走出马车去试吃当地熟食店的猪蹄，德鲁埃就在那时认出了他。不过正如 Tackett 等人所述，这个故事纯属杜撰。

42 Tackett, 75–76.

43 Price, 181.

44 虽说 Bouillé 和他的部队没有出现，但 Choiseul-Stainville 还是设法和一队轻骑兵一起进入了城镇，提出帮助王室一家使用武力逃出瓦雷讷。然而路易十六拒绝了这一计划，理由是"在这场势力不均等的战斗中，可能会有一颗火枪弹射中王后，或者我的女儿、儿子、妹妹"。见 Choiseul-Stainville, *Relation du départ de Louis XVI*, 93–94。

45 Lever, *Marie Antoinette: The Last Queen of France*, 259; Price, 184.

46 Imbert de Saint-Amand, *Marie Antoinette at the Tuileries*, 183.

47 Lever, *Marie Antoinette: The Last Queen of France*, 261.

48 Tackett, 81.

49 Hearsey, 158.

50 Hézècques, 179.

51 Tourzel, I, 360.

52 Campan, 348.

53 Ibid, 349.

54 见 *Le Patriote français* (22 juin 1792), no. 683。

55 关于哥德利埃俱乐部在瓦雷讷之后共和派激烈反对王权运动中所起的关键作用，尤其见 Tackett, 111–116。

56 Marie-Jeanne Philippon, Madame Roland, *Lettres de Madame Roland*, ed. Claude Perrould, 2 vols. (Paris: 1902), II, 316.

57 在兰斯的加冕仪式上，国王被神圣化为"上帝在人间的副手"，是超凡脱俗的人物，法国与天堂之间的调停人。见 Hézècques, iv。

58 Campan, 360–362; Price, 219.

59 Schama, 573.

60 Campan, 360.

61 国王也因参与逃跑而受到了强烈指责，这算是彻底破坏了法国人民起初以为路易十六是支持革命的"法兰西自由的守护者"的观念。关于公众对瓦雷讷逃亡的愤怒反应的更全面综述，见 Tackett, 88–150。对瓦雷讷事件之后大量出现的国王和王后的政治漫画的深入分析，见 Duprat, 58–209。

62 Anonymous, "Memoirs of Marie Antoinette," 51, 62. 在她关于谴责瓦雷讷事件的漫画的研究中，Annie Duprat 注意到，用于称呼王后的"视觉符号"首先包括"有蛇和孔雀或鸵鸟羽毛的发型。……是王后的头发把她变成了一个不和谐的形象，（而）她的衣服构成了（漫画家们）批评的素材，对一个众所周知热爱奢侈时尚的女人，这当然再合适不过了"。见 Duprat, 69。

63 Anonymous, "Nouvelle scène tragicomique et nullement héroique entre M. Louis Bourbon, maître serrurier, et Madame Marie Antoinette, sa femme" (Paris: Imprimerie de Tremblay, 1792 [?]), 6.

64 王后三角巾上的蓝色镶边和帽子上的蓝丝带让人想起了《身穿高勒裙的王后》中的蓝色腰带与羽毛——这一事实证明了那幅油画引发的丑闻一直未断。

65 Hearsey, 155.

66 Campan, 341.

67 有一位评论家暗示说"法国王室一家的逃亡之所以失败（说到底）是因为玛丽·安托瓦内特对时尚的执念"，这句话或许包含了这里所说的全部因素。见 Varron, 912。

68 Reiset, II, 245. 另见 Tackett, 98, 后者提到了这些强盗"在王后的房间"造成的破坏，却没有特别提到她的衣服。

69 关于这一糟糕的买卖——不但用"王位"换了"发型师"的职务，而且还用"权威"换来了"屈辱"——的更多讨论，见 Duprat, 70。

70 与好几幅瓦雷讷漫画一样，这幅漫画也嘲讽王后乔装打扮成"科尔夫男爵夫人"，虽然事实上假装这一身份的是图泽勒夫人，而玛丽·安托瓦内特试图装扮成男爵夫人的家庭教师。很有可能，漫画家们的错误是因为男爵夫人姓氏的德语发音，因而构成了证据，进一步证明玛丽·安托瓦内特一直是一位恶毒的奥地利代理人，而不是爱国的法兰西王后。

71 Lenôtre, *The Flight of Marie Antoinette*, 231.

72 就此而言，从瓦雷讷回来之后一直到她两年后被处决，玛丽·安托瓦内特只在 1792 年 1 月 4 日订购了一次国民丝带，或许很能说明问题。除此之外，看来她完全抛弃了在衣橱中使用三色主题。见 Reiset, II, 506。

73 Louis Prudhomme, "Réponse aux reproches qu'on nous a faits de n'avoir riendit à Marie Antoinette pour l'année 1792," in *Les Révolutions de Paris*, no. 131, 152. 该出版物由 Élysée Loustalot 创办，他于 1790 年去世，此后由 Prudhomme 接管。见 Schama, 445。

74 Campan, 346.

75 埃洛夫的订单见 Reiset, II, 238–250。贝尔坦的订单见 Fonds Jacques Doucet, Dossier 596；以及 Langlade, 221。

76 *Correspondance de Marie Antoinette*, II, 136.

77 Fraser, 358. 另见 Girault de Coursac, 199–237；以及 Schama, 585。

78 Heidenstam, 112.

79 Fonds Jacques Doucet, Dossier 596.

80 Anonymous "Vie de Marie Antoinette, reine de France, femme de Louis XVI, roi des Français" (Paris: May 1791), 130–132; 引用和翻译见 Thomas, 59。

81 引自 Castelot, *Marie Antoinette* (1962), 331。

82 Heidenstam, 189.

83 那是一件绣着鸽灰色花环图案的奶白色锦缎连衣裙的碎片，如今是巴黎卡纳瓦莱博物馆的永久藏品。

84 *Correspondance de Marie Antoinette*, II, 180. André Castelot 猜想王后信中那个模糊难辨的词是"大权在握"。见 Castelot, *Marie Antoinette* (1962), 412。

85 Fraser, 356.

86 *Correspondance de Marie Antoinette*, II, 171–173.

87 Erickson, 300.

88 Langlade, 215–216.

89 Williams, I, 143.

90 Alfred Pizard, *La France en 1789* (Paris: n.d.), 33.

91 Léonard, II, 72 提到了帽子；Fraser, 361 提到了狗。

92 这不是说路易十六在这一时期没有政治主动性，因为正如 Munro Price 等人指出的那样，他对君主制的支持是根深蒂固、不容置疑的。(见 Price, 5, 192–205)。而是说对应该如何应对革命派的威胁，以及以什么样的速度和力度来应对，他和妻子的观点相差甚远。因此，Price 同样指出（ 224–226)，就连路易十六政府中的许多人也认为他毫不关心自己统治面临的种种问题。正如他的外交大臣 Montmorin 在 1791 年 1 月对梅西的好友 Comte de La Marck 所说，国王 "说起他的政事和他的地位的样子，就仿佛在谈论跟中国皇帝有关的事"。见 A. de Baucourt (ed.), *Correspondance entre le Comte de Mirabeau et le Comte de La Marck*, 3 vols. (Paris: 1851), III, 30。

93 Castelot, *Marie Antoinette* (1962), 402.

94 *Correspondance de Marie Antoinette*, II, 178.

95 关于勒布伦的政治立场的一个很好的简述，见 Annemarie Kleinert, "LaMode, miroir de la Révolution française," in Join-Dieterle and Delpierre (eds.), 70–71。另见 Françoise Tétart-Vittu, "Presse et diffusion des modes françaises," in Join Dieterle and Delpierre (eds.), 129–136, 134。

96 见 Pierre Arizzoli-Clémentel (ed.), *Soieries de Lyon: Commandes royales du XVIIIe siècle* (Lyon: Sézanne, 1989), 90–93。

97 *Le Journal de la mode et du goût* (15 février 1791), Cahier XXXVI, 1; and (15 mars 1791), Cahier III, 1–2.

98 关于时尚商人从巴黎出走，见 Morris, I, 368; 引自 Ribeiro, *Fashion in the French Revolution*, 75。

99 Mansel, 71; 另见 Roche, *The Culture of Clothing*, 315。

100 Edmond and Jules de Goncourt, *Histoire de la société française pendant la Révolution* (Paris: Boucher, 2002), 9. 关于这一时期巴黎时尚商人被外省商人们取代，又见 Morris, I, 368。

101 Goncourt, *L'Histoire de la société française*, 12.

102 Delpierre, "Rose Bertin, les marchandes de modes et la Révolution," in Join Dieterle and Delpierre (eds.), 22.

103 *Journal de la cour et de la ville* (1 avril 1790), 12.

104 *Le Journal de la mode et du goût* (25 juin 1790), Cahier XIII, 1.

105 Ibid (15 mai 1791), Cahier IX, 2. 这后来一直是勒布伦喜爱的发型，早在 1791 年 10 月 20 日就重新出现在他的杂志中，一直到 1792 年 8 月 1 日，也就是杂志停办前不久，还会再次出现。

106 *Le Journal de la mode et du goût* (25 mai 1791), Cahier X, 2.

107 Goncourt, *Histoire de la société française*, Chapter V. 另见 Ribeiro, *Fashion and the French Revolution*, 75–76。

108 *Le Journal de la mode et du goût* (25 juin 1791), Cahier XIII, 1; (5 juillet 1791), Cahier

XIV, 1–2; and (15 juillet 1791), Cahier XV, 2.

109 *Le Journal de la mode et du goût* (5 août 1791), Cahier XVII, 1; (15 août 1791), 2; (5 septembre 1791), Cahier XX, 2; (25 septembre 1791), Cahier XXII, 2; (15 novembre 1791), Cahier XXX, 2; (25 décembre 1791), Cahier XXXI, 2.

110 Lever, *Marie Antoinette: The Last Queen of France*, 277.

111 Léonard, II, 68; Langlade, 227.

112 Léonard, II, 68.

113 Lafont d'Aussonne, 569.

114 Baron R.M. de Klinckowström (Fersen's nephew), *Le Comte de Fersen et la cour de France*, 2 vols. (Paris: Firmin-Didot, 1877–1888), II, 219. 另见 Tourzel, II, 109。

115 La Rochetière, II, 339.

116 Reiset, II, 300.

117 F. de Barghon Fort-Rion (ed.), *Mémoires de Madame Élisabeth, sœur de Louis XVI* (Paris: Auguste Vaton, 1860), 401.

118 这一时期，路易十六还否决了一个重罚那些拒绝宣誓效忠《教士的公民组织法》的教士的法案。但他接受了同时期的一个呼吁解散杜伊勒里宫王室卫队的法案。关于战争开始以及这些否决的性质和后果的一个令人信服的综述，见 La Rochetière, II, 317–323；以 及 A. Aulard, *The French Revolution: A Political History, 1789–1804*, trans. and ed. Bernard Mall (New York: Scribners, 1910), II, 31–33。

119 关于"自由帽"和小红帽（其本身还有细微差别）的详情，见 Wrigley, 152–158。

120 Montjoie, 322.

121 Hearsey, 169; Montjoie, 322; Mansel, 156.

122 Mansel, 72. 另见 Duc de Lévis-Mirepoix, *Aventures d'une famille française* (Paris: 1949), 279。

123 然而在暴民威胁地尖叫"你要是爱国，就把小红帽戴在你儿子的头上！"之后，玛丽·安托瓦内特允许给王储戴一顶那样的帽子。见 Imbert de Saint-Amand, *Marie Antoinette and the Downfall of Royalty*, 213。

124 Roussel d'Épinal, 279.

125 关于《一切都会好的》来自玛丽·安托瓦内特在古钢琴上弹奏的曲调的说法出现在 Reiset, II, 130–131。题目和副歌中的"Ça ira"的翻译来自 Williams, I, 143 n. 6。

126 这并不是说丹东和罗伯斯庇尔在其职业生涯一开始就是激进的共和派；丹东和哥德利埃俱乐部是在瓦雷讷之后才采取激进立场的，而罗伯斯庇尔（他曾在 1791 年 6 月谴责哥德利埃俱乐部呼吁建立共和制度的时机还不成熟）也在几个月后完全逆转了自己的君主立宪制立场。见 Karmel, 77–79。

127 *Le Père Duchesne*, no. 123. 值得一提的是，尽管"共和派"情绪在 1791 年 6 月瓦雷讷

逃亡之后开始高涨，尽管埃贝尔本人参与也利用了那一转变，但他一直很谨慎，直到 1792 年秋天才开始为"共和派"背书，也就是路易十六隐藏的国书的出版大大推进了舆论中"去君主化"（用埃贝尔的话说）的时刻。关于这一点，见 Aulard, II, 94–95。

128 Tourzel, II, 204; Castelot, *Marie Antoinette* (1966), 428.

129 Campan, 399. 路易十六则相反，在 1792 年联盟节出现在可能充满敌意的民众面前时，他穿了一件防弹的金属胸甲。见 Lever, *Marie Antoinette: The Last Queen of France*, 277。

130 Imbert de Saint-Amand, *Marie Antoinette and the Downfall of Royalty*, 263–264.

131 玛丽·安托瓦内特在 1792 年 7 月 15 日写给费尔森的信中提到了这一点："巴黎异常焦躁；每个人都在等待着什么大事件发生，每一派都希望事态的发展对自身有利，但我很难想象……"九天后，她在寄给他的另一封信中通知他"国王和王后的生命岌岌可危；哪怕耽搁一天也会造成无法估量的灾难；我们正在极度焦急地等待着（盟军）；……刺杀者队伍日益庞大，已经失控"。见 *Correspondance de Marie Antoinette*, II, 243, 246。

132 Lever, *Marie Antoinette: The Last Queen of France*, 279.

133 Archives Nationales de France, AN C192: Calley, Larchey, Topet, Frenot 等人的证词；另引自 Mansel, 74。

134 *Correspondance de Marie Antoinette*, II, 248.

135 François Huë, *Dernières années du règne et de la vie de Louis XVI par l'un des officiers de la chambre du roi, appelé par ce prince, après la journée du 10 août, à l'honneur de rester auprès de lui et de la famille royale*, with a bibliographical notice by René du Menil de Maricourt (Paris: Henri Plon, 1860 [1814]), 328. 值得一提的是，Huë 的回忆录是在复辟时期之前出版的，因而不可能（也从没有）被视为讨好新的波旁王朝政府的君主主义宣传。

136 这只拖鞋被抢救下来并保留至今，如今是巴黎卡纳瓦莱博物馆的永久藏品。

137 Hearsey, 180.

138 Huë, 339; "Relation de Dufour," in G. Lenôtre (ed.), *La Captivité et la mort de Marie Antoinette, d'après des relations de témoins oculaires et des documents inédits* (Paris: Perrin, 1928), 10; Cléry, *Journal de ce qui s'est passé à la tour du Temple pendant la captivité de Louis XVI, roi de France, au Temple* (Paris: Mercure de France, 1987 [1798]), 45, 206 n. 1. 和 Huë 的回忆录一样，Cléry 的回忆录也是在复辟之前出版的，因此可以免于政治上权宜的保王主义的指控。

139 "Relation de Dufour," in Lenôtre (ed.), 13.

140 Huë, 338.

141 Roussel d'Épinal, 168.

142 J.G. Millingen, *Recollections of Republican France from 1790 to 1801* (London: n.p.,

1848), 120.

143 Roussel d'Épinal, 168. 另一份记录说"礼帽、便帽、软帽还有其他女式服装被扔在（堆积在宫廷地板上的）已经腐烂的尸体上"。见 Hyde, 303。

144 Roussel d'Épinal, 168–169. 关于在抢劫玛丽·安托瓦内特衣橱的暴乱中幸存下来的维杰 - 勒布伦的画作，见 Roussel d'Épinal, 362。

145 Pierre Saint-Amand, "Adorning Marie Antoinette," 29. Saint-Amand 为这一过程发明了一个精彩的说法，用于描述落马王后日益受限和破败的监狱衣橱，即"玛丽·安托瓦内特逐渐去自恋化"。见 Saint-Amand, "Terrorizing Marie Antoinette," 266。

146 Roussel d'Épinal, 92–93, 114–115.

147 在这场王室物品拍卖会上，跟丈夫的服装相比，玛丽·安托瓦内特的服装引发的竞拍要激烈得多。（比方说，国王最奢侈至极的宫廷装束之一，"上面绣着一千朵花"，制作费用高达30000里弗，只拍出了100里弗。）这些拍卖于1793年夏季开始，持续了六个月，但为国民创造的收益却少得可怜。见 Langlade, 225–226；以及 Fraser, 420。据 Roussel d'Épinal 说，路易十六在加冕礼上得到的王冠的权杖被送到了造币厂熔化，以提炼金子（369 n. 2）。

148 关于 8 月 10 日之后"王室衣物的集体大面积传播"，见 Wrigley, 21。正如 Wrigley 指出的那样，8 月 13 日，国民公会下令从杜伊勒里宫偷来的一切物品都必须交还，放到国家档案室，但就玛丽·安托瓦内特的衣服而言，这项法令似乎没有被严格遵守。

149 关于王室成员遗弃的个人物品变成了君主主义的遗物，见 Wrigley, 18–25。关于衣物在现代早期被当作"纪念物品"的更详细讨论，见 Ann Rosalind Jones and Peter Stallybrass, *Renaissance Clothing and the Materials of Memory* (New York: Cambridge University Press, 2000)。虽然该书主要讨论的是文艺复兴时期的英格兰，但其中心主题十分迷人，即现代早期的人们认为记忆起初存留在衣服上，后来会逐渐"漂泊并发生不安分的变化"。如果深入地考察在君主被处决之后那段时间，革命者的国家政策就是试图清除君主的记忆，这一主题尤其有用。

150 订购该高发髻的订单如今保存在法国国家档案馆，F4 1311，并转载于 Langlade, 225。

151 关于这一点，见 Soboul, 22; Ribeiro, *Fashion in the French Revolution*, 67–70；以及 Roche, "Apparences révolutionnaires ou révolution des apparences," in Join-Dieterle and Delpierre (eds.), 193。

152 Williams, II, 193. 众所周知，马克西米利安·罗伯斯庇尔在这一点上与众不同，虽然他的政治立场激进，但他更喜欢代表旧制度的那种涂粉末的发型，穿着合身的丝质短上衣，以及完美无瑕的荷叶边领结。正如 Helen Maria Williams 在提到这位雅各宾派领袖时所说，他"自始至终穿戴整齐，而且优雅漂亮，虽然他自称无套裤汉的领袖，却从未采纳他那一群人的着装风格"（I, 194）。关于无套裤汉的褴褛衣装的更多讨论，见 Roussel d'Épinal, 267。就事实而论，其中许多人富裕得多，远不是他们的破烂制服所显示的那样，一个明显的例子就是成功的酿酒师 Santerre，此人曾参与攻占巴士底狱并参与领导了 1792 年 6 月 20 日攻打杜伊勒里宫。正如 Simon Schama 指出的，Santerre 和其他一些无套裤汉的领袖"不仅生活小康，而且很富有"；如此说来，他们采纳工人阶级的长裤就是"对（卑微的）工艺品店世界的浪漫化"，而他们自己的出身"远好于手工业者阶层"。见 Schama, 602–603。19 世纪作家大仲马在以康乃馨事件为原型所写的历史小说《红屋骑士》（*Le Chevalier de Maison-Rouge*）中写道，"外人从 Santerre 那满是油污的夹克衫上，一眼就能看到他的爱国主义"，就是在取笑这种矛盾现象。见 Dumas, *Le Chevalier de Maison-Rouge*, ed. Gilbert Sigaux (Lausanne: Rencontre, 1967), 170。

153 F. Hervé (ed.), *Madame Tussaud's Memoirs and Reminiscences of France* (London, 1838), 177.

154 关于这一点，又见 Dr. John Moore, *A Journal During a Residence in France, from the Beginning of August to the Middle of December, 1792*, 2 vols. (London, 1793), II, 430；引自 Ribeiro, *Fashion in the French Revolution*, 70，她在书中更广泛地讨论在革命的这一阶段，"功能性的简洁……有时被推向极致，以表示同情共和派的决心"。奥尔良受到的怀疑在他 1793 年被当作反革命嫌疑人受审和被处决之时大白于天下，但早在他 1792 年秋入选新的国民公会时，他已经不那么受公众爱戴了。正如 A. Aulard 指出的，奥尔良得到的票数少于其他任何一位巴黎代表。见 Aulard, II, 122。

第十章　黑色

1　Zweig, 367.

2　Tourzel, II, 347.

3　Huë, 343.

4　Lever, *Marie Antoinette: The Last Queen of France*, 282.

5　Huë, 348.

6　Ibid, 347.

7　Castelot, *Marie Antoinette* (1962), 444.

8　小王储在圣殿里玩的一只小木马和木马车幸存至今；它的一张照片出现在 Castelot, *Marie Antoinette* (1989), 196。

9　Fraser, 384. 在她的文本中，Fraser 提到这只小狗时用了昵称"米尼翁"（意为"小可爱"）。但我保留了朗巴勒夫人送给王后时为它取的名字"提贝"，部分原因是那正好是我自己的狗的名字，部分原因是在奥维德的《变形记》中，这个名字代表着至死忠诚，这正是朗巴勒夫人表现出来的特质。有趣的是，小说家大仲马在叙述玛丽·安托瓦内特被囚禁时给这只小狗重新取名为"小黑"，并想象在它的女主人走向断头台时，"筋疲力尽、骨瘦如柴、极其衰弱"的小黑在巴黎街道的一个角落里悲伤地号叫着。在这一场景中，小黑自己也和玛丽·安托瓦内特的黑色丧服和她的好友朗巴勒的黑色河狸帽一样，变成了不可磨灭的君主主义忠诚和（无法用语言表达的）悲悼的形象。见 Dumas, *Le Chevalier de Maison-Rouge*, 492。

10　Cléry, 63.

11　关于玛丽·安托瓦内特样貌的变化，最详细的叙述出现在 Walter 关于王后受审的序言部分。见 Walter, 57。

12　引自 Castelot, *Marie Antoinette* (1962), 448。

13　"Relation de Goret," in Lenôtre (ed.), 129 n. 1.

14　Cléry, 45.

15　Madeleine Delpierre 称，波旁王朝在圣殿的装束暴露了"简洁朴素与奢华残余的混杂……这一点意味深长"。见 Delpierre, "La Garde-robe de la famille royale au Temple," in Delpierre and Join-Dieterle (eds.), 27–30, 30。

16　"Relation de Moelle," in Lenôtre (ed.), 204–205 n. 1. 与 Lenôtre 的文集的大部分叙述一样，Moelle 的记录也是在复辟时期首次出版的。见 Moelle, *Six journées passées au Temple et autres details sur la famille royale qui y a été détenu* (Paris: Dentu, 1820)。

17　关于 1791 年 5 月 1 日在贝尔坦那里下的订单，见 Archives Nationales, O1 3792; 以及 Langlade, 221。关于她被监禁之初在贝尔坦那里下的订单，见 Archives Nationales, F4 1311; 以及 Langlade, 240。关于她这一时期在埃洛夫那里下的订单，见 Reiset, II, 347–350。关于她在圣殿期间在其他各类时尚供应商那里下的订单，见 Asquith, 194–195。

18　Langlade, 255; Archives Nationales de France, F4 1311.

19　Reiset, II, 507. 她同一时期在圣殿穿着的那条棕色的绣花连衣裙也在以下资料中出现："Relation de Moelle," in Lenôtre (ed.), 206，还有那件塔夫绸罩衫连衣裙，206 n. 1。关于"巴黎泥土"颜色的时尚实用性，见 Reiset, II, 342。就连这种单调的颜色似乎也是玛丽·安托瓦内特的时尚传说的一部分，因为一位为《纽约时报杂志》撰文的记者最近预测说"下一季，（时尚将）很可能向玛丽·安托瓦内特的设计师罗丝·贝尔坦集体（行）屈膝礼，她以巴黎排水沟的泥土颜色为素材创造出了一种棕色调"。见 Horacio Silva, "Belles de Jour," *The New York Times Magazine* (February 26, 2006): 80。本书后文中会提到，2005 年 12 月 Rocahs 推出的那一款色彩单调的"玛丽·安托瓦内特"连衣裙也发出了同样的预言。

20　据 Huë 说，她还有三位尚寝服侍她，但看起来她们都没资格或不愿意协助王后的更衣仪式。至于 Cléry，他说他本人是被招募来为玛丽·安托瓦内特做头发的；见 Cléry, 63。

21　这样的担心或许也符合玛丽·安托瓦内特对个人卫生的"日耳曼式"挑剔，当年在凡尔赛宫服侍她的人，例如康庞夫人，以及后来在古监狱里服侍过她的，如罗莎莉·拉莫里埃尔（下文引用），都提到过这一点。

22 "Relation de Moelle," in Lenôtre (ed.), 206–207.

23 一份在恐怖统治时期撰写的报告声称莱昂纳尔被送上了断头台，据说是因为他与王后的关系可疑，但那份报告后来被证明是假的，因为莱昂纳尔设法逃过了官方的注意，一直活到其后那个世纪。（他可能有一个兄弟代他受到了处决。）见 Lenôtre, *The Flight of Marie Antoinette*, 232–237。

24 虽然通常人们都叫他克莱里，但这位贴身男仆的全名是 Jean-Baptiste Cathaney。正如 Simone Bertière 指出的那样，正是因为克莱里"在 1789 年证明了自己爱国"，Pétion 才接受他的请求，让他到圣殿里侍奉王室一家。见 Bertière, 603。

25 从 1785 年到 1788 年，莱昂纳尔每年为王后服务的所得在 1574–4063 里弗。见 Archives Nationales de France, O1. 3792。

26 Carrolly Erickson 出于一个有些不同的原因，猜测说"为购买衣饰花费公社（的钱）可能让安托瓦内特获得了少量的满足感，鉴于她坚信奥地利和普鲁士士兵随时可能攻入巴黎"。见 Erickson, 320–321。

27 康庞夫人写道，玛丽·安托瓦内特对路易十六的喜爱在他们被监禁前那十年持续增加，虽然她的情感从来不是那种排山倒海的浪漫激情，但王后对丈夫的"良善个性怀着（强烈的）热爱和温存"。见 Campan, 211。

28 Castelot, *Marie Antoinette* (1962), 447.

29 Bertière, 609.

30 M. Cléry, *Journal de ce qui s'est passé à la tour du Temple, suivi de "Dernières heures de Louis XVI," par l'abbé Edgeworth de Firmont, et de "Mémoire" écrit par Madame Royale de France*, ed. Jacques Brosse (Paris: Mercure de France, 1987), 42.

31 Cléry, 41.

32 Ibid, 40.

33 *La Chronique de Paris* (21 août 1792); 另引自 de Baecque, *Glory and Terror*, 221。

34 Cléry, 63; Huë, 351–352.

35 Cléry, 69.

36 Zweig, 370; Bertière, 610–611.

37 Fraser, 386. 但长公主记到，她和家人偶尔会获准阅读一些革命派报纸，报道国民对反法盟军作战节节胜利，以及法国贵族继续出走，前往法国境外的目的地。间或打破不准读报纸规则的例外看起来旨在挫败囚犯们的士气。见 Madame Royale de France, *Mémoire sur la captivité des princes et princesses ses parents depuis le 10 août 1792 jusqu'à la mort de son frère*, in Cléry, 131–183, 141。

38 Huë, 366–367; Cléry, 51–52.

39 关于这一点，见 Fraser, 409；以及下文注释 172。

40 早在 8 月 10 日暴乱发生前的那段时间，巴黎人就已经正式要求推翻君主制了，议会成员未能及时应对这一要求，说服人们不要使用暴力。

41 Schama, 627; Aulard, Ⅱ, 109.

42 *Chronique de Paris* (19 septembre 1792); 引自 Aulard, Ⅱ, 107。

43 Reiset, Ⅱ, 361.

44 Campan, 306. André Sarazin 提到随着时间的流逝，白色徽章也在旺代的反革命起义者中间变得随处可见；见 La Rochejaquelein, xxx。

45 迪蒙肖像原稿的日期可能是 1791 年（Marguerite Jallut 研究结论）和 1792 年（Comte de Reiset 的研究结论）；Reiset 认为她在 1792 年夏天的某个时候把微缩版送给了图泽勒夫人和 Fitz-James 公爵夫人。见 Reiset, Ⅱ, 287。相反，Jallut 认为这些微缩版是波兰画家 Alexandre Kucharski 所画（他还在 1792 年夏画了一幅未完成的玛丽·安托瓦内特肖像，画中的王后穿了一件全然不同的装束）。Jallut 认为，迪蒙的图片归属于路易十六本人，后来被一位名叫 Tardieu 的版画家复制了。见 Jallut, 58。

46 *Le Journal de la mode et du goût* (20 septembre 1792), 2. 事实上，在纪念瓦雷讷逃亡一周年的那一期杂志上，勒布伦传达了同样的信息。在那一期中，他也主打推出了一个黄黑色反革命高发髻，还评论说："这完全是象征性的，关于应该如何诠释它们，贵妇们了然于胸。"见 *Le Journal de la mode et du goût* (20 juin 1792), Cahier ⅩⅨ, 3。

47 Aulard, Ⅱ, 91.

48 Erickson, 305.

49 Campan, 306. 同样，Mark Wrigley 也记录了这些"混乱的标志"——波旁王朝的玫瑰结饰物——在这一时期引发的暴力行为。见 Wrigley, 102–103。

50 Cléry, 46. 伊丽莎白夫人也被迫帮忙拆下了那些王室花押字。

51 Thomas, 103. 根据 Annie Duprat 的说法，埃贝尔尤其警觉地强调囚犯们穿衣必须简朴，认为那是为共和国"去君主化"的宏大工程的一部分。见 Duprat, 208。

52 Godechot, 113. 正如 Godechot 指出的那样，让 - 保罗·马拉尤其积极地煽动公众的恐惧情绪，即巴黎各处的贵族囚犯正在酝酿反革命情绪。

53 Madame Royale, 138.

54 引自 Hearsay, 192。关于这一事件的另一个佐证见 Wrigley, 115。据康庞夫人说，同样的策略也被用于王室一家 8 月 10 日之后暂居弗扬修道院的那几天保护他们的人身安全。见 Campan, 409。

55 de Baecque, *Glory and Terror*, 78. 相反，Antonia Fraser 强调说，朗巴勒被杀害之后还被做头发的故事之所以"可信"，是因为"亲王夫人在拉福斯监狱外面被斧头袭击之后不可能还保留原本的发型，哪怕她在那里的两周一直设法保留着"，而那头做好发型的金发让她被那些居住在圣殿的人"一眼认出来"。

56 引自 de Baecque, *Glory and Terror*, 79；以及 M. de Lescure, *La Princesse de Lamballe* (Paris: H. Plon, 1864), 421.

57 引自 Beauchesne, 364–365; 以及 de Baecque, *Glory and Terror*, 79。

58 我对此的解读与 Antoine de Baecque 全然不同，她指出朗巴勒被重做发型的"目的是显示，与当时的漂橹流血不同……亲王夫人希望活得精致美丽。(她)甜美的、精心打扮的、浮夸的外表代表着受害者所属的那个过去和阶层：旧制度，宫廷"。见 de Baecque, *Glory and Terror*, 80。这一观察很有启发，但它没有指出事实上朗巴勒"精心打扮的、浮夸的外表"具体而言跟王后一模一样，她不但长得像王后，穿衣品味也一样，而不仅仅是笼统地代表宫廷。

59 de Baecque, *Glory and Terror*, 80.

60 Nicolas Rétif de la Bretonne, *Les Nuits révolutionnaires: 1789–1793*, preface by Charles Brabant (Paris: Éditions de Paris, 1989), 103. 和其他所谓的目击者一样，Rétif 也强调杀害朗巴勒的人决定在把她的头颅带到圣殿之前，先给她的头发"清洗和上卷"(103)。

61 此话引自 de Baecque's (*Glory and Terror*, 80)，但他只是把这些特质笼统解读为"可耻的女性气质的标志"，而没有强调它们在很大程度上突出了两位朋友具体的、共同的(也同样"可耻的")对时尚的执着。

62 Madame Royale, 138.

63 Ibid.

64 Fraser, 389.

65 Madame Royale, 138; Moore, 183.

66 Chevalier Nicolas de Maistre, *Marie Antoinette, Archiduchesse d'Autriche, Reine de France (1793)*, ed. Paul de Perugia (Mayenne: Yves Floch, 1993 [1793]), 23.

67 Anonymous, *La Famille royale préservée au Temple par la garde nationale de Paris et surtout par la conduite énergique d'un officier municipal, secondé par les commissaires deservices, le 3 septembre 1792*, 引自 de Baecque, *GloryandTerror*, 62; 以及 Georges Bertin, *Madame de Lamballe d'après des documents inédits* (Paris: Bureaux de la Revue retrospective, 1888), 323–326。

68 Fraser, 387; Godechot, 114.

69 "Vie de Marie Antoinette d'Autriche," 124; 引用和翻译见 Thomas,124。与"Essai historique"一样，《玛丽·安托瓦内特的一生》也重印过好几次，每一次都被扩充，加入最新的时事和诽谤的指控。因此，这里引用的版本就影射了朗巴勒被监禁(1792年8月)和监狱大屠杀(1792年9月)，即便有一个早期版本出版于1791年夏。

70 或许不是偶然，这一白色皮肤上的红色印记的比喻也出现在对钻石项链事件中拉莫特夫人的惩罚的描述中，即在皮肤上印一个红色的字母"V"，代表"盗贼"(*voleuse*)之意。莱昂纳尔的回忆录中就提到了拉莫特"如锦缎般雪白的皮肤上"一个跳动的红色"V"字(Ⅱ, 108)。

71 "Vie de Marie Antoinette," 78; 引用和翻译见 Thomas, 134。

72 正如 Antoine de Baecque 指出的那样，国民公会从未正式"宣布建立新制度。历史学家翻遍关于法兰西第一共和国的档案，也找不到一份关于建立该共和国的正式法令。他只能找到一份署期为 1792 年 9 月 21 日的文件，国家档案馆创始人卡缪提出，从今日起（一切）行政文件都标注为'法兰西共和国第一年'"（*Glory and Terror*, 87）。不过，9 月 21 日是通常认为的废除君主制、建立共和国的日期，有时也被认为是 9 月 22 日，因为后者是重申卡缪的"第一年"观念的法令发布的日期。见 Godechot, 121。

73 在第二天的 *Le Moniteur universel*, no. 266（22 septembre 1792）中报道。正如 Aulard 指出的，国民制宪议会曾在 8 月 14 日宣称国王的名字应该从公务员名单和所有政府文件中除去。同样，巴黎公社也在 1792 年 8 月 21 日颁布法律销毁一切纹章和王室徽章，然而事实上，许多这类徽章早在 1791 年 6 月瓦雷讷之后就被销毁了。见 Aulard, II, 85–86, 92。

74 David P. Jordan, *The King's Trial: The French Revolution versus Louis XVI* (Berkeley: University of California Press, 1979), 57–58.

75 Jordan, 58.

76 关于审判国王的法律和政治复杂性，见 Jordan, 56–207，以及 Michael Walzer 为他的文集 *Regicide and Revolution: Speeches at the Trial of Louis XVI* 所写的篇幅很长的精彩序言，trans. Marian Rothstein (New York: Columbia University Press, 1992), especially 8–68。

77 Walzer, 123–124; 原文斜体字。

78 Godechot, 123; Erickson, 323–324.

79 Aulard, II, 83.

80 Walzer, 138.

81 Ibid. 然而，罗伯斯庇尔的代表同事 Maihle 指出，作为受到《萨利克法》约束的配偶，玛丽·安托瓦内特的案件不值得像她丈夫的案子那样得到特殊对待："她有什么权力得到路易十六那样的对待？那些有着'法兰西王后'名分的女人的头颅，难道就比叛军或阴谋者暴民的头颅更不可侵犯或者更神圣吗？要审讯她的案子，应该先确定以什么样的罪名指控她，而那些指控只应被提交给普通法庭。"见 Walzer, 108。

82 之所以要这样改变称呼，或许不仅仅是为了剥夺路易十六的王室称号，还是为了提醒他，如 Michael Walzer 所说，"国王曾经也是被选出来的"，其证据就是"在法国，统治者家庭本身的权威可以追溯至于格·卡佩被选出，他的父亲不是国王，他本人也不是征服者"（47）。尽管如此，路易十六本人仍极度反对这一称呼；见 Cléry, 74。

83 帮助国王更衣前往国民公会的 Cléry 证说，他穿戴着"礼帽和骑马装"（74）。这里提到的骑马装就是他在被监禁期间订购的那件"王后的头发颜色的骑马装"，这一事实则是通过下书中提到的他的"黄色调外套"中看出来的：*Grand détail exact de l'interrogatoire de Louis Capet à la barre de la Convention nationale* (Paris: 1792), 引自

de Baecque, *Glory and Terror*, 90。

84 Cléry, 77.

85 Godechot, 125.

86 Ibid, 126. 另见 *Décrets de la Convention nationale des 15, 16, 17, 19 et 20 janvier*, Article I。Article II 中规定了死刑。

87 Cléry, 104–105.

88 "Relation de Goret," in Lenôtre (ed.), 148.

89 Lever, *Marie Antoinette: The Last Queen of France*, 288; "Relation de Turgy," in Lenôtre (ed.), 102. 据 Bertrand de Molleville 说，路易十六就是穿着那件王后的头发颜色的骑马装走向断头台的。见 Molleville, III, 219。

90 Lenôtre (ed.), "Relation de Goret," 149, and "Relation de Turgy," 129. 各类王后传记通常会记录这一事件，但我应该指出，Antonia Fraser 质疑了它的可信性，理由是长公主，即母亲那天的反应的"主要目击者"没有提到这一点，而且在路易十六刚刚被处决后就"公开拥立男孩为国王这一行为是极其危险的"（404–405）。

91 Schama, 673.

92 *Correspondance de Marie Antoinette*, II, 180.

93 *Correspondance de Marie Antoinette*, II, 236.

94 Fraser, 404; Madame Royale, 147.

95 "Relation de Goret," in Lenôtre (ed.), 149. 这一说法得到了 Madame Royale, 147 的证实。

96 Antonia Fraser 也指出"作为法兰西国王的寡妇，她（认为自己的丧服）有着重大的象征意义"（378）。

97 "Relation de Goret," in Lenôtre (ed.), *La Captivité et la mort de Marie Antoinette*, 149. 另见 *Demandes de Marie Antoinette à la Commune de Paris, avec les arrêts que la Commune a pris sur ces demandes (23 janvier 1793)*, in the Archives Nationales de France, N. L641.489。

98 Fraser 认定 Pion 就是制作那些衣物的女人，但 Haslip 说她是"此前管理（长公主的）宫务的侍女"，只是被带到监狱里来对从另一位不知姓名的供货商那里购买的不合适的衣服"做些改动"。Dunlop 则认为 Pion 是"图泽勒夫人手下的人"，只是提到她被请来为服丧的王室一家"准备衣服"。见 Fraser, 378; Haslip, *Marie Antoinette*, 278; 以及 Dunlop, 363。

99 Dunlop, 363–364.

100 "Relation de Lepitre," in Lenôtre (ed.), 172; Delpierre, "La Garde-robe de lafamille royale au Temple," in Delpierre and Join-Dieterle (eds.), 29; F. de Vyré, *Marie Antoinette: Sa vie, sa mort* (Paris: Plon, 1889); and the Archives Nationales de France, F4.1314, miscellaneous *mémoires* dated January 26 and 27, 1793.

101 Archives Nationales de France, AF Ⅱ 3, plate 14; 转载于 Sapori, ill. 57。贝尔坦的明细账单转载于 Sapori, ill. 58。

102 见上文注释 100；以及 Delpierre, "La Garde-robe de la famille royaleau Temple," in Delpierre and Join-Dieterle (eds.), 29。

103 Sapori, 231.

104 Abby Zanger, "Making Sweat: Sex and the Gender of National Reproduction in the Marriage of Louis ⅩⅢ," in Françoise Jaouën and Ben Semple, *Corps mystique, corps sacré: Textual Transfigurations of the Body from the Middle Ages to the Seventeenth Century*, a special issue of *Yale French Studies*, no. 86 (New Haven and London: Yale University Press, 1994): 187–205, 188. 关于六个月的哀悼期，见 Reiset, Ⅱ, 224。

105 Jacques de Norvins, *Mémorial*, 2 vols. (Paris: 1896), Ⅰ, 56. 另见 Mercier, "De l'habit noir," in *Tableau de Paris*, Ⅰ, 200–201。

106 Castelot, *Queen of France: A Biography of Marie Antoinette*, trans. Denise Folliot (New York: Harper & Brothers, 1957), 76. 另见 Erickson, 95–96。

107 很难精确追溯现代早期法国服丧的微妙差别，因为关于何为正确的服饰、为谁，以及在服丧过程的哪一个阶段等问题，不同的资料给出的信息是相互矛盾的。不过以下著作中有关于这一课题的有用的信息：Reiset, Ⅱ, 223–225; Roussel d'Épinal, 308–309; Kraatz, "Marie Antoinette: la passion des étoffes," 76–77; and Pellegrin, 71–73. Erickson, 95–96，对路易十五时期法国王室丧礼的解释与 Castelot, *Queen of France* (1957), 76 的解释非常相近。

108 *Le Journal de la mode et du goût* (25 mars 1790), Cahier Ⅳ, 7–8.

109 Pellegrin, 72.

110 关于一位男子因佩戴黑色纽扣和黑衣领而被捕的报道，见 Pellegrin, 49。

111 Molleville, Ⅲ, 220; Erickson, 329; Schama, 670.

112 1815 年复辟时期开始时，前普罗旺斯伯爵路易十八登上王位后，将路易十六和玛丽·安托瓦特两人的遗体掘出，重新埋葬在了圣但尼圣殿主教堂。关于两人死后被掘坟墓，或许最令人难忘的叙述见于 René de Chateaubriand, *Mémoires d'Outre-Tombe*, 2 vols. (Paris: Gallimard/ Pléïade, 1955 [1803–1841]), Ⅰ, 906。在这部回忆录中，Chateaubriand 声称在玛丽·安托瓦内特已经裸露在外的腭骨上，辨认出了她曾经迷人的微笑。

113 这幅版画或许是当时最著名的被斩首国王的形象，被复制在 Caroline Weber, *Terror and Its Discontents*, 67–68。在 Bibliothèque Nationale de France, Département des Estampes, Qb1 M101 880 也可以看到。应该在这里指出，"fields" 是对法语词汇 *sillons* 的一个粗略的译法，更精确的译法应该是 "furrows in the land"，只不过在英文中听起来有些古怪。类似的形象还通过 Prudhomme 的报纸 *Les Révolutions de Paris* 广泛传播。

114 引自 Haslip, *Marie Antoinette,* 277。关于英国人对路易十六之死的反应，见 Dunlop, 362；以及 David Bindman, *In the Shadow of the Guillotine: Britain and the French Revolution* (London: British Museum Publications, 1989)。

115 Haslip, *Marie Antoinette,* 277; Fraser, 412.

116 关于这一时期君主主义者穿戴黑色服饰，见 Léonard, Ⅱ, 287。

117 Mercier, "Collets noirs," in *Le Nouveau Paris,* Ⅱ, 206.

118 关于由君主主义者的黑色徽章引发的暴力，见 Pellegrin, 49–50。这种暴力在 8 月 10 日之前已经显而易见，比方说暴民们袭击为利奥波德二世服丧的王室卫兵。关于这一时期君主主义者被迫转入地下的程度，见 Aulard, Ⅱ, 119。

119 为王室服丧一直是高度政治化的事件，事实上当迪巴利夫人在 1793 年 11 月被带到革命法庭上受审时，对她的指控之一就是她曾"为卡佩服丧"。而事实是，迪巴利从英格兰（短暂流亡地）回到法国时正好穿着黑衣，但那是在悼念一位刚刚去世的情人，而不是她前情人的孙子路易十六。她受审记录的这部分内容被引用在下书中：H. Noel Williams, *Memoirs of Madame Dubarry of the Court of Louis XV* (New York: P.F. Collier & Son, 1910), 370–371。

120 正如 19 世纪最伟大的大革命历史学家之一 Edgar Quinet 所说，"国王一旦死去，（共和派）觉得到处都是王权的重生：人们似乎随身携带着或穿戴着它"。见 Edgar Quinet, *La Révolution française,* preface by Claude Lefort (Paris: Belin, 1989), 356。

121 引自 Wrigley, 116；摘自 *Archives Parlementaires,* no. 59 (8 mars 1793), 712。

122 共和派关于公民如何穿着，以及不受控的服饰能否引发政治混乱的焦虑，最终导致国民公会代表、政治宣传家和艺术家 Jacques-Louis David 开始为拟议的法国人的国民制服画素描。这一事件还引发了 Claude-François-Xavier Mercier de Compiègne 出版了 *Comment m'habillerai-je? Réflexions politiques et philosophiques sur l'habillement françois et sur la necessité d'un costume national* (Paris: 1793)。在这部文本中，Mercier de Compiègne 批评了旧制度"通过帽子来纪念不朽英雄"的做法，格林纳达帽就是一例，并指出在罗马时期，人们是通过公共纪念碑来纪念英雄人物的（4, 8–10）。

123 讽刺的是，对丝绸的"爱国"禁运的结果与批评者们指控王后（不爱国地）穿平纹细布等外国织物的结果别无二致：摧毁了法国的丝绸业。1786 年里昂有 12000 台丝绸织机在运转，而到 1793 年，这一数字下降到了 5000 台。见 Mansel, 71, 74–75。

124 Wrigley, 104. Wrigley 还指出，到 1793 年 4 月，国民公会审议的提议中就有关于具体如何正确佩戴徽章的立法：大小、别在帽子上的位置等（105）。

125 Schama, 735.

126 正如 Roussel d'Épinal 指出的，这一策略有时是有效的，比方说它曾救了君主主义杂志 *Journal de la cour et de la ville* 的出版人的性命。事实上，王室囚犯们本人或许也从这一策略中获益不少；有一个从未实施的搭救王后及其家人的做法就是让她的孩子们穿上敌人们"破烂褴褛的长裤"。见 Fraser, 409。

127 有趣的是，埃德加·爱伦·坡 1845 年的短篇小说《失窃的信》的场景就是巴黎，标题中的那封信就是一位背信弃义的大臣从法国王后那里偷走的，想敲诈或诽谤王后。坡笔下那位天才的侦探杜宾发现，为了藏匿那封信，"大臣做了一个最通透也最明智的实验，根本不藏"，就把它放在"所有人的眼皮底下，这是防止任何人看到它的最好方式"。玛丽·安托瓦内特毕竟习惯了生活在"众目睽睽之下（*devant tout le monde*）"，她请求服丧时使用的或许正是这一策略。穿上这身衣服的她恰是"在所有人的眼皮底下"展示自己的君主主义信念，却又让其押者们视而不见。对坡的故事的经典的心理分析见 Jacques Lacan, "Séminaire sur la 'Lettre volée,'" in *Écrits*, 2 vols. (Paris: Seuil, 1966–1967), I, 19–75。

128 "Relation de Goret," Lenôtre (ed.), 149.

129 Pellegrin, 71.

130 Fraser, 408.

131 见 Anonymous, "Les Fureurs utérines de Marie Antoinette" (n.p., [1791])。

132 关于库哈尔斯基去圣殿以及后来去古监狱看望王后，见 Jallut, 64–65。库哈尔斯基这一时期的一幅王后画像的铭文上写着，他费了很大力气"重现她的丧服，尽力刻画出最微小的细节"；引自 Jallut, 67。

133 正如长公主在回忆母亲这一时期时所说，"对她来说，活着和死去已经没有什么分别了"。见 Madame Royale, 147。

134 狱卒们容忍王后的衣装选择的其他证据还有因犯们 1793 年前四个月的花费记录。记录显示，玛丽·安托瓦内特和家人们为修补和清洗他们的丧服获准花费了近 2000 里弗。见 Archives Nationales de France, F4.1314。

135 Fraser, 408.

136 "Relation de Moelle," in Lenôtre (ed.), 213. Fraser 总结说，王后本身也怀有同样的希望，证据是在与默勒谈话后不久，玛丽·安托瓦内特把一个压印戒指或玺印上的铭文印痕寄给了费尔森：*Tutto a te mi guida*（"一切都把我带往你身边"），随附的纸条上写着"这句话就要变成现实了"。见 Fraser, 410。关于卫兵的评论，见 Madame Royale, 147。

137 旺代暴乱的复杂性当然不在本书的讨论范围之内。关于这个问题的更全面的探讨，见 André Sarazin's introduction to Rochejaquelein, 9–30。

138 *Le Moniteur* (27 mars 1793), 816.

139 *Procès de Marie Antoinette, ci-devant reine des français, ou, recueil exact de tous ses Interrogatoires, réponses, dépositions des témoins* (Paris: Chez les Principaux Libraires, 1793), 87. 关于这一标志对反革命煽动者的重要意义，见 Reiset, II, 361。

140 检方在 1793 年 10 月审判玛丽·安托瓦内特期间对这个布片的讨论有力证实了这一点。见 *Procès de Marie Antoinette*, 43, 86–87, 136。

141 *Procès de Marie Antoinette,* 104. 在法庭作证时，Jobert 明确说出他给"卡佩寡妇和他的女儿"展示了一些徽章（104）。

142 *Procès de Marie Antoinette*, 104.

143 Ibid. 应该补充一句，关于美狄亚徽章的发现不是共和派杜撰出来的：在接受审判期间，玛丽·安托瓦内特本人亲口承认她在圣殿期间拥有这枚浮雕小徽章。见 *Procès de Marie Antoinette*, 97。

144 关于"革命如何继续利用王后的名字"并把她等同于其他各类怪异恶毒和臭名昭彰的人物或动物来诋毁她，见 Pierre Saint-Amand, "Terrorizing Marie Antoinette," in Goodman (ed.), 265。

145 Anonymous pamphlet published as a preface to *Procès criminel de Marie Antoinette de Lorraine, archiduchesse d'Autriche* (Paris: Chez Denné, Chez la citoyenne Toubon, Chez Courdier, 1793), 7.

146 事实上，对于那些收到了库哈尔斯基所画的她身穿黑衣的肖像的君主主义者而言，王后的丧服就是他们的集结号，因为波兰画家把这幅画作的复制品广泛分发给了海外流亡者。见 Jallut, 66–68。

147 引自 Delorme, 300。

148 Lever, *Marie Antoinette: The Last Queen of France,* 290.

149 引自 Delorme, 301。

150 Madame Royale, 154.

151 是长公主告诉我们当玛丽·安托瓦内特"得知将由她以前见过的补鞋匠西蒙来负责照顾她可怜的孩子时，她悲痛欲绝"；见 Madame Royale, 154。关于巴黎公社——尤其是它的采购总长 Chaumette ——在设计和实施路易·夏尔的"爱国主义再教育"计划中所起的作用，见 Jacques Hamann, "Louis XVII et l'enfant du Temple," in Léri and Tulard (eds.), 70–72；以及 Fraser, 413。Fraser 引用 Chaumette 提到男孩的话："我希望给他一些教育。我希望让他离开家人，从而彻底忘记自己的头衔。"

152 Madame Royale de France, 157. 关于路易·夏尔在父亲死后得到的那身黑衣，见他的裁缝 Bosquet 署期为 1793 年 1 月 26 日的账单，收藏于 Archives Nationales de France, F.1314。

153 Madame Royale, 157.

154 Ibid, 155.

155 反法联盟军刚在 Valenciennes 赢得了一场关键的胜利，这会让他们长驱直入进军巴黎，形势十分危险；国民公会似乎认为审判玛丽·安托瓦内特能让他们掌握一些制敌的法门。见 André Castelot, *Le Procès de Marie Antoinette* (Paris: Perrin, 1993), 106–107。此外如 Antonia Fraser 强调的那样，国民公会受到了来自好战的无套裤汉的巨大压力，要求严厉惩罚被关押的寡妇。见 Fraser, 424–425。

156 Madame Royale, 156.

157 Castelot, *Marie Antoinette* (1962), 471.

158 Madame Royale, 156.

159 Ibid; Pierre Sipriot, *Les Soixante derniers jours de Marie Antoinette* (Paris: Plon, 1993), 18.

160 "Relation de Rosalie Lamorlière," in Lenôtre (ed.), 238.

161 关于菲利普 – 平等获准在古监狱保留物品的完整清单，见 Reiset, Ⅱ。这份清单与玛丽·安托瓦内特在古监狱中保留物品的那份短得可怜的清单形成了鲜明对比，见 Reiset, Ⅱ, 423 n. 1。

162 Pierre Saint-Amand, "Terrorizing Marie Antoinette," 266; and "Adorning Marie Antoinette," 30–32.

163 "Relation de Rosalie Lamorlière," in Lenôtre (ed.), 257.

164 值得注意的是，虽然这几页文本中引用的 "Relation de Lamorlière" 最初出版于复辟时期，但还有一个对 Lamorlière 的后续采访是在复辟时期结束六年后的 1836 年进行的，那时前侍女歌颂已故王后在政治上已经不再对她自己那么有利了。然而就所有关于玛丽·安托瓦内特被俘时期的关键事实，那次采访与此前的 "Relation" 惊人的一致；在自己的文集中发表了这两部分内容的 Lenôtre 在编辑前言中说，这一相互印证表明两个文本都是可靠的。关于 Lamorlière 的回忆录，还有（下文引用的）Madame Bault 的回忆录的可靠性，又见 Lord Ronald Gower, *Last Days of Marie Antoinette* (Boston: Roberts Brothers, 1886), 56–57。

165 "Relation de Rosalie Lamorlière," in Lenôtre (ed.), 239.

166 "Souvenirs de Mademoiselle Fouché," in Lenôtre (ed.), 314.

167 "Relation de Rosalie Lamorlière," in Lenôtre (ed.), 239. Lamorlière 在这里提到，她委托监狱看守的妻子 Madame Richard 对寡妇的软帽进行必要的裁剪和缝补。

168 如 Pierre Saint-Amand 所说，"那位坚持让自己的裁缝（贝尔坦）进入凡尔赛宫的女人" 如今却不得不亲手缝补自己破旧的衣服，连裁衣剪刀都被剥夺了，真是天大的讽刺。见 "Adorning Marie Antoinette," 30。

169 "Relation de Rosalie Lamorlière" and "Relation de la femme Bault," in Lenôtre (ed.), 232, 282. 另见 Castelot, *Le Procès de Marie Antoinette*, 111–112。这些女人是狱吏的老母亲 Madame Larivière；丈夫在警察局工作的 Madame Harel；以及在 9 月 13 日监狱长被撤换之后，新看守的女儿 Mademoiselle Bault。

170 正如 9 月中旬替换 Monsieur Richard 的监狱看守的妻子 Madame Bault 所说，"她身上穿的那条黑裙子已经百孔千疮，脚上那双鞋子则完全穿破了"。见 "Relation de la femme Bault," in Lenôtre (ed.), 282。

171 Axel von Fersen, *Save the Queen: A Diary of the French Revolution, 1789–1793* (London:

G. Bell & Sons, 1971), 197.

172 在试图说服欧洲其他各国君主（尤其是奥地利君主）救助王后的过程中，费尔森在打一场无望获胜的战役，因为他们分别出于各自的政治原因袖手旁观。显然，当另一位君主主义者试图请求奥地利皇帝将玛丽·安托瓦内特从监狱中解救出来时，皇帝冷冷地答道："是这样的，先生，我十分清楚我姑妈的人格力量；她知道人应当视死如归。"见 Lafont d'Aussonne, 417。

173 Lamorlière 谈到了"8月的热浪给王后带来的不适"；见 "Relation de Rosalie Lamorlière," in Lenôtre (ed.), 249。

174 Lamorlière 说，把那块表挂在墙上是王后看到"新牢房可怕的四壁空空"之后，最初的几个行动之一。见 "Relation de Rosalie Lamorlière," in Lenôtre (ed.), 230。

175 "Relation de Madame Simon-Vouet," in Lenôtre (ed.), 271. 另见 Gower, 27。

176 "Relation de Rosalie Lamorlière," in Lenôtre (ed.), 239.

177 "Relation de la femme Bault," in Lenôtre (ed.), 287–288.

178 年轻的路易十七死亡的具体原因和时间始终是个未解之谜：他一直到 1795 年 6 月 18 日才被正式宣布死亡，历史学家一直在争论这个孩子到底何时发生了什么事。不过正如 Madeleine Delpierre 和 Édouard Dupland 两人指出的那样，在圣殿期间为他清洗衣物的洗衣妇的账单被保留了下来（同样，衣服会讲述故事的真相），很有说服力地表明他死于 1794 年 1 月 4 日前后。见 Delpierre, "La Garde-robe de la famille royale au Temple," 30；以及 Édouard Dupland, *Vie et mort de Louis XVII* (Paris: 1987), 87。

179 André Castelot, *Madame Royale* (Paris: Perrin, 1962), 111.

180 引自 Castelot, *Marie Antoinette* (1967), 470。

181 "Relation de Rosalie Lamorlière," in Lenôtre (ed.), 238. 玛丽·安托瓦内特被处决后的衣物清单也证明了这一叙述，见 Reiset, II, 423 n. 1。

182 "Relation de Rosalie Lamorlière," in Lenôtre (ed.), 239, 243.

183 Gower, 68.

184 "Relation de Rosalie Lamorlière," in Lenôtre (ed.), 243, 244.

185 Ibid.

186 Ibid, 237.

187 古监狱里到处关押着等待革命法庭审判的囚犯，但也有从事与该法庭相关活动的人碰巧居住在监狱建筑群内。在这个熙熙攘攘的环境中，Fraser 指出，"在好心狱卒［只要有可能，他们愿意（收钱）愉悦公众］的默许下，玛丽·安托瓦内特变成了古监狱吸引游客的一景"（416）。关于这一点，又见 Gower, 12–13。另外，某些官员会定期到她的牢房来视察：革命法庭可怕的检察官 Fouquier-Tinville 每天晚上工作结束之后都会顺便到她的房间来察看她最新的动向。见 "Relation de Rosalie Lamorlière" and "Relation de la femme Bault," in Lenôtre (ed.), 237, 281。

188 "康乃馨事件" 相当复杂, 在其他书中有详细探讨, 例如 Fraser, 418, 423–424, 429–430；以及 Destremau, "L'Affaire de l'oeillet" (no pagination in Destremau's monograph)。应该指出, 这不是君主义者们提交给玛丽·安托瓦内特的第一个逃跑计划；她还在圣殿期间, 就收到了几个逃跑建议, 但她都拒绝了, 很大一部分原因是那会让她离开孩子们。她到达古监狱后, 当然就不再顾虑这一点了。

189 一个常常被忽略的事实是在康乃馨事件被发现之前就已经做出了审判玛丽·安托瓦内特的决定, 见 Fraser, 424–425。

190 "Relation de Rosalie Lamorlière" and "Enquête de Madame Simon-Vouet," in Lenôtre (ed.), *La Captivité et la mort de Marie Antoinette*, 245, 275.

191 "Relation de Rosalie Lamorlière," in Lenôtre (ed.), 237.

192 Ibid, 246.

193 Ibid, 245; 另见 "Relation de la femme Bault," 282–283。

194 Ibid, 246.

195 关于这一点, 尤其见 Gower, 75–77, 85–88, 104–105。

196 这些指控见 *Procès de Marie Antoinette* 中的以下页码：18–19, 21, 96（耗尽国库, 将钱款输送至奥地利）；31（她导致了全国大饥荒）；94–95（小特里亚农宫的花费）；24（选择"变态的"政府大臣）；102（她"肆意操控前国王"的能力）；28（她对卡洛纳的支持）；95（她与拉莫特的关系）；20, 32–34, 60, 65, 128（在弗拉芒宴会上分发白色徽章和践踏三色徽章）；50, 87（她为瓦雷讷逃亡订购的衣服）；43, 86–87, 130（圣心织物）；97, 104（美狄亚像章）。

197 *Procès de Marie Antoinette*, 65.

198 Ibid, 18.

199 这一表达方式的各种变换说法多次出现在审判记录中；见 *Procès de Marie Antoinette*, 21, 23, 24, 27, 35, 57, 121。

200 至少在三部 18 世纪的法国辞典中, 这句谚语出现在 "noir"（"黑色"）一词的定义中：the *Dictionnaire de l'Académie française*, 4th ed. (1762) and 5th ed. (1798); and Jean-François Feraud (ed.), *Dictionnaire de la langue française* (1787–1788)。这些辞典均可在芝加哥大学的 ARTFL 数据库上浏览：http://humanities.uchicago.edu/orgs/ARTFL。

201 Lever, *Marie Antoinette: The Last Queen of France*, 301.

202 Hunt, *The Family Romance of the French Revolution*, 95. Lynn Hunt 是在讲到控方频繁引用审判王后之前便开始流传的色情读物和性行为指控时提出这一论点的。

203 "Petition from the Section des Piques," 引自 Castelot, *Le Procès de Marie Antoinette*, 130。

204 在监狱中时, 玛丽·安托瓦内特身上破旧的衣衫与她平静尊贵的表现之间的对比就已经让无数路人充满敬畏。据 Madame Bault 说, "一些人不停地请求"收藏卡佩寡妇的女儿为她黑衣换下的绲边的碎片（"Relation de la femme Bault," 282）。同样，Rosalie Lamorlière 也记录到，每次她和一位好心的监狱卫兵为王后的鞋子去污除垢时，总有狱卒和参观者请求亲吻那双鞋（"Relation de Rosalie Lamorlière," in Lenôtre [ed.], 240–241）。

205 "Relation de Larivière," in Lenôtre (ed.), 355. Louis Larivière 的母亲就是在古监狱中帮忙缝补玛丽·安托瓦内特的黑裙子的妇女之一。

206 关于这一点，同样参考对王后容貌的骇人描述，Walter (ed.), 57；Kucharski 所画的那幅服丧王后的令人不安的肖像；以及 Fersen 日记中关于王后已经被折磨得憔悴不堪的样子。当然，这些叙述都无法被视为客观或经验意义上的"真实"记录，但它们共同在我们眼前呈现一个早已失去美貌、生存的痛苦让她付出了身体上的惨痛代价的女人的样子。

207 Antonia Fraser 也支持这一观点，她写道："玛丽·安托瓦内特一出现，就在拥挤的法庭中引发了轰动……前王后的样子可怕极了。……她消瘦的面容与大多数旁观者脑中对这位被指控者的想象形成了古怪的反差。……她（显然既没有）漫画中哈比的脸和鸵鸟羽毛，（也不是）那个满身钻石、羽饰飘摇的珠光宝气的王后。……Le Moniteur 也不得不承认，卡佩（寡妇）'大大变样了'。"（429）

208 Procès de Marie Antoinette, 48–49.

209 "Relation de Chauveau-Lagarde," in Lenôtre (ed.), 343. 同样，Madame Bault 猜想，玛丽·安托瓦内特因为"答话的样子像个天使"，可能会被判无罪。见 "Relation de la femme Bault," in Lenôtre (ed.), 348；关于 La Rochetière，见 343–344 n. 2。Lenôtre 解释说，审判观众席的组成很杂，既有好战的革命派，也有前来满足好奇心的人，还有乔装打扮的君主主义者。

210 Gower, 89. 类似的叙述见 Castelot, Marie Antoinette (1989), 211。

211 Gower, 104–105; and Fraser, 429. Gower 提到，除了 Herman 和 Fouquier-Tinville，"审判王后的法庭是由……四位法官、一位主书记官和 15 位陪审员组成的。……证人逾 40 位，来自不同阶层。法庭上的（这些人）似乎都是精心挑选的，尽可能确保他们来自已知或被认为是王后敌人的阵营"（85）。

212 Procès de Marie Antoinette, 125–126.

213 "Relation de Rosalie Lamorlière," in Lenôtre (ed.), 274.

第十一章 白色

1 这封信从未到达伊丽莎白夫人之手，第二年夏天，Fouquier-Tinville 在热月政变期间被捕时，人们从他的物品中翻出了这封信，如今存放在 Archives Nationales de France。全文抄录在 Gower, 122–123。

2 "Relation de Rosalie Lamorlière," in Lenôtre (ed.), 252.

3　"Relation de Rosalie Lamorlière" and "Enquête de Madame Simon-Vouet," in Lenôtre (ed.), 252–253, 272–273.

4　"Enquête de Madame Simon-Vouet," in Lenôtre (ed.), 274–275.

5　"Relation de Rosalie Lamolière," in Lenôtre (ed.), 274.

6　"Relation de Rosalie Lamolière" and "Enquête de Madame Simon-Vouet," in Lenôtre (ed.), 253, 274. 关于王后最后一件服饰的一模一样的细节也出现在自称目击者的 Vicomte Charles Desfossés 的叙述中，"Récit de Charles Desfossés," in Lenôtre (ed.), 374。

7　关于王后严重出血的叙述参照 "Relation de Rosalie Lamorlière," in Lenôtre (ed.), 252. 有两个自称看到王后之死的目击者提到了她极度苍白：见 "Récit de Desessartis" and "Récit de Charles Desfossés," in Lenôtre (ed.), 372, 373–374.

8　虽然 18 世纪王室服丧的主要色调是黑色、紫色和蓝色，但 Fraser 指出，"没有人记得过去，白色曾是法兰西王后去世后丧服的颜色"。见 Fraser, 438。但我在这里没有强调玛丽·安托瓦内特那套丧服的这个方面，因为我没有任何把握确定具体从什么时候，深色调开始取代白色成为王室丧服的色调。相反，我认识的一位服装博物馆馆长指出，白色在 17 世纪末曾短暂地恢复了丧服主要颜色的地位，那时黑色作为（非丧）服装颜色风靡一时，但我也找不到已出版的资料来支持这一说法。事实上，1789 年 8 月，*Le Magasin des modes nouvelles* 曾明确强调在旧制度下，"丧服甚至轻丧都只能是黑色的"，只有在新时代之初——以及革命之初——人们才能 "用白色和其他颜色" 替换这一长期的贵族传统。见 *Le Magasin des modes nouvelles françaises et anglaises* (1 août 1789), 194。

9　例如，见 "Relation du Gendarme Léger," "Récit de Desessartis," 以及 "Récit de Charles Desfossés," in Lenôtre (ed.), 371, 374. 法国报纸 *Le Moniteur* 也提到了她的白色装束，这个细节打动了德意志浪漫主义作家 Friedrich Schiller，以至于在他自己的剧作 *Maria Stuart* 中，女主角苏格兰王后玛丽在赴死时所穿的服装就是一条白裙。感谢 Liliane Weissberg 让我知道了这一迷人的历史－文学趣闻。

10　关于公众看到玛丽·安托瓦内特走过时令人意外的沉默反应，最好的两个叙述或许是 Gower, 145–146；以及 Horace de Viel-Castel, *Marie Antoinette et la Révolution française* (Paris: J. Techener, 1859), 351。Gower 和 Viel-Castel 都写到，一位名叫 Grammont 的好战革命派演员骑马与押送玛丽·安托瓦内特的囚车同行，试图煽动公众辱骂她，这一努力没有成功，直到他在 Saint-Roch Church 和雅各宾派俱乐部遇到了一小群粗俗又喝醉了的女摊贩。但除了这些小小的爆炸之外（这显然是 Grammont 事先组织的，他吩咐女摊贩们站在那里，并用酒灌醉了她们），民众看到死囚车里的前王后，首先是 "悲痛和震惊"。有趣的是，Gower 认为旁观者之所以有这样的反应，是因为他们 "吃惊地看到这位身穿白衣的身影，如此简洁素朴，但悲痛却让她的形象变得如此高大"（145）——仿佛她的衣服本身让公众陷入了沉默。

11 Pierre Saint-Amand, "Adorning Marie Antoinette," 32.

12 Pierre Saint-Amand 雄辩地称这幅素描是革命派对他们的王室受害者的身体所施加的"去自恋化过程最后的决定性标志"。他接着说，在达维德的素描中，"玛丽·安托瓦内特已经死了，被抽干、被抹除、被清空了"。见 Pierre Saint-Amand, "Terrorizing Marie Antoinette," in Goodman (ed.), 267。

13 这位行刑者名叫 Sanson，关于玛丽·安托瓦内特看到他把自己的一绺头发装入口袋的说法出现在 "Relation de Larivière," in Lenôtre (ed.), 363。有趣的是，行刑者在受害者走向断头台之前为其剪下头发的做法被称为"最后一次更衣"。于是就像在她以前的更衣仪式中一样，玛丽·安托瓦内特发现自己的头发仍然是政治化或仪式化关注的对象：据 Larivière 说，Sanson 偷走的那一绺头发在古监狱的一个前庭内被正式烧掉了（363）。然而 Viel-Castel 却声称，那一绺头发在 1854 年重新出现在了一位前国民公会代表之子的物品拍卖中。见 Viel-Castel, *Marie Antoinette et la Revolution française*, 345。

后记　时尚受害者

1 引自 Batterberry, 145。

2 有趣的是，Walter Benjamin 曾提出类似的论点，把人们对法国革命者本身的选择性记忆——他们试图重新发明一种政体，作为罗马共和国的一个复兴版本，以此来抹杀法国的君主制过去——比作时尚界的运行机制。见 Walter Benjamin, *Illuminations*, ed. Hannah Arendt (New York: Schocken, 1968), 261。

3 关于这些女人举世皆知的"时尚"已经有过不少著述，这个话题也超出了本书探讨的范围。不过我想提一本我觉得最有启发的书，充满创意和智慧地分析了杰奎琳·肯尼迪·奥纳西斯与时尚的关系。那本书就是 Wayne Koestenbaum, *Jackie Under My Skin: Interpreting an Icon* (New York: Farrar, Straus and Giroux, 1995)。

4 Horace de Viel-Castel, *Collection de costumes, armes et meubles, pour servir à l'histoire de la Révolution Française et l'Empire* (Paris: Treuttel and Wurtz, 1834), 10.

5 当然无论从心理分析还是从马克思主义角度来分析，"拜物教"这个词都能够精确地描述这种记忆与忘却的尴尬共存；在另一篇文章中，我将迎来一个机会，进一步探讨玛丽·安托瓦内特与时尚的关系以及当代时尚界与玛丽·安托瓦内特的关系的拜物教机制。我尤其觉得有趣的是哲学家 Jacques Derrida 曾指出，消费文化把商品和消费者都变成了幽灵——变成了在过去与现在、实体与抽象、存在与虚无的尖顶上飘摇的微尘。玛丽·安托瓦内特在时尚界的来生的故事尚未有人书写——在她死后，她的衣服如何被毁坏、被分发、被保存，以及自那以后，她的形象又如何，用当代时尚新闻记者 Alix Browne（下文引用）的话说，"正式变成了一个品牌"。正如评论家 Thomas Keenan 指出的那样，在一个人可以说变成了一个品牌这一"极端抽象"的过程中，"只有幽灵能够幸存"（168）。可以毫不夸张地说，玛丽·安托瓦内特的鬼魂仍在缠绕着当今的时尚世界，在被她缠绕的过程中，我们自己也滑入了一个极限位置，既无法充分认识到也无法全然忘却她"实体的"存在。关于这一研究的关键参考资料是 Jacques Derrida, *Specters of Marx: The State of Debt, the Work of Mourning, and the New International*, trans. Peggy Kamuf (New York and London: Routledge, 1994), Chapter 5, "Apparition of the Inapparent," 125–176；以及 Thomas Keenan, "The Point," 152–185。

6 Alix Browne, "Let Them Wear Couture," *The New York Times Magazine* (February 26, 2006): 64.

7 Browne, "Let Them Wear Couture," 64.

精选参考文献

CORRESPONDENCE, MEMOIRS, CHRONICLES, TESTIMONIALS

Adamy, Paul (ed.). *Recueil de lettres secrètes: année 1783*. Lausanne: Droz, 1997.

Amiguet, Philippe (ed.). *Lettres de Louis XV à son petit-fils Ferdinand de Parme*. Paris: B. Grasset, 1938.

Argenson, Marquis d'. *Journal et mémoires du marquis d'Argenson*. Ed. E.J.B. Ratherty. 9 vols. Paris: J. Renouard, 1839.

[Bachaumont, Louis Petit de.] *Mémoires secrets pour servir à l'histoire de la république des lettres en France*. London: Gregg International, 1970.

Baucourt, A. de (ed.). *Correspondance entre le Comte de Mirabeau et le Comte de La Marck*. 3 vols. Paris: n.p., 1851.

Baudeau, Abbé. *Chronique secrète de Paris sous Louis XVI*, reproduced in *Revue rétrospective du bibliothèque historique*. Ed. Jules-Antoine Taschereau. Paris: H. Fournier, 1833–1838.

Bernier, Olivier (ed.). *Secrets of Marie Antoinette*. New York: Fromm, 1986.

Besenval, Pierre-Victor, Baron de. *Mémoires sur la Cour de France*. Ed. Ghislain de Diesbach. Paris: Mercure de France, 1987 [1805].

Boigne, Adèle d'Osmond, Comtesse de. *Mémoires de la Comtesse de Boigne, née d'Osmond: récits d'une tante. I. Du règne de Louis XVI à 1820*. Ed. Jean-Claude Berchet. Paris: Mercure de France, 1999 [c. 1837].

Bombelles, Marc Marie, Marquis de. *Journal (1744–1822)*. Ed. Frans Durif and Jean Grassion. Geneva: Droz, 1977–1982.

Bretonne, Nicolas Rétif de la. *Les Nuits révolutionnaires: 1789–1793*. Paris: Éditions de Paris, 1989.

Burke, Edmund. *Reflections on the Revolution in France*. Ed. Conor Cruise O'Brien. Baltimore: Penguin, 1969 [1790].

Campan, Jeanne-Louise-Henriette. *Mémoires de Madame Campan: première femme de chambre de Marie Antoinette*. Ed. Jean Chalon. Paris: Mercure de France, 1988 [1822].

Caraman, Comte de. *Mémoires*. Paris: Revue de France, 1935.

Chateaubriand, René de. *Mémoires d'Outre-Tombe*. 2 vols. Paris: Gallimard/Pléiade, 1955 [1803–1841].

Choiseul, Étienne-François de Stainville, Duc de. *Mémoires*. Ed. Jean-Pierre Giucciardi and Philippe Bonnet. Paris: Mercure de France, 1982 [1790].

Choiseul-Stainville, Claude-Antoine-Gabriel, Duc de. *Relation du départ de Louis XVI, le 20 juin 1791*. Paris: Badouin Frères, 1822.

Christoph, Paul. *Maria Theresia und Marie Antoinette: ihr geheimer briefwechsel*. Vienna: Cesam, 1952.

Cléry, Jean-Baptiste. *Journal de ce qui s'est passé à la tour du Temple pendant la captivité de Louis XVI, roi de France, au Temple*. Paris: Mercure de France, 1987 [1798].

Croÿ, Emmanuel, Duc de. *Journal inédit du Duc de Croÿ (1718–1784)*. Ed. Paul Cottin and the Vicomte de Grouchy. 4 vols. Paris: Flammarion, 1907.

Dangeau, Philippe de Courcillon, Marquis de. *Journal du Marquis de Dangeau*. Eds. MM. Soulié, Dussieux, de Chennevières, Mantz, and de Montaiglon. 19 vols. Paris:

Firmin-Didot, 1854–1860.

Deffand, Madame du. *Lettres de la Marquise du Deffand à Horace Walpole (1766–1780)*. Ed. Mrs. Paget Toynbee. 3 vols. London: Methuen, 1912.

Delille, Abbé Jacques. *De l'imagination*. Paris: Guiget et Michaud, 1806.

Demandes de Marie Antoinette à la Commune de Paris, avec les arrêts que la Commune a pris sur ces demandes (23 janvier 1793). Archives Nationales de France (N. L641.489).

Devonshire, Georgiana, Duchess of. *Extracts from the Correspondence of Georgiana, Duchess of Devonshire*. Ed. Earl of Bessborough. London: Murray, 1955.

Diderot, Denis, and Jean Le Rond d'Alembert (eds.) *Encyclopédie, ou dictionnaire raisonné des sciences, des arts et des métiers par une société de gens de lettres*. Lausanne/Berne: Chez les Sociétés Typographiques, 1779.

Feraud. *Dictionnaire critique de la langue française*, 3ᵉ edition. Marseille: Mossey, 1787–1788.

Fersen, Axel von. *Save the Queen: A Diary of the French Revolution, 1789–1793*. London: G. Bell & Sons, 1971.

Frénilly, Auguste-François, Baron de. *Mémoires 1768–1828: Souvenirs d'un ultra-royaliste*. Ed. Frédéric d'Agay. Paris: Perrin, 1987.

Genlis, Stéphanie Félicité, Comtesse de. *De l'esprit des étiquettes*. Paris: Mercure de France, 1996.

———. *Mémoires inédits de la Comtesse de Genlis*. 10 vols. Paris: L'Advocat, 1825.

Girard, George (ed.). *Correspondance entre Marie-Thérèse et Marie Antoinette*. Paris: Grasset, 1931.

Goethe, Johann Wolfgang von. *Mémoires*. Trans. Baronne de Carlowitz. 2 vols. Paris: Charpentier & Fasquelle, 1855.

Grand détail exact de l'interrogatoire de Louis Capet à la barre de la Convention Nationale. Paris: n.p., 1792.

Griffet, Pierre. *Mémoires pour servir à l'histoire de Louis Dauphin*.

Grimm, Friedrich-Melchior et al. *Correspondance littéraire, philosophique et critique*. Ed. Maurice Tourneux. Paris: Garnier Frères, 1877–1882.

Hardy, S.-P. *Mes loisirs ou journal d'évènments tels qu'ils parviennent à ma connaissance de 1764 à 1790*. Paris: n.d.

Heidenstam, O. G. de (ed.). *The Letters of Marie Antoinette, Fersen, and Barnave*. Trans. Winifred Stephens and Mrs. Wilfrid Jackson. London: John Lane, 1926.

Hervé, F. (ed.). *Madame Tussaud's Memoires and Reminiscences of France*. London: n.p., 1838.

Heinzmann, Johann Georg. *Voyage d'un Allemand à Paris*. Lausanne, 1800.

Hézècques, Félix, Comte d'. *Page à la cour de Louis XVI: Mémoires du Comte d'Hézècques*. Ed. Emmanuel Bourassin. Paris: Tallandier, 1987 [1804].

Huë, François. *Dernières années du règne et de la vie de Louis XVI par l'un des officiers de la chambre du roi, appelé par ce prince, après la journée du 10 août, à l'honneur de rester auprès de lui et de la famille royale*. Foreword by René du Menil de Maricourt. Paris: Henri Plon, 1860 [1814].

Khevenhüller-Metsch, Rudolf, and Hans Schlitter (eds.). *Aus der Zeit Maria Theresias: Tagebuch des Fürsten Johann Joseph Khevenhüller-Metsch*. 8 vols. Vienna: Hozhausen, 1972 [1907–1925].

Klinckowström, Baron R. M. de. *Le Comte de Fersen et la cour de France*. 2 vols. Paris: Firmin-Didot, 1877–1888.

La Rochejaquelein, Marie-Louise-Victoire de Donnissan, Marquise de. *Mémoires de la Marquise de La Rochejaquelein*. Ed. André Sarazin. Paris: Mercure de France, 1984.

La Rochetière, Maxime de, and the Marquis de Beaucourt (eds.). *Lettres de Marie Antoinette*. 2 vols. Paris: A. Picard et fils, 1895–1896.

La Tour du Pin de Gouvernet, Henriette-Lucie Séraphin Dillon, Marquise de. *Mémoires: Journal d'une femme de cinquante ans (1778–1815)*. Ed. Christian de Liedekerke Beaufort. Paris: Mercure de France, 1989 [1907].

Lauzun, Armand-Louis de Gontaut-Biron, Duc de. *Mémoires du Duc de Lauzun*. Ed. Georges d'Heylli. Paris: Édouard Rouveyre, 1880 [1858].

[Léonard, Jean-François Authier or Autié.] *The Souvenirs of Léonard, Hairdresser to Queen Marie Antoinette*. Trans. A. Teixeira de Mattos. 2 vols. London: n.p., 1897.

Lescure, Mathurin de (ed.). *Correspondance secrète inédite sur Louis XVI, Marie Antoinette, la cour et la ville de 1777 à 1792*. Paris: Henri Plon, 1866.

Lévis-Mirepoix, Duc de. *Aventures d'une famille française*. Paris: n.p., 1949.

Ligne, Charles-Joseph Lamoral, Prince de. *Mémoires du Prince de Ligne*. Pref. Chantal Thomas. Paris: Mercure de France, 2004 [1809].

Lough, John (ed.). *France on the Eve of Revolution: British Travellers' Observations, 1763–1788*. London: Croom Helm, 1987.

Madame Élisabeth de France. *Mémoires de Madame Élisabeth*. Ed. F. de Barghon Fort-Rion. Paris: Auguste Vaton, 1860.

Madame Royale de France. *Mémoire sur la captivité des princes et princesses ses parents depuis le 10 août 1792 jusqu'à la mort de son frère arrivé le 9 juin 1795*, in Cléry, *Journal de ce qui s'est passé à la tour du Temple pendant la captivité de Louis XVI, roi de France, au Temple*.

Marie Antoinette de France et de Lorraine. *Correspondance de Marie-Antoinette*. 2 vols. Clermont-Ferrand: Paléo, 2004.

————, Marie-Thérèse d' Autriche, and le Comte de Mercy-Argenteau. *Correspondance secrète*. Ed. Alfred von Arneth and Mathieu Auguste Geoffroy. 3 vols. Paris: Firmin-Didot, 1875.

Mercier, Louis Sébastien. *Le Nouveau Paris*. Ed. Jean-Claude Bonnet. 2 vols. Paris: Mercure de France, 1994.

————, *Tableau de Paris*. Ed. Jean-Claude Bonnet. 2 vols. Paris: Mercure de France, 1994.

Mercier de Compiègne, Claude-François-Xavier, *Comment m'habillerai-je? Réflexions politiques et philosophiques sur l'habillement françois et sur la nécessité d'un costume national*. Paris, 1793.

Métra, François. *Correspondance secrète*. 18 vols. London: John Adamson, 1787–1790.

Mirecourt, Mademoiselle de. *L'Autrichienne: Mémoires inédits de Mademoiselle de Mirecourt sur la reine Marie Antoinette et les prodromes de la Révolution*. Paris: Albin Michel, 1966.

Moitte, Adélaïde-Marie-Anne. *L'Âme des Romaines dans les femmes françaises*. Paris: Gueffier le jeune, 1789.

————. *Suite de L'Âme des Romaines dans les femmes françaises*. Paris: Knapen fils, 1789.

Molleville, Antoine François, Marquis de Bertrand de. *Mémoires secrets pour servir à l'histoire de la dernière année du règne de Louis XVI*. 3 vols. London: Strahan, 1797.

Moore, Dr. John. *A Journal During a Residence in France, from the Beginning of August to the Middle of December, 1792*. 2 vols. London: n.p., 1793.

Morris, Gouverneur. *A Diary of the French Revolution*. Ed. Beatrix Cary Davenport. 2 vols. Boston: Houghton Mifflin, 1939.

Mousset, Albert. *Un Témoin ignoré de la Révolution: le comte Fernan Nuñez, Ambassadeur d'Espagne à Paris*. Paris: n.p., 1924.

Northumberland, Elizabeth Seymour Percy, Duchess of. *The Diaries of a Duchess*. London: Hodder and Stoughton, 1926.

Norvins, Jacques de. *Mémorial*. 2 vols. Paris: n.p., 1896.

Oberkirch, Henriette-Louise de Waldner de Freudenstein, Baronne d'. *Mémoires de la*

Baronne d'Oberkirch sur la cour de Louis XVI et la société française avant 1789. Ed. Suzanne Burkard. Paris: Mercure de France, 1970 [1853].

Ossun, Comtesse d'. État général des dépenses de la Garde-robe de la Reine. Archives Nationales de France (O.1.3792–3798).

Procédure criminelle instruite au Châtelet de Paris. 3 vols. Paris: Chez Baudouin, 1790.

Procès criminel de Marie Antoinette de Lorraine, archiduchesse d'Autriche. Paris: Chez Denné, Chez la citoyenne Toubon, Chez Courdier, 1793.

Procès de Marie Antoinette, ci-devant reine des français, ou, recueil exact de tous ses Interrogatoires, réponses, depositions des Témoins. Paris: Chez les Principaux Libraires, 1793.

Prudhomme, Louis-Marie. "Réponse aux reproches qu'on nous a faits de n'avoir rien dit à Marie Antoinette pour l'année 1792." Révolutions de Paris, 131, 152.

———. Reproche véritable par la majesté du peuple à l'épouse du roi sur ses torts. Paris: Imprimerie des Révolutions de France, 1790.

Raunié, Emile. Chansonnier historique du XVIIIe siecle. Paris: A. Quantin, 1879–1884.

Recueil général des costumes et modes contenant les différens habillemens et les coëffures les plus élégantes. Paris: Chez Desnos, 1780.

Roland, Marie-Jeanne Philippon. Lettres de Madame Roland. Ed. Claude Perrould. 2 vols. Paris: n.p., 1902.

Roussel d'Épinal, Pierre Joseph Alexis. Le Château des Tuileries. Paris: Lerouge, 1802.

Saint-Priest, François-Emmanuel Guignard, Comte de. Mémoires: Règnes de Louis XV et Louis XVI. Ed. Baron de Barante. 2 vols. Paris: Calmann-Lévy, 1929.

Ségur, Louis Philippe, Comte de. Memoirs and Recollections of Count Ségur. Boston: Wells & Lilly, 1825.

Sieyès, Emmanuel Joseph, Abbé. Qu'est-ce que le Tiers état? Paris: n.p., 1788.

Soulavie, Jean-Louis (l'aîné). Mémoires historiques et politiques du règne de Louis XVI. 6 vols. Paris: Treuttel & Würtz, An X.

Smythe, Lillian C. (ed.). The Guardian of Marie Antoinette: Letters from the Comte de Mercy-Argenteau, Austrian Ambassador to the Court of Versailles, to Marie Thérèse, Empress of Austria (1770–1780). 2 vols. New York: Dodd, Mead, 1902.

Tilly, Alexandre, Comte de. Mémoires du comte Alexandre de Tilly, pour servir à l'histoire des moeurs de la fin du XVIIIe siècle. Ed. Christian Melchior-Bonnet. Paris: Mercure de France, 1986 [1804–1806].

Touchard-Lafosse, G. (ed.). Chroniques pittoresques et critiques de l'Oeil-de-Boeuf, sous Louis XIV, la Régence, Louis XV, et Louis XVI. 4 vols. Paris: Gustave Barba, 1845.

Tourzel, Louise Élisabeth Félicité, Duchesse de. Memoirs of the Duchesse de Tourzel, Governess to the Children of France. Ed. Duc des Cars. 2 vols. London: Remington & Co., 1886.

Véri, Joseph-Alphonse, Abbé de. Journal de l'Abbé de Véri. Ed. Baron Jehan de Witte. 2 vols. Paris: Jules Tallandier, 1928.

Vigée-Lebrun, Élisabeth. The Memoirs of Élisabeth Vigée-Lebrun. Trans. Siân Evans. Bloomington and Indianapolis: Indiana University Press, 1989 [1835].

Voltaire [Francois-Marie Arouet]. Siècle de Louis XIV. 2 vols. Paris: Garnier-Flammarion, 1966.

Walpole, Horace. Correspondence. Ed. W. S. Lewis. New Haven and London: Yale University Press, 1965.

———. Letters of Horace Walpole. Ed. P. Cunninghan. 9 vols. London: n.p., 1891.

Walter, Gérard (ed.). Actes du Tribunal révolutionnaire. Paris: Mercure de France, 1968.

Weber, Joseph. Mémoires de Joseph Weber concernant Marie-Antoinette, archiduchesse d'Autriche et reine de France et de Navarre. Ed. MM. Berville and

Barrière. 3 vols. Paris: Baudouin Frères, 1822.

Wille, Johann Georg. *Mémoires et journal de Jean-Georges Wille, graveur du roi*. 2 vols. Paris: J. Renouard, 1857.

Williams, Helen Maria. *Letters Written in France, in the Summer of 1790, to a Friend in England; Containing Various Anecdotes Relative to the French Revolution*. Ed. Neil Fraistat and Susan S. Lanser. Toronto: Broadview Literary Texts, 2001.

Wollstonecraft, Mary. *An Historical and Moral View of the Origin and Progress of the French Revolution and the Effect It Has Produced in Europe*. New York: Scholars' Facsimiles, 1975 [1794].

———. *A Vindication of the Rights of Woman*. London: n.p., 1792.

CONTEMPORARY PAMPHLET LITERATURE

Unless otherwise noted, these sources are anonymous.

"Description historique d'un monstre symbolique, pris sur les bords du Lac Fagua, près de Santa Fé" . . . "Santa Fé & Paris": n.p., 1784.

"Détails de tout ce qui s'est passé au Champ de Mars, à la Cérémonie de la Fédération le 14 juillet: anecdote sur la Reine." Marseille: Jean Mossy, 1790.

"Essai historique sur la vie de Marie Antoinette d'Autriche, reine de France." Paris: Chez la Montensior, 1789.

"Les Fastes de Louis XV, de ses ministres, généraux, et autres notables Personages de son règne." Villefranche: chez la Veuve Liberté, 1782.

"Les Fureurs utérines de Marie Antoinette." n.p., [1791].

"Le Godmiché royal." Paris: n.p., 1789.

"L'Iscariote de la France, ou le député autrichien." Paris: n.p., September 1789.

[Keralio, Louise de.] "Les Crimes des reines de France." Paris: Chez Prudhomme, 1791.

[Lebois, R.-F.] "Grand complot découvert, de mettre Paris à feu et à sang à l'époque du 10 août jusqu'au 15 août, de faire assassiner les patriots par des femmes, et par des calotins déguisés en femmes; Marie Antoinette d'Autriche d'infernale mémoire, sur la scélette. . . ." Paris: De l'Imprimerie de l'Ami des sans-culottes, [1792].

"Louis XVI et Antoinette, traités comme ils le méritent." Paris: Imprimerie des Amis de la Constitution, 1791.

"Memoirs of Marie Antoinette, ci-devant Queen of France." Paris: n.p. [translated and reprinted in the U.S.], 1794.

"La Messaline française." Tribaldis [*sic*]: De l'imprimerie Priape, 1789.

[Morande, Charles Théveneau de.] "Le gazetier cuirassé ou anecdotes scandaleuses de la cour de France." Imprimé à 100 lieues de la Bastille [*sic*]: 1783.

[La Motte, Jeanne de Saint-Rémy de Valois, Comtesse de.] *Mémoires de la Comtesse de La Motte-Valois . . . d'après les mémoires justicatifs de la Comtesse de La Motte, les mémoires du comte de La Motte, etc.* Ed. Jean Hervez. Paris: Bibliothèque des Curieux, 1911.

"Nouvelle scène tragicomique et nullement héroïque entre M. Louis Bourbon, maître serrurier, et Madame Marie Antoinette, sa femme." Paris: Imprimerie de Tremblay, [1792].

"Observations et précis sur le caractère de la conduite de Marie Antoinette d'Autriche." Paris: n.p., 1793.

Pamphlets de l'Affaire du Collier. Paris: n.p., 1786.

"Petit journal du Palais Royal." Paris: n.p., 1789.

"Portefeuille d'un talon rouge." Paris: Imprimerie du Comte de Paradès, 178 . . . [*sic*].

"Le Rêve d'un Parisien, ou, ce qui n'a point été, ce qui devroit être, & ce qui ne sera peut-être pas." Paris: Imprimerie de L. M. Cellot, [1789].

"Vie de Marie Antoinette, reine de France, femme de Louis XVI, roi des Français."
Paris: n.p., 1791.

ARCHIVAL SOURCES

AN = Archives Nationales de France
BNE = Bibliothèque Nationale de France, Département des Estampes
FJD = Fonds Jacques Doucet
BV = Bibliothèque de Versailles

AEI 6 no. 2	[AN]
AF II 3, pl. 14	[AN]
AN C192	[AN]
Dossier 596	[FJD]
F4.1311	[AN]
F4.1314	[AN]
K 1017(1) (bobine 539)	[AN]
Portraits de Marie Antoinette	
(t. I, vol. 1181, D 205801)	[BNE]
Ms. 402 (254F)	[BV]
Ms. Français 6686	[BNE]
Ms. 8157 and 8158	[BNE]
N.L641.489	[AN]
O1. 3792–3798	[AN]
Qb_1778 (cotes 46.B.2139,	
67.A.16387, 80C 103422)	[BNE]
Qb1 M101 880	[BNE]

CONTEMPORARY JOURNALS AND PERIODICALS
L'Ami du peuple
Le Cabinet des modes
Chronique de Paris
Journal de la cour et de la ville
Le Journal de la mode et du goût
Le Magasin des modes nouvelles françaises et anglaises
Le Mercure de France
Le Moniteur universel
Nouveau jeu des modes françoises
Le Patriote français
Le Père Duchesne
Les Révolutions de France et de Brabant
Les Révolutions de Paris

MARIE ANTOINETTE BIOGRAPHIES AND BIBLIOGRAPHY
Armaillé, la Comtesse d'. *Marie-Thérèse et Marie Antoinette*. Paris: Didier & Cie., 1870.
Asquith, Annunziata. *Marie Antoinette*. London: Weidenfeld & Nicolson, 1974.
Bertière, Simone. *Les Reines de France au temps des Bourbons: Marie Antoinette, l'insoumise*. Paris: Fallois, 2002.
Campardon, Émile. *Marie Antoinette et le procès du collier*. Paris: Plon, 1863.
Castelot, André. *Marie Antoinette*. Paris: Perrin, 1962.
———. *Marie Antoinette*. Paris: Hachette, 1967.
———. *Marie Antoinette d'après des documents inédits*. Paris: Perrin, 1989.
———. *Le Procès de Marie Antoinette*. Paris: Perrin, 1993.

————. *Queen of France: A Biography of Marie Antoinette*. Trans. Denise Folliot. New York: Harper & Brothers, 1957.

Chalon, Jean. *Chère Marie Antoinette*. Paris: Perrin, 1988.

Delorme, Philippe. *Marie Antoinette: Épouse de Louis XVI, mère de Louis XVII*. Paris: Pygmalion/Gérard Watelet, 1999.

Dunlop, Ian. *Marie Antoinette: A Portrait*. London: Sinclair Stevenson, 1993.

Erickson, Carolly. *To the Scaffold: The Life of Marie-Antoinette*. New York: William Morrow, 1991.

Fraser, Antonia. *Marie Antoinette: The Journey*. New York: Doubleday/Nan A. Talese, 2001.

Goncourt, Edmond and Jules de. *Histoire de Marie-Antoinette*. Ed. Robert Kopp. Paris: Bourin, 1990 [1858].

Gower, Lord Ronald. *Last Days of Marie Antoinette*. Boston: Roberts Brothers, 1886.

Haslip, Joan. *Marie Antoinette*. New York: Weidenfeld & Nicolson, 1987.

Hearsey, John E. N. *Marie Antoinette*. New York: E. P. Dutton & Co., 1973.

Imbert de Saint-Amand, Arthur-Léon, Baron. *Marie Antoinette and the Downfall of Royalty*. Trans. Elizabeth Gilbert Martin. New York: Charles Scribner's Sons, 1895.

————. *Marie Antoinette and the Fall of the Old Régime*. Trans. Thomas Sergeant Perry. New York: Charles Scribner's Sons, 1891.

————. *Marie Antoinette at the Tuileries*. Trans. Elizabeth Gilbert Martin. New York: Charles Scribner's Sons, 1891.

Lafont d'Aussone, N. Abbé. *Mémoires secrets et universels des malheurs et de la mort de la reine de France*. Paris: A. Philippe, 1836.

Lever, Evelyne. *Marie Antoinette: la dernière reine*. Paris: Fayard, 1991.

————. *Marie-Antoinette: The Last Queen of France*. Trans. Catherine Temerson. New York: Farrar, Straus and Giroux, 2000.

Maistre, Chevalier Nicolas de. *Marie Antoinette, archiduchesse d'Autriche, reine de France (1793)*. Ed. Paul del Perugia. Mayenne: Yves Floch, 1993 [1793].

Mayer, Dorothy Moulton. *Marie Antoinette: The Tragic Queen*. New York: Coward-McCann, 1968.

Montjoie, Félix Christophe Louis de. *Histoire de Marie Antoinette Josèphe Jeanne de Lorraine, Archiduchesse d'Autriche, Reine de France*. Paris: H. L. Perronneau, 1797.

Palache, John Garbor. *Marie Antoinette, the Player Queen*. New York: Longmans, Green & Co., 1929.

Ségur, Marquis de. *Marie Antoinette*. New York: E. P. Dutton, 1929.

Sipriot, Pierre. *Les Soixante derniers jours de Marie Antoinette*. Paris: Plon, 1993.

Tourneux, Maurice. *Marie Antoinette devant l'histoire: essai bibliographique*. Paris: Henri Leclerc, 1901.

Viel-Castel, Horace de. *Marie Antoinette et la Révolution française*. Paris: J. Techener, 1859.

Vyré, F. de. *Marie Antoinette: sa vie, sa mort*. Paris: Plon, 1889.

Younghusband, Helen Augusta, Lady. *Marie Antoinette: Her Early Youth 1770–1774*. London: MacMillan & Co., 1912.

Zweig, Stefan. *Marie Antoinette: The Portrait of an Average Woman*. New York: Harmony Books, 1984.

ADDITIONAL SOURCES

American Research on the Treasury of the French Language. http://humanities.uchicago.edu/orgs/ARTFL/.

Apostolidès, Jean. *Le Roi-machine: Spectacle et politique au temps de Louis XIV*. Paris: Minuit, 1981.

Appiah, Anthony. "Tolerable Falsehoods: Agency and the Interests of Theory," in *Con-*

sequences of Theory: Selected Papers from the English Institute 1987–88. Ed. Jonathan Arac and Barbara Johnson. Baltimore and London: The Johns Hopkins University Press, 1991, 63–90.

Apter, Emily, and William Pietz (eds.). *Fetishism as Cultural Discourse.* Ithaca, N.Y.: Cornell University Press, 1993.

Arrizioli-Clémentel, Pierre (ed.). *Soieries de Lyon: Commandes royales du XVIIIe siècle (1730–1800).* Lyon: Sézanne, 1989.

Aspden, Peter. "Gilt Verdict." *Financial Times,* 26 November 2005.

Assailly, Gisèle d'. *Les Quinze Révolutions de la mode.* Paris: Hachette, 1968.

Aulard, A. *The French Revolution: A Political History, 1789–1804.* Trans. and ed. Bernard Mall. New York: Charles Scribner's Sons, 1910.

Auricchio, Laura. "Portraits of Impropriety: Adélaïde Labille-Guiard and the Careers of Women Artists in Late Eighteenth-Century Paris." Ph.D. Diss. Columbia University, 2000.

Baecque, Antoine de. *The Body Politic: Corporeal Metaphor in Revolutionary France, 1770–1800.* Trans. Charlotte Mandell. Palo Alto, Calif.: Stanford University Press, 1997.

———. *Glory and Terror: Seven Deaths under the French Revolution.* Trans. Charlotte Mandell. New York and London: Routledge, 2001.

Baker, Keith Michael. *Inventing the French Revolution: Essays on French Political Culture in the Eighteenth Century.* Cambridge, Eng.: Cambridge University Press, 1990.

Batterberry, Michael and Arianne. *Mirror Mirror: A Social History of Fashion.* New York: Holt, Rinehart & Winston, 1977.

Beales, Derek. *Joseph II: In the Shadow of Maria Theresa.* Cambridge, Eng.: Cambridge University Press, 1987.

Beauchesne, Alcide de. *Louis XVII: His Life, His Suffering, His Death: The Captivity of the Royal Family in the Temple.* Trans. and ed. W. Hazlitt. 4 vols. New York: Harper & Bros., 1853.

Beaumont, C. W. *Three French Dancers of the Eighteenth Century: Camargo, Sallé, Guimard.* London: n.p., 1934.

Benjamin, Walter. *Illuminations.* Ed. Hannah Arendt. Trans. Harry Zohn. New York: Schocken Books, 1968.

Berg, Maxine, and Elizabeth Eger (eds.). *Luxury in the Eighteenth Century: Debates, Desires, and Delectable Goods.* London: Palgrave Macmillan, 2003.

Berlanstein, Léonard. *Daughters of Eve: A Cultural History of French Theater Women.* Cambridge, Mass.: Harvard University Press, 2001.

Bernier, Olivier. *The Eighteenth-Century Woman.* New York: Doubleday, 1981.

———. *Pleasure and Privilege: Life in France, Naples, and America 1770–1790.* New York: Doubleday, 1981.

Bertelli, Sergio, Franco Cardini, and Elvira Garbeo Zorzi. *Italian Renaissance Courts.* New York: Sidgwick & Jackson, 1986.

Bertin, Georges. *Madame de Lamballe d'après des documents inédits.* Paris: Bureaux de la Revue retrospective, 1888.

Bimbenet-Privat, Michèle. "L'art et le commerce au service de la reine: une mosaïque d'archives," in Yves Carlier et al. (eds.), *Les Atours de la Reine: Centre historique des Archives nationales (26 février–14 mai 2001).* Paris: RMN, 2001: 5–12.

Bindman, David. *The Shadow of the Guillotine: Britain and the French Revolution.* London: British Museum Publications, 1989.

Black, T. Anderson, and Madge Garlan. *A History of Fashion.* New York: William Morrow, 1980.

Bluche, François. *La Vie quotidienne au temps de Louis XVI.* Paris: Hachette, 1980.

Blum, André. *Histoire du costume: les modes au XVIIe et au XVIIIe siècle.* Paris: Hachette, 1928.

Blum, Stella (ed.). *Eighteenth-Century French Fashions.* New York: Dover Publications, 1982.

Boucher, François. *20,000 Years of Fashion: The History of Costume and Personal Adornment.* New York: Harry N. Abrams, 1987 [1965].

Bouchot, Henri. "Marie Antoinette et ses peintres." *Les Lettres et les arts,* no. 1 (1887): 45–48.

Boutry, Maurice. *Autour de Marie Antoinette.* Paris: Emile-Paul, 1908.

———. *Le Mariage de Marie Antoinette.* Paris: n.p., 1904.

Boyer, Marie-Françoise. *The Private Realm of Marie Antoinette.* New York: Thames & Hudson, 1996.

Broglie, Gabriel de. *Madame de Genlis.* Paris: Perrin, 1985.

Brooks, Peter. "The Opening of the Depths," in Sandy Petrey (ed.), *The French Revolution: Two Hundred Years of Rethinking.* Lubbock: Texas Tech University Press, 1989: 113–122.

Browne, Alix. "Let Them Wear Couture." *The New York Times Magazine* (February 26, 2006): 63–71.

Burke, Peter. *The Fabrication of Louis XIV.* New Haven and London: Yale University Press, 1992.

Cabanès, Auguste. *Mœurs intimes du passé.* 11 vols. Geneva: Farnot, 1976.

Carbonnières, Philippe de. *Lesueur: Gouaches révolutionnaires. Collections du musée Carnavalet.* Paris: Nicolas Chaudun, 2005.

Carlier, Yves, Stéphane Castellucio, Anne Kraatz, and Françoise Tétart-Vittu (eds.). *Les Atours de la Reine.* Paris: Centre Historique des Archives Nationales, 2001.

Carlyle, Thomas. *The French Revolution.* 3 vols. London: Methuen & Co., 1902.

Castelot, André, and G. Lenôtre [Théodore Gosselin]. *L'Agonie de la royauté.* Paris: Perrin, 1962.

Censer, Jack. "Remembering the *Mémoires secrets.*" *Eighteenth-Century Studies* 35:1 (2002): 291–295.

———, and Lynn Hunt (eds.). *Liberty, Equality, Fraternity: Exploring the French Revolution.* University Park: Pennsylvania State University Press, 2001.

———, and Jeremy Popkin (eds.). *Press and Politics in Pre-revolutionary France.* Berkeley and London: University of California Press, 1987.

Challamel, Augustin. *The History of Fashion in France; or, the Dress of Women from the Gallo-Roman Period to the Present Time.* Trans. Mrs. Frances Cahsel Hoey and John Lillie. London: Sampson Low, Marston, Searle, & Rivington, 1882.

Chartier, Roger. *The Cultural Origins of the French Revolution.* Trans. Lydia G. Cochrane. Durham, N.C.: Duke University Press, 1991.

Colwill, Elizabeth. "Pass as a Woman, Act Like a Man: Marie Antoinette as Tribade in the Pornography of the French Revolution," in Dena Goodman, ed., *Marie-Antoinette: Writings on the Body of a Queen.* New York and London: Routledge, 2003: 139–169.

Contini, Mila. *Fashion from Ancient Egypt to the Present Day.* Foreword by Count Emilio Pucci. New York: Crescent Books, 1965.

Cornu, Paul (ed.). *Galerie des modes et costumes français: 1778–1787.* 4 vols. Paris: Émile Lévy, 1912.

Corson, Richard. *Fabulous Hair: The First Five Thousand Years.* London: Peter Owen, 1980 [1965].

———. *Fashions in Make-Up from Ancient to Modern Times.* London: Peter Owen 2003 [1972].

Crawford, Katherine. *Perilous Performances: Gender and Regency in Early Modern*

France. Cambridge, Mass.: Harvard University Press, 2004.

Crow, Thomas E. *Painters and Public Life in Eighteenth-Century France*. New Haven and London: Yale University Press, 1985.

Crown, Patricia. "Sporting with Clothes: John Collet's Prints in the 1770's." *Eighteenth-Century Life* 26:1 (2002): 119–136.

Crowston, Clare Haru. "The Queen and Her 'Minister of Fashion': Gender, Credit, and Politics in Pre-revolutionary France." *Gender & History* 14:1 (2002): 92–116.

———. *The Seamstresses of Old Régime France. 1675–1791*. Durham, N.C.: Duke University Press, 2001.

Cuisenier, Jean. *Mille ans de costume français*. Ed. Gérard Klopp. Thionville: Klopp S.A., 1991.

Cunnington, Phillis, and C. Willett. *Handbook of English Costume in the Eighteenth Century*. Philadelphia: Dufour, 1957.

Darnton, Robert. *The Corpus of Clandestine Literature in France 1769–1789*. New York: W. W. Norton, 1995.

———. *The Forbidden Best-Sellers of Pre-revolutionary France*. New York: W. W. Norton, 1995.

———. *The Literary Underground of the Old Régime*. Cambridge, Mass., and New York: Harvard University Press, 1982.

Daudet, Ernest (ed.). *Dans le palais des rois: récits d'histoire d'après des documents inédits*. Paris: Hachette, 1914.

Davis, Natalie Zemon. *Society and Culture in Early Modern France*. Palo Alto, Calif.: Stanford University Press, 1975.

Dejean, Joan. *The Essence of Style: How the French Invented High Fashion, Fast Food, Chic Cafés, Style, Sophistication, and Glamour!* New York: Free Press, 2005.

Dekker, Rudolf M., and Lotte C. van de Pol. *The Tradition of Female Transvestism in Early Modern Europe*. New York: St. Martin's Press, 1989.

Delpierre, Madeleine. *Dress in France in the Eighteenth Century*. Trans. Caroline Beamish. New Haven and London: Yale University Press, 1997.

———. "La Garde-robe de la famille royale au Temple," in *Modes et Révolutions: Musée de la mode et du costume (8 février–7 mai 1989)*. Eds. Catherine Join-Dieterle and Madeleine Delpierre. Paris: Éditions Paris-Musées, 1989: 27–34.

———. "Rose Bertin, les marchandes de modes et la Révolution," in *Modes et Révolutions: Musée de la mode et du costume (8 février–7 mai 1989)*. Eds. Catherine Join-Dieterle and Madeleine Delpierre. Paris: Éditions Paris-Musées, 1989: 21–26.

Derrida, Jacques. *Specters of Marx: The State of Debt, the Work of Mourning, and the New International*. Trans. Peggy Kamuf. New York and London: Routledge, 1994.

Destremau, Noëlle. *Les Évasions manquées de la reine Marie Antoinette*. Paris: n.p., 1990.

Devocelle, Jean-Marc. "D'un costume politique à une politique du costume," in Catherine Join-Dieterle and Madeleine Delpierre, eds., *Modes et Révolutions: Musée de la mode et du costume (8 février–7 mai 1989)*. Paris: Éditions Paris-Musées, 1989: 83–104.

Drew, Katherine Fischer (trans. and ed.). *The Laws of the Salian Franks*. Philadelphia: University of Pennsylvania Press, 1991.

Duindam, Jeroen. *Vienna and Versailles: The Courts of Europe's Dynastic Rivals 1550–1780*. Cambridge, Eng.: Cambridge University Press, 2003.

Dumas, Alexandre, *père. Le Chevalier de Maison-Rouge*. Ed. Gilbert Sigaux. Lausanne: Rencontre, 1967.

Dupland, Édouard. *Vie et mort de Louis XVII*. Paris: O. Orban, 1987.

Duprat, Annie. *Le Roi décapité: essai sur les imaginaires politiques*. Paris: Cerf, 1992.

Eckhardt, Karl. *Lex Salica*. Hanover: Hahn, 1969.

Elias, Norbert. *La Société de cour*. Trans. Pierre Kamnitzer and Jean Etoré. Paris: Flammarion, 1985.

Farr, Evelyn. *Marie Antoinette and Count Fersen*. London and Chester Springs, Pa.: Peter Owen, 1995.

Fayolle, Rose-Marie, and Renée Davray-Piekolek (eds.). *La Mode en France 1715–1815: de Louis XV à Napoléon Ier*. Paris: Bibliothèque des Arts, 1990.

Feydeau, Élisabeth. *Jean-Louis Fargeon, Marie Antoinette's Perfumer*. Trans. Jane Lizzop. Paris: Perrin, 2004.

Fleischmann, Hector. *Les Maîtresses de Marie Antoinette*. Paris: Editions du Bibliophile, 1910.

———. *Les Pamphlets libertins contre Marie Antoinette, d'après des documents nouveaux et des pamphlets tirés de l'Enfer de la Bibliothèque nationale*. Paris: Publications Modernes, 1911.

Fontaine, Laurence. "The Circulation of Luxury Goods in Eighteenth-Century Paris Social Redistribution and an Alternative Currency," in Maxine Berg and Elizabeth Eger, eds., *Luxury in the Eighteenth Century: Debates, Desires, and Delectable Goods*. London: Palgrave Macmillan, 2003: 89–102.

Foreman, Amanda. *Georgiana, Duchess of Devonshire*. New York: Random House, 1999.

Forray-Carlier, Anne. "La Famille royale aux Tuileries," in Jean-Marc Léri and Jean Tulard, eds., *La Famille royale à Paris: De l'histoire à la légende: Musée Carnavalet, 16 octobre 1993–9 janvier 1994*. Paris: Paris-Musées, 1993: 17–51.

Fournier-Sarlovèze. *Louis-Auguste Brun, peintre de Marie Antoinette*. Paris: Goupil, 1911.

Franck, André. *D'Éon: Chevalier et chevalière*. Paris: Amiot-Dumont, 1953.

Frasko, Mary. *Daring Do's: A History of Extraordinary Hair*. Paris and New York: Flammarion, 1994.

Freida, Leonie. *Catherine de Medici: Renaissance Queen of France*. New York: Fourth Estate/HarperCollins, 2003.

Fukai, Akiko. "Le vêtement rococo et néoclassique," in Rose-Marie Fayolle and Renée Davray-Piekolek (eds.), *La Mode en France 1715–1815: de Louis XV à Napoléon Ier*. Paris: Bibliothèque des Arts, 1990.

———. (ed.). *Fashion from the Eighteenth to the Twentieth Century*. Cologne: Taschen, 2004.

Funck-Brentano, Frantz. *L'Affaire du collier*. Paris: Hachette, 1903.

Furet, François. *Revolutionary France 1770–1880*. Trans. Antonia Nevill. Oxford, Eng.: Blackwell, 1996 [1992].

Galerie des modes et des costumes français, dessinés d'après nature. 16 vols. Paris: Chez les Sieurs Esnauts & Rapilly, 1778–1787.

Garber, Marjorie. *Vested Interests: Cross-dressing and Cultural Anxiety*. New York and London: Routledge, 1992.

Gay, Peter. *The Enlightenment: An Interpretation—The Rise of Modern Paganism*. New York: Knopf, 1966.

Gelbart, Nina Rattner. *Feminine and Opposition Journalism in Old Régime France: Le Journal des dames*. Berkeley and London: University of California Press, 1987.

———. "The *Journal des dames* and Its Female Editors: Politics, Censorship, and Feminism in the Old Régime Press," in Jack R. Censer and Jeremy Popkin (eds.), *Press and Politics in Pre-revolutionary France*. Berkeley and London: University of California Press, 1987.

Girault de Coursac, Paul and Pierrette. *Le Secret de la Reine*. Paris: F.X. de Guibert,

1996.

Godechot, Jacques. *La Prise de la Bastille: 14 juillet 1789*. Paris: Gallimard, 1965.

———. *La Révolution française: chronologie commentée 1789–1799*. Paris: Perrin, 1988.

Goncourt, Edmond and Jules de. *La femme au XVIIIᵉ siècle*. Paris: Flammarion, 1982.

———. *Histoire de la société française pendant la Révolution*. Paris: Boucher, 2002.

———. *Les Maîtresses de Louis XV et autres portraits de femmes*. Ed. Robert Kopp. Paris: Robert Laffont, 2003.

Goodman, Dena (ed.). *Marie-Antoinette: Writings on the Body of a Queen*. New York and London: Routledge, 2003.

Gruder, Vivian. *The Notables and the Nation: The Political Schooling of the French, 1787–1788* [unpublished manuscript].

———. "The Question of Marie Antoinette: The Queen and Public Opinion Before the Revolution." *French History* 16:3 (2002): 269–298.

Guillaumot, A. Étienne. *Costumes du XVIIIᵉ siècle*. Paris: Roquette, 1874.

Gutwirth, Madelyn. *Twilight of the Goddesses: Women and Representation in the French Revolutionary Era*. New Brunswick, N.J.: Rutgers University Press, 1992.

Haigh, Christopher. *Elizabeth I*. New York: Longmans, 1998.

Hamann, Jacques. "Louis XVII et l'enfant du Temple," in Jean-Marc Léri and Jean Tulard (eds.), *La Famille royale à Paris: De l'histoire à la légende: Musée Carnavalet, 16 octobre 1993–9 janvier 1994*. Paris: Paris-Musées, 1993.

Hammond, J. *A Keeper of Royal Secrets, Being the Private and Political Life of Madame de Genlis*. London: n.p., 1912.

Hampson, Norman. *A Cultural History of the Enlightenment*. New York: Pantheon, 1968.

Hardman, John. *The French Revolution Sourcebook*. London: Arnold, 1999.

———. *Louis XVI*. New Haven: Yale University Press, 1993.

Haslip, Joan. *Madame Du Barry: The Wages of Beauty*. New York: Grove Weidenfeld, 1991.

Henderson, Ernest F. *Symbol and Satire in the French Revolution*. New York and London: G. P. Putnam's Sons, 1912.

Hibbert, Christopher et al. *Versailles*. New York: Newsweek Book Division, 1972.

Hirsch, Charles (ed.). *Correspondance d'Eulalie, ou Tableau du libertinage à Paris*. Paris: Fayard, 1986 [1785].

Hosford, Desmond. "The Queen's Hair: Marie Antoinette, Politics, and DNA." *Eighteenth-Century Studies* 38:1 (autumn 2004): 183–200.

Huet, Marie-Hélène. *Mourning Glory: The Will of the French Revolution*. Philadelphia: University of Pennsylvania Press, 1997.

Hundert, Edward. "Mandeville, Rousseau, and the Political Economy of Fantasy," in Maxine Berg and Elizabeth Eger (eds.), *Luxury in the Eighteenth Century: Debates, Desires, and Delectable Goods*. London: Palgrave Macmillan, 2003: 28–40.

Hunt, Lynn. *The Family Romance of the French Revolution*. Berkeley: University of California Press, 1992.

———. "Freedom of Dress in Revolutionary France," in Sara E. Melzer and Kathryn Norberg (eds.), *From the Royal to the Republican Body: Incorporating the Political in Seventeenth- and Eighteenth-Century France*. Berkeley: University of California Press, 1988.

———. "History as Gesture, or the Scandal of History," in *Consequences of Theory: Selected Papers from the English Institute 1987–88*: 91–107.

———. "The Many Bodies of Marie Antoinette," in Dena Goodman (ed.), *Marie-Antoinette: Writings on the Body of a Queen*. New York and London: Routledge, 2003: 117–138.

———. "The Many Bodies of Marie Antoinette," in Lynn Hunt (ed.), *Eroticism and the Body Politic.* Baltimore: The Johns Hopkins University Press, 1991: 108–130.

———. *Politics, Culture, and Class in the French Revolution.* Berkeley: University of California Press, 1984.

Hurt, John J. *Louis XIV and the* Parlements: *The Assertion of Royal Authority.* Manchester and New York: Manchester University Press, 2002.

Hyde, Catherine [Marquise de Gouvion Broglie Scolari] (ed.). *Secret Memoirs of Princess Lamballe, Being her Journals, Letters, and Conversations During her Confidential Relations with Marie Antoinette.* Washington and London: M. Walter Dunne, 1901.

Jallut, Marguerite. *Marie Antoinette et ses peintres.* Paris: A. Noyer, 1955.

James-Sarazin, Ariane. "Le Miroir de la reine: Marie Antoinette et ses portraitistes," in Yves Carlier, Stéphane Castellucio, Anne Kraatz, and Françoise Tétart-Vittu (eds.), *Les Atours de la Reine.* Paris: Centre Historique des Archives Nationales, 2001: 13–24.

Join-Dieterle, Catherine, and Madeleine Delpierre (eds.). *Modes et Révolutions: Musée de la mode et du costume* (8 février–7 mai 1989). Paris: Éditions-Musées, 1989.

Jones, Ann Rosalind, and Peter Stallybrass. *Renaissance Clothing and the Materials of Memory.* New York: Cambridge University Press, 2000.

Jordan, David P. *The King's Trial: The French Revolution versus Louis XVI.* Berkeley: University of California Press, 1979.

Jourdain, Annie. *Monuments de la Révolution 1770–1804: Une histoire de répresentation.* Paris: Champion, 1997.

Kaiser, Thomas E. "Ambiguous Identities: Marie Antoinette and the House of Lorraine from the Affair of the Minuet to Lambesc's College," in Dena Goodman (ed.), *Marie-Antoinette: Writings on the Body of a Queen.* New York and London: Routledge, 2003: 171–198.

Karmel, Alex. *Guillotine in the Wings: A New Look at the French Revolution and Its Relevance to America Today.* New York: McGraw-Hill, 1972.

Kates, Gary. *Monsieur d'Éon Is a Woman: A Tale of Political Intrigue and Sexual Masquerade.* New York: Basic Books, 1995.

Keenan, Thomas. "The Point Is to (Ex)change It: Reading *Capital*, Rhetorically," in Emily Apter and William Pietz (eds.), *Fetishism as Cultural Discourse.* Ithaca, N.Y.: Cornell University Press, 1993: 152–185.

Kleinert, Annemarie. *Die frühen Modejournale in Frankreich: Studien zur Literatur der Mode von den Anfängen bis 1848.* Berlin: Eric Schmidt Verlag, 1980.

———. *Le "Journal des dames et des modes": ou la conquête de l'Europe féminine.* Stuttgart: J. Thorbecke, 2001.

———. "La Mode, miroir de la Révolution française," in Catherine Join-Dieterle and Madeleine Delpierre, eds., *Modes et Révolutions: Musée de la mode et du costume (8 février–7 mai 1989).* Paris: Editions Paris-Musées, 1989: 59–82.

Kopplin, Monika (ed.). *Les Laques du Japon: Collections de Marie Antoinette.* Paris: Réunion des Musées Nationaux, 2002.

Kraatz, Anne. "La 'Gazette des atours' de Marie Antoinette," in Yves Carlier, Stéphane Castellucio, Anne Kraatz, and Françoise Tétart-Vittu (eds.), *Les Atours de la Reine.* Paris: Centre Historique des Archives Nationales, 2001: 25–38.

———. "Marie Antoinette: la passion des étoffes." *L'Objet d'art* no. 357 (April 2001): 73–82.

Kunstler, Charles. *La Vie privée de Marie Antoinette.* Paris: Hachette, 1938.

———. *La Vie quotidienne sous Louis XVI.* Paris: Hachette, 1950.

La Bruyère, Jean de. *Les Caractères, ou les moeurs de ce siècle.* Ed. Robert Garapon. Paris: Garnier Frères, 1962 [1688].

Lacan, Jacques. *Écrits.* 2 vols. Paris: Seuil, 1966–1967.

Lamothe-Langon, Étienne-Léon, Baron de. *Memoirs of Madame Du Barri*. New York: Stokes & Co., 1930.

———. *Souvenirs sur Marie-Antoinette et la Cour de Versailles*. Ed. L. Mame. 4 vols. Paris: Bourgogne et Martinet, 1836.

Landes, Joan B. *Women and the Public Sphere in the Age of the French Revolution*. Ithaca, N.Y.: Cornell University Press, 1988.

Langlade, Émile. *La Marchande de modes de Marie-Antoinette: Rose Bertin*. Paris: Albin Michel, 1911.

Laurent, Rachel. "Marie Antoinette: le caprice et le style." *Art-Presse* (1988): 113–115.

Leclercq, Jean-Paul. "Sur la Garde-robe de Marie Leczinska et de Marie Antoinette." *L'Oeil: Magazine international d'art*, no. 478 (January–February 1996): 30–39.

Lenôtre, G. [Théodore Gosselin] (ed.). *La Captivité et la mort de Marie Antoinette*. Paris: Perrin et Cie., 1897.

———. *The Flight of Marie Antoinette*. Trans. Mrs. Rodolph Stawell. Philadelphia: J. B. Lippincott, 1908.

———. *Versailles au temps des rois*. Paris: Bernard Grasset, 1934.

Léri, Jean-Marc, and Jean Tulard (eds.), *La Famille royale à Paris: De l'histoire à la légende (Musée Carnavalet 16 octobre 1993–9 janvier 1994)*. Paris: Éditions Paris-Musées, 1994.

Lescure, Mathurin de. *La Princesse de Lamballe*. Paris: H. Plon, 1864.

Lesniewicz, Paul. *The World of Bonsai*. London: Blanford, 1990.

Lever, Evelyne. *Louis XVI*. Paris: Fayard, 1985.

———. *Philippe-Égalité*. Paris: Fayard, 1996.

Levin, Carole. *"The Heart and Stomach of a King": Elizabeth I and the Politics of Sex and Power*. Philadelphia: University of Pennsylvania Press, 1994.

Levin, Harry. *The Myth of the Golden Age in the Renaissance*. Bloomington and London: Indiana University Press, 1969.

Lewis, W. H. *The Splendid Century*. New York: Sloane, 1953.

Manceron, Claude. *Blood of the Bastille 1787–1789*. Trans. Nancy Amphoux. New York: Touchstone/Simon & Schuster, 1989.

Mansel, Philip. *Dressed to Rule: Royal and Court Costume from Louis XIV to Elizabeth II*. New Haven and London: Yale University Press, 2005.

Marie Antoinette, Archiduchesse, Dauphine et Reine: Exposition au château de Versailles 16 mai–2 novembre 1955. Paris: Éditions des Musées Nationaux, 1955.

Marin, Louis. *Le Portrait du roi*. Paris: Minuit, 1981.

Martin, Henri. *Histoire de France, depuis les temps les plus reculés jusqu'en 1787*. Paris: Furne, 1865.

May, Gita. *Élisabeth Vigée Le Brun: The Odyssey of an Artist in an Age of Revolution*. New Haven and London: Yale University Press, 2005.

Maza, Sarah. "The Diamond Necklace Affair Revisited (1785–1786): The Case of the Missing Queen," in Dena Goodman (ed.), *Marie-Antoinette: Writings on the Body of a Queen*. New York and London: Routledge, 2003: 73–97.

———. *Private Lives and Public Affairs: The Causes Célèbres of Pre-revolutionary France*. Berkeley: University of California Press, 1993.

McDonald, Christie. "Words of Change: August 12, 1789," in Sandy Petrey (ed.), *The French Revolution 1789–1989: Two Hundred Years of Rethinking*. Lubbock: Texas Tech University Press, 1989: 33–46.

Michelet, Jules, *Histoire de la Révolution française*. Paris: Laffont, 1979.

Millingen, J. G. *Recollections of Republican France from 1790 to 1801*. London: H. Colburn, 1848.

Mossiker, Frances. *The Queen's Necklace*. New York: Simon & Schuster, 1961.

Naginski, Erica. "The Object of Contempt." *Fragments of Revolution*, a special issue of *Yale French Studies*, no. 101. Eds. Caroline Weber and Howard G. Lay. Yale University Press, 2002: 32–53.

Néret, Gilles. *Erotica Universalis*. Cologne: Taschen, 1994.

Nolhac, Pierre de. *Autour de la Reine*. Paris: Tallendier, 1929.

———. *La Dauphine Marie Antoinette*. Paris: Nelson, 1896.

———. "La Garde-Robe de Marie Antoinette." *Le Correspondant* (25 September 1925): 840–859.

———. *The Trianon of Marie Antoinette*. Trans. F. Mabel Robinson. London: T. F. Unwin, 1925.

Olausson, Magnus (ed.). *Marie Antoinette: Porträtt av en drottning*. Stockholm: Nationalmuseum, 1989.

Ondaatje, Michael. *The Collected Works of Billy the Kid*. New York: W. W. Norton, 1974.

Outram, Dorinda. "Review of Richard Wrigley, *The Politics of Appearances: Representations of Dress in Revolutionary France*." *H-France* (January 2004): http://www3.uakron.edu/hfrance/reviews/outram.html.

Ozouf, Mona. *Varennes: la mort de la royauté, 21 juin 1791*. Paris: Gallimard, 2005.

Padover, Saul K. *The Life and Death of Louis XVI*. New York and London: D. Appleton-Century, 1939.

Pastoureau, Michel. *Dictionnaire des couleurs de notre temps*. Paris: Bonneton, 1992.

Payne, Blanche. *A History of Costume*. New York: Harper & Row, 1965.

Pellegrin, Nicole. *Vêtements de la liberté: abécédaire de pratiques vestimentaires en France de 1780 à 1800*. Aix-en-Provence: Alinéa, 1989.

Pizard, Alfred. *La France en 1789*. Paris: n.p., n.d.

Popkin, Jeremy. "Pamphlet Journalism at the End of the Old Régime." *Eighteenth-Century Studies* 22 (1982): 351–67.

Pernod, Régine, and Marie-Véronique Clin. *Joan of Arc: Her Story*. Ed. Bonnie Wheeler. Trans. Jeremy du Quesnay Adams. New York: St. Martin's Press, 1998.

Price, Munro. *The Road from Versailles: Louis XVI, Marie-Antoinette, and the Fall of the French Monarchy*. New York: St. Martin's Press, 2002.

Quicherat, Jules Etienne Joseph. *Histoire du costume en France depuis les temps les plus reculés jusqu'à la fin du XVIIIᵉ siècle*. Paris: Hachette, 1875.

Quinet, Edgar. *La Révolution française*. Paris: Belin, 1989.

Reiset, Gustave-Armand-Henry, Comte de. *Modes et usages au temps de Marie Antoinette: Livre-journal de Madame Éloffe*. 2 vols. Paris: Firmin-Didot, 1885.

Revel, Jacques. "Marie Antoinette and Her Fictions: The Staging of Hatred," in Bernadette Ford (ed.), *Fictions of the French Revolution*. Evanston, Ill.: Northwestern University Press, 1991.

Ribeiro, Aileen. *The Art of Dress: Fashions in England and France 1750 to 1820*. New Haven and London: Yale University Press, 1995.

———. *Dress in Eighteenth-Century Europe: 1715–1789*. New Haven and London: Yale University Press, 2002.

———. *Fashion in the French Revolution*. New York: Holmes & Meier, 1988.

Rimbault, Caroline. "La Presse féminine de langue française au XVIIIᵉ siècle." Diss. Université de Paris, 1981.

Roche, Daniel. "Apparences révolutionnaires ou révolution des apparences," in Catherine Join-Dieterle and Madeleine Delpierre, eds., *Modes et Révolutions: Musée de la mode et du costume (8 février–7 mai 1989)*. Paris: Éditions Paris-Musées, 1989: 193–210.

———. *The Culture of Clothing: Dress and Fashion in the Ancien Régime*. Trans. Jean

Birrell. Cambridge, Eng.: Cambridge University Press, 1994.
———. *Histoire des choses banales*. Paris: Fayard, 1997.
Rousseau, Jean-Jacques. *The Collected Writings of Jean-Jacques Rousseau*. Ed. and
    trans. by Roger Masters and Christopher Kelly. 4 vols. Hanover, N.H.: University
    Press of New England for Dartmouth College, 1990–1992.
———. *La Nouvelle Héloïse: Julie, or the New Heloise*. Trans. Judith H. McDowell.
    University Park: Pennsylvania State University Press, 1968.
Saint-Amand, Pierre. "Adorning Marie Antoinette." *Eighteenth-Century Life* 15:3
    (1991): 19–34.
———. "Terrorizing Marie-Antoinette," in Dena Goodman, ed., *Marie-Antoinette:
    Writings on the Body of a Queen*. New York and London: Routledge, 2003:
    253–272.
Saint-Étienne, Rabaut. *Précis historique de la Révolution française*. Paris: Didot,
    [1792].
Sainte-Beuve, C. A. *Portraits of the Eighteenth Century, Historic and Literary*. Trans.
    Katherine P. Wormeley. 2 vols. New York: Ungar, 1964.
Salvadori, Philippe. *La Chasse sous l'ancien régime*. Paris: Fayard, 1996.
Sapori, Michelle. *Rose Bertin: Ministre des modes de Marie Antoinette*. Paris: Éditions
    de l'Institut Français de la Mode, 2003.
Schama, Simon. *Citizens: A Chronicle of the French Revolution*. New York: Vintage,
    1989.
Semmens, Richard. *The Bals Publics at the Paris Opéra in the Eighteenth Century*.
    Hillsdale, N.J.: Pendragon Press, 2004.
Sheriff, Mary. "The Portrait of the Queen," in Dena Goodman, ed., *Marie-Antoinette:
    Writings on the Body of a Queen*. New York and London: Routledge, 2003.
———. "Woman? Hermaphrodite? History Painter? On the Self-Imaging of Élisabeth
    Vigée-Lebrun." *The Eighteenth Century* 35:1 (1994): 3–27.
Shevelow, Kathryn. *Charlotte: Being a True Account of an Actress's Flamboyant Ad-
    ventures in Eighteenth-Century London's Wild and Wicked Theatrical World*. New
    York: Henry Holt, 2005.
Soboul, Albert. *Les Sans-culottes en l'An II: Mouvement populaire et gouvernement
    révolutionnaire*. Paris: Seuil, 1968.
Starobinski, Jean. *1789, les emblèmes de la raison*. Paris: Flammarion, 1973.
Steele, Valerie. *The Corset: A Cultural History*. New Haven and London: Yale Univer-
    sity Press, 2001.
Tackett, Timothy. *When the King Took Flight*. Cambridge, Mass.: Harvard University
    Press, 2002.
Tapié, Victor Lucien. *L'Europe de Marie-Thérèse: du baroque aux lumières*. Paris: Fa-
    yard, 1973.
Tétart-Vittu, Françoise. "1780–1804 ou Vingt ans de 'Révolution des têtes
    françaises,'" in Catherine Join-Dieterle and Madeleine Delpierre, eds., *Modes et
    Révolutions: Musée de la mode et du costume (8 février–7 mai 1989)*. Paris: Édi-
    tions Paris-Musées, 1989: 41–58.
———. "La Garde-robe de Marie Antoinette et le regard des historiens," in Yves Car-
    lier, Stephane Castellucio, Anne Kraatz, and Françoise Tétart-Vittu (eds.), *Les
    Atours de la Reine*. Paris: Centre Historique des Archives Nationales, 2001:
    39–44.
———. "Presse et diffusion des modes françaises," in Catherine Join-Dieterle and
    Madeleine Delpierre, eds., *Modes et Révolutions: Musée de la mode et du costume
    (8 février–7 mai 1989)*. Paris: Editions Paris-Musées, 1989: 129–136.
Thomas, Chantal. *The Wicked Queen: The Origins of the Myth of Marie Antoinette*.
    Trans. Julie Rose. New York: Zone Books, 1999.

Valensise, Marina. "La Constitution française," in Keith Michael Baker, ed., *Revolution and the Creation of Modern Political Culture*. 4 vols. Oxford and New York: Pergamon Press, 1987.

Van Dijk, Suzanna. *Traces des femmes: Présence feminine dans le journalisme du XVIIᵉ siècle*. Amsterdam and Maarssen: Holland University Press, 1988.

Van Elslande, Jean-Pierre. *L'Imaginaire pastoral du XVIIᵉ siècle: 1600–1650*. Paris: Presses Universitaires de France, 1999.

Varron, A. *Paris Fashion Artists of the Eighteenth Century*. Special issue of *Ciba Review*, no. 25 (1939): 878–912.

Viel-Castel, Horace de. *Collection de costumes, armes et meubles pour servir à l'histoire de la Révolution française et l'Empire*. Paris: Treuttel and Wurtz, 1834.

Villers, Chevalier de. *Essai historique sur la mode et la toilette française*. Paris: 1824.

Walzer, Michael. *Regicide and Revolution: Speeches at the Trial of Louis XVI*. Trans. Marian Rothstein. New York: Columbia University Press, 1992.

Weber, Caroline. *Terror and Its Discontents: Suspect Words in Revolutionary France*. Minneapolis: University of Minnesota Press, 2003.

Wilcox, R. Turner. *The Mode in Costume*. New York: Charles Scribner's Sons, 1958.

Williams, H. Noel. *Memoirs of Madame Dubarry of the Court of Louis XV*. New York: P. F. Collier & Son, 1910.

Wrigley, Richard. *The Politics of Appearances: Representations of Dress in Revolutionary France*. Oxford, Eng., and New York: Berg, 2002.

Zanger, Abby. "Making Sweat: Sex and the Gender of National Reproduction in the Marriage of Louis XIII." *Corps mystique, corps sacré: Textual Transfigurations of the Body from the Middle Ages to the Seventeenth Century*, a special issue of *Yale French Studies*, no. 86. Eds. Benjamin Semple and Françoise Jaouën. Yale University Press, 1994: 187–205.

致　谢

可以肯定地说，如果没有我的代理人罗布·麦奎尔金（Rob McQuilkin）和编辑乔治·霍奇曼（George Hodgman）风趣、智慧和不懈的努力，我永远也完不成这个项目。他们两位都清楚地知道，写作本书更像是走向断头台而非在小特里亚农宫度过一个愉快的午后。然而我再也找不到比罗布和乔治更有天分的读者或更有耐心的支持者了。事实上我最高兴的事莫过于我们三人再次通力协作，希望以后还有更多这样的机会。在此过程中，我想找一位发型师为我做一个致情感高发髻，并且就做成他们两人的样子，用他们帮我论证观点、讲述故事的那些精彩的编辑页面作为框架。

在亨利·霍尔特公司（Henry Holt），约翰·斯特林（John Sterling）、萨拉·贝斯泰尔（Sara Bershtel）、詹妮弗·巴思（Jennifer Barth）、斯普尔娜·班纳吉（Supurna Banerjee）、埃里卡·格尔巴德（Erica Gelbard）、拉克尔·哈拉米略（Raquel Jaramillo）、理查德·罗雷尔（Richard Rhorer）、肯·罗素（Kenn Russell）和凯莉·屠（Kelly Too）全都给了这个项目远超我预期的热心支持。既是文字编辑又是校对的约兰塔·巴纳尔（Jolanta Benal）在这两项工作中都创造了奇迹。在利平科特－马西－麦奎尔金机构（Lippincott Massie McQuilkin），玛丽亚·马西（Maria Massie）娴熟地引导我完成了外国版权相关事宜，而威尔·利平科特（Will Lippincott）在初期营销的关键阶段参与进来。负责在大不列颠销售这本书的阿拉贝拉·斯泰因（Arabella Stein）做出了很不错的业绩。我的研究助理萨拉·菲尼克斯（Sara Phenix）尤其值得一提，因为她自始至终不屈不挠地帮我追溯那些找不到的图片和谜一样的事实：在这次历史侦探过程中，有她这位搭档，实在是天大的好运气。

我还要对那些同意在本书出版之前阅读部分手稿的同事和朋友致以诚挚的谢意。费丝·比斯利（Faith Beasley）和达林·麦克马洪（Darrin McMahon）早期的反馈让我备受鼓舞。除了善意地邀请我在伦敦大学学院报告本手稿的部分内容之外，詹恩·马特洛克（Jann Matlock）给了我最严格、最有启发也最详细的批评意见，希望最终的书稿因此而变得更加严谨和扎实了。其他宝贵的指导意见来自丹·埃德尔斯坦（Dan Edelstein）、莫里·塞缪尔斯（Maurie Samuels）、克莱尔·格尔茨坦（Claire Goldstein）、让－樊尚·布朗夏尔（Jean-Vincent Blanchard）和凯特·诺伯格（Kate Norberg）。皮埃尔·圣－阿芒和汤姆·凯泽都出版过关于玛丽·安托瓦内特的精彩著作，他们极其慷慨地花时间跟我分享了他们的见解。我还要感谢尚塔尔·托马不吝赐教，正是她称玛丽·安托瓦内特为"时尚女王"，启发了我进一步探讨这一课题。

还要感谢我的同事彼得·康纳（Peter Connor）、塞尔日·加夫龙斯基（Serge Gavronsky）、安·博伊曼（Anne Boyman）、拉赫尔·梅施（Rachel Mesch）、布赖恩·奥基夫（Brian O'Keeffe）、安托万·孔帕尼翁（Antoine Compagnon）、皮埃尔·福斯（Pierre Force）、伊丽莎白·拉丹松（Elisabeth Ladenson）、詹姆斯·赫尔格森（James Helgeson）、乔安娜·斯托尔内克（Joanna Stalnaker）、萨拉·萨松（Sarah Sasson）和普里亚·瓦德赫拉（Priya

Wadhera），他们让巴纳德学院和哥伦比亚大学法语系变成了一个合作、友善和卓有成效的工作场所；感谢哥伦比亚大学近代史沙龙给予我源源不断的知识激励；感谢巴纳德学院院系行政官特雷西·阿萨斯（Tracy Hazas）总是面带笑容地解决我们的后勤和技术问题。

我的朋友和导师拉里·克里茨曼（Larry Kritzman）体贴地邀请我把本书的一部分提交给达特茅斯法国文化研究所（Dartmouth Institute for French Cultural Studies）；他和研讨会其他成员富有启发的反馈让我在离开汉诺威很久之后仍然铭记在心。我还要感谢温迪·斯坦纳（Wendy Steiner）让我得以在 2000 年宾夕法尼亚州关于"时尚风格"为期一年的研讨会的赞助下开始本项目。感谢在宾夕法尼亚大学修了我的"玛丽·安托瓦内特的迷思"（"Mythes de Marie Antoinette"）课程的学生，他们对这一课题的热情充满感染力。

感谢劳拉·奥里基奥、朱迪思·多尔卡特（Judith Dolkart）、维维安·格鲁德（Vivian Gruder）、吉塔·梅（Gita May）、丹尼尔·罗森堡（Daniel Rosenberg）和唐宁·托马斯（Downing Thomas）跟我分享了他们关于各类问题的专业知识，从三色徽章的爱国捐助者到歌剧院女孩。阿曼达·福尔曼、西蒙·沙玛和安东尼娅·弗雷泽全都慷慨地抽时间跟我交谈，要知道我此前只能作为读者远远地崇拜他们的作品；能亲眼见到他们每一个人都是莫大的荣幸。对于研究服装的乐趣与难题，格里德利·麦金·史密斯（Gridley McKim Smith）是一个激励人心的谈话者。冰雪聪明的梅格·奥罗克（Meg O'Rourke）能够解答各类写作问题，从每天写两页的规则到反常现象与唇彩之间无法解决的紧张关系。关于凡尔赛背信弃义的社交文化，琼·德让（Joan Dejean）、埃琳娜·拉索（Elena Russo）和朱莉娅·杜思韦特（Julia Douthwaite）都是很有实力的学者，她们让我更深入地理解了玛丽·安托瓦内特与几位姑妈之间复杂的关系。

在法国，图书管理员、博物馆馆长和文化官员们知识渊博的指导让我受益匪浅。这些人中有法国历史博物馆的卡米耶·布瓦索（Camille Boisseau）、国家图书馆版画部的安娜·博纳代尔（Anne Bonnardel），还有非常出色的塞西尔·库坦（Cécile Coutin），他既是国家图书馆的图书管理员，也是玛丽·安托瓦内特协会的重要人物。国家档案馆的阿里亚纳·亚穆－萨拉肯（Ariane James-Sarazin）和米谢勒·班伯内（Michèle Bimbenet）让我得以直接参考玛丽·安托瓦内特幸存的《着装公报》：这次难忘的经历让我一直感激不尽。在英格兰，埃马兰·劳伦斯（Emmajane Lawrence）让我参加了华勒斯典藏馆（Wallace Collection）一个激动人心的玛丽·安托瓦内特日活动。在纽约，我从纽约公共图书馆，以及佳士得的威尔·罗素（Will Russell）、乔治·麦克尼利（George McNeely）、威尔·斯特拉福德（Will Strafford）、凯特·斯万（Kate Swan）和玛丽萨·威尔科克斯（Marissa Wilcox）那里得到了极大的支持。在时尚界，非常感谢安娜·温特（Anna Wintour）和瓦莱丽·斯泰克（Valerie Steiker）将本书的节选内容刊登在《时尚》杂志上，感谢马克·雅各布斯（Marc Jacobs）努力把我的手稿交给拥有相关知识的人。

本书还直接或间接得益于以下人士的帮助：伊丽莎白·阿曼（Elizabeth Amman）、乌尔里克·贝尔（Ulrich Baer）、贝齐·布拉德利（Betsy Bradley）、丹·布鲁尔（Dan Brewer）、彼得·布鲁克斯（Peter Brooks）、泰伊卜·居莱克·多玛奇（Tayyibe Gülek Domaç）、金纳·福斯特（Ginna Foster）、迈克尔·弗里德曼（Michael Friedman）、克丽丝廷·哈珀（Christine Harper）、安·海斯（Anne Hayes）、伊芙·埃尔佐格

（Eve Herzog）、伊丽莎白·霍奇斯（Elisabeth Hodges）、奥默·科奇（Ömer Koç）、保罗·科佩尔（Paul Kopperl），娜塔莎·李（Natasha Lee）、克劳德·莫塞里–马里奥（Claude Mosséri-Marlio）、阿兰·内罗（Alain Nerot）和戴维·塞利科维茨（David Selikowitz）、鲁龙娜·尼尔森（Rulonna Neilson）、亚历山德拉·佩洛西（Alexandra Pelosi）、鲁思·鲍威尔（Ruth Powell）、格里·普林斯（Gerry Prince）、让–米歇尔·拉巴泰（Jean-Michel Rabaté）、米谢勒·里奇曼（Michèle Richman）、托利·罗宾斯（Tory Robbins）、谢丽尔·桑德伯格（Sheryl Sandberg）和戴夫·戈德堡（Dave Goldberg）、瓦莱丽·施魏策尔（Valerie Schweitzer）、劳拉·西尔弗斯坦（Laura Silverstein）、克洛迪娅·索拉伊尼（Claudia Solacini）、雅各布·索尔（Jacob Soll）、特蕾莎·蒂格（Teresa Teague）、吉利恩·托马斯（Gillian Thomas）和利利亚纳·魏斯贝格（Liliane Weissberg）。我丈夫的父母和兄弟姐妹——杰克、洛伊、萨莉和比尔·斯特格曼——给了我极大的亲情和耐心，哪怕这个项目让我常常无法参加家庭聚会。我自己的父母和哥哥——杰克、卡罗尔和乔纳森·韦伯——给了我更多的怜爱和共情，他们始终是我生命中最重要的三个人。他们不但在过去 30 年里忍受了我的各种奇装异服，而且自从我宣布要写一写另一个人的古怪时尚时，他们给我的，也只有无条件的爱与支持。

最后，当然是极其重要的，感谢汤姆·斯特格曼，我的丈夫、我身穿闪亮盔甲的骑士、我的最爱。两年前，他在一所猎鹿小屋里阅读了本书手稿的早期版本，自那以后，便一直很有风度地忍受着玛丽·安托瓦内特跟我们共同生活在一起。他无微不至地照顾着我，我无法一一诉说他对我的好，也没有语言能够充分表达我的感激。这本书是献给他的，它的作者一生只爱他一人。

图片权利说明

图 15　Joseph Boze, *Marie Thérèse Louise de Savoige Carignan, Princesse de Lamballe* (late 18th century) (Réunion des Musées Nationaux/Art Resource, NY)

图 16　Plate from *Galerie des modes:* Milkmaid's bonnet and apron (c. 1780) (The Picture Gallery at the New York Public Library)

图 17　Fashion engraving: *Coiffure à la redoute and Coiffure à la Nation* (1790) (The Picture Gallery at the New York Public Library)

图 18　Eugène Battaille, after Adolf Ulrik von Wertmüller, *Marie Antoinette at the Petit Trianon* (19th-century copy of the 1785 painting) (Réunion des Musées Nationaux/Art Resource, NY)

图 19　Unknown, *Marie Antoinette of Austria* (c. 1780s) (Bibliothèque Nationale de France, Paris)

图 20　Pierre-Étienne Lesueur, *Arrest of Louis XVI at Varennes* (c. 1791) (Erich Lessing/Art Resource, NY)

图 21　Anonymous, *Marie Antoinette as a Harpy* (c. 1789) (Snark/Art Resource, NY)

图 22　Plate from *Le Journal de la mode et du goût:* "A Woman Patriot in Her New Uniform" (1790) (Bibliothèque Nationale de France, Paris)

图 23　The Marquise de Bréhan, *Marie Antoinette Imprisoned in the Conciergerie* (c. 1793–1795) (Erich Lessing/Art Resource, NY)

图 24　William Hamilton, *Marie Antoinette Taken to the Guillotine* (1794) (Réunion des Musées Nationaux/Art Resource, NY)

图 25　Jacques Louis David, *Marie Antoinette on Her Way to the Scaffold* (1793) (Giraudon/Art Resource, NY)

索　引

（此部分页码为原书页码，即本书页边码）

图书在版编目（CIP）数据

时尚女王与法国大革命 / (美) 卡罗琳·韦伯
(Caroline Weber) 著；马睿译. -- 北京：社会科学文
献出版社, 2024.5
书名原文: Queen of Fashion: What Marie
Antoinette Wore to the Revolution
ISBN 978-7-5228-2814-5

Ⅰ.①时…　Ⅱ.①卡…②马…　Ⅲ.①玛丽·安托瓦
内特－传记　Ⅳ.①K835.217=41

中国国家版本馆CIP数据核字（2023）第219602号

时尚女王与法国大革命

著　　者 / 〔美〕卡罗琳·韦伯（Caroline Weber）
译　　者 / 马　睿

出 版 人 / 冀祥德
组稿编辑 / 段其刚
责任编辑 / 周方茹
责任印制 / 王京美

出　　版 / 社会科学文献出版社·联合出版中心（010）59367151
　　　　　地址：北京市北三环中路甲29号院华龙大厦　邮编：100029
　　　　　网址：www.ssap.com.cn
发　　行 / 社会科学文献出版社（010）59367028
印　　装 / 北京盛通印刷股份有限公司

规　　格 / 开　本：889mm×1194mm　1/32
　　　　　印　张：16.25　插　页：0.5　字　数：400千字
版　　次 / 2024年5月第1版　2024年5月第1次印刷
书　　号 / ISBN 978-7-5228-2814-5
著作权合同 / 图字01-2023-4430号
登 记 号
定　　价 / 98.00元

读者服务电话：4008918866

△ 版权所有　翻印必究